日本人口经济

李仲生 著

中国人事出版社

图书在版编目(**CIP**)数据

日本人口经济 / 李仲生著. —北京：中国人事出版社，2015
ISBN 978 - 7 - 5129 - 1009 - 6

Ⅰ.①日… Ⅱ.①李… Ⅲ.①人口经济学-研究-日本 Ⅳ.①C924.313.4

中国版本图书馆 CIP 数据核字(2015)第 315132 号

中国人事出版社出版发行

(北京市惠新东街1号 邮政编码：100029)

*

保定市中画美凯印刷有限公司印刷装订 新华书店经销

787 毫米×1092 毫米 16 开本 22.25 印张 472 千字
2016 年 1 月第 1 版 2016 年 1 月第 1 次印刷
定价：58.00 元

读者服务部电话：(010) 64929211/64921644/84626437
营销部电话：(010) 64961894
出版社网址：http://www.class.com.cn

版权专有 侵权必究

如有印装差错，请与本社联系调换：(010) 50948191
我社将与版权执法机关配合，大力打击盗印、销售和使用盗版
图书活动，敬请广大读者协助举报，经查实将给予举报者奖励。
举报电话：(010) 64954652

前　言

　　本书所涉足的科学领域是新兴边缘学科——人口经济学，侧重研究作为世界上最发达的国家之一的日本人口经济问题。就其理论意义和实践意义而言，具有一定的学术价值和创新性。

　　全书共分为 12 章，分别从江户时代、明治维新到大正时期、昭和时期以及平成时期等不同的时期来论述日本人口经济的动态变化。第 1 章主要阐述了江户时期的经济发展与人口增长、明治时期的人口动态与经济发展、大正时期的人口变动与经济发展以及经济起飞的人口因素等一系列近代的人口经济内容。第 2 章阐述了昭和前期的人口与经济、人口转变与战后经济复兴、经济高速增长与低生育率、经济低速增长与人口减退以及人口增长对日本经济发展的影响等现代的人口经济问题。第 3 章则概述了平成时期的泡沫经济及其崩溃、经济停滞与人口停滞、经济计划与经济体制改革、经济波动与人口减退等当代的人口经济。第 4 章至第 11 章则主要探讨明治维新以来的人口动态与人口政策、农业发展与劳动力减退、工业化与人口城市化、产业结构与就业结构、劳动力与劳动力市场、日本式企业经营与人力资源开发、人口老龄化与经济发展以及经济人口大国的国际地位与潜力，大致阐述了 19 世纪 60 年代末期以来 150 年间的日本人口经济。第 12 章则论述了 2015 年到 2050 年期间的日本将来的人口经济，分别阐述了人口减退的趋势、经济低速增长与衰退、经济低迷的人口因素以及经济发展的人口对策等问题。

　　本书的基本思路是用时期序列分析的方法以日本的人口与经济发展的历史脉络为主线，通过运用国内生产总值、人口、人均产值以及其他的动态人口经济指标，系统地分析各个时期日本的经济发展过程以及人口的数量、质量、转变、迁移等方面对经济发展的影响等人口经济问题。

　　本书的创新之处主要是：利用经济发展过程中的人口转变、经济因素的人口迁移以及人口增长与经济发展等方面的资料对日本的人口经济进行分析，以求透过复杂的人口经济现象去深刻地揭示人口经济发展过程及其规律性。从人口经济学的角度研究日本各种人口变量群和经济变量群之间的多元的相互依存关系的体系；在一定程度上发展和完善了人口经济研究领域。

　　本书得到国家重点学科劳动经济学专项资金的出版资助，以及首都经济贸易大学冯喜良教授的大力支持，在此表示深深的感谢。在本书的审稿和出版过程中，中国人事出版社的张文春编辑提供了帮助和支持，在此特致以最诚挚的谢意。

李仲生
2015 年 4 月 16 日于北京

目　录

第1章　近代的经济发展与人口增长 ·································· 1
 1.1　江户时期的经济发展与人口增长 ······························ 1
 1.2　明治时期的人口动态与经济发展 ······························ 4
 1.3　大正时期的人口变动与经济 ·································· 7
 1.4　对外贸易 ·· 9
 1.5　财政 ·· 14
 1.6　货币与金融 ·· 16
 1.7　经济起飞与人口因素 ·· 18

第2章　昭和时期的人口与经济发展 ·································· 21
 2.1　昭和前期的人口与经济 ······································ 21
 2.2　统制经济体制 ·· 23
 2.3　人口转变与战后经济复兴 ···································· 24
 2.4　经济高速增长与低生育率 ···································· 30
 2.5　经济低速增长与人口减退 ···································· 34
 2.6　经济增长与人口因素 ·· 39
 2.7　战后经济体制的发展 ·· 42
 2.8　经济计划 ·· 45
 2.9　资本积累 ·· 48
 2.10　财政的发展 ··· 51
 2.11　金融与改革 ··· 54
 2.12　人口增长对经济发展的影响 ································· 58

第3章　平成时期的经济发展与人口减退 ······························ 69
 3.1　泡沫经济及其崩溃 ·· 69
 3.2　经济停滞与人口低速增长 ···································· 71
 3.3　经济低速增长与人口减少 ···································· 75
 3.4　经济计划 ·· 79
 3.5　日本式经济体制改革 ·· 82
 3.6　财政发展与改革 ·· 85
 3.7　金融业与改革 ·· 91

3.8　区域经济 …… 97
　　3.9　科技战略与人才培养 …… 101
　　3.10　经济波动与人口减退 …… 108

第4章　人口动态、人口政策及其经济分析 …… 113
　　4.1　人口增长 …… 113
　　4.2　出生率 …… 115
　　4.3　死亡率、生命表及其减退的经济因素 …… 121
　　4.4　结婚和离婚率 …… 137
　　4.5　人口转换 …… 140
　　4.6　年龄结构 …… 146
　　4.7　人口政策 …… 148
　　4.8　人口分布 …… 151
　　4.9　国内人口迁移 …… 157

第5章　农业发展与劳动力减退 …… 160
　　5.1　近代的农业发展 …… 160
　　5.2　农地改革与农业生产的恢复 …… 162
　　5.3　农业现代化 …… 163
　　5.4　农业结构 …… 165
　　5.5　农业经济与农村劳动力减退 …… 170

第6章　工业化和人口城市化 …… 175
　　6.1　明治维新以后的工业化与劳动力供给 …… 175
　　6.2　早期的工业部门 …… 179
　　6.3　战后的重化学工业化 …… 184
　　6.4　石油危机后的工业高度化 …… 188
　　6.5　泡沫经济破灭后的工业发展 …… 191
　　6.6　战后的工业部门 …… 193
　　6.7　工业增长与劳动力供给 …… 209
　　6.8　工业化与人口城市化 …… 212

第7章　产业结构与就业结构 …… 216
　　7.1　明治维新以后的产业结构与就业结构 …… 216
　　7.2　产业政策与产业结构高度化 …… 219
　　7.3　战后的产业发展与就业结构 …… 222
　　7.4　技术进步与产业结构 …… 228

7.5 泡沫经济破灭后的产业结构与就业结构 …………………………………… 233
7.6 产业结构的发展趋势 ………………………………………………………… 236

第8章 劳动力与劳动力市场 ……………………………………………………… 241
8.1 劳动力 ………………………………………………………………………… 241
8.2 劳动力参与率 ………………………………………………………………… 243
8.3 劳动时间 ……………………………………………………………………… 244
8.4 就业与雇佣政策 ……………………………………………………………… 246
8.5 失业 …………………………………………………………………………… 248
8.6 劳动力供给 …………………………………………………………………… 251
8.7 政府与劳动力市场 …………………………………………………………… 253

第9章 企业经营与人力资源开发 ………………………………………………… 256
9.1 企业的管理模式 ……………………………………………………………… 256
9.2 企业培训 ……………………………………………………………………… 257
9.3 终身雇佣制 …………………………………………………………………… 262
9.4 年功序列制 …………………………………………………………………… 266
9.5 企业内工会与劳使关系 ……………………………………………………… 270
9.6 人力资源开发 ………………………………………………………………… 273

第10章 人口老龄化与经济发展 …………………………………………………… 279
10.1 人口老龄化的发展趋势 …………………………………………………… 279
10.2 人口老龄化形成的原因 …………………………………………………… 283
10.3 人口老龄化与经济发展 …………………………………………………… 286
10.4 人口老龄化对策 …………………………………………………………… 290

第11章 经济人口大国的国际地位与潜力 ………………………………………… 295
11.1 经济规模与人口规模 ……………………………………………………… 295
11.2 国际收支 …………………………………………………………………… 298
11.3 对外经济贸易 ……………………………………………………………… 303
11.4 对外直接投资 ……………………………………………………………… 311
11.5 对外经济援助 ……………………………………………………………… 315
11.6 经济人口大国的局限性 …………………………………………………… 320
11.7 经济发展的潜力 …………………………………………………………… 321

第12章 将来的人口减退与经济低速增长 ………………………………………… 324
12.1 人口减退 …………………………………………………………………… 324

12.2 经济低速增长与衰退 ………………………………… 326
12.3 经济低迷的人口因素 ………………………………… 329
12.4 经济发展的人口对策 ………………………………… 332

参考文献 ……………………………………………………… 335

第1章 近代的经济发展与人口增长

1.1 江户时期的经济发展与人口增长

在江户时代（Edo Period，1603—1867）前期，日本的农业经济依然占主导地位，属于一种封建的小农经济。16世纪末，日本人口的80%以上为农民。基本的生产关系为各藩领主直接控制广大农民，农民为领主耕种一块世袭土地，并交纳一定量的实物地租和贡米。这种被称为"本百姓"的自耕农，是德川幕府时代幕藩体制的主要经济基础。17世纪中叶，幕府禁种经济作物，提倡节约。并通过改革币制、垄断专卖等形式压抑商品经济的发展。尽管如此，商品经济还是在农村出现了，农村的生产力由于生产工具的改造以及栽培技术的提高而获得了很大的发展，这为商品经济在农村的发展与城市的繁荣创造了条件。随着农业生产日益商品化，逐渐产生了农业特产区，如棉花生产集中在畿内和东海地区，养蚕集中于关东和东山地区，大豆盛产于本州东北地区。这样的地区性特色农业为农产品的商品化提供了契机。

农村经济作物的生产，促进了手工业的发展。从17世纪末开始，农村手工业成为手工业发展的显著特点。农产品的商品化，使农村经济向商品经济转化，上交给幕藩的租贡和农民的剩余品都向货币趋势发展。17世纪后半期开始，各幕藩开始实行初期专卖制，并开始经营地方性特色手工业。一部分农民在商业活动中独立出来，成为新兴的阶层。经过商人的活动与幕藩的经营，各地手工业都形成了一定的规模，并富有各自的特色。与此同时，手工业内部的分工也开始出现。自18世纪中叶起，丝织业内部的分工加快，丝织品的生产分为养蚕、缫丝、织物三个部门。在棉纺织业内部，也有专业分工，如脱籽、弹花、纺纱、染色、织布等。商业性的农村手工业在全国发展起来。手工业的主要产地有：京都西阵、九州博多的丝织业，大阪附近的棉织业，越前、美浓的造纸业，池田、伊丹的酿酒业等。由于各产业的发达，交通的建设也如火如荼，形成了以江户为中心的呈反射状的交通要道。沿海岸到京都的东海道、经信浓到京都的中山道、通往甲州的甲州街道、去往奥州的奥州街道与通往日光的日光街道被称为当时的"五街道"。由于运送大米与物资的商船的增加，航运事业也逐渐发达起来。

随着各产业的发达，城市也迅速发展起来，到17世纪末，全国城市多达300多个。其中江户、大阪和京都是全国最大的城市。江户不仅是幕府所在地，而且是日本经济文化的中心，据1693年的调查，江户的人口总数高达100多万，超过当时世界上最大的工商业城市伦敦，造就了任何国家无可比拟的庞大的消费人口，促进了日本经济的发展和国内市场的急速扩大。大阪为当时商业的中心，江户时代在这里形成了全国市场的中心，活跃在城市的町人与进出大阪的商人使大阪成为当时最具活力的城市，人口也仅次于江户。另一个繁华的城市就是京都，18世纪初城内外人口达到36万左右。

德川中期（1680—1716）以后商品经济得到了极大发展，全国形成了以大阪、江户、京都为中心的商品经济圈。江户作为全国最大的消费市场，每天都有来自全国各地的商船满载大米、酒类、盐、手工制品在江户港停泊。这些产品除了一部分为上交给幕府与藩主的租赋外，一半以上为进入江户流通市场的商品。以大米为例，送到江户的商品大米由米批发商卖给销售商，经"春米屋"加工后直接送往市场销售。大阪是全国的米市场中心，1697年，开设了堂岛大米市场，1730年，堂岛米会所成立，下设"正米商内"与"账合米商内"。每年有超过100万石来自畿内、九州、四国甚至东北的大米集中在被称为"藏屋敷"的仓库中，米商用购买的"米切手"兑换大米运往大阪堂岛米市场进行销售。

江户前期，日本的人口增长是比较显著的，当时还没有全国性的调查数据，根据鬼头宏的推测，1600年（庆长5年）的总人口为1 500万人[①]，到1650年（庆安3年）达到1 750万人，期间增长了16.8%。17世纪中叶以后，日本的人口的增长速度加快，到1721年（享保6年）增至3 128万人（见表1—1）。这一年由第八代将军德川吉宗（1684—1751）实施了全国人口普查，按照全国的幕府领地、藩国领地分男女对人口进行了普查。1725年以后，每6年进行一次普查，但普查对象是庶民人口，并不包括武士，而在一些领地，一定年龄以下的儿童也不在普查范围内，因此当时的人口普查精确度偏低（见表1—2）。

表1—1　　　　　　　　　江户时代的人口经济指标

时期	石数/万石	实收石数/万石	人口/万人	耕地/万町
1600年前后	1 851（1600）	1 937（1600）	1 500（1600）	207（1600）
1650年前后	2 313（1645）	2 313（1645）	1 750（1650）	—
1700年前后	2 580（1697）	3 063（1697）	3 128（1721）	—
1750年前后	2 970（1717—1748）	—	3 101（1750）	297（1370）
1830年前后	3 043（1830—1832）	3 976（1830）	3 248（1834）	—
1870年前后	3 220（1867）	4 681（1867）	3 427（1871）	323（1873）

注：括号里的数字代表年份。

资料来源：[日] 速水融，宫本又郎编. 経済社会の成立——17—18世紀（日本経済史Ⅰ）[M]. 東京：岩波書店，1988；[日] 鬼头宏．［図説］人口で見る日本史：縄文時代から近未来社会まで [M]. 東京：PHP研究所，2007；[英] B. R. 米切尔编. 帕尔格雷夫世界历史统计·亚洲、非洲和大洋洲卷（1790—1993）[M]. 北京：经济科学出版社，2002.

在德川幕府（Tokugawa Bakufu，1603—1867）末期的日本，全国各地都出现了相对独立的市场，资本主义生产方式的萌芽逐渐出现。19世纪初，出现了由许多工人分工制造同一产品的手工业工场。在农村，地主富农开设酿酒、酱油等手工作坊，雇佣农民进行生产。也有的商人提供原材料和生产工具如棉纱、织机等，组织劳动力生产商品。而

[①] 关于德川吉宗实施全国人口普查之前的人口变化情况，日本没有全国性调查数据。吉田东吾假定在近世初期保持近世中期1人=1石这样的比率，从而认定当时日本的总人口为1 800万人。速水融根据九州地区的"人畜改账"，对这个比率重新进行计算得出1 200万人。另外，鬼头宏考虑到与中世末期人口推算的连续性，认为当时日本的总人口为1 500万人。在此，采用了中间值的鬼头宏主张，假定日本总人口为1 500万人。

在城市，手工工场的数量和规模都达到了相当大的程度。工场除了平织机之外，还拥有可以织出复杂花纹的"高织机"。除了酿酒、丝织，其他行业也相继出现了手工工场。

在1853年开港之后，日本经济被纳入世界市场和世界资本主义体系，资本主义萌芽发生了巨大变化。在西方资本主义机器大工业产品的冲击下，日本许多产业都遭到严重破坏，如西方的棉织品涌入后，使日本的小商业生产者受到重大打击。但也有一些行业如缫丝和茶叶业由于出口量激增，发展迅速。在丝业方面，由于生丝出口不断增长刺激了缫丝业的迅速发展，茶叶的生产也是如此，大量的商人或做外贸致富的人，纷纷向缫丝、制茶等行业投资，手工工场不断增加。

江户后期，在经济发展的过程中，日本的人口增长比较缓慢，从1750年到1830年日本人口基本上稳定在3 100万～3 250万人，仅有微弱的增长，有时还有下降的情况。这一时期的人们为了缓解人口压力，往往采取一些限制生育的措施，出生率很低。随后，日本的人口增长有所加快，从1830年的3 248万人增至1871年的3 427万人，增长了5.5%。显然与江户前期相比，江户后期的人口增长速度明显放慢，但农业生产却顺利增长，不论从人均生产量还是从单位土地面积来看，生产力都有所提高。

表1—2　　　　　　　　　江户时代的人口

| 年份 | 江户幕府的全国人口调查 | | | | | 比拉本 | 鬼頭宏 |
	总人口/千人	男子人口/千人	女子人口/千人	指数	年增减率/%	总人口/千人	总人口/千人
享保6年　1721	26 065	—	—	100.0	—	30 497	31 279
享保11年　1726	26 549	—	—	101.9	3.7	31 104	—
享保17年　1732	26 922	14 407	12 515	103.3	2.3	31 499	—
延享元年　1744	26 153	—	—	100.3	−2.4	30 599	—
宽延3年　1750	25 918	13 819	12 099	99.4	−1.5	30 324	31 011
宝历6年　1756	26 071	13 833	122 291	100.1	0.9	30 503	31 283
宝历12年　1762	25 921	13 785	12 136	99.5	−0.9	30 328	—
明和5年　1768	26 252	—	—	100.7	2.1	30 714	—
安永3年　1774	25 990	—	—	99.7	−1.7	30 408	—
安永9年　1780	26 011	—	—	99.8	0.1	30 432	—
天明6年　1786	25 086	13 231	11 856	96.2	−5.9	29 351	30 104
宽政4年　1792	24 891	—	—	95.5	−1.3	29 123	29 870
宽政10年　1798	25 471	13 361	12 111	97.7	3.9	29 801	30 565
文化元年　1804	25 622	13 427	12 195	98.3	1.0	29 978	30 746
文政5年　1822	26 602	13 894	12 708	102.3	2.1	31 124	31 914
文政11年　1828	27 201	14 161	13 040	104.4	3.8	31 826	32 626
天保5年　1834	27 064	14 053	13 010	103.8	−0.8	31 665	32 477
天保11年　1840	25 918	13 559	12 559	—	—	—	31 102
弘化3年　1846	26 908	13 584	13 054	103.2	−0.5	31 482	32 297

资料来源：[日]梅村又次，新保博，西川俊作，速水融编．日本経済の発展[M]．東京：東洋経済新報社，1976．

江户时期日本经济发生了巨大的变化,江户时代前期,日本的农业经济依然占主导地位,还属于一种封建的小农经济,但农业人口增长较快。江户时代中期以后日本经济逐渐发生了变化,人口增长的速度有所减退,由于城乡分工扩大,商品生产的流通、合作性日益加强。这种生产方式打破了藩与藩的界限,使商品生产的市场日益扩大。与此同时,全国统一市场的建立、生产力的提高、交通运输的发达以及商业的发展,促进了资本主义的孕育和手工业的发展。这些江户时代的经济遗产成为以后日本资本主义经济发展的先决条件。

1.2 明治时期的人口动态与经济发展

日本在18世纪上半期,经济发展停滞,人口没有新的增长。直到明治时代(Meiji period,1868—1911)的明治维新①以后,资本主义开始蓬勃发展,人口才逐渐加速增长(见表1—3),由1871年(明治4年)的3 427万人增长到1888年(明治21年)的3 947万人,仅仅17年的时间增加了500多万人口。其年平均自然增长率由19世纪70年代的5.8‰上升到90年代的8.9‰,而近代经济增长的过程实际上开始于19世纪80年代后期,其主要标志是民间企业开始迅速发展,制造业产值开始迅速增加。与欧洲主要发达资本主义国家相比日本近代经济增长的特点是起点低,但开始之后的经济增长率最高。

表1—3　　　　　　　　　　明治时期人口动态

年份		总人口/千人	时期/年	人口增长/千人	人口增加率/%	出生率/‰	死亡率/‰	自然增长率/‰
明治4年	1871	34 269	1871—1875	1 276	3.8	22.0	17.2	4.8
明治8年	1875	35 555	1875—1880	1 410	4.0	24.5	17.7	6.8
明治13年	1880	36 965	1880—1885	1 576	4.3	25.6	18.8	6.8
明治18年	1885	38 541	1885—1890	1 710	4.4	28.6	21.2	7.4
明治23年	1890	40 251	1890—1895	1 741	4.3	29.0	21.3	7.4
明治28年	1895	41 992	1895—1900	2 367	5.6	31.4	21.0	10.4
明治33年	1900	44 359	1900—1905	2 679	6.0	32.5	21.0	11.5
明治38年	1905	47 038	1905—1910	2 814	6.0	33.2	21.5	11.7
明治43年	1910	49 852	1910—1915	3 644	7.3	34.6	20.8	13.8

注:各时期的人口增长、人口增长率、出生率、死亡率及自然增长率均根据统计资料计算而来。
资料来源:[英] B. R. 米切尔编. 帕尔格雷夫世界历史统计·亚洲、非洲和大洋洲卷(1790—1993)[M]. 北京:经济科学出版社,2002.

---

① 在明治维新之前,日本是一个落后的前近代封建制国家。明治新政府在1868年进行了一系列制度变革和体制改革。其主要措施是:移植近代股份公司制度,建立日本所谓"株式会社";移植近代货币制度,建立金本位制;移植近代银行制度,兴办"国立银行";移植近代保险制度。此外,还从欧洲移植和引进了公债制度,以及有关政治制度、教育制度等。正是以这一系列的制度和体制变革为基础,日本近现代资本主义经济才得以逐步形成和发展起来。

与欧洲人口变动的进程相比较而言，日本的人口增长速度较快。日本作为经济发达国家，自明治维新以后，随着工业化的进展和经济的增长，国民生活水平有所提高，公共的卫生条件和医疗技术有所改善，从而导致死亡率下降。但日本国民倾向于传统的"多生贵子"，因而形成了高出生率中死亡率的局面（见图1—1），人口增长率由1872年的0.5%提高到1915年的1.4%，使日本人口在1911年突破5 000万人，这说明在明治的44年中（1868—1911年）人口增长了1 500万人。人口增长速度的提高固然与出生率的上升有关，但更主要的是死亡率的下降。而人口的迅速增长加快了日本的经济发展。如表1—4所示，自19世纪80年代中期以后到20世纪初期，日本的国内生产总值增长较快，经济增长率在这一时期也高于其他发达国家，国民生产总值年平均增长率为4.6%，人均产值年平均增长率为3.4%。

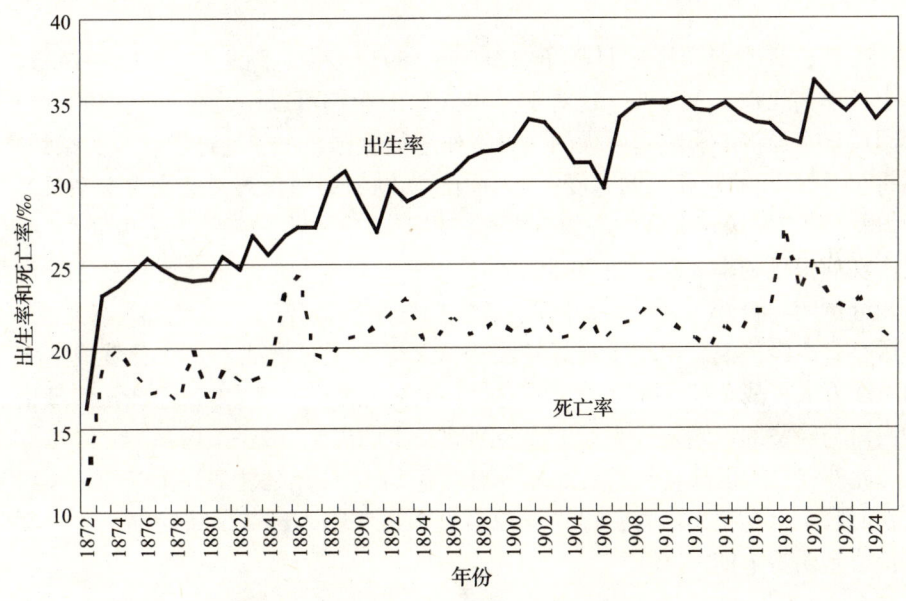

图1—1　明治和大正时期的出生率和死亡率

资料来源：[英] B. R. 米切尔编. 帕尔格雷夫世界历史统计·亚洲、非洲和大洋洲卷（1790—1993）[M]. 北京：经济科学出版社，2002.

表1—4　　　　　　　　　明治后期主要人口经济指标

年份		国内生产总值			固定资本形成总额/百万日元	总人口/千人	人口增长率/%	人均国内生产总值/日元
		当前价格/百万日元	名义经济增长率/%	实际经济增长率/%				
明治18年	1885	806	—	—	57	38 541	0.6	21
明治23年	1890	1 056	10.6	−2.9	153	40 251	0.9	26
明治28年	1895	1 552	16.0	6.2	251	41 992	1.0	37
明治33年	1900	2 414	4.3	−1.4	391	44 359	1.2	54

续表

年份	国内生产总值			固定资本形成总额/百万日元	总人口/千人	人口增长率/%	人均国内生产总值/日元
	当前价格/百万日元	名义经济增长率/%	实际经济增长率/%				
明治38年 1905	3 084	1.8	-4.4	517	47 038	0.9	66
明治43年 1910	3 925	3.8	6.5	689	49 852	1.4	79
明治44年 1911	4 463	13.7	1.1	860	50 577	1.5	88

注：各年的名义经济增长率、实际经济增长率、人口增长率以及人均国民生产总值根据资料计算得出。

资料来源：[英] B. R. 米切尔编. 帕尔格雷夫世界历史统计·亚洲、非洲和大洋洲卷（1790—1993）[M]. 北京：经济科学出版社，2002.

这一时期，日本经历了中日战争（1894—1895）和日俄战争（1904—1905）。在中日战争中日本共死亡1.3万人，这对于日本人口的影响可以说是极其微小的。但这场战争的胜利对日本经济的影响是巨大的。日本作为战胜国与中国签订了《马关条约》，获取了高达3.65亿日元的赔款，同时侵占了中国的澎湖列岛和台湾，这成为推动日本经济起飞的动力①，使以军事产业为中心的日本经济得到迅速发展。然而，自19世纪90年代后期开始出现的银行利率提高，使20世纪初期以后的日本经济陷入了恐慌状态，许多企业和银行相继倒闭、合并。

随后，日本经济混乱刚刚呈现好转趋势，又爆发了日俄战争。在日俄战争中日本动用兵力109万人，战争期间死亡人员多达20万人，战费高达17.2亿日元。日俄战争对日本的人口与经济的影响是巨大的。战争期间日本的出生率是34.0‰，到1906年下降到33.1‰。此外，日本的战费和战后处理费当中有14亿日元是外债。由于要还本付息，日本政府在财政上承受很大压力，1907年以后日本再次陷入经济萧条时期，这种经济不景气一直持续到明治末期。

---

① 中日甲午战争以中国失败告终，日本作为战胜国在1895年与中国签订了《马关条约》，其主要内容是：割让台湾全岛及澎湖列岛；除对各国已开放的港口外，另对日本开放沙市、重庆、苏州、杭州为商埠；日本拥有宜昌至重庆、上海、苏州和杭州之间的内河航行权；日本臣民可在中国通商口岸城邑从事各项工艺制造，又可将各项机器装运进口，只交所定的进口税；赔偿军费库平银二亿两，另加归还辽东半岛的报酬金三千万两，总共赔偿日本军费二亿三千万两平银。中日甲午战争后，由于日本扩大了领土和市场，并获得了巨额的军事赔款，日本的经济发展很快，其推动作用主要表现在：赔偿日本军费二亿三千万两平银，折合3.65亿（当时的日元）日元，相当于当时清政府3年的财政收入，日本3~4年的财政收入；日本全国银行实缴资本的盈利率由战前1893年的47%增至战后1986年的64%；确立了机器大工业的生产体系，从战前的1893年到1903年使用动力机器的工厂由18%增加到45%；同期日本的公司总数增加2倍，实缴资本增加3倍，出口增加2倍；战后不久的1897年，日本政府投资1 920万日元成立的八幡制铁所于1901年正式投产，这个制铁所所生产的生铁和钢材占日本全国生铁和钢材产量的比率分别为53%和83%，1913年进一步提高到73%和84%，它推动了日本重工业的发展，而这个制铁所所使用的铁矿石和焦炭大部分来自于中国的大冶铁矿和本溪湖煤矿。由此可见，这场侵略战争的胜利加速了日本资本积累的速度，对日本经济的影响是巨大的。

1.3 大正时期的人口变动与经济

大正年间（1912—1925 年）日本继续保持高出生率中死亡率的局面（见表 1—5），这一时期的出生率明显高于明治时期，保持在 32.7‰~36.2‰的水平，由于高出生率的效果增加了 916 万人，平均人口增长率达到 1.2%，到大正 14 年总人口达到了 5 974 万人。人口的迅速增长促进了日本的经济发展。

表 1—5　　　　　　　　大正时期人口动态

年份		总人口/千人	人口增长/千人	人口增加率/%	出生率/‰	死亡率/‰	自然增长率/‰
大正元年	1912	51 305	728	1.4	34.4	20.5	13.9
大正 3 年	1914	52 752	713	1.4	34.8	21.2	13.6
大正 5 年	1916	54 134	638	1.2	33.7	22.2	12.5
大正 7 年	1918	55 033	294	0.5	32.7	27.3	5.5
大正 9 年	1920	55 963	490	0.9	36.2	25.4	10.9
大正 11 年	1922	57 390	724	1.3	34.3	22.4	11.9
大正 14 年	1925	59 737	861	1.5	34.6	19.1	15.5

注：各时期的人口增长、人口增长率、出生率、死亡率及自然增长率均根据统计资料计算而来。

资料来源：[英] B. R. 米切尔编. 帕尔格雷夫世界历史统计·亚洲、非洲和大洋洲卷（1790—1993）[M]. 北京：经济科学出版社，2002.

大正初期日本经济继续陷入经济危机，1912 年的经济增长率见表 1—6，仅为 0.1%，1913 年略有上升。第一次世界大战挽救了日本自日俄战争后的经济萧条。1914 年 8 月，日本对德国宣战，不久占领了原来由德国占领的南洋诸岛和青岛。这次战争刺激了日本的军需工业的发展，使日本经济由萧条转向繁荣。战时日本经济的景气局面并不是随着战争爆发而立即发生的。进入 1915 年后，日本经济进入繁荣期，实际经济增长率在 1915—1918 年保持在平均 7.9% 的水平。同时由于打进了亚洲市场而获得了巨大利润。1918 年底大战结束后景气局面一度停止而转向萧条，但由于欧洲战后经济恢复生产的巨大需求，日本很快又出现了甚至超过战时的战后景气。与此同时，随着工业化的发展，日本在经济结构上从传统的农业国转变为工业国。工业结构是以轻工业为中心，钢铁、造船等重工业和化学工业也有了相当大的发展。

表 1—6　　　　　　大正时期主要人口经济指标

年份		国内生产总值			固定资本形成总额/百万日元	总人口/千人	人口增长率/%	人均国内生产总值/日元
		当前价格/百万日元	名义经济增长率/%	实际经济增长率/%				
大正元年	1912	4 774	7.0	0.1	857	51 305	1.4	93
大正 2 年	1913	5 013	5.0	0.9	861	52 039	1.4	96

续表

年份		国内生产总值			固定资本形成总额/百万日元	总人口/千人	人口增长率/%	人均国内生产总值/日元
		当前价格/百万日元	名义经济增长率/%	实际经济增长率/%				
大正3年	1914	4 738	-5.5	0.7	805	52 752	1.4	90
大正4年	1915	4 991	5.3	5.8	793	53 496	1.4	93
大正5年	1916	6 145	23.1	8.3	1 035	54 134	1.2	114
大正6年	1917	8 592	39.8	9.0	1 816	54 739	1.1	157
大正7年	1918	11 839	37.8	8.7	2 702	55 033	0.5	215
大正8年	1919	15 453	30.5	5.0	2 937	55 473	0.8	279
大正9年	1920	15 896	2.9	-0.1	3 596	55 963	0.9	284
大正10年	1921	14 886	-6.4	6.4	2 868	56 666	1.3	263
大正11年	1922	15 573	4.6	-2.6	2 975	57 390	1.3	271
大正12年	1923	14 924	-4.2	-4.6	2 500	58 119	1.3	257
大正13年	1924	15 576	4.4	12.5	2 929	58 876	1.3	265
大正14年	1925	16 265	4.4	-2.9	2 704	59 737	1.5	272

注：各年的名义经济增长率、实际经济增长率、人口增长率以及人均国民生产总值根据资料计算得出。

资料来源：[英] B. R. 米切尔编. 帕尔格雷夫世界历史统计·亚洲、非洲和大洋洲卷（1790—1993）[M]. 北京：经济科学出版社，2002.

第一次世界大战后的日本经济进入了衰退时期。大正8年（1919年）的经济复兴繁荣以后，随着生产过剩、入超使股价暴跌，出现了1920—1921年的"战后恐慌"。经济危机发生后，股票及主要产品价格在1920年10月至12月纷纷跌入最低点，其下跌率分别为股票55%，棉线60%，生丝70%，砂糖47%，铜37%，生铁30%，煤炭24%，稻米56%，批发价格指数36%。[①] 这些数字表明，这是日本经济进入资本主义社会以来最为严重的一次危机。在这场经济危机中，损失最为惨重的是与出口贸易直接相关的商社和生产企业。危机时期，与出口相关的纺织、生丝等生产企业纷纷采取生产减产措施来渡过难关。面对这场经济危机，日本政府采取的主要对策是通过日本银行扩大融资来拯救市场，融资额达到破纪录的2.6亿日元，融资的主要对象是证券业、银行业、商业、制糖业、制铁业和制铜业，[②] 使经济下滑在1921年上半年得到基本控制。1922年日本受经济萧条的影响又爆发了金融危机，出现了大量不良债权，21家银行不得不暂时停业整顿，导致战后经济的大萧条。接着又发生了1923年的关东地区大地震，据说受灾总额为50亿~100亿美元，使日本经济大幅度衰退。

从大正13年（1924年）起，日本经济摆脱了经济危机，进入相对稳定的发展时期。日本是一个资源较贫乏的国家，经济上对外依赖性很大。20世纪20年代的日本贸易的增

---

① [日] 中村隆英，尾高煌之助编. 日本経済史Ⅵ [M]. 東京：岩波書店，1989.
② 杨栋梁. 日本近现代经济史 [M]. 北京：世界知识出版社，2010.

长幅度低于世界贸易的平均水平。而大正时期，日本的出生率始终保持在34.0‰左右的高水平，人口增长较为迅速，由大正元年（1911年）的5 131万人增长到大正14年（1925年）的5 974万人，仅仅14年间增长了近900万人，人口的迅速增长在一定程度上刺激了日本的经济发展。

1.4 对外贸易

江户初期，德川幕府还鼓励各大名开展朱印船贸易，17世纪初期，有葡萄牙、西班牙、英国、荷兰以及中国这5个国家的船只在日本开展贸易。但是在1623年英国在贸易上与荷兰发生争议，失败后退出了对日贸易。1624年，德川幕府为了禁止基督教在日本的传播，禁止西班牙船只进入日本。随后日本的对外贸易接近封闭式，为防止外部势力对日本的侵入，德川幕府推行锁国政策，严禁日本人与外国贸易，把外国商人和传教士驱逐出境。只允许同中国、朝鲜和荷兰等国通商。17世纪末以后，政府因担心金、银等贵金属过度流往海外，逐渐进行贸易限制。尽管在田沼时期（1767—1786年）采取重商主义政策，推行过一时的贸易振兴政策，但从长期来看，日本的对外贸易总体上呈现逐渐减少的趋势。

18世纪末到19世纪中期，俄国、英国和美国等国对日本先后施压，迫使日本通商。1853年7月8日美国东印度舰队司令佩里率舰队驶抵江户湾的浦贺，要求日本"开国"。在美国舰队武力威胁下，1854年，德川幕府被迫签订《日美和好条约》。条约规定，日本开放下田、箱馆两港作为美国来往船只的停泊港，并给予美国最惠国待遇等优惠。1858年（安政5年），日本又被迫与美国、荷兰、俄国、英国、法国分别签订通商条约，总称《安政条约》。由此，日本被迫放弃锁国政策，实行开国。①

日本实现开国后，对外贸易首先在神奈川、长崎、箱馆三地展开。不久后神奈川被横滨所取代，横滨开港后，下田港被关闭。而兵库和新潟分别在1867年（庆应3年）和1868年（明治元年）开港。随后，日本对外贸易又在江户和大阪的外国人居留地为中心展开。从开国到1867年期间，日本的对外贸易额迅速上升。从贸易额的变化来看（见表1—7），1860年（万延元年）到1865年（庆应元年），出口总额从471万美元增至1 849万美元，进口由166万美元增至1 514万美元。开港后到1867年期间，日本对外贸易输出量增加2.5倍，输入量却增加了13倍。值得注意的是开港初期的日本对外贸易连年出现顺差，说明初期的贸易是以外国对日本原材

---

① 日本开国是指19世纪50年代中期，西方资本主义国家以武力强制日本放弃"锁国政策"，对外实行以建立国交和开港贸易为中心的开放政策。"开国"是对"锁国"而言。在17世纪中叶至19世纪中叶日本推行"锁国政策"期间，英国、美国、法国等国先后进行了资产阶级革命和产业革命，并挟其武力和商品向亚洲、非洲、拉丁美洲等地区侵略扩张，同时也把锋芒指向日本。从18世纪末起，俄、英、美等国不断向日本叩关，要求建交和开港通商，均遭拒绝。19世纪中叶，在美国的威胁下，日本被迫"开国"。德川幕府锁国政策破产和被迫"开国"标志着资本主义世界市场的形成。在严重的民族危机下，日本广大人民和爱国志士展开了反对侵略、反对幕府统治的斗争，揭开了日本近代史序幕。

料的掠夺为重点，而且进口的增长速度明显高于出口的增长速度，进出口的差额明显缩小，到1867年（庆应3年），日本已出现大量贸易逆差，日本民族工业的发展受到阻碍，成了欧美各国的商品倾销市场和原料供应地。大量西方质优价廉商品的涌入，沉重打击了日本国内产业。而生丝的大量出口，造成国内供应短缺，丝价暴涨，丝织业萎缩。

表1—7　　　　　　"开港"后的日本对外贸易（1860—1867年）

年份		出口总额/美元		进口总额/美元	
		全国的出口总额	横滨的出口额	全国的进口总额	横滨的进口额
万延元年	1860	4 713 788	3 954 299	1 658 871	945 714
文久元年	1861	3 786 652	2 682 952	2 364 616	1 494 315
文久2年	1862	7 918 196	6 305 128	4 214 768	3 074 231
文久3年	1863	12 208 228	10 554 022	6 199 101	3 701 084
元治元年	1864	10 572 223	8 997 484	8 102 288	5 553 594
庆应元年	1865	18 490 331	17 467 728	15 144 271	13 153 024
庆应2年	1866	16 616 564	14 100 000	15 770 949	11 735 000
庆应3年	1867	12 123 675	9 708 907	21 673 319	14 908 785

资料来源：[日]滨野洁，井奥成彦，中村宗悦，岸田真，永江雅和，牛岛利明. 日本经济史1600—2000 [M]. 南京：南京大学出版社，2010.

从各港口的进出口贸易来看，横滨港发挥了最重要的作用。全国约70%的进口货物和80%的出口货物是从这里离港的。在开港的数年间，在出口商品中生丝占首位，为该时期出口额的70%～80%，其次是茶叶、原棉、油和铜。进口产品中占主导地位的是棉织品和毛织物，其次是金属制品和药品。但棉毛织品在日本进口商品中的比例由于其他工业品的逐年增加而呈现下降的趋势。从交易对象国来看，最大的贸易对象国是英国，而不是最先迫使日本开国并签署通商条约的美国。这不仅是因为当时号称"世界工厂"的英国具有最强的经济实力，还在于19世纪60年代美国发生了南北战争，一时无暇对外贸易。当时，英国对日本贸易一直占日本对外贸易额的一半以上，其他的主要对外贸易国则是美国、荷兰和法国。[①]

明治维新以后，日本加快了对外贸易的步伐，从明治时期的对外贸易变化来看，如图1—2所示，1868年（明治元年）到1886年（明治19年），日本的进口总额和出口总额都有较明显的增长，从1887年（明治20年）以后到1911年（明治末年）对外贸易迅速上升，出口总额从5 241万日元增至5.23亿日元，进口总额从4 430万日元增至5.81亿日元，仅24年间日本对外贸易输出量增加9.7倍，输入量增加了12.1倍。显而易见明治时期的日本对外贸易继续连年出现逆差，在一定程度上影响了日本工业的发展。

---

① 杨栋梁. 日本近现代经济史 [M]. 北京：世界知识出版社，2010.

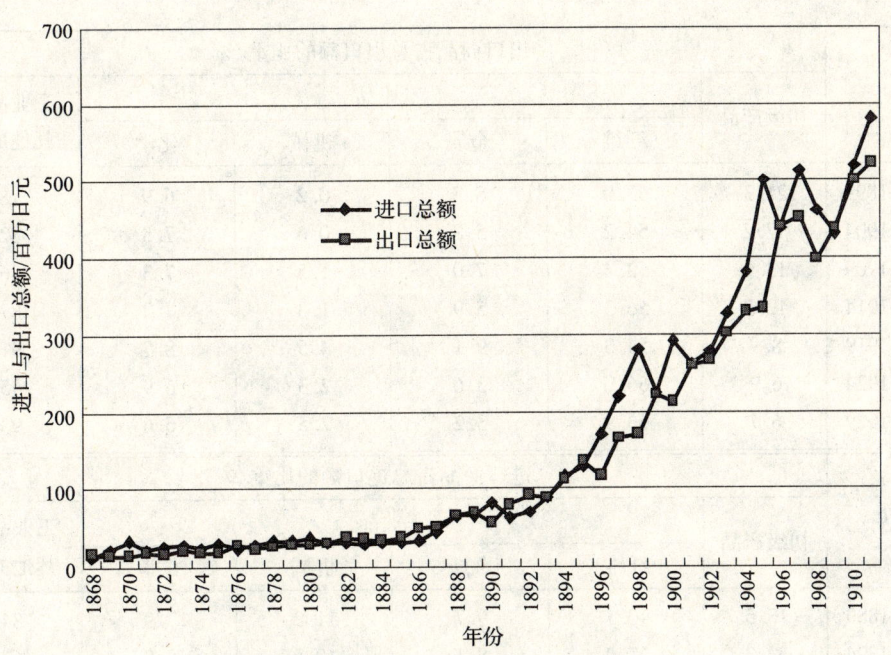

图 1—2 明治时期的日本对外贸易

资料来源：[英] B. R. 米切尔编. 帕尔格雷夫世界历史统计·亚洲、非洲和大洋洲卷（1790—1993）[M]. 北京：经济科学出版社，2002.

明治初期，日本的贸易结构是"垂直型"的，即把以生丝为首的原始产品向欧美出口，再从这些国家进口衣服和机械成品。① 到了明治后期，随着工业化的推进，日本的进出口结构从落后国的"进口产品、出口原料"型转变为先进国的"出口产品，进口原料"型。② 不过，对欧美先进国家来说，日本的出口产品以生丝、丝织品、棉线、棉织品等纺织品为主，重化学产品主要依靠欧美进口。因此，日本的贸易结构还是属于落后国型贸易结构（见表1—8和表1—9）。③

表1—8　　　　　　　　　　　进出口商品的产品类别

期间	出口商品占总出口额的比重/%					
	初级产品	工业品				工业品以及其他的合计
		纤维	金属	机械	化学	
1885—1889	33.7	45.7	5.9	0.1	5.5	66.3
1890—1894	25.7	49.3	6.9	0.2	7.4	74.3

---

① [日] 大野健一. 从江户到平成：解密日本经济发展之路 [M]. 北京：中信出版社，2006.
② 杨栋梁. 日本近现代经济史 [M]. 北京：世界知识出版社，2010.
③ [日] 滨野洁，井奥成彦，中村宗悦，岸田真，永江雅和，牛岛利明. 日本经济史1600—2000 [M]. 南京：南京大学出版社，2010.

续表

期间	出口商品占总出口额的比重/%					
	初级产品	工业品				工业品以及其他的合计
		纤维	金属	机械	化学	
1895—1899	21.3	53.0	5.3	0.2	6.9	78.7
1900—1904	17.2	54.2	5.8	0.6	7.5	82.8
1905—1909	13.5	52.4	7.0	1.5	7.3	86.5
1910—1914	12.7	56.3	5.9	1.3	7.2	87.3
1915—1919	8.9	54.3	9.1	4.5	8.7	91.1
1920—1924	6.9	66.0	3.6	2.3	6.9	93.1
1925—1929	6.7	66.9	3.2	2.5	6.6	93.3

期间	进口商品占总进口额的比重/%					
	初级产品	工业品				工业品以及其他的合计
		纤维	金属	机械	化学	
1885—1889	13.5	40.1	9.7	11.2	7.9	84.5
1890—1894	32.2	25.4	8.1	10.5	8.0	67.8
1895—1899	37.6	16.9	9.0	13.2	9.6	62.4
1900—1904	45.5	10.6	9.5	10.6	11.1	54.5
1905—1909	42.0	10.6	11.7	9.9	15.6	58.0
1910—1914	50.6	5.7	11.1	7.8	14.7	49.4
1915—1919	54.4	2.3	17.6	4.5	13.6	45.6
1920—1924	51.0	6.1	11.4	7.6	12.7	49.0
1925—1929	59.1	4.9	7.9	6.1	11.1	40.9

资料来源：[日] 滨野洁, 井奥成彦, 中村宗悦, 岸田真, 永江雅和, 牛岛利明. 日本经济史 1600—2000 [M]. 南京：南京大学出版社, 2010.

表 1—9　　　　　　　　进出口商品的地域类别

期间	出口所占比重/%						
	亚洲	欧洲	北美洲	南美洲	非洲	大洋洲	合计
1885—1889	23.2	33.0	40.4	0.0	—	0.9	100.0
1890—1894	28.9	29.3	39.6	0.0	—	1.2	100.0
1895—1899	39.2	25.6	33.2	0.0	0.1	1.6	100.0
1900—1904	43.2	23.7	30.8	0.0	0.1	1.9	100.0
1905—1909	44.6	21.1	31.7	0.0	0.1	2.0	100.0
1910—1914	42.8	21.3	32.4	0.2	0.3	2.5	100.0
1915—1919	45.9	15.6	33.0	0.9	1.4	3.1	100.0
1920—1924	45.0	8.2	40.0	1.0	1.6	3.1	100.0
1925—1929	43.2	6.9	43.9	1.0	2.3	2.8	100.0

续表

期间	进口所占比重/%						
	亚洲	欧洲	北美洲	南美洲	非洲	大洋洲	合计
1885—1889	33.1	57.4	8.9	0.0	—	0.3	100.0
1890—1894	40.9	47.1	8.8	0.0	—	0.4	100.0
1895—1899	43.0	42.7	12.9	0.0	0.1	0.6	100.0
1900—1904	44.6	35.5	17.4	0.0	0.7	0.8	100.0
1905—1909	40.3	39.1	17.6	0.1	0.8	1.1	100.0
1910—1914	46.4	32.2	16.7	0.4	1.0	2.0	100.0
1915—1919	49.2	8.3	33.7	1.0	2.4	4.0	100.0
1920—1924	40.5	19.6	32.5	0.6	1.6	4.3	100.0
1925—1929	42.2	18.0	31.4	0.5	1.7	6.0	100.0

资料来源：[日]滨野洁, 井奥成彦, 中村宗悦, 岸田真, 永江雅和, 牛岛利明. 日本经济史1600—2000 [M]. 南京：南京大学出版社, 2010.

明治后期，日本的贸易结构变得复杂。对欧美国家继续保持垂直型贸易，而对中国、韩国、印度等亚洲国家则开始出口棉纱、棉布衣料、针织品、钟表和玻璃制品等轻工业制品，进口生产这些产品所需的原材料。特别是印度棉花的进口成为日本棉纺织业的重要输入源。同时，日本也进口美国棉花。随着棉纱出口量和棉花进口量的增大，政府根据纺纱业的需要，修改了对外贸易政策，在1894年和1896年分别废除了棉花出口税和进口税。这些措施对于使用印度棉花的近代纺织厂来说是有利的，但却打击了使用国产棉花的传统棉织品生产者。①

到了大正时期，日本的对外贸易继续扩张，特别是第一次世界大战后，欧洲各国因忙于筹集战略物资，对外市场竞争能力弱化，而日本的出口能力骤然加强，进口压力大为减轻，结果日本的对外贸易出现了大量的黑字，大正5年间，黑字累计13.2亿日元（见表1—10）。贸易地区结构上也可以看出这种变化。战前，日本对欧洲的出口在总出口中所占的比例为21%，进口占32%，战后，同比分别降至16%和8%。②战争结束后，日本的出口能力再次减弱，对外贸易继续呈现赤字。这一时期，虽然面向美国市场的生丝、丝织品是赚取外汇的主要行业，但在以廉价劳动力为特色的中国纺织业兴起后，日本的棉纺织业失去了出口竞争力，于是将其主力转向中国的现地生产。日本则向东南亚市场出口以印度产棉为原料的棉织品。③

---

① [日]大野健一. 从江户到平成：解密日本经济发展之路 [M]. 北京：中信出版社, 2006.
② 杨栋梁. 日本近现代经济史 [M]. 北京：世界知识出版社, 2010.
③ [日]滨野洁, 井奥成彦, 中村宗悦, 岸田真, 永江雅和, 牛岛利明. 日本经济史1600—2000 [M]. 南京：南京大学出版社, 2010.

表 1—10　　　　　　　　大正时期的日本对外贸易　　　　　　（单位：百万日元）

年份		出口	进口	差额	年份		出口	进口	差额
大正元年	1912	618	684	-66	大正8年	1919	2 379	2 501	-122
大正2年	1913	716	795	-79	大正9年	1920	2 200	2 681	-481
大正3年	1914	671	671	0	大正10年	1921	1 503	1 940	-437
大正4年	1915	793	636	157	大正11年	1922	1 880	2 216	-336
大正5年	1916	1 234	879	355	大正12年	1923	1 686	2 393	-707
大正6年	1917	1 752	1 201	551	大正13年	1924	2 105	2 971	-886
大正7年	1918	2 159	1 902	257	大正14年	1925	2 670	3 105	-435

资料来源：[英] B. R. 米切尔编. 帕尔格雷夫世界历史统计·亚洲、非洲和大洋洲卷（1790—1993）[M]. 北京：经济科学出版社，2002.

1.5　财政

江户时代的财政是分权制。幕府和各藩的财政各自独立，财政收入是从各自的领国获取的各项收入。德川幕府时期，幕府即中央政府是国家的最高权力机构，垄断了其他一些藩所没有的特别收入。幕府的财政来源主要有从天领得来的年贡收入；垄断矿山、对外贸易、货币铸造的收益；对江户、京都、大阪等主要城市的直辖以及对工商业营业许可的批准、组成卡特尔的认可所征收的费用等。[①]

在江户时代，政府的财政收入来源基本上是大米，大米不仅可以用来转账，实际上还被运往全国各地。虽然对商业时而征税，但并没有取代大米作为主要税源的地位。其结果农民和商人逐渐提高了收入、积累了财富，而幕府和藩则经常遭遇财政危机。为此，幕府采取了改铸货币、紧缩财政、增税、统制物价和行政改革等对策来应对。[②]

明治维新初期由于政府征收实物税，因此政府财力依然以大米的收获数来计算，当时政府掌控的大米约800万石，仅相当于全国总产量的1/4。当时的财政一直未能改变入不敷出的窘困状态，形势极其严峻。面对严重的财政困难，政府采取的主要措施是整顿货币市场，开始大量发行货币公债，和由利公正财政时期大量发行名为"太政官纸币"的不可兑换的纸钞，[③] 预备发行3 250万两，实际发行4 800万两，向各藩、府县、商贾借出款额达1 780万两。明治政府企图用这种方法解决财政问题。但由于准备金缺乏，发行的只能是依法强制推行的法币，而非金银支撑的本币。这种办法导致急速的通货膨胀和纸币信用低下。1871年，政府宣布发行新纸币日元，规定可以用此币与旧纸币和藩币进行兑换。1872年，明治政府颁布《国立银行条例》，发行可兑换银行券，以此来调节资金市场。但未收到预期效果。

井上馨财政时期（1871—1873年）财政制度的改革仍在继续，运营的主要特点是实行严厉的紧缩政策。在整顿旧藩币、旧藩债的过程中，井上馨采取了严厉的措施。最初

---

①② [日] 大野健一. 从江户到平成：解密日本经济发展之路 [M]. 北京：中信出版社，2006.
③ 杨栋梁. 日本近现代经济史 [M]. 北京：世界知识出版社，2010.

政府承认的旧藩债为7 813万日元，其中用现金偿还400万日元，用分期付息的方式偿还1 282日元，无息50年偿还1 122万日元，其他3 927万日元则被强行废除。在纸币政策上，通过"准备金"制度使正币准备金增值，并努力缩减纸币发行。井上馨财政政策的推行，实现了通货的统一和国家的统制，使居高不下的通货膨胀有所缓解。[①]

大隈重信财政时期（1873—1881年）一改井上馨的财政方针，推行了积极的财政政策，并实施地租改革，增加了政府的收入。1876年，日本重新修订了《国立银行条例》，使银行券成为和政府纸币交换的纸币。同时大隈重信又颁布了《金禄公债证书发行条例》，公债发行总额达17 400万元。到1879年，开业银行达到153个，资本金总额为4 024万日元。

但是，由于大力推行殖产兴业政策，导致财政支出迅速增加，使整个财政陷入赤字的状态。明治10年（1877年）爆发了西南战争，政府为筹措军费而大量发行不兑现纸币，导致了严重的通货膨胀。通货膨胀又造成对外贸易入超和金银外流，使近代日本经济面临危机。明治14年（1881年）明治政府采取了"超紧缩、超均衡"的财政政策，取消不兑换纸币，发行兑换券，增加对烟酒等商品的征税，停止由国家经营工厂和矿山，大幅度削减财政支出。这是日本财政史上第一次出现的正式的财政政策。[②]

松方正义财政时期（1881—1885年）制止了通货膨胀，带来了通货的稳定，使对外收支变为顺差，在财政状况好转后，松方正义开始着手建立金本位制度，整顿货币秩序，1884年，颁布了《可兑换银行券条例》，规定了所有不可兑换的纸币"太政官纸币""民部省札"一律作废。拥有着兑换期限的明治通宝，逾期作废。明治通宝正式成为唯一的流通货币，并导致建立了近代的财政、金融体系。但也造成了负面影响，经过一系列的政策，市场中的货币量减少，货币价值相对上升，物价下跌，引起了通货紧缩，[③]特别是农产品价格下跌，使卷入商品经济的小农遭到沉重的打击。其后，明治政府又转向积极财政。

经过中日甲午战争（1894年）和日俄战争（1904年），日本走上扩充军备的道路，岁出规模不断扩大，1897年明治政府的一般会计岁出超过2亿日元，相当于1894年的3倍，财政状况恶化，不得不依靠发行大量的国债和向外国借款来获得财源。与此同时，政府又大力充实产业措施，如建立钢铁厂，改建铁路，扩充电信电话设施、设立特殊银行、修建治水工程等。

由于工业化进程比英国、美国和德国等发达国家相对较慢，国际商品竞争力弱，明治末期的日本经常受到外汇不足的困扰。到了大正时期，以第一次世界大战为契机，日本逐步扩大了出口市场，国际收支转为顺差，外汇储备有所增加，财政状况呈现良好的状态。但好景不长，第一次世界大战结束后，大正政府又陷入财源困难的境地。1923年又发生了关东大地震，地震后的复兴需求导致财政支出进一步膨胀，出现了大幅度的财政赤字。[④]为了应对面临的财政困境，克服赤字，大正政府采取了彻底的紧缩财政政策。

---

① 杨栋梁. 日本近现代经济史 [M]. 北京：世界知识出版社，2010.
②④ 冯昭奎. 日本经济（第二版）[M]. 北京：高等教育出版社，2005.
③ [日] 滨野洁，井奥成彦，中村宗悦，岸田真，永江雅和，牛岛利明. 日本经济史1600—2000 [M]. 南京：南京大学出版社，2010.

1.6 货币与金融

江户时代初期,通过货币的铸造江户幕府开始推行金融政策。德川家康(1543—1616)作为江户时代日本最重要的改革家将全国矿山收归幕府管辖,集中开采,进而设置了金座、银座、铜座,制定了统一的货币制度,即所谓"三货制度"。接着便开始发行了七种金币,包括大判(十两)、五两判、小判(二两)、二分金、一分金、两朱金、一朱金,以及形似海参和豆瓣状的银币。另外还先后发行了钱币庆长通宝和元和通宝。① 当时幕府官员荻原重秀(1658—1713)在货币改革方面崭露头角。荻原重秀作为日本宽松货币政策的鼻祖,由他执行的"元禄改铸",是江户时代制定货币制度以来第一次大规模的货币制度改革,对日本经济"江户奇迹"② 产生了深远影响。

荻原重秀的货币改革是将市场上的一切货币都加以回收改铸,改变铸币中的品位或成色,在贵金属本位时代通过实行货币贬值,使同样数量的铸币带来更多的货币供应量。以当时市场上流通最广的小判为例,庆长小判改铸后,重量不变,金纯度却下降为57.37%。改铸结果使金币流通量增加了47%。荻原重秀认为,如果不考虑1%的改铸的花费,货币发行增加量就直接等于幕府岁入增加量。从1695年到1706年的十余年间,改铸的金币发行量达到1 393万两,因此幕府差额利益金也相当丰厚。同期对银的改铸中,庆长银的纯度也减低到64%,发行量增加25%。1695年至1706年间共改铸银币40万贯,幕府纯收入8万贯。其中,银币的超前增长反映了当时日本以银币作为主要结算工具的国内贸易扩张以及经济总量扩张对货币的旺盛需求。但是由于对银币的纯度下调程度太小,使金银比价发生混乱。荻原重秀于1706年再调银币纯度至50%,银价渐平。这次改铸,据新井白石估算,又使幕府增加了将近7万贯的收入。

元禄改铸总体上是成功的,但也出现了物价上涨。以改铸前后10年作对比,日本各地的米价上涨了30%~50%,年均涨幅3%左右。尽管物价上涨的部分原因是元禄大地震等自然灾害,甚至有幕僚偏执地认为元禄改铸是导致大地震等自然灾害的原因,但还是迫使幕府一度恢复了改铸前的金银品位。

到了公元1736年,由于日本关西46藩收成锐减五成,出现了全国性的"享保饥馑",并导致米价大幅上涨,引发了社会动乱,为恢复经济,幕府重新启动了货币改革,即第二次改铸,又称"元文改铸"。元文改铸后,小判的含金量由84.29%降至65.71%,银币的品位由80%大幅降至46%。值得一提的是,虽然元文改铸后的4年之内日本的米

---

① [日]滨野洁,井奥成彦,中村宗悦,岸田真,永江雅和,牛岛利明. 日本经济史1600—2000[M]. 南京:南京大学出版社,2010.

② 与西欧14国近代依靠贸易扩张所带来的盈余增加货币供应量进而增加财富的模式明显不同,近代海运薄弱、贸易并不发达的日本,则一直借助降低金银货币的成色来增加货币供应量,由此实现了日本经济在江户时代的迅速崛起。据麦迪森在《世界经济千年史》提供的数据,日本的当年国民财富产出(GDP)1600年为96.2亿国际元(按1990年不变价值计算,下同),到了1870年猛增到253.93亿国际元,累计增幅高达164%。这可以说是日本经济史上的"江户奇迹"。

价上涨了50%之多，但在随后100年的时间里，日本的物价基本保持稳定。从供给学派的角度来看，如果增加货币得以扩大生产能力及产量，物价下降是顺理成章的结果。

元文改铸后，幕府还进行了第三次货币改革，即1818年的"文政改铸"，小判的含金量进一步降至56.41%，银币的含银量则降至36%。此后40年，金币的含金量基本稳定，但银币的品位继续下降，到1859年降至13%，显示三次改铸后的日本终于踏上了持续扩大货币发行量的不归路。

明治维新以后，日本的金融体系大致是按照美国市场模式构筑的。明治元年（1868年），政府颁布了《银目废止令》，先从形式上统一了全国货币。明治4年（1871年）颁布《新币条例》，意在推进包括发行纸币在内的货币改革，这标志着日本近代金融体系的建立。明治5年（1872年）和6年（1873年），日本仿照当时的美国国立银行法制定了《国立银行条例》和《可兑换金币公债发行条例》，设立了东京第一国立银行等国立银行。1876年《国立银行条例》被修改，开设条例明显放宽，1877—1879年出现了近150家国立银行。除了国立银行外，还出现了各种各样的金融机构，其中私立银行最为重要，其后数年银行数量迅速增多。

明治15年（1882年）通过《日本银行条例》，并创设具有中央银行职能的日本银行。1983年2月，明治政府颁布《日本银行条例》，对日本银行的性质、职责作了详尽的规定，同年，日本银行开业运作，并开始整顿全国货币金融市场，松方正义（1835—1924）修改了《国立银行条例》，对国立银行进行了治理，从根本上改变了滥发纸币的状况。1884年，政府公布了《兑换银行券条例》，消除了银币和纸币的差价。1885年，日本银行首次发行"可兑换日本银行券"，这标志着近代以来纸币的发行与管理已实现统一，从而确立了银行银本位制货币金融制度。

在不断完善国家中央银行体制的过程中，松方正义还亲手建立了与中央银行相辅的特殊银行。他在《财政议》中提出，在中央银行内部设立外国汇兑部，专门处理外贸出口方面的汇兑业务。当时是由横滨正金银行来处理外国汇兑的市场业务，日本银行则间接给予支持。1986年横滨正金银行进行业务改革时，政府还给予了财政援助。1987年颁布《横滨正金银行条例》，进一步明确了横滨正金银行的地位，同时明确了大藏大臣对银行的监督权，加强了中央政府对横滨正金银行的实际控制。①

松方正义还提出建立由政府控制的专业银行。成立专业银行的目的是避免全国金融阻塞，活跃资金的流通，建立由政府控制、具有全国规模的超大型储蓄银行，如日本劝业银行、北海道拓殖银行、日本兴业银行等，其中，日本劝业银行比较典型，该行由政府严格控制，在促进资本流通，推进殖产兴业方面发挥了重要作用，特别是在政府重点提倡的产业发展方面向有关产业和企业倾斜性地注入大笔资金。从19世纪90年代到20世纪初期，普通银行大量出现，同时国立银行也逐渐转变为普通银行。进入20世纪以后，日本一度出现金融危机，为了克服银行过多、货币市场混乱的局面，日本政府多次

---

① ［日］滨野洁，井奥成彦，中村宗悦，岸田真，永江雅和，牛岛利明. 日本经济史1600—2000 [M]. 南京：南京大学出版社，2010.

推进银行改革，鼓励银行合并，到明治末期，普通银行有所减少。

从明治维新到大正时期，日本整个金融业的特点是基本上按照市场原理展开自由竞争，利率有伸缩性，但在操作层面仍有诸多不规范之处，包括商业银行插手产业金融、日本银行提供股票担保等，导致金融体系不稳定，出现了不良债券、银行破产等问题，促使金融当局对金融活动进行干预和管制。另外，随着日本银行的创立、国立银行的整顿、横滨正金银行的改革，以及其后日本劝业银行、北海道拓殖银行和兴业银行等专门银行的建立，日本基本上形成了近代金融体系，从而为经济发展奠定坚实的制度基础。

1.7 经济起飞与人口因素

自19世纪80年代后期以来，随着日本产业革命的迅速发展，日本经济开始起飞。在经济长期增长的过程中（见表1—11），日本明治后期的经济规模总量增长较快，平均经济增长率为2.63%，到了大正时期，经济规模总量进一步加快，平均经济增长率增至3.35%（见表1—12）。

表1—11　　　　日本近代主要人口经济指标（1887—1920年）

年份		国民生产总值/百万日元	总人口/千人	人均产值/日元	就业者/千人	就业者人均产值/日元
明治20年	1887	818	39 029	21	22 625	36
明治23年	1890	1 056	40 251	26	22 583	47
明治33年	1900	2 414	44 359	54	24 768	97
明治43年	1910	3 925	49 852	79	26 169	150
大正2年	1913	5 013	52 039	96	25 734	195
大正9年	1920	15 896	55 963	284	26 965	593

资料来源：[英] B. R. 米切尔编. 帕尔格雷夫世界历史统计·亚洲、非洲和大洋洲卷（1790—1993）[M]. 北京：经济科学出版社，2002.

表1—12　　　　日本近代人口经济增长（1889—1925年）

期间		年平均增长率/%		
		国民生产总值	总人口	人均国民生产总值
明治22—23年	1889—1890	3.53	0.85	2.68
明治24—28年	1891—1895	3.12	0.92	2.19
明治29—33年	1896—1900	2.25	1.10	1.15
明治34—38年	1901—1905	1.84	1.18	0.66
明治39—43年	1906—1910	2.29	1.14	1.16
明治44—大正4年	1911—1915	3.35	1.36	1.99
大正5—9年	1916—1920	4.77	1.11	3.66
大正10—14年	1921—1925	1.93	1.26	0.67

资料来源：[日] 南亮进. 日本の経済発展 [M]. 東京：東洋経済新報社，1992.

日本经济的转折点出现在 19 世纪 70 年代末期,其标志是经济增长的加速。这一加速是美国经济学家沃尔特·罗斯托(Walter Rostow)所说的"进入自我持续增长阶段所需要的起飞"。罗斯托的经济"起飞"学说对许多国家出现的迅速增长作了解释。根据罗斯托的推算,各国经济的起飞期(见表 1—13),19 世纪开始起飞的国家在 20 世纪除俄国外均已成为经济发达的国家。但是,在经济增长的过程中,国与国之间的这种急速增长有很大差别。作为世界上第一个经历现代经济增长的国家,英国在"起飞"阶段的增长率较低,1780 年到 1880 年平均每年增长率仅为 1.3%。其他国家"起飞"阶段的增长率一般与"起飞"时期正相关。而日本的经济起飞在 19 世纪 70 年代末到 19 世纪 90 年代末期,在 1878 年以后到 1907 年国内生产总值的年平均增长率约为 4.6%,与主要发达资本主义国家相比(见表 1—14),其增长率是很高的,但由于人口增长较快,从而影响了人均产值的增长速度。

表 1—13　　　　　　　　　各国的经济起飞期

国家	起飞期	国家	起飞期
英国	1783—1802	瑞典	1868—1890
法国	1830—1860	日本	1878—1900
比利时	1833—1860	俄国	1890—1914
美国	1843—1860	加拿大	1896—1914
德国	1850—1873	土耳其	1937—

资料来源:Rostow, Walter. *The Stages of Economic Growth*. Cambridge [M]. England:Cambridge University Press, 1960;Cipolla, C. M. *The Economic History of World Population*, Penguin Books, 7th ed [M]. Baltimore, 1978.

表 1—14　　　　　发达国家在初期成长阶段的经济增长率　　　　　(单位:%)

国家	期间	年平均增长率		国家	期间	年平均增长率	
		总产值	人均产值			总产值	人均产值
英国	1860—1899	2.6	1.5	丹麦	1870—1909	3.1	2.0
法国	1840—1899	1.7	1.5	瑞典	1861—1890	2.5	1.8
德国	1860—1899	3.8	2.8	美国	1869—1908	4.3	2.2
意大利	1861—1900	3.3	2.6	加拿大	1870—1910	3.8	2.3
瑞士	1890—1929	2.6	1.9	日本	1878—1907	4.6	3.4

资料来源:Simon Kuznets. Population, Income and Capital, in L. H. Dupriez (ed) [M]. Louvain:*Economic Progress*, 1955.

人口变动对经济增长的影响,从劳动力的数量和质量来看都是不可低估的。首先观察劳动力的增加,从表 1—15 可以看出,在明治 38 年(1905 年)到大正 13 年(1924 年)经济发展的 19 年间,劳动力从 4 704 万人增加到 5 888 万人,净增 1 104 万人,即平均每年有 58.1 万的新劳动力投入劳动力市场,就业人口的年增长率为 1.2%。这一方面反映出旺盛的劳动需求,同时也为国民经济的增长提供了有利的前提,使其成为促进经济增长的主要因素。

表 1—15　　　　　　　　国民生产总值、人口与劳动力

年 份	国民生产总值/百万日元		人口/万人		就业人口/万人	
	当前价格	指数	总人口	指数	就业人口数	指数
明治 38 年　1905	3 084	100.0	4 704	100.0	2 560	100.0
明治 43 年　1910	3 925	127.2	4 985	106.0	2 620	102.3
大正 2 年　1913	5 013	162.5	5 204	110.6	2 640	103.1
大正 6 年　1917	8 592	278.6	5 474	116.4	2 660	103.9
大正 8 年　1919	15 453	501.1	5 547	117.9	2 660	103.9
大正 13 年　1924	15 576	505.1	5 888	125.2	2 820	110.2

资料来源：[英] B. R. 米切尔编. 帕尔格雷夫世界历史统计·亚洲、非洲和大洋洲卷（1790—1993）[M]. 北京：经济科学出版社，2002；[日] 南亮三郎，上田正夫. 日本の人口変動と経済発展 [M]. 東京：千倉書房，1975.

　　劳动力素质的提高也是不容忽视的。在整个江户时期，教育始终受到重视，全国各地有大量的幕府直辖学校、藩校、乡校、寺子屋和私塾。从这些学校的教育程度和教育水平上来看，分为以普通教育为目标的学校和以专门的高等教育为目标的学校；从教育内容上来看，分为儒学、国学、洋学、军事学、医学、经济学和武艺等多种教育。除了武士子弟外，许多百姓的子弟也有上学读书的机会。到德川幕府末期日本约有藩校 219 所，乡校数百所，寺子屋 2 万多所，私塾 1 500 所。寺子屋一般规模较小，但在大阪和江户也有学生数百的情况。私塾是一些学者在私宅设立的高等专门教育设施，入学者多为慕名而来。到明治元年，日本儿童的就学率达到 28%，与当时世界上最发达的工业国英国的就学率不相上下，其教育水平已达到较高的水平。[①] 自明治维新后，日本继续大力发展教育事业，施行的主要措施是：普及初等教育，提高国民的文化知识水平；创办高等教育机构，培养各种高级管理人才；发展实业教育，掌握欧美发达国家的先进科学技术。通过这些措施培养了大量高素质的各种专门人才，有力地促进了日本资本主义经济的迅速发展。

[①] [日] 南亮進. 日本の経済発展 [M]. 東京：東洋経済新報社，1992.

第 2 章 昭和时期的人口与经济发展

2.1 昭和前期的人口与经济

在第一次世界大战后已陷入衰退的日本经济在大正末期（1924—1925 年）经过短暂的恢复之后，到了昭和前期（1926—1945 年）显得更加混乱和不稳定，经济增长率显示了较大的波动（见表 2—1）。日本政府为了筹集关东地区大地震后复兴资金发行了震灾期票，而围绕着期票的处理在 1927 年（昭和 2 年）爆发了金融恐慌。进而在 1929 年美国以股票大跌价为契机的经济危机，使包括日本在内所有发达国家（见表 2—2）的生产水平大幅度下降。到了 1930 年（昭和 5 年），滨口雄幸（1870—1931）内阁解禁推行了按照旧平价允许黄金出口的政策，使日元实质上升值了 15%。加上 1930—1931 年日本经济遭受了极其严重的经济恐慌的困扰，大批企业开工不足和倒闭，导致生产缩减，失业增加。1931 年日本政府再次采取了禁止黄金出口的政策，并采取了以赤字公债为中心的通货膨胀政策，以图恢复景气。另外由于汇率下跌，交易条件处于低水平，因而对外出口迅速增加。由于这些因素使日本工业发展较为迅速，特别是军事工业和重工业生产的发展极其显著。1931—1936 年，日本对军事工业投资约为 70 亿日元，除了发展军事工业外，还促进了一般机器制造业、钢铁业和采矿业的发展。近代的化学工业也蓬勃发展起来，劳动力需求增长，失业减少。

表 2—1　　　　　　昭和前期主要人口经济指标

年份		国内生产总值		固定资本形成总额/百万日元	总人口/千人	人口增长率/%	出生率/‰	人均国内生产总值/日元
		当前价格/百万日元	实际经济增长率/%					
昭和元年	1926	15 975	0.7	2 862	60 741	1.7	34.6	263
昭和 2 年	1927	16 293	3.4	2 892	61 659	1.5	33.4	264
昭和 3 年	1928	16 506	6.5	2 743	62 595	1.5	32.2	264
昭和 4 年	1929	16 289	0.5	2 815	63 461	1.4	32.7	257
昭和 5 年	1930	14 698	1.1	2 322	64 450	1.6	32.4	228
昭和 6 年	1931	12 520	1.2	888	65 457	1.6	32.1	191
昭和 7 年	1932	13 043	0.9	1 379	66 434	1.5	32.9	196
昭和 8 年	1933	14 334	4.2	1 797	67 431	1.5	31.5	213
昭和 9 年	1934	15 672	10.7	2 246	68 309	1.3	29.9	229
昭和 11 年	1936	17 800	3.2	2 616	70 114	1.2	30.0	254
昭和 13 年	1938	26 793	3.4	5 303	71 013	0.5	27.2	377

续表

年份		国内生产总值		固定资本形成总额/百万日元	总人口/千人	人口增长率/%	出生率/‰	人均国内生产总值/日元
		当前价格/百万日元	实际经济增长率/%					
昭和15年	1940	39 396	-5.9	8 299	71 933	0.8	29.4	548
昭和17年	1942	54 384	1.3	9 363	72 300	1.0	30.9	752
昭和19年	1944	74 503	-3.4	16 245	73 800	0.7	—	1 003

注：各年的名义经济增长率、实际经济增长率、人口增长率以及人均国民生产总值根据资料计算得出。
资料来源：[英] B. R. 米切尔编. 帕尔格雷夫世界历史统计·亚洲、非洲和大洋洲卷（1790—1993）[M]. 北京：经济科学出版社，2002.

表2—2　　　　　　　　欧洲各国及日本的生产指数（1938年=100）

国家	1929年	1931年	1933年	1935年	国家	1929年	1931年	1933年	1935年
英国	109	95	90	97	荷兰	83	94	88	86
法国	117	105	95	94	瑞典	92	60	38	81
德国	82	60	57	71	挪威	60	39	56	70
意大利	85	70	63	72	日本	48	51	59	79
比利时	98	93	84	88					

资料来源：[日] 中村隆英. 経済政策の運命[M]. 東京：日本経済新聞社，1967.

另外，由于大正末期到昭和初期日本的出生率始终保持在32.0‰以上的高水平，人口迅速增长，产生了大量过剩人口。1927年，日本设立"人口粮食问题调查会"，该调查会1930年的报告针对日本人口的激增提出了一系列的人口经济对策：鼓励国内开荒移民和向外国开辟殖民地，调整对劳动力的需求增产粮食，提高劳动生产率等。1931年日本以解决经济萧条和过剩人口为目的入侵中国东北地区，并建立了日本关税同盟，从此独占了中国东北地区的市场。由于当时向北海道的移民已达到饱和状态，于是大量日本移民转向中国东北地区。1929年到1937年，移居到中国东北地区的日本移民由81.4万人增至179.6万人，仅仅8年间增长了近100万人。

1937年（昭和12年）爆发了中日战争，日本经济加强了战时的经济体制。1938年日本将其"五年计划"修改为"扩充生产力四年计划"，同年，日本又发布了国家总动员令，在金融、产业和国民生活方面建立总动员体系。随着日本军事工业的发展，刺激了工业总产值的增长，1941年比1936年增长了1.5倍，其中钢铁、机器、化学、石油和煤炭制品等与军需有关的重化学工业产值增长了2.3倍，重工业在工业总产值中的比重由1937年的57.8%上升到1941年的65.9%。但重工业的发展是以牺牲民用轻工业为代价的，同期，纤维产业的生产下降40.0%，食品工业的生产下降22.0%，加深了国民经济内部的不平衡。

1941年（昭和16年）太平洋战争爆发后，日本根据《重要产业团体法》，在一切主要工业部门和金融部门建立"统制会"，把所有企业都强行纳入军需工业生产中。战时的统制经济使日本的经济垄断达到空前的程度。日本的整个工业生产在1941年达到最高点以后，由于战局的恶化失去了制海权，使海运物资受到封锁，进口供应减少，加速了日本经济的危机。1945年（昭和20年）同1935—1937年相比，工业减产71.5%。农业的衰落也很显著，以战前1933—1935年平均的全部农业产品综合指数作为100，1945年仅为58.2，由于农业大幅度减产，粮食严重不足，使绝大部分日本国民陷入饥饿状态。日本的统制经济崩坏。

这一时期由于战争因素的影响加快了日本的人口增长趋势。1941年日本政府通过了"确立人口政策纲要"的人口政策，力图为建设所谓的"大东亚共荣圈"而增加人口。其主要目标是通过增加出生和减少死亡来促进人口增长。为了增加生育，结婚年龄提前了三年，每对夫妇以生育5个为目标，并设置奖励结婚和结婚费用贷款制度、对多子女家庭减轻赋税负担、禁止避孕和堕胎等人为的节育等。在降低死亡率方面，主要推行保护母亲的优生保护法和预防结核病，并以20年内降低死亡率35%为目标。此外，这个"纲要"不仅强调人口的数量增长，还注重谋求人口素质的提高。由于实行了积极的人口增长政策，20世纪30年代末期已降低到27.0‰的出生率在1941年又回升到了31.6‰，而自然增长率也创造了15.8‰的最高纪录。1942年以后由于战争局势的恶化，出生率有下降趋势。尽管如此，日本人口依然持续增长，从1942年的7 230万人增至1944年的7 380万人，而人口的适度增长，扩大了市场，带来经济效益，在一定程度上促进了日本经济的发展。

2.2 统制经济体制

日本虽然在明治维新以后就建立了资本主义自由市场经济制度，但为了赶超欧美各国，日本政府以殖产兴业、富国强兵为中心，在诱导和扶持产业发展方面发挥了重要的作用。在日本挑起太平洋战争以后，由于日本政府在战争期间全面实行了经济统制，从而形成了以政府主导的统制经济体制。统制经济体制不仅在战争期间发挥了重大作用，而且还是战后全面形成的日本式经济体制的原型和基础。

自1937年"七七卢沟桥事变"日本全面侵华战争以来，日本军国主义为了战争在经济上实施了举国的统制经济。战时统制经济集中体现于日本政府1937年8月颁布的《国家总动员法》。随后，国家直接统制的形态开始占据主导地位，国家对资源分配的控制达到前所未有的程度。作为日本政府战争动员的一部分，为满足化学工业部门生产力迅速扩充的需要，政府一方面依据法律或行政命令对生产、设备，甚至是从业者实施各种各样的管制；另一方面，为了完成生产目标，确保资源的倾斜分配，还采取了各种产业保护措施。

日本政府实施经济统制所依据的基本法律包括《临时资金调整法》（1937年9月）、《进出口商品等临时措施法》（1937年9月）和《军需工业动员法的适用法》。这些法规成为战时统制经济的原型。以此为背景，政府开始对资源分配进行直接控制。《临时资金调整法》是基于防止产业资金流向不必要不紧急产业、确保军需产业资金需求的目的而制定的。其主要内容是，对一定规模以上公司的设立、增资、合并以及目的的变更等实行许可制，并根据行业优先顺序分配资金。1937年9月，临时资金调整委员会将全部产业分成甲、乙、丙三类，甲类行业包括矿业、钢铁、汽车、飞机制造、兵器制造、硫酸制造等100余种，乙类行业包括人造纤维、制材等120余种，丙类行业包括纺织、照相机、化妆品制造等150余种。甲类的重化工业优先获得资金支持。从1937年9月到1940年6月间，事业设备资金累计达到103亿日元，从获得的资金种类来看，工业占64.5%，矿业占12.8%，而且大部分资金流向了甲类行业。《进出口商品等临时措施法》不仅赋予政府管制进出口的权限，而且还赋予其对进出口商品及以其为原料的相关制品的生产、流通、消费等进行管制的广泛权限。[①] 1939年以后，日本政府先后发布了《从业者雇用限制令》（1939年4月）、《价格等统制令》（1939年10月）、《工资统制令》（1940年10月）、《物资统制令》（1941年12月）和《金融统制团体令》（1942年12月）等。这样，日本政府就以对人、钱、物的全面统制为中心，并配合以产业团体和舆论宣传等方面的严格控制，彻底实施了战时的统制经济。经济统制的大部分权限向官厅集中，对经济实行控制。

为了短时间内提升成为战争关键的重工业生产能力，政府还制定了与产业相关的各种"事业法"。这些事业法具有产业保护立法和统制立法的双重属性。以1936年的汽车制造事业法为开端，在1937—1941年期间，政府先后对人造石油、钢铁、机械、飞机、造船、轻金属等重要产业领域公布和实施了"事业法"，对这些产业实行管制。这些法规的执行，不仅促进了战时重化工业的迅速发展，实现了生产力扩充的目标，而且通过淘汰中小企业，促进了生产和资本向大企业的集中，同时也密切了行政官厅与产业界的联系，成为战后日本产业政策和行政指导的潮流。[②]

战时统制经济期间，日本干预经济的重要手段是制订各种经济计划，具体包括物资动员计划、贸易计划、资金统制计划、劳务动员计划、交通电力动员计划和生产力扩充计划等。这些计划都是以满足战争需要为中心而制定的，其实施的结果，就是完全取代了市场分配资源的机能。

2.3 人口转变与战后经济复兴

日本作为第二次世界大战的发动者和战败国，遭受了巨大的战争损失，对人口产生了巨大影响。到1945年（昭和20年）战争结束时，日本丧失了235万人口，其中自侵略中国东北以来战死者总计210万人。1945年由于中日战争的影响，日本的人口增长率出现了负增长，再加上超量出国，人口减少了2.3%。但战后的数年间日本人口增长较为迅速，特别是1947—1949年这三年期间，出生率高达33.0‰~34.0‰，总和生育率达到4.40左右，接近历史最高水平，出生人数也达到每年约270万人，加上这一时期有625万日本军人及家属从海外被遣送回国，使日本人口增长速度迅速上升，1945年到1950年的人口增长实际上已超过了1 000万人，增长速度为2.9%。在这一人口急增时期，日本政府采取了节制生育的对策。1948年，日本政府制定了优生保护法，允许人工流产和绝育，并普遍推广避孕药物。

---

①② 崔岩. 日本的经济赶超——历史进程、结构转变与制度演进分析 [M]. 北京：经济管理出版社，2009.

随后在 1950 年到 1955 年期间，日本的生育率进入了急速下降阶段。这一时期，日本经济从恢复走向发展，出生率从 1949 年的 33.0‰ 下降到 1950 年的 28.1‰，随后继续下降，1955 年已降至 19.4‰，总和生育率由同期的 4.31 下降到 2.36（见图 2—1），接近了欧美工业发达国家的低生育率水平。在这期间，死亡率也开始下降，1955 年死亡率为 7.8‰，大约比战前的死亡率水平降低了一半。这样，日本人口结构已形成了低出生率、低死亡率的现代型。而且，在 1955 年已出现了 1.0 的净再生产率，因而在人口的再生产力上已经达到更替水平。这一时期，日本继续推行控制人口政策。1952 年，日本厚生省在全国范围内开展家庭计划活动，1954 年日本家庭计划协会正式成立，大力协助政府宣传和推广人口控制政策，这些措施对降低日本的人口增长速度起了积极作用。然而，日本的人口转变模式，特别是生育率转变模式与欧洲各国经济发展过程中缓慢的增长模式是不同的，从出生力的重要指标出生率 30.00‰ 和 20.00‰ 的变化来看，能够判断人口转变的一个侧面的进行状况。表 2—3 所显示的是世界各国出生率的临界水平开始减退的年份和间隔年数。最先完成人口转变的国家是法国。其后，在 20 世纪 20 年代，瑞士、瑞典、英国、美国、德国等发达国家步法国后尘，其人口转变过程需要 15～40 年。而日本出生率下降的初始期与西欧和美国等发达国家相比大大落后，但它的减退过程是短暂的，仅仅用了 5 年时间减至转变后的低水平。因而，可以说，日本人口转变历程是独特的，这一过程主要是由经济的发展和计划生育的控制效果引起的，从而使其转变过程在极短的时期内得以实现。

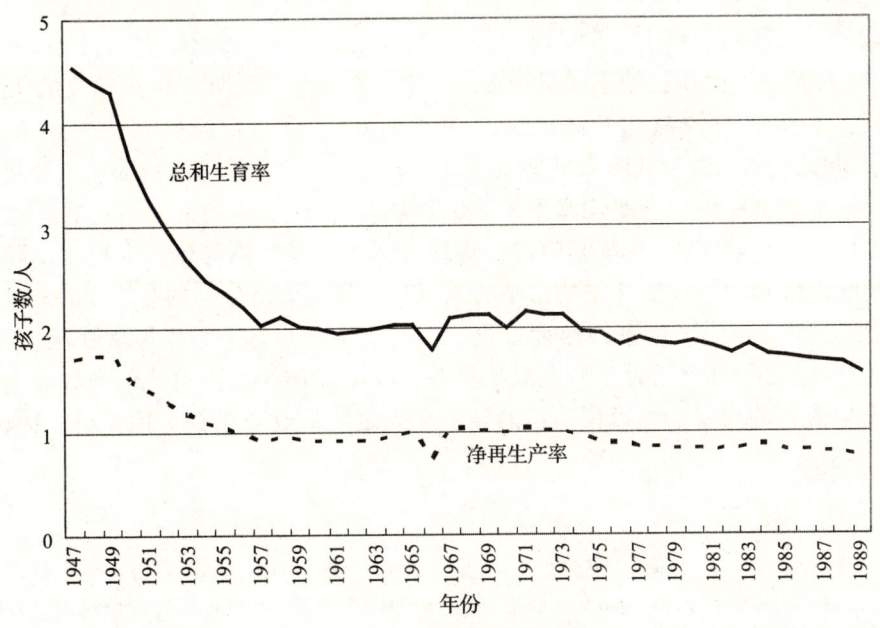

图 2—1 昭和后期的生育率

资料来源：［日］日本人口問題研究所編. 人口統計資料集［M］. 厚生統計協会，1989；［日］日本家族計画国際協力財団編. 日本人口と計画出産の基礎読み物［M］. 厚生統計協会，1980；［日］人口問題協議会編. 人口事典［M］. 東京：東洋経済新報社，1986；［日］東洋経済新報社. 東洋経済統計月報，2003（3）.

与欧洲国家人口转变相比，日本人口转变具有自身特点，这些特点使日本成为实现人口转变的另一种类型的代表。日本人口转变的特点是：人口转变适应经济发展的需要，政府提倡计划生育，制定相应的人口政策，在控制人口数量、提高人口素质等方面收到了显著效果，促进了人口转变，使完成人口转变仅用十几年时间，其人口转变的速度与主要发达国家相比是极其快速的（见表2—3）；出生率下降发生在经济高速增长之前，因此，日本人口转变不是经济发展的直接结果，而是促进经济增长的动力，日本的人口转变和经济增长是同时并进的。[①]

表2—3　　　　　　　　　人口转变一个侧面出生率的降低速度

国家	30‰	20‰	间隔/年	国家	30‰	20‰	间隔/年
法国	1830	1908	78	挪威	1899	1925	26
瑞士	1880	1922	42	荷兰	1908	1937	29
瑞典	1884	1921	37	德国	1910	1926	16
比利时	1886	1924	38	芬兰	1913	1932	19
英国	1895	1922	27	匈牙利	1923	1938	15
美国	1897	1929	32	意大利	1923	1941	18
丹麦	1899	1927	28	日本	1950	1955	5

资料来源：Mitchell. *European Historical statistics 1750—1970* [M]. London, 1975; Coale A. J, M. Zelnik, *New Estimates of Fertility and Population in the United States* [M]. Princeton: N J., 1963; [日] 日本厚生省大臣官房统计情报部. 人口动态统计 [M]. 东京：厚生统计协会, 1960.

另外，战后日本经济已处于崩溃状态，由于长期战争的破坏，国民财富的45％以上毁于战火，生产能力锐减，工业设备的30％～60％遭到空袭破坏，失业人数达到1 300万。与此同时，由于战时大量支出军费的结果，导致恶性的通货膨胀，经济状况恶化。如以战前1935—1937年平均水平为100，日本的工矿业生产指数到刚结束时的1945年8月仅有8.7，即比战前下降了91.3；煤炭、钢铁以及纤维等生产大幅度下降；农业生产指数也只有1933—1935年平均水平的58.0％。国内农业生产的萎缩和海外粮食进口贸易的断绝，使日本陷入严重的粮食危机中，加上物资匮乏、恶性通货膨胀急剧扩大、工人大量失业，使日本经济处于极度混乱状态。1946年国民生产总值仅为战前（1934—1936年平均值）的65％，可以说战后的经济复兴之路的起点是极为困难的。1946年12

---

① 日本人口经济学家安川正彬在《简明人口学讲座》一书中，就战后日本人口转变的主要原因指出："我国在第二次世界大战后生活非常困苦，于1960年开始进入高速增长时期，然后于1970年转入低速增长时期。在这个过程中，我国经历了由战后的高出生率、高死亡率到低出生率、低死亡率的人口转变。但是，这个转变的动因与英国的经验是不同的，就是说，抑制生育是为忍受战后时期困苦生活而做出的努力。为了同困苦生活进行斗争，过去要半个世纪才实现的人口转变，在我国仅仅用十几年的时间就完成了。总之，两国不同点在于：根据英国的经验，一般理解为人口转变是19世纪后半期经济飞跃发展的反映。而我国战后的人口转变和经济增长之所以齐头并进，则是另一种动机。"

月,政府为了恢复经济决定实行"倾斜式生产方式"①,把煤炭、钢铁、电力和化肥作为重点发展部门,以促使其率先恢复和扩大再生产。

"倾斜式生产方式"的实施使战后初期的日本经济从低迷状态中摆脱出来,走上了扩大再生产的轨道。如表2—4所示,在这数年中,不仅重点产业部门的煤炭、钢铁和电力的增产目标得以实现,而且还带动了整个工矿业生产部门的恢复,据统计,其工矿业生产指数到1948年已恢复到战前水平的72.9%。但"倾斜式生产方式"基本是在实行统制经济体制下,依靠大规模财政补贴来实现的。这样,到了1948年日本经济虽然摆脱了萎缩状态,并得到较为迅速的发展,但大规模的财政补贴和巨额的低息贷款加剧了恶性通货膨胀,如在1947年和1948年两年中,日本的平均物价水平上涨了8.2倍,使日本经济再度陷入不稳定状态。面对这种局面,日本政府采用了美国提出的所谓"稳定日本经济的九方针",对日本经济进行整顿,削减了财政补贴,废除了低息复兴贷款,编制了超平衡预算,使通货膨胀得到了控制,对经济的统制也逐步撤销,为市场机制进一步发挥作用创造了条件,但由于推行紧缩的财政、金融政策,又引起生产萎缩,失业增加,结果使日本经济在1949年下半年陷入被称为"稳定恐慌"的萧条之中,工矿业生产再度大幅度下降。其中煤炭和机械工业生产指数在半年中分别下降了27.7%和33.0%。

表2—4 "倾斜式生产方式"实行期间三大产业部门生产产量的变化

产品	战前1935年	战争期间高峰年	战后1946年	倾斜生产方式结束1950年
煤炭/万吨	3 776	5 647（1941）	2 038	3 846
生铁/万吨	191	351（1940）	98	223
粗钢/万吨	470	755（1943）	56	484
发电量/亿千瓦小时	247	346（1940）	219	463

注：战后生铁产量为1945年的数值。
资料来源：[日] 日本通商産業省及び鉄鋼統計委員会. 統計からみた日本鉄鋼業100年間の歩み [M]. 東京：日本評論社, 1960.

促使战后初期日本经济重新走上恢复和重建轨道的是1950年美国侵朝战争爆发带来的"特需"刺激。由于日本成为美国军需物资订货的重要市场,直接刺激了相关产业的生产增长,使日本经济呈现了3年之久的"特需景气",加速了日本经济的恢复(见表2—5)。到1955年,日本经济已全面恢复到战前水平,据统计,在1946年到1955年的

---

① 日本东京大学教授有泽广巳1946年在《挽救日本经济破产的办法》一文中提出了著名的"倾斜生产理论",主张国家把有限的资源有重点地集中使用到以煤炭为中心的重点生产部门,并对这些重点产业部门进行间接诱导。他明确指出,阻碍战后日本经济恢复的主要因素是能源不足,特别是煤炭不足;而煤炭生产恢复不振,影响钢铁生产部门的生产。他建议从美国进口重油集中于钢铁生产部门,以促进钢铁增产,再把增产的煤炭集中配给钢铁生产部门,以增产钢铁,从而形成钢铁与煤炭相互促进、共同增产的良性循环,并逐步将增产的成果扩展到电力、化肥等产业部门,以此来带动日本工矿业的发展。1947年1月,日本政府以有泽广巳理论为基础的"倾斜式生产方式"作为恢复日本经济的核心和主体政策,并从金融、财政、物资等方面采取措施对这一政策进行了强有力支持。"倾斜式生产方式"的实施使战后初期的日本经济从混乱状态中摆脱出来,从而走上了恢复与重建的轨道。

10年中，日本国内生产总值（见表2—6）迅速增长，经济年平均增长率高达9.2%，工业生产增长了约6倍，年平均增长率为22.0%，农业生产增长了72%，每年平均增长率为6.3%。到1955年，日本的国民收入和一些主要工业产品的产量都超过了战时的最高水平。同时，国内的通货膨胀得到控制，财政金融状况也明显好转，日本初步具备了经济起飞的基础条件。

表2—5　　　　　　　　　昭和时期日本经济的景气循环　　　　　　　　（单位：月）

景气循环名称	低谷	高峰	低谷	上升期间	下降期间	1循环期间
特需景气（第一次循环）		1951.6	1951.10	—	4	—
投资消费景气（第二次循环）	1951.10	1954.1	1954.11	27	10	37
神武景气（第三次循环）	1954.11	1957.6	1958.6	31	12	43
岩户景气（第四次循环）	1958.6	1961.12	1962.10	42	10	52
奥林匹克景气（第五次循环）	1962.10	1964.10	1965.10	24	12	36
伊奘诺景气（第六次循环）	1965.10	1970.7	1971.12	57	17	74
第一次石油危机（第七次循环）	1971.12	1973.11	1975.3	23	16	39
日元升值萧条（第八次循环）	1975.3	1977.1	1977.10	22	9	31
第二次石油危机（第九次循环）	1977.10	1980.2	1983.2	28	36	64
高技术景气（第十次循环）	1983.2	1985.6	1986.11	28	17	45

资料来源：[日] 日本労働省. 労働経済白書（平成26年版）[M]. 東京：日本労働協会, 2014.

表2—6　　　　　　　战后经济复兴期主要人口经济指标

年份		国内生产总值/亿日元	固定资本形成总额/亿日元	工业产量指数/1 955=100	总人口/千人	人口增长率/%	出生率/‰	人均国内生产总值/日元
昭和20年	1945	—	—	28	72 000	-2.2	—	—
昭和21年	1946	4 740	740	17	75 800	4.9	—	6 253
昭和22年	1947	13 090	2 190	21	77 490	2.2	34.3	16 893
昭和23年	1948	26 060	4 430	30	79 500	2.6	33.5	32 780
昭和24年	1949	33 750	5 570	39	81 300	2.3	33.0	41 513
昭和25年	1950	39 470	6 940	47	82 900	2.0	28.1	47 612
昭和26年	1951	54 440	10 350	66	84 235	1.6	25.3	64 629
昭和27年	1952	62 170	12 780	71	85 503	1.5	23.4	72 711
昭和28年	1953	70 160	15 540	86	86 895	1.4	21.5	80 741
昭和29年	1954	77 970	16 960	94	87 976	1.5	20.0	88 626
昭和30年	1955	83 380	17 030	100	89 020	1.2	19.4	96 563

注：各年的名义经济增长率、实际经济增长率、人口增长率以及人均国民生产总值根据资料计算得出。

资料来源：[英] B. R. 米切尔编. 帕尔格雷夫世界历史统计·亚洲、非洲和大洋洲卷（1790—1993）[M]. 北京：经济科学出版社, 2002；[日] 内閣府. 2007年经济财政报告, 2007.

二战后日本经济的迅速复兴是与日本政府对经济发展政策的引导、美国的援助以及朝鲜战争的刺激等密切相关的。

首先，日本政府在促进经济恢复上采取了许多有力的措施，对日本的司法、教育、财政、金融等进行了一系列社会经济改革，特别是经济领域上进行的农地改革、解散财阀和劳动民主化的三大改革，消除了日本资本主义经济中所具有的封建因素，为二战后日本经济的恢复和发展创造了前提条件，进而为经济起飞奠定了基础。如1946—1949年的农地改革，确立了自耕农土地所有制，促进了农业生产，扩大了农村市场，带动了农村消费，起到了推动整个国民经济的作用。1946—1947年实行的解散财阀的政策，在一定程度上去掉了大企业中的家族血缘关系为基础的封建性和排他性，为企业间的自由竞争和企业管理的现代化创造了有利的条件。在适应国情的经济战略决策方面，第二次世界大战后，吉田茂（Shigeru Yoshida, 1878—1967）政府在《重建日本经济的基本问题》报告中提出了经济立国的方针，并指出只有确立走经济立国的道路，才能使日本经济复兴和发展。为了尽快恢复经济，日本大力推行了"倾斜式生产方式"，重点保护了煤炭、钢铁等基础工业部门和铁路、海运等运输部门的恢复。1947年日本政府成立复兴金融金库，对重点生产部门实行低息贷款。这种重点增长方针，不仅有力地促进了煤炭、化肥、钢铁和铁路等部门的恢复，为整个国民经济提供了廉价的动力、原料和运输手段，还带动了整个工矿业和农业的恢复。

其次，美国的援助。美国在占领日本后先是对日本采取抑制的政策，削弱垄断资本，推行了非军事化的民主化改革。但随着冷战的加剧，美国改变了其对日本的政策，从1947年起逐步放宽了对日本的各种限制，并从财力和物力上加强了对日本的扶植。其中包括：不断修改赔偿方案，缩减赔偿总额和用于赔偿的工厂数目，到1949年5月完全取消了赔偿要求，从而使850个大军需工厂保留下来。美国还通过"占领地区救济基金"和"占领地区经济恢复基金"进行援助。1946—1951年以各种方式共援助21.8亿美元，占同期日本进口总额的40%以上。美国还放宽了对日本贸易的限制，供应恢复经济所急需的原棉、石油、煤炭等，所有这些对发展日本经济起了相当大的作用。

此外，还有朝鲜战争的刺激。1950年6月朝鲜战争爆发后，日本成为美国进行战争的军事基地和物资供应地，1950—1955年美国的"特需"军事订货累计高达35.8亿美元，这种迅速膨胀的"特需"给日本创造了广阔的市场，促进了出口贸易。据统计，1950—1955年日本出口额从8.3亿美元增加到20.1亿美元，外汇储备大幅度增加。其结果是刺激了当时的日本经济，使日本出现了"特需景气"。

这一时期由于人口增长与经济发展的不均衡产生了大量的过剩人口。据统计，日本战后出现了大规模的失业人口，包括军队退役离职人员751万人，从国外遣返的日本侨民150万人，从军需部门解雇离职的400万人，三项共1 301万人。面对这种严峻的形势，日本政府于1946年颁布了《紧急就业政策纲要》，提出了通过劳动力归农的办法，大力扶植农业发展，开辟和扩大了农村的就业，当时日本国民在粮食以及就业等方面面临严重的危机，特别是产业工人为了解决就业问题，纷纷迁往农村。因此1940年的农业人口为3 140万人，到1955年增至3 635万人。这种人口迁移（见图2—2）看来使失业率降得很低。这主要是由于从事农业和零星服务业的工人转化为潜在失业人口。但是，随着经济复兴和人口增长，失业者又显现出来，到了 20 世纪 50 年代中期，失业率上升到 2.2% 左右。

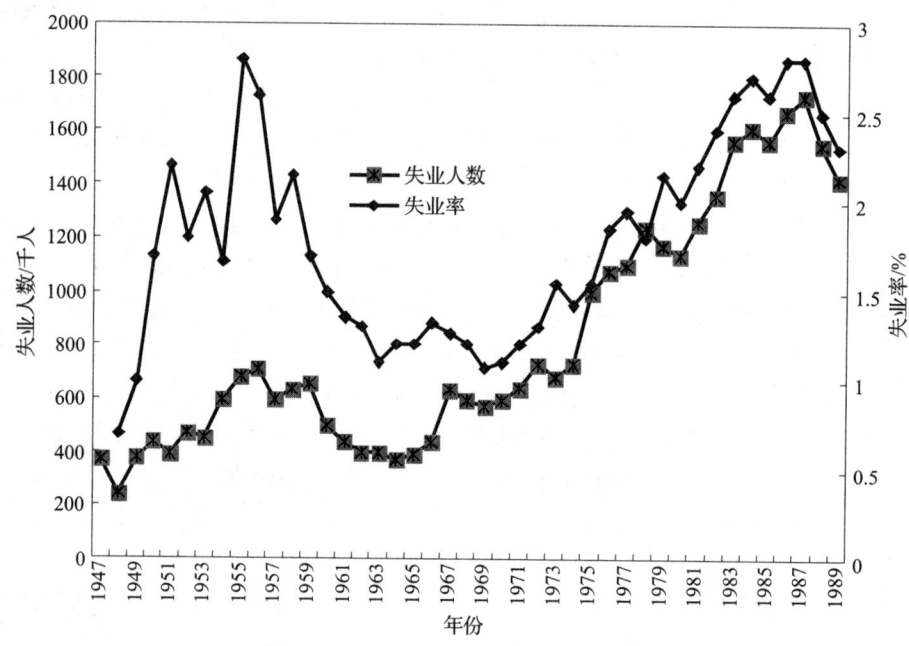

图 2—2　昭和后期的失业人数和失业率

资料来源：[日] 日本総理政府統計局. 労働力調査年報 [M]. 東京：日本劳働研究機構，1981；国际货币基金组织. 世界经济展望 [M]. 北京：中国金融出版社，2007；[英] B. R. 米切尔编. 帕尔格雷夫世界历史统计·亚洲、非洲和大洋洲卷（1790—1993）[M]. 北京：经济科学出版社，2002；国家统计局主编. 国际统计年鉴 2008 年版 [M]. 北京：中国统计出版社，2008；刘国平. 世界经济统计 [M]. 北京：经济科学出版社，2002.

2.4　经济高速增长与低生育率

20 世纪 50 年代中期以后，随着经济实力的增强，日本经济（见图 2—3）进入高速增长时期。1956 年到 1973 年间，国内生产总值年平均增长率为 9.7%，其中，1960 年到 1970 年的 11 年中，有 8 年增长率高达两位数以上（见表 2—7），而人口增长率仍稳定在年均 1% 左右，因而人均产值以接近于每年 10% 的高水平不断增长，尽管欧美各国也都实现了经济史上最高的经济增长率，但日本的增长率明显高于同期这些国家的 2～3 倍，显示出强劲的高增长趋势。这一时期，日本虽然发生过几次经济危机，但对经济影响不大，而几次经济高涨对经济影响很大。第一次是 1954 年 11 月到 1957 年 6 月的"神武景气"，由于日本对美国出口增加，形成了出口带动的景气回升。与此同时，投资和消费也很活跃，特别是在几乎所有产业部门，收益得到明显改善的大部分企业为了增强国际竞争力同时增加设备投资，使 1956 年民间设备投资总额比上年增长了 54.6%，1957 年上半年依然显示了强劲的势头，投资成为带动景气回升的动力，这样，日本经济在出口、投资的相继推动下出现了空前的繁荣。第二次是 1958 年 7 月到 1961 年 12 月的"岩户景气",在政府推行调低官定利率、增加公共投资等宏观经济政策的主导下,由于对外贸易出口方面的增加和技术革新的需要,民营企业大幅度增加设备投资。同时,在个人消费方面,黑白电视机、冰箱、洗衣机等耐用消费品迅速普及,随着国民生活水平的提高,服装、饮食方面的需求也不断增长,致使实际经济增长率持续高增长。

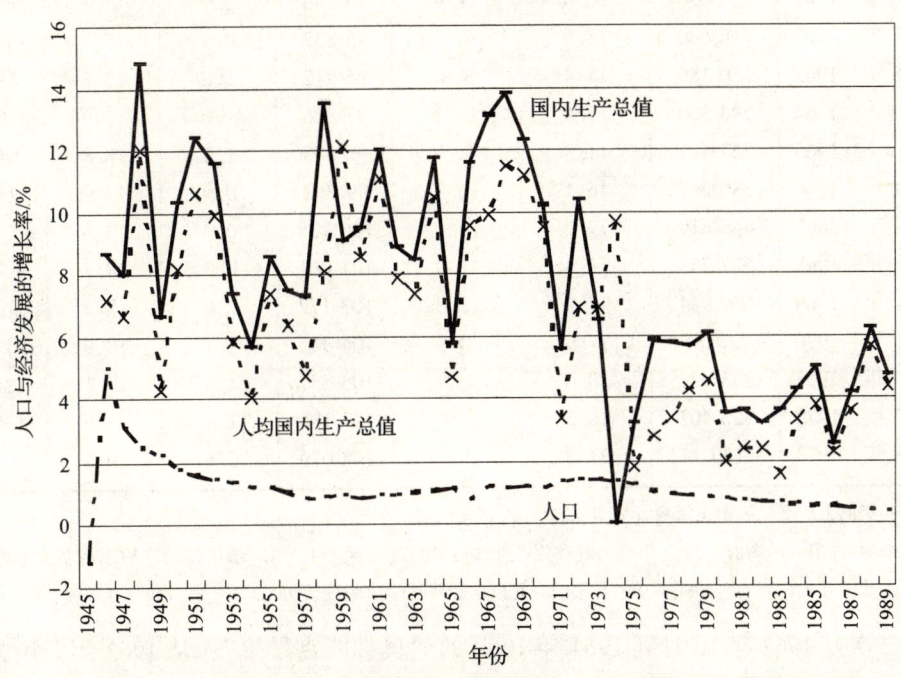

图 2—3　昭和后期的经济和人口增长率

资料来源:[日]金森久雄等编. 日本经济事典[M]. 东京:日本经济新闻社,1981;人口问题协议会编. 人口事典[M]. 东京:东洋经济新报社,1986;[日]经济企画厅综合计画局. 日本の经济结构[M]. 东京:东洋经济新报社,1997;[英]安格斯·麦迪森. 世界经济二百年回顾[M]. 北京:改革出版社,1997;[英]安格斯·麦迪森. 世界经济千年史[M]. 北京:北京大学出版社,2003.

表 2—7　　　　　　　　　　　高速增长期主要人口经济指标

年份		国内生产总值			总人口/千人	人口增长率/%	出生率/‰	家庭月均实际收入/日元
		当前价格/亿日元	名义经济增长率/%	实际经济增长率/%				
昭和 30 年	1955	83 380	—	10.8	89 020	1.2	19.4	29 169
昭和 31 年	1956	93 867	12.6	7.5	89 953	1.0	18.6	30 776
昭和 32 年	1957	108 174	15.2	7.8	90 734	0.9	17.4	32 664
昭和 33 年	1958	114 948	6.3	6.2	91 546	0.9	18.2	34 663
昭和 34 年	1959	131 406	14.3	9.4	92 434	1.0	17.7	36 873
昭和 35 年	1960	159 494	21.4	13.1	94 094	1.8	17.4	40 895

续表

年份		国内生产总值			总人口/千人	人口增长率/%	出生率/‰	家庭月均实际收入/日元
		当前价格/亿日元	名义经济增长率/%	实际经济增长率/%				
昭和36年	1961	192 636	20.8	11.9	94 943	0.9	17.1	45 134
昭和37年	1962	218 600	13.5	8.6	95 832	0.9	17.2	50 187
昭和38年	1963	250 186	14.4	8.8	96 812	1.0	17.5	53 298
昭和39年	1964	294 300	17.6	11.2	97 826	1.0	17.9	59 704
昭和40年	1965	327 422	11.3	5.7	98 883	1.1	18.8	65 141
昭和41年	1966	380 262	16.1	10.2	99 790	0.9	13.9	71 347
昭和42年	1967	445 619	17.2	11.1	100 725	0.9	19.6	78 725
昭和43年	1968	527 753	18.4	11.9	101 061	0.3	18.7	87 599
昭和44年	1969	619 944	17.5	12.0	103 172	2.0	18.7	97 667
昭和45年	1970	730685	17.9	10.3	104 345	1.1	18.9	112 949
昭和46年	1971	803 972	10.0	4.4	105 657	1.3	19.1	124 562
昭和47年	1972	920 462	14.5	8.4	107 188	1.4	19.0	138 580
昭和48年	1973	1 120 742	21.8	8.0	108 079	0.8	19.2	165 860

注：各年的人口增长率根据资料计算得出。

资料来源：[日]内阁府. 2007年经济财政报告[M]. 2007；[英]B. R. 米切尔编. 帕尔格雷夫世界历史统计·亚洲、非洲和大洋洲卷（1790—1993）[M]. 北京：经济科学出版社，2002.

第三次是1962年10月到1964年10月的"奥林匹克景气"，从1963年开始为了迎接东京奥运会出现了建设投资热潮，推动日本宏观经济进入景气局面。但由于制造业的设备投资未见高涨，企业收益增长缓慢，导致这次上升过程的持续时间不长。第四次是1965年10月到1970年7月的"伊奘诺景气"，由于采取积极的财政、金融政策，民间设备投资与个人消费日趋高涨，使日本经济进入了战后最长的繁荣局面，整个景气上升过程持续了近5年，其中1966—1969年的GDP平均年增长率接近12%。经过这几次景气上升，促进了日本经济增长，使日本经济结构发生了显著变化，基本上实现了工业现代化。1956—1973年期间，工业生产总值增长了8.6倍，年平均增长率为13.6%。1968年，日本工业水平仅次于美国和苏联，居世界第三位，主要工业品产量和质量也都达到了世界先进水平，国民生产总值居资本主义世界第二位。1970年，日本的人均国民收入突破1 500美元，已接近欧美发达国家的水平。

从需求结构来看，国内需求尤其是民营企业的设备投资刺激了日本经济的增长，使其发展模式属于民间设备投资主导型的经济增长。据统计，从1956年开始，日本以民间企业投资为主的形式，展开了大规模的设备更新。当年民间设备投资总额为1.37万亿元，1957年以后设备投资总额平均每年以35.8%的速度增长，1961年增至4.10万亿元，相当于1955年的4.62倍。在整个经济高速发展时期日本设备投资额在国民生产总值中的比重平均高达35.7%，而同期美国占6%~7%，联邦德国占11%~12%，其增长速度在主要发达国家中是最高的。日本在《经济白皮书》中"以投资带动投资"的描述，表明民间企业的设备投资发挥了巨大作用，可以说旺盛的设备投资促使生产设备日趋先进化和大型化①，刺激了高生产率的增长，进而实现了经济的高速发展。

这一时期的经济高速增长是与政府的经济发展策略、大力引进国外先进技术以及不断扩大固定资本投资和资本积累密切相关的。1957 年岸信介（Kishi Nobusuke，1896—1987）内阁颁布《新长期经济计划》，其经济政策主要是：以重化学工业为中心，实现产业结构的高级化；农业生产结构现代化；扩大出口；增加资本积累；扩大就业；等等。该计划巩固了通过重化学工业来促进经济高速增长的路线，并取得了明显的实施效果。而池田勇人（Ikeda Hayato，1899—1965）内阁在 1960 年提出的《国民收入倍增计划》则标志着日本以重化学工业化为中心的经济高速增长政策的最终形成。该计划明确指出，计划的最终目的是大幅度提高国民的生活水平和达到充分就业。为此，要最大限度地谋求经济的稳定增长。日本政府通过对上述经济政策的制定和实施对 20 世纪 50 年代中期至 70 年代初期日本经济高速增长与重化学工业化的发展发挥了积极的促进作用。这从每一计划均为提前完成的事实上可以得到验证。如《国民收入倍增计划》中计划国民生产总值的平均增长率为 7.8%，而实际上达到了 11.6%。

最后，日本利用发达国家中"后进"国家的地位，从西方国家引进了大量的先进技术，特别是从美国引进了晶体管、集成电路和激光等一些尖端技术，用于发展重化学工业和民用工业，并在半导体和通信业等一些重要的民用工业领域取得竞争的优势。据统计，从 1956 年到 1973 年，日本共引进国外先进技术近 2 万件，是主要发达国家中引进技术最多的。通过引进先进技术，缩小了与美国和欧洲各国在科技水平上的差距，经过对引进技术的消化、改进和革新，发展了日本的工业技术体系，提高了日本的劳动生产率。以日本制造业为例，在 1954 年到 1973 年期间，劳动生产率年平均增长为 8.3%，而同期美国、英国、法国和联邦德国的年平均增长率分别仅为 3.7%、4.4%、5.6% 和 5.5%，这就使日本的出口产业的国际竞争力迅速加强，在国际贸易方面出口以两倍于国民生产总值增长率的速度增加，其结果在 60 年代后期日本开始形成贸易收支的黑字态势。

在经济高速增长的过程中，不断扩大固定资本投资和资本积累也是不容忽视的。据日本政府公布的资料，1955—1970 年，日本固定资产投资从 17 784 亿日元增加到 255 461 亿日元，其增长幅度是巨大的。固定资产投资占国民生产总值的比率，每年都保持在 1/3 左右，明显高于其他发达国家。固定资产的绝大部分集中在工业领域，特别是

---

① 1960 年日本政府提出的"国民收入倍增计划"，成为日本经济迅速增长的一个象征，其低利率政策则刺激了民间企业设备投资的增长。迅速增长的投资促使生产设备日趋先进化和大型化；在钢铁业，最大高炉容量从 1953 年不到 1 000 立方米扩大到 1964 年的 3 000 立方米，1973 年超过 4 600 立方米，以至于在 20 世纪 70 年代世界最大的 5 座高炉中日本占了 4 座，并迅速导入氧气顶吹转炉等最先进的炼钢技术；在石油化工业，最大乙烯工厂的产量从 1958 年的年产 2 万吨扩大到 1966 年的年产 20 万吨，1973 年的年产 30 万吨，建成了以大型联合企业为主的石油化工生产体系；在电力工业，最大火力发电机容量从 50 年代后半期的 17.5 万千瓦扩大到 1967 年的 60 万千瓦，进而向 100 万千瓦升级。

钢铁、机械、电力和化学等部门。日本大规模固定资产投资所需的巨额资金主要来源于剩余价值资本化、企业外部投资、私人投资等方面。由于历史原因，日本工人的工资率长期低于其他主要发达国家，因而有很高的剩余价值率和积累率。1955年日本工人的工资仅相当于美国的12.5%，英国的33.3%，1960—1970年日本的国民生产总值增长了2.8倍，而工人的工资只增长了1.5倍。在企业外部投资方面，如储蓄转化、私人直接投资和外资注入等来源比较丰富。在私人投资方面，日本政府实行优惠政策，对私人投资所获的股息红利免税。在政府的鼓励下，私人投资在经济高速增长时期的1956—1973年间大量增加，平均每年增加17.4%。这一时期，日本还积极引进外资，总金额高达269亿美元，直接贷款和外国股票占投资总额的89%。

总的来说，日本经济高速增长的主要原因是：人口的迅速增长扩大了劳动力资源的供给，从1955年到1970年劳动就业人员的年平均增长率为1.5%，旺盛的劳动力需求，提高了劳动生产率；高学历化和企业内职工培训工作的强化，使劳动力素质不断提高，加上战后迅速发展的技术革新，使劳动生产率不断提高；广泛引进国外先进技术，开拓了一大批新兴产业领域，为经济的高速增长奠定了雄厚物质技术基础；充分利用进出口国外资源，积极发展工业，大力促进进出口主导型经济增长；实行低消费、高储蓄、高积累的政策，为经济发展提供了必要的资本积累；随着经济的增长和外部环境的影响，日本经济逐步向开放型体制转换，经济开放程度的提高，加强了日本的国家竞争力。

20世纪70年代初期日本经济的高速增长进入末期，已呈现衰退趋势。1970年的经济增长率为7.6%，1971年由于日元升值的冲击降至5.0%，1972年的经济增长率又回升到9.2%。但是在1973年发生了石油危机，致使1974年国民生产总值的增长率下降到-0.4%，为战后第一次出现的负增长，从而宣告了日本经济高速增长时期的结束。可以说正是石油危机对日本经济增长的转折产生了决定性的影响。

另一方面，1956年以后随着日本经济的迅速发展，人口转变后的日本生育率进入了相对稳定阶段。出生率基本上保持在17.0‰~19.0‰之间的低水平，总和生育率在1956年降至2.22，1961年又减少到1.96，1962年到1973年间保持在2.00左右的置换水平，自然增长率则保持在11.0‰左右。这一时期，随着日本经济的高速发展，资本有机构成的迅速提高，人们为了使子女获得较多受教育的机会，提高了人力资本投资以便于就业，实施了节制生育政策，促使出生率长期保持在20.0‰以下的临界水平。此外，随着农村人口向大城市高度集中，妇女参加生产劳动的增多和就业机会的增加也促使了出生率保持低水平。

2.5 经济低速增长与人口减退

经过20世纪50年代后半期和60年代的高速增长之后，随着1973年以后的两次石油危机的冲击，日本经济陷入第二次世界大战后空前严重的危机中，1974年出现了二战后首次负增长（见表2—8）。70年代中期，日本经济虽有所回升，但上升势头微弱，由于受世界经济危机的影响几乎停滞不前，经济危机使工厂库存积压，生产力下降，许多企业倒闭，失业人口大增。在 1978 年和 1979 年，日本经济虽显现较强的增长态势，但随后由于受 1980—1981 年第二次石油危机和 1980—1982 年的世界经济危机的影响而重新放慢速度。总之，在整个 70 年代中后期日本经济进入中低速发展时期，基本上是在危机和萧条之中度过的，国民生产总值年均增长率从高速增长时期的 9.7% 下降到 1974—1982 年的 4.3%，而且经济周期的下降阶段相对拉长，上升阶段相对缩短。同期年平均失业率由 1.2% 上升到 1.9%。尽管如此，日本的经济增长率明显高于主要发达资本主义国家。

表 2—8　　　　　　　　低速增长期主要人口经济指标

年份		国内生产总值			总人口/千人	人口增长率/%	出生率/‰	家庭月均实际收入/日元
		当前价格/亿日元	名义经济增长率/%	实际经济增长率/%				
昭和 49 年	1974	1 337 379	19.3	-1.2	110 162	1.9	18.4	205 792
昭和 50 年	1975	1 477 682	10.5	3.1	111 573	1.3	17.0	236 152
昭和 51 年	1976	1 659 456	12.3	4.0	112 775	1.1	16.2	258 237
昭和 52 年	1977	1 849 456	11.4	4.4	113 872	1.0	15.4	286 039
昭和 53 年	1978	2 036 339	10.1	5.3	114 913	0.9	14.9	304 562
昭和 54 年	1979	2 207 118	8.4	5.5	115 890	0.9	14.2	326 013
昭和 55 年	1980	2 392 709	8.4	2.8	116 807	0.8	13.5	349 686
昭和 56 年	1981	2 572 084	7.5	2.9	117 661	0.7	13.0	367 111
昭和 57 年	1982	2 699 716	5.0	2.8	118 480	0.7	12.8	393 014
昭和 58 年	1983	2 808 101	4.0	1.6	119 307	0.7	12.6	405 517
昭和 59 年	1984	2 988 198	6.4	3.1	120 083	0.7	12.4	424 025
昭和 60 年	1985	3 212 609	7.5	5.1	120 837	0.6	11.8	444 846
昭和 61 年	1986	3 362 871	4.7	3.0	121 492	0.5	11.4	452 942
昭和 62 年	1987	3 500 454	4.1	3.8	122 091	0.5	11.0	460 613
昭和 63 年	1988	3 765 775	7.6	6.8	122 613	0.4	10.7	481 250
平成元年	1989	4 056 554	7.7	5.3	123 205	0.5	10.1	495 849

注：各年的人口增长率根据资料计算得出。

资料来源：[日] 内阁府. 2007 年经济财政报告. 2007；[英] B. R. 米切尔编. 帕尔格雷夫世界历史统计·亚洲、非洲和大洋洲卷（1790—1993）[M]. 北京：经济科学出版社，2002.

20 世纪 80 年代日本逐渐摆脱经济危机以后，为了进一步发展经济，又实行了一系列经济调整，大力开发高新技术产业，如微电子技术、生物工程技术、新材料技术等，促进了资本密集型的重化工业向高附加值、低能耗的技术和知识密集型产业转变，使产业结构得到调整。其次，日本经济一向依赖于对外贸易，对外贸易的发展非常迅速，在世界工业品输出总额中，日本的工业品输出占比从 1960 年的 6.0% 猛增到 1985 年的 17.9%。同时日本的贸易顺差也大幅度扩大，从 1982 年的 69 亿美元增至 1986 年的 827 亿美元，增长了 11 倍，成为世界上最大的贸易顺差国。在日本对外贸易顺差中，对美贸易顺差始终占很大比重，进入 80 年代以后，增长尤为迅速，由 1980 年的 122 亿美元增至 1986 年的 586 亿美元，年平均增长率高达 29.9%。日本对美国贸易顺差同时意味着美国对日贸易逆差。在这种背景下，美国方面为了解决其对外贸易赤字问题，通过"广场会议"①与主要发达国家的协调干预，促使其他主要货币包括日元对美元升值。直接受此影响，日元开始大幅度对美元升值。日元对美元汇率在 1985 年 9 月为 240∶1，1987 年升至 150∶1，1988 年进一步升至 120∶1。日元升值的结果，妨碍了日本产品的出口，从而导致了高度依赖外需和出口的日本经济陷入了一次周期性衰退，即"日元升值萧条"。1986 年，日本对外出口贸易的数量减少了 1.3%，日本的工矿业生产指数上升率下降了 3.8%，实际国内生产总值下降了 1.7%。

在日元升值导致日本对外出口减少和外需萎缩的背景下，日本政府为了促进日本经济持续增长，推出了扩大内需政策。其主要政策措施包括：实行"超金融缓和政策"，连续大幅度降低官定利率；实行扩张性财政政策，连续推出各种经济政策，以扩大公共部门投资需求；提高国民的收入水平，减少个人所得税，扩大个人消费需求；推出住宅建设和城市再开发计划，扩大基础建设的需求等。由于扩大内需政策的实施，促成了"平成大型景气"，使日本经济从 1987 年到 1990 年连续快速增长，平均增长率高达 5.3%，到 1989 年，日本的国内生产总值仅次于美国占世界第二位，但就人均国民生产总值来说，日本已超过美国成为主要发达资本主义国家的第一位，同年日本在国外净资产达到 2 932 亿美元，成为世界最大的债权国。长期的经济增长，使日本经济实力大增，而这一长期快速增长主要是通过扩大内需来实现的，内需对国内生产总值的贡献率平均高达 6.0%，而外需贡献率平均降至 -0.5%。

然而，20 世纪 80 年代日本经济出现的"平成大型景气"是以经济泡沫的极度膨胀为代价的。1985 年到 1986 年期间，随着日元急速升值，日本企业的国际竞争力随着资产价格急速上升和股价、地价的急速上升而有所下降，但是国内的投机气氛依然热烈。1987 年，投机活动波及所有产业，当时乐观的观点认为只要对土地的需求高涨，那么经济就不会衰退，而且市场也鼓励人们不断购买股票，声称股票从此不会贬值。当时日本媒体为了给这种经济繁荣状况命名，还希望募集像岩户景气、神武景气类似的名称。但当时也出现了少数反对论点，认为土地价格已经远远超过其实际需求，日本经济将在不久的将来陷入衰退。

从经济学原理来说，土地价格上升，导致租用土地的工厂或写字楼的企业盈利率下降，因此合理的做法是出售土地购入债券，因此会带来土地需求下降。根据供求理论，

---

① 在 20 世纪 80 年代的美国经济中，所面临的主要经济问题是"孪生赤字"，而作为"孪生赤字"之一的贸易赤字在很大程度上又主要是由于对日贸易所致。因而美国为了解决其贸易赤字问题，必然采取措施逼迫其贸易对象国尤其是日本开放市场，扩大对美国产品的出口。在这种背景下，在美国的主导下，美国、日本、德国、英国和法国 5 个主要发达国家的财政部部长和中央银行行长于 1985 年 9 月在纽约的广场饭店举行会议，简称为"广场会议"或"五国财长会议"。其主要内容是：为实现无通货膨胀的持续经济增长，在各国间进行政策协商，纠正各国国际收支的不均衡状态；通过汇率调整，恢复汇率调整国际收支的机能；防止贸易保护主义，促使各国开放市场。而"广场会议"的核心内容是根据美国的要求，通过各国的协调干涉，促使其他主要货币包括日元对美元的升值。这一措施的实施对日本经济影响很大，使日本经济陷入了一次周期性衰退，史称"日元升值萧条"。

价格终将趋于均衡。但是日本企业普遍实行以账面价值计算土地资产的做法，因此从表面上看企业的收益率也并无变化，而账面价值与现实价值的差额就导致了账面财产增加，从而刺激日本企业追求总资产规模而非收益率。

当时为了取得大都市周边的土地，许多大不动产公司会利用黑社会力量用不正当手段夺取土地，从而导致了严重的社会问题。而毫无收益可能的偏远乡村土地也作为休闲旅游资源被炒作到高价。从土地交易中获得的利润被用来购买股票、债券、高尔夫球场会员权，另外也包括海外的不动产、名贵的艺术品和古董、豪华跑车、海外旅游景点等。当时这种资金被称为"设备投资主导的投资高速增长"。

"日本钱"受到世界经济的关注和商家的追捧。当时随着股票价格上升，日本国内购买法拉利、劳斯莱斯、日产CIMA等高档轿车的消费热潮也不断高涨，日本的泡沫经济迅速发展起来。

日本泡沫经济形成的主要原因并非日元升值，而是日本宏观经济政策在日元升值过程中的失误，尤其是1986—1988年货币政策的两次重大失误。日本泡沫经济发生于80年代后期，当时日本正处在改变增长模式、转变发展战略、开放国内市场、融入国际社会的初期。毫无疑问，日本泡沫经济生成的原因是复杂的，包括制度、结构和政策等。

泡沫经济是指大量过剩资金追逐相对稀缺的投资机会而造成的资产价格膨胀，要说明日本泡沫经济的生成，还需要从日元升值说起。虽然从本质上讲，日本泡沫经济与日元升值是两个不同金融机关积极行动成为泡沫产生的初期因素的事件，各有不同的原因，但由于两者出现在同一时期，有着相同的历史背景，因而产生了复杂的联系。

日元对美元升值的直接原因是日美贸易差额的变化，根本原因是日本对美国经济实力的变化。20世纪80年代初，美国经济正为"滞胀"所困扰，1980年，美国的通胀率为13.5%，失业率为7.0%，经济增长率为-0.2%，财政赤字为738亿美元，贸易赤字为150亿美元。为了克服"滞胀"，里根政府以减税为核心，通过扩张性财政政策刺激经济增长；美联储通过紧缩性货币政策，提高利率，抑制通货膨胀。高利率增加了美元对国外投资者的吸引力，大量资金流入美国市场，导致美元升值。1979年至1985年2月，美元对其他10个发达国家货币的多边汇率上升了73%，美元升值扩大了美国贸易赤字。1980—1984年，美国对日本的贸易赤字从150亿美元增加到1 130亿美元，与此同时，日本对美贸易顺差从76.6亿美元增加到461.5亿美元。巨大的贸易差额在使美国成为世界上最大债务国的同时，也使日本成为世界上最大的债权国。1985年，日本对外净资产为1 298亿美元，美国对外债务为1 114亿美元。日元对美元升值的更深层因素是20世纪80年代，日本在经济增长率、劳动生产率等方面均已远远超过美国，美元开始衰落。1980—1985年，美国劳动生产率平均约为0.4%，日本约为3%；美国经济增长率平均约为1.5%，日本约为4.8%。也就是说，到1985年，日元升值与美元贬值都已经无法避免。实际上，1985年2月美元走低与日元升值的过程已经开始，1985年9月的"广场协议"只是加快了这一进程。

1985年的日本，同时面临着三个重大的战略转变：由"管制经济"向"开放经济"转变；由"经济大国"向"政治大国"转变；由"外需主导型经济"向"内需主导型经济"转变。如此重大而深刻的变革集中在如此短的时间内，有可能使宏观政策失去回旋的空间。当内部均衡与外部均衡、国内政策协调与国际政策协调等问题交织在一起时，宏观政策的权衡、选择和调整会变得非常困难，可能会因失去平衡而出现严重失误。

日本泡沫经济生成的主要原因是日本宏观政策的失误。在当时复杂的国际、国内环境中，日本货币政策曾经失去平衡，出现过重大失误。1986年，日本出现了短暂的经济衰退，史称"日元升值萧条"。实际上，"日元升值萧条"的时间很短，仅仅是日元升值后市场的自动调整，当年年底日本经济便恢复增长。但是，出于对日元升值的恐惧，日本政府对"日元升值萧条"作出了错误的判断，采取了错误的政策，再加上其他国际因素的影响，从1986年1月到1987年2月，日本银行连续五次降低利率，把中央银行贴现率从5%降低到2.5%，不仅为日本历史之最低，也为当时世界主要国家之最低。而过度扩张的货币政策，造成了大量过剩资金。在市场缺乏有利投资机会的情况下，过剩资金通过各种渠道流入股票市场和房地产市场，造成资产价格大幅上涨。这是日本货币政策的第一次重大失误。

1987年秋，世界经济出现了较快增长。为了对付可能出现的通货膨胀，美国、西德等国家相继提高利率，日本银行也准备升息。恰在此时，1987年10月19日，被称作"黑色星期一"的"纽约股灾"爆发。在西方国家的联合干预下，"黑色星期一"仅表现为一种市场恐慌，并且此后不久，人们原先对世界经济的悲观预期被乐观情绪所代替，各国经济均出现了强劲增长。但日本经济的萧条却由此开始。当时美国政府担心，如果日本银行提高利率，资金不能及时向欧美市场回流，可能再次引起国际市场动荡，因此建议日本政府暂缓升息。日本政府也担心，提高利率可能使更多的国际资本流入日本，推动日元升值，引起经济衰退。并且，当时日本正在实施扩大内需政策。

关于日本泡沫经济的成因非常复杂，其一是和日本经济的增长模式密切相关。从20世纪70年代末期到80年代末期日本经济的增长平均在3%~7%。而在经济高速增长的情况下，日本的储蓄率一直很高，维持在30%左右，最高的年份达到了40%。"低消费、高出口"的增长模式为日本积累了大量的流动性，由于受外汇管制的限制，这些流动性集中在国内，而且最终是集中在了银行部门。当然，过剩的流动性最终形成了房地产行业的泡沫。

其二是导致资金向房地产部门集中的环境。过剩的流动性不一定就会形成房地产泡沫，然而日本当时恰恰存在导致资金向房地产部门集中的环境。20世纪70年代末开始，日本根据《日美日元美元委员会报告书》进行金融自由化，其内容之一就是拓宽直接融资渠道。直接融资的快速发展，导致了银行的放贷对象范围突然缩小，最终银行选择了房地产这一新兴行业。一方面给房地产企业大量贷款，房地产贷款占商业银行贷款的比例一路攀升，另一方面，银行也持有大量房地产企业的股票。

其三是导致资金向房地产部门集中的政策。除了客观环境使流动性流向房地产部门之外，政策因素也导致了资金过度向房地产部门集中。在日本政府明确城市中心分散化的土地规划之前，日本企业界普遍认为日本的城市规划将是集中化的趋势，这导致了对土地的投资相对集中。在日本房地产泡沫初期，主要还是六大都市，尤其是东京、大阪、名古屋等地的地价上涨速度较快，其他地区地价并没有出现大幅上涨。此外，根据日本当时的税法，日本企业如果是贷款获得土地和房地产的话，所购买的房地产和土地可以免缴固定资产税，因而导致许多企业采取购买土地和房地产的方式进行避税。

其四是日本财务省和日本银行的不作为。在泡沫形成的过程中，日本银行一直维持宽松的货币政策。日本银行维持宽松货币政策的理由是当时日本正在经历长达5年的低通胀期，没有理由收紧货币政策，而且日本政策制定者与日本银行担心日元升值会对经济造成较大的冲击。但是日本财务省的经济政策失误和日本银行对于不作为还是难辞其咎的。

在这一时期日本经济泡沫极度膨胀的主要表现是房地产和股票价格的超常上涨。1985年末，日本土地资产总额按国民经济计算法推算为1 004万亿日元，到1990年年末上涨到2 389万亿日元，相当于日本名义国民生产总值的3.0倍。日本的股票价格从20世纪80年代中期起也一直趋向上涨，1985年末日经平均股价为13 113日元，而到1989年末的高峰期最高时达到38 916日元，上涨了3倍。这一时期，日本的股价上涨势头完全呈现直线型，而且是异乎寻常的空前上涨，可以说是人为因素形成的"泡沫经济"现象。①

另外，1974年以后，随着日本经济的低速增长，日本的出生率进一步呈现下降趋势，由1974年的18.6‰降低到1980年的13.6‰，成了日本统计史上的最低纪录。日本人口问题审议会在1980年8月整理1974年以后的有关出生率降低的报告书中提出，20世纪70年代后期的低出生率只是暂时的现象，从20世纪80年代开始出生率有可能呈现回升趋势。但由于这一时期日本经济的低速增长在一定程度上影响了出生率的动态变化，使出生率呈现逐步下降趋势，到1988年进一步降低到10.7‰。而这一时期由于低出生率的效果，自然增长率也呈现逐渐下降趋势，由1974年的12.1‰降至1980年的7.4‰，1988年进一步下降到3.3‰，日本进入了"少子化"时代。

2.6 经济增长与人口因素

昭和初期的经济，由于经济危机的影响有所波动。但随着工业革命的迅速发展，经济增长开始加速，到20世纪80年代末期日本已成为世界第二经济大国。在经济长期增长的过程中，日本战前的经济规模总量增长较快，平均增长率为3.15%，由于人口增长率长期停留在每年1.01%的水平上，因而人均产值年均增长率每年递增2.14%。

这一增长率在战前与欧美发达国家相比是很高的。然而，真正的高速增长是20世纪

---

① 20世纪80年代末90年代初，日本经济已经出现以股票价格和房地产价格暴涨为特征的严重的泡沫经济。1989年日本政府对其不动产价值的估值已达到2 000兆日元。日本的国土面积虽然只有美国的1/25，但不动产价值是美国的4倍。1990年初，若按当时的土地价格，可以用东京买下整个美国，由此可见当时日本的泡沫经济极其严重。1989年底，以日经指数38 915点的历史最高峰急剧下降为标志，日本泡沫经济开始破灭，经济开始下滑。1992—1994年，日本经济的平均增长率仅为0.6%，1997年和1998年，日本经济陷入了更加严重的困境，由于泡沫经济的影响，使日本经济在整个90年代经济衰退，这种经济衰退的程度是日本战后从未有过的，开创了日本战后的最低纪录。

50 年代后半期，如表 2—9 所示，经济增长不断上升，尤其是进入 60 年代以后，一直保持在 10% 以上的高增长率，这一时期人口增长率仍然稳定在 1% 左右，因而人均产值以接近 9% 的高水平不断增长，从而接近了欧美发达国家的水平。但进入 70 年代以后，经济增长率大幅度下降。这就是所谓的石油危机和随后的中速增长。

表 2—9 昭和时期的人口经济增长（1926—1988 年）

期间		年平均增长率/%		
		总产值	人口	人均产值
昭和 1—5 年	1926—1930	2.53	1.50	1.03
昭和 6—10 年	1931—1935	4.98	1.36	3.62
昭和 11—15 年	1936—1940	5.02	0.91	4.11
昭和 16—19 年	1941—1944	-0.04	0.50	-0.46
昭和 27—30 年	1952—1955	7.27	1.33	5.86
昭和 31—35 年	1956—1960	8.87	0.91	7.89
昭和 36—40 年	1961—1965	9.10	0.99	8.99
昭和 41—45 年	1966—1970	10.90	1.25	8.42
昭和 46—50 年	1971—1975	4.50	1.33	3.97
昭和 51—55 年	1976—1980	4.30	0.92	3.14
昭和 56—60 年	1981—1985	3.40	0.67	3.23
昭和 61—63 年	1986—1988	4.53	0.47	4.06

资料来源：［日］南亮進．日本の経済発展［M］．東京：東洋経済新報社，1992；［英］B. R. 米切尔编．帕尔格雷夫世界历史统计·亚洲、非洲和大洋洲卷（1790—1993）［M］．北京：经济科学出版社，2002．

人口变动对经济增长的影响，从劳动力的数量、质量以及劳动力的流动性等侧面来看都是不可低估的。首先观察劳动力的增加，据日本总理府统计局的资料，在 1955 年到 1970 年经济高速发展的 15 年间，劳动力从 4 003 万人增加到 5 276 万人，净增 1 273 万人，即每隔 5 年有 400 万～450 万的新劳动力投入劳动力市场，就业人口的年增长率为 1.5%。这一方面反映出旺盛的劳动需求，同时也为国民经济的高速增长提供了有利的前提。20 世纪 70 年代初期以后到 80 年代后半期，尽管就业人口的增长率有所下降，但仍然是促进经济增长的一个主要因素。

劳动力素质的提高也是不容忽视的。第二次世界大战后，在实现国民经济现代化的过程中，日本仍然非常重视发展教育，不断扩大教育投资，培养科技人才。20 世纪 60 年代前后，日本盛行"教育投资论"，把人口看作资源，而教育则是经济发展的手段，于是把人才资源开发和发展教育纳入经济计划。1955 年到 1970 年间教育经费增长了 37 倍，其增长率超过了国民生产总值增长率。同时，大学数量大量增加，大学生人数不断上升。此外，各类专科学校、函授教育、电视教学也很普遍，在职学习的人数也不断增加。另一方面，日本还大力发展理工科教育和职工培训教育，改变教育结构以适应经济发展的变化，再加上战后不断吸收国外的先进技术，并发展本国的技术革新，使劳动生产率不断提高，从而加速了经济发展。

此外，在经济高速发展的过程中，劳动力的高度流动对提高劳动生产率的影响也是令人注目的。战后以来，随着经济增长，劳动力人口在产业之间的流动非常频繁，1965年至1975年期间，由第一产业转向第二、第三产业的劳动力人口竟达到643万人之多。[①] 这种人口移动意味着劳动力由劳动生产率低的农业部门向劳动生产率高的非农业部门移动。正是这种移动使产业结构发生巨大变化，促进了各产业间劳动力的供求平衡。

从人口的另一个方面劳动力结构的变化对于经济增长的影响来看，经济的增长，即国民生产总值 Y 的增长率可分解为劳动力 L 的增长率和劳动生产率 $Y-L$ 的增长率。增长率用 G 表示。

$$G(Y) = G(L) + G(Y-L) \tag{2—1}$$

另外，如假设经济增长水平决定于劳动（L）和资本（K），时间（t），则根据生产函数 $Y=F(L,K,t)$ 可得

$$G(Y-L) = \lambda + EG(K/L) \tag{2—2}$$

公式中，E 是资本的生产弹力性；$EG(K/L)$ 为因资本与劳动比率 K/L 的上升所产生 $G(Y-L)$，表示投资增加使劳动生产率增长的贡献部分。λ 为生产函数 F 的转换速度，表示技术进步等因素引起的残余，称为"增长率的残余"。

表2—10用上述（2—1）和（2—2）公式求得经济增长的三要素，即劳动力、资本

表2—10　　　　　战后日本经济增长的因素分析　　　　　（单位:%）

时期	国民生产总值年均增长率/% $G(Y)$	就业者年均增长率/% $G(L)$	劳动生产性年均增长率/% $G(Y-L)$	资本与劳动比率/% $EG(K/L)$	技术进步等残余的增长率/%λ
1952—1955	7.27	2.54	4.73	—	—
1956—1960	8.87	2.26	6.61	2.88	3.73
1961—1965	9.10	1.80	7.30	3.18	4.12
1966—1970	10.90	1.93	8.97	2.97	6.00
1971—1975	4.50	0.92	4.29	1.82	2.47
1976—1980	4.30	1.00	3.30	1.32	1.98
1981—1985	3.40	0.81	2.59	1.32	1.27
1986—1990	4.80	0.98	3.82	2.11	1.71
1952—1990	6.62	1.50	5.21	2.23	3.04

注：Y：国民生产总值（1975年价格），L：劳动力，K：全社会固定资产投资的增长率，E：资本的生产弹性 = 资本的分配率，λ = 技术进步等残余的增长率 = $G(Y-L) - EG(K/L)$；E 使用世界银行的经验值（$E=0.4$），假定为全年度。

资料来源：[日] 経済企画庁総合計画局. 日本の経済結構 [M]. 東京：東洋経済新報社，1997；[日] 人口問題協議会編. 人口事典 [M]. 東京：東洋経済新報社，1986；[日] 南亮三郎，水野朝夫. 先進工業国の雇用と失業 [M]. 東京：千倉書房，1985.

---

① [日] 大淵寛，森岡仁. 経済人口学 [M]. 東京：新評論，1981.

与劳动比率以及技术进步等三个因素对经济增长的贡献度。从国民生产总值的增长率 $G(Y)$ 看,战后经济复兴后期的 1952—1955 年为 7.27%,在 1956 年至 1970 年的 15 年间呈现上升趋势。就其贡献度而言,主要归结为技术进步 λ 与资本劳动比率 $EG(K/L)$ 的上升,劳动力增长率 $G(L)$ 的因素相对较弱。20 世纪 70 年代初期以后到 80 年代前半期,如图 2—4 所示,$G(Y-L)$ 呈现下降趋势,尽管如此,λ 和 $EG(K/L)$ 对于 $G(Y)$ 的贡献度是显而易见的。1986—1990 年期间,$G(Y)$ 呈现若干上升趋势,其中,$EG(K/L)$ 和 λ 分别为 2.1%、1.7%,一定程度上反映了由于资本的扩大和技术的进步以及人力资本投入带来的经济效果。

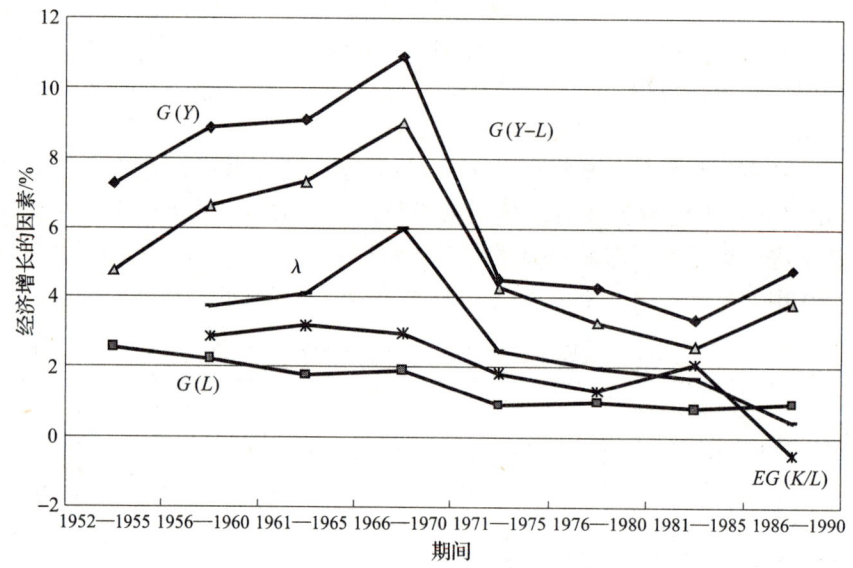

图 2—4　经济增长率及其增长因素

注:$G(Y)$:国民生产总值年平均增长率,$G(L)$:就业者年均增长率,$G(Y-L)$:劳动生产性年均增长率,$EG(K/L)$:资本与劳动比率,λ:技术进步等残余的增长率=$G(Y-L)-EG(K/L)$。

资料来源:[日] 経済企画庁総合計画局. 日本の経済結構 [M]. 東京:東洋経済新報社,1997;[日] 人口問題協議会編. 人口事典 [M]. 東京:東洋経済新報社,1986;[日] 南亮三郎,水野朝夫. 先進工業国の雇用と失業 [M]. 東京:千倉書房,1985.

总之,昭和前期和战后初期日本的经济发展主要是靠丰富的劳动力和资本的积累支持的,劳动生产率上升较快,所谓外延的发展。而经济高速增长时期,其发展形态转换为内涵的发展,人力资本投资带来的劳动力素质的改善和科学技术的进步、资本集约度的上升、经济结构的现代化以及农业部门向非农业部门流动的产业间就业结构的变化等作为积极因素促进经济增长是显而易见的。

2.7　战后经济体制的发展

战后,日本政府为了实现经济重建,在 20 世纪 40 年代后期继续维持了统制体制,并且在此基础上实施了多种特殊的经济政策,积极推动了战后的经济复苏。到50年代初期,日本才实现了由统制经济向市场经济转轨。

从战后经济复兴期开始,日本通过一系列的宏观经济政策,加强了对国民经济的干预。例如战后初期,日本政府推行了倾斜生产方式的政策,有效地推动了战后经济复苏。倾斜生产方式的特点是,大力支持煤炭、钢铁等重点产业的生产恢复和产出增长,通过这些基础产业的率先复苏带动整个国民经济的恢复。

日本政府在干预国民经济方面还较多地运用了计划手段。1955年日本政府就开始像战时经济统制时期一样制订了经济计划,用以指导国民经济的发展。其中,最有名的是1960年制订的《国民收入倍增计划》。日本政府的经济计划虽然不是指令性计划而是指导性计划,但由于它适应各阶段经济环境的变化,提出了符合实际情况和实际需要的长期经济政策,引导了日本经济发展的方向。

从日本式经济体制形成的基础来看,首先强调的是生产优先或生产第一主义。无论是战后经济复兴还是高速经济增长期间,扩大生产和提高劳动生产率都始终是日本政府和企业优先考虑的。这一生产优先或生产第一主义思想意识的形成,与日本长期落后于美国和欧洲各国、一直要实现经济赶超有很大的关系。从明治维新到战后高速经济增长时期,日本政府和企业的主要目标,都一直是追赶美国和欧洲。从这个意义上讲,日本式经济体制是一种赶超式的经济体制。为了赶超美国和欧洲,日本无论在宏观的经济制度和经济政策方面,还是在微观的企业制度和企业管理方面都形成了有利于生产优先或生产第一主义的机制。例如,从宏观方面来看,日本政府的产业政策和金融政策,从微观方面来看,日本企业的高积累率、个人和家庭的高储蓄率,都是这种赶超式经济体制的具体表现。①

由于日本式经济体制的基本理念是协调优先,因此,日本式的市场经济就明显有内部性和封闭性的特点,日本式市场经济也就是一种不充分竞争的市场经济。劳动力市场为封闭性市场,而且工资等各种劳动条件也不是在公开的、全国统一的劳动力市场上形成的,而是在各企业内部形成的。这种内部性、封闭性的劳动力市场,完全排除了劳动力市场的竞争机制和价值规律,决定了劳动力流动和工资水平的并不是劳动力市场的竞争机制和价值规律,而是企业内部各种制度性的非竞争因素。②

战后以来,日本政府在赶超美国和欧洲的过程中一直发挥了重要的作用。20世纪50年代初期,日本基本上消除了此前政府的直接经济干预,实现了从统制经济向市场经济转轨。但是,实现经济复苏和自立发展的目标没有最终实现。这种情况一方面决定政府不能完全放弃对产业发展给予大力扶植为基调的政策干预,另一方面又要求政府经济干预的方式由直接统治转变为间接调控。1949年原商工省改组为通商产业省,将产业发展和对外贸易的管理与政策统合起来。通商产业省迅速成为日本政府中重要的组织机构之一,以它为主导实施的产业政策成为日本政府干预经济模式的最突出的特征。50年代前半期,日本政府对四大重点基础产业实施的产业合理化政策,可以说拉开了战后大规

---

①② 刘昌黎. 现代日本经济概论 [M]. 大连:东北财经大学出版社,2008.

模实施产业政策的序幕,后来这一政策范围进一步扩展开来。① 从产业政策和贸易政策的实施过程中可以看出日本经济体制中的政府经济干预的基本模式。在经济复兴和高速经济增长时期,日本运用凯恩斯主义实施积极财政政策的同时,又基本上沿用和发展了在战时统制时期的一系列政策和做法,充分发挥了宏观干预的作用,有力地促进了高速经济增长,因此,日本的市场经济就被称为"政府主导下的市场经济"。

从另一个方面来看,日本作为一个资本主义国家,市场经济无疑是其最基本的经济制度,自由竞争也是日本经济的基本原则。尽管如此,日本政府在经济干预中不仅充分利用了财政、金融等各种经济政策,而且还通过经济计划、国土利用计划和国土综合开发计划,充分利用了计划原理的作用;即便是经济政策,也有许多是限制竞争的,体现了政府的意志,因此,日本经济体制又被称为"混合经济体制"②。

经过20世纪五六十年代的高速经济增长,日本在1968年以后已经成为资本主义世界第二经济大国,初步实现了赶超欧洲的目标。1973年石油危机以后,日本经济由高速增长转为低速增长。由于高速增长带来的环境问题,国民生活提高缓慢问题,人口过疏、过密和地区间经济差距扩大等问题,当时日本国内已出现批评生产第一主义的看法。与此同时,随着重工业的发展,在钢铁工业、汽车工业国际竞争力全面增强、出口不断扩大的形势下,日美、日欧间的贸易摩擦也开始不断加剧。这样,日本式经济体制面临着来自国内外的批评和挑战。

但当第二次石油危机冲击来临时,日本经济率先摆脱了衰退,实现了发达国家中最好的增长局面。其后直到20世纪80年代末,也一直保持了发达国家中最高的增长速度。对于低速增长时期的经济发展,企业经营的合理化措施、产业结构的调整等都是至关重要的促进因素。除此之外,日本式经济体制的继续发展,也发挥了重要作用。70年代后期到80年代,工会组织率直线下降,劳动纠纷显著减少,工人一直没有提出过大幅度提高工资的要求,离职率普遍降低,对企业合理化主动配合等,这都体现了日本式经济体制发展的作用。

20世纪80年代后期,日本经济成功地克服了日元升值冲击,再次出现了大型经济景气即平成景气。平成景气的出现,不仅使日本经济再次出现了繁荣,而且巩固了日本世界经济大国的地位。当时,日本是世界首屈一指的贸易黑字大国、经常收支黑字大国和资本纯输出大国。随着经济大国地位的巩固和国际地位的提高,面临着巨额贸易黑字和国际贸易摩擦愈演愈烈的局面,日本本来应该及时调整赶超经济体制,改变其内部性、封闭性的市场经济,转向开放型的市场经济。对此,日本政府也采取了一些措施,例如,从1980年起,日本就开始了金融自由化的进程。但是,直到80年代末,日本在经济体制调整和改革方面并没有取得实质性的效果。结果,取得显著进展的金融自由化不仅没有推动日本式经济体制的改革,反而还助长了泡沫经济的严重性。

---

① 崔岩. 日本的经济赶超——历史进程、结构转变与制度演进分析 [M]. 北京:经济管理出版社,2009.
② 刘昌黎. 现代日本经济概论 [M]. 大连:东北财经大学出版社,2008.

2.8 经济计划

日本经济计划是随着战后日本经济的发展而发展的。经济复兴时期，日本的战略目标是将经济基础恢复到二战前的水准。为此，日本制订了相应的规划以及相应的法律、法规和产业扶持政策。例如，1949年吉田内阁制订的《经济复兴计划》，1951年又制订了《经济自立三年计划》。不过，这两个计划都未成为日本政府的正式计划。当时，为实现上述战略规划所确定的目标，日本采取了"倾斜生产方式""倾斜减税""倾斜金融"等对策，即在日本政府主导下，将有限的资源向煤炭、钢铁、电力等产业集中，优先发展能源和重工业。这个时期制订的《外汇管理法》《进口贸易管理令》《外资法》《企业合理化促进法》等，也都是为实现战略规划目标准备的法律，使战略规划法制化，在法律的保护下实现经济发展。1952年，日本成立了经济审议厅，1955年经济审议厅又改组为经济企画厅。

经济企画厅自成立后，就承担了制订和实施经济计划的任务，由日本经济审议厅汇集各方专家意见，起草规划，提交经济审议会审议，再由政府内阁审定通过。当时的审议机制处于摸索阶段，参加审议的人员和审议的政策内容范围比较狭小。[①] 1955年12月，鸠山一郎内阁制订了战后以来的第一个经济计划——《经济自立五年计划》（见表2—11），把政策的首要目标确定为摆脱对美国的经济援助的依赖，尽快实现经济独立。与此同时，还提出了扩大雇用，实现充分就业的政策目标。

表 2—11　　　　　　　　经济计划

计划名称	制定年月	当时政府	计划期间	经济增长率/% 计划目标	经济增长率/% 实际增长
经济自立五年计划	1955年12月	鸠山一郎	1956—1960	4.9	8.8
新长期经济计划	1957年12月	岸信介	1958—1962	6.5	9.7
国民收入倍增计划	1960年12月	池田勇人	1961—1970	7.8	10.0
中期经济计划	1965年1月	佐藤荣作	1964—1968	8.1	10.1
经济社会发展计划	1967年3月	佐藤荣作	1967—1971	8.2	9.8
新经济社会发展计划	1970年5月	佐藤荣作	1970—1975	10.6	5.1
经济社会基本计划	1973年2月	田中角荣	1973—1977	9.4	3.5

---

① 早在20世纪50年代初期，日本制订《经济自立五年规划》时，就有了一些审议程序。日本的审议制度经历几十年的实践，如今更加完善。目前，在日本政府机构中设有涉及政治、经济、社会、教育、法律、科技等领域的各种审议会或咨询委员会。它们的工作就是提供各种重要的知识信息，就重大战略问题和政策制定作深入研究，对重大政策和规划提出意见和建议，进行考察和评估；它们的咨询报告通常变成政府政策或规划的主要内容。日本的审议会和咨询委员会根据专题由官、产、学等各方人士组成，审议会下还设各种分科会。这些组织定期或不定期地就涉及国民利益的公共政策进行公开（举行公开会议请民众参加）或不公开的讨论。日本不是在规划形成之后而是在制定过程中就注意吸收各方意见，即使首相直接领导的咨询委员会，也必须有民间人士参加。

续表

计划名称	制定年月	当时政府	计划期间	经济增长率/%	
				计划目标	实际增长
昭和50年代前期经济计划	1976年5月	三木武夫	1976—1980	6.0	4.5
新经济社会七年计划	1979年8月	大平正芳	1979—1985	5.7	3.9
80年代经济社会的展望和指针	1983年8月	中曾根康弘	1983—1990	4.0	4.5
经济运营五年计划	1988年5月	竹下登	1988—1992	3.75	4.0
生活大国五年计划	1992年6月	宫泽喜一	1992—1996	3.5	3.5
实现结构改革的经济社会计划	1995年12月	村山富士	1996—2000	3.0	1.0
次期经济计划	1999年7月	小渕惠三	2000—2010	2.0	1.0

资料来源：［日］日本経済企画庁. 日本の経済結構［M］. 東京：東洋経済新報社, 1997.

在日本经济迅速发展的形势下，为了进一步调动国民积极性，加快经济发展，1957年12月拟订的《新长期经济计划》和1960年12月拟订的《国民收入倍增计划》，都把实现最大限度的经济增长、提高国民生活水平和实现充分就业作为首要目标。其中，《新长期经济计划》公布时，引起了有关经济高速增长的可能性的争论。当时的一些经济学家认为，该计划的目标，即在计划期间国民生产总值每年平均增长6.5%，是过高估计了日本经济增长的可能性。与此相反，以下村治为代表的一些经济学家则高度评价了日本经济的潜力，认为该计划对日本经济增长的潜力和可能性估计过低。尽管下村治的理论有一定的缺陷，但是在1961—1970年间，日本经济年平均增长率达到10.6%的事实表明，他对当时日本经济形势的估计及其政策主张还是正确的。[1] 而《国民收入倍增计划》，在计划高速经济发展的同时，还提出了10年国民收入增加1倍的政策目标。为了推进现代化，追赶美欧发达工业国，除了提出上述两个经济计划外，1962年又颁布了第一个《全国综合开发规划》，以后又出台了《新全国综合开发规划》《日本列岛改造论》等。配套的发展或调整性的经济对策和法规包括：《太平洋沿岸带状产业布局构想》《煤炭矿业合理化临时措施法》《振兴机械工业临时措施法》《振兴电子工业临时措施法》等。上述规划和对策的实施，促进了日本重化工业的成长，大幅度提高了国民收入，使日本的国民生产总值在1968年超过了英、西德等发达国家，成为仅次于美国的世界第二大经济强国。

经济高速增长时期，由于重视生产轻视生活的生产第一主义的影响，造成社会基础设施薄弱，并产生了人口过密、过疏以及公害污染等问题。因此，日本政府在1965年1月制订的《中期经济计划》、1967年3月制订的《经济社会发展计划》、1970年5月制订的《新经济社会发展计划》和1973年2月制订的《经济社会基本计划》中，都把解决高速经济增长中出现的各种问题和矛盾、实现均衡经济增长作为政策的首要目标。其中，《经济社会发展计划》首次把经济发展和社会发展联系在一起；《新经济社会发展计划》首次提出通过均衡的经济增长，建设一个居住和生活环境良好的日本的政策目标；《经济

---

[1] 冯昭奎. 日本经济（第二版）［M］. 北京：高等教育出版社, 2005.

社会基本计划》则首次提出了建立"福利国家"和推进国际协调的政策目标。

1973年和1978年爆发的石油危机,给日本经济带来了巨大的冲击,使日本经济陷入了严重的危机,迫使日本重新调整发展战略:由发展资源密集型产业转向发展技术和劳动密集型产业;促进重工业产业结构调整;重视解决污染问题;重视解决地区之间、城市与农村之间的差距问题;并提出了节能、节省资源的计划。为了应对危机,日本政府1976年5月拟订的《昭和50年代前期经济计划》和1979年8月拟订的《新经济社会七年计划》,都把政策的首要目标确定为克服经济混乱,实现经济稳定增长和改善国民生活。同时,针对石油危机引起的严重通货膨胀,采取抑制需求、抑制通货膨胀的对策。

20世纪80年代初期以后,因贸易黑字特别是对美贸易黑字的迅速增加,日本与欧美各国的贸易摩擦日趋激烈,并由此导致了日元大幅度升值,严重影响了日本的经济发展。为此,日本政府1983年3月又制定了《80年代经济社会的展望和指针》,把国际经济协调作为最优先的政策课题,其首要政策目标是构筑和平、安定的国际关系和建设有活力的经济社会。

从上述经济计划主要政策的目标来看,日本政府的经济政策大体上经历了从重视经济增长逐渐转向重视国民生活福利、社会问题和国际协调的方向。对于高速经济增长中所出现的福利和社会基础设施落后的问题,人口过疏、过密的问题,公害和环境污染的问题,从《中期经济计划》起,历次经济计划都及时引起了社会各方的注意,并采取了相应的政策措施。

由此可以看到,日本的经济计划调整范围是相当广泛的,而这种从广义上理解的计划的实际作用显然要比"狭义的"计划(即经济企划厅的中长期计划)要大得多。日本经济计划的主要特点之一是计划的指导性。一般来说,经济计划包括指令性计划和指导性计划。指令性计划意味着政府不通过市场对企业实行直接干预,而指导性计划则意味着政府通过市场对企业进行间接干预和诱导。日本作为市场经济国家,其政府计划基本上是指导性计划,关于这一点,日本政府在制订第一个经济计划时就已说得很明确。《经济自立五年计划》的前言中指出,本计划是在以个人和企业富有创造性的自由的经济活动的基础上实施的,政府规制只限于必要的限度,这是一个基本原则。因此,本计划能否实现,在很大程度上取决于国民全体的理解和努力。由此可见,日本经济计划的出发点并不是发号施令的指令性计划,而是制订为社会和企业提供发展方向的指导性计划。

日本经济计划的另一个特点是计划的灵活性。市场经济条件下的经济计划,其本身就包含着内在的矛盾。一方面,对于长期的政策性课题,需要尽可能地采取明确的长期性政策措施;另一方面,由于国内外经济环境中有很多令人捉摸不定的因素,特别是在相互依存增强而又变化多端的国际社会中,长期经济展望已变得越来越困难了。因此,政策目标和手段都必须有一定的灵活性,能够随着国内外经济社会环境的变化而变化。①

日本经济计划的对象期间一般为5~10年,平均计划期间为6.6年。然而,到20世纪80年代末,大多数经济计划都没有实施到底,很多计划在实施途中就被其他新的计划

---

① 刘昌黎. 现代日本经济概论[M]. 大连:东北财经大学出版社,2008.

所取代了。例如，著名的《国民收入倍增计划》在实施3年后，就被《中期经济计划》取代了；《中期经济计划》实施3年后，又被《新经济社会发展计划》所取代了。结果，从1955年开始，日本政府平均每3年就制订一个新的经济计划。这一问题虽然是由政权频繁更迭造成的，但却有利于及时地修改计划，使计划能够适应变化了的新形势，从而体现了计划的灵活性。从经济计划本身的上述内在性矛盾看，在国内外经济社会环境发生变化时，也必须及时地修改计划。因此，可以说，日本经济计划是一种经常纠偏的"纠偏性"计划。[①]

经济计划是日本政府长期经济运营的指导方针和基本依据。由于经济计划是经内阁审议决定的，因此计划中所提出的政策目标，就成为日本政府对国民和社会的正式承诺和保证。经济计划不仅详尽说明了政府的长期经济政策，还给人以政府经济政策连续性的印象，加深了民间企业对政府经济政策的理解和信赖。例如，20世纪70年代初，由于第一次石油冲击和因洛克希德事件而导致的田中首相下台，日本经济和政治都面临着前所未有的严重危机。在这种情况下，三木政府制订的《昭和50年代前期经济计划》，及时提出新的发展目标，起到了承上启下、保持政策连续性的作用。尽管该计划提出6%的增长目标并没有实现，但对于打破当时政治和经济的双重危机，确实是起到了不可忽视的作用。

经济计划在分析经济现状和展望经济前景时，运用了大量的统计资料和各方面的信息，其中有许多关于宏观经济、家庭和企业经营的详尽数据，从而为国民和企业提供了可靠的经济信息。这不仅有利于企业根据政府的政策目标，制订自己详尽的经营计划，而且还能使家庭和个人根据经济形势和企业经营状况来安排和调整自己的生活与消费。以产业结构调整为例，由于日本政府充分认识到了重化工业加快发展的趋势并把它体现在经济计划中，从而使重化工业迅速增加了设备投资，不仅实现了重化工业自身的高速发展，而且还带动了整个日本经济的高速增长。例如，《国民收入倍增计划》提出的经济增长目标虽然不算太高，1961—1970年年均增长率只为7.8%，但该计划在分析和展望重化工业快速发展趋势的基础上，提出了制造业增长11.3%的目标，并计划重化工业增长13.2%，轻工业增长7.4%。从实际完成情况看，计划期间制造业增长了14.8%，其中重化工业增长了18.3%，轻工业增长了9.6%。由于重化工业增长大大超过了计划目标，年均经济增长率就达到了10.0%。总之，日本经济计划适应各发展阶段经济社会环境的变化，提出了符合实际情况和实际需要的长期经济政策，其中高速经济增长时期的增长目标大都超额实现了，因此可以说日本经济计划基本上获得了成功，对推动经济发展特别是高速增长发挥了重要作用。[②]

2.9 资本积累

资本作为现代经济中的重要生产要素之一，在经济增长及经济发展中发挥着重要作

[①][②] 刘昌黎. 现代日本经济概论 [M]. 大连：东北财经大学出版社，2008.

用。日本自明治维新以来的资本主义发展中，资本已经成为推动经济发展和财富积累的最主要动力。根据南亮进的研究，日本在第二次世界大战前实际资本积累的年平均增长率为5.4%，战后年均增长率达到了9.2%，资本积累的增长率远高于同期的经济增长率。不仅如此，同战前的经济增长存在剧烈的周期性波动相似，资本积累也存在着极为类似的波动。从长期来看，经济增长与资本积累增长之间存在着正向的对应关系。因此可以说，长期波动主要是由于资本积累的变动而产生的。无论是战前还是战后，民间的投资增长率都快于政府投资的增长，可以说，民间的投资活动在经济增长和经济周期波动中起着相对重要的作用。

表2—12列出了20世纪初期以来日本实际总支出的构成变化。从中可以看出，在长期经济发展过程中，支出侧面反映的宏观经济结构是发生了很大变化的，其中最明显的变化，就是个人消费支出在总需求中所占比例的下降和国内资本积累在总需求中所占比例的上升。在20世纪初期，个人消费需求在总需求中所占的比例超过80%，1930年降至78.9%，到第二次世界大战以后又降至60.5%~67.0%之间，1988年又降低到创纪录的58.4%。与此相反，国内资本积累所占比例大幅度上升，1900年为11.7%，1938年上升到26.2%，战后进入经济高速增长时期由于快速投资，使国内资本积累和民间资本积累的比例迅速提高，到1970年，分别增长到32.2%和23.1%。即使到1988年也分别保持了31.0%和24.3%的高水平。

表2—12 总支出构成的变化 （单位:%）

年份	个人消费支出	政府经常支出	国内固定资本形成	民间固定资本形成	库存投资
1900	85.1	8.5	11.7	7.7	—
1910	81.6	9.7	15.1	9.7	—
1920	77.7	8.6	19.3	13.1	—
1930	78.9	12.1	17.0	9.1	—
1938	63.6	13.0	26.2	14.5	—
1954	67.0	18.7	14.9	9.9	1.2
1960	65.8	13.7	22.3	15.5	1.6
1970	60.5	9.9	32.2	23.1	1.9
1980	60.9	10.0	29.3	20.1	0.5
1988	58.4	9.0	31.0	24.3	0.7

资料来源：[日]南亮进. 日本の経済発展[M]. 東京：東洋経済新報社，1992.

表2—13则列出了19世纪末期以来日本总支出构成部分对总支出增长的相对贡献度，即各构成部分增量在总增量中所占的比例，从另一角度反映了相对构成变化和增长速度差异的综合结果。个人消费支出的构成比较高，所以尽管增速较低，但是相对贡献度仍保持较高的水平。个人消费增速的下降是在长期经济发展过程中增长速度和相对量的下降综合作用的结果。国内固定资本的积累的情况则相反。[1]

---

[1] 崔岩. 日本的经济赶超——历史进程、结构转变与制度演进分析[M]. 北京：经济管理出版社，2009.

表2—13　　　总支出构成部分对实际总支出增长的贡献度　　　（单位:%）

期间	个人消费支出	政府经常支出	国内固定资本形成	民间固定资本形成	库存投资
1888—1900	82.7	12.6	17.8	7.8	—
1900—1910	64.9	15.3	30.5	18.4	—
1910—1920	69.7	6.4	27.9	20.1	—
1920—1930	84.3	26.0	7.5	-6.9	—
1930—1938	31.7	14.8	45.3	25.6	—
战前平均	57.6	14.6	30.7	16.3	—
1955—1960	62.8	6.0	35.0	25.0	2.2
1960—1970	57.1	7.4	38.5	28.0	2.1
1970—1980	61.5	10.4	24.2	14.9	-1.9
1980—1988	52.0	6.2	35.5	35.3	1.1
战后平均	57.2	7.8	33.0	26.1	0.7

资料来源：[日]南亮進.日本の経済発展[M].東京：東洋経済新報社，1992.

日本资本积累的规模和速度是很快的，无论日本历史上，还是在主要资本主义国家中都是无可比拟的。从表2—14中可以看出，日本战前积累率最高的1931—1940年期间平均为17.2%，而战后的1952—1955年期间平均为26.0%，在20世纪60年代一直保持在36.0%的水平上，在1971—1973年期间高达39.0%，在1974—1982期间，虽然有所下降，但也保持在32.0%以上的水平。从国际比较来看，在1952—1978年期间，美国的积累率为17.8%，英国为18.5%，法国为22.5%，联邦德国为22.9%，均远低于日本。在积累（包括固定资本投资和库存投资）中固定资本投资率，在1960—1970年期间，日本始终保持在21%~23%，而同一时期美国的固定资本投资率只有6%~7%，联邦德国也不过是1%~2%。从投资额年均增长来看，在1951—1980年期间，日本为11%，联邦德国为5.5%，法国为5.%，英国为3.4%，美国为2.7%，在主要资本主义国家中日本投资增长速度是最快的。[①]

表2—14　　　　　　　　资本积累率的推移

期间	平均积累率/%	必要资本系数	保证增长率/%
1931—1940	17.2	—	—
1952—1955	26.0	3.1	8.4
1956—1960	30.0	3.1	11.6
1961—1965	36.0	2.8	12.9
1966—1970	36.0	3.1	11.6
1971—1973	39.0	4.4	8.9
1974—1979	34.0	6.7	5.1
1980—1982	32.0	—	—

资料来源：[日]小宮隆太郎.現代日本経済研究[M].東京：東京大学出版会，1975；[日]日本内閣府.2007年春季世界经济的新潮流[M].2007；[日]黒坂佳央，濱田宏一.マクロ経済と日本経済[M].東京：日本評論社，1984；崔岩.日本的经济赶超——历史进程、结构转变与制度演进分析[M].北京：经济管理出版社，2009.

---

① 张锁柱.战后日本高速度资本积累的主要途径与特点[J].现代日本经济，1990(1).

南亮进的研究结果表明，在第二次世界大战前的日本经济发展过程中，投资率尽管存在着周期波动，但明显存在着上升趋势。周期波动是围绕着上升趋势而上下波动的，并且与经济周期变动存在着对应关系。边际产出·资本比率在时间趋势上没有增加的趋向，但存在着大幅度的波动。因此，南亮进认为，战前较高的经济增长率是由投资率的提高决定的，而长期经济波动可以用边际产出·资本比率的波动来解释。战后，投资率继续上升，到20世纪70年代初期开始下降。这一过程中边际产出·资本比率始终保持较高的水平。所以战后的高速经济增长，是较高的投资率上升趋势和高水平的边际产出·资本比率共同作用的结果。而战后高速经济增长以及70年代以后增长率的下降，在很大程度上是由投资率的上升和下降决定的。南亮进还分析了西欧后发达资本主义国家及东亚国家经济加速增长的情况，认为上面的结论在这些国家的加速过程中也是成立的。高投资率决定经济的高速增长，以往的后发国家的经济赶超，都是以实现工业化特别是重化学工业化为核心的。工业化本身的特点决定了快速的资本积累即高投资率，是加快经济增长和经济结构转变的动力。①

2.10 财政的发展

大正后期（1919—1925年），日本财政陷入财源困境，加上1923年发生了东京大地震，地震后的复兴需求导致财政支出进一步膨胀，结果出现了大幅度的财政赤字。为了克服赤字，重建财政，日本政府从昭和初期（1926—1929）开始采取了紧缩财政政策，但由于爆发了世界性的经济危机，影响了日本经济的发展，1930年前后日本经济日趋萧条，物价跌落。1931年，日本政府转向积极的财政政策，力图通过扩大财政支出来摆脱萧条，恢复经济景气。虽然收到了一定的效果，但是国债余额急速膨胀，到1935年达到98亿日元。与此同时，军部为了扩充军备的需要，不断施加压力要求扩大财政支出，致使中央和地方政府的财政支出不断扩大，从1936年到1945年，增长了5.3倍，其中军费支出占财政支出的比重从1938年的约30%增至1944年的50%。显然战时日本财政是在中央政府的控制下，加大了以军事需求为目标的财政。②

战后日本经济在恢复和发展的过程中，财政起到了重要的作用。1947年春，日本政府开始实施"倾斜生产方式"，压低煤炭、钢铁等重要物资的价格，其差额部分由政府以"价格调整费"的形式给予补助，由此来促进生产的恢复。与此同时，政府还要给复兴金融公库出资，使其承担向重要产业融资的任务。导致财政支出与赤字的迅速扩大，同时，财政支出的扩大加上物资不足，又导致通货膨胀加剧。为此，政府从1949年开始对财政制度进行了改革，严格削减价格差补助金及其他补助金，停止复兴金融金库的新贷款，

---

① [日] 南亮進. 日本の経済発展 [M]. 東京：東洋経済新報社，1992；崔岩. 日本的经济赶超——历史进程、结构转变与制度演进分析 [M]. 北京：经济管理出版社，2009.
② 冯昭奎. 日本经济（第二版）[M]. 北京：高等教育出版社，2005.

制定 1 美元等于 360 日元的单 固定汇率,通过对 1949 年度预算进行修订,使其总计达到平衡。此外,政府还对行政机构实施改革,大幅度削减了公务人员人数,使日本财政的赤字状况有所好转。

在 1949 年(昭和 24 年),日本政府还进行了大规模的税制改革,把征税重点置于所得税和直接税上,实行所谓"所得税中心主义",并明确累进课税体系;明确划分中央政府与地方政府之间的税源分配,协调法人税与红利收入的课税;为加强地方自治而废除附加税制,削减国库补助金,加强财源调整功能等。该改革从 1950 年开始正式实施。①

在 1955 年以后,日本经济开始高速增长,使税金的自然增长大幅度增加,从而带来巨额的财政收入,这种收入又成为政府增加支出和实施减税的财源。中央政府将财力集中以后,为了维护统一行政水平的需要,分配给地方政府,如表 2—15 所示,地方的行政支出通常占财政经费的 2/3 左右,中央政府的行政支出只占 1/3 左右。② 在财政支出方面主要是扩大了公共事业的投资,以充实产业发展的基础。直到 20 世纪 60 年代前半叶,尽管财政支出迅速增加,但收入也大幅度上升,足以维持财政的预算平衡。

表 2—15　　　　　　　昭和后期中央与地方行政经费支出比例

年份		财政支出合计/亿日元	中央财政支出		地方财政支出	
			支出总额/亿日元	支出所占比率/%	支出总额/亿日元	支出所占比率/%
昭和 31 年	1956	18 201	5 985	33.2	12 036	66.8
昭和 35 年	1960	28 631	9 658	33.7	18 973	66.3
昭和 40 年	1965	63 011	20 052	31.8	42 959	68.2
昭和 45 年	1970	143 154	46 267	32.3	96 887	67.7
昭和 50 年	1975	377 126	123 249	32.7	253 877	67.3
昭和 55 年	1980	721 950	268 743	37.2	453 207	62.8
昭和 60 年	1985	903 650	347 294	38.4	556 356	61.6
平成 2 年	1990	1 201 070	417 205	34.7	783 865	65.3

资料来源:[日] 柿本善也. 地方财政制度 [M]. 東京:暁星株式会社,1977;[日] 自治省编. 地方财政白书(1990 年版)[M]. 東京:大蔵省印刷局,1990;[日] 财务省财务综合政策研究所编. 财政金融统计月报,2005 (5).

这一时期,中央政府所集中的主要是财权。从战后到高速增长初期,日本税收总额的 70% 以上控制在中央财政手中。但 20 世纪 60 年代以后,中央财政在税收总额中的比重有所下降(见表 2—16),但中央财政始终控制着大约 2/3 的财源。

---

① 冯昭奎. 日本经济(第二版)[M]. 北京:高等教育出版社,2005.
② 张舒英. 新时代的日本经济 [M]. 北京:昆仑出版社,2007.

表 2—16　　　　　　　　昭和后期中央与地方的财源划分

年份		国内生产总值/亿日元	税收总额/亿日元	税收占国内生产总值比重/%	国税占总税收比重/%	地方税占总税收比重/%
昭和 25 年	1950	—	7 585	—	75.2	24.8
昭和 30 年	1955	85 979	13 178	15.3	71.1	28.9
昭和 35 年	1960	166 806	25 452	15.3	70.8	29.2
昭和 40 年	1965	337 653	48 279	14.3	67.9	32.1
昭和 45 年	1970	752 985	115 239	15.3	67.5	32.5
昭和 50 年	1975	1 523 616	226 591	14.9	64.0	36.0
昭和 55 年	1980	2 462 664	442 626	18.0	64.1	39.0
昭和 60 年	1985	3 274 332	624 667	19.1	62.7	37.3
平成 2 年	1990	4 499 971	962 302	21.4	65.2	34.8

资料来源：［日］财务省财务综合政策研究所编. 财政金融统计月报, 2005 (5).

1964 年东京举办奥运会带来了所谓的"奥林匹克景气"，随着奥运会的落幕，经济走向战后的严重衰退，尽管在 1965 年的"当初预算"中仍坚持依靠财政手段来调节景气的方针，其后发现税收明显不足，开始采取的措施是在降低利率的同时坚持年度平衡的财政原则。随后发现岁入大抵于当初的估计，仍然在坚持财政年度平衡的原则下采取了保留公共事业费和行政费等 1 000 亿日元的措施。但在利润率的下降幅度超过了利率的下降幅度的情况下，单纯的金融缓和措施已经不足以诱导投资使经济得到恢复，必须同时启动直接有效的财政措施。1965 年 7 月决定实行紧急政策，主要措施是设想长期减税和准备发行国债。当年 12 月，成立的补充预算正式决定战后首次发行赤字国债 2 590 亿日元。为此，1966 年 1 月制定《财政处理特别措施法》，修改《财政法》，增加了特例条款，打破一般会计预算必须保持收支平衡的原则，准许发行赤字公债。在 1966 年的大型预算中，一般会计支出比 1965 年度增加 17.9%，发行国债 7 300 亿日元，减税 3 069 亿日元。此后，建设国债每年均在发行。

日本在高速增长时期的财政政策，从总的指导思想上看仍遵循"平衡预算"原则，在这个原则的约束下，支出数额取决于经济增长带来的财政收入的自然增加额，虽然财政政策在扩大需求和反萧条中也发挥一定的作用，但重点是放在供给和调节景气方面，主要是扩大资本积累、加速经济增长。主要的特点是整体规模低但投资比率高，高比例的投资支出是日本财政支出的一个重要特征，这也是日本政府干预经济的程度比欧美国家高的主要表现之一。当然，日本的财政性投资不是直接对企业的投资，而是对道路、交通、港口等社会资本的投资。在政策操作上，强调财政政策的灵活性，充分发挥在经济恢复期建立的产业税制的作用。在景气调节上，除了常用的财政政策和货币政策有效配合外，还十分重视财政投融资的辅助作用。从 1955 年到 1970 年，财政投融资从 2 988 亿日元增加到 37 987 亿日元，扩大了 11.67 倍。日本政府为了促进经济增长，在财政支出中尽量压缩消费性支出，以便把更多的财力用于资本积累。[1]

日本赤字国债的再次发行是在 1975 年。在此期间，日本的"不发行国债原则"变成了"不发行赤字国债原则"。这次国债的发行增强了财政政策刺激景气的功能，实际上承担起景气调剂的作用，而且这次国债的发行对自从 1947 年以来一直坚持年度平衡财政原则的日本财政是一个巨大的转变，也为日本 20 世纪 70 年代的赤字树立了先例。[2] 其后，发行赤字国债成为惯例。

日本政府在开始发行国债的第二年，即 1976 年提出要从赤字财政中解脱出来，并定下在 1980 年度消除赤字国债的目标。为了刺激日本经济，为此大幅度地扩大财政支出，但遇到 1979 年二次石油危机，致使日本经济萧条长期化，赤字国债的发行额大幅度增加，在 1979 年达到 80 550 亿日元。1979 年夏，大平正芳首相（1910—1980）在国会上提出："重建财政的核心是从庞大的国债，特别是特例公债中解脱出来。为此，在 1980 年的预算中，要采取的第一个步骤是压缩公债发行的绝对额，将税收的自然增收优先于填补国债的减额。"1979 年 9 月，政府又提出要在 1984 年摆脱赤字国债的目标。然而，财政赤字始终居高不下，而且从 20 世纪 70 年代末到 80 年代前半叶，国债发行额不断扩大，国债费在一般会计岁出中所占的比例在 1975 年只有不到 5%，到 20 世纪 80 年代中期上升到 21%～22%，为此，重建财政成为日本经济的重要课题。

通观整个 20 世纪 80 年代，日本政府为重建财政的主要措施是：控制预算总规模的增长，日本从编制 1978 年度预算开始，对一般性行政经费的概算要求实行零增长，而对其他开支允许有 5%～13.5% 的增长幅度；削减社会福利支出，修改国库负担标准，将国库对福利养老保险的负担率减少，推迟中央财政对养老保险基金的拨款；节约教育经费，压缩文教设施建设的开支，提高国立大学的学费标准，减少经常性财政对国立学校特别会计的拨款；在医疗保障制度方面，通过提高个人负担医疗费的比重，减少过剩检查、过剩开药等，压缩财政在社会福利方面的开支；整顿财政补贴制度，削减幅度最大的是对地方财政的各种补贴，另一个比较大的削减项目是对农业以及粮食管理经费的补贴，压缩的重点是粮食管理费和对旱田改水田的财政补贴；对国有企业进行民营化改革。通过这些措施的实施，使日本的财政状况逐步有所好转。

2.11　金融与改革

昭和初期（1926—1929 年）到 20 世纪 30 年代前期，日本金融依然基本上按照市场原理开展自由竞争，利率有伸缩性，直接金融比重比较大。到了 30 年代后期以后，由于侵略战争的需要，日本政府加强了对银行的控制，1938 年日本侵华战争期间通过《国家总动员法》要求金融当局最大限度挖掘资金来源并优先将资金分配给军需工业有关部门。日本正式进入战时体制后，特别是在 1940 年太平洋战争开始后，政府在金融领域介入资金的分配过程，1942 年通过《新日本银行法》和《金融事业整备令》，将日本银行业置

---

[1][2] 陈共. 日本财政政策 [M]. 北京：中国财政经济出版社，2007.

于政府控制之下，先是强制合并银行，使普通银行的数目从 1941 年的 186 家锐减到 1945 年的 61 家，储蓄银行合并为 4 家，专业信托银行合并为 7 家，同时采用措施将资金集中于大银行。战争期间政府还建立了"战时金融金库"和"金融统制会"，保证资金吸收和统筹运用。

第二次世界大战结束后，政府对金融制度采取了一些果断措施。具体地说在 1946—1947 年实施了削弱银行力量的政策，包括解放财阀总公司保存的民间股份，把民间企业从银行的借款控制在一定的范围内，禁止金融机构接受股份和公司债，并将其限定于证券公司。政府还对金融体制进行了改革，具体措施有：废除特殊银行制度，将日本兴业银行、日本劝业银行等半官半民的特殊银行转变为民间银行；横滨正金银行被改为商业银行；关闭台湾银行、朝鲜银行等殖民地银行；改革日本银行，引进"政策委员会"等。然而，金融改革并没有彻底实施，1947 年成立了复兴金融金库，其放款激增，1949—1951 年特殊银行也以另一种形式出现。国民金融公库① （1949 年）以及住宅金融公库（1950 年）就是其例。②

与此同时，日本陆续建立了各种专业金融机构，逐渐形成了门类齐全的金融体系。如设立了专门经营外汇业务的日本开发银行（1951 年）、日本输入银行（1952 年）、日本长期信用银行（1952 年）等，还设立了面向中小企业、面向农业的金融机构，并创设了各种专门金融机构制度。1951 年，政府制定了针对中小企业金融的《相互银行法》和《信用金库法》，1952 年和 1953 年针对长期金融制定了《长期信用银行法》和《贷款信托法》1954 年又制定了《外汇银行法》，这样在 20 世纪 50 年代前半叶就大致确立了战后的金融制度。③ 这一时期制定的金融制度包括：长短分离、外汇专门银行制度、中小企业专门银行制度、银行与证券分离。并且从金融机构业务范围上将金融制度划分为专门制和分工制。④

战后金融改革奠定了 20 世纪 50 年代和 60 年代经济高速增长的日本式的金融体系。其主要特征是政府在整个金融活动中占有主导地位。在日本经济起飞阶段，政府对金融活动实行了各种管制，包括对利率的限制，对金融机构业务范围的限制，通过实施"外汇法"限制国内外金融业的交流等，为使银行体系安全稳健发展，以确保经济发展所需的资金，日本建立了政府严密控制下的"护送舰队式"的金融管理体制，

---

① 政府在 1949 年成立了复兴金融金库，其目的是建立国家干涉金融体系。在战后初期，日本经济恢复急需扩大生产，能源成为主要制约因素。为尽快提升煤炭和钢铁供应，日本政府将有限的资源优先分配给煤炭生产部门，据此带动其他部门全面复苏。在这种精神指导下，日本创设了类似于计划经济模式的"复兴金融金库"，为特定部门提供普通金融机构无法提供的特殊金融。复兴金融金库集中在 1947—1949 年发挥作用，贷款主要对象是煤炭、钢铁、电力等重点产业，其中煤炭业的设备投资资金几乎全部来自于复兴金融金库。复兴金融金库的资金来源是政府拨款和特别债券，本质上是采用扩大信用的方式刺激生产，在提高煤炭、钢铁产量的同时也加剧了通货膨胀。尽管如此，这种取舍使日本经济得以迅速复苏并把握住战后黄金发展期，是当时所能作出的最优选择。也正是从复兴金融金库开始，日本逐渐形成以国家为主导、以服务实体经济为导向的金融格局。

② ［日］南亮進. 日本の経済発展［M］. 東京：東洋経済新報社，1992.
③ ［日］北村恭二. 金融制度［M］. 東京：金融財政事情研究会，1984.
④ ［日］野口悠紀雄. 1940 年体制［M］. 東京：東洋経済新報社，1995.

使银行在经营上受到政府高度管制的同时亦受到相当严密的保护。而以主银行体制为代表的关系型融资的政府管制性产业金融体制无疑发挥了十分重要的作用。主银行体制是在日本金融制度和产业制度发展过程中形成的。在以间接金融为主的制度环境下，政府在宏观经济政策上对银行的保护和扶植，不但为主银行创造了巨额的经济租金，而且还使银行作为企业的最大利润相关者在公司治理结构中起主导作用，银行成为金融运行的核心。

公私金融机构并存。20世纪50年代初期，日本政府先后将大藏省存款部改为资金运作部，设立产业投资特别会计，成立进出口银行和开发银行，整顿或建立了数家政府金库和公库。这些政府系银行的使命是支持重点产业的发展，援助中小企业，支持和改善民间生活福利设施。与此同时，民间机构经过调整，形成了银行和非银行两大系统，前者包括普通银行、长期信用银行、外汇专门银行以及各种信用组合等，后者包括各种证券、信托保险公司等。[①]

间接金融占主导地位。企业对外部资金依赖性很强，而且以间接金融作为筹措资金的主要方式，因而日本实现高速增长的过程中，企业所需的绝大部分巨额资金都是通过借款方式从银行获得的，在间接金融方面，银行的地位十分突出，由于银行经营的需要，银行间市场，包括银行同业拆借市场、票据买卖市场都得到了很大的发展。在日本金融体制的发展过程中，由于历史性原因和自身发展的投机性，加之政府对证券市场发展的限制，导致证券市场发展严重滞后。直接融资和间接融资的不平衡使间接融资在日本金融体制中长期占据优势地位。但是，这种体制也依然存在一系列弊端：如不利于自由竞争、缺乏透明度、缺乏风险意识等。

金融体制的分工体系极为严密，各类金融机构的业务划分极为严格，形成典型的专业化银行制度。日本不仅各类金融机构性质分业明确，金融市场分工明确，而且金融机构又具有政府金融机构和民间金融机构并存的二重结构，因此形成了日本部门繁多的分工体系。各金融机构不仅定性严格，而且从事的服务种类和对象也有严格的分工，例如银行业与东京银行等证券业分离，不许互相兼营，商业银行只开展短期金融业务，证券业务由证券公司承担；信托业务与银行业分离，信托业务由专门机构如信托银行来经营，商业银行不得兼营信托业务；国内金融与国外金融分离，外汇业务由东京银行等官方批准的外汇银行经营，其他银行禁止经营外汇业务。这种金融制度符合当时日本畸形的经济结构。

战后的金融体制是一种以保证金融安全为主要目标的内具限制性、外具封闭性的金融体系，因而被称为"护送舰队方式"。在战后经济复兴、高度成长直至实施金融自由化的时期确实创造了"银行不倒"的神话。然而到了20世纪70年代中期以后，随着日本经济的发展和货币交易市场的发达，对各种金融市场业态的分工限制已成为金融市场发展的障碍，为此，日本政府对金融体制采取了一系列重大改革措施，开始了推动日本金融自由化的进程。

---

① 杨栋梁. 日本近现代经济史 [M]. 北京：世界知识出版社，2010.

中曾根康弘（Nakasone Yasuhiro，1918— ）执政后，在金融自由化问题上采取了积极的态度，从放宽利率限制入手，通过扩大自由利率商品种类和市场规模，逐步提高自由利率的比重，逐步深化金融体制改革。1978年以公开招标方式发行中期国债，由投标决定利率，是利率自由化的开端。存款利率的自由化首先是从大额存款开始的，采取的一项重要措施是发行可转让存单。可转让存单是可以转让的定期存款单据，兼有活期与定期存款的优点，银行以这种方式吸收的定期存款可以用于中期存款，存款人既可以获得定期存款较高的固定利息收入，又可以根据需要，随时在市场出售存单、转变为现金，很受一些大企业欢迎。此后又先后引进了大额市场利率连动型存款和大额自由利率定期存款，进而逐步降低对最低存款额的限制，引进小额市场利率连动型存款，逐步推进了从大额存款利率自由化向小额存款自由化的演变。[1] 在被称为"金融自由化元年"的1984年，日本大藏省发表了《关于金融自由化与日元国际化的现状与展望》，标志着金融改革的全面推进，国际社会的干预与压力也加速了这一进程，此后，日本的金融自由化加快了步伐。

广义的金融自由化包括金融的国际化和国内金融自由化两个侧面，对此，日本政府在20世纪80年代主要采取了改革措施。在金融国际化方面，放宽对外国资本及外国金融机构在日本从事金融业务及投资活动的限制，批准若干外国银行、金融机构和国际金融组织在日本开展信托、证券及国债买卖业务；放宽对国内资本及金融机构在国外从事金融业务及投资、筹资活动的限制。[2] 1986年，日本开设了东京离岸金融市场，它不同于伦敦的内外一体型市场，而是以外对外的金融市场，其性质与纽约的金融市场相同。东京离岸金融市场的开设使日本的金融自由化和国际化有了进一步发展。从20世纪80年代中期起，放宽企业海外"欧洲日元""存款限制"，对非居民实行欧洲日元自由存款、取款；居民原则上可以自由进行银行间欧洲日元存款，从而使日本在海外的各种金融机构大幅度增加，海外金融资产急速膨胀。此外，在日本金融国际化改革的过程中，还积极推进日元的国际化。1980年修改《外汇法》后，使日本外汇管理进入了原则上可以自由交易的新阶段，其后又实现日元与外币兑换的自由化，从而使日元的国际化水平和国际地位提高，成为国际上重要的贸易支付手段和外汇储备手段。

国内金融的自由化主要是围绕着存款利率自由化和金融业务自由化的内容展开的。关于存款利率的自由化，1981年引进自由利率大额定期存款制度，规定最低存款限额为10亿日元，期限为3个月至2年，后又放宽到1 000万日元和1个月至3年。小额自由利率定期存款和市场利率连动型定期存款制度始于1989年，至1993年完全实现自由化。而可转让存单的发行、流通规模的扩大，特别是小额可转让存单出现以后，有力地推动了存款利率的自由化，并且充实了短期金融市场，降低了日本金融活动对于同业拆借、票据买卖、日本银行贷款等传统银行间市场的依赖。但也加大了金融当局直接管理金融机构筹资活动的难度。市场利率连动型定期存款是一种大型存款，但其利率确定方式与

---

[1] 朱立南. 战后日本的对外开放 [M]. 北京：当代中国出版社，1993.
[2] 杨栋梁. 日本近现代经济史 [M]. 北京：世界知识出版社，2010.

一般定期存款不同。它以日本银行每周公布的可转让存单平均发行利率减 0.75% 作为利率的上限，在此限度内，由各金融机构根据存款期自定利率。市场利率连动型定期存款最初出现于美国，日本首先在相互银行、信用金库、信用组合等中小金融机构开展这项业务，随后扩展到其他金融机构。日本引进这种存款的原因是可转让存单发行单位较大，中小企业需要运用资金单位低于可转让存单、比较便利的自由利率商品。

金融业务的自由化是从 1983 年允许银行经营证券业务、窗口出售中长期国债及贴现国债开始的。1981 年日本对《银行法》进行了全面修订。新法规定，银行除了受理存款和定期储蓄、贷款和票据贴现、办理汇兑等正式业务外，还可以经营银行附属业务、与公债有关的证券业务以及抵押公司债信托法和其他法律准许办理的业务。同年，大藏省公布银行行政大幅度自由化实施细则，取消对银行在海外开展证券业务的限制。1983 年，银行开始进行新发行长期付息国债和贴现国债。1984 年，部分银行开始进行已发行公债的买卖业务，此后加入这一行列的银行和交易公债种类不断扩大。政府对银行通过子公司等进入证券业务领域也放松了限制，先后批准银行设立开展抵押证券业务的子公司（1983 年）和开展证券投资咨询业务的子公司（1985 年）。1985 年金融制度调查会成立后，对金融制度进行了全面的审议修改，自由化速度加快。

在推动金融业务自由化的进程中，国债的大量发行与流通促进了长期金融市场的发展与自由化。1978 年对中期国债采取公开投标的方式发行，这就形成了公开的国债流通市场。随着国债市场的发展，国债成为与股市并列的长期资金市场。1985 年日本开设了银行承兑票据市场，营业范围面向世界各国。同年，日本又新设了债券期货市场，使有价证券的交易更加活跃。1987 年，大阪证券交易所设立了第一个股票期货市场，预示着金融期货时代的到来。1988 年，东京证券交易所允许 16 家外国会员公司进入交易所。同年，政府开始发行债券期权交易。总之，在昭和后期，日本金额当局采取了多种多样的措施，促使日本金融市场更加开放。而 20 世纪 80 年代推行的金融自由化意味着日本金融体系的新变革。它有利于日本金融资本在国际新环境中加强竞争力，促进了日本经济的发展。与此同时，大幅度提高了日本的对外开放程度，加快了对外贸易发展的步伐，为日本企业打入国际市场提供了有利的条件。[①]

2.12 人口增长对经济发展的影响

2.12.1 人口增长的经济效果理论

就人口增长对经济发展的积极经济效果而言，经济学家们有各种不同的见解。古典经济学派的集大成者亚当·斯密（Adam Smith，1723—1790）认为，经济发展的动因是人口绝对水准的增长，通过"分工的利益"影响劳动生产率。即经济增长导致人口增长和必要劳动力的就业增加，而人口与劳动力的增长促进生产量的增长；与此同时扩大了

---

① 冯昭奎. 日本经济（第二版）[M]. 北京：高等教育出版社，2005.

对增加的生产物的需要量,其结果扩大了"分工的利益",劳动生产率提高,国民收入增长;而国民收入的增长又带来人口增加,人口的增长扩大市场规模,有可能进一步增加储蓄。这就扩大了劳动基金和投资,提高了对劳动的需求,从而通过劳动专业化扩大市场,刺激技术的改良,进一步促进社会分工和专业化,使劳动生产率日益提高,经济就会得到持续发展。他在《国富论》中曾明确指出,"对一国的繁荣而言,最重要的是居民人数的增长[①]",并指出财富增长会提高劳动报酬,从而使人们获得更多的生活资料,使人口增长;"充足的劳动报酬,既是财富增加的结果,又是人口增加的原因"。他还认为人口增长既是经济发展的结果,又是经济发展的原因,人口的不断增长是一个国家经济繁荣的象征。因而将经济的迅速发展作为人口增长的条件。

古典经济学派的巨匠阿弗里德·马歇尔(Alfred Marshall,1842—1924)在其《经济学原理》中,就人口增长对经济的影响指出,"人口增长一般以增长率以上的高比率引起集合的能率提高"[②],由此引来人口增长与产业组织发达,随着发明和进一步的组织改善带来经济的合理性,从而获得"大规模生产的利益"[③],由于总生产额大幅度地增大使产业发展。其结果,这样的经济起因随着总生产量的增加促进了外部经济(产业的全面发展)和内部经济(这些从事个别企业的资源及其组织和经营效率)的发展。他强调,在人口增长与经济的关系上人口有积极作用。此外,经济发展的成因当然与企业家的企业管理能力和劳动者的生产效率不可分割。

凯恩斯学派的创始人约翰·梅纳德·凯恩斯(John Maynard Keynes,1883—1946)在其1937年的《人口缩减的若干经济后果》中展开了短期的动态分析,他认为人口增长由于促进投资而促使经济增长。他把人口增长率视为通过有效需要源泉的资本需要对经济发展做出贡献的。凯恩斯还认为人口增长给企业家带来乐观主义,激发企业家对发展新事业的认识,即使投资过剩,不久也会因人口增长而使资本的供需恢复均衡。

而凯恩斯学派的·阿尔文·哈维·汉森(Alvin Harvey Hansen,1887—1975)也以同样的观点展开长期停滞论。他在1939年发表的《经济进步与人口减少》中提出初步的结论是"19世纪中叶后,在资本形成的总量中,人口增长带来的部分,在西欧各国相当于40%,在美国相当于60%。如果这个结论即使近似正确,那么,由于人口增长率急速下降,可想而知被封锁的投资出路是多么重要了"[④]。换言之,他认为通过资本形成的迅速发展导致经济发展的人口增长是重要的因素。汉森还提出了认为人口增加对资本形成有利的人口经济理论:人口迅速增长要求对住宅建设等大额消费增加,而人口增长减少或停滞会导致人口老龄化,对投资小的个人服务需求增加。因此,人口由增长状态转入停

[①] Smith, A. An Inquiry into the Nature and Causes of Wealth of Nations [M]. London, 1776/[日] 大内兵衛, 松川七郎合訳. 国富論 [M]. 東京:岩波書店, 1969.

[②] Marshall, Alfred. Principles of Economics, London, 1890. /[日] 馬場啓之助訳. 経済学原理第1分冊 [M]. 東京:東洋経済新報社, 1965-1967.

[③] Marshall, Alfred. Principles of Economics, London, 1890. /[日] 馬場啓之助訳. 経済学原理第2分冊 [M]. 東京:東洋経済新報社, 1965—1967.

[④] Hansen, Alvin Harvey. Economic Progress and Declining Population Growth, Population Theory and Policy, ed. by Spendler and Duncan, Glencoe, 1957.

滞或减少状态，就会使消费结构发生变化，减少对生产总值的贡献比率。汉森在分析资本形成时把资本形成分为资本扩张（capital widening）和资本深化（capital deepening）。资本扩张是指在资本系数不变的情况下，由生产量或产出量的增加带来资本量的增加，而生产量的增加是以劳动力人口增加和人均生产率增加为前提的。资本深化通常是指资本量随着资本系数的上升而增加。他在论述资本深化时用的资本系数是资本量与工人人数之比，即资本装备率。当工人人数不变时，资本系数的提高会促使资本需求的增加。这就是指在技术进步的条件下，由资本深化所产生自发性投资的增加。当资本装备率不变时，追加雇佣工人，也会促使资本需求量增加，这是由资本扩张产生的诱发性投资。汉森还指出人口增长导致劳动力增加，促进资本需求增加，有利于经济的发展。

后来，凯恩斯学派的后继者们把他的这种理论长期化、动态化，讨论人口增长的变化对经济发展所产生的影响。其主要代表人物为罗伊·福布斯·哈罗德（Roy Forbes Harrods，1900—1978）在《论动态经济学》中论证了长期动态理论，研究的中心课题是：在人口、生产技术和资本设备能够变动的条件下如何实现稳定的均衡增长，并首先提出资本产出比率，由此提出的增长模型①为：

$$G = \frac{S}{C_r} \quad (2-3)$$

上式中，G 指经济增长率，S 为储蓄率，C_r 为资本/产出比率。

哈罗德把经济增长率 G 分为三种：实际增长率 G（actual rate of growth），即实际上国民收入实现的增长率；正常增长率 G_w（warranted rate of growth），即有保证的增长率，又称为均衡增长率；自然增长率 G_n（natural rate of growth），它通常受劳动力增长和劳动生产率增长速度的限制，即按劳动人口增长率 l 和劳动生产率增长率 t 来衡量，所以自然增长率 G_n 可以用以下公式来表示：

$$G_n = l + t \quad (2-4)$$

通过以上三种经济增长率的比较，可以考察人口增长和经济发展的关系。他认为，在经济发展过程中，经济长期稳定和充分就业的均衡发展的基本条件是 $G_w = G = G_n$。

当 $G_n > G_w$ 时，人口增加不仅扩大了消费，还增大雇用量，使投资规模扩大。这时实

---

① 利用哈罗德—多马的经济增长模型将这些概念定量化更为便利。首先经济增长率 G 是由资本形成率或储蓄率 S 以及边际资本产出比率 V 决定的，其数学表达式为：

$$G = \frac{S}{V}$$

上式中，G 指经济增长率，S 为储蓄率，V 为资本产出比率。由于经济增长率 G 与人口增长率 p 和人均产品的增长率 y 之和大致相等，因此可以导出以下公式：

$$\frac{S}{V} = p + y$$

将该公式变形，便成为：

$$S = pV + yV$$

于是，右边等式表示按 p 和 y 的比率分配的资本形成率，pV 为人口投资率，yV 为经济投资率。这样，在其他条件不变的情况下，人口增长速度越快，所需要的资本形成也就越多。

际增长率大于期望的增长率,由此产生长期的景气。换句话说投资和消费的增加作为对经济发展的积极因素的作用是显而易见的。

而朱利安·林肯·西蒙(Julian Lincoln Simon)依据科布—道格拉斯生产函数来分析人口增长对经济发展的影响。其生产函数为:

$$Y_t = A_t K_t^\alpha L_t^\beta \tag{2—5}$$

上式中,Y_t 为 t 年的总产出或国民收入;A_t 为 t 年的生产率;K_t 为 t 年的资本存量;L_t 为 t 年的适龄劳动力人口总数;α 为生产函数的资本阶,它的值为 0.33;β 为生产函数的劳动阶,它的值为 0.67。由公式(2—5)作出人口和经济增长模型。这个模型说明,t 年的总产出或国民收入受生产率、资本存量和劳动力人数的影响,而人口增长对增加资本存量和劳动力人数有正效应;资本存量的增加和劳动力素质的提高有助于劳动生产率的提高,从而对总产出或国民收入有正效应。他在分析人口增长对经济增长的作用时,使用每个劳动力的产出量来代替人均收入。他认为,用每个劳动力的产出量和人均收入这两种计量尺度,从长远来看,其结果是相同的。从长期来看,人口增长率较高,每个劳动力的平均产量也较多,因而导致人均收入和储蓄率提高,究其原因是发达国家人口增长所引起的知识和规模经济的增长。由于知识的增长和劳动力质量的提高,对劳动生产率的提高起到了重要作用,其结果带来了产出量的增加和经济增长。

西蒙还从人口增长可以刺激技术进步的角度来分析经济发展。由于人口增长使知识库存量增加,推动采用新知识和新技术去提高生产力,以满足增长的消费需求,因而对于技术进步和经济发展来说,人口增长是必不可少的。他认为,人口增长与经济发展的关系,在发达国家和发展中国家是不相同的。对于发达国家来说,由于人口增长基本上趋于停止,而经济增长对劳动力的需要仍在上升,人口适度增长对其经济发展是有利的。对于发展中国家来说,人口增长导致发展中国家农业生产的变化,人口增长成为改变农业经济发展的一种必要条件。他明确提出,人口增长是经济长期发展的重要刺激因素,从长期的发展趋势来看,人口增长将影响生产技术发明的速率、市场的形成和政府对基础设施的投资。总之,这些经济学家主张人口增长是经济发展的积极因素,其经济效果是显著的。

就人口增长作为阻碍经济发展的因素而言,古典经济学派的代表人物托马斯·罗伯特·马尔萨斯(Thomas Robert Malthus,1766—1834)在经济学中是以收获递减法则(law of decreasing return)来论说的;他认为随着人口的增长,使劳动生产率降低,"总产品的价值""地租"及"工资"渐渐地上升,归结为利润率逐渐降低,最终导致资本积累停止,经济发展处于停滞不前的状态。

古典经济学派的另一个代表人物大卫·李嘉图(David Ricardo,1772—1823)在《政治经济学及赋税原理》中,以三个法则,即萨伊的销售法则、土地收获递减法则和马尔萨斯的人口法则为基础,提出了动态理论。他认为资本积累是经济发展的动因,就人口增长对经济发展的作用而言,同样以收获递减法则的作用为前提,随着投入一定土地的人口增长,由土地集约的耕作和优良地向劣等地的移转,因而增加资本,并不能提高生产率，反而使报酬呈现减退的倾向。即使说生产超过人口的增长，也不能永远持续稳定地增长。"是因为人口增长常常是持续的，而土地的数量有限，质量又有差异，在土地上按照比例关系投入资本的各种增加部分使生产率减退"，从而产生了人口压力。换句话说，李嘉图也强调人口增长导致人均国民所得的减退，因而人口增长是经济发展的阻碍因素。

雷格那·纳克斯（Ragnar Nurkse，1907—1959）从欠发达国家资本形成状况来分析人口增长对经济发展的影响。他在《论发展中国家的资本形成》中，把资本形成作为经济发展的主要变量。他指出，发展中国家经济落后主要是由于资本不足，其结果导致贫困的恶性循环。他认为这种恶性循环是经济障碍的锁链，因为生产力低下，导致人均国民收入少、储蓄不足的现象，也无法形成资本积累。这样资本不足导致投资减少，使生产力不能摆脱低水平的恶性循环。要摆脱这个恶性循环的锁链，就要开拓销路，扩大市场，才能形成活泼的生产活动，使资本扩大，提高劳动生产率。纳克斯还认为，这种恶性循环状况是同人口增长过快所形成的人口压力分不开的，这种压力主要表现为大量隐蔽性失业（disguised unemployment）人口的存在，特别是在人口过剩的农村和农业部门，它将降低人口和土地的比例，使生产效益低下，并使资本和劳动、资源之间的不平衡状态更加恶化。解决的主要途径是：控制人口增长和农村剩余劳动力的增长，抑制过剩人口的消费；提高储蓄率、资本积累和投资率，刺激经济发展；努力在非农业部门创造就业机会。

而哈维·莱本斯坦（Harvey Leibenstein，1922—1994）在《经济落后和经济增长》中指出，人口是经济发展的内在因素，经济发展的过程是财富与人口增长之间相互抗争的过程，经济发展只有超过人口最低生活水平的限度时才能真正实现经济增长。而发展中国家人口增长给经济发展带来的阻力超过财富的增加，因此，发展中国家必须控制人口增长，否则经济增长曲线会重新回落到最低生活水平，即生存均衡收入（y_0）线上来（见图2—5）。① 为了说明这一问题，他提出了收入水平与人口增长率之间的关系，图2—6中的曲线表示维持各种收入水平时产生的人口增长率。在收入水平 y_e 上人口增长率达到3%的最高水平，随后人口增长率下降。曲线 N 表示与人口增长率相等的国民收入增长率所必需的人均收入水平，当人口增长率为1%时人均收入 y_b 带来1%的国民收入增长。现如果考察 a 与 e 之间的各点，即使与人均收入水平 y_c 相对应的人口增长率为2%（g），国民收入增长率仅为1%，处于不均衡的状态。人均收入下降到 a 点而达到均衡状态。因而只能在 e 点上才能实现与人口增长率相等的国民收入增长率，如果超过 e 点则产生比人口增长率更大的国民收入增长率。因此，只有 y_c 的临界人均收入水平最小才能克服人口障碍。总之，为促进经济发展，他强调需要有足够克服发展抑制因素的努

---

① 莱本斯坦的上述理论模型中，直线（y_0）上的 A 点表示生存均衡的位置，在这里高出生率和高死亡率达到均衡；虚线是可能的发展途径。点 B 代表人口增长的初期阶段，它表示死亡率下降而出生率仍处于高水平状态。但它是否成为前往经济发展过程中的一个点，还不得而知。C 点表示经济状况处于进步与落后之间，保持不稳定均衡的点，死亡率和出生率的差异依然很大。点 D 表示经济发展过程持续相当一段时间，从而出生率和死亡率的差异逐渐接近。

力,即摆脱经济落后走上经济增长所必需的最低限度的努力,换句话说,为实现经济起飞,他在"临界最小努力(critical minimum effort)的定理"中鲜明地阐述了"低开发经济方面,人口的快速增长是阻碍经济发展的主要原因"。

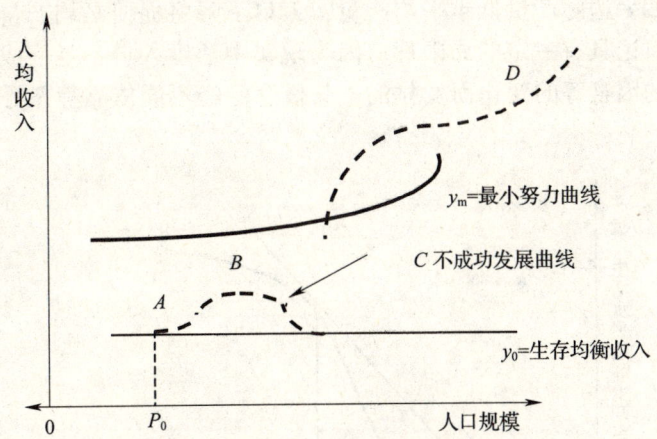

图 2—5 最小努力和人口规模与经济增长曲线

资料来源:H. Leibenstein. Economic Backwardness and Economic Growth [M]. New York,1957.

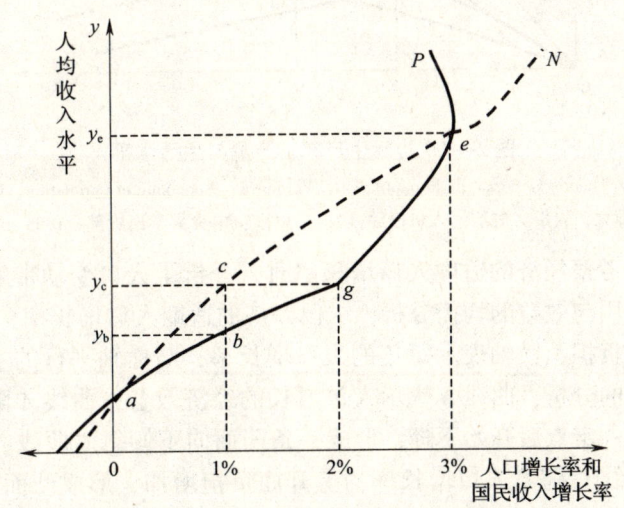

图 2—6 收入水平与人口增长率的关系

资料来源:H. Leibenstein. Economic Backwardness and Economic Growth [M]. New York,1957.

对经济发展的人口效果来说,代表的论说有经济适度人口理论。法国人口经济学家阿尔费雷德·索维(Alfred Sauvy,1898—1990)在《人口通论》中建立了经济适度人口模型。在实际分析中,他把边际生产率和人均生活水平最高点的人口看作经济适度人口,以人均产值最大化为目标。其理论模型可用图 2—7 来表示:总生产变化曲线如 OP 呈弧形,其下的 Op 和 Ob 分别是人均产值变化曲线和边际生产率变化曲线。图中的总生产变化曲线的变曲点 J,表示极大边际生产率(L)时人口量 K 的位置,从原点 O 引曲线 OI_0,

I_0 点所对应的人口量 N_0 即表示人均产量极大时的人口量 N_0，人均产量和边际生产率的交点 M_0 恰好在直线 I_0N_0 上，M_0 是平均产量和人均产量的最高点，也就是索维所说的经济适度人口点，ON_0 即经济适度人口。如果边际产量高于平均产量，人口增长将增加平均产量，反之，如果边际产量低于平均产量，人口下降将促使平均产量上升。然而，上述的经济适度人口论具有一定的局限性，因为现实中适度人口不是一成不变的，而是随着社会的、经济的因素等的变化而变化的，其概念已经不能依靠静态分析来赋予其现实性和妥当性。

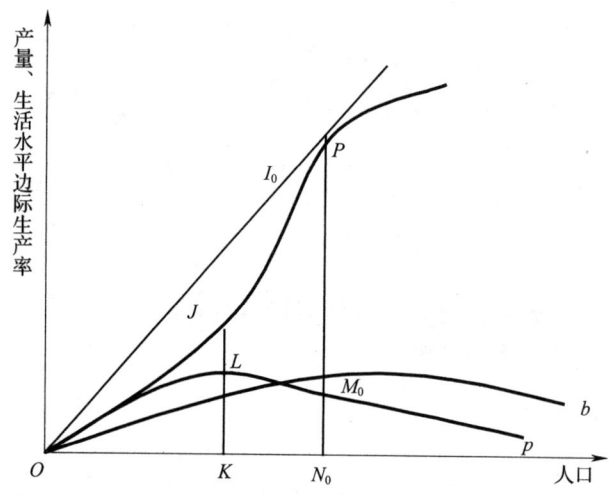

图 2—7 边际生产率、产量与生活水平

资料来源：A. Sauvy. Theorie Generale de la population, Volume 1. Economic et Population, Paris, 1966. ［日］南亮三郎監修，岡田实，大淵寛，岩田文夫訳. 人口通論［M］. 東京：中央大学出版部，1985.

此外，索维在考察经济的适度人口增长率时，分析了人口变动带来的效益和花费的各种费用，通过费用与效益的均衡分析，求出经济的适度人口增长率，现用图 2—8 来说明。纵轴表示人均负担，横轴表示每年的人口增长率，与横轴平行的 J 线表示人口增长的负担。按照索维的分析，曲线 A 表示人口增长的经济效益，曲线 A 随着人口增长率的上升而上升，达到一定点后开始下降，形成一条凹面向下倾斜的曲线。曲线 C 则表示人口增长的负担，曲线 C 随着人口增长率的上升而负担增加，形成凸面向上倾斜的曲线。曲线 C 上的 L 点正切于一条 OB 线的平行线。K 点和 L 点之间的距离最大，表示纯经济效益达到最高值，与 K 点和 L 点相对应的 M 点表示最优的人口适度增长率，此时的人口增长经济效益最大，而负担最低。索维认为人口增长的负担与经济效益均衡时带来的人口增长率为经济适度增长率。

对经济发展的人口效果来说，代表的论说还有人口增长是积极的和消极的两个不同侧面。新古典经济学派埃德温·坎南（Edwin Cannan）在《初级政治经济学》中指出：在任何一定时期，或者说人的知识和各种条件保持不变的情况下，当人口增加达到某点时，就可以获得最大的收益，如果超过这个点就会减少其收益。这就是说他从人口与经济收益的关系来考察人口的数量。坎南认为，并不是人口增加就意味着产业的生产率降低，

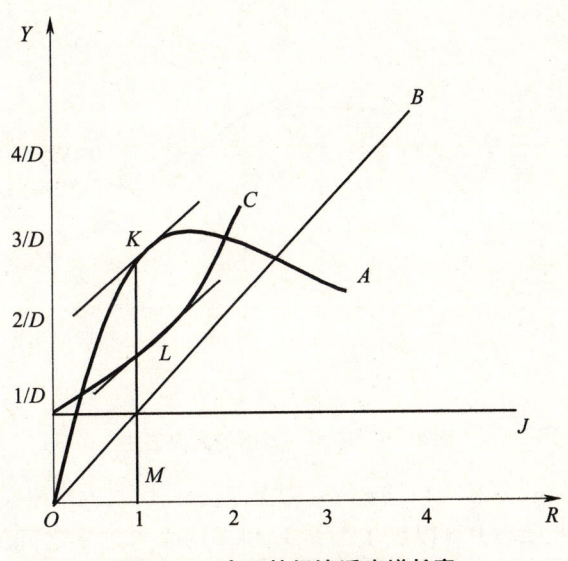

图 2—8　人口的经济适度增长率

资料来源：A. Sauvy, The Optimum Change of A Population, 1976.

人口减少就会使产业的生产率上升。而是人口增长到了一定程度，才可使生产率下降，如果人口数量本来不足，再减少人口，只会使生产率下降；只有当人口超过这一限度时，人口减少才能使生产率上升。换句话说，对理论上人口增长的经济效果而言，不能轻易地断定对经济发展是有利的或者是不利的。

乌尔里希·塔依其曼（Ulrich Teichmann）在《人口增长和经济增长》中，论述了伴随着人口增长的经济增长的两个对照的模式。他把经济增长的过程分为"经济退步型"和"经济进步型"；前者随着人口增长使消费增加，其结果阻碍资本形成，并且进入了所谓生产率的下落、低工资、高物价、高利率的一系列的循环过程；后者伴随着人口增长，引起资本形成，导致生产率的上升，导致进一步的工业化，其结果促进了所得和福利的增加、雇用水准的上升、失业的解除、低价格和低利率的一系列的循环过程。

20 世纪 50 年代中叶，西方经济学家从马尔萨斯人口经济理论中，提出了所谓低水平均衡的人口陷阱理论（the theory of population trap）。这一理论试图把人口增长与经济发展联合起来，用以解释发展中国家人均收入为什么停滞不前的问题。按照这个理论，人口增长、人均收入和国民收入之间有着相互依存的关系。当一国人均收入提高时，由于生活条件改善，人口增长率也随之上升。随着人均收入的上升，人口开始迅速增长，但这种增长有一个自然限度，超过这一限度人口增长会随着人均收入的增加而呈现逐渐下降趋势，这已在发达国家以及日本的发展中得到证明。这种变动趋势如图 2—9 所示。

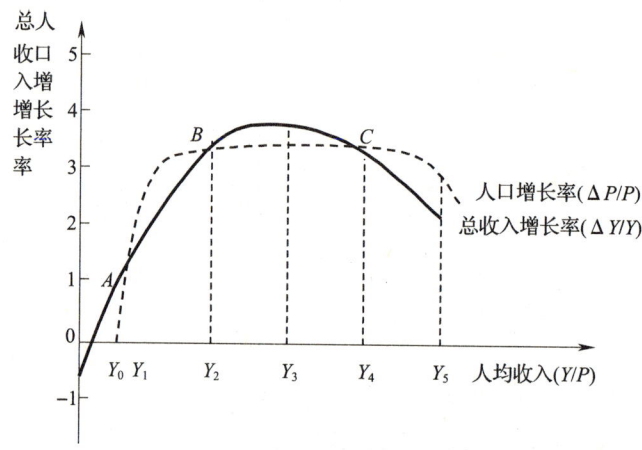

图 2—9 低水平均衡的人口陷阱

纵轴表示总收入增长率和人口增长率，横轴表示人均收入水平。在图 2—9 中，虚线勾画出假定的人口增长 $\Delta P/P$（以纵轴衡量）和人均收入水平之间的关系。在人均收入水平 Y_0 非常低时，人们过着维持最低生存水平的生活，出生率与死亡率相等，人口增长率变化为零。当人均收入超过 Y_0 并继续增加后，由于死亡率下跌，人口的规模将开始上升，使人口增长率曲线 $\Delta P/P$ 逐渐上升到 B 点，此时平均收入值为 Y_2，人口增长率达到最高值，大约是 3.3%。以后随着人均收入的继续增加，人口增长率将保持这一水平，直至人均收入水平增至 Y_5，人口变动完成转换，出生率开始下降，人口增长曲线 $\Delta P/P$ 向下倾斜并逐渐接近横轴。图 2—9 还表明收入增长率与人均收入水平之间开始呈现正相关的关系，人均收入水平越高，总收入的增长率就越高。这种正向联系的经济原理是因为储蓄会随着人均收入水平的提高而提高，因而会产生更多的投资。然而，收入增长曲线 $\Delta Y/Y$ 在人均收入点 Y_3 之后开始变平，随后由于收益递减的作用，收入增长曲线将停止继续上升而逐渐下降。

观察图 2—9，人口增长曲线 $\Delta P/P$ 和收入增长曲线 $\Delta Y/Y$ 在 A、B、C 三个点相交。点 A 代表人口陷阱时人均收入水平 Y_1 达到的那个点。它是一个均衡点，在 A 点左右任何摆动都会使人均收入均衡值回到 Y_1。例如，当人均收入从 Y_1 升到 Y_2 时，人口增长率将会超过总收入增长率，于是人均收入将下降，而当人均收入从 Y_1 走向 Y_0 时，总收入增长率将会超过人口增长率，于是人均收入就要上升，也就是说人均收入一定会从 Y_1 与 Y_0 之间的任何值回到 Y_1。这种情况就是低水平均衡的人口陷阱，而 Y_1 代表的人均收入水平称之为陷阱水平。

此外，约瑟夫·约翰·斯彭格勒（Joseph John Spengler, 1903—　）在 1978 年发表的《面对人口零增长》一书中，阐述了人口稳定增长或人口增长率下降对经济增长的影响，认为一个国家的人口稳定状态与经济稳定状态之间存在着相互依存、相互制约的关系。如果以 y' 表示国民收入增长率，P' 表示人口增长率，并假定劳动力人口 L 在总人口中的比重 f 不变，a' 表示人均产量增长率，则国民收入增长率可以表示为：

$$y' = P'^c + a' \tag{2—6}$$

这个公式显示了国民收入增长率同人口增长率、人均产值增长率的关系。假定其他条件不变时,如果 P' 下降至零,则国民收入增长率 y' 将近似等于 a'。这种情况的产生,尽管依赖于粗放型投资的下降和集约型投资的增加,但表明了人口出生率下降对国民收入增长的作用。斯彭格勒还进一步指出,当人口进入静止状态时,并不会导致经济停止增长。经济停止增长的原因,或者归于总供给 S 的增长率 S' 下降到零,或者归于总需求 D 的增长率 D' 下降到零。如果 $y' = a'$,是大于零的正数,则 D' 将随着 P' 的变动而变动。这一等式同样说明了人口增长率与经济增长率的变动关系。人口增长率的上升或下降将影响着经济增长的速度。

我们知道适度的人口增长是经济发展需要的源泉,由于劳动力的扩大,带来总生产量的增长,作为经济发展的促进因素。然而人口迅速增长导致少年人口比率的增加,引起人均国民生产总值的降低,而且对国民生产总值的增加、劳动力的雇用及消费水准的提高等也是不利的,因而成为经济发展的阻碍因素。近代经济发展的初期日本的人口增长基本上较为缓慢,人口适度增长成为劳动雇用的源泉,刺激了消费的增长和投资需求,促进了经济发展。

2.12.2 人口增长对经济发展的影响

日本人口增长产生的经济效果,与美国、德国、法国和英国等主要发达国家是不同的。在日本近代经济发展的初期,人口增长是缓慢的。在20世纪20年代和30年代前半叶人口增长速度加快,随后由于第二次世界大战的影响,人口增长放慢。战后到70年代,人口增长速度是适度的,人口增长率基本上保持在1.0%左右。80年代以后,人口增长的速度继续放缓,促进了国内生产总值和人均国内生产总值的增长,这种缓慢的人口增长模式对日本的经济发展是有利的。

从日本人口增长的影响与国内生产总值的关系来看,战后国内生产总值的增长速度很快,特别是在1952—1970年期间显著上升,年平均增长率为9.1%,成为世界上经济发展速度最快的国家。国内生产总值在世界名列前茅。20世纪80年代中期以后,经济增长速度尽管有所下降,但日本的国内生产总值始终高居世界第二位。经济增长的积极因素主要是劳动力素质的改善、劳动生产率的上升以及技术的进步,特别是与劳动力素质的提高密切相关。

从人口增长的影响与经济发展的重要指标来看,人均国民收入的增长是迅速的。根据联合国《世界统计年鉴》的统计,日本的人均国民收入在1950年为195美元,日本的人口为8 320万人,随后日本人口增长的规模以平均每年87万人的水平增加,人口增长的速度是适度的。与此同时经济发展是急速的,仅仅半个世纪日本的经济规模达到世界第二位,人均国内生产总值达到了世界第三位。根据世界银行《世界发展报告》的统计,1999年日本的人均国内生产总值为38 160美元,究其原因是前述的人口适度增加的正效果。

另外,从人口增长的重要指标人口增长率来看,上升趋势越缓慢对经济发展越有利。从图2—10可以清楚地看到,横轴是1999年的世界各国的人均国民生产总值,纵轴是1990—1999年的人口增长率,两者之间有很强的负的相关关系。即随着人口增长率的下降人均国民生产总值显著增加的现象是可以观察的。日本的人口增长率是0.2%，与美国和欧洲一些高收入国处在同一水平。缓慢而适度的人口增长不仅加速了人均国民生产总值的增长，在一定程度上也促进了日本的经济发展。

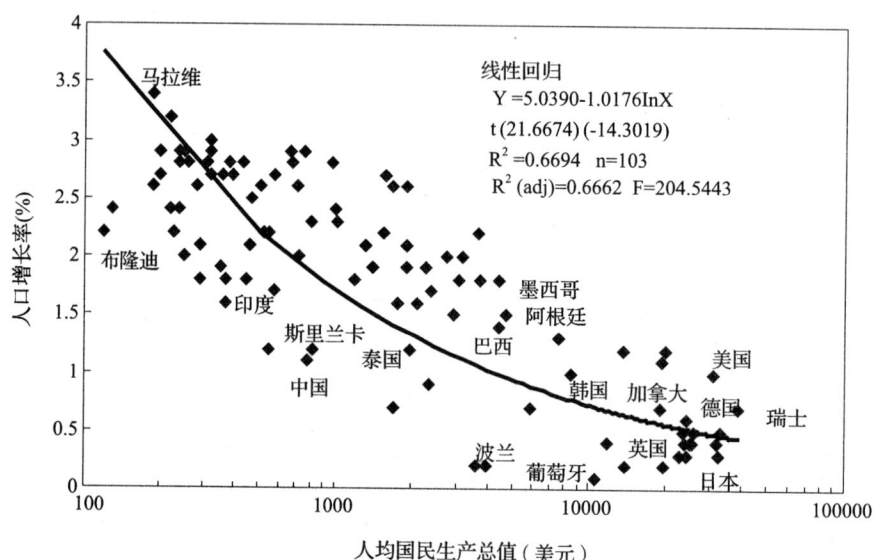

图2—10 人口增长率和人均国民生产总值的国际比较

注：德国、意大利、俄罗斯、保加利亚以及罗马尼亚等少数欧洲国家的人口增长率为负数，由于进行对数线性回归分析未计算在内。

资料来源：世界银行. 2000/2001年世界发展报告［M］. 北京：中国财政经济出版社，2001.

人口适度增长导致劳动力的资本投资上升，由于劳动力素质的改善，对于经济发展是有利的。就现代经济发展而言，具有大量高素质的劳动力是必要的。这种素质包括文化素质、科学技术素质、身体素质以及道德素质，特别是科学技术素质和文化素质，对于高度的经济增长来说是极其重要的。众所周知日本劳动力的质量是很高的，尽管劳动力资源数量不多，约占世界的2.4%，但在其经济发展过程中，始终把开发和利用劳动力资源放在首位，由于劳动力的科学技术素质和文化素质的提高和智力的增长，使劳动力资源量也相应地增长，对经济发展产生巨大的倍数效益，使日本的经济规模始终保持占世界经济的15.0%左右的高水平。由此可见，"智力资源"即劳动力的科技水平和劳动技能的提高，对一国的经济发展而言具有举足轻重的作用。

人口增长和经济发展的关系并不是单纯的，对于经济发展的过程来说，具有促进因素和阻碍因素这两个方面的影响。但人口的适度增长对经济发展是有利的。近代经济发展的初期，日本适度的人口增长扩大了市场，随着投资水平的增大而扩大了经济规模，带来经济效益，刺激了经济发展。而人口素质的提高对现代的经济发展也是有利的。人口的适度增长不仅刺激人均国民生产总值的增长，也促进了国民储蓄额的增加，加速了日本经济发展的进程。

第3章 平成时期的经济发展与人口减退

3.1 泡沫经济及其崩溃

平成初期日本泡沫经济迎来了最高峰。当时日本各项经济指标达到了空前的高水平，但是由于资产价格上升无法得到实业的支撑，经济开始走下坡路。日元在1989年1月升值到1美元等于120日元后，由于美国担心美元继续下跌会动摇美元的地位，要求各国停止协调干预，不再诱导日元和马克升值。为此，日本银行从1989年5月起就不断调高了官定利率。1990年3月，日本财务省发布《关于控制土地相关融资的规定》，对土地金融进行总量控制，这一人为的急刹车导致了本已走向自然衰退的泡沫经济加速下落，并导致支撑日本经济核心的长期信用体系陷入崩溃。此后，日本银行采取金融紧缩的政策，进一步导致了泡沫的破裂。

1989年12月29日，东京证券交易所的日经平均股价曾达到最高38 915日元，而1990年10月1日却跌破2万日元，为19 781日元，跌幅高达49%。由此，东京股票市场的市值总额就像泡沫一样消失了270兆日元。这一天被称为"黑色星期一"，也是泡沫经济走向崩溃的起点。面对泡沫经济的过度膨胀，日本政府采用对策予以抑制，主要措施之一是提高银行的官定利率，在1990年8月30日连续5次提高后，日本银行的官定利率已提高到6.0%的高水平。同时对商业银行施加压力，停止其对不动产企业和股票投机者贷款。直接受利率提高的影响，日本的股票价格开始暴跌。1990年12月，日经平均股价跌至2.284 9万日元，股市呈现空前的恐慌。

1990年（平成2年）地价虽然继续上升，全国市街地价平均上升了10.4%，但1991年开始下跌，泡沫经济开始正式破裂。到了1992年3月，日经平均股价跌破2万点，仅达到期望值高涨时的1989年最高点的一半，1992年8月，进一步下跌到14 000点左右。大量账面资产在短短的一两年间化为乌有。由于土地价格也急速下跌，由土地作担保的贷款也出现了极大风险。当时日本各大银行的不良贷款纷纷暴露，对日本金融造成了严重打击。由于企业破产的增加，特别是1992年4月28日东洋信用金库因料亭惠三房地产公司的破产而倒闭，首次打破了"银行不会破产"的神话，日本的泡沫经济就此宣告崩溃。

在泡沫经济期间，由于股市和地价暴涨，股票资产和土地资产不仅迅速增加，而且其增加额合计还大幅度超过了当年的国内生产总值。1987年和1989年，股票资产和土地资产的合计分别增加了514兆日元和537兆日元，分别相当于国内生产总值的146.6%和134.2%。然而，泡沫经济崩溃以后，由于股市和地价暴跌，迅速膨胀起来的股票资产和土地资产又迅速消失了。1990年，股票资产比上年减少了295兆日元，下降了33.2%，约相当于当年国内生产总值的68.6%，土地资产减少了165兆日元，比上年减少了

7.1%，约相当于当年国内生产总值的36.0%。1992年12月，股价进一步跌至16 925万日元，仅3年间下跌幅度为56.5%。之后日经平均股价总体上仍呈现下跌趋势。继股市暴跌之后，地价也开始狂泄。1992年，日本六大城市圈的平均地价指数下跌了16.0，其中下跌最严重的大阪圈地价在1992年暴跌了21.7%。到1992年，股票和地价的合计资产价格比高峰期下跌了40万亿日元，相当于日本名义国民生产总值的88.0%。1994年，土地资产减少为1 824兆日元，股票资产减少为458兆日元。前者减退到1988年的水平，后者则缩减到1987年的水平。

泡沫经济崩坏引起了巨额的不良债权、房地产过剩和人员过剩等一系列后遗症。在泡沫经济期间，银行向房地产公司、建筑公司和非银行金融机构提供了大量的贷款。其中1990年约为100兆日元，接近于银行总贷款的25%。银行的贷款大都被用于房地产开发和土地投机。1991年末，经由银行和非银行金融机构流向房地产市场的资金总额高达120兆日元。所以，泡沫经济崩坏后随着不动产公司和非银行金融机构的破产增加，银行的不良债权就大量增加了。1992年3月末，仅城市银行、长期信用银行和信托银行合计的不良债权就达到8兆日元左右，其中，没有任何担保的贷款为25 619亿日元。当年9月末，不良债权和无担保贷款又分别增加到12兆日元和4兆日元。其后，不良债权就一直呈现不断增加的趋势。巨额的不良债权不仅使银行背上了沉重的负担，大幅度减少了银行的收益，严重影响了银行的经营，使银行对贷款采取了谨慎的态度，出现了不肯轻易贷款的情况。这样，企业特别是中小企业资金筹措就受到了很大影响。

在泡沫经济期间还出现了房地产过剩现象。1991年，全国公寓出售为84 951户，比上年减少了41.3%，是1977年以来的最低水平。由于建造的公寓特别是豪华别墅销量不高，再加上办公楼的空室率提高，休闲游乐设施利用率下降，房地产就严重过剩了。房地产严重过剩不仅使地价进一步下跌，而且还直接影响新的房地产投资。

在泡沫经济期间，由于企业经营规模和事业领域的扩大，企业雇用规模也随之扩大。因此，泡沫经济崩坏后，由于企业经营规模和事业领域的缩小，企业就出现了人员过剩的局面。1990年下半年，仅证券业就裁减了1.4万人。1992年，全国企业的过剩人员已达到80万~100万人。

泡沫经济崩坏后，由于土地资产和股票贬值，企业设备投资和家庭消费支出与泡沫经济时期发生了截然相反的变化。从企业的情况来看，由于企业的资产卖出损失增加，1990年一年股票资产就减值104兆日元，约相当于当年经常利润39.1兆日元的2.7倍。在这种情况下，企业无法弥补主业经营的亏损，反而使经营收益趋于恶化。在企业经营困难的情况下，由于企业以资产为担保的借款能力下降，借款条件提高，再加上发行公司债和股票都愈益困难，从而不仅使企业的设备投资大为减少，破产也大量增加。从家庭和个人消费方面来看，在泡沫经济期间突然膨胀起来的资产又迅速消失了。1990年，家庭和个人的股票资产由1989年的237兆日元减少到163兆日元，减少了74兆日元，约相当于当年家庭和个人可支配收入的25%。另外，家庭和个人所有的住宅和土地也大幅贬值。家庭和个人的消费观念也发生根本的变化，由追求高档和奢侈消费转变为精打细算的消费模式。其结果是家庭和个人的消费支出也随之减少。

由于泡沫经济崩溃及其后遗症的影响，日本经济从1991年3月起陷入了严重的经济萧条。由于这次经济萧条的起因是泡沫经济崩坏，被称为"泡沫经济崩溃萧条"，又被称为"平成萧条"。泡沫经济崩溃萧条一直持续到1993年10月，一共持续了32个月，超过了之前10次经济萧条平均的14个月，仅次于1980年3月到1983年1月的持续35个月的经济萧条，是战后以来第二个持续最长的经济萧条。泡沫经济萧条不仅持续时间长，而且景气下降幅度大。当日本政府开始认识到经济萧条发生后，1992年3月实施了以扩大公共投资为主要内容的《紧急经济对策》，同年8月又实施了《综合经济对策》，追加了10.7兆日元的公共投资。由此，1992年度公共固定资本形成比上年增加了14.3%。然而，扩大公共投资为时已晚，景气毫无复苏的迹象。于是，日本政府在1993年4月再次实施了《综合经济政策》，扩大公共投资13兆日元，同年9月又追加实施《紧急经济对策》，追加公共投资6兆日元，从而，1993年度公共固定资本形成又增加了12.9%。尽管如此，景气复苏的迹象还是没有出现。

如此连续的大规模的景气下降是前所未有的，日本政府的景气对策受到了严重的挑战，这还是战后以来的第一次。这说明泡沫经济崩溃萧条不仅危机严重，而且还具有以往经济危机所没有的性质和特点。日本经济学家宫崎义一在《复合萧条》一书中，把泡沫经济崩溃萧条称为"复合的经济萧条"，即这次经济危机是由实物经济方面和金融方面所导致的。其中，实物方面的原因是生产过剩及其所带来的设备过剩，这是一种周期性变化的因素。至于金融方面的原因，就是泡沫经济崩溃后信用收缩和信用危机。这种信用收缩和信用危机的过程也是"资产调整的过程"，也就是纠正股票、土地和建筑物等价格异常膨胀的过程。由此可见，这次泡沫经济崩溃萧条是实物经济和金融经济或虚拟经济的双重危机，是周期性循环因素和泡沫经济崩溃的特殊性因素所导致的。泡沫经济崩坏对日本经济的影响是深远的，以泡沫经济的突然破灭为开端，日本经济中积累的种种严重问题随之暴露出来并不断恶化，由此使日本经济自低速增长时期转变成20世纪90年代"平成萧条"时期，经济发展呈现低速状态。

3.2　经济停滞与人口低速增长

日本作为世界第二经济大国自20世纪90年代初期开始经济状况持续下滑，步入了平成萧条。1992年到1993年期间GDP年平均增长率仅为0.6%，成为战后第二长衰退期。1993年10月泡沫经济崩坏萧条下降到谷底以后，景气虽然停止了下滑的势头，复苏却十分乏力。到1997年5月，景气上升一共持续了43个月，从持续时间方面看，这次景气当时仅次于伊奘诺景气和平成景气，是战后持续时间第三长的景气。然而，虽说是景气上升时期，在43个月内，实际国内生产总值总共才增长8%，其中1994年增长1.1%，1995年增长2.0%，1996年也只增长2.7%。与伊奘诺景气期间增长67.8%、平成景气期间增长24.5%相比，这是战后历次景气中最差的景气，后来被称为"涟漪景气"。值得注意的是，由于生产者批发物价持续下跌，1995年和1996年的国内生产总值名义增长率都低于实际增长率，这是前所未有的现象。

表3—1　　　　　　　平成时期日本经济的景气循环　　　　　　（单位：月）

景气循环名称	低谷	高峰	低谷	上升期间	下降期间	1循环期间
平成景气（第十一次循环）	1986.11	1991.2	1993.10	51	32	83
涟漪景气（第十二次循环）	1993.10	1997.5	1999.1	43	20	63
第十三次循环	1999.1	2000.11	2002.1	22	14	36
第十四次循环	2002.1	2008.2	2009.3	73	13	86
第十五次循环	2009.3	2012.4	2012.11	37	7	44

资料来源：[日]日本労働省. 労働経済白書平成26年版[M]. 東京：日本労働協会, 2014.

在景气时期，企业销售额不仅没有增加，反而有所减少。1995年，全产业企业的销售额为1 485万兆日元，只比1991年增加0.7%，1996年为1 448兆日元，比上年减少了2.5%。受资产紧缩的影响，企业没有增加设备的欲望，1995年和1996年，企业设备投资只分别增加了3.0%和1.6%。正因为如此，在日本银行3个月一次的景气动向调查中，只有不到50%的企业每次都回答说景气上升，这是以往的景气所未曾有过的现象。由于经济增长缓慢，消费一直处于低迷的状态。1993—1996年，失业人数由166万人增加到225万人，失业率也由2.5%提高到3.4%。在景气上升期间出现这种失业人数增加和失业率提高的并存现象，也是以往景气上升期间所未曾有过的。

1997年6月，日本经济再次陷入衰退阶段，危机日趋严重，当年GDP实际增长率下降到1.6%，1998年日本经济进一步恶化，经济增长率降为-2.0%，1999年仍显示负增长态势（见表3—2），这是战后以来最严重的经济危机。在经济危机期间，企业的经营利润大幅度减少，破产增加，尤其是金融机构破产引人注目。1992—1998年，全国银行以赤字经营的方式共处理了60兆日元的不良债权。尽管如此，17家主要城市银行在1999年3月末仍有20.82兆日元的不良债权。在这种情况下，不仅中小金融机构破产增加，大型金融机构也接二连三发生破产。1998年，继北海道拓殖银行之后，有悠久历史的日本债券信用银行、日本长期信用银行相继破产。以大银行的集中破产为标志，"银行不破产"神话彻底破灭。与此同时，家庭实际消费支出在1998年下降1.1%，1999年又减少了1.3%，个人住宅投资在1997年和1998年分别下降了12.1%和14.3%，其下降幅度之大都是战后以来的第一次。2000年日本经济开始出现了转机，经济增长率为2.9%，2001年有所下降，经济增长率降至0.2%的水平。这一时期日本经济呈现长期停滞的趋势。

表3—2　　　　　　　　平成前期主要经济指标

年份		国内生产总值			工矿业生产增长率/%	经常利润增长率/%	设备投资增长率/%	家庭月均实际收入/日元
		当前价格/亿日元	名义经济增长率/%	实际经济增长率/%				
平成元年	1989	4 056 554	7.7	5.3	5.9	14.7	15.7	495 849
平成2年	1990	4 370 229	7.7	5.2	4.1	-6.9	10.1	521 757
平成3年	1991	464 934	6.4	3.4	1.7	-8.8	4.3	548 769

续表

年份		国内生产总值			工矿业生产增长率/%	经常利润增长率/%	设备投资增长率/%	家庭月均实际收入/日元
		当前价格/亿日元	名义经济增长率/%	实际经济增长率/%				
平成4年	1992	477 106	2.6	1.0	-6.1	-26.2	-7.1	563 855
平成5年	1993	480 821	0.8	0.2	3.8	-12.1	-10.3	570 545
平成6年	1994	486 552	1.2	1.1	0.9	11.9	-5.7	567 174
平成7年	1995	493 558	1.4	2.0	3.3	10.9	3.0	570 817
平成8年	1996	504 262	2.2	2.7	2.2	21.9	1.6	579 461
平成9年	1997	515 249	2.2	1.6	3.7	4.8	8.4	595 214
平成10年	1998	504 843	-2.0	-2.0	-6.9	-26.9	-6.5	588 916
平成11年	1999	497 629	-1.4	-0.1	0.2	17.7	-4.3	574 676
平成12年	2000	502 990	1.1	2.9	5.6	33.7	7.5	560 954
平成13年	2001	497 720	-1.0	0.2	-6.8	15.5	1.3	551 160

资料来源：［日］日本内阁府. 2007年经济财政报告，2007—08.

20世纪90年代日本经济的萧条，造成国内工业生产大幅度下滑。生产下降幅度最大的是机械部门。这一次日本经济从1991年开始下滑，工业生产指数如以1995年为100，1991年为106.3，1998年为98.5，1999年为98.9。从总体上来看，在1991—1999年间的工业生产，可以说是零增长，整个经济处于停滞和萧条之中。

另一方面，日本家庭实际收入增长也较为缓慢，1998年开始陷入负增长，居民消费一直呈现下降趋势（见表3—3）。居民支出的下降同泡沫经济的破灭有关。泡沫经济破灭后，股票价格和房地产价格暴跌。资产价格下降的财富效应，对居民消费需求的增长产生了消极影响。由于日元持续贬值，汇率大幅度波动，使得进出口乏力。1997年日本政府执行所谓"财政重建政策"，不良债权拖而不决造成国内金融危机的加深，再加上亚洲金融危机的影响，使早已低迷的日本经济更是雪上加霜。

表3—3　　　日本国内生产总值各个构成部分的增长　　　（单位:%）

构成部分	1990年	1991年	1992年	1993年	1994年	1995年	1996年	1997年	1998年	1999年
居民消费	4.4	2.5	2.1	1.2	1.9	2.1	2.9	1.1	0.6	1.2
住宅投资	4.8	-8.5	-6.5	2.4	8.5	-6.5	13.9	-15.7	-10.9	5.6
设备投资	10.9	6.3	-5.6	-10.2	-5.3	5.2	9.5	4.3	-9.5	-2.5
库存投资	-27.0	56.8	-58.1	-37.3	-128.5	-369.8	28.9	3.2	-107.9	260.5
政府支出	3.2	2.8	7.5	8.4	3.1	1.8	4.3	-5.6	1.4	0.7
净出口	-5.5	123.2	39.5	8.4	-12.5	-38.6	-71.0	404.2	13.6	-6.0

注：1998年和1999年为财政年度数字，其余为自然年度数字；1998年和1999年政府支出增长数字为公共消费开支增长速度数字。

资料来源：［日］日本経済企画庁. 国民経済計算［M］. 東京：大蔵省印刷局，1998；［日］日本経済企画庁. 国民経済計算［M］. 東京：大蔵省印刷局，2000.

日本经济衰退的直接原因主要是国内消费疲软，企业投资减少和公共投资不振，企业经营效益恶化使大量的企业破产，据统计，在1991年到1996年的6年间，每年倒闭企业的负债规模在5.6万亿~9.2万亿日元之间，到1998年进一步达到14.4万亿日元。企业的大量倒闭，使日本的失业率迅速上升，1998年的失业率打破了日本历史的最高纪录，全年完全失业率为4.1%，1999年完全失业率又上升到4.5%，企业的集中倒闭可以说是经济危机的一个基本现象。

其次，由于日本国内竞争激烈和日元不断升值，日本企业加速了海外转移的速度，海外投资急速扩大，使日本产业空洞化日趋明显。随着大量廉价的海外产品流入日本市场，许多中小企业失去竞争优势而倒闭。衡量产业空洞化的一个重要指标是制造业的海外生产比率。自20世纪80年代以后，汽车、电子机械等制造业一直支撑着日本经济的增长。由于降低成本和开拓国外市场，这些骨干行业的生产基地大量迁往海外，使制造业的海外生产比率不断提高，特别是汽车行业尤其显著，90年代中期日本汽车工业的海外生产比率已达30%，2000年进一步增至40%。

此外，设备投资乏力，使日本工业生产呈现下降趋势。据日本通产省公布的资料，1998年日本的工业生产下降了6.9%，其下降幅度是1973年石油危机以来的最大降幅。特别是作为主导产业的汽车工业和家电产品的生产都呈现下降趋势。这也从一个侧面反映了这次萧条的严重性。而人口增长缓慢导致劳动力供给不足，也影响了日本经济的持续发展。尽管20世纪90年代以来日本经济一直陷入低迷的状态，但日本的经济基础及经济实力依然强劲。从1999年以来日本经济发展的状况来看，日本继续执行扩张性货币政策的同时，采取了扩张性财政政策，使日本经济从2000年开始有所好转，呈现正增长的局面。

昭和后期，日本经济一直在发达国家名列前茅，然而进入平成时期以后，特别是20世纪90年代以来，日本经济失去了往日的光辉。1992—2001年，日本的实际经济增长率只为1.0%，还比不上20世纪50年代中期到70年代初期高速增长期间一年的增长率。在这10年间，日本企业的生产规模和国民的生活水平基本上没有提高，勉强实现的经济增长主要是依靠公共投资和出口的扩大带来的。1991—2001年，全产业销售额由1 475兆日元减少为1 338兆日元，下降了9.3%，其中制造业由425兆日元减少到383兆日元，下降了9.9%；劳动者家庭月实际收入由548 769日元增加到551 160日元，仅增加了0.4%，实际消费支出由345 473日元减少为335 042日元，减少了3.0%。

从国际比较来看，除了1996年外，日本各年的经济增长大都处于发达国家的最低水平，如表3—4所示，1998年和1999年还出现了前所未有的连续两年的负增长。相比之下，美国自摆脱20世纪90年代初的经济危机以后，景气从1991年3月起一直是持续扩大的势头，到2000年实现了连续10年的景气扩大，堪称前所未有的大型景气繁荣。1992—2000年，美国经济年平均经济增长率为3.2%，除了个别年份外，一直处于发达国家的最高水平。另外，西欧和加拿大的经济发展状况也都明显好于日本。这样，日本就沦为主要发达国家中经济的末列。对于日本经济来说，20世纪90年代可以说是失去了的10年。

表3—4　　　1991—2001年主要发达国家实际国内生产总值的增长情况　　（单位:%）

国家	1991年	1992年	1993年	1994年	1995年	1996年	1997年	1998年	1999年	2000年	2001年
日本	3.4	1.0	0.2	1.1	2.0	2.7	1.6	-2.0	-0.1	2.9	0.2
美国	-0.2	3.3	2.7	4.0	2.5	3.7	4.5	4.2	4.4	3.7	0.8
德国	5.1	2.2	-0.1	2.7	1.9	1.0	1.8	2.0	2.0	3.2	0.8
法国	1.2	1.7	-0.8	1.5	1.8	1.0	2.1	3.3	3.0	4.0	2.1
英国	-1.4	0.2	2.3	4.3	2.9	2.8	3.0	3.3	3.0	3.8	2.1
意大利	1.5	0.6	-0.9	2.3	2.9	0.6	2.0	1.3	1.9	1.8	1.8
加拿大	-2.1	0.9	2.3	4.8	2.8	1.6	4.2	4.1	5.5	5.2	1.9

资料来源：[日]日本内阁府.世界経済の新潮流（2007年春季号）[M].東京：大蔵省印刷局，2007—06.

这一时期，在经济低速增长的过程中，日本的出生率和总和生育率均呈现下降趋势，2001年又分别减退到9.3‰和1.33，而死亡率则呈现上升趋势（见表3—5），其结果，日本人口增长缓慢，人口增长率基本上保持0.4%以下的低水平，自然增长率进入世界最低水平行列。人口增长缓慢，导致劳动力供给不足和年龄结构老化，在一定程度上影响了日本经济的发展。

表3—5　　　　　　　　　　人口动态

年份		出生率/‰	总和生育率/人	死亡率/‰	总人口/千人	人口增长率/%	自然增长率/‰	平均家庭人数/人
平成元年	1989	10.1	1.57	6.4	123 205	0.43	3.7	3.10
平成2年	1990	9.9	1.54	6.6	123 611	0.81	3.3	3.05
平成3年	1991	9.9	1.53	6.7	124 101	0.39	3.2	3.04
平成4年	1992	9.7	1.50	6.9	124 567	0.37	2.8	2.99
平成5年	1993	9.5	1.46	7.0	124 918	0.29	2.5	2.96
平成6年	1994	9.8	1.50	7.0	125 265	0.26	2.8	2.95
平成7年	1995	9.7	1.42	7.4	125 570	0.24	2.7	2.91
平成8年	1996	9.6	1.43	7.2	125 859	0.23	2.6	2.85
平成9年	1997	9.6	1.39	7.3	126 157	0.23	2.7	2.79
平成10年	1998	9.6	1.38	7.4	126 142	0.24	2.9	2.81
平成11年	1999	9.5	1.34	7.8	126 667	0.15	1.7	2.79
平成12年	2000	9.4	1.36	7.8	126 926	0.20	1.6	2.76
平成13年	2001	9.3	1.33	7.6	127 316	0.31	1.6	2.75

资料来源：百度文库.日本人口统计数据1872—2009[M].2011—09；王洛林，张季风主编.日本经济蓝皮书——日本经济与中日经贸关系发展报告（2012年版）[M].北京：社会科学文献出版社，2012.

3.3　经济低速增长与人口减少

2002年2月以来，日本经济进入战后最长的增长周期，经济持续低速增长。然而由于受美国经济衰退和世界经济低迷的影响，截至2007年底，日本持续了71个月的经济扩张期已经结束。2008年日本经济开始下滑，2009年继续低迷，日本经济低速增长呈现长期化趋势。

21世纪初期日本经济持续低迷，2001年日本经历信息产业衰退、疯牛病冲击、金融动荡，全年经济实际增长为0.4%，名义增长率下降2.4%，完全失业率达到5.0%，进出口贸易及顺差大幅减少，是战后以来日本经济最为低迷的一年。2002年的日本经济，景气回升的势头依然乏力，全年经济实际增长为0.3%（见表3—6），比2001年减少0.1%。随着出口这一经济牵引动力出现下滑的趋势，国内的生产依然呈现减速的趋势。

表3—6　　　　　　　低速增长期主要人口经济发展指标

指标	平成14年（2002年）	平成15年（2003年）	平成16年（2004年）	平成17年（2005年）	平成18年（2006年）	平成19年（2007年）
国内生产总值/亿美元	39 251	42 349	46 081	45 571	43 626	43 804
国内生产总值/亿美元	34 236	34 745	37 479	39 422	40 806	42 955
国内生产总值增长率/%	0.3	1.4	2.7	1.9	2.2	2.3
人口总数/万人	12 715	12 762	12 778	12 776	12 762	12 777
人口增长率/%	0.1	0.1	0.3	-0.02	-0.01	-0.02
人均国内生产总值/美元	31 210	33 632	36 050	35 656	34 247	34 023
人均GDP增长率/%	0.1	1.2	2.7	1.9	2.2	2.3
平均家庭人数/人	2.74	2.76	2.72	2.68	2.65	2.63
总和生育率/人次	1.32	1.29	1.29	1.26	1.32	1.34
出生率/‰	9.2	8.9	8.8	8.5	8.5	8.6
死亡率/‰	7.8	8.0	8.0	8.4	8.6	8.5
出口量增长率/%	7.8	5.0	10.6	0.8	7.7	4.8
进口量增长率/%	2.0	7.1	7.0	2.9	3.8	-0.2
国内需求增长率/%	-0.4	—	1.9	1.7	1.4	2.1
私人消费增长率/%	1.1	0.4	1.6	1.6	0.9	1.6
消费物价指数/%	-0.6	-0.2	-0.1	-0.1	0.2	0.3
固定资产形成增长率/%	-4.8	-10.8	-9.0	-6.2	-7.4	4.1
就业人数/万人	6 330	6 316	6 329	6 356	6 382	6 412
就业增长率/%	-1.3	0.2	0.2	0.4	0.4	0.1
失业率/%	5.0	5.4	5.3	4.7	4.4	4.1

资料来源：国际货币基金组织. 世界经济展望[M]. 北京：中国金融出版社，2007；国家统计局主编. 国际统计年鉴（2005—2012年版）[M]. 北京：中国统计出版社，2005—2012；王洛林，李向阳主编. 2013年：世界经济形势分析与预测[M]. 北京：社会科学文献出版社，2013；王洛林，张季风主编. 日本经济蓝皮书——日本经济与中日经贸关系发展报告（2012年版）[M]. 北京：社会科学文献出版社，2012.

特别值得注意的是，自 2002 年开始，世界主要发达国家的经济增长率都有较大幅度的上升。尽管持续上涨的原油价格使各国都调低了经济增长率的估计值，世界经济依然保持了较高的增长率。2002 年美国经济增长率从前一年的 0.3% 恢复至 2.4%，2003 年上升到 4.4%，2005 年达到了 2.7%。在这种经济形势下，刺激了日本经济的发展。日本经济从 2003 年开始逐渐摆脱严重通货紧缩的阴影，进入了新一轮的复苏，经济增长率从 2002 年的 0.3% 上升至 2003 年的 2.5%。这一年在设备投资和出口增加的带动下，企业生产得到扩大，经济效益普遍提高，工矿业生产指数回升，这说明日本经济的恢复过程正在持续。2004 年由于日本设备投资和个人消费逐渐恢复，通货紧缩有所缓解，日本经济继续显现持续回升的势头，实际国内生产总值增长了 2.7%，远远超过近 10 年 1% 左右的平均水平。从投资来看，2004 年的第一、第二和第三季度分别增长了 10.2%、9.7% 和 13.9%，企业设备投资的扩大成为经济回升的主要推动因素。与此同时，日本出口保持增长势头，这主要是因为世界经济好转，使日本对亚洲和欧盟等地区的出口条件有所改善，尤其是日本的钢铁、机械、汽车和电子等行业出口增长较为明显，带动了这些行业的复苏和发展，因此在一定程度上促进了日本经济的发展。进入 2005 年后，这一势头有所下降，但经济增长率仍保持在 1.2% 的水平，消费需求逐步恢复是经济增长的主要因素。这一年受股市攀升强化"资产效应"、就业稳定优化消费心理、收入增加提升消费能力等因素的积极影响，个人消费需求的恢复对日本经济增长的推动作用进一步增强。通货紧缩有所缓解也是促进经济增长的一个重要因素。2005 年，由于经济回升带动需求逐步恢复、以原材料为中心的进口价格尤其是进口原油价格上升，以及日本银行强力推行货币流通量扩大等因素的共同作用，长期困扰日本经济的通货紧缩问题已开始趋解，对日本经济稳步增长创造了有利条件。

日本经济在 2006 年继续保持低速增长，主要是因为消费下降，但经济增长在第四季度反弹。强劲利润增长带动私人投资增长，加上出口增长，使得经济增长的基本动力仍然强劲。2006 年，日本经济实现了 2.2% 的增长水平，比 2005 年提高了 0.3 个百分点。经济增长的主因是民间最终消费、货物和服务净出口增长的带动。除此之外，企业设备投资有所增加，住宅建设基本持平，公共投资略有下降。2007 年日本经济继续保持增长势头。按日本政府公布的国民所得统计，2007 年第一季度日本 GDP 实际增长率为 0.8%，高于 2006 年同期水平，但此后的 2～4 季度，国内生产总值的增长速度都明显低于 2006 年同期水平。这一年去除物价变动因素后日本经济的实际增长率达到 2.0%。引起经济增长下滑的原因，主要是出口贸易减少和国内需求不足。2007 年下半年美国次贷危机后，石油、原材料等国际价格的快速上升，使得日本企业的经营收益减少，设备投资水平下降；商品价格上升导致消费减弱，加上美国以及新兴工业国家的市场萎缩给出口行业造成的影响，使日本经济增长下滑，至 2007 年 12 月，日本持续了 71 个月的经济扩张期结束。尽管如此，这次日本经济增长持续时间已更新日本战后经济增长周期纪录。这轮增长周期虽有小幅调整，但在世界经济增长的背景下，受出口和设备投资增长的拉动，经济持续低速增长，但年均增长率仅为 2.0% 左右，远低于 20 世纪 60 年代伊奘诺景气的 11.0% 和 90 年代泡沫经济时期的 5.0%。

这一轮经济增长主要体现在出口强劲以及出口拉动下的企业设备投资旺盛。与以往历次经济复苏不同的是，此次复苏并没有从出口过渡到消费，而是由出口一直占主导地位。从地区来看，中国和美国是日本出口的主要市场，尤其是日本对中国的出口带动了日本经济的增长。从行业来看，以出口为主的汽车、家电和机械等行业复苏最快，在整个经济低速增长过程中最为活跃，因而在一定程度上带动了其他行业。与此同时，旺盛的出口刺激企业的投资，使投资增长率始终保持两位数，投资又促进出口，形成出口和投资的良性循环。另外，日本国内消费复苏缓慢，对经济增长的贡献度较低。究其原因，是多数企业将利润投入设备更新和技术开发，压低了在职职工的工资升幅，因而出现投资和消费一高一低的局面，而投资生产出来的产品多数销售到海外。

数据表明，在一些需求强劲的行业甚至出现了劳动力短缺的现象。而日本银行也正在清理他们的旧账，改善财务状况，并且已经开始寻求新的商业模式。预计日本经济的进一步改善以及国内需求的复苏，将继续吸引企业增加投资，从而扩大就业。日本统计局的一个模型表明，按照实际经济增长率计算，日本大部分企业2006年会摆脱供应过剩的局面，有些行业还将进入供不应求的状态。这一点从日本企业破产数量持续下降也可以得到证明。企业和消费者信心的上升会带动国内需求，从而减少经济增长对国外需求的依赖。

从国际比较来看，日本各年的实际经济增长率虽然仍低于美国，但差距已经明显缩小，如表3—7所示。另外，由于德国、法国和意大利的经济形势都不乐观，英国和加拿大的经济形势也只比日本略高，因而，日本的实质经济增长率处于主要发达国家的中等水平。

表3—7　　　2000—2007年主要发达国家实际国内生产总值的增长情况　　　（单位:%）

国家	2000年	2001年	2002年	2003年	2004年	2005年	2006年	2007年
日本	2.9	0.2	0.3	1.4	2.7	1.9	2.2	2.3
美国	3.7	0.8	1.6	2.5	3.6	3.1	2.9	1.9
德国	3.2	0.8	0.0	-0.2	1.1	0.8	2.9	3.4
法国	4.0	2.1	1.1	1.1	2.3	1.7	2.2	2.3
英国	3.8	2.1	2.1	2.8	3.3	1.8	2.8	3.6
意大利	3.8	1.8	0.3	0.1	1.0	0.2	1.9	1.7
加拿大	5.2	1.9	2.9	1.9	3.1	3.1	2.8	2.2

资料来源：［日］日本内阁府. 世界経済の新潮流（2007年春季号）［M］. 東京：大蔵省印刷局，2007年6月；王洛林，李向阳主编. 2013年：世界经济形势分析与预测［M］. 北京：社会科学文献出版社，2013.

这一时期，在经济低速增长的过程中，日本人口总和生育率持续5年走低，2005年降至1.25%，创下历史最低值。与2004年的1.29%相比大幅下降。据日本厚生劳动省的人口动态统计，2005年日本的出生人口为106.3万人，比2004年减少了4.8万人，而用出生人口减去死亡人口的"自然增加人口"则出现了自1899年统计以来的首次负增长，减少了2万人。2005年成为了日本"人口减少的元年"。这一时期，晚婚化和有配偶率的下降①是导致出生率下降的主要原因，尽管日本政府鼓励育龄夫妇生育，但出生率下降反映出日本人生活方式的转变，尤其是许多单身妇女为了事业放弃或推迟了婚姻。日本2004年新婚夫妇的平均年龄为：男29.8岁，女28岁，均比2003年增加0.2岁。加上人们的生育观从"多生贵子"转向"少生贵子"，致使日本人口的再生产力已经大幅度低于人口更替水平，而人口低速增长又在一定程度上制约了日本的经济增长。

3.4 经济计划

进入平成时期以后，日本实施的第一个经济计划是竹下登内阁制定的《经济运营五年计划》，计划期间为1988—1992年。这一期间实际经济增长率平均3.75%，以物价稳定为前提，名义经济增长率4.75%。这次经济计划的主要目的是把日本经济从出口依存型转变成内需主导型，促进经济结构的调整，建设一个所谓"与世界共存的日本"。该计划期间，计划内的实质增长依存度为4.25%，而外需的实质增长依存度将保持负数。内需增长率超过实际经济增长率，国际收支趋于平衡，说明国民生活水平提高的速度将超过国内生产总值的增长速度，日本国民充分享受经济活动的成果。同时，投资的增长也将超过消费的增长，因此，在计划期间内如何把巨大的总投资额正确使用到日本的经济建设上，并加速形成全社会固定资产是至关重要的。

为了实现5年经济计划的基本目标，该计划主要采取的重要政策是：改善居住条件，提高国民的居住水平，为国民提供安全而舒适的居住环境；缩短劳动时间，计划期间内力求实现每周40小时劳动制和年间总劳动时间1 800小时，普及周休两天制，充实业余时间；调整物价结构，建立以稳定物价、缩小内外价格差为目标的物价结构，充实消费生活；促进产业结构的调整，鼓励那些应用技术革新、信息化成果的新产业的出现和新企业的创立，使他们吸收更多的职工以稳定结构调整中的就业率；加强基础科学的研究开发和国际交流，使产业结构向高附加结构转变，改善对外贸易不均衡状态，形成更开放、更透明、公平而无差别的市场。

该计划还指出，在本计划期内将失业率缩小到与国际水平相协调的水平。通过各种综合性的就业对策，1992年的完全失业率保持2.%，对户主的完全失业率将达到更低的水平。在本计划期间，原油、一次产品价及劳动成本将大致保持稳定，并通过各种措施把消费者物价上升率保持在年平均1.5%的水平，而批发物价将保持大致稳定。

随后，日本经济计划从"生产优先"转向"生活优先"。1992年，宫泽喜一内阁制订了《生活大国五年计划》，计划期间为1992—1996年。这一期间的年平均经济增长率为3.5%，是此前所有经济计划中最低的增长目标。这次制订的新的经济计划的最显著的

---

① 日本出生率下降的直接原因在于晚婚化与少生育，日本女性的初婚年龄从1950年的23.0岁上升到1995年的26.3岁，其初婚年龄仅次于瑞典的26.8岁，居世界第二位。晚婚化一方面引起了有配偶率（15～49岁育龄妇女中已结婚者的比例）下降，另一方面引起有配偶出生率的下降。因为女性生育的终点年龄不变，晚婚化导致女性生育期的缩短，也导致女性在最有生育能力的25～29岁年龄期的有配偶率下降，由1970年的82.0%降至60.0%，加上人们的生育观从"多生贵子"转向"少生贵子"，致使已婚妇女的总和生育率显著下降。

特点在于指导思想的重大转变，从以企业为核心，以"外贸"为主，着眼于生产的"生产性经济计划"，转变为重视生产者和消费者，以"内需"为主，着眼于生活的"生活性经济计划"。

这一为期五年的经济计划的总设想是：实现完全就业，保持物价稳定。国民经济目标更直接地服务于生活质量的提高。建立丰富多彩、尊重多样化价值观的美好生活环境。实现"迈向与地球社会共存的生活大国的变革"。为此提出了相应的国内外政策方针。在国内政策方面提出的主要措施是：重视生活环境的改善，制定和实施以大都市圈居民的年均收入增加4倍、有能力购买优质住房的土地与住宅政策，并通过各种旨在改善公共服务设施的社会基金来建立优良的高质量的生活空间；建设一个能为妇女、老年人和残疾者参与社会提供机会的良好社会环境，推进能保证人民安度晚年生活的政策措施；在促进缩小国内外差别的同时，建立基于消费者立场的透明的市场法则；缩短劳动时间，尽快实现每周40小时工作制或周休两日制，把全年平均总劳动时间从目前的2 008小时降低到1 800小时以下。

然而，要想实现这些指标却也并非轻而易举。就关于"缩短劳动时间"而言，当时日本普通职工每年的劳动时间高达2 016小时，超过主要发达国家1990年平均水平大约220小时。此次的新经济计划拟将这一劳动时间缩短到1 800小时。其实，这一目标早在制订上一次经济计划，即《经济运营五年计划》时就已经提出过。只不过当时是把1 800小时作为努力的方向，并且使用了"尽可能"的字样。而这一次则是把1 800小时当作具体指标，定于1996年实现。

实现缩短劳动时间的方法主要有：缩短每周工作日、增加节假日、延长带薪假期、减少加班时间等。缩短劳动时间的目的无非是重新分配个人的时间资源，增加职工的余暇时间。然而这一切并非易事。因为该计划中，还同时提出了年平均3.5%的实际经济增长率指标，使得缩短劳动时间同保持经济增长之间存在着巨大的矛盾。据日本经济团体联合会的测算：在劳动生产率的提高率不变（年提高3.5%）的前提下，如果优先缩短劳动时间，并于1996年实现年劳动时间1 800小时的目标，则年平均实际经济增长率只能达到1.75%，仅为经济计划指标的一半；假定仍以劳动生产率提高率不变为前提，如果优先经济增长，确保到1996年的五年期间，年平均经济增长率达到3.5%，则到1996年的年劳动时间需长达1 960小时；如果既保证经济增长又缩短了劳动时间，到1996年，既实现经济增长3.5%，又实现劳动时间缩短到1 800小时，而劳动生产率提高率不变，那么，届时将缺少劳动力548万；如果还是经济增长和缩短劳动时间两不误，到1996年，既实现经济增长3.5%，又实现劳动时间缩短到1 800小时，而劳动人口比例不变的话，为了弥补上述劳动力的不足，劳动生产率提高率就必须比以往高出五成，即从迄今为止的3.5%提高到5.28%；倘若依然还是经济增长和缩短劳动时间两不误，既实现经济增长3.5%，又实现劳动时间缩短到1 800小时，并且劳动人口比例不变，劳动生产率提高比原来高两成左右，则目标年度将不得不向后延至2000年。

经济发展中的主要矛盾通常是经济增长与通货膨胀之间，或者是失业率与物价上涨率之间的矛盾。然而，日本经济所面临的主要矛盾却是经济增长与缩短劳动时间之间的矛盾。日本有关当局所担心的不是失业率过高，而是劳动力不足。这反映出日本经济的发展已经发生了质的变化。解决这一矛盾的途径，除了提高劳动生产率以外，再有就是鼓励妇女和老人就业[①]。

此次新经济计划中提出了不少有关社会基础设施建设的具体指标，然而要实现之，则需要巨额的投资。而伴随着经济不景气，日本的财政收入增长势头有所下降，再加上公债余额1992年达到178兆日元，国债占财政支出预算的比重也已超过两成。想要在降低公债依存度的同时，实现上述目标，财政上的难度是极大的。因此，如何进一步推进财政方面的重建和改革，是日本面临的又一大难题，也是决定此项目标能否实现的关键所在。

20世纪90年代前期，在日本经济处于低迷的情况下，村山富士内阁在1995年12月制订了《实现结构改革的经济社会计划》，计划期间为1996—2000年。该计划首次根据不同的经济运行模式，提出了计划期间的两种展望。一是如果在计划期间进行结构改革，则年均实际经济增长率为3%，名义经济增长率为3.2%，2000年失业率为2.75%；二是如果在计划期间不进行结构改革，则年均实际经济增长率和名义经济增长率都为1.75%，2000年的失业率有可能更高。通过这两种经济运行模式的比较，突出地说明了进行结构改革的必要性。该计划指出，为了解决这一课题，有必要对不适应时代变化的社会结构进行根本性的改革。改革的过程是比较艰难的，但是，如果不进行结构改革，经济前途难以预测，日本就不可能取得中长期的发展。基于这种认识，有必要尽快进行结构改革。

结构改革的核心课题是改变日本经济的"高成本结构"。在经济计划方面，结构改革的方向包括五个方面：一是创造自由而有活力的经济社会；二是创造富裕而稳定的经济社会；三是加入"地球社会"计划；四是确立发展的基础，包括构筑充分展现能力的社会、以科技创新立国、构筑高速信息通信社会和推进社会资本的完善等；五是推进行政和财政改革，确立简单高效的行政体制和恢复财政的能力。为此，该计划还提出要在物流、能源、流通、电信通信、农业生产、住宅建设等10个产业领域进行改革，并具体提出了要在各领域降低成本的目标。另外，关于今后的成长领域，计划详细列举和展望了通信、租赁业等经营服务业、人才、社会福利、生活服务业和废弃物处理等环境关联产业的现状和发展趋势。该计划在最后还明确地指出，通过缓和限制等结构改革计划的实施，日本经济的潜在能力将得以发挥，并进入一个新的成长轨道。预计在1996年至2000年的计划期内，国民经济将实现持续、稳定增长，实际平均增长率将在3%左右，国民生活富裕、稳定。

20世纪90年代末期，为了清理泡沫经济后遗症、重振日本经济，小渊惠三内阁制订了《次期经济计划》，计划的全称为《经济社会的应有态势和经济新生的政策方针》，计划期间为1999—2010年。该计划指出，在未来的10年里，信息、知识和技术等将成为经济增长和企业发展的主要因素。该计划提倡构筑面向21世纪的经济社会新理念，改变迄今过于重视"效率、平等和协调性"的日本传统思维方式，引进"尊重个人选择"的美国式竞争原理。该经济计划强调了日本经济走出当前不景气阴影、维持经济稳定增长

---

① 魏加宁．评日本新的经济五年计划［J］．管理世界，1992（6）．

的重要性。根据这一计划，在 2000—2010 年期间，日本经济实际增长率要达到 2%左右；失业率将控制在 3.5%~4.5%；日本人均国民收入将由目前的 310 万日元提高到 350 万日元；人均居住面积将由目前的 31 平方米增加到近 40 平方米；互联网入网人数将由目前的 1 700 万人增加到 4 500 万人；等等。此期经济计划着重指出，政府的职能是建立经济社会的各种规章制度，并有效发挥监督作用，迅速妥善地处理所发生的问题，根据市场原理指导经济活动的正常开展。

该计划的核心课题是根据竞争原理，实现日本经济活性化。该计划强调，20 世纪 90 年代的长期经济停滞是战后过于重视"结果平等"的日本式制度和惯例已经走到了尽头的结果，今后应该实行重视"机会均等"的市场式经济制度。2010 年日本经济社会的发展目标，是必须建立起一个能够适应"知识社会"化、少子高龄化、全球化、环境和能源制约的社会。其中，"知识社会"，是指新知识创造给经济和文化带来活力的社会。为建设这样的社会，必须形成一种富于个性和创造性的有利于人才培养和组织发展的制度和机制。激烈竞争是今后社会的发展趋势，由于竞争，在胜者和败者之间产生收入方面的差距是不可避免的。为适应这种竞争的社会，在采取新的政策方针的同时，应该为失败者和弱者提供人权保障和向成功挑战的机会[①]。

自 1999 年 8 月小渊政府制订《次期经济计划》以来，从森喜朗政府开始，其后的小泉纯一郎政府、安倍晋三政府、福田康夫政府、麻生太郎政府、鸠山由纪夫政府、菅直人政府、野田佳彦政府都没有制订新的经济计划，2012 年 12 月上台的安倍晋三政府也没有制订经济计划的意向。尽管如此，这并不意味着日本政府已经放弃了经济计划的手段，而是采取了新的计划形态，即针对具体的战略制订具体的实施计划。特别是围绕正在实施的五大立国战略，即技术创新立国战略、网络立国战略、知识产权立国战略、观光立国战略和投资立国战略，日本政府都制订了非常详尽而具体的计划。以实施技术创新立国战略为例，日本政府从 1996 年开始，就制订和实施了 3 个为期 5 年的《科学技术基本计划》，2011 年 8 月又制定了现正在实施的《第四期科学技术基本计划》（2011—2015 年度）。与以前的综合性经济计划相比，这些为实施某一经济发展战略而制订的经济计划，不仅都提出了明确的战略目标和具体的政策措施，而且还都把一些具体的政策措施分解到政府的相关部门，即由政府相关部门的大臣和次官等负责具体政策措施的实施，这与以往的综合性经济计划制订后无人负责、既不检查计划的实施情况也不采取改进措施，形成了鲜明的对照。由此可见，日本政府在宏观经济干预方面不仅没有放弃计划手段，反而采取了更为实用的方式，加强了经济计划在宏观经济政策中的地位和作用。

3.5 日本式经济体制改革

进入昭和时期以后，面对经济环境的变化，日本式经济体制已发生了变化与调整，

---

① 刘昌黎. 现代日本经济概论 [M]. 大连：东北财经大学出版社，2008.

日本政府以经济结构改革、金融体制改革、财政结构改革、社会保障改革和行政改革等为中心，全面推进了经济体制改革。尽管如此，这种日本式经济体制改革并未发生根本的变化，1996年桥本龙太郎内阁提出了以金融改革为先锋的六大改革，2001年小泉内阁又推出以剔除不良资产毒瘤为先导的结构改革，其核心均是推动依靠内部市场的旧体制，向以市场交易为基础的新体制转变。

从这两次体制改革的方案来看，在行政体制、财政与社会保障体制、金融体制改革等方面具有同一性，经济政策上具有连续性，但改革的重心与程序、视野与锋芒方面存在差距。可以说，小泉内阁改革吸取了桥本龙太郎内阁的经验与教训，是桥本龙太郎内阁所实施的金融体制改革、财政结构改革、社会保障改革等六大领域改革的继承与升华。小泉以处理银行不良资产为重心，将调整供需结构纳入改革视野，以牺牲有限的短期景气为代价，试图将日本经济带入"新世纪维新"的体制轨道。处理不良资产，既可清除金融体制发挥机能的障碍，维持金融运行，又可推动企业重组，为改革银行和企业关系创造条件。调整供需结构，既可缓解供需差距扩大之压力，维持经济运行顺畅，又可带动产业结构调整，为转变政企关系、企业间关系打下基础。牺牲有限的短期景气，既是支付改革成本，又是调整企业内部关系的推动力[①]。

从六大改革到结构改革，已取得初步成果，《信息公开法》登台亮相，政府机构大幅缩减，行政限制多被撤销，《商法》得到修正，企业治理结构趋于完善。但是，还存在着各种弊端。在处理不良资产方面，遭遇顽强抵抗，使经济体制改革成果难以形成制度收益，更严重的是，在通货紧缩压力下，不良资产不减反增，泡沫经济的形成及崩溃后日本大金融机构坏账高筑、纷纷倒闭，正是这种制度缺陷的集中表现，制约了经济改革步伐。日本经济体制改革的难点首先是，处理不良资产并非易事，会使企业破产、失业增加。日本第一生命研究所推算，若处理31.8万亿日元不良资产，将造成146.7万人失业。十多年来，日本国民已饱尝泡沫经济后遗症的苦果，对政府失去信赖，对政府主导的制度变迁，再不愿承担改革成本。而在金融改革方面，日本政府一方面对金融机构的业务活动设置许多规制，限制金融机构正常业务的展开，另一方面又对金融机构实行过度的保护，阻碍国内金融机构之间及与国外金融机构的有效竞争，使金融机构在组织上缺乏效率[②]。

其次，生产优先和生产第一主义阻碍了劳动力的市场流动，不利于产业结构的调整。在现行企业制度下，由于生产优先和生产第一主义，在企业发展和企业利益优先的情况下，企业打破终身雇佣制的成本太高，再加上企业内工会的力量，雇用调整实际上是很困难的。日本企业将劳动力市场"内部化"及培养职工的"企业特殊熟练"的方式，正与日新月异的全球化及信息化趋势发生激烈的冲突。生产和管理技术的高度发展使生产活动更加需要掌握现代化技术和富有创意的年轻人，这客观上不仅要求职工在企业内部流动，而且需要在企业间，甚至在产业间流动。因此，企业特殊熟练的意义正在缩小，能力主义的重要性日益突出。与此同时，为了在经济停滞的情况下

---

①② 范纯. 日本当前进行的经济体制改革[J]. 亚非纵横，2003（3）.

推进经济改革，日本政府在宏观经济政策方面也不得不倾向于保持雇用稳定，一些政策实际上在阻碍产业结构调整和劳动力流动。例如，为了保护出口产业的雇用和生产，日本政府一直采取了控制日元升值的政策措施；为保护已经或即将处于劣势的产业，日本政府也一直在利用国家价格补贴和税收优惠等途径通过直接实行进口限制来进行产业保护[1]。

在财政制度方面，日本政府通过较高的个人及法人所得税率对国民收入进行再分配，并通过财政投资及融资的方式，直接参与市场的投资活动，这在一定程度上影响了经济主体正常的投资选择，使市场失去活力。而且，由于行政体制上的条块分割，公共投资缺乏应有的效率，因此削弱了扩大公共投资对刺激经济的作用[2]。

在就业制度方面，"终身雇佣制"和"年功工资制"已不能适应信息化社会和老龄化社会的发展要求，正在成为导致企业失去活力和市场机制僵化的重要原因。因为在经济低速增长的条件下，由于企业拥有过剩的劳动力，而工资作为固定成本成为企业沉重的负担，因而使企业的经常收益下降。而且，在这种雇佣体制下，企业内部职工的老龄化速度快于整个人口的老龄化速度，实行"年功工资制"又会使企业的总工资成本上升，给企业经营造成很大压力。

与日本经济外向国际化相比，日本经济内向国际化一直处于非常落后的状态。1999年，日本对外直接投资的资产总额虽然已高达2 491亿美元，但对内投资的资产总额却只有462亿美元。这与欧美各国内向国际化与外向国际化并行发展的局面是不一样的。日本式市场经济的内部性、封闭性，特别是系列生产、承包生产、内部交易和相互持股等日本式制度和惯例，是造成这种局面的重要原因。日本经济内向国际化落后，严重阻碍了外国企业向日本市场的进入，无助于改变日本对外经济结构不均衡的状态，这已成为日本经济国际化、全球化的制约因素[3]。

从以上分析可以看出，日本式经济体制是适应赶超时代的经济体制，不是适应经济成熟化时期的经济体制；是适应内部性、封闭性市场经济的经济体制，不是适应公开性、开放性市场经济的经济体制；是适应工业化和重工业化的经济体制，不是适应信息化时代和新经济发展的经济体制；是适应国民经济时代的经济体制，不是适应国际化、全球化时代的经济体制[4]。日本2002年度《经济财政白皮书》指出，经济体制变革不是依据政府描绘方案来进行，而是受经济全球化影响和由市场机制主导的改革。目前，面对日本经济长期停滞，要求改革经济体制的呼声也越来越高。

显而易见，日本式经济体制改革的方向就是要适应经济环境的变化，建立一种新的

---

[1] 刘昌黎. 现代日本经济概论［M］. 大连：东北财经大学出版社，2008.
[2] 陈建安. 日本式市场经济体制及其改革［J］. 南开日本研究，2010.
[3] 刘昌黎. 现代日本经济概论［M］. 大连：东北财经大学出版社，2008.
[4] 日本区域问题突出表现为存在着过疏和过密地区。"过疏"是与"适疏"一词相对而言的，与"过密"一词的含义完全相反。"过疏"一词的最早使用，开始于昭和41年（1966年）3月，在经济审议会发表的报告中，率先提出了与"过密"相对的"过疏"问题。认为在日本经济高速的发展进程中，"无论是民间部门的地域动向，还是人口的地域移动，都呈现出强劲的由后进地域向先进发达地域快速流动的趋势"。

经济体制，这种经济体制给予各种企业以更多选择，同时也意味着企业对自己的选择承担后果，需要企业不断提高能力，适应信息流动、技术进步和环境变化，这种经营模式既要适应成熟化经济社会的特点，又要适应公开性、开放性的市场经济，又要适应国际化和全球化时代的发展。

面对全球化竞争，日本式经济体制将发生较大变化，日本虽然积极吸收美国要素，但并不是完全转为美国模式。为适应环境变化与行业特点，各个企业体制会有相当程度的不同，政府以选择自由为前提，未强制推行美国模式，承认经营体制多样性，由企业自我选择与其相适合的体制。面对全球化的市场交易，新经济体制的开放性更加明显。在旧经济体制下，日本被动应对美欧要求开放市场的政治压力；在新经济体制下，日本将由被动转为主动，通过世界范围内资源优化配置，积极参与国际分工，提高生产效率。日本现在积极推进产业高附加价值化，积极确立国际标准，国际人才开始向日本流动，对日直接投资不断增加，日本有可能告别旧经济体制的内部性、封闭性，向开放型经济模式转变。总之，日本式经济体制的改革是比较漫长的，日本克服难点、实现重点突破尚需努力，只能伴随着经济结构改革的进程进行渐进式的调整，如果改革成功，就很可能在新形势下，创造出新的日本式经济体制。这种新的日本式经济体制，将在保留原体制长处的基础上，逐步改变已不适应新变化的经济环境，注重改革与经济发展相平衡、注重改革与就业安全相配套、注重市场主导与政府干预相结合，最大限度地引进市场竞争制度和竞争规则，形成以竞争为主，竞争与经济协调相互兼顾、相互影响的新机制。

3.6 财政发展与改革

进入平成时期以后，日本经济陷入"资本泡沫"破灭后的长期萧条期，在这一背景下形成的财政政策，总体上讲是扩张性的，日本政府不断使用财政手段通过扩大公共投资来刺激景气，然而收效不大，未能达到"以财政刺激增长，以增长反哺财政"这样一种良性循环。1990年在"日美结构协商"中应美国的要求，日本制订了大规模、超长期的《公共投资基本计划》，承诺在10年内进行总额达430万亿日元的公共投资。1992年3月—1994年2月，日本政府连续5次公布紧急或综合经济对策，共追加投资27.42兆日元。结果，不仅建设国债迅速增加，一度停止的赤字国债也重新发行，到1995年度，国债余额已达225.2万亿日元，创此前历史最高纪录（见表3—8）。面对严峻的财政局面，1995年11月，当时的大藏大臣武村正义指出，日本财政正陷入危机。

表3—8　　　　　　　平成时期日本国债的发行情况

年份		国债发行额/亿日元		国债依存度/%	国债余额/亿日元	国债余额占GDP的比重/%
		总额	赤字国债			
平成元年	1989	66 385	2 085	10.1	1 609 100	38.8
平成2年	1990	73 120	9 689	10.6	2 251 847	36.8
平成7年	1995	212 470	48 069	28.0	2 446 581	45.2

续表

年份		国债发行额/亿日元		国债依存度/%	国债余额/亿日元	国债余额占GDP的比重/%
		总额	赤字国债			
平成8年	1996	217 483	110 413	27.6	2 579 875	48.1
平成9年	1997	184 580	85 180	23.5	2 952 491	50.2
平成10年	1998	340 000	169 500	40.3	3 316 687	58.7
平成11年	1999	375 136	243 476	42.1	3 675 547	66.4
平成12年	2000	330 040	218 659	36.9	3 924 341	72.9
平成13年	2001	300 000	209 240	35.4	4 210 991	79.5
平成14年	2002	349 680	258 200	41.8	4 569 736	86.0
平成15年	2003	353 450	286 520	42.9	4 990 137	92.6
平成16年	2004	354 900	267 860	41.8	5 269 279	110.1
平成17年	2005	312 690	235 070	36.6	5 269 279	104.7
平成18年	2006	274 700	235 060	36.6	5 414 584	104.7
平成19年	2007	253 820	193 380	31.0	5 459 356	105.7
平成20年	2008	331 680	261 930	39.2	5 939 717	110.9
平成21年	2009	534 550	369 440	51.5	6 423 459	125.3
平成22年	2010	443 030	367 000	45.8	6 676 278	134.0
平成23年	2011	442 980	382 080	47.9	—	138.0

资料来源：[日]日本内阁府.平成23年度年次经济财政报告——日本经济の本質的な力を高める,2001.

1996年12月，日本政府确定了健全财政的目标，总的目标是在2005年之前，尽早将国家和地方财政赤字与国内生产总值之比降到3%以下，并切实使公债余额与国内生产总值之比不再上升，并确定了健全中央财政的目标，主要目标是：将中央财政经常支出控制在经常性财政收入范围之内；争取在2005年之前停止发行赤字国债，降低财政对公债的依赖程度；在停止发行赤字公债之后，迅速构筑不再使国债余额增大的财政体系。1997年3月，日本政府对上述健全财政目标进行了修改，并通过立法的形式确定下来。

当时的桥本龙太郎内阁判定经济已步入了依靠民间需求主导的自律性增长的轨道，认为改革的时机已经成熟，遂于1997年1月提出了包括财政结构改革在内的六大改革，并借在国会发表施政演说的机会表达了政府全力推进六大改革的决心。在随后发表的一份题为《财政健全化目标》的文件中，桥本政府再次表明了进行财政结构改革的决心，指出依现在的财政结构其结果必定是经济和国民生活的崩溃。为避免这种事态的发生，在进行经济结构改革的同时对财政结构进行改革已迫在眉睫，经过认真的分析与研究，日本政府成立了"财政结构改革会议"，由桥本龙太郎首相亲自担任会议主席。1997年3月，桥本龙太郎明确提出了财政结构改革的5项原则，其主要内容是：在不增加税赋总水平的情况下实现重建财政，停止发行赤字国债；将实现健全财政目标的时间由原计划的2005年提前到2003年；将20世纪最后3年确定为集中改革期，在此期间，各年度的预算总规模同上年度相比均保持负增长；对各项财政支出都要制定出量化的削减指标，对趋于大幅度增长的社会支出，要规定增长上限，将其增长率控制在2%以下；对所有长期开支进行压缩，并且不再制订有可能带来财政支出增加的新计划。

依据上述改革方针，日本政府又于同年6月3日确定了"推进财政结构改革的方案"，对"集中改革期"和1998年度财政预算中的各项财政支出明确规定了压缩的项目和方法，具体包括削减或推迟社会保障支出、公共事业投资支出、文教事业支出、科学技术支出、防务支出、农林水产支出、人事费用支出及地方财政支出等内容。同时，该方案还就财政支出压缩的具体目标制作了详细的规定，这里仅以公共事业投资为例加以说明。此前，日本政府曾于1994年10月编制了为期10年的"公共投资基本计划"，预期进行大约630万亿日元的公共事业投资建设。而"推进财政结构改革的方案"对这一计划进行了较大的修订，主要包括将原计划的完成时间向后延长了3年，顺延至2007年；将原计划的总投资规模缩减至470万亿日元，但重点、优先保证那些与经济结构改革相关联的投资，如港口、城市道路、高等级铁路干线等事业的投资。

进入1997年以后，由于政府为进行财政结构改革执行了严格的紧缩型政策，削减了各项开支，再加上4月1日新的消费税率的实施，个人消费支出出现了大幅度下降，经济形势开始出现下滑的迹象。这时日本国内出现了暂缓财政结构改革，进一步减税以刺激消费、投资的主张。面对这种情形，桥本龙太郎内阁坚持认为"改革优先"，认为只有实现了财政的重建才可以实现经济的根本好转。正如桥本首相在一次会议上所指出的，如果继续坚持赤字财政，"日本经济毫无疑问将在下一个世纪中崩溃"。

为了显示其坚决推进财政结构改革的决心，日本政府在综合以往决定的基础上向国会提出了有关法律草案，试图以法律的形式将财政结构改革固定下来并大力推行。1997年11月，国会最终通过了《推进财政结构改革特别措施法》，从而为财政结构改革提供了法律的保障。桥本龙太郎内阁也依据《财革法》的规定编制了紧缩型的1998年度预算案，其主要内容包括1998年度一般会计预算支出比上年度当初预算削减1.3%，其中防务费削减0.3%，公共事业支出削减7.8%，社会保障支出增加2.0%，科学技术支出增加4.9%。此外，由于支出的大规模削减，该年度当初预算中将普通国债的发行额减少1.15万亿日元。可以说，《财革法修正案》的提出就标志着桥本内阁事实上放弃了财政结构改革的做法。应该指出，20世纪90年代中期桥本的财政结构改革并没能实现其原定目标，其后不久，桥本龙太郎内阁由于经济失策而下台。

而其后上台的小渊惠三内阁为了实现经济"再生"，推出了"综合经济对策"——规模更大、总额达23.8万亿日元的紧急经济对策，显示了自称"经济再生内阁"的小渊内阁彻底地从"改革优先型"政策转向"景气优先型"政策，表明他全力阻止经济下滑的决心。在这种指导思想下，日本政府为克服经济不景气而实行了"政策总动员"，在1998年10月为稳定金融提供60万亿日元保证金，将公共信用保证扩大到20万亿日元。同年12月颁布了《财政结构改革法停止法》，正式冻结了财政结构改革。1999年2月日本银行决定实施零利率政策；同年3月对主要银行注入7.5万亿日元的公共资金；同年11月又推出规模达18万亿日元的经济新生政策。

进入21世纪以后，在政府财政方面，日本同样面临着战后以来最严重的局面。由于政府采取了依靠财政支出刺激经济的传统做法，日本的财政状况日益恶化，政府的债务余额持续上升。据估算，2000 年末日本中央政府和地方政府长期债务余额约为 642 万亿日元，而 2001 年末高达 666 万亿日元（其中中央政府约为 506 万亿日元，地方政府约为 188 万亿日元，重复计算的部分为 28 万亿日元）。正是在如此严峻的形势下，随着小泉纯一郎内阁的成立，日本再次掀起了"构造改革"的高潮。小泉表示政府将坚持"不进行结构改革就无法实现日本的再生与发展"的信念，要进行经济、财政、行政乃至社会各个领域的全面的"新世纪维新"。具体就财政而言，小泉认为，近年来刺激型财政政策的运用造成了国家财政难以为继的现状，从长远观点来看，这种政策的选择余地已经越来越小了，现在是必须进行财政结构改革的时候了。他主张今后的财政结构改革应分两个阶段来进行：第一步，在 2002 年度财政预算的编制过程中，要坚持把国债发行限制在 30 万亿日元以下；第二步，在此后的财政运营中，要努力实现基础性财政收支平衡的目标，即实现一般会计支出（除国债费）不依赖于新的国债的发行。他强调指出，随着财政结构改革的进行，对于那些无效、低效的财政支出和部门要坚决进行清算和淘汰，而对改革过程中出现的失业人员要由政府进行救济和帮助。他还具体提到了要进一步改革的一些领域，如社会保障制度的改革以及地方财政的健全化等。

2002 年 6 月，小泉内阁制定了《经济财政运营与结构改革的基本方针》（简称《经济财政基本方针》），这一文件被称为面向经济再生的"改革宣言"。该基本计划明确规定了今后 3 年（2001—2003 年）为集中调整时期，在此期间将进行包括财政结构改革在内的一系列的结构改革，此后日本将进入由民需主导经济增长的"腾飞的 10 年"，最终实现面向 21 世纪的日本经济的再生。为了实现上述目标，《经济财政基本计划》对今后各个领域的改革进行了详尽的规划与安排。就财政结构改革而言，该计划提出要改变目前财政巨额赤字的局面，要努力实现基础性财政收支黑字的目标，要坚决削减那些低效的、无助于实现经济活性化的支出，要进行彻底的改革。此外，该计划还特别提到了 2002 年度财政预算的编制，将其称为"中期财政结构改革的第一步"，并对其提出了一些具体的要求：国债发行额要限制在 30 万亿日元以下，要进行彻底的制度改革，对于特殊法人等事业要进行全面、彻底的重新评估，尽量削减财政支出；政府财政要对于以下 7 个领域进行重点、优先的推动和扶持，即环境、少子老龄化、地方活性化、都市再生、科学技术振兴、人才培养和信息技术；削减公共事业投资，重新评估各种与公共投资相关的计划；进行医疗制度，特别是老年医疗制度的改革，力求构建一个高效的、可持续的制度；努力实现地方财政的健全化；对于在不良债权的最终处理及构造改革过程中出现的失业人员要给予救济，努力扩充新兴行业的就业机会，构建、充实社会保障安全网。

2003 年以后，日本政府在每年制定的《经济财政运营与结构改革的基本方针》中，都强调要在 2011 年度实现基础财政收支黑字化目标，并要求在 2006 年度以前继续削减财政支出，把各年度的预算控制在上年度以下的水平，2006 年度的预算规模不超过 2002 年度的水平。其中，2005 年 7 月审议通过的《2006 年度经济财政运营与结构改革的基本方针》，不仅再次强调要在 2011 年度实现国家和地方合计的基础财政收支黑字，而且提出 2015 年度以前要继续稳定地削减在债务总额的机制。

财政结构改革的主要内容是岁出改革、税制改革和地方财政改革。岁出改革的目标是全面而彻底地改革岁出的各个项目，严格控制并持续地削减预算，确保预算效率，集中实施有利于建设一个活力的、国民安全而放心的社会和促进地方自治与重建的政策措施。岁出改革的基本原则是根据预算的实际执行情况，确保支出的重点，合理分配经费，其中公共事业费每年度压缩3%，其他经费在保证重点支出的前提下，原则上也压缩3%。

岁出改革的主要内容是公共事业改革、行政改革和推进地方行政改革。在公共事业改革方面，根据社会基础设施的建设水平和实际利用状况，突出重点，确保有助于实现经济活性化的公共投资和其他真正必要的公共投资；改革招投标制度，提高透明度，确保公平性，杜绝幕后交易，强化竞争机制，降低投资成本，提高投资效率；充实和完善公共投资的事前评估和事后评估制度。

行政改革以建设方便而高效的"小政府"为目标，减少政府部门的浪费，提高公共部门效率；改革政策金融，把政策金融限定在扶持中小企业，确保战略物资资源进口和对外贷款三个方面，其他领域全部退出；改革独立法人和其他与政府相关的行政法人制度；改革公务员工资制度，削减人事费；改革政府资产和负债，改善和充实政策的评价制度。

地方财政则推行三位一体的改革，全面改革国库补助金制度和地方交付税制度，确保地方财政的稳定财源。

税制改革也称岁入改革，其目标是彻底改革税收体系，建立适应21世纪新形势的税收制度。税收制度历来坚持的三原则是"公平、中立、简便"，根据新时代的要求，现修改为"公平、活力、简便"，突出强调税收对增强经济活力的作用。税制改革优先重视有利于实施下述政策措施的改革：恢复经济活力的政策措施；充分体现每个人的个性、最大限度发挥每个人能力的政策措施；与岁出改革一体化推进的政策措施；与社会保障制度改革保持协调性的政策措施；与地方财政改革一体化推进的政策措施；在真正需要改革的领域充分考虑低收入阶层利益的政策措施。

税制改革的主要内容是：在法人税改革方面扩充研究开发税制，增加试验研究费的税收优惠；扶持中小企业的税制改革，扩大中小企业设备投资税制的适用资产范围；促进信息产业投资的税制改革，修改促进信息化投资的税收优惠措施；推进金融、证券税改革，修改红利课税制度；推进土地税和住宅税的改革，新设促进节能化改造的税收优惠措施，新设现有住宅防震设施的所得税扣除制度，减轻土地买卖中登记许可税的税率；推动社会保障改革的税制改革，新设社会医疗法人税优惠措施；在所得税改革方面废除配偶特别扣除的追加部分；推行消费税改革，修改对中小企业主的特例措施，提高石油税和烟税，缩小酒类之间课税负担的差距。

2003年以后，在景气复苏使所得税特别是法人税由减少转为增加的情况下，连年削减一般会计岁出对财政健全化起到了很大作用，初步形成了财政收支改善的良性循环。改革效果最明显的是基础财政收支。2006年国家与地方政府合计的基础收支对国内生产总值的比率下降到1.7%，2007年又下降到0.6%。从税制改革方面来看，由于所实施的改革主要是减税措施，因此，各年度按一般会计计算的减税额都超过了增税额。其中，

2004年减税4 340亿日元，2005年减税5 200亿日元，2006年减税15 120亿日元。在企业经常利润和销售额经常利润超过历史最高水平的情况下，上述减税效果使企业所得税和法人税的增幅都得以保持了较低的水平，对于改善企业经营特别是中小企业经营，促进企业设备投资、信息化投资、研究开发、人才培养以及推进地方改革，起到了相应的作用。

尽管财政改革取得了一定成效，但由于国家财政的债务持续增加，财政健全化仍然面临着严重的困难。国债发行额从2007年的25.4兆日元增加到2010年的44.3兆日元。日本的赤字国债也逐年攀升，2011年达到38.2兆日元，国债余额占名义国内生产总值的比重达到138.0%，创下历史新高，财政债务积重难返。

2011年9月，野田佳彦内阁面对"内忧外困"的经济局面，提出在经济财政方面要优先解决"灾害复兴"、经济再生和"财政重建"的经济对策。为此，野田佳彦在执政期间多次提出"受灾地区不复兴，日本经济就不能再生，而日本经济不再生，受灾地区就不能真正复兴"，"经济增长和财政健全化就像车的两个轮子必须同时推进"。针对东日本大地震这样的新型复合巨灾的恢复与重建，日本政府先后在2011年5月和7月实施了第一和第二次补充预算，两次补充预算总规模约为6兆日元。同年10月，日本内阁再次决定了总额12.1兆日元的第三次补充预算，这是日本历史上第二大规模的补充预算。为了进一步刺激消费，日本政府在2011年12月又进行了第四次补充预算，其规模约为2.5兆日元。这样2011年日本预算的一般会计总额达107.5兆日元，为历史最大规模。并且在一年内实施了一般会计的四次补充预算，是日本在1947年战后时期编制15次补充预算以来的特例。

野田佳彦内阁在2011年10月还制定了《复兴财源法案》和《地方复兴财源法案》。这些法案主要包括与税外收入相关的措施、创设复兴特别税和发行复兴国债等。在税外收入上，采取把财政融资特别会计中财政资金账目转入国债清理基金特别会计、日本烟草产业以及东京地铁的国有股份向国债清理特别会计的所有权更换等措施。

2012年12月，安倍晋三重掌政权后实施的所谓灵活机动的财政政策，实质是再度使用财政刺激政策，扩大公共投资。在税收未见显著增加的情况下，扩大公共投资的资金主要来自于发行国债。2013年新增发的普通国债中，赤字国债占86.52%。就日本财政收入整体来看，长期以来国债收入一直是"配角"，充当"主角"的是国税。然而，自2010年预算开始，财政收入层面也出现了"主角"与"配角"的逆转，即靠发行国债取得的收入超过国税，成为日本经常性财政收入的主要来源。这种局面已经持续4年，日本财政正在面临非常严峻的可持续性危机。

自泡沫经济崩溃以来，伴随着平成时期日本政局的不稳定（见表3—9），经过各届内阁的多次修改，财政政策经历了扩张、紧缩、再扩张、再紧缩的交替过程。频繁换相使日本的财政政策难以保持稳定，日本的财政在世界金融危机之前就存在结构性问题，再加上针对世界金融危机的对策的实施，状况更加严峻。日本政府关于最迟到2015年使财政赤字与国内生产总值之比减少一半（与2010年相比），到2020年实现黑字化的财政健全化目标，事实上是难以实现的。由于景气恶化造成税收减少、应对少子老龄化发展的社会保障支出不断增加等原因，财政赤字规模不断扩大，日本的国债负担率在急速地恶化。如果放弃财政健全化计划和不透明的改变而失去对财政的信任，实现日本财政复兴是不可能的。

表3—9　　　　　　　　日本平成时期首相任期和更迭情况

届数	首相	就任日期	离任日期	就任时间	政党
75	宇野宗佑	1989年6月3日	1989年8月9日	2个月	自由民主党
76、77	海部俊树	1989年8月10日	1989年8月10日	2年零3个月	自由民主党
78	宫泽喜一	1991年11月5日	1993年8月9日	1年零9个月	自由民主党
79	细川护熙	1993年8月9日	1994年4月28日	8个月	日本新党
80	羽田孜	1994年4月28日	1994年6月30日	2个月	新生党
81	村山富市	1994年6月30日	1996年1月11日	1年零7个月	日本社会党
82、83	桥本龙太郎	1996年1月11日	1998年7月30日	1年零6个月	自由民主党
84	小渊惠三	1998年7月30日	2000年4月5日	1年零9个月	自由民主党
85、86	森喜朗	2000年4月5日	2001年4月26日	1年	自由民主党
87、88、89	小泉纯一郎	2001年4月26日	2006年9月26日	6年零5个月	自由民主党
90	安倍晋三	2006年9月26日	2007年9月25日	1年	自由民主党
91	福田康夫	2007年9月25日	2008年9月1日	1年	自由民主党
92	麻生太郎	2008年9月24日	2009年9月16日	1年	自由民主党
93	鸠山由纪夫	2009年9月16日	2010年6月2日	约9个月	民主党
94	菅直人	2010年6月4日	2011年8月26日	1年零2个月	民主党
95	野田佳彦	2011年9月2日	2012年12月26日	1年零4个月	民主党
96、97	安倍晋三	2012年12月26日	—	—	自由民主党

资料来源：王洛林，张季风主编. 日本经济蓝皮书——日本经济与中日经贸关系发展报告（2012年版）[M]. 北京：社会科学文献出版社，2012.

3.7　金融业与改革

平成初期到20世纪90年代前期，正当日本有条不紊地对金融体制进行渐进式改革时，爆发了一场以不良债权为主要表现的金融危机。日本金融机构不良债权一直呈现持续增加的趋势，这在20世纪90年代后期尤其明显（见表3—7）。1997年到2001年，全国银行虽然处理了45兆日元的不良债权，但不良债权总额在2002年达到了历史最高的43.21兆日元。与此同时，全国不良债权占贷款总额的比率也逐年提高，2002年达到8.4%。不良债权之所以越处理越多，是因为处理了原有的不良债权后，又产生了越来越多的不良债权。

日本金融机构的不良债权主要集中于不动产业、建设业和批发零售业，这些行业经历了经济萧条。2001年，在15家城市银行和54家地方银行的贷款中，对上述三个产业的贷款虽然只占贷款总额的33%，但由此产生的不良债权却达到了不良债权总额的54%。在泡沫经济期间，不动产业、建设业和批发零售业都对土地进行了大量的投资，

1987—1992年，其土地买入额占土地交易额的一半以上。因此，在地价持续下跌的情况下，这三个产业的大多数企业都处于经营每况愈下的长期萧条之中。其中，批发零售业不仅受到地价下跌的沉重打击，还受到销售额下降和流通革命的双重影响，经营恶化更为严重。以零售业为例，在社会销售额总额下降的情况下，由于新加入企业的销售额增加，原有企业销售额普遍减少。其结果，大多数企业都无法按期偿还银行贷款，其债务负担越来越重。

企业负担加重、破产增加，是新的不良债权越来越多的又一重要原因。泡沫经济崩坏以后，制造业所受到的冲击虽然较小，但一方面由于长期经济停滞，另一方面由于产业结构调整，各企业在经营方面的差距不断扩大，从而出现了一批经营每况愈下、债务负担越来越重的企业。在过重负债增加的情况下，破产企业和破产负债额都迅速增加了。

为了解决不良债权的问题，除坏账准备金外，各银行都不得不动用营业利润予以核销。1995—1996年，由于营业利润全部用于核销不良债权，全国银行的年末结算一直是亏损状态。而自1992年8月东洋信托金库被迫解体后，非银行金融机构和地方银行等中小金融机构的破产也迅速增加。与此同时，金融丑闻层出不穷。而美国各评级机构又相继宣布下调日本各金融机构资信等级，给危机中的日本金融雪上加霜。面对不良债权引起的金融危机，日本决心加速推进金融体制改革。

1996年11月，桥本龙太郎内阁推出了标新立异的金融体制改革计划，即"日本版"金融大爆炸，这次改革接受了上次金融改革失误的教训，采取了激进式改革模式。改革目的是建立一个既健全和稳定同时又具竞争性和创新力的金融体制，改革遵循自由化、公平化和国际化原则。通过放宽国内外资本对金融业的限制，扩大银行、证券和保险业的经营范围，促进金融业的竞争与发展，恢复东京国际金融中心的地位。改革主要内容为：设立金融监督厅，加强对金融机构的监督、管理；大幅度提高中央银行在制定金融政策和进行宏观经济调控方面的独立性；允许设立金融控股公司以促进竞争；实行新外汇法，放宽对证券和外汇交易的限制以增加活力；加速金融机构业务自由化进程；通过资产交易自由化，加大金融机构创新能力，提高日本金融国际竞争力；强化维护金融安全的监督体系，在保护存款人的利益的基础上提高金融机构的健全和稳定性，同时强化金融机构的公开性和透明度；通过金融法规和国际惯例来加强对金融体系的管理；通过对日本银行法的修改，来提高日本银行的独立性；通过金融机构改革和重组改善金融机构经营，提高整个金融系统的稳定性。

这次激进式"金融大爆炸"改革，与上次渐进式改革明显不同，改革时间进程明显缩短。从1997年改革计划正式出台到预定的2001年完成既定改革目标不过5年左右的时间。改革的深度和广度大幅提高，改革具有彻底性。改革内容触及金融体系的方方面面，注重了金融体制各制度之间的互补性，加强了对金融机构的监督。根据拟定的总体构想，金融改革大致分为三个阶段：第一阶段的目标是尽快实现放宽限制，时间是1997年和1998年初期，改革内容是对部分不需修改法律的领域或金融商品先行解禁，实施1997年通过的改革法案，如《外汇及外贸法》；第二阶段的目标是分步实施1998年国会通过的《金融体系改革法案》，进一步扩大金融改革业务范围和增加金融商品数量；第三阶段是金融改革的最后阶段，时间是从1999年秋到2001年初，改革的主要内容是实现银行、证券、保险等金融机构在业务领域相互准入。它不但力促日本金融体制由间接金融为主向直接金融为主的转变，彻底改变企业对银行的依赖关系，取消主银行制度，而且大幅度减少甚至取消了各种金融规制，彻底打破银行、证券、保险间的相互进入壁垒，引入竞争机制，促进金融自由化的发展。同时，设立专门监管机构，由直属于内阁的金融监督厅行使金融监管职能，削弱了大藏省对金融体系的行政干预和管理，并加强了日本银行的独立性。

这次激进式金融改革最引人注目的是修改《日本银行法》，《日本银行法》的修改是自制定以来最重要的一次修改，它不仅标志着作为中央银行的日本银行本身的一次重大变革，也显示出日本的整个金融体制将发生重大变化。此次修改涉及日本银行的作用、货币政策目标、日本银行与政府的关系及其在法律地位上的解释、政策委员会的权限等。修改后《日本银行法》的主要内容有：取消大藏大臣对日本银行的业务命令权和内阁对日本银行总裁的罢免权，以确保中央银行的独立性；强化金融政策的最高决策机构——政策委员会，该委员会不允许政府独自决定金融政策，其成员以外部有识之士为中心，日本银行内部人员不得超过半数；增强政策运作的透明度，定时公开政策委员会的讨论内容，有必要向国民和国会说明金融政策等。

而修改后的《外汇及外贸法》被称为金融大改革的"导火线"。其基本内容：废除有关内外资本交易的事前批准、申报制度，改为事后报告制度，即国内的投资者无须经批准和申报就可以在海外进行证券投资，在国内，企业之间可以自由进行外汇交易，个人和企业在海外开设存款账户也将不受限制；取消外汇公认银行、指定证券公司和汇兑商的制度，不再像原先那样仅限于授权银行经营，实行外汇业务自由化，即个人和企业都可以在日本国内自由兑换货币。

审定《金融体系改革法案》则被认为是日本金融改革中最重要的法案。《金融体系改革法案》是在1998年3月10日召开的日本内阁会议上通过的，目的在于通过改革日本金融体系，增强日本金融业的竞争力。它由证券交易法、银行法、保险业法、证券投资信托法等22个与金融有关的法律修改案组成。该法案放宽了对银行、证券、保险等行业的限制，将加快日本金融自由化进程。在银行业务方面，该法案解除了对金融控股公司的禁令，扩大了银行经营范围，允许银行交叉经营证券、保险等所有金融业务，允许银行在"窗口"买卖股票和各种投资信托商品，以促进金融机构之间的竞争。在证券交易方面，该法案将证券行业的许可制度改为注册制。实行许可制，停业需要得到大藏省的批准。即使公司希望自主停业，由于提供许可证的是大藏省，考虑到大藏省的面子问题，实际也无法停业。实行注册制之后，新开业和停业原则上将不受限制；允许上市公司股票的场外交易；证券公司必须公布总资产中的自有资本比例；严格实施客户资产和自有资产的分别管理；在1999年之前实现股票买卖手续费的完全自由化。即在买卖股票时，付给证券公司的手续费将不受限制。此外，证券公司在收取手续费时，将不再像目前这样逐次累计收费，而改为在一定期限内收取一定手续费。在保险业方面，该法案规定设立"投保者保护机构"。在2001年3月以前，一旦保险公司破产，"投保者保护机构"将从"投保者保护基金"中支付投保者的全部保险金，2001年4月之后则保付投保人90%的保险费；实施各种保险费的自由化，促进保险业之间的竞争；在证券投资信托方面，该法案将证券投资信托业的许可制改为注册制；允许个人设立证券投资法人，个人可从欧美购买投资信托商品。

日本的这次金融改革的核心是将日本银行脱离政府成为一个独立的部门，包括利息与货币投入量，政府不再干预，使日本银行成为自由法人。也可以把金融改革看成是银行的自由化改革。这项改革始于亚洲金融危机之际的1998年。这一年，日本政府先后制定了《金融机构安定化紧急措施法》《改正存款保险法》《关于整备有关金融体系改革相关法律的法律》《金融再生法》以及《金融早日健全法》。通过这些金融法规，日本政府不仅健全和完备了解决不良债权的法律体系，而且还确定了解决不良债权的基本原则和一系列政策措施，从而为不良债权的解决提供了法律依据。

但这次金融改革依然存在严重缺陷。改革方案实施时，日本经济正处于泡沫经济崩溃后的低迷阶段。经济的不景气没有为金融改革提供一个良好的国内环境，同时亚洲金融危机的爆发又使本就低迷的经济雪上加霜。而且改革缺乏广泛的社会基础，由于改革触动了各利益集团的经济利益，而计划又没有充分权衡社会各个主体之间利益，所以，政策一出台就遭到了各界抵制，甚至政府内许多官员也持反对态度。改革还加大了防范国际金融风险的难度，使金融环境发生变化。随着国际化的推进，防范国际金融风险的难度将增加。由于这些原因，使这次金融改革没有按照预期计划推行下去，导致改革流产。但是计划的某些改革内容依然被延续了下来并得以执行。

另外一次重要的金融改革就是对日本金融资本债券政策的调整，日本政府在2002年制定了削减不良债权的新方案，主要措施是：面对银行倒闭的局面，日本央行向其他的日本银行注入资金，保住了一部分银行；从严掌握递延退税资产计算标准，要求银行把自有资本比率提高到10%左右，为了增强日本银行资金运作的能力，日本银行的资本金增加了两倍以上；命令银行严格审查贷款，及时发现不良债权；在对大银行注资所形成的优先股中，到期未能偿还的部分要立即转成普通股；面对一些银行的破产，采取保护国民存款的措施，修改原有每个储户只保证一千万存款额的保险法律，国家作出全额保险的承诺。这就是所谓的日本金融制度和政策的改变。日本基本形成了开放程度高、管制力度小的金融市场。

2002年10月，日本政府又推出了"金融再生计划"，旨在解决七大金融集团的不良债权问题进而实现经济复苏；同年11月，又公布了"工程作业表"，制定了金融再造工程的具体措施和实施日期。这一工程拉开了日本新一轮金融改革的序幕。

金融再造工程将解决日本银行业的不良债权问题放在首位，为此确立了明确的目标，即到2005年3月末，七大金融集团必须将不良债权率降到2002年3月末的一半以下。围绕这一目标，金融再造工程采取以下两类措施：第一类是从金融监管的角度制定的，主要用于加强对商业银行清理不良资产情况的审查。具体是：严格界定和统一各主要银行资产评定的相关标准，特别是对大宗债务人的划分标准，采用国际流行的现金流量贴现法，对大宗债务计提准备金，对实行债转股的大额贷款改用时价评估法定价，对不良债权的抵押品评估实行严格验证等；组成由律师、注册会计师、产业界著名专家等组成的"金融问题检查组"，对东京三菱、三井住友和瑞穗等主要金融集团实行特别检查，检查内容主要是债务人的划分标准、内部评级制度、呆账准备金计提等情况；公布商业银行自查结果与特别检查结果的差距。

第二类是从政府干预的角度制定的，主要是为商业银行降低不良率提供必要的特别援助。而这种特别援助是日本政府为了防止金融危机的发生而实施的一种干预性措施，具体是：金融厅和中央银行采取共同援助的方式；中央银行在可能发生金融危机的情况下对商业银行提供特别融资；政府在认为十分必要的情况下向商业银行强行注资；要求接受特别援助的金融机构实行从业务经营到人员精简的全面改革，并由金融厅派驻的"金融问题检查组"对金融机构的新管理层和事业计划进行评估和监督；创建新的政府注资制度，在必要的情况下动用该制度向银行强行注资。

金融再造工程的另一个突出特点是，强调金融和产业问题同步解决，这样既可以解决银行不良债权问题又可以促进经济结构调整，并将社会震荡减到最轻。这方面措施是：增加对中小企业的融资渠道和手段，政府部门加快对银行信贷业务许可的审批过程，增加中小企业贷款机构，并研究成立其他形式的金融机构，如中小企业贷款信托公司等；对中小企业贷款情况实行严格监管；对未完成中小企业贷款计划的金融机构，轻者要立即向金融厅提交改善报告，重者由金融厅对其发出要求改善的行政命令；通过专业机构减免中小企业债务，要求接受特别支援的金融机构将贷款四级分类中的后两类不良资产出售给"整理回收机构"或企业重组基金，加快企业重组进程；从外部环境建设上对企业债务重组提供支持。主要是针对经济产业省、国土交通局、中央银行等政府有关部门，希望得到这些部门从税制、投融资体制、商法、金融政策等方面的配合；并希望有关部门尽快制定产业、行业指引，抑制供给过剩；并希望中央银行采取进一步宽松的金融政策，支持企业重组。

金融再造工程还在金融监管方面加快了改革步伐，目的是构筑一个金融行政的新框架，其中，特别强调要加强对商业银行的管制，具体措施是：明确以下监管职责，即对商业银行的资产核查、计提准备金和固定资产折旧情况的准确性进行判断，甚至包括对给企业继续贷款的评价工作；在商业银行未完成改善计划时，除了给予其行政处分外，还要追究监管人是否尽到监管职责；可在商业银行经营状况大幅度恶化的情况下，将政府持有的银行优先股转换成普通股，此项措施实际上可看作政府注资，是对商业银行全部或部分国有化的具体实施，一旦实现股票转换，政府将成为有表决权的大股东；灵活使用"早期警戒制度"，特别是对资本充足率以外的收益性、流动性等指标实行严格监控，防止银行经营出现恶化现象。

2003年，日本的经济形势开始好转。2004年，主要银行的不良资产率明显下降。在这种情况下，日本政府调整了金融改革的基调。2004年6月，经济财政咨询会议确定的"基本方针2004"中，将金融作为重点加强的领域，指出：在主要银行的不良资产率回归正常水平之后，2005年和2006年，金融改革的目标不再是处理银行业的不良资产，而是建立适合客户需要、领先国际水平的金融机能。同年12月，日本政府又发表了《金融改革计划——向金融服务立国挑战》，以此为标志，日本的金融改革进入了一个新的阶段。

与2002年10月提出的《金融再生计划》相比，《金融改革计划——向金融服务立国挑战》最大的不同点是：前者的政策重点在于稳定，而后者的政策重点在于增强活力，前者的主要任务是处理金融业的不良资产，后者的主要任务是通过改革促使储蓄转向投资，创建有活力的金融体制，促使金融业对日本经济特别是地方经济发挥更大的作用。

改革的主要内容体现在以下方面：重视客户的需求，完善保护客户的制度。根据客户需求及时地提供各种各样优质的金融产品和金融服务，扩大金融营销渠道，实现保险品种的多样化及价格的弹性化，促进对金融业的渗入，加强金融业之间的竞争。制定《投资服务法》，完善保护客户的各种制度和法规，打击各种金融犯罪活动。

保障存款保险上限制度的顺利实施。2005年3月底以前，若一家金融机构发生破产，其客户的活期存款可以得到全部偿付；定期存款的保护范围为一人在一家金融机构的存款最多只能获得本金1 000万日元及其利息偿付；外币存款以及可转让存款不属于被保护对象。根据新的规定，从2005年4月1日开始，除结算用的存款可以被全部保护外，一人在一家金融机构的其余活期存款最多只能获得本金1 000万日元及其利息的偿付；定期存款的保护范围则维持不变；外币存款及可转让存款不受任何保护。

完善金融机构的治理结构和信息公开制度，加强风险管理。由于存款人与金融机构之间存在信息不对称问题，在信息公开制度及监督制度不完善的情况下，容易发生道德风险，从而导致市场对金融机构的不信任。因此，为了确保公平竞争，金融机构需要完善信息披露制度和公司治理结构，保证财务报表的正确性和内部审查的有效性，明确经营者的责任，确保外部董事、监事会的监督作用等。另外，为达到新巴塞尔协议的标准，完善金融机构的风险管理制度以及监督制度将成为这次改革的一项重要内容。在加强对银行、证券公司以及保险公司等的风险管理的同时，为了防止不良债权再度反弹，日本政府要求主要银行的不良债权比率必须控制在4%以内。

灵活运用信息技术，完善金融市场的基础建设，强化金融机构的竞争力。近年来，随着金融创新和信息通信技术的发展，资金运用、资金供给以及结算服务方式等都发生了很大的变化，同时互联网交易也在增加。在新的形势下，金融业有必要促进对信息的灵活运用，开发多样化的金融服务，提高金融服务的速度、精确度和客户满意度，从而以较低的价格为客户提供各种快捷安全的金融产品和金融服务。例如，利用电子银行进行资金结算和支付、进行金融交易活动，既能方便客户，降低成本，又能扩大金融产品的营销渠道。

建立国际化的、开放型的金融体系，实现金融行政的国际化。由于金融的混业经营和国际化发展，新的交易形式和产品不断出现，日本必须根据环境的变化而完善金融法规制度，强化面向中小企业的证券市场的功能。同时，为适应越来越激烈的国际市场间的竞争，日本金融市场需要增强竞争力，拟采取的措施是：向国际通行的会计准则靠拢，积极参与国际上有关金融商品或服务交易规则的制定，密切与外国金融监督当局的联系，积极参与缔结经济合作协定的交涉活动，积极参加世贸组织关于金融自由化的谈判活动，并提高日本金融市场在国际上的地位。

日本金融体制特点是对银行高度依赖、决策长期化。日本金融系统积极干预企业长期计划决策、协调行使发言权。从实证研究结果来看，日本企业金融来源组成中来自于银行贷款和商业信用的比例明显偏高，来自于股票和债券的比例较低；银行贷款的波动性小。在这样的金融体制下，日本金融行业形成了特殊的产业组织特性，直观上可称为垂直金融体系。大银行和金融机构通过股份互持在主要集团中居于核心地位，而且在金融体系内部也通过设立以非银行金融机构为中心的系列子公司制造垂直的系列关系。日本形成上述垂直系列关系的金融体系，原因主要在于：通过行政手段实行市场准入，对垄断的反对力度不足；法律认可银行业金融机构以自有资产进行权益投资；经济复苏阶段"保护舰队"的金融体制催生。

垂直金融体系是日本特定时期特定模式的产物，具有强化管制、抑制市场的弊病，也正因为此金融改革成为迫切需要。但在本币升值、资产价格攀升的进程中，这一金融体系过度自我膨胀并最终失控。特别是日本的银行对非银行金融机构的贷款在泡沫资产形成中扮演重要角色。原本这些非银行金融机构是不吸收存款、专门从事授信业务的金融中介公司，从事银行覆盖不足的债权收购、租赁等业务，它们80%以上的资金来源依赖银行。在房地产价格泡沫化的倾向下，它们的资金运用明显向不动产倾斜，实质上是代表银行参与到资产投机中，并且业务自由度更高、信用审查基准更低，完全规避了大藏省要求银行限制不动产贷款的政策。

日本金融体系的存在与发展表明，金融机构难以从政府主导的经营模式迅速切换至符合市场规律的自主经营模式。泡沫经济后日本失去货币政策独立性的被动改革最终与实体经济脱节，各部门间无法协调兼顾，资产价格泡沫难以控制，加重了日本信用危机，而信用危机实质上源自制度危机，这在客观上推动了日本的金融制度改革。尽管如此，日本的金融制度改革取得了一定的进展，泡沫经济后日本金融体系是在随着经济和金融形势的变化而调整的。在2004年年末公布的《金融改革计划——向金融服务立国挑战》中，金融服务被提到了立国的高度，日本拟通过改革，使金融业成为21世纪日本国家的核心产业。金融业在国民经济中的渗透率和重要性提升，对日本经济的发展起到了不可替代的作用。

3.8 区域经济

战后以来，特别是在高速经济增长时期，在发展优先、生产第一主义的思想下，日本政府和企业一直把追求生产效率作为最重要的经济目标，虽然实现了经济的快速增长，但同时使地区间的经济差距扩大。由于经济发达地区特别是大城市收入水平高、生活条件优越，大城市就出现了人口过密现象。而这种过密倾向的起因是与无论是民间部门的地域动向，还是人口的地域移动，都呈现出强劲的由后进地域向先进发达地域快速流动的趋向密切相关的。相比之下，由于经济落后地区特别是边远地区收入水平低，社会基础设施和生活条件差，一些地方就出现了人口过疏、没有活力和经济衰败现象。这样一来，东京、大阪和名古屋三大都市圈和地方经济圈之间在人口密度、人口规模、经济规模和收入水平的差距,就一直是日本区域经济的主要问题。

在高速经济增长时期,全国人口曾经大规模地向以东京、大阪和名古屋为各自中心的三大都市圈流动。1955—1969 年,流入三大都市圈的人口共有 145.4 万人,其中,流入关东沿海地区 94.9 万人,流入近畿沿海地区为 39.4 万人。全国其他地区大都为人口流出地区,其中九州和冲绳地区、东北地区、关东内陆地区、四国地区和北海道同期分别流出了 45.8 万人、36.2 万人、20.0 万人、14.0 万人和 6.5 万人。这样,不仅东京、大阪和名古屋三大都市圈和地方经济圈的经济差距迅速扩大,而且还出现了人口过疏和过密问题。20 世纪 70 年代以后,因公害和劳动力成本等因素的制约,工业出现了向大城市周边地区分散的趋势,从而促进了地方的经济发展,人口一时出现了 U 形回流的现象。尽管如此,直到 21 世纪初期,人口继续向三大都市圈集中的趋势并未得到逆转。1990—2007 年,南关东地区和东海的地区人口占全国的比重继续提高,而北海道、东北、中国、四国、九州等地区的比重继续下降(见表 3—10)。2003 年,东京、大阪和名古屋三大都市圈的面积只占全国的 5.9%,而人口却占全国的 44.3%。2005 年,全国的人口密度为每平方公里 342.7 人,其中东京都为 5 750.7 人,大阪府为 4 654.6 人,是人口密度最大的地区。相比之下,北海道为 71.8 人,岩手县为 90.7 人,秋天县为 98.6 人,都是人口密度最低的地区。由此可见,由于向三大都市圈集中,人口过疏[①]和人口过密的现象是非常严重的[②]。

表 3—10　日本各地区人口、国内生产总值和商品零售额占全国比重的变化

区域	人口所占比重%			国内生产总值所占比重%			商品零售额所占比重%		
	1990 年	2000 年	2011 年	1990 年	2000 年	2008 年	1990 年	2000 年	2007 年
北海道	4.6	4.5	4.4	3.8	3.9	3.6	5.0	4.9	4.6
东北	10.0	9.8	9.3	8.1	8.6	8.1	8.9	9.4	9.1
北关东	7.9	8.0	7.9	7.6	7.6	7.5	7.8	7.9	7.8
南关东	25.5	26.1	27.6	31.2	31.2	31.9	28.1	27.0	28.2
东海	11.5	11.6	11.8	12.5	12.4	12.8	11.7	11.9	12.2
北陆	2.5	2.5	2.4	2.5	2.5	2.4	2.5	2.6	2.5
近畿	16.4	16.3	16.3	17.0	16.0	15.8	2.5	2.6	16.1
中国	6.3	6.1	6.0	5.8	5.7	5.7	6.0	6.1	5.9
四国	3.5	3.3	3.2	2.6	2.5	2.5	2.1	3.3	2.9
九州	3.4	3.3	3.2	8.8	2.8	2.7	9.3	3.3	2.9
冲绳	1.0	1.1	0.8	0.6	0.7	0.7	0.6	0.7	0.8

资料来源:[日]日本经济企画厅. 经济白书(各年版)[M]. 东京:大藏省印刷局,1990—2012.

[①] 日本区域问题突出表现为存在着过疏和过密地区。"过疏",是与"适疏"一词相对而言的,与"过密"一词的含义完全相反。"过疏"一词的最早使用,开始于昭和 41 年(1966 年)3 月,在经济审议会发表的报告中,率先提出了与"过密"相对的"过疏"问题。认为在日本经济高速的发展进程中,"无论是民间部门的地域动向,还是人口的地域移动,都呈现出强劲的由后进地域向先进发达地域快速流动的趋向"。

[②] 刘昌黎. 现代日本经济概论[M]. 大连:东北财经大学出版社,2008.

从各地域的经济增长来看，1996—2000年期间，关东的地区最高（见表3—11），实际经济增长率达到6.0%，超过全国水平（3.4%），在其他地区中，北海道、东北地区和四国地区分别增长了2.9%、2.8%和2.1%，至于近畿地区则下降了1.2%。21世纪初期以后，各地域的经济增长发生了变化，2000—2004年期间，中部地区的经济增长率最高，达到7.4%，关东地区为3.7%，也高于全国的平均水平（3.5%），但四国地区、近畿地区、北海道和东北地区则均低于全国的平均水平。从大城市经济增长速度的比较来看，东京不仅在20世纪90年代后期大大高于其他城市，在21世纪初期依然是最高的（见表3—12）。

表3—11　　　　日本各地区实际国内生产总值的增长情况　　　　（单位：亿日元）

区域	1996年	2000年	2001年	2002年	2003年	2004年	2000年/1996年	2004年/2000年
北海道、东北	631 622	649 778	640 325	641 868	642 775	654 121	1.029	1.007
关东	1 905 005	2 018 927	1 994 706	2 012 703	2 056 291	2 092 811	1.060	1.037
中部	756 584	773 749	769 272	790 871	807 129	830 632	1.023	1.074
近畿	843 328	832 717	812 634	822 540	832 979	848 044	0.987	1.018
中国	291 492	297 464	295 404	298 719	303 449	308 844	1.021	1.038
四国	136 515	140 374	140 335	140 544	142 191	143 403	1.028	1.022
九州	463 010	486 183	482 942	485 384	496 120	503 419	1.050	1.036

资料来源：[日] 日本総務省統計局. 日本統計年鑑（2008年版）[M]. 東京：日本統計協会，2007.

表3—12　　　　日本主要城市实际国内生产总值的增长情况　　　　（单位：亿日元）

区域	1996年	2000年	2001年	2002年	2003年	2004年	2000年/1996年	2004年/2000年
东京	823 071	901 123	904 575	911 218	927 417	943 281	1.095	1.047
大阪	221 214	218 273	218 300	218 926	219 467	223 984	0.987	1.022
横滨	124 996	131 332	127 879	127 277	132 640	135 728	1.051	1.033
名古屋	125 825	125 554	122 377	122 156	123 070	127 119	0.998	1.013
札幌	71 072	71 122	71 709	72 114	72 805	73 159	1.001	1.029
福冈	65 818	69 352	68 171	69 777	70 319	71 384	1.054	1.029
京都	59 853	60 794	58 830	60 671	62 641	63 777	1.106	1.049
神户	66 714	62 410	61 313	60 932	61 705	63 387	0.936	1.016
川崎	49 884	46 937	46 237	46 640	47 860	48 329	0.941	1.030
仙台	43 735	44 005	44 262	43 863	43 587	43 482	1.006	0.988
千叶	35 069	36 670	36 560	36 675	37 362	38 181	1.046	1.041
北九州	37 749	36 652	35 956	35 699	36 148	36 205	0.971	0.988

资料来源：[日] 日本総務省統計局. 日本統計年鑑（2008年版）[M]. 東京：日本統計協会，2007.

进入21世纪以后，日本经济的回升使区域经济呈现出新的发展态势。据内阁府《2006年地域经济报告》判断，至2006年，日本11个区域中已有7个区域呈现出恢复和发展的局面。当前，日本正按照《第五次全国综合开发规划》（1998—2010）的要求，从21世纪的长远观点、全球化和日本在亚太地区的定位等多种角度，全面推进区域经济。在原有的47个都道府县①的基础上，逐步形成各具特色的北海道、东北、关东、东海、北陆、近畿、中国、四国、九州、冲绳10个地方经济发展区域②。

与此同时，尽管各经济落后地区人口有所减少，失业率和有效求人倍率却处于全国最低水平。2002—2013年，北关东地区、南关东地区和东海地区的失业率不仅一直是最低的，而且下降比较明显（见表3—13），明显低于全国的平均水平。然而，北海道、近畿地区以及九州和冲绳地区的失业率仍居高不下，并呈现出明显的趋势：其一是各区域间的失业率差距正在扩大，其二是就业形势严峻的区域，完全失业率明显高于全国平均水平，严峻的就业形势，已成为当前区域经济发展的重大难题。从有效求人倍率来看，2002—2013年，全国有效求人倍率由0.54提高到0.93，出现了劳动力需求和劳动力供给基本平衡的局面（见表3—14）。其中北陆地区、东海地区、东北地区和中国地区的有效求人倍率都高于1，而北海道、近畿地区和九州和冲绳地区的有效求人倍率都低于1，仍然呈现劳动力不足的局面。

表3—13　　　　　　　　　日本各地区完全失业率　　　　　　　（单位：%）

区域	2002年	2003年	2004年	2005年	2006年	2007年	2008年	2009年	2010年	2011年	2012年	2013年
北海道	6.0	6.7	5.7	5.3	5.4	5.0	5.1	5.5	5.1	5.2	5.2	4.6
东北	5.9	5.6	5.4	5.0	4.8	4.7	4.7	6.0	5.7	5.3	4.5	4.0
北关东	4.4	4.6	4.1	3.7	3.5	3.2	3.5	4.7	4.7	4.4	3.7	3.8
南关东	5.4	5.1	4.6	4.3	4.0	3.6	3.8	4.8	5.1	4.6	4.4	4.1
东海	4.1	4.0	3.5	3.2	3.2	2.7	2.9	4.6	4.1	3.7	3.5	3.3
北陆	4.0	4.0	3.7	3.3	3.4	3.4	3.4	4.5	4.2	3.9	3.5	3.4
近畿	6.7	6.6	5.6	5.2	5.0	4.4	4.5	5.7	5.9	5.0	5.1	4.4
中国	4.3	4.3	4.3	3.8	3.6	3.3	3.6	4.7	4.2	3.9	3.7	3.8
四国	5.2	4.4	4.9	4.3	3.9	3.9	4.5	5.0	4.5	4.5	4.2	3.3
九州、冲绳	6.1	5.9	5.5	5.3	5.0	4.7	5.0	5.4	5.7	5.2	4.8	4.6
全国合计	5.4	5.3	4.7	4.4	4.1	3.9	4.0	5.1	5.1	4.6	4.3	4.0

资料来源：[日]日本银行．区域经济报告（さくらレポート），2002—2014．

---

① 日本的行政区域划分是：一个都，即东京都；一个道，即北海道；两个府，即京都和大阪，43个县。在这47个一级行政区中形成了以东京、大阪和名古屋为各自中心的三大都市圈。以位于北海道的札幌、东北地区的仙台、中国地区的广岛和九州地区的福冈这四大地方城市为中心的地方都市圈，发达程度仅次于三大都市圈。由这些大城市串联形成了位于本州岛太平洋沿岸的工业地带，它是日本人口、城市最为集中、经济活动最为活跃的地方。相比较而言日本国土两端经济发展比较迟缓，人口和产业布局也比较稀疏。

② 在日本经济区域基本分类中，也有11个区域的分法，即北海道、东北、北关东（包括茨城、木、群马、山梨、长野等县）、南关东（包括埼玉、千叶、东京、神奈川等都县）、东海、北陆、近畿、中国、四国、九州、冲绳。

表 3—14　　日本各地区有效求人倍率　　（单位：倍）

区域	2002年	2003年	2004年	2005年	2006年	2007年	2008年	2009年	2010年	2011年	2012年	2013年
北海道	0.47	0.49	0.54	0.57	0.59	0.56	0.44	0.37	0.41	0.47	0.59	0.74
东北	0.44	0.54	0.64	0.68	0.77	0.76	0.60	0.35	0.43	0.56	0.86	1.02
北关东	0.64	0.78	1.02	1.09	1.19	1.25	1.06	0.45	0.55	0.69	0.82	0.87
南关东	0.56	0.67	0.91	1.11	1.25	1.14	1.01	0.53	0.52	0.64	0.79	0.94
东海	0.74	0.90	1.22	1.41	1.56	1.58	1.32	0.50	0.59	0.77	0.97	1.11
北陆	0.64	0.75	0.99	1.14	1.31	1.30	1.05	0.53	0.66	0.68	0.82	1.15
近畿	0.45	0.57	0.78	0.92	1.08	1.09	0.87	0.49	0.62	0.62	0.74	0.87
中国	0.66	0.78	0.98	1.10	1.19	1.15	1.02	0.58	0.81	0.81	0.92	1.04
四国	0.61	0.66	0.78	0.84	0.84	0.89	0.82	0.57	0.63	0.80	0.85	0.98
九州、冲绳	0.41	0.49	0.59	0.67	0.67	0.74	0.60	0.40	0.45	0.53	0.66	0.75
全国合计	0.54	0.64	0.83	0.95	1.06	1.04	0.88	0.47	0.52	0.63	0.80	0.93

资料来源：［日］日本银行．区域经济报告（さくらレポート），2002—2014．

在低速经济增长时期，随着地方经济的发展，东京、大阪和名古屋三大都市圈和地方经济圈之间的经济差距一度出现缩小的趋势，然而，20 世纪 90 年代以来特别是进入 21 世纪以来，因景气复苏方面的差异，各地区间经济差距再次呈现扩大的趋势。以人均国民所得为例，2004 年度，全国人均国民所得为 279.8 万日元，其中有 31 个地区低于全国的平均水平，冲绳县最低为 198.7 万日元，其次是青森县为 215.2 万日元①。相比之下，全国最高的东京都为 455.9 万日元，显然经济发达地区和经济落后地区的差异是十分明显的。

日本区域经济格局的形成，有几个明显趋势。一是形成区域集群，构筑起连锁的自主创新体制。这一体制以区域内大学及研究机构的自主创新成果同企业实用化需求相互促进，使新技术与市场紧密结合。二是利用高科技引领区域经济发展。三是以世界市场为目标，提升区域竞争力。如神户、北九州市，成功地吸引外资企业、国外大学及研究机构入驻，作为国际研发基地的知名度大为提高。日本在推进区域经济发展中，创建了一系列互动机制。近年日本完善以市场为导向、企业为主体、大学和研究机构共同参与的产学官合作机制，助推区域经济发展。

3.9　科技战略与人才培养

日本长期以来把"技术立国"和"科技立国"战略作为基本国策，重视基础科学研究和开发技术的研究，并加大了培养人才的力度，使日本的科学研究迅速发展。日本的科技战略是独特的，为了尽快追赶世界先进水平，日本采取了"从开发研究着手，再向

---

① 刘昌黎．现代日本经济概论［M］．大连：东北财经大学出版社，2008．

应用研究溯源，最后再深入到基础研究层面"的策略，并取得了显著成效，由此产生了许多获得诺贝尔奖的科学家。显而易见，日本频出诺贝尔奖与日本长期以来重视基础科学研究和积极培养高端人才是密切相关的。

3.9.1 科技战略与人才培养

日本自20世纪50年代提出了长期的模仿型"技术立国"战略，即积极引进和消化国外先进技术、自身努力开发应用技术，使日本的科学研究迅速发展。1995年，日本政府明确提出将"科学技术创造立国"战略作为基本国策，开始重视基础科学研究、开发基础技术。

早在20世纪70年代，随着日本经济的高速增长，一些日本科学家提出"科技立国"，但没有得到重视，日本仍处于"技术立国"阶段。自80年代开始，日本政府专门设置科学技术厅，组建国家基础研究中心，建立产业和研究一体化的科研体制，鼓励企业设立研究机构，自主开发新产品。通产省还出台优惠政策，各公司推出的创新产品，可以得到研究费用25%的减税待遇。应该说，这些新的科技政策，为日本科技的发展注入了新的活力。到80年代末，日本的技术出口比10年前增加了9.6倍，其中尖端技术产品所占比重在1989年达到32.1%，超过欧美所有发达国家。90年代初，日本每年获专利34万件，占全世界的1/4，成为名副其实的专利大国。

20世纪90年代中期以后，日本开始实施"科技立国"政策，1994年正式提出"科学技术创造立国"的战略，强调日本要摆脱"模仿与改良的时代"，创造性地开发领先于世界的高技术，努力充实作为"全人类的宝贵资产"的科学技术知识；大力开发研究人员的创造性，力求达到基础研究、应用研究和开发研究的均衡发展；积极推进产业、政府研究机构及大学的密切合作，加强人文社会科学与自然科学的结合等。继提出"科学技术创造立国"战略以后不久，日本在1995年制定了《科学技术基本法》，使这一国策立法化。根据该法日本政府以5年为周期制订科技基本计划。为了积极推进以变革为目标的科学技术政策，在1996年又制定了《第一期科学技术基本计划（1996—2000）》，这份计划围绕"鼓励创造，发展科学"这一主题，将各项目标具体落实。改革研发体制的主要内容是：加强产学研合作；在大学或研究机构的技术种子或创意的基础上，促进新风险企业的创办；大幅增加博士后奖学金名额，加大对年轻研究人员的支持；提高研究人员的流动性；增加竞争性研究资金，更加集中地使用研究资金；增加政府研发资源。

与此同时，日本政府提出了培养未来科技人才的方针，除了培养人才外，还决心为人才提供良好的研究条件，主要措施是：为人才提供更多的发挥才能与参加交流的机会；加强研究设施建设与研究后勤保障；为每位研究者配备具有通信功能的计算机，提高国内主干网络的通信速度；开展"万名博士后支援计划"；振兴有关科学技术的学校教育与社会教育；等等。在改善科研者的研究条件与待遇的同时，采取各种措施将竞争机制引入科研工作之中，以更好地激发研究者的创造精神。2000年日本的科研经费达1 305亿美元，名列世界第二，科研经费占国内生产总值的比重在2002年为3.1%，居世界主要国第一位。

21世纪初期以来,在经济全球化不断深化、信息技术革命席卷全球的背景下,日本对其科技发展战略又不断进行调整。2001年制订了《第二期科学技术基本计划(2001—2005)》。这一计划进一步明确了体制改革议程,主要目标是把日本建成为具有世界一流科技水平的国家,能够创造知识并灵活运用知识,使日本对世界的科技发展能够做出重大的贡献,具有强有力的国际竞争力。2006年3月日本内阁会议又通过了《第三期科学技术基本计划(2006—2010)》,该计划从基本理念、战略目标、重点化战略、分领域战略等层面明确了国家的科技发展战略,该计划的主要特点是:尽快实现从追赶者到领先者的角色转变,提升基础研究水平,创造世界一流水平的科学技术;以创新为立国之本,提出"创新者日本"的政策目标,大力推进国家创新体系的改革;强调科学技术的社会性与政策性,要求科技成果要还原于社会和国民,提出集中优势科技资源解决重大政策课题的重点化战略;强调科技人才的极端重要性,将优秀人才的培育与吸收使用作为科技系统改革的首要目标。

其次,作为科技立国政策的重要内容之一,日本政府加大了培养人才的力度,并出台了一系列高端人才培养计划。例如,"240万科技人才开发综合推进计划",目标是到2006年,培养240万精通信息技术、环境、生物、纳米材料等学科的尖端科技人才,从根本上改变大学教育体制;"21世纪卓越研究基地计划",目的是建立一流的人才培养基地,在取得重大国际领先科研成果的同时,使一批世界顶尖级人才脱颖而出;"科学技术人才培养综合计划",目标是培养富有创造性的世界顶尖级研究人员、培养社会产业所需人才等。2001年6月,日本政府又提出要建立30所"世界顶尖级大学计划";2002年10月日本学术振兴会宣布启动"21世纪重点科研基地工程",选择50所大学113个项目进行重点资助。

此外,日本还加强科研投入;积极改革僵化、分割的旧科研体制,如把文部省和科技厅合并;重点发展生命科学、信息技术、环境和纳米技术等;支持企业科研,为了促进成果产业化,还设立专门的技术转让机构;以可持续发展为目标,立法确定科研方向;在自己创造有世界水平的成果同时,开展国际合作等。日本还积极采用各种措施培养本国的人才资源,成立各种学术交流机构,促进各类人才的横向联系。日本科技厅为加强不同领域专业人才的信息交流,定期举办"新领域论坛"会,通过各方面的信息交流,更好地发挥其潜在的人才资源优势。

3.9.2 科技战略与诺贝尔奖

日本的科技战略是独特的,其模式与美国和欧洲大部分发达国家是不同的。一般来说,科学技术要转变为生产力必须经过"从基础研究,到应用研究,再到开发研究"的漫长过程,像美国、苏联和欧洲的发达国家,都是从这种模式走向科技强国的。但是,日本曾是相对科技后发国家,为了尽快追赶世界先进水平,它反其道而行之,采取了"从开发研究着手,再向应用研究溯源,最后再深入到基础研究层面"的策略,并取得了显著成效,由此产生了许多获得诺贝尔奖的科学家。

从表3—15可以看出,自1949年汤川秀树获得诺贝尔物理学奖以来,日本科学家共获得 23 个诺贝尔奖,其中物理学奖 11 人,除了江崎玲於奈 1957 年发明的新型半导体直接应用于生产之外,赤崎勇、田野浩和中村修三则在发现新型高效、环境友好型光源,即蓝色发光二极管(LED)方面做出巨大贡献。在蓝光 LED 的帮助下,白光可以以新的方式被创造出来。使用 LED 灯,可以拥有更加持久和更加高效的灯光代替原来的光源。而其他 6 人都是在理论物理学领域颇有建树。汤川秀树早在 1934 年就预言了介子的存在,朝永振一郎主要从事介子和其他基本粒子关系的研究,小柴昌俊捕获到超新星大爆发时释放的中微子,小林诚、益川敏英和南部阳一郎的研究对象也是基础粒子。日本在基础粒子研究领域实力超群。这些都说明日本在理论物理学领域一直保持着世界领先水平。虽然技术能直接给社会和企业带来利益和实惠,但日本政府没有急功近利地一味强调技术开发,它对基础研究也给予了相当的重视。如在理论物理学领域,政府为物理学家提供了数百亿日元的加速器等实验设备。像小柴的中微子探测器就投入了几亿日元,所以小柴一获奖就首先感谢政府对基础研究的重视。

表 3—15 获得各领域诺贝尔奖的日本科学家

获奖类型	获奖者	时间/年	获奖理由
物理学奖	汤川秀树(1907—1981)	1949	提出原子核结合力的介子理论并预言介子的存在
	朝永振一郎(1906—1979)	1965	在量子电动力学方面取得对粒子物理学具有深刻影响的基础性研究
	江崎玲于奈(1925—)	1973	发现半导体中的"隧道效应"
	小紫昌俊(1926—)	2002	在探测宇宙中微子和发现宇宙 X 射线源
	小林诚(1944—)	2008	发现有关对称性破缺的起源
	益川敏英(1940—)	2008	发现有关对称性破缺的起源
	南部阳一郎(1921—)	2008	发现次原子物理的对称性自发破缺机制
	赤崎勇(1929—)	2014	发明了蓝色发光二极管,并因此带来的新型节能光源
	田野浩(1960—)	2014	开发了氮化镓结晶化技术,并发明了蓝色发光二极管
	中村修三(1954—)	2014	发明了亮度蓝色发光二极管与青紫色激光二极管
	梶田隆章(1959—)	2015	发现中微子振荡现象,该发现表明中微子拥有质量
化学奖	福井谦一(1918—1998)	1981	提出化学反应前线轨道理论,成为解释、探索化学反应的有力工具
	白川英树(1936—)	2000	开发了具有导电性的聚合塑料
	野依良治(1938—)	2001	在"手性催化氢化反应"领域做出贡献
	田中耕一(1959—)	2002	在生物大分子研究领域做出贡献
	下村修(1928—)	2008	绿色荧光蛋白的最初发现和有关它使用的一系列重要进展,这使它成为生物科学的标签工具

续表

获奖类型	获奖者	时间/年	获奖理由
化学奖	根岸英一（1935— ）	2010	在研发"有机合成中的钯催化的交叉偶联"做出贡献
	铃木章（1930— ）	2010	在研发"有机合成中的钯催化的交叉偶联"做出贡献
生理学或医学奖	利根川进（1939— ）	1987	发现和阐明产生抗体多样性的遗传学原理
	大村智（1935— ）	2015	在治疗盘尾丝虫症和淋巴丝虫病方面做出的贡献
文学奖	川端康成（1899—1972）	1968	高超的叙事性作品，以非凡的敏锐表现日本人精神特质
	大江健三郎（1935— ）	1994	通过诗的想象力，创造出一个把现实与神话紧密凝缩在一起的想象世界，描绘现代的芸芸众生相
和平奖	佐藤荣作（1901—1975）	1974	他是和解政策的主要代表之一，这种政策已大大有助于稳定太平洋地区的情况

注：南部阳一郎和中村修三是日裔美国籍科学家。
资料来源：王渝生主编. 百年诺贝尔科学奖启示录 [M]. 北京：农村读物出版社，2002；新浪网新闻中心. 2002 年度诺贝尔奖，2002 - 10；新浪网新闻中心. 2003 年度诺贝尔奖颁发 10 人获奖，2003 - 10；腾讯新闻：2008 年度诺贝尔奖揭晓，2008 - 10；网易. 诺贝尔文学奖 1901 - 2008 年获奖作者及获奖作品，2008 - 10；百度网. 诺贝尔和平奖获得者名单（1901—2007），2007 - 12；新华网. 2010 年诺贝尔化学奖得主小传，2010 - 10；百度网. 2014 年诺贝尔物理学奖. 2014 - 10. 百度网. 2015 年诺贝尔生理学或医学奖获得者介绍. 2015 - 10；人民网. 2015 年诺贝尔物理学奖揭晓. 2015 - 10.

在化学领域日本学者也颇有建树。福井谦一在 1952 年提出化学反应前线轨道理论，成为解释、探索化学反应的有力工具；白川英树在 20 世纪 70 年代末开发了具有导电性的聚合塑料，已经成功地应用于手机显示屏的制造，成为携带通信技术进步的支撑之一；野依良治主要从事催化重要反应的分子研究，并开发出了性能更为优异的用于氢化反应的手性催化剂，这种研究成果已经应用于人工合成薄荷脑生产技术，成为解决天然薄荷脑产量不足的重要补充手段；田中耕一发明了对"生物大分子的质谱分析法"，其蛋白质结构研究成果已实际应用于开发蛋白质分析装置，应用于生物技术和医学研究等；下村修绿色荧光蛋白（GFP）的最初发现和有关它使用的一系列重要进展，这使它成为生物科学的标签工具；而根岸英一和铃木章就有机合成中的钯催化交叉偶联反应的研究，在多个基础科学研究领域和工业应用技术中得到了广泛应用，深刻地影响着科学大发展和人们现今的生活。

从日本的基础研究来看，日本科学家取得引人注目的成就绝非偶然。1998 年，日本科学家发现中微子有静止质量；2001 年，日本科学家找到了宇宙中存在"宇称不守恒"现象的有力证据；克隆牛技术基本达到实用化水平；正在研制世界最快的超级计算机"宇宙模拟器"。此外,日本在纳米和新材料技术等领域都位于世界前列。在生物技术、生命科学、信息通信、航空航天、机械、环境、材料和能源技术等领域也取得了丰硕成果。

正因为如此,日本自战后以来频出诺贝尔奖大师可以说是水到渠成。其主要原因之一是日本科学家视野开阔,注重国际交流。例如,1987年诺贝尔生理学或医学奖得主利根川进是美国麻省理工学院的教授,他的科学成就都是在美国的实验室中取得的;2000年诺贝尔化学奖得主白川英树和2001年化学奖得主野依良治都曾在美国大学进修,均了解各自领域最新的研究动向。而一流的实验条件为日本科学家提供了坚实的保障。特别是对像物理学、化学、生命科学等非常强调实验的学科来说,一流的实验条件显得尤为重要,有时候甚至是决定性的。2001年野依良治获奖后,日本政府拨专款7 000万美元为他建立实验设备先进的研究中心。日本正是凭借其精湛的加工工艺和雄厚的产业基础,为科学家进行创新研究提供了世界一流的工作条件。

其次,日本的传承精神是有目共睹的,这个传统从明治维新时代就开始相承下来。从日本诺贝尔获奖者的背景来看,不难看出他们之间的代际传承精神。日本科学家的独立、执着来自老师们一代代的传承,这些老师也独具慧眼,发现和培养出众的高端科技人才。2002年获得诺贝尔物理学奖的小柴昌俊得到了1965年获得诺贝尔物理学奖的朝永振一郎的推荐而到美国纽约罗切斯特大学留学;2008年获得物理学诺贝尔奖的小林诚和益川敏英都是第二次世界大战以后奠定微粒子学研究基石的坂田昌一教授的弟子;2002年获得物理学诺贝尔奖的小柴昌俊的指导教授是2008年获得诺贝尔物理学奖的南部阳一郎,而南部阳一郎的导师是朝永振一郎;朝永振一郎、小林诚、益川敏英教授都是凭借在日本首位获得诺贝尔物理学奖的汤川秀树教授1946年创刊的《科学杂志》上发表的论文而获奖;而2010年获得诺贝尔化学奖的根岸英一在攻读美国普度大学博士后学位期间师从已故的1979年诺贝尔化学奖获得者美国的赫伯特·布朗教授。日本诺贝尔获奖者的传承精神验证了"名师出高徒"的说法,这种师徒关系的延续,发挥了名师的优势,既带来了科学的积累与发展,又形成了"马太效应"的人才链。这种代际传承精神的产生,正是日本的"基础科学底力"和"智力储蓄"的佐证。

而日本科学家始终如一的勤奋刻苦、坚韧不拔的工作精神是他们能在很多领域迅速追赶欧美发达国家甚至保持世界领先地位的一个重要因素。日本科学家勤奋刻苦精神的突出表现是,研究人员能够不辞辛苦地在大学、科研部门或企业的研究机构不断开发新领域的科学技术研究或创新性的科研成果。日本科学家持之以恒重视长线研究的科学精神也是值得注目的,研究一个课题达30年之久的教师或研究人员在日本很普遍,而往往一些成果都是需要长期深入的研究、几代传承才能够得到的,这种现象被称为"深挖井"。要做到这种长期潜心研究,允许一个科学家10年不出成果的重视长线研究的科研评价体制是必要的,不仅需要给予科学研究充分的容忍度,还需要有自由、平等而独立的研究环境。日本首位诺贝尔奖获得者汤川秀树教授在大学工作后5年的时间未发表过一篇文章,随后在导师重压下在《日本数学和物理学杂志》上发表了一篇划时代的论文,尽管这篇论文还不够全面,但其重要的新思想极富创造性,对未来物理学的发展有深刻的影响。后来这篇论文获得了诺贝尔物理学奖。

日本研究人员自由独立研究也是研究领域不断出成果的关键。日本的大学教授和研究所人员申报课题的渠道和形式,实际上是课题注册制,不必层层审批,一定份额的经费就很快拨下来,保障其数年的研究。数年如一日,可以自始至终、扎扎实实地进行科学研究,不必特别公关和费心的经费申请渠道,不受外界的干扰,比较充足的科研经费和良好的科研环境为独立自由开展科学研究提供了制度性保障。换句话说,独立自由和不受干扰是日本科学家频频获得诺贝尔奖的主要原因。而日本大学多半是研究型大学,以科研带动教学,而不是教学型学校,这是日本频出高质量科研成果的重要原因。

日本科学家还注重团队精神。就一些疑难研究问题往往各抒己见,互相学习,取长补短,发挥集体优势的整体力量。在学术研究方面,往往由一些德高望重的科学家提出某项研究课题,制订初步的研究计划,然后与一些学者或研究人员集思广益,博采众长制定最终的研究方案,密切分工合作,这也是日本频出高质量科研成果的重要因素。在指导研究生论文时,日本导师也注重密切配合。

此外,日本科学家的职业威望高、工资待遇丰厚、时间充分也为他们全心致力于教学、研究提供了有利条件。根据日本权威的"日本社会阶层与社会移动"的1995年调查结果显示,在日本187种职业中,大学教师的职业威望的得分为83.5,仅次于法官、律师的87.3分,位居第二位,远远高于大企业高级管理的73.3分、高级公务员的70.5分以及演员的58.2分等。在经济收入方面,日本厚生劳动省"工资结构基本统计调查"结果显示,2008年日本大学教授的平均工资约为1 122万日元,而国家公务员仅为663万日元,大学教授的平均工资为公务员的1.7倍。而且日本科学家基本上能计划和支配自己的工作、研究时间,有相对的独立空间,值得借鉴的是日本的各大学院系没有各种上级部门和本单位行政部门组织的总结、表彰、考核、评比、评聘、学习和会议等活动,尊重科学家的情感,给他们以充分的时间和空间,可以集中精力进行科学研究和教学。

进入21世纪初期以后,日本继续强化"科学技术创造立国"战略,将生命科学、信息通信、环境和纳米技术和材料作为国家研究开发投资的重点战略领域。这一计划围绕"鼓励创造,发展科学"主题,提出国家振兴科学技术的最优先课题是:推进科学技术体制改革,从根本上改善科学技术发展的环境,使之具有灵活性、竞争性和开发性;增强产业、政府和大学整体的研究开发能力,使这种能力得到最大限度的发挥。2001年日本出台的第二个科学技术五年基本计划,第一次把获得诺贝尔奖作为科学技术发展计划的指标之一,提出要在"50年内获取30个诺贝尔奖"。在2001年结束的百年诺贝尔庆典后,日本政府重申了这一目标,并在瑞典卡罗林斯卡医学院内设立了"研究联络中心"。这一"诺贝尔奖计划"引起了世界各国的关注。当然,一个国家的科技实力不能完全以诺贝尔奖得主的多少来衡量,科技政策也不应以获取诺贝尔奖为导向。但在科技是第一生产力的时代,采取积极措施不断推进科技发展是毋庸置疑的。

众所周知,诺贝尔奖重在奖励科学领域的最先发现者、发明者以及重大理论突破者,"创新"是诺贝尔奖的核心,而擅长模仿、缺乏创新恰恰是影响日本科技发展的重要原因。因此,"诺贝尔奖计划"是在激烈国际科技竞争情况下,日本凸显"创新",谋求发展的国家科技战略重大转移的体现。诺贝尔奖的颁发有"滞后性",日本近十余年来大量的科研投入逐渐取得成效。21世纪以来日本已有15人获得了诺贝尔奖，这说明日本的科技能力和创新能力都在上升。日本获诺贝尔奖的潜力增大，说明日本的"科技立国"、重视创造、积极培养高端科技人才的科技战略已逐渐取得成效。预计今后数十年日本科学家获得诺贝尔奖的势头还会继续，因为诺贝尔奖是奖励那些始终如一默默无闻地做一辈子研究工作、甘于辛勤奉献、勇于攀登科学高峰、不畏艰苦卓绝和寂寞的人们。日本科学家恰恰具备这种勤奋研究、不断进取的科学精神，正因为如此，到2050年日本获得30个诺贝尔奖的目标是完全可能实现的。现在日本在诺贝尔科学奖上的异军突起，很可能意味着在不久的将来日本在创新科技上创造更加灿烂的辉煌。

3.10　经济波动与人口减退

2008年日本经济有所减速，经济增长率降至－1.0%左右，这是2003年以来的最低水平（见表3—16）。其主要原因是全球经济增长放缓，尤其是美国经济陷入停滞，以及贸易条件不断恶化，使日本出口减弱，企业收益减少。2008年初期以来，随着次贷危机向世界金融危机转变，以美国为中心的世界经济出现下滑趋势。受世界金融危机的影响，日本对欧美国家的汽车出口以及对亚洲国家的电子产品出口明显减少。另一方面，受美国经济衰退和世界经济低迷的影响，日本企业收益水平下降，特别是原油价格上涨条件下的经营恶化，使得日本中小企业倒闭明显增加。经营成本上升和中小企业破产增加，导致了设备投资水平下降，造成日本社会总需求萎缩，国内需求减少，但来自包括中国、中东和俄罗斯等新兴经济体需求的上升，部分抵消了美国经济放缓所造成的需求疲软。此外，2008年，日本因贸易条件恶化带来的交易损失达到创纪录的28兆日元，约占实际国内生产总值的5%。这意味着同等规模国内总需求的外向溢出，也是导致日本经济低迷的另一个重要原因。

表3—16　　　　　　　　　波动期主要人口经济发展指标

指标	平成20年（2008年）	平成21年（2009年）	平成22年（2010年）	平成23年（2011年）	平成24年（2012年）	平成25年（2013年）	平成26年（2014年）
国内生产总值/亿美元	48 492	50 351	54 886	58 665	59 844	59 973	48 175
国内生产总值增长率/%	－1.0	－5.5	4.5	－0.6	2.0	1.2	0.1
人口总数/万人	12 739	12 725	12 706	12 692	12 666	12 643	12 777
人口增长率/%	－0.03	－0.11	－0.15	－0.11	－0.21	－0.18	0.62
人均国内生产总值/美元	38 457	39 573	40 701	45 870	46 896	47 096	38 491
人均GDP增长率/%	1.9	2.0	1.7	—	4.1	2.8	
总和生育率/人次	1.37	1.37	1.39	1.39	1.41	1.43	—
出生率/‰	8.7	8.8	8.3	8.3	8.2	8.2	7.9
死亡率/‰	8.9	9.0	9.8	9.9	10.0	10.1	9.9
出口量增长率/%	－1.5	－26.6	25.2	－3.7	－2.1	10.8	—

续表

指标	平成20年 (2008年)	平成21年 (2009年)	平成22年 (2010年)	平成23年 (2011年)	平成24年 (2012年)	平成25年 (2013年)	平成26年 (2014年)
进口量增长率/%	-0.6	-14.4	14.3	11.6	3.4	17.4	—
国内需求增长率/%	1.9	0.6	0.7	—	—	—	—
私人消费增长率/%	1.9	0.8	0.5	—	—	—	—
消费物价指数/%	1.4	-1.4	-0.8	0.0	-0.2	0.8	—
固定资产形成增长率/%	2.7	-3.1	-9.7	—	—	—	—
劳动力人口/万人	6 663	6 630	6 642	6 557	6 528	—	—
劳动力人口增长率/%	-0.27	-0.50	0.19	-1.28	-0.44	—	—
失业率/%	4.0	4.1	6.1	4.6	4.3	4.0	3.7

资料来源：国际货币基金组织. 世界经济展望 [M]. 北京：中国金融出版社，2007；国家统计局主编. 国际统计年鉴（2005年版、2012年版）[M]. 北京：中国统计出版社，2005—2012；[日] 日本内阁府. 2007年经济财政报告 [M]. 東京：大藏省印刷局，2007；[日] 日本经济新闻. 统计·指標. 2015—04；王洛林，李向阳主编. 2013年：世界经济形势分析与预测 [M]. 北京：社会科学文献出版社，2013；王洛林，张季风主编. 日本经济蓝皮书——日本经济与中日经贸关系发展报告（2012年版）[M]. 北京：社会科学文献出版社，2012.

2009年，受世界经济低迷的影响，日本经济继续步入低速增长，经济增长率仅为-5.5%左右，明显低于2008年的水平。这主要由于受金融危机影响，新兴国家和发达经济体对机械需求大幅下降。日本经济对外依存度较高，但外需难以得到改观，反而有继续恶化趋势。因此，对于日本来说，最有效的刺激经济方法是拉动长期低迷的内需市场、降低生产成本等提高出口产品竞争力。

受日本政府财政刺激措施以及全球经济可能回暖等因素推动，2010年被誉为日本经济的触底反弹年，在经历了长达20年的经济低迷后，同年日本实际国内生产总值同比增长了4.5%，贸易顺差总额达6.770 2万亿日元，是上一年的2.5倍。然而，2011年3月的大地震及引发的海啸和核泄漏，给触底反弹的日本经济以致命一击。无论是强地震带来的直接的人身和财产损害，还是因受灾造成的产业链中断、电力供给不足，都对日本经济运行造成巨大破坏，这一年实际经济增长率显示了0.6%的负增长。

2012年上半年日本经济已经从2011年东日本大地震灾害冲击中走出，经济出现复苏回暖的迹象，但同年下半年，随着重建及内需动力的逐渐消散，在世界经济增长减速的影响之下，出口逐渐走弱，尽管如此，全年的实际经济增长率达到2.2%。2013年日本经济继续呈现较好的复苏势头，同年经济增长率达到1.5%。2014年日本经济有所下降，但其经济规模仍达到48 175亿美元，继续保持世界第三位的水平（见表3—17），实际经济增长率为0.1%，从影响经济的主要因素来看，尽管在短期内，安倍宽松货币政策与积极财政政策对经济增长仍具有一定效果，但从宏观因素来看，经济结构、少子老龄化以及高额公共债务成为困扰经济发展的顽疾；从微观因素来看，消费税上调、企业国际竞争力下降以及外部市场环境严重制约经济发展。

表 3—17　　　　　　　　　　　主要国家经济总量的国际比较

国家	国内生产总值（GDP）		人均国内生产总值		购买力平价计国内生产总值	
	总值（排名）/亿美元 2014 年	年均增长率/% 2001—2010 年	总值（排名）/美元 2014 年	年均增长率/% 2001—2010 年	总值（排名）/亿美元 2012 年	人均（排名）/美元 2013 年
美国	161 980 (1)	2.6	54 678 (9)	2.0	156 700 (1)	51 056 (7)
中国	103 857 (2)	9.9	7 572 (80)	9.7	123 800 (2)	9 983 (93)
日本	48 175 (3)	1.6	37 540 (26)	1.7	46 170 (4)	37 193 (25)
德国	33 733 (4)	1.4	47 201 (16)	1.6	31 940 (5)	39 997 (17)
法国	25 656 (5)	1.7	45 384 (18)	1.3	22 530 (9)	35 961 (24)
英国	25 320 (6)	2.1	44 141 (22)	2.1	23 230 (8)	37 384 (22)
巴西	25 039 (7)	3.7	11 067 (62)	3.0	23 620 (7)	12 584 (76)
印度	21 173 (8)	7.7	1 626 (114)	7.4	47 350 (3)	4 082 (128)
俄罗斯	21 090 (9)	6.0	14 317 (53)	7.3	25 090 (6)	18 683 (55)
意大利	19 538 (10)	1.3	35 512 (27)	1.0	18 340 (10)	30 170 (29)
加拿大	18 391 (11)	2.7	50 577 (13)	1.7	13 961 (14)	42 303 (16)
澳大利亚	15 981 (12)	3.3	62 822 (5)	2.3	9 145 (18)	43 661 (13)
西班牙	13 111 (13)	2.8	30 113 (28)	1.9	14 135 (13)	30 253 (28)
韩国	12 340 (14)	4.8	28 739 (29)	4.7	15 541 (12)	33 898 (27)
墨西哥	12 102 (15)	2.9	10 837 (64)	2.0	16 616 (11)	15 881 (64)

注：（　）内为 2014 年世界排名；印度、韩国、澳大利亚和墨西哥的人均国内生产总值增长率均为 2001—2005 年的数据；加拿大、澳大利亚、西班牙、韩国和墨西哥的购买力平价计国内生产总值为 2011 年。

资料来源：IMF. *World Economic Outlook Database*, Washington, D. C. 2014；［美］美国中情局. 2012 年世界各国经济总量（PPP）与产业排名. 2013—5；百度快照. 2015 年世界各国 GDP 排名预测. 2015—2.

从国际比较来看，日本各年的实际经济增长率明显低于中国、印度、俄罗斯和巴西等金砖国家，在主要发达国家中也低于美国和加拿大，与德国、法国和英国大致处于同一水平，略好于意大利，见表 3—18。

表 3—18　2008—2015 年主要发达国家和金砖国家的实际国内生产总值的增长　（单位：%）

国家	2008 年	2009 年	2010 年	2011 年	2012 年	2013 年	2014 年	2015 年
日本	-1.0	-5.5	4.5	-0.6	2.3	1.2	0.1	3.5
美国	-0.3	-3.1	2.5	1.6	2.3	2.2	2.4	3.6
德国	0.8	-5.1	4.1	3.6	0.4	0.1	1.6	1.8
法国	-0.1	-3.1	2.0	2.1	0.3	0.3	0.4	1.5
英国	-1.0	-4.0	1.9	0.3	0.7	1.7	2.6	1.0
意大利	-1.2	-5.5	1.8	0.4	-2.3	-0.7	-0.4	1.0
加拿大	0.7	-2.8	3.2	2.4	1.9	2.0	2.4	2.4
俄罗斯	5.2	-7.8	4.5	4.3	3.4	1.3	0.6	1.6

续表

国家	2008年	2009年	2010年	2011年	2012年	2013年	2014年	2015年
中国	9.6	9.2	10.6	9.5	7.8	7.8	7.4	6.9
印度	6.9	5.9	10.1	6.8	4.9	6.0	5.8	6.6
巴西	5.2	-0.3	7.6	3.9	1.8	1.8	0.1	2.0

注：2015年的经济增长均为国际通货基金的预测。

资料来源：[日] 日本内阁府. 海外経済データ，2015—03；王洛林，李向阳主编. 2013年：世界经济形势分析与预测 [M]. 北京：社会科学文献出版社，2013.

预计2015年日本经济增速较2014年有所加快，但幅度有限。国际货币基金组织在2014年10月7日最新公布的《世界经济展望报告》中预测，日本2015年经济增速将降至0.8%。日本政府则在2015年12月上调了2015财年经济增长预期，经价格调整后，从日本经济2015年经济复苏态势看，其经济复苏基础仍不牢固，安倍经济学前两支箭难以继续维持经济长期增长，而新成长战略遇到的改革阻力较大。2015年，日本结构性改革难以取得重大进展，无法大幅度提高经济增长。日本政府认为，世界经济增长速度放慢，导致日本出口急剧下降，使日本经济未来面临更加严峻的挑战。

日本目前经济停滞的现象日益突出，这种经济停滞的现象主要是由于在以往的交易条件恶化的基础上，国内需求也很可能持续减少，同时海外经济的减速削弱了日本的出口。但2015年后半年以后在原材料价格上升的影响逐步减弱、海外经济慢慢恢复的设定下，日本经济将会逐步回暖，预计全年将出现1.5%左右的低增长，其复苏的步伐将比较坚实，因为经过长期的经济结构调整，基础条件比较坚实，个人消费增长有潜力，内需的支撑作用将会得到发挥，景气扩大的局面将持续一段时间，经济发展前景较好。其经济低速增长的主要原因是：经济基础雄厚，日本仍然是世界上的工业制造大国、最大的债权国和最大的贸易顺差国之一，具有除了美国和中国以外世界上其他国家不可比拟的经济实力；金融资产庞大，是世界上最大的资本输出国，保持世界金融霸主地位；外汇储备雄厚，自21世纪初期以来仍然是世界上最大的外汇储备国之一；作为世界上国民受教育水平最高的国家之一，拥有勤劳的国民和高素质的劳动力，教育的发达使国民的平均素质很高，许多科研领域走在世界前列；制造业基础强大，生产制造系统拥有强大的竞争力；在财政政策方面，采用降低利率、减免所得税和低息贷款等优惠政策，导致住宅建设持续大幅度增长，加大投资，刺激经济增长，使日本经济恢复的速度加快。

这一时期，在经济波动的过程中，日本的出生率继续下降，从2008年的8.7‰减少到2012年的8.2‰，在主要发达国家中是最低的（见表3—19），同期死亡率则有所上升，从8.9‰增至10.1‰，而人口增长率连续呈现负增长的态势，由此导致日本总人口总量逐年减少。这一时期，晚婚化和有配偶率继续下降是导致出生率下降的主要原因，致使日本人口的再生产力低下，而人口减退导致人口老龄化加剧和劳动力的不足，这在一定程度上制约了日本的经济增长。

表 3—19　　　　　　　　日本与主要发达国家人口动态变化的比较

年份	指标	日本	美国	德国	法国	英国	意大利	加拿大
2008	出生率/‰	8.70	14.30	8.30	12.90	12.90	9.60	11.30
	总和生育率/人	1.37	2.07	1.38	2.01	1.91	1.42	1.68
	死亡率/‰	8.90	8.10	10.30	8.50	9.40	9.70	7.20
	人口增长率/%	-0.05	0.95	-0.19	0.56	0.66	077	0.95
	婴儿死亡率/‰	2.60	6.60	3.60	3.60	4.70	3.50	5.00
	自然增长率/‰	-0.20	6.20	-2.00	4.40	3.50	-0.10	4.10
	平均预期寿命/岁	82.59	77.94	79.74	81.21	79.60	81.73	80.54
2010	出生率/‰	8.50	14.00	8.30	12.80	13.00	9.30	11.30
	总和生育率/人	1.39	2.07	1.39	2.03	1.92	1.41	1.63
	死亡率/‰	9.50	8.00	10.50	8.40	9.00	9.70	7.50
	人口增长率/%	-0.08	0.84	-0.15	0.55	0.73	0.48	0.84
	婴儿死亡率/‰	2.40	6.50	3.40	3.40	4.60	3.10	5.20
	自然增长率/‰	-1.00	6.00	-2.20	4.40	4.00	-0.40	3.80
	平均预期寿命/岁	82.84	78.54	79.99	81.66	80.40	82.34	80.89
2012	出生率/‰	8.20	13.70	8.40	12.60	12.80	9.00	11.00
	总和生育率/人	1.41	1.88	1.38	2.01	1.90	1.40	1.61
	死亡率/‰	10.10	8.40	10.80	8.70	8.90	10.30	7.20
	人口增长率/%	-0.20	0.74	-1.69	0.50	0.56	-1.97	1.19
	婴儿死亡率/‰	2.10	6.00	3.40	3.40	4.10	3.20	4.70
	自然增长率/‰	-1.90	5.30	-2.40	3.90	3.90	-1.30	3.80
	平均预期寿命/岁	83.10	78.74	80.89	82.57	81.50	82.94	81.24

资料来源：国家统计局编．国际统计年鉴［M］．北京：中国统计出版社，2008—2013；［日］厚生労働省．平成 25 年我が国の人口動態．2014—10．

第4章 人口动态、人口政策及其经济分析

4.1 人口增长

日本人口自明治维新以后增长较为迅速，明治时期人口增长率基本上保持在1.0%左右的水平。这一时期，日本还没有实行人口普查，因此日本人口及人口动态率都是根据推算得出来的。其中具有代表性的推算有日本统计局的推算、森田优三推算、安川正彬推算，以及岗崎阳一推算等。根据日本统计局的推算（见表4—1），日本人口以1871年（明治4年）的3 427万人为起点顺利地增长，到1890年（明治23年）已达到4 000万人的水平，这说明日本用了20年的时间增加了500万人口。然而，随后增加的500万人只用了12年，到1911年（明治44年），日本总人口突破5 000万人的大关。

表4—1　　　　　　人口增长的变化（1871—2015年）

年份		人口总数/千人	人口增长率/%	期间	人口纯增数/千人	年平均数/千人	人口增长率/%
明治4年	1871	34 269	—				
明治13年	1880	36 965	0.8	1871—1880	2 696	269.6	0.79
明治23年	1890	40 251	0.9	1881—1890	3 286	328.6	0.89
明治33年	1900	44 359	1.2	1891—1900	4 108	410.8	1.02
明治43年	1910	49 852	1.4	1901—1910	5 493	549.3	1.24
大正9年	1920	55 963	0.9	1911—1920	6 111	611.1	1.23
昭和5年	1930	64 450	1.6	1921—1930	8 487	848.7	1.52
昭和15年	1940	71 933	0.8	1931—1940	7 483	748.3	1.16
昭和25年	1950	82 900	2.0	1941—1950	10 967	1 096.7	1.52
昭和35年	1960	94 094	1.8	1951—1960	11 194	1 119.4	1.35
昭和45年	1970	104 345	1.1	1961—1970	10 251	1 025.1	1.09
昭和55年	1980	116 807	0.8	1971—1980	12 462	1 246.2	1.19
平成2年	1990	123 611	0.2	1981—1990	6 804	680.4	0.58
平成12年	2000	126 920	2.0	1991—2000	3 309	330.9	0.27
平成22年	2010	127 352	-0.01	2000—2010	432	43.9	0.34
平成27年	2015	125 811	-0.03	2010—2015	-1 541	-154.1	-1.21

注：人口增长率、人口纯增数和年平均数根据统计资料算出，2010年和2015年的人口为推测值。

资料来源：[英] B. R. 米切尔编. 帕尔格雷夫世界历史统计·亚洲、非洲和大洋洲卷（1790—1993）[M]. 北京：经济科学出版社，2002；百度文库. 日本人口统计数据（1872—2009），2011—09；[日] 日本国立社会保障·人口問題研究所. 日本の将来推計人口（平成18年版）[M]. 东京：厚生统计协会，2006.

大正期间，日本人口增长进一步加快，如图4—1所示，从1912年（大正元年）的5 031万人增加到1918年（大正7年）的5 503万人，从1920年起（大正9年）日本开始实行近代的人口普查，当时日本人口为5 596万人，到1925年（大正14年），日本人口又达到5 938万人。这一时期仅仅14年，日本人口增加了1 000万人。

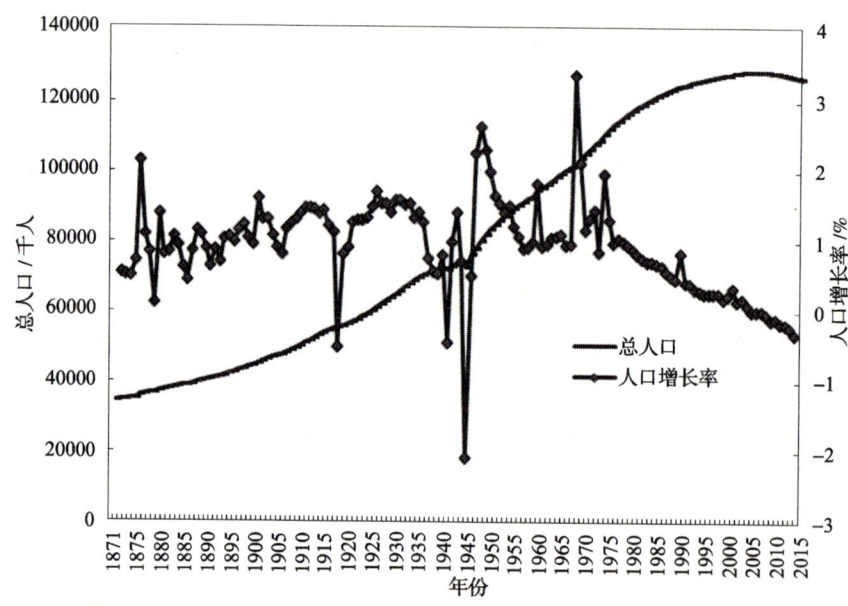

图4—1　日本人口增长的变化（1871—2015年）

注：2010年和2015年的人口为推测值。

资料来源：[英] B. R. 米切尔编. 帕尔格雷夫世界历史统计·亚洲、非洲和大洋洲卷（1790—1993）[M]. 北京：经济科学出版社，2002；百度文库. 日本人口统计数据（1872—2009）. 2011—09；[日] 日本国立社会保障·人口問題研究所. 日本の将来推計人口（平成18年版）[M]. 東京：厚生统计协会，2006.

进入昭和时期以后，日本人口增长更快了。明治7年（1875年）的人口达到3 500万人，到了1936年（昭和11年）竟膨胀到了7 000万人，翻了一番。1941年（昭和16年）制定的"确立人口政策纲要"和第二次世界大战前夕的人口增长，提高了出生率，从而也提高了人口增长率，直到战败前夕的1944年（昭和19年），总人口达到了7 380万人。

二战以后，随着日本经济的快速发展，社会保障制度不断改善，为防老、养老而多生孩子的必要性下降，使日本的人口开始放慢，人口增长率逐渐减退，尽管如此，由于惯性增长，日本人口到1967年（昭和42年）超过1亿人，成为世界上少数几个人口过亿的国家之一。1973年第一次石油危机后，随着日本经济的萧条，日本人口增速继续趋缓，1984年（昭和57年）达到1.200 8亿人，随后，日本总人口增长基本处于停滞状态，大体上维持在1.2亿人的规模，到2000年（平成11年）达到1.269 2亿人，居世界第九位。而20世纪80年代后期以后的经济萧条和出生率下降导致日本的人口增长速度明显减缓，并呈现超低速增长的趋势。

4.2 出生率

4.2.1 出生率的变化

日本的出生率在明治时期长期偏高,如表4—2和图4—2所示出生率最初呈上升趋势,一直到1889年(明治22年)达到了30.7‰的高水平,创造了明治前期的最高纪录。1890—1894年出生率有所减弱,在27.0‰~29.8‰之间徘徊,这是受1890年日本第一次经济萧条的影响。以甲午战争为契机,日本建立了牢固的经济基础,日本经济迅速地发展起来,出生率开始恢复,1902年(明治33年)恢复到32.4‰,到1911年(明治44年),日本的出生率基本上维持30.0‰的高出生水平。大正期间,日本的出生率继续保持34.0‰左右的高水平,其中1920年(大正9年)出生率达到了36.3‰,达到历史最高水平。与此同时,人们对结婚、生育的传统看法仍然倾向于"多生贵子",因而形成了高出生的局面。

表4—2　　　　　　　出生数和出生率的变化(1872—2015年)

年份		出生数/千人	出生率/‰	总和生育率	年份		出生数/千人	出生率/‰	总和生育率
明治5年	1872	593	16.3	—	昭和20年	1947	2 623	34.3	—
明治8年	1875	906	24.6	—	昭和25年	1950	2 247	28.1	3.65
明治13年	1880	936	24.1	—	昭和30年	1955	1 769	19.4	2.36
明治18年	1885	1 148	26.7	—	昭和35年	1960	1 624	17.4	2.00
明治23年	1890	1 190	28.7	—	昭和40年	1965	1 811	18.8	2.14
明治28年	1895	1 274	30.0	—	昭和45年	1970	1 932	18.9	2.13
明治33年	1900	1 470	32.4	—	昭和50年	1975	1 781	17.0	1.91
明治38年	1905	1 517	31.2	—	昭和55年	1980	1 616	13.5	1.75
明治43年	1910	1 782	34.8	—	昭和60年	1985	1 452	11.8	1.80
大正4年	1915	1 872	41.4	—	平成2年	1990	1 241	9.9	1.76
大正9年	1920	2 105	36.2	5.23	平成7年	1995	1 222	9.9	1.43
大正14年	1925	2 148	34.9	5.11	平成12年	2000	1 194	9.4	1.36
昭和5年	1930	2 135	32.4	4.71	平成17年	2005	1 137	8.9	1.26
昭和10年	1935	2 182	31.6	4.30	平成22年	2010	1 055	8.3	1.22
昭和15年	1940	2 100	29.4	4.11	平成27年	2015	985	7.8	1.22

注:2015年的出生数与出生率为推测值。

资料来源:[英] B.R.米切尔编.帕尔格雷夫世界历史统计·亚洲、非洲和大洋洲卷(1790—1993)[M].北京:经济科学出版社,2002;百度文库.日本统计数据(1872—2009).2011—09.百度快照.日本人口,2014—04;[日]河野稠果,冈田实.低出生力をめぐる[M].东京:大明堂,1993;[日]南亮三郎,上田正夫.日本の人口变动と经济发展[M].东京:千仓书房,1975;王洛林,张季风主编.日本经济蓝皮书——日本经济与中日经贸关系发展报告(2012年版)[M].北京:社会科学文献出版社,2012;[日]日本国立社会保障·人口问题研究所.日本の将来推计人口(平成18年版)[M].东京:厚生统计协会,2006.

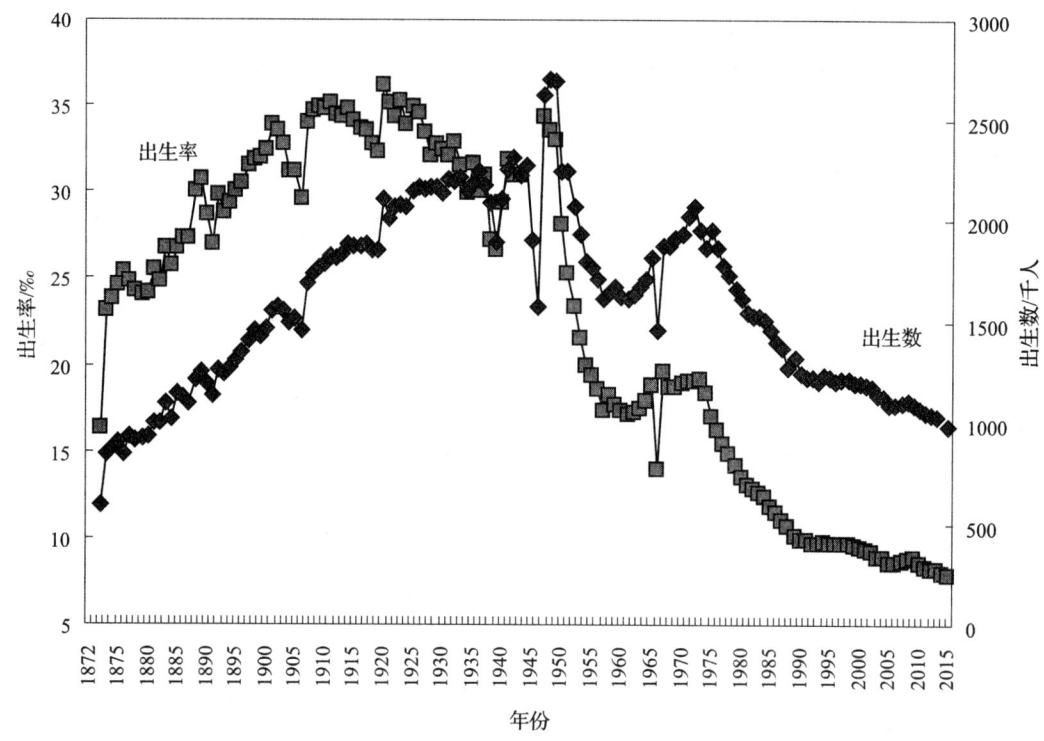

图 4—2 日本的出生率（1872—2015 年）

注：2015 年的出生数与出生率为推测值。

资料来源：[英] B. R. 米切尔编. 帕尔格雷夫世界历史统计·亚洲、非洲和大洋洲卷（1790—1993）[M]. 北京：经济科学出版社，2002；百度文库. 日本人口统计数据 1872—2009，2011—09；[日] 日本国立社会保障·人口問題研究所. 日本の将来推計人口（平成 18 年版）[M]. 東京：厚生統計協会，2006.

昭和初期以后，日本的出生率呈现不断下降的趋势，1939 年（昭和 14 年）下降到 26.6‰。二战后期，日本的出生率有所上升，1941—1943 年期间均达到了出生率转换 30.0‰以上的水平。

二战以后，妇女的高学历化与参加工作妇女数量的增加，又使生儿育女的机会成本上升。此外，教育费用负担与住宅条件等因素也促使"少而精"的生育观日益普及。由于上述原因，战后日本人口出生特点逐步从多生转向少生。20 世纪 60 年代到 70 年代中期，日本的总和生育率（见表 4—3）基本稳定在 2.0 左右，大致保持在能够维持人口规模不变的水平。但是，战后的"生少"现象也有过两个例外时期。第一个时期是 1945—1950 年。因战争而推迟的结婚、生育集中到战后的最初几年，从而出现了第一个生育高峰期，当时一对夫妇平均生育 4~5 个孩子。第二个时期是 1971—1974 年。由于第一个生育高峰期出生的人口进入结婚、生育期，导致了第二个生育高峰期的出现。

表4—3　　　　　　　女子人口再生产率的变化（1925—2015年）

年份		总和生育率	粗再生产率	净再生产率	再生产残存率	静止粗再生产率
大正14年	1925	5.11	2.51	1.56	0.62	3.28
昭和5年	1930	4.71	2.30	1.52	0.66	3.10
昭和15年	1940	4.11	2.01	1.44	0.72	2.85
昭和25年	1950	3.65	1.77	1.51	0.85	2.41
昭和30年	1955	2.36	1.15	1.06	0.92	2.24
昭和35年	1960	2.00	0.98	0.92	0.95	2.18
昭和40年	1965	2.14	1.04	1.01	0.97	2.12
昭和45年	1970	2.14	1.03	1.00	0.98	2.12
昭和50年	1975	1.91	0.93	0.91	0.98	2.10
昭和55年	1980	1.75	0.85	0.84	0.99	2.08
昭和60年	1985	1.76	0.86	0.85	0.99	2.07
平成2年	1990	1.76	0.86	0.85	0.99	2.07
平成7年	1995	1.43	0.70	0.69	0.99	2.07
平成12年	2000	1.36	0.66	0.65	0.99	2.07
平成17年	2005	1.26	0.62	0.61	0.99	2.07
平成22年	2010	1.22	0.59	0.58	0.99	2.10
平成27年	2015	1.22	0.59	0.58	0.99	2.10

注：2010年和2015年的平均预期寿命是推测值；再生产率残存率为净再生产率和粗再生产率之比；静止粗再生产率为总和生育率和净再生产率之比，它们的计算公式分别为：$RSR = \frac{\sum_{15}^{49} f_F(x) L(x)}{\sum_{15}^{49} f_F(x)}$；$SGFR = \frac{\sum_{15}^{49} f(x)}{\sum_{15}^{49} f_F(x) L(x)}$。

资料来源：[日]人口問題協議会編.日本人口の動向——静止人口をめざして[M].東京：大蔵省印刷局，1974；[日]南亮三郎，上田正夫.日本の人口変動と経済発展[M].東京：千倉書房，1975；[日]岡崎陽一.現代日本人口論[M].東京：古今書院，1987；[日]日本国立社会保障・人口問題研究所.日本の将来推計人口（平成18年版）[M].東京：厚生統計協会，2006；王洛林，张季风主编.日本经济蓝皮书——日本经济与中日经贸关系发展报告（2012年版）[M].北京：社会科学文献出版社，2012.

然而，20世纪70年代后期以后由于出生率和总和生育率水平不断下降，日本出现少子化，新生婴儿不断减少，1980年减少至161.6万人，2000年减少至119.4万人，2010年进一步减少至107.1万人。这一时期，日本学者疾呼政府及时采取措施阻止特殊出生系数继续下降，否则日本的人口已无法维持简单再生产。尽管如此，总和生育率系数的最低纪录仍不断更新，1990年为1.76，2005年降至1.43。日本的人口出生率已经大幅度低于"人口置换水准"。到21世纪10年代初期，日本的总和生育率是发达国家中最低的（见图4—3），与希腊并驾齐驱，平均每名妇女的总和生育率为1.39，而其他主要发达国家的总和生育率除了美国偏高外大都为1.4~1.9之间，日本的出生率也是发达国家最低的。

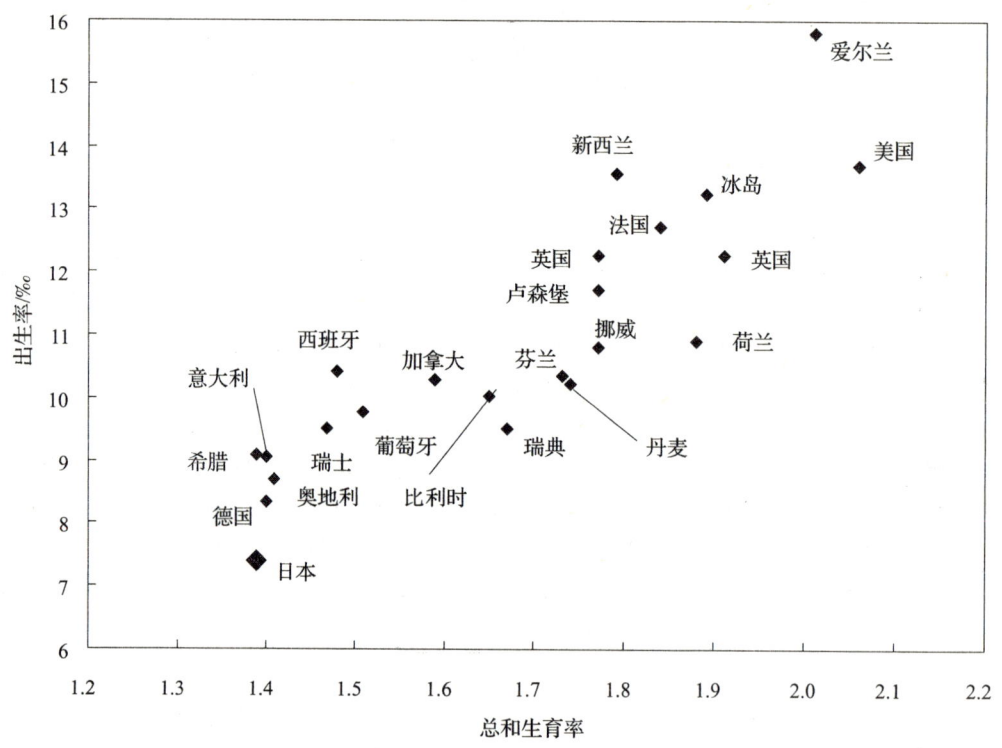

图4—3 发达国家的总和生育率与出生率（2012年）

资料来源：百度快照. 出生率，2012-9.

日本出生率下降与男女青年的晚婚、不婚和婚后不愿生育的倾向有密切的关系。据统计，日本女性的平均初婚年龄从1950年（昭和25年）的23.0岁上升到1998年（平成10年）的26.7岁，其第一次生育的平均年龄为27.8岁。另一方面，独身主义者的人数有上升趋势。1985年（昭和60年），30~34岁的女性中，未婚者所占比重仅为21.5%，35~39岁的男性中，未婚者只占8.15%；然而到1995年（平成7年），女性和男性未婚者所占比重分别上升至37.3%和22.5%。晚婚化一方面引起"有配偶率"的下降，另一方面引起"有配偶出生率"的下降，而在20世纪七八十年代，有配偶率的下降则是更主要的原因。另外，日本人的生育观从"多生贵子"转向"少生贵子"，也是导致已婚女性的生育率明显下降的一个重要原因。针对这些问题，日本政府希望通过提高孕妇和儿童的福利来改善女性生育的社会环境。但实际上，年轻一代的结婚观和家庭观的改变、对"劳动力再生产"的责任感的减弱，才是导致出生率降低的最根本的难以扭转的原因。

4.2.2 出生率转变的经济因素

日本的生育率转变模式，即由传统的高出生率向近代的低出生率变化，从微观家庭经济学的视角来看，主要是通过人们的意愿与生育行为（fertility behavior）来进行生育选择，而家庭的生育选择主要取决于经济因素，特别是家庭的经济条件具有举足轻重的作用。从宏观生育率经济学的视角来看，其出生率转变主要是由经济的发展、都市化、工业化、国民生活水平的提高，以及女子就业机会的增大等经济因素引起的。

从日本出生率减退的趋势来看，大体上是从20世纪20年代初期开始的，这种转换的趋势在第二次世界大战后更加明显，而出生率下降是和经济增长和发展的重要指标人均国民生产总值密切相关的。图4—4以1947—2013年人均国民生产总值增长为自变量，以同期的出生率为从属变量，描绘出这一时期两者变化趋势的散点图，拟合效果系数$R^2=0.737$，相关性是相当明显的。通过相关回归分析表明，出生率随人均国民生产总值增长而呈现逐渐减退的趋势。

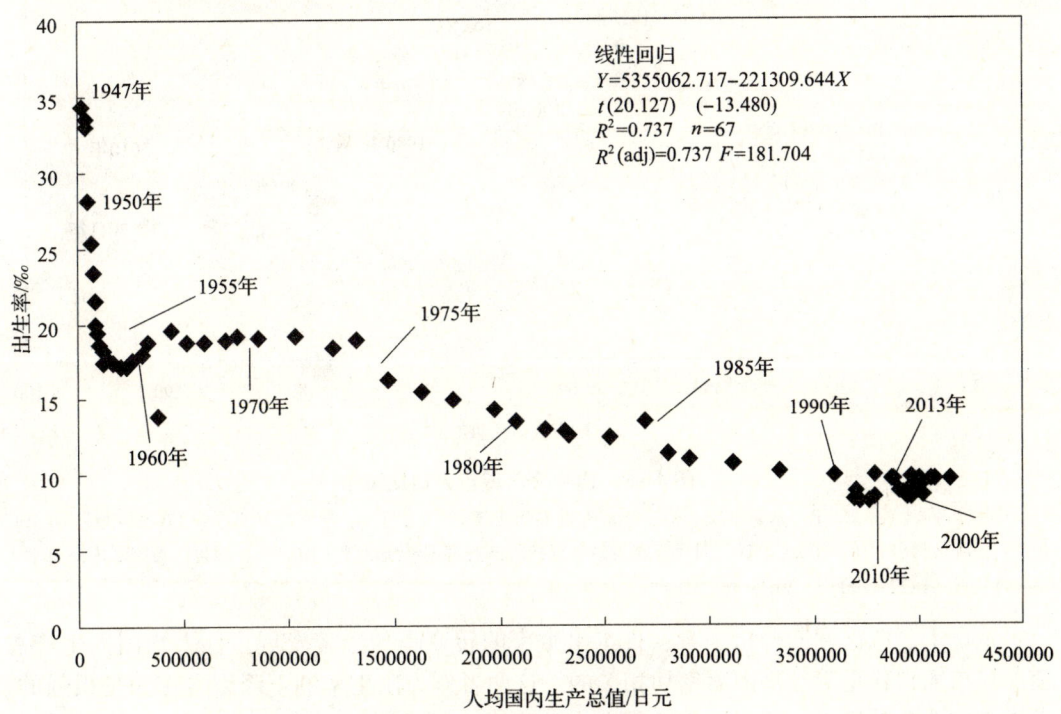

图4—4 出生率与国内生产总值

资料来源：[日] 日本内阁府. 日本历年国内生产总值GDP及人均GDP一览（1950—2013年）. 载百度快照，2014—5；[英] B. R. 米切尔编. 帕尔格雷夫世界历史统计·亚洲、非洲和大洋洲卷（1790—1993）[M]. 北京：经济科学出版社，2002；百度文库. 日本人口统计数据（1872—2009），2011—09.

这一时期，城市人口比重作为重要的经济变量在线性回归模式中占有重要位置，它的偏回归系数是-2.106。笔者分析的焦点之一是人口城市化水平持续上升对出生率减退的反应。第二次世界大战以来，人口城市化的推进在一定程度上促进了出生率减退。如图4—5所示，1947年日本的城市人口比重仅为27.8%，出生率为34.3‰，到

2011年城市人口比重上升到91.2%，出生率则降至8.3‰。通过回归分析，拟合效果系数 $R^2=0.886$，两者的相关性比出生率和人均国民生产总值的相关性更显著，城市人口比重越高，出生率越低，充分表明出生率随城市人口比重上升而逐渐下降的趋势。

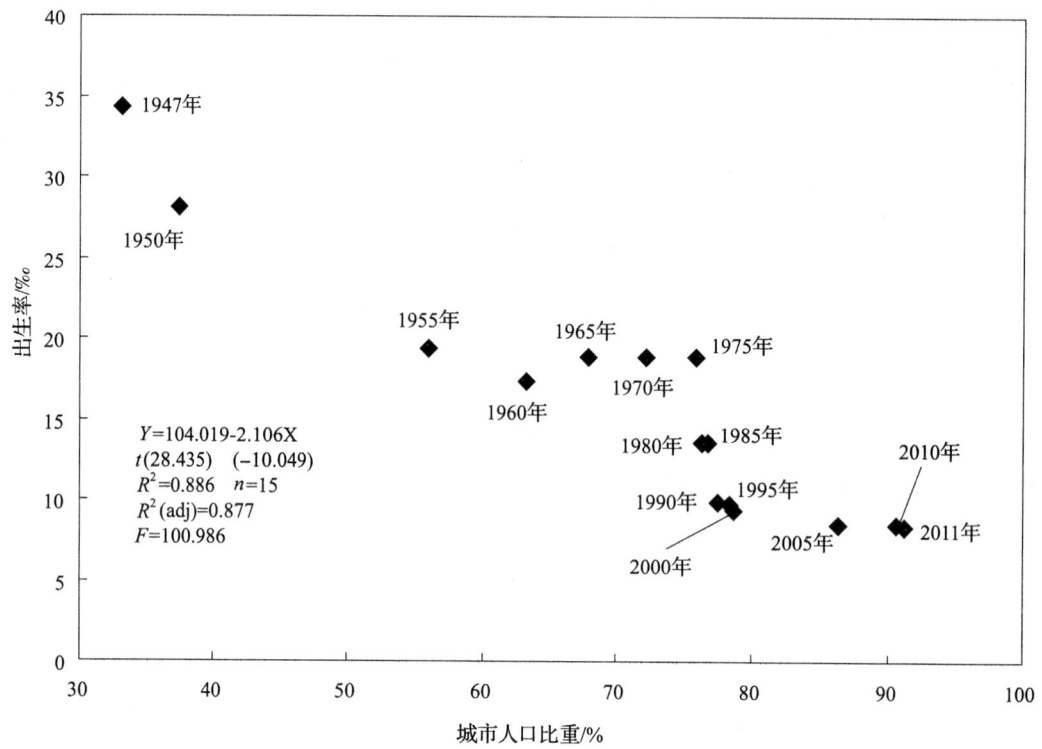

图4—5　出生率与城市人口比重

资料来源：[英] B. R. 米切尔编. 帕尔格雷夫世界历史统计·亚洲、非洲和大洋洲卷（1790—1993）[M]. 北京：经济科学出版社，2002；[日] 日本総務省統計局統計調査部国勢統計課. 国勢調査報告；百度文库. 日本人口统计数据（1872—2009），2011—09.

从以上的线性回归分析来看，日本出生率的转变是与经济发展指标人均国内生产总值、城市人口比重等经济因素密切相关的。这两者作为出生率的下降因素作用是很强的。而随着工业化的推进，非第一产业就业者比率和女性劳动力比率的上升以及国民生活水平的提高等经济因素，对于出生率的下降扮演了重要的角色。而日本的生育率已经远低于更替生育水平（2011年的总和生育率为1.22），人口趋势已经处于减退的状态。因而，日本应尽快采取积极的增加人口政策，促进出生率的发展，与此同时要大力发展经济，将促进生育工作与经济发展相结合，只有这样才能有效地稳定低出生率水平的持续发展。

4.3 死亡率、生命表及其减退的经济因素

4.3.1 死亡率的变化

明治维新初期以后,随着工业化的进展与经济的增长,虽然国民生活水平较过去有所提高,死亡率①在反复激烈变动中逐渐增长,1985年(明治18年)达到23.1‰(见表4—4),1986年(明治19年)进一步上升到24.3‰(见图4—6),创造了明治时期的最高水平。随后,死亡率在反复变动中保持相对的稳定,大体上维持在19.3‰~22.5‰的高水平。大正期间,日本的死亡率发生率剧烈波动,从1913年(大正2年)的20.0‰上升到1918年(大正7年)的27.3‰,而后除了1920年(大正9年)外基本上呈现下降趋势。

表4—4 死亡数和死亡率的变化(1872—2015年)

年份		死亡数/千人	死亡率/‰	年份		死亡数/千人	死亡率/‰
明治5年	1872	412	16.3	昭和20年	1945	2 147	—
明治8年	1875	619	17.2	昭和25年	1950	915	10.9
明治13年	1880	610	16.5	昭和30年	1955	708	7.8
明治18年	1885	907	23.1	昭和35年	1960	713	7.6
明治23年	1890	829	20.6	昭和40年	1965	712	7.2
明治28年	1895	865	20.5	昭和45年	1970	721	7.0
明治33年	1900	916	20.8	昭和50年	1975	707	6.3
明治38年	1905	1 047	21.6	昭和55年	1980	722	6.2
明治43年	1910	1 071	21.6	昭和60年	1985	738	6.2
大正4年	1915	1 101	21.7	平成2年	1990	824	6.6
大正9年	1920	1 431	25.7	平成7年	1995	925	6.6
大正14年	1925	1 235	20.3	平成12年	2000	968	7.6
昭和5年	1930	1 185	18.2	平成17年	2005	1 117	8.7
昭和10年	1935	1 170	16.8	平成22年	2010	1 197	9.9
昭和15年	1940	1 224	16.5	平成27年	2015	1 376	10.9

注:2015年的死亡数与死亡率为推测值。
资料来源:[英] B. R. 米切尔编. 帕尔格雷夫世界历史统计·亚洲、非洲和大洋洲卷(1790—1993)[M]. 北京:经济科学出版社,2002;百度文库. 日本统计数据1872—2009. 2011—09;百度快照. 日本人口,2014—04;[日] 南亮三郎,上田正夫. 日本の人口変動と経済発展[M]. 東京:千倉書房,1975;[日] 日本国立社会保障·人口問題研究所. 日本の将来推計人口(平成18年版)[M]. 東京:厚生統計協会,2006;[日] 厚生労働省. 平成25年我が国の人口動態. 2014—10.

---

① 人口的死亡率(death rate),即人口死亡的频率和强度,也叫粗死亡率(crude death rate)或总死亡率(general death rate),是指一年死亡人数和同期平均人口数或年中人口数之比,通用‰来表示。其计算公式为:

$$CDR = \frac{D}{P} \times 1\,000$$

式中,CDR 为年人口粗死亡率;D 为年死亡人口数;P 为年平均人口数。

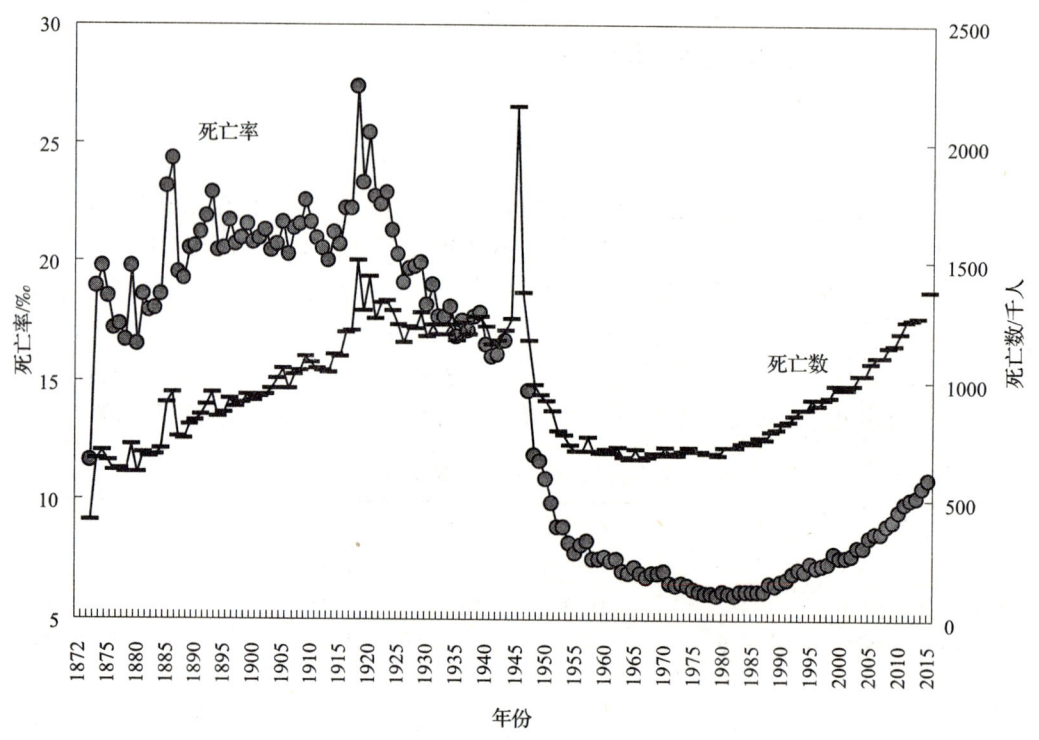

图4—6 日本的死亡率（1872—2015年）

注：2015年的死亡数与死亡率为推测值。

资料来源：[英] B. R. 米切尔. 帕尔格雷夫世界历史统计·亚洲、非洲和大洋洲卷（1790—1993）[M]. 北京：经济科学出版社，2002；百度文库. 日本人口统计数据1872—2009，2011—09；[日] 日本国立社会保障·人口問題研究所. 日本の将来推計人口（平成18年版）[M]. 東京：厚生統計協会，2006；[日] 厚生労働省. 平成25年我が国の人口動態. 2014—10.

  进入昭和时期以后，由于生活条件的改善和医学的进步，日本的死亡率下降的趋势日趋明显，由1925年的20.3‰降至1941年的16.1‰。第二次世界大战时期（1941—1945年）对日本人口产生了巨大的负面影响。到战争结束时，动员的兵力高达700万人，自从入侵中国东北以来战死者总计210万人。第二次世界大战的特点在于人身灾害波及一般居民，死亡人数估计为30万人，连同负伤和失踪的共达37万人，[①] 这对死亡数影响很大，1945年死亡数达到创纪录的214.7万人。

  战后，随着经济的逐渐恢复，日本的死亡率得到改善，1947年为14.6‰，1951年又减少到9.9‰，首次降至10.0‰以下的水平，到1971年又减少到6.5‰，随后一直到昭和末期，死亡率一直稳定在6.3‰左右的低水平，其主要原因是乳儿死亡率下降（见图4—7）和医疗技术的进步。乳儿死亡率在1940年为90.0‰（见表4—5），1980年降至10.0‰以下，1988年又减少到4.8‰的水平，显然乳儿死亡率的减退与死亡率的下降是有密切关系的。

[①] [日] 大淵寛，森岡仁. 経済人口学 [M]. 東京：新評論，1981.

第4章 人口动态、人口政策及其经济分析

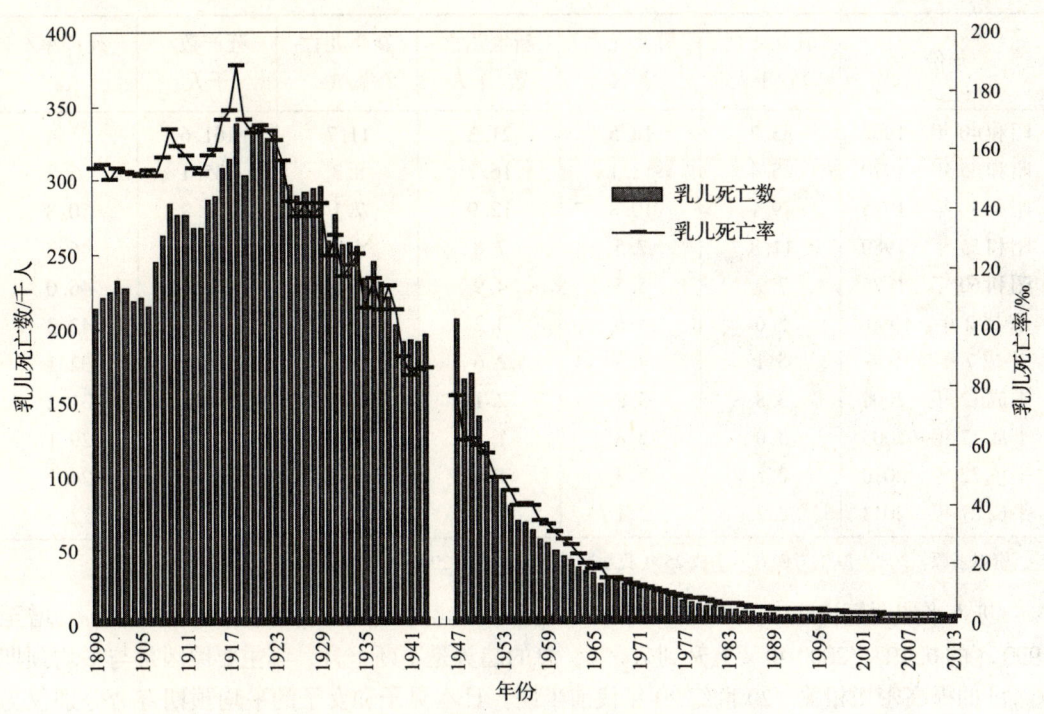

图4—7 日本的乳儿死亡率（1899—2013年）

资料来源：[日] 厚生労働省. 平成25年我が国の人口動態. 2014—10.

表4—5　　　　乳儿、新生儿和死产的死亡诸指标（1899—2013年）

年份		乳儿死亡数/千人	乳儿死亡率/‰	新生儿亡数/千人	新生儿亡率/‰	死产数/千人	死产率/‰
明治32年	1899	213.4	153.8	108.1	77.9	135.7	89.1
明治33年	1900	220.2	155.0	112.2	77.0	137.9	88.5
明治38年	1905	220.4	151.7	103.2	71.2	142.1	89.1
明治43年	1910	276.1	161.2	126.9	74.1	157.4	84.2
大正3年	1915	288.6	160.4	125.3	69.7	141.3	72.8
大正8年	1920	335.6	165.7	139.7	69.0	144.0	66.4
大正13年	1925	297.7	142.0	121.2	68.1	124.4	56.3
昭和4年	1930	258.7	124.1	104.1	49.9	117.3	53.4
昭和9年	1935	233.7	106.7	98.0	44.7	115.6	50.1
昭和14年	1940	190.5	90.0	81.8	38.7	120.0	46.0
昭和21年	1947	205.4	62.5	84.2	31.4	123.8	44.2
昭和25年	1950	140.5	60.1	64.1	27.4	216.7	84.9
昭和30年	1955	68.5	39.8	38.6	22.3	183.2	95.8
昭和35年	1960	49.3	30.7	27.3	17.0	179.3	100.4

续表

年份	乳儿死亡数/千人	乳儿死亡率/‰	新生儿亡数/千人	新生儿亡率/‰	死产数/千人	死产率/‰
昭和 40 年　1965	33.7	18.5	21.3	11.7	161.6	81.4
昭和 45 年　1970	25.4	13.1	16.7	8.7	135.1	65.2
昭和 50 年　1975	19.1	10.8	12.9	7.1	101.9	50.8
昭和 55 年　1980	11.8	7.5	7.8	4.9	77.4	46.8
昭和 60 年　1985	7.9	5.5	4.9	3.4	69.0	46.0
平成 2 年　1990	5.6	4.6	3.2	2.6	53.9	42.3
平成 7 年　1995	5.1	4.3	2.6	2.2	39.4	32.1
平成 12 年　2000	3.8	3.2	2.1	1.8	38.4	31.2
平成 17 年　2005	3.0	2.8	1.5	1.4	31.8	29.1
平成 22 年　2010	2.5	2.3	1.1	1.1	26.6	24.2
平成 27 年　2013	2.2	2.1	1.0	1.0	24.1	22.9

资料来源：[日] 厚生労働省. 平成 25 年我が国の人口動態. 2014—10

进入平成时期以后，死亡率逐渐呈现上升的趋势，死亡率由 1989 年的 6.4‰，增至 1990 年的 6.6‰，2000 年又上升到 7.6‰，总的趋势是不断上升。其主要原因是与平均预期寿命[①]的提高密切相关。20 世纪 20 年代前半期，日本男子和女子的平均预期寿命分别仅为 42.06 岁和 43.20 岁（见表 4—6），比西欧、北美的美国和加拿大大约低 17 岁。但到了 1980 年分别提高到 73.75 岁和 78.76 岁，分别居世界第一位和第二位，1998 年又进一步达到 77.16 岁和 84.01 岁，已双双位居世界首位，而且一直保持逐年递增的趋势，充分表明日本是世界上人口死亡率水平最低的国家。不少欧美国家的死亡率已先后从低点回升，日本自昭和末期也开始出现这种现象，尤其是进入平成前期以后尤其明显。平均预期寿命的不断提高导致老年人口增加，引起人口年龄结构老化，从而使死亡率逐渐上升。

表 4—6　　　　　平均预期寿命的变化（1891—2015 年）

年份	男子/岁	女子/岁	年份	男子/岁	女子/岁
明治 24—31 年　1891—1898	42.80	44.30	昭和 45 年　1970	69.33	74.71
明治 32—36 年　1899—1903	43.97	44.85	昭和 50 年　1975	71.73	76.89
明治 42—大正 2 年　1909—1913	44.25	44.73	昭和 55 年　1980	73.75	78.76
大正 10—14 年　1921—1925	42.06	43.20	昭和 60 年　1985	74.78	80.48
昭和 1—5 年　1926—1930	44.82	46.54	平成 2 年　1990	75.92	81.90
昭和 10—11 年　1935—1936	46.92	49.63	平成 7 年　1995	76.40	82.80
昭和 22 年　1947	50.06	53.96	平成 12 年　2000	77.64	84.62
昭和 25—27 年　1950—1952	59.97	62.97	平成 17 年　2005	78.53	85.49

---

① 平均预期寿命是人口死亡率分析中的一个重要指标，是从分年龄死亡率中计算出来的，因而不受某时期人口年龄结构的影响，实际上反映了某时期分年龄死亡率的综合水平。平均预期寿命的实际含义是假定某时期一批人的平均死亡年龄，而不是某时期真实人口或该时期死亡人口的平均预期寿命，它只代表该时期的死亡水平。

续表

年份	男子/岁	女子/岁	年份	男子/岁	女子/岁
昭和30年 1955	63.30	67.75	平成22年 2010	78.51	86.41
昭和35年 1960	65.32	70.19	平成27年 2015	80.22	87.08
昭和40年 1965	67.74	72.92			

注：2010年和2015年的平均预期寿命是推测值。

资料来源：[日] 人口問題協議会编. 日本人口の動向——静止人口をめざして [M]. 東京：大蔵省印刷局，1974；[日] 人口問題審議会、厚生省大臣官房政策課、厚生省人口問題研究所编. 日本の人口・日本の社会（昭和63年版）[M]. 東京：東洋経済新報社，1988；[日] 日本国立社会保障・人口問題研究所. 日本の将来推計人口（平成18年版）[M]. 東京：厚生統計協会，2006.

4.3.2 生命表的推算

生命表（the life table）中以人口统计、出生统计和死亡统计作为基本的资料，通过某时期年龄别死亡率推导出各年龄的死亡概率，依据死亡概率秩序的一系列假定显示一定的生存人数全过程，其表现形式由有关死亡的年龄秩序的一系列函数构建而成。根据生命表可以计算平均预期寿命，摆脱年龄构成的影响，综合地反映了人口的死亡水平，对于人口的死亡现象的统计研究而言是极其重要的。

编制生命表有各种方法，其代表的方法有里德—梅里尔（Reed - Merrell）法、格雷维尔（Greville）法、蒋（Chiang）法及凯菲茨—弗朗恩索（Keyfitz - Frauenthal）法等。

洛克·J. 里德（Lowell J. Reed）和马格里特·梅里尔（Margaret Merrell）1939年曾对美国的实际生命表进行了深入的统计研究，认为标准的指数函数不能精确地描述人口死亡过程，因而根据积累的经验对指数函数进行了修正，提出了将实际统计的年龄别死亡率（$_nm_x$）转换为死亡概率（$_nq_x$）的公式：

$$_nq_x = 1 - e(-n_nm_x - an_n^3m_x^2) \tag{4—1}$$

上式中，n 为年龄区间长度，a 为常数，其值为 0.08。该方法较简便，被广泛应用于建立生命表。

汤玛斯·格雷维尔（Thomas Greville）4年之后提出了将年龄别死亡率（$_nm_x$）转换成相应的简略生命表（abridged life of table）死亡概率（$_nq_x$）的著名表达式：

$$_nq_x = \frac{_nm_x}{\frac{1}{n} + _nm_x\left[\frac{1}{2} + \frac{n}{12}(_nm_x - Inc)\right]} \tag{4—2}$$

上式中，Inc 是常量，它的值通常为 0.09。这种方法与里德—梅里尔法相比，可以说更具有被应用的普遍性。

蒋（Chiang）法则用内插法将年龄别死亡率（$_nm_x$）转换为死亡概率（$_nq_x$），其公式为：

$$_nm_x = \frac{N_nq_x}{N(1 - _nq_x)n + N_nq_xn_na_x} \tag{4—3}$$

简化为：

$$_nm_x = \frac{_nq_x}{n - (1 - _na_x) \, n \, _nq_x} \tag{4—4}$$

求解 $_nq_x$ 得：

$$_nq_x = \frac{n \, _nm_x}{1 + n (n - _na_x) \, _nm_x} \tag{4—5}$$

这里 $_na_x$ 表示在 x 岁到 $x+n$ 岁区间，死亡的人平均活的区间层数。

与里德—梅里尔（Reed – Merrell）法和格雷维尔（Greville）法相比，较普及的方法还有凯菲茨—弗朗恩索（Keyfitz – Frauenthal）法。该方法的公式：

$$_nq_x = 1 - e[-n(_5m_x + c)] \tag{4—6}$$

$$c = \frac{1}{48 \, _nP_x} (_nP_x - _nP_{x+n})(_nm_{x+n} - _nm_{x-n}) \tag{4—7}$$

上式中，$_nq_x$ 为在年龄区间 $x \sim x+n$ 的人口数，$_nm_x$ 为年龄区间 $x \sim x+n$ 的死亡率。这种方法得出的数值精确度较高。

以上考察了其代表的简略生命表①做成法。在此用格雷维尔法推算 1930 年（昭和 5 年）日本男性和女性简略生命表。首先根据各个时期的人口抽样调查或全国人口普查的年龄别死亡数、年中人口数求得年龄别死亡率，计算公式为：

$$m_x = \frac{D_x}{P_x} \tag{4—8}$$

上式中，m_x 为年龄别死亡率；D_x 为 X 岁 1 年期间的死亡数；P_x 为年龄 X 岁的年中央人口数。然后采用格雷维尔（greville）法将年龄别死亡率转换为死亡概率（$_nq_x$）的公式（参照 4—2 式）。

求得存活人数（l_x）和死亡人数（$_nd_x$），如下是其一系列公式：

$$d_0 = 100\,000 \cdot q_x$$
$$I_1 = I_0 - d_0$$
$$_4d_0 = I_0 \cdot _4q_0$$
$$I_5 = I_1 - _4d_1$$
$$_5d_5 = I_5 \cdot _5q_5$$
$$I_x = I_{x-5} - _5d_{x-5}$$
$$I_{x+5} = I_x - _5d_x \tag{4—9}$$

以下求得存活概率（$_nP_x$）、生存人年（$_nL_x$）以及 X 岁以上生存人年总计（T_x），其公式分别为：

$$_nP_x = \frac{I_{x+5}}{I_x} \tag{4—10}$$

$$_nL_x = \frac{_nd_x}{_nm_x} \tag{4—11}$$

---

① 简略生命表（abridged life table）以一年期间出生 10 万人作为假定，通过某时期年龄别死亡率（通常按 5 岁年龄组划分）导出各年龄的死亡概率，依据死亡概率秩序推算死亡概率、尚活人数、死亡人数、平均人生存年数、总人年数以及平均预期寿命等一系列函数。

$$T_x = \sum {}_nL_x = {}_nL_x + T_{x+n} \tag{4—12}$$

最后根据下述公式求得平均预期寿命 $\overset{0}{e}_x$，即

$$\overset{0}{e}_x = \frac{T_x}{I_x} = \frac{\int_0^\omega I_x d_x}{I_x} \tag{4—13}$$

根据以上一系列公式分别推算1930年（昭和5年，见表4—7）、1950年（昭和25年）、1970年（昭和45年）、1984年（昭和59年）和2000年（平成12年）日本男性和女性简略生命表，由此算出死亡概率[①]、死亡人数、平均预期寿命等诸函数。

表4—7　　　　　1930年（昭和5年）日本人简略生命表

年龄 x/岁	中心年龄别死亡率 ${}_nm_x$	死亡概率 ${}_nq_x$	尚存人数 l_x	死亡人数 ${}_nd_x$	存活概率 ${}_np_x$	平均生存人年数 ${}_nL_x$	总人年数 T_x	平均预期寿命 e_x^0
男子								
0~4	0.047 10	0.172 61	100 000	17 261	0.827 39	366 466	4 695 552	46.955
5~9	0.004 10	0.020 31	82 739	1 680	0.979 69	409 797	4 329 055	52.322
10~14	0.002 70	0.013 42	81 059	1 087	0.986 58	402 775	3 919 258	48.351
15~19	0.007 30	0.035 89	79 972	2 870	0.964 11	393 178	3 516 483	43.972
20~24	0.009 20	0.045 03	77 102	3 472	0.954 97	377 412	3 123 305	40.509
25~29	0.007 80	0.038 30	73 629	2 820	0.961 70	361 579	2 745 893	37.293
30~34	0.007 00	0.034 44	70 809	2 439	0.965 56	348 371	2 384 314	33.672
35~39	0.007 90	0.038 79	68 370	2 652	0.961 21	335 676	2 035 943	29.778
40~44	0.010 20	0.049 81	65 719	3 274	0.950 19	320 953	1 700 267	25.872
45~49	0.014 30	0.069 18	62 445	4 320	0.930 82	302 106	1 379 314	22.088
50~54	0.020 00	0.095 50	58 125	5 551	0.904 50	277 556	1 077 208	18.533
55~59	0.028 80	0.134 79	52 574	7 086	0.865 21	246 056	799 652	15.210
60~64	0.043 40	0.196 51	45 487	8 939	0.803 49	205 958	553 596	12.170
65~69	0.061 90	0.268 87	36 549	9 827	0.731 13	158 752	347 638	9.512
70~74	0.096 40	0.387 99	26 722	10 368	0.612 01	107 552	188 887	7.069
75~79	0.138 30	0.508 58	16 354	8 317	0.289 53	60 140	81 335	4.973
80≤	0.223 40	1.000 00	4 735	4 735	0.000 00	21 195	21 195	4.476
女子								
0~4	0.042 60	0.157 41	100.000	15 741	0.842 59	369 512	4 856 735	48.567
5~9	0.004 40	0.021 78	84 259	1 835	0.978 22	417 034	4 487 222	53.255
10~14	0.003 80	0.018 83	82 424	1 552	0.981 17	408 517	4 070 189	49.381
15~19	0.008 70	0.042 64	80 871	3 448	0.957 36	396 321	3 661 672	45.278
20~24	0.010 10	0.049 34	77 423	3 820	0.950 66	378 204	3 265 350	42.175
25~29	0.008 90	0.043 60	73 604	3 209	0.956 40	360 538	2 887 147	39.226

[①] 死亡概率 ${}_nq_x$ 通常表示的是死亡的机会和可能性。x 岁人口在 x 岁到 $x+1$ 岁之间死亡的概略率 ${}_nq_x$ 等于死亡人数 d_x 除以 x 岁尚存人数 l_x，表示在 x 岁人数 l_x 中，死于 x 岁到 $x+1$ 岁之间人数 d_x 占 x 岁人数的比例。

续表

年龄 x/岁	中心年龄别死亡率 $_nm_x$	死亡概率 $_nq_x$	尚存人数 l_x	死亡人数 $_nd_x$	存活概率 $_np_x$	平均生存人年数 $_nL_x$	总人年数 T_x	平均预期寿命 e_x^0
30～34	0.008 60	0.042 16	70 395	2 968	0.957 84	345 059	2 526 609	35.892
35～39	0.009 20	0.045 03	67 427	3 037	0.954 97	330 056	2 181 550	32.354
40～44	0.009 70	0.047 43	64 391	3 054	0.952 57	314 830	1 851 494	28.754
45～49	0.010 40	0.052 20	61 337	3 202	0.947 80	299 210	1 536 663	25.053
50～54	0.013 70	0.066 37	58 135	3 859	0.933 63	281 644	1 237.454	21.286
55～59	0.018 70	0.089 56	54 277	4 861	0.910 44	259 954	955 810	17.610
60～64	0.028 10	0.131 72	49 416	6 509	0.868 28	231 645	695 856	14.082
65～69	0.042 40	0.192 41	42 907	8 256	0.807 59	194 712	464 211	10.819
70～74	0.069 60	0.297 17	34 651	10 297	0.702 83	147 948	269 499	7.778
75～79	0.106 50	0.419 32	24 354	10 212	0.194 43	95 887	121 551	4.991
80≤	0.184 50	1.000 00	4 735	4 735	0.000 00	25 664	25 664	5.420

注：根据日本厚生省的人口动态统计资料进行的推算。

资料来源：[日] 厚生省. 人口動態統計

4.3.3 从生命表来观察死亡水平

生命表作为人口现象的最基本模式以实际统计的年龄别死亡率作为基础，依据静止人口理论计算生存和死亡概率等诸函数，因而生命表反映了现实的死亡水平。在此主要根据推算的简略生命表的诸函数来考察日本人口现象中的死亡变化。

4.3.3.1 平均预期寿命(e_x^0)水平

平均预期寿命是生命表的重要指标之一。它综合反映全体人口的死亡水平，消除了实际人口年龄构成的影响，并兼顾总死亡率和年龄别特殊死亡率；正面反映人的寿命长短，因而对现实死亡水平的统计研究而言是极其重要的。它常用于对同一人口的不同时期的寿命进行比较分析。

根据日本人简略生命表的推算，平均预期寿命从1930年到1950年呈迅速上升趋势，男性的平均预期寿命从46.96岁增加到57.15岁，女性的平均预期寿命从48.57岁增加到59.89岁，其增长幅度极为迅速。20世纪70年代由于医疗水平和经济水平的提高，平均预期寿命继续呈现快速增长趋势，到1984年，男性的平均预期寿命上升到74.14岁，女性则增至80.20岁，随着平均预期寿命的增大，男女寿命的差距逐渐扩大，由1970年的5.39岁升至1984年的6.06岁。而2011年与1984年相比其增加幅度较为明显，男子和女子的平均预期寿命则分别上升到78.64岁和86.41岁。总体而言，日本人口平均预期寿命水平一贯呈现上升趋势，特别是30年代到70年代中期极其明显，之后，其增长倾向逐渐趋于缓慢态势。

平均预期寿命曲线的变化如图4—8、图4—9所示，20世纪50年代初期是显著的。从1930年和1950年的两条平均预期寿命曲线来看，男性在0～49岁年龄组1950年的平均预期寿命明显超过1930年，特别是0～9岁婴幼儿组的增长幅度较大，70岁以上老年组与1930年相比偏高。在女性组中，50岁以下年龄组的平均预期寿命都有所上升，其中0～24岁年龄组的增长幅度较大。平均预期寿命的增长主要归功于医疗、医药水平的进步和生活水平的提高。到了70年代初期以后，这种平均预期寿命曲线如图所示变化更大，在1970年和1984年，几乎所有年龄阶层的平均预期寿命均提高很快。

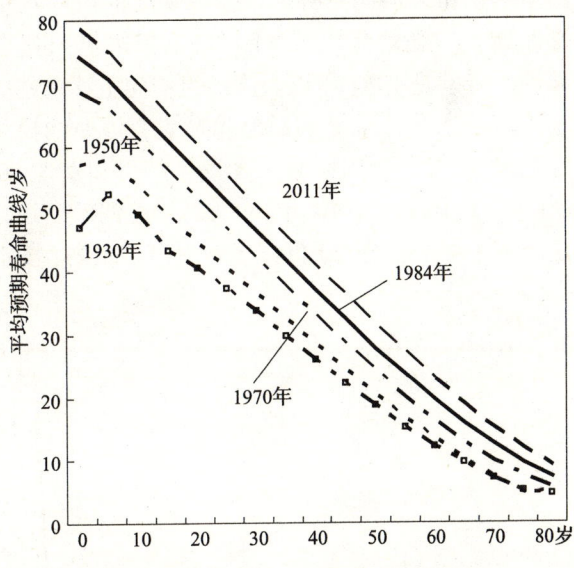

图4—8　日本男子平均预期寿命曲线的变化

资料来源：根据笔者推算的简略生命表绘图。

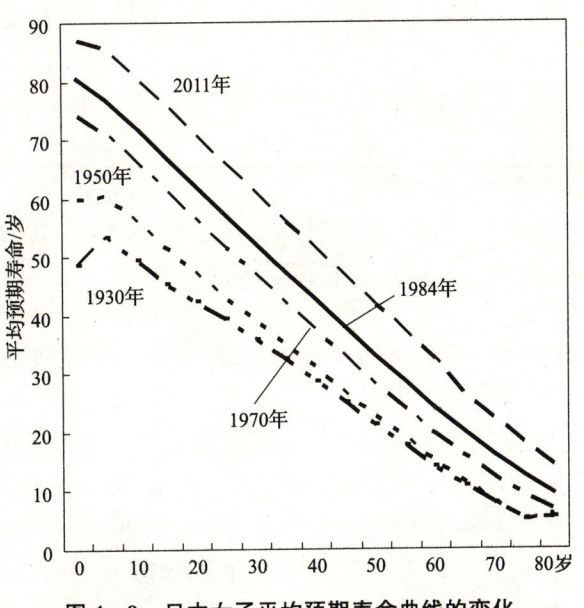

图4—9　日本女子平均预期寿命曲线的变化

资料来源：根据笔者推算的简略生命表绘图。

从 2011 年的平均预期寿命来看，男性和女性都明显高于 1984 年的曲线水平。近年来，尽管日本经济低迷，但国民生活水平仍保持在世界先进水平，良好的医疗卫生条件和各种福利趋向健全化。在这种状况下，日本人口平均预期寿命曲线的上升趋向明显，始终保持世界的领先水平，尤其是女子的平均预期寿命多年来一直保持了世界最高水平。

4.3.3.2　死亡人数（$_nd_x$）曲线的变化

死亡人数曲线如图 4—10 和图 4—11 所示，随着现代的医疗水平发展和营养水平的提高，平均预期寿命逐渐增长，乳幼儿以及 10 岁以下年龄组的死亡人数曲线向下方移动，高龄组则向上方移动，特别是 1984 年以后高龄组的向上移动趋势较为明显。1930 年的死亡人数曲线依据于人口动态统计推算的简略生命表，该曲线模式图中，男乳儿死亡人数和女乳儿死亡人数都很高。而且男性 30~54 岁年龄组和女性 10~49 岁年龄组的死亡人数曲线都高于 1950 年、1970 年、1984 年和 2011 年的四条曲线，显示了最高的死亡水平。其异常的高死亡现象主要是由于 20 世纪 30 年代初期医疗技术水平低和营养水平的低下引起的。

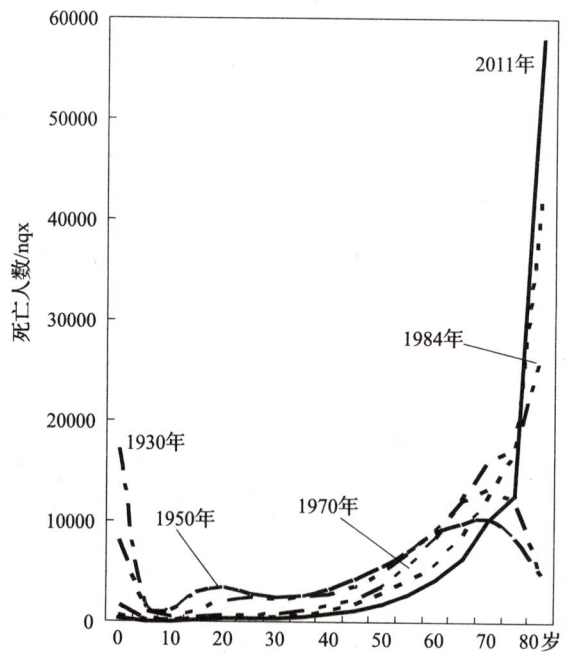

图 4—10　日本男子生命表死亡人数（ndx）曲线的变化

资料来源：根据笔者推算的简略生命表绘图。

而 1970 年的死亡人数曲线与 1950 年的曲线模式不同，男女乳儿死亡数都迅速下落。男性和女性死亡人数在 10~59 岁年龄组变化不大，而 60 岁以上年龄组的死亡人数明显高于 1950 年的死亡人数。1984 年的死亡人数曲线中，男性 40~64 岁年龄组死亡人数和女性 40~69 岁年龄组的死亡人数大大低于 1950 年和 1970 年的曲线模式，特别是女性的下落趋势较为明显。换言之，女性死亡人数曲线模式已达到现代化死亡水平。

第4章 人口动态、人口政策及其经济分析

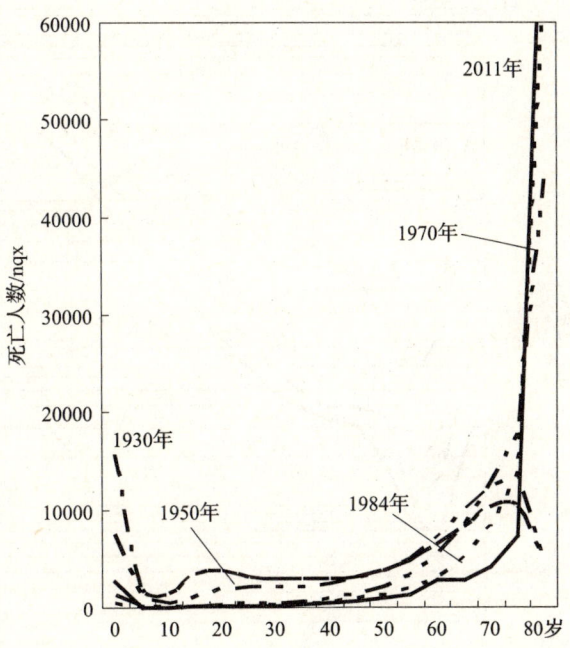

图4—11 日本女子生命表死亡人数（ndx）曲线的变化

资料来源：根据笔者推算的简略生命表绘图。

2011年的死亡人数曲线趋势与1984年相比男性40~69岁组死亡人数大幅度减退，女性死亡人数除0~4岁的乳幼儿组、5~14岁儿童与青少年组以及70岁以上老年组外均相对变化较大。而2011年的死亡人数曲线模式与1984年的曲线模式有所不同，男性的死亡水平基本上趋向一致，女性的死亡人数曲线模式变化较大，55~79岁组死亡人数迅速下落，而80岁以后老年组的死亡人数则略有上升趋势。

4.3.3.3 死亡概率（$_nq_x$）曲线的变化

以下观察死亡概率曲线的变化。首先看1930年和1950年的两条曲线模式，如图4—12和图4—13所示，男性的死亡概率在5~9儿童组、10~14岁青少年组以及30~64岁青壮年组中，1950年死亡概率曲线向1930年曲线的下方大幅度移动，女性10~59岁年龄组同样显示了下降趋势。而65岁以上的老年组的死亡概率1950年略低于1930年的死亡水平。

然而，20世纪70年代初期的死亡概率曲线与以前的趋向相比变化较大。1970年的死亡概率曲线在男性20~50岁年龄组大幅度下落，女性则在15~54岁年龄组同样明显减退，而老年组的下降趋势也比较显著。从1984年的死亡概率曲线来看，男子所有年龄组都显示了减退的趋势，特别是15~44岁年龄组尤其明显。女性在总体上也大致显示了同样的下落趋势。而2011年死亡概率曲线与1984年的曲线模式相比，男子所有年龄组都继续显示了下落的趋势，女子组在0~24岁年龄组基本上停留在1984年的死亡概率曲线水平，而30~59岁以及64岁以上年龄组则呈现较大幅度的下降趋势。

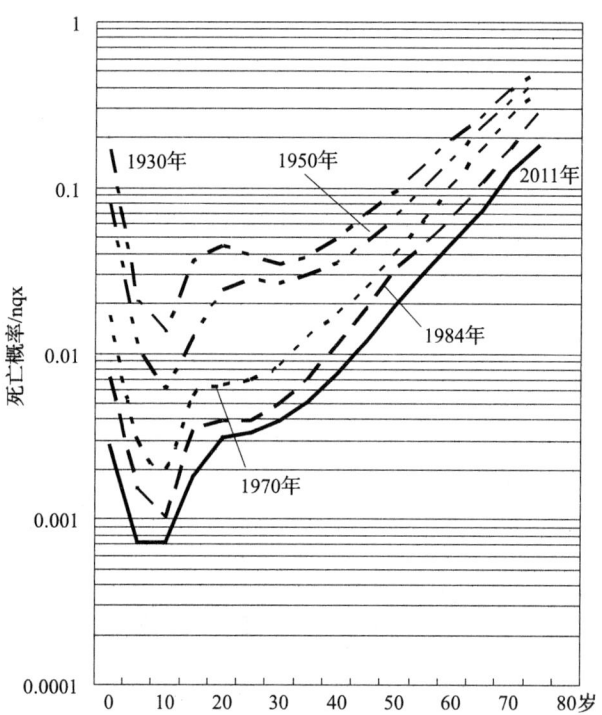

图 4—12　日本男子生命表死亡概率（nqx）曲线的变化

资料来源：根据笔者推算的简略生命表绘图。

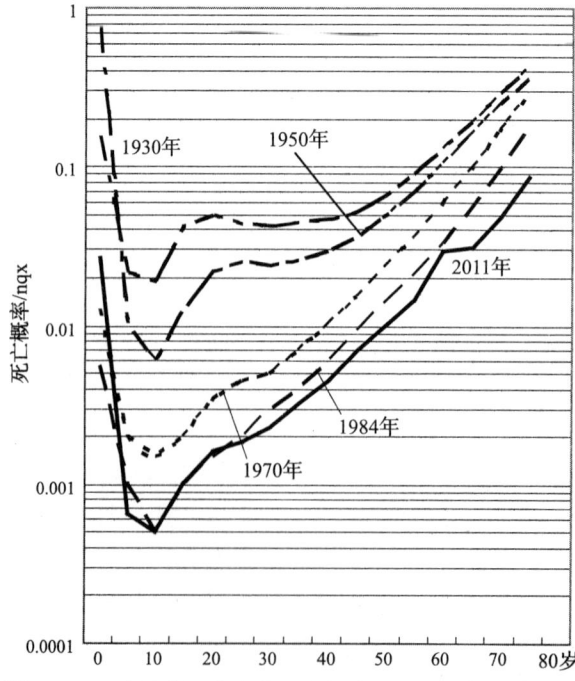

图 4—13　中国女子生命表死亡概率（nqx）曲线的变化

资料来源：根据笔者推算的简略生命表绘图。

总之，日本人口的死亡概率在 20 世纪 30 年代很高。主要是由于医疗技术水平和营养水平偏低引起的。50 年代末以后，随着经济的高速发展、国民生活水平的提高以及医疗、医药技术的进步，使死亡率得到明显改善。

4.3.4 死亡率转变的经济因素

就死亡率转变的宏观因素而言，经济学家和人口学家们有各种不同的见解。阿尔弗雷德·索维（Alfred Sauvy）在《人口通论》一文指出，死亡率转变的原因主要是一般的经济水平，特别是低收入阶层的经济水平、广义的遗传因素以及社会的医疗服务等。托马斯·麦肯温（Thomas Mckeown）则认为，随着经济的发展，生活水平的上升和营养的改善对于死亡率的减退以及平均预期寿命的延长的贡献是巨大的。塞缪尔·H·普雷斯顿（Samuel·H·Preston）在 1975 年发表的《死亡率与经济发展水平的变化关系》一文中，把人均收入水平作为衡量经济发展水平的主要标志，通过 20 世纪初期的发达国家与 20 世纪 30 年代和 60 年代发达国家和发展中国家的人均国民收入与平均预期寿命[①]的比较研究，提出国民收入水平与死亡率[②]下降有密切关系，即人均收入水平和死亡率水平具有反向关系，人均水平高则死亡率水平低；反之，人均水平低则死亡率水平高。历史经验表明，这个结论大体上是正确的，但随着经济的发展和时间的推移，人均收入和死亡率之间的反向关系已有所消弱，应作适当的修正：当高收入水平已经伴随着人口老龄化的加速，死亡率往往有所回升，这种变化趋势从北欧、西欧和日本等许多发达国家可以得到验证。而河野稠果则在《世界人口》一文中提出，通过发达国家和不发达国家的死亡率与平均预期寿命的比较研究，死亡率转变主要归功于国民生活水平的提高、医疗技术的发展以及公共卫生事业的扩展。事实上，国民生活水平的提高是一个广义的概念，它包括食物供给条件的改善、教育水平的提高和医疗技术的进步，本质上得益于经济发展水平的不断提高。总之，他们在考察死亡率转变模式时，重视人均国民生产总值或人均国民收入同死亡率的关系，把人均收入水平作为衡量经济发展水平的主要标志，从不同的角度论述了经济水平的提高等因素对死亡率转变模式的影响。

显然死亡率作为人口变动的一个重要变量，无疑会受到经济因素的影响。从宏观人口经济学的角度来看，经济发展的现代化是实现死亡模式转变的重要条件。通常在考察死亡率转变时，除了探讨经济发展与死亡率下降的因果关系外，还很重视人均国民生产总值与平均预期寿命的关系，并认为人均收入水平和平均预期寿命水平具有正向关系，这种经验可以从图 4—14 得到验证。图中的横轴和纵轴分别是 1999 年世界各国的人均国民生产总值和平均预期寿命，可以说随着人均收入的增长平均预期寿命呈现上升趋势，特别是日本、美国和欧洲的大部分国家尤其如此。日本的人均国民生产总值如图 4—14

---

① [日]大淵寬，森岡仁. 経済人口学 [M]. 東京：新評論，1981.
② 平均预期寿命是人口死亡率分析中的一个重要指标，是从分年龄死亡率中计算出来的，因而不受某时期人口年龄结构的影响，实际上反映了某时期分年龄死亡率的综合水平。平均寿命的实际含义是假定某时期一批人的平均死亡年龄，而不是某时期真实人口或该时期死亡人口的平均预期寿命，它只代表该时期的死亡水平。

所示，属于高等收入国的水平。平均预期寿命位于回归线的右下方。平均预期寿命的延伸主要归结为经济发展水平的不断提高。

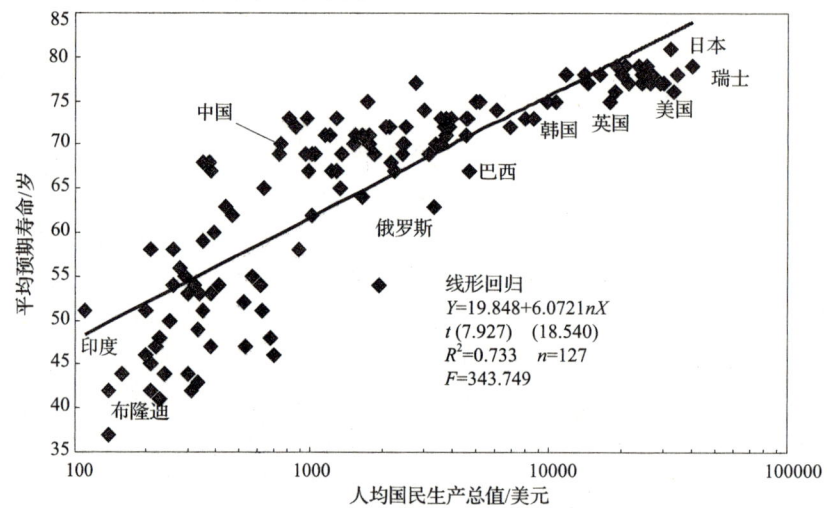

图 4—14　世界各国的人均国民生产总值和平均预期寿命

资料来源：[日]矢野恒太記会编.世界国勢図会（2001/2002 年版）[M]. 東京：国勢社，2001；世界银行. 世界发展报告（2000/2001 年版）[M]. 北京，中国财政经济出版社，2001.

其次，从日本死亡率减退的趋势来看，大体上是从 1918 年（大正 7 年）开始的，而死亡率下降和经济增长和发展的重要指标人均国民生产总值有相关性。图 4—15 以 1918—

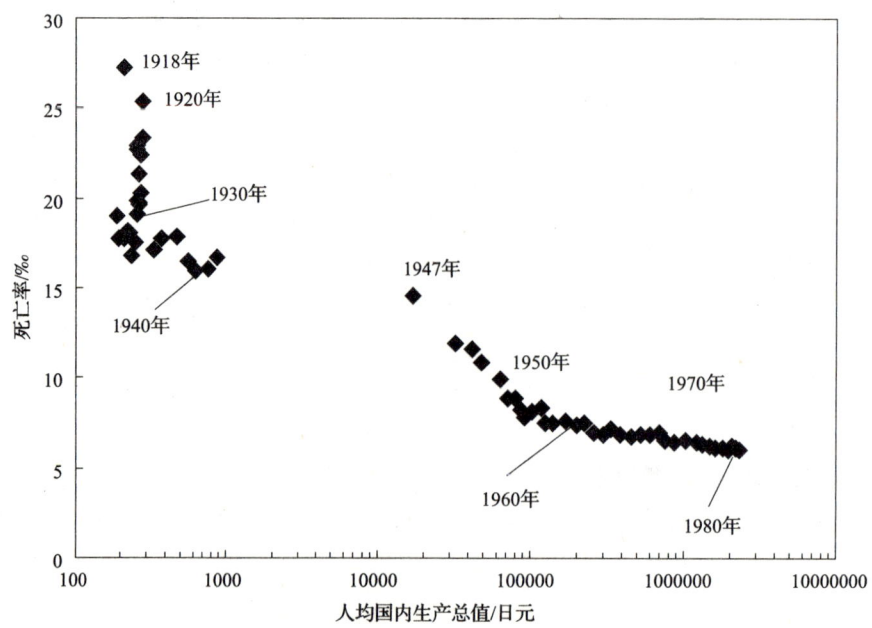

图 4—15　死亡率与国内生产总值 I

资料来源：[日]日本内阁府. 日本历年国内生产总值 GDP 及人均 GDP 一览（1950—2013 年）. 百度快照，2014-5；[英]B. R. 米切尔编. 帕尔格雷夫世界历史统计·亚洲、非洲和大洋洲卷（1790—1993）[M]. 北京：经济科学出版社，2002.

1980 年人均国民生产总值增长和同期的死亡率为变量,描绘出这一时期两者变化趋势的散点图,死亡率随人均国民生产总值增长而大致呈现逐渐减退趋势。但 1981 年以后尽管人均国民生产总值有所提高,死亡率却呈现逐渐上升趋势,这主要是由于人口老龄化的加速引起的,导致人均收入对死亡率的影响有所减弱,如图 4—16 所示。

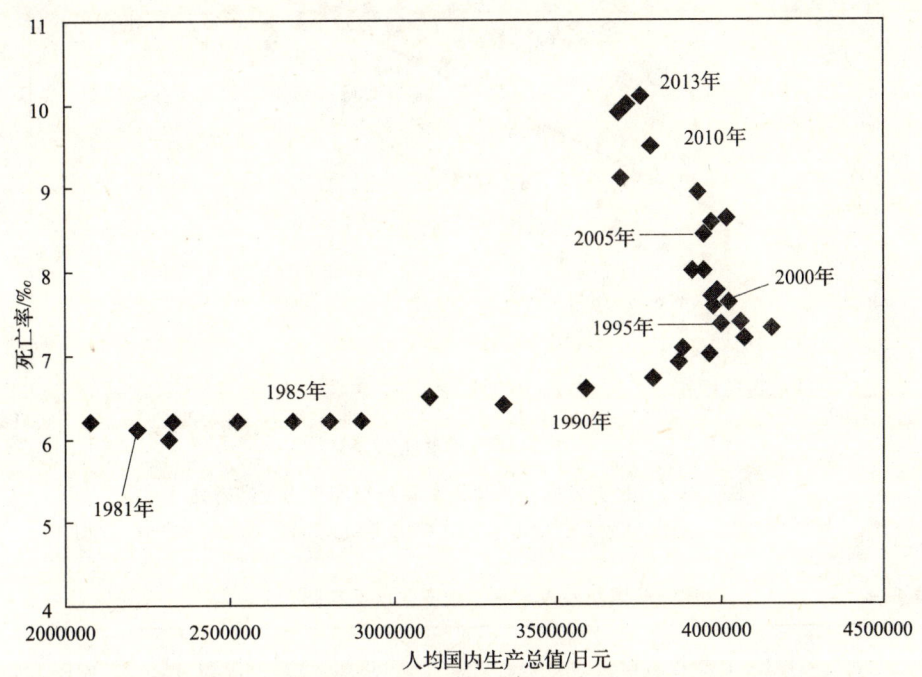

图 4—16 死亡率与国内生产总值 II

资料来源:[日] 日本内阁府. 日本历年国内生产总值 GDP 及人均 GDP 一览(1950—2013 年). 百度快照, 2014 - 5;[英] B. R. 米切尔编. 帕尔格雷夫世界历史统计·亚洲、非洲和大洋洲卷(1790—1993)[M]. 北京:经济科学出版社,2002;百度文库. 日本人口统计数据 1872—2009, 2011—09.

对于死亡率的下降而言,经济发展的直接作用,在于人们的生活水平随经济增长而不断提高,尤其是食物供给等营养水平的不断提高起了重要的作用。一般来说,随着经济的发展,人们的营养水平越高,人口死亡率则相对较低,两者呈负相关关系。据日本矢野恒太纪念会 1995 年《世界国势图会》的统计,1986 年日本每人每天食物热值为 2 669 大卡,处于世界中上等水平。20 世纪 90 年代初期以后,日本每人每天食物热值有所上升,到 1999 年,增至 2 782 大卡(见图 4—17),尽管低于美国、德国和英国等发达国家,但超过了菲律宾、泰国等亚洲国家的水平,营养水平的提高是导致低死亡率的主要因素。

经济因素对死亡率转变的影响,还可以从城市化的差异得到验证。由于城市化的发展通常伴随着工业化、市场化和现代化的发展,因而往往被看作经济发展的重要标志。从世界城市化水平差距较大的国家来看(见表 4—8),人均国民生产总值、城市化水平和死亡率水平呈现反向关系,城市化水平高的高收入国家往往死亡率较低,城市化较低的中、低收入国家往往死亡率水平较高;日本属于高收入国家,城市化水平明显高于美

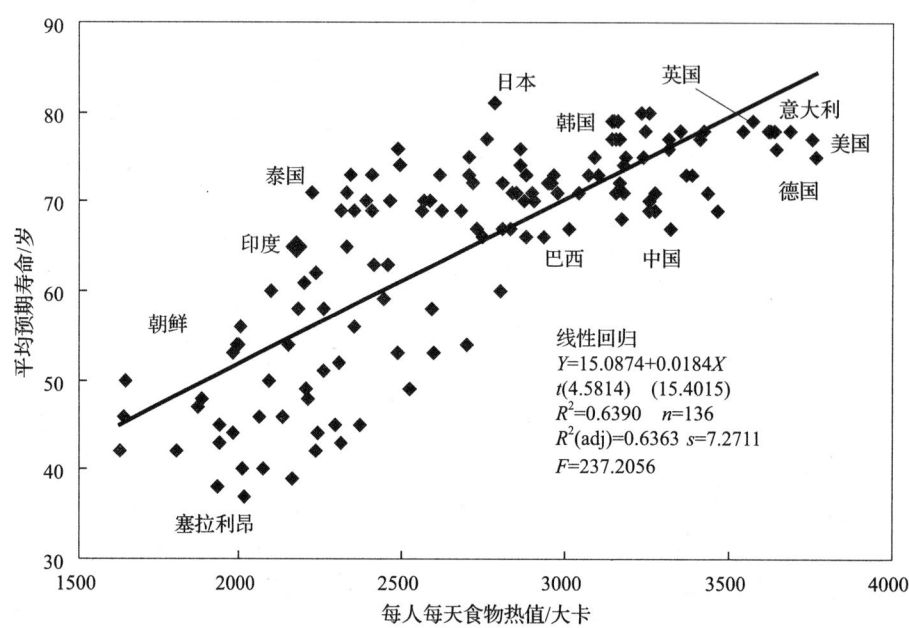

图 4—17　世界各国每人每天食物热值和平均预期寿命

资料来源：[日] 矢野恒太记会编. 世界国势图会（2001/2002 年版）[M]. 东京：国势社，2001.

表 4—8　　　　　世界一些国家收入水平、城市化水平和死亡率水平

国别	人均国民生产总值/美元 2013	城市人口占总人口比重/% 2012	死亡率水平/‰ 2012	国别	人均国民生产总值/美元 2013	城市人口占总人口比重/% 2012	死亡率水平/‰ 2012
日本	47 096	91.73	10.0	印度	1 709	31.66	20.7
德国	41 332	74.07	10.8	中国	6 644	49.70	7.1
意大利	31 952	68.58	10.3	巴西	12 643	84.87	6.4
英国	39 844	79.76	8.9	尼日利亚	1 731	50.23	13.5
法国	40 272	86.26	8.7	卢旺达	562	19.42	7.3
美国	51 056	82.63	8.1	布隆迪	180	13.06	11.2
加拿大	52 088	80.77	7.2	乌干达	501	16.00	9.5

注：卢旺达、布隆迪和乌干达的人均国内生产总值均为 2011 年的数字，中国的城市人口占人口比重为 2010 年的数字。

资料来源：王洛林，李向阳. 2013 年世界经济形势分析与预测 [M]. 北京：社会科学文献出版社，2013；国家统计局编. 国际统计年鉴（2013 年版）[M]. 北京：中国统计出版社，2013.

国、德国、法国等高收入国家，也高于世界城市化的平均水平，但死亡率相对较低，其主要原因是与发达的经济和医疗技术的高水平密切相关的。但由于日本老龄化的加速，死亡率可能会继续上升，高于发达国家的平均水平，这种变化趋势是不可避免的。

4.4 结婚和离婚率

明治以来,日本的结婚件数开始逐渐上升,到1920年(大正9年)突破了50万件(见表4—9),随后继续缓慢上升,到第二次世界大战后的1947年、1948年(昭和22年、昭和23年)迎来了第1次婚姻高峰(见图4—18),以后开始急剧减少,1950年以后呈现逐渐增加的倾向,1970年(昭和45年)迎来了第2次婚姻高峰,1972年(昭和47年)达到了创历史纪录的110万件。1973年以后结婚件数呈现减少的趋势,1988年又开始增加。1994年(平成6年)以后结婚件数呈现较平缓的波动态势,2002年(平成14年)以后开始持续减少,2012年略有增加,但2013年(平成25年)再次减退,成为战后以来历史的最低纪录。

表4—9　　　　　　　　　　　婚姻率、离婚率和平均初婚年龄

年份		结婚件数/千件	结婚率/‰	离婚件数/千件	离婚率/‰	平均初婚年龄/岁	
						男子	女子
明治33年	1900	346.5	7.9	63.8	1.46	—	—
明治38年	1905	350.9	7.5	65.4	1.29	—	—
明治43年	1910	441.2	9.0	59.4	1.21	27.0	23.0
大正4年	1915	433.6	8.4	59.9	1.14	—	—
大正9年	1920	546.2	9.8	55.5	0.99	27.4	23.2
大正14年	1925	521.4	8.7	51.7	0.87	27.1	23.1
昭和5年	1930	506.7	7.9	51.2	0.80	27.3	23.2
昭和10年	1935	556.7	8.0	48.5	0.70	27.8	23.8
昭和15年	1940	666.6	9.3	48.6	0.68	29.0	24.6
昭和22年	1947	934.2	12.0	79.6	1.02	26.1	22.9
昭和25年	1950	715.1	8.6	83.4	1.01	25.9	23.0
昭和30年	1955	714.9	8.0	75.3	0.84	26.6	23.8
昭和35年	1960	866.1	9.3	69.4	0.74	27.2	24.4
昭和40年	1965	954.9	9.7	77.2	0.79	27.2	24.5
昭和45年	1970	1 029.4	10.0	95.9	0.93	26.9	24.2
昭和50年	1975	941.6	8.5	119.1	1.07	26.8	24.7
昭和55年	1980	774.7	6.7	141.7	1.22	27.8	25.2
昭和60年	1985	735.9	6.1	166.1	1.39	28.2	25.5
平成2年	1990	722.1	5.9	157.6	1.28	28.6	25.9
平成7年	1995	791.8	6.4	199.0	1.60	—	—
平成12年	2000	798.1	6.4	264.2	2.10	28.8	27.0
平成17年	2005	714.3	5.7	261.9	2.08	30.0	28.5
平成22年	2010	700.2	5.5	251.2	1.99	30.5	28.8
平成27年	2013	660.3	5.3	231.4	1.84	30.9	29.3

资料来源:[日]厚生劳働省.平成25年我が国の人口動態,2014—10;[日]人口問題協議会编.日本の人口·日本の社会.(昭和63年版)[M].東京:東洋経済新報社,1988;陈珂婧.日本结婚人数又创新低 女性初婚年龄达29岁[N].广州日报,2014—6.

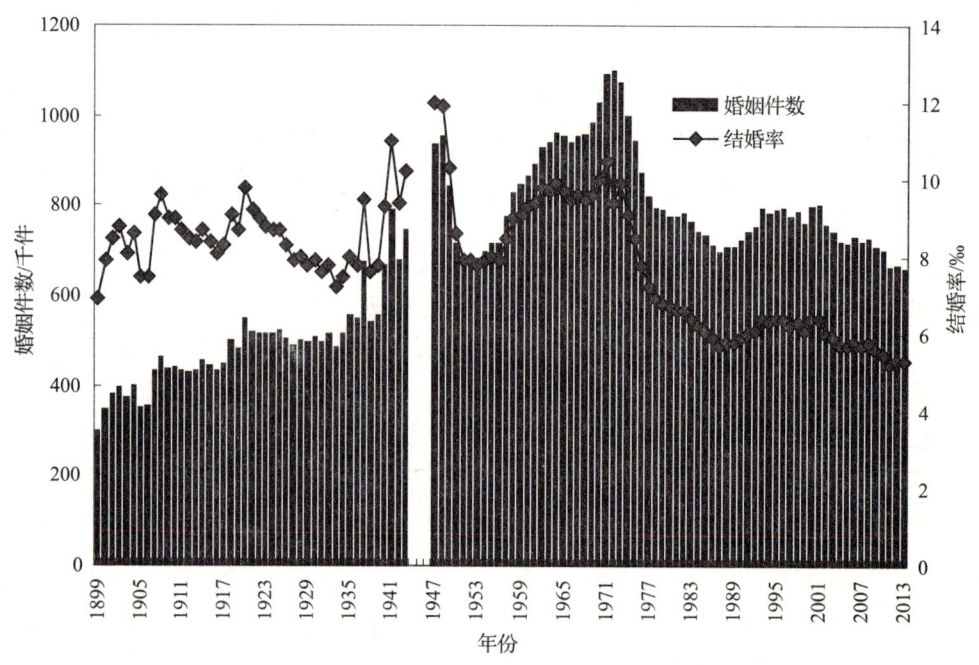

图 4—18 结婚率和婚姻件数

资料来源：[日] 厚生労働省. 平成 25 年我が国の人口動態，2014—10.

从图 4—16 可以看出，结婚率在战前大体上保持在 8.0‰ 左右的水平，到了 1947 年、1948 年（昭和 22 年、23 年）迅速上升，达到了 12.0‰，随后在 1951—1956 年又达到了战前 8.0‰ 左右的水平。但是，随后又呈现上升趋势，到 1971 年（昭和 46 年）增至 10.1‰，显示了婚姻高峰期的高婚姻率。1973 年以后，结婚率呈现持续减退倾向，1987 年（昭和 62 年）降至 5.7‰ 的历史最低水平，随后有所上升，保持在 6.1‰ 左右的水平。21 世纪初期以后，结婚率又开始呈现减退趋势。

据日本国立社会保障人口问题研究所 2011 年进行的"出生动向基本调查"显示，在 18～35 岁年龄段的未婚者中，有 9.4% 的男性表示"一辈子不打算结婚"，同比增加 2.3%。而作此回答的女性也高达 6.8%，同比增加了 1.2%。因此，日本未婚男女的"终身独身志向"不断升高也被视为造成结婚人数不断减少的原因之一。

尽管婚姻率的变化很大，但平均初婚年龄的变化并不明显。1910 年（明治 43 年），男子和女子的平均初婚年龄分别为 27.0 岁和 23.0 岁，随后有较明显的上升趋势，1940 年（昭和 15 年）分别达到 29.0 岁和 24.6 岁。第二次世界大战后，平均初婚年龄有所下降，这种状况一直持续到 1975 年（昭和 40 年），随后又开始呈现上升趋势（见表 4—7）。另外，从平均结婚年龄来看，1947 年（昭和 22 年）男子和女子分别为 36.5 岁和 29.3 岁，到 2011 年（平成 25 年）男子和女子分别为 42.4 岁和 39.4 岁，呈现逐年上升的趋势。

从婚姻的动态来看，离婚件数在 20 世纪初期以后到 1943 年大体上是平稳的，但离婚率则呈现逐渐减退的趋势,如图4—19所示。第二次世界大战以后,离婚件数开始迅速增长,从1947年(昭和22年)的7.9万件增加到1983年(昭和58年)的17.9万件,离婚率也从1.02‰上升到1.51‰,随后离婚件数和离婚率呈现若干年的减退趋势后,从1988年(昭和63年)开始继续上升,到2002年(平成14年)分别达到创历史纪录的近29万件和2.30‰。2003年以后离婚件数和离婚率开始持续减少,到2013年(平成27年)分别降至23.1万件和1.84‰。

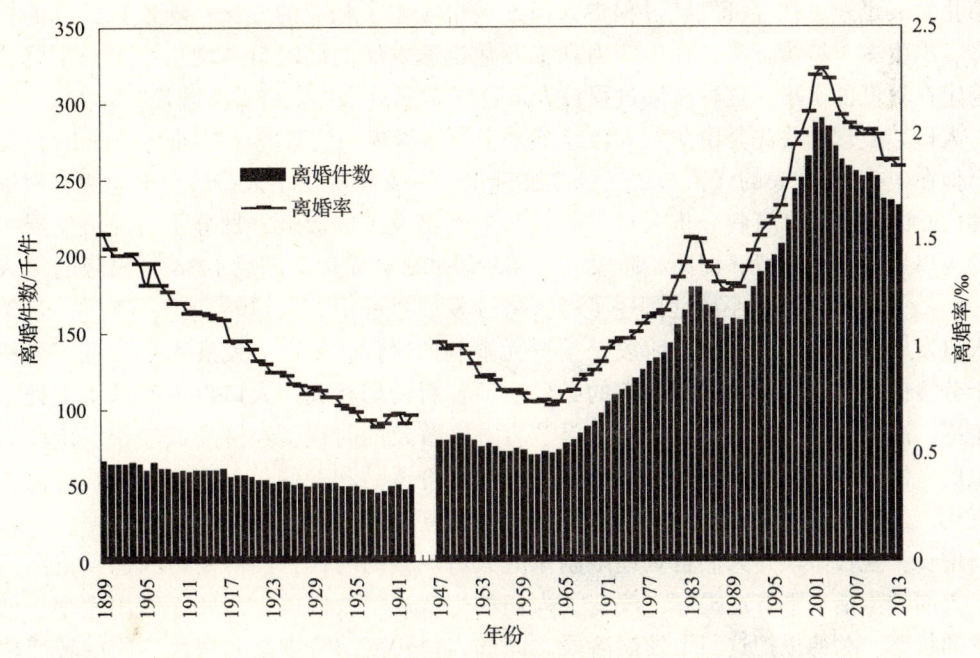

图4—19 离婚率和离婚件数

资料来源:[日]厚生労働省. 平成25年我が国の人口動態,2014—10.

较高的离婚件数和离婚率在某种程度上是与经济长期低迷相关的,特别是20世纪90年代以后到21世纪初期,离婚件数和离婚率的上升是与经济萧条有着密切关系的。经济衰退导致已婚男子收入下降,影响了家庭的经济状况,还带来了夫妻关系的摩擦、裂变和整合。有调查表明从劳动者收入状况来看,不少家庭中丈夫的收入有所减少,妻子的收入有所增加,妻子在家庭收入中的比例增大,意味着对家庭经济的贡献增大,妻子地位的提高。这使得原来有家庭经济关系以及家庭地位的重新建构。在丈夫失业的家庭,夫妻关系更是面临着严峻挑战。近年来日本的高离婚率很难说其中没有经济因素。

4.5 人口转换

4.5.1 经济发展过程中的人口转换模式

经济持续发展过程中人口转变（demographic transition）[①] 学说是在西欧 20 世纪初期人口经济发展的历史背景下形成的。这个时期，英国、法国和德国等西欧国家工业化、城市化发展迅速，在经济发展过程中人口发展也发生了相应的变化，随着死亡率的持续下降，出生率也持续下降，在生产力和工业化迅速发展的同时自然增长率迅速下降，然后稳定在较低的水平。这种发展过程被人口经济学家概括为人口转变理论。

人口转变理论最先是由法国人口经济学家阿德尔费·兰德里（Adolphe Landry）提出的。他在 1909 年发表的《人口的三种主要理论》一文中提出了人口转变的思想，根据法国和西欧的人口统计资料分析人口下降趋势对经济发展的影响，划分了与经济发展相适应的人口发展三个阶段，即原始阶段、中期阶段和现代阶段。随后 1934 年出版的《人口革命》一书中，他最先系统地阐述了经济持续发展过程中的人口转变论，并进一步阐述了人口发展的三个阶段：原始阶段是生育无限制的时代，生产力发展水平很低，经济发展十分缓慢，人口数量和维持生存的必要生活资料密切相关，人口再生产基本上处于高出生率、高死亡率的状态；中期阶段是节育方法普及的时代，经济发展较快，生产力所提供的生活资料已不限于维持低生活水平，包括舒适品和奢侈品，生产和消费的方式已有变化，人们为了维持较高的生活水平往往晚婚甚至不结婚，从而降低生育率，并影响人口增长；现代阶段是人们自觉地限制家庭人口规模的时代，经济发展已达到很高的水平，人们的生活水平普遍提高，改变了人们的生育观，人口再生产处于低出生率、低死亡率的状态。兰德里把这三个发展阶段之间的人口转变，特别是向现代阶段的转变称为"人口革命"。但他提出的人口转变理论主要是依据法国的人口统计资料来说明法国人口出生率和人口增加率持续下降的现象，其三阶段论模型缺乏一般性，对经济发展过程中的出生率和死亡率转变的论述还未形成成熟的理论体系，但奠定了人口转变三阶段模型的基础。

[①] 人口转变论是西方人口理论的重要组成部分。它是利用出生和死亡的状况及相互对比关系，联系经济发展，把人口发展过程划分为若干阶段，形成理论模型，并相应地加以解释和论述。人口转变论主要是根据西方人口发展历史经验和实际资料论述的。它以西欧出生率和死亡率的历史资料为依据，对人口发展过程进行描述性分析，并由此推论人口发展的未来趋势。

人口转变论的创始人是法国人口经济学家阿德尔费·兰德里（Adolphe Landry），早在 1909 年发表的《人口的三种主要理论》一文里，他提出了人口转变的思想。随后 1934 年出版的《人口革命》一书中，他最先阐述了人口转变论。与此同时，沃恩·汤普森（Warren Thompson）从另外的角度考察了人口转变问题。他把世界各国的人口发展，按照出生率和死亡率发展水平，并联系经济发展和生活水平划分为三类地区，体现了人口发展的三个阶段。完成人口转变论的形成过程是美国人口学家弗兰克·华莱士·诺特斯坦（Frank Wallace Notestein）和英国人口学家查利斯·布莱克（Charles Blacker）。其后陆续有许多人口学家和经济学家提出了人口转变理论模型，但他们的基本观点大同小异，都认为人口转变与经济发展过程密切相关，人口转变主要通过出生率和死亡率的变动与均衡来实现，人口转变的关键是出生率下降，而实现出生率下降的关键则是实现经济现代化。

与此同时，美国社会学家、人口学家沃恩·汤普森（Warren Thompson）在1929年发表的著作《人口》中，从另外的角度考察了人口转变问题。他试图使西欧人口转变的经验模式适用于全世界，认为世界各国的人口发展，按照出生率和死亡率发展水平，并联系经济发展和生活水平可划分为三类地区，体现了人口发展的三个阶段：第一类是出生率和死亡率都保持在高水平上，具有高增长潜力的亚洲、非洲和南美洲的发展中国家，他们的死亡率开始下降，但出生率仍然未受到相应的限制，因此处于人口增长潜力最大的阶段；第二类是出生率和死亡率都在下降，但死亡率下降速度快于出生率的国家，主要包括意大利、西班牙和中欧各国；第三类是出生率和死亡率都以较快的速度下降，而且出生率下降速度快于死亡率，人口增长率也相应下降的西欧各国，其出生率和死亡率都受到人为的控制，处于低出生率、低死亡率、低自然增长率阶段，人口增长率稳定在低水平甚至减退。汤普森的三阶段论模型与兰德里的人口转变模型相比在方法论上有较大的突破，实用性进一步增强，对后来的人口转变论的发展产生了一定的影响。

后来，美国人口经济学家弗兰克·华莱士·诺特斯坦（Frank Wallace Notestein）在1945年发表的《人口——长远观点》一文中，继汤普森之后把世界各国或地区按经济发展程度和人口发展状况归纳为三个类型来考察人口转变。他的理论模型可以用图4—20表示。

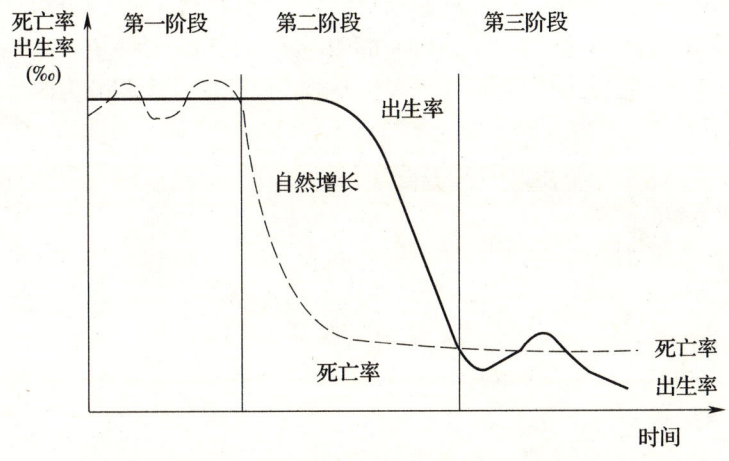

图4—20　诺特斯坦三阶段人口转变模型

第一阶段是处于转变前期的具有高增长潜力的人口，其特征是死亡率高而多变，死亡率成为人口增长的主要因素，与此同时，出生率很高，未出现任何下降趋势；第二阶段是处于转变中的人口，出生率和死亡率都已开始下降，但出生率的下降滞后于死亡率，因此人口增长相对较快；第三阶段是处于早期下降的人口，出生率已经下降到更替水平（replacement level），甚至低于更替水平，死亡率也下降到很低水平，与出生率的减退趋势相比死亡率相对比较稳定。诺特斯坦在1953年发表的《人口变动的经济问题》中，更强调经济发展与人口变动的关系。他认为，随着工业化、城市化、经济现代化的发展，促使出生率下降；医疗卫生条件的改善，促使死亡率下降并带动出生率下降。他还着重分析了由农业社会向工业社会过渡的人口转变,实际上把人口转变过程分成了四个阶段。① 他在其后发表的《人口增长与经济发展》一文中,更明确地从经济现代化的角度来分析人口转变,强调死亡率下降是经济现代化促进医学进步和提高生活水平的结果,发展中国家除了控制人口外,还必须发展生产,尽快实现经济现代化。

安斯利·J. 科尔(Ansley J. Coale)和埃德加·M. 胡佛(Edgar M. Hoover)1958年发表的《低收入国家的人口与经济增长》一书中,在概括发达国家的经验和分析印度和墨西哥等发展中国家实际资料的基础上,论述了农业低收入经济地区工业化和市场经济发展过程的人口转变,实际上把人口转变过程划分为四个阶段:第一阶段,属于传统的农业低收入经济,出生率和死亡率均很高,出生率相对比较稳定,而死亡率随农业经济变动和传染病的暴发而上下波动,两者在高水平上达到均衡;第二阶段,随着农业经济、工业化和城市化的发展以及医学技术的进步,死亡率开始持续下降,出生率在死亡率下降后不久也开始缓慢下落,但人口自然增长率处于逐渐上升趋势;第三阶段,经济进一步发展,出生率的下降速度最初滞后于死亡率的下降,其后紧跟死亡率的下降速度,尽管出生率的下降趋缓,但出生率和死亡率的变化有趋向于平衡的趋势;第四阶段,实现向工业高收入经济的转移,死亡率处于相对比较稳定的低水平上,出生率则在波动中重新与死亡率实现低水平的均衡。他们认为,如果出生率水平明显高于死亡率水平的话,人口迅速增长将影响国民经济的速度。显然,科尔和胡佛认为低收入经济地区应当控制人口增长。

美国经济学家 C. P. 金德伯克(C. P. Kindelberger)和 B. 赫里克(Brace Herrick)在《经济发展》一书中,也把同经济发展密切相关的人口转变过程划分为四个阶段。他们的理论模型可以用图4—21表示。

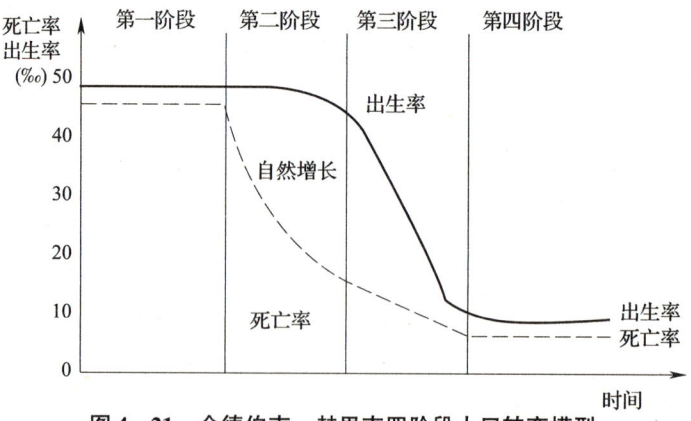

图4—21 金德伯克—赫里克四阶段人口转变模型

---

① 弗兰克·华莱士·诺特斯坦(Frank Wallace Notestein)实际上把人口转变过程分成了四个阶段:第一阶段是工业化以前阶段,出生率保持高水平,死亡率高,但略有波动,人口自然增长率很低;第二阶段是工业化的初期阶段,出生率基本不变,而死亡率开始下降并逐渐加快,人口自然增长率逐渐上升;第三阶段是工业化进一步发展阶段,死亡率继续下降,出生率也开始下降,但滞后于死亡率的下降速度,这时人口自然增长率处于最高位;第四阶段是完全工业化阶段,出生率和死亡率都降到很低水平,出生率略有波动而趋于更替水平,人口自然增长率很低,甚至下降到负增长水平,他的这个理论模型比前面的三阶段理论模型更接近人口转变的历史实际过程。

第一阶段，出生率和死亡率都很高，人口再生产大体上不受控制，死亡率随农业经济变动而变动很大；第二阶段，由于经济的发展、卫生支出的增加以及医学技术的进步，死亡率开始下降，与此同时出生率继续保持在原有水平，使人口自然增长率呈现逐渐上升趋势；第三阶段，死亡率继续下降，但由于卫生支出的收益递减，死亡率下降的速度放慢；而出生率同样呈现下降趋势，反映了城市化和更有效的避孕技术的发展，人口自然增长率仍然保持在很高水平；第四阶段，随着经济的发展出生率和死亡率达到均衡，人口自然增长率如同第一阶段一样又一次接近于零增长。

人口转变的五阶段论模型则是由英国人口经济学家查利斯·布莱克（Charles Blacker）在1947年最先提出来的。从人口转变理论的发展来看，按照布莱克的五阶段论，并引用哈维·莱本斯坦（Harvey Leiben Stein）的模型图，是能够观察的。

布莱克把人口发展过程划分为五个阶段，即高位静止（high stationary）、初期扩张（early expanding）、后期扩张（late expanding）、低位静止（low stationary）和减退（diminishing）。他的人口转变模式可用曲线描述（见图4—22）：高位静止（HS）阶段，出生率和死亡率在高水平上达到均衡，人口增长处于静止状态；初期扩张（EE）阶段，由于经济发展的某种刺激，死亡率逐渐下降，出生率依然维持在高水平上，于是人口增长率逐渐加速，最终达到最高增长率；后期扩张（LE）阶段，由于经济进一步发展，死亡率继续下降，结果接近最低限度，出生率也开始下降，人口增长率扩张后减速，不久人口和经济均处于停滞状态；低位静止（LS）阶段，出生率和死亡率在低水平上重新达到均衡，随着经济发展的减速，人口增长再次处于静止状态；减退（D）阶段，出生率继续下降并开始低于死亡率水平，人口增长处于绝对减少状态。这一过程中的减退阶段，只有德国、意大利、俄罗斯、保加利亚以及罗马尼亚等少数欧洲国家出现这种现象，其幅度小，可以忽视。

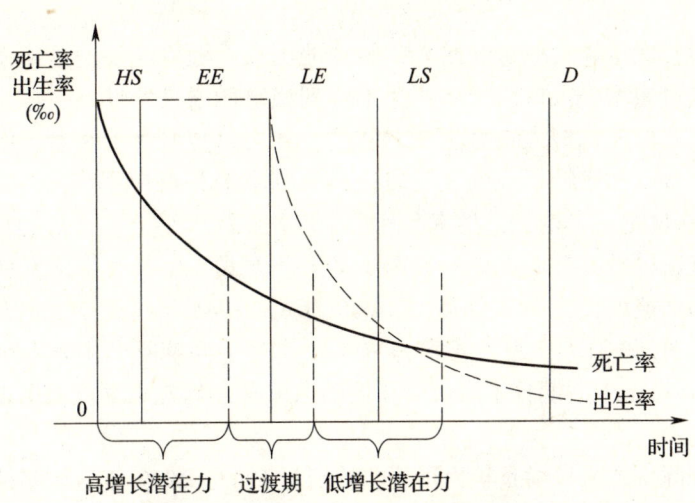

图4—22　布莱克五阶段人口转变模型

资料来源：H. Leibenstein. Economic Backwardness and Economic Growth [M]. New York, 1957.

汤普森和诺特斯坦的模式如图4—20所示，较为简单，将人口发展过程划分为三个阶段，将布莱克的高位静止阶段和初期扩张的前期称为高增长潜在时期，出生率处于放任自流的状态；前期扩张的后期和后期扩张的前期称为过渡阶段，将后期扩张的后期和低位静止的前期称为低增长潜在阶段，出生率处于被抑制状态。按照这种人口转变的划分，世界各国的人口发展模式是能够区别的。

在布莱克系统论述人口转变论之后，有许多人口学家和经济学家根据西欧发达国家人口发展的历史经验和实际资料，对经济发展过程中人口增长类型的转变，做了阶段性划分和描述，并形成了各自的人口转变理论模型，但他们的基本观点大同小异，在分析人口转变原因时，都承认生产力对人口发展的作用，认为人口发展过程与经济发展过程有密切联系，用出生率、死亡率、人口自然增长率或人口增长率为内容的人口再生产类型变动，说明出生率和死亡率由高位均衡经过变动，靠拢非均衡到低位均衡的长期转变过程，人口转变的关键是出生率下降，而促进出生率下降的关键则是实现经济现代化。这种经验法则对划分世界各国的人口发展模式是有科学价值的，已经得到了广泛的应用。但这种理论模型未能完全揭示人口发展变化与生产方式之间的内在关系，大多数人口经济学家没有把社会和教育等非经济因素对人口发展的影响作用摆到恰当的位置。尽管如此，人口转变论的基本观点对研究世界各国人口发展变化还是有一定的借鉴性和现实意义的。

当前，世界上经济发达的国家，如欧洲、北美洲、日本、澳大利亚和新西兰已实现了人口转变，东亚的一部分发展中国家也大体上完成了人口转变。但由于各国经济发展水平的差异，人口转变各具特点，因此存在各种不同类型的人口转变模式。其中比较具有代表性的是日本类型。

4.5.2 人口转换的日本类型

日本是在第二次世界大战后开始人口转变的国家，随着经济的迅速发展，日本人口发展经历了从人口激增、人口增长率快速下降到稳定低增长的发展过程，从而实现了由传统型人口再生产向现代型人口再生产的转变。从人口转变过程来看，按照布莱克的五阶段论模式和汤普森和诺特斯坦的三阶段论模式基本上是可以观察的，高位静止（HS）阶段大致包括19世纪后半期，出生率和死亡率均处于高水平上，人口增长的速度是比较缓慢的。明治维新以后，日本采用了资本主义生产方式，生产力迅速发展。随着经济的发展，人口开始加速增长，1891年达到4 000万人，1945年增至7 200万人，这一时期日本人口增加了3 200万人，总增长率为80%，超过了同期欧洲主要发达国家的人口增长速度。但从20世纪中后期日本人口增长的动态来看，其人口增长率呈现明显的下降趋势。

战后的数年间日本人口增长较为迅速，特别是1947—1949年这3年期间，出生率高达33‰~34‰，总和生育率达到4.5，接近历史最高水平，出生人数也达到每年约270万人，加上这一时期有625万日本军人及家属从海外被遣送回国，使日本人口增长速度迅速上升，1945—1950年的人口增长实际上已超过了1 000万人，增长速度为2.9%。在这一人口急增时期，日本政府采取了节制生育的对策。1948年，日本政府制定了优生保护法，允许人工流产和绝育，并普遍推广避孕药物。

随后在1950—1957年期间，日本的生育率进入了急速下降阶段。这一时期，日本经济从恢复走向发展，出生率从1949年的33‰下降到1950年的28.1‰，随后继续下降，1957年已降至17.2‰，仅8年间出生率降低了近一半，总和生育率由同期的4.3下降到2，接近了欧美工业发达国家的低生育率水平。在这期间，死亡率也开始下降，1957年死亡率为8‰，大约比战前的死亡率水平降低了一半。这样，日本人口已形成了低出生率、低死亡率的现代型。而且，在1956年已出现了低于1的净再生产率，因而在人口的再生产力上已经达到更替以下水平。这一时期，日本继续推行控制人口政策。1952年，日本厚生省在全国范围内开展家庭计划活动。1954年，日本家庭计划协会正式成立，大力协助政府宣传和推广人口控制政策，这些措施对降低日本的出生率起了积极作用。

1958—1973年期间，日本的生育率进入了相对稳定阶段。这一时期是日本经济高速增长时期，出生率基本上保持在17‰～19‰之间，总和生育率在2.1左右，自然增长率则保持在11‰左右。这一时期，随着日本经济的高速发展，资本有机构成的迅速提升，人们为了使子女获得较多的受教育的机会，提高了人力资本投资以便于就业，实施了节制生育，促使出生率长期保持在20‰以下的临界水平。此外，随着农村人口向大城市高度集中，妇女参加生产劳动的增多和就业机会的增加也是促使出生率保持低水平的主要原因。

1974年以后，日本的出生率和自然增长率进一步呈现下降趋势，分别由1974年的18.6‰、12.1‰降低到1990年的9.4‰和1.6‰，2008年又分别减退到8.7‰和-0.4‰，其出生率、自然增长率见表4—10，均进入世界最低水平行列。这一时期，晚婚化和有配偶率的下降是导致出生率下降的主要原因，加上人们的生育观从"多生贵子"转向"少生贵子"，致使日本人口的再生产力已经大幅度低于人口更替水平。

与欧洲国家人口转变模式①相比，日本人口转变具有自身特点，这些特点使日本成为

---

① 欧洲的人口转变是从18世纪中期爆发的产业革命开始的。从人口转变过程来看，欧洲各国在中世纪及以前的漫长时间基本上处于高位静止（HS）阶段，出生率和死亡率都很高，人口增长极其缓慢；1650—1750年期间，欧洲的出生率和死亡率均在30‰以上，人口年平均增长率为3‰左右。18世纪中期以后，欧洲发达国家从英国开始相继发生了产业革命，随着市场的扩大，手工制造业生产开始向机器大工业过渡，生产力得到前所未有的飞跃发展，给人口发展带来巨大的影响。首先是死亡率开始下降。因为经济起飞，机器生产大大提高了劳动生产率，工农业产品大幅度增加，加上国际贸易的发展，使人们的生活水平显著提高。同时，机器大工业的发展，带动了科学技术的发展，包括医疗卫生科学的进步，促使死亡率下降，婴儿死亡率也呈现下降趋势，而出生率变化不大，仍维持在高水平的状态。人口发展模式由传统的高出生高死亡模式转变为高出生低死亡模式，形成了人口加速增长的初期扩张（EE）阶段。进入19世纪20年代中期以后，由于生活条件的提高和医疗卫生条件的改善，死亡率逐渐下降，但出生率依然很高，于是人口增长率上升。19世纪中叶以后，随着经济的持续发展、工业化的深入和生活水平的不断提高，欧洲的死亡率继续下降，而这时出生率也开始下降，最先是法国，随后是瑞士、比利时等国，而瑞典、英国、德国等则是从19世纪后期才开始的，随着工业化和人口城市化的迅速发展，20世纪初期，欧洲各国出生率普遍下降，人口发展模式进一步由高出生低死亡模式转变为低出生低死亡模式，1930年左右进入后期扩张（LE）阶段，从而完成了人口转变。

实现人口转变的另一种类型的代表。日本人口转变的特点是：人口转变适应经济发展的需要，政府提倡计划生育，制定相应的人口政策，在控制人口数量、提高人口素质等方面收到了显著效果，促进了人口转变，使日本完成人口转变仅用十几年时间，其人口转变的速度与主要发达国家相比是极其快速的；出生率下降发生在经济高速增长之前，因此，日本人口转变不是经济发展的直接结果，而是促进经济增长的动力，日本的人口转变和经济增长是同时并进的。

表4—10　　　　　　　世界主要国家的人口动态（2012年）　　　　　　（单位:‰）

国家	出生率	死亡率	自然增加率	国家	出生率	死亡率	自然增加率
日本	8.2	10.0	-1.8	新加坡	10.1	4.5	5.6
德国	8.4	10.8	-2.4	澳大利亚	13.6	4.5	7.1
加拿大	11.3	7.2	4.1	阿根廷	16.9	7.7	9.2
英国	12.8	8.9	3.9	巴西	15.1	6.4	8.7
法国	12.6	8.7	3.9	印度尼西亚	19.2	6.3	12.9
韩国	9.6	5.5	4.3	马来西亚	17.6	4.7	12.9
中国	12.1	7.2	4.9	印度	20.7	7.9	12.8
美国	12.6	8.1	5.5	墨西哥	18.8	4.5	14.3

资料来源：国家统计局. 国际统计年鉴（2013年版）[M]. 北京：中国财政经济出版社，2013.

4.6　年龄结构

人口的年龄结构是指人口的年龄分布状态，以按年岁顺序各年龄组人口在总人口中所占比例来表示，其变化既是经济发展的原因之一，也是经济发展的结果之一，特别是对预测经济发展的长期变动趋势来说，人口年龄结构的变化是一个重要依据。

从明治初期到1950年（昭和30年），日本的年龄结构系数基本上是稳定的。65岁以上的老年人口系数①大致保持在5%左右，其后老年人口系数见表4—11，呈现明显的上升趋势，1970年老年人口系数上升到7.1%，从此日本的年龄结构进入老年化模式。老年人口的增加反映了日本人口死亡率的降低和平均预期寿命的延长。

---

① 老年人口系数也称老年人口比例或老年人口比重。它是指老年人口在总人口所占的比值，通常用百分比来表示，用于反映人口是否老化及人口老龄化程度，也可以说明人口年龄结构的基本特征。联合国规定老年人口的年龄起点为60岁或65岁。随着人口预期寿命的不断延长，大多数国家以65岁为老年人的起点，现国际上为了比较的便利，一般以65岁为老年人的年龄起点，其计算公式为：

$$OR = \frac{P_{65+}}{P} \cdot 100\%$$

式中，OR为老年人口系数，P_{65+}为65岁及65岁以上的老年人口数，P为总人口数。老年人口系数是判断人口年龄结构类型的指标之一。

表 4—11　　日本人口的年龄结构（1868—2015 年）

年份		人口/千人			年龄结构系数/%			从属负担系数/%
		0~14 岁	15~64 岁	65 岁以上	0~14 岁	15~64 岁	65 岁以上	
明治元年	1868	10 493	22 077	1 989	30.4	63.9	5.8	56.66
明治 31 年	1898	13 718	26 042	2 449	32.5	61.7	5.8	62.07
大正 9 年	1920	20 416	32 605	2 941	36.5	58.3	5.3	71.70
大正 14 年	1925	21 924	34 792	3 021	36.7	58.2	5.1	71.82
昭和 5 年	1930	23 579	37 807	3 064	36.6	58.7	4.8	70.53
昭和 10 年	1935	25 545	40 484	3 225	36.9	58.5	4.7	71.11
昭和 15 年	1940	26 369	43 252	3 454	36.1	59.2	4.7	68.92
昭和 20 年	1945	26 477	41 821	3 700	36.8	58.1	5.1	72.12
昭和 25 年	1950	29 786	50 168	4 155	35.4	59.6	4.9	67.62
昭和 30 年	1955	30 123	55 167	4 786	33.4	61.2	5.3	63.24
昭和 35 年	1960	28 434	60 469	5 398	30.2	64.1	5.7	56.01
昭和 40 年	1965	25 529	67 444	6 236	25.7	68.0	6.3	47.06
昭和 45 年	1970	25 153	72 119	7 393	24.0	68.9	7.1	45.14
昭和 50 年	1975	27 221	75 807	8 865	24.3	67.7	7.9	47.52
昭和 55 年	1980	27 507	78 835	10 647	23.5	67.3	9.1	48.44
昭和 60 年	1985	26 033	82 506	12 648	21.5	68.2	10.3	46.63
平成 2 年	1990	22 486	85 904	14 895	18.2	69.5	12.0	43.45
平成 7 年	1995	20 014	87 165	18 261	15.9	69.4	14.5	43.80
平成 12 年	2000	18 472	86 220	19 758	14.6	67.9	17.3	46.98
平成 17 年	2005	17 521	84 092	25 672	13.7	65.8	20.1	51.37
平成 22 年	2010	16 479	81 285	29 412	13.0	63.9	23.1	56.49
平成 27 年	2015	14 841	76 807	33 781	11.8	61.2	26.9	63.24

注：平成 22 年以后为日本统计局推算的数字。

资料来源：［日］日本総務省統計局．日本統計年鑑（2009 年版）［M］．東京：日本統計協会，2009；［日］人口問題審議会、厚生省大臣官方政策課、厚生省人口問題研究所．日本の人口・日本の社会（昭和 63 年版）［M］．東京：東洋経済新報社，1988；［日］日本国立社会保障・人口問題研究所．日本の将来推計人口（平成 18 年版）［M］．東京：厚生統計協会，2006．

昭和时期变化最大的是 0~14 岁的少年儿童人口系数①，其次是 15~64 岁的生产年龄人口系数。少年儿童人口系数明治初期较低，其后到 1930 年呈上升趋势，到 1950 年

---

① 少年儿童人口系数也称少年儿童人口比例或少年儿童人口比重。它是指 0~14 岁少年儿童人口在总人口所占的比值，通常用百分比来表示，可以用于反映人口年龄结构的基本特征，其计算公式为：

$$CR = \frac{P_{0\sim14}}{P} \cdot 100\%$$

在这里，CR 为少年儿童人口系数，$P_{0\sim14}$ 为 0~14 岁少年儿童人口数，P 为总人口数。少年儿童人口系数也是判断人口年龄结构类型的指标之一。

保持在32.4%~36.6%之间，1960年以后开始急剧下降，1970年减少到24.0%，2000年进一步减退到14.6%。2007年5月，日本政府公布的统计数字显示，日本15岁以下的儿童人数为1 738万人，比2006年减少了14万人，创历史新低，而且是连续26年来持续下降。目前日本的少年儿童人口系数已降至13.0%，预计到2015年这一数字将下降到11.8%。日本少年儿童人口系数已经达到世界最高水平，引发了人们对经济增长前景的担忧。少年儿童人口系数的波动取决于出生率的上升和下降。生产年龄人口系数的变动在同期与少年儿童人口系数呈现相反趋势。但从1995年开始，日本的生产年龄人口，其下降速度到2020年以后还会进一步加速，而老年人口将明显上升。

少年儿童和老年人这些基本上不参与生产活动的人口，总称为从属人口。从属人口对生产年龄人口之比为从属人口指数，表示社会负担的大小。日本的从属人口指数在19世纪末比较低，但其后随着少年儿童人口的迅速增长而逐渐上升，1920年以后逐渐减退，1970年降到了最低点，近年来，随着老年人口的增加，从属人口指数已逐渐回升，估计这种趋势将长期保持下去，预计2025年，从属人口指数将升高到67.5%。这意味着第二次世界大战以来生产年龄人口的负担虽然在过去数十年趋于减轻，但今后随着老年人口系数的增加将转为加重趋势。

4.7　人口政策

日本的人口政策近代以来大体上经历了增加人口、控制人口和鼓励生育政策三个阶段。德川时代，约二百年，日本人口大约有3 000万人。当时统治者认为，人口和家畜一样，增加越多越好，人口增加有利于经济发展，在人口方面采取了自由放任的政策。但是，抚养能力没提高，而且在人口移动被禁止的社会里，要增加人口也不可能。那时，一般居民采取溺婴、"堕胎"等手段来控制生育是常见的行为。

不久，开始了明治维新。明治初期，在全国范围，政府禁止溺婴、堕胎，采取了积极奖励生育的政策。例如，对贫困家庭，发给育儿补贴，并实行孕妇登记、死产检查等制度。新政府采取的是增加人口的政策；提出了"富国强兵""殖产兴业"的口号，鼓励人口的增加。①

明治20年代（1887—1996年），在日本国内出现了人口过剩的趋势，人口过剩论在日本被提起。因此，提倡向海外移民和开发北海道的办法，来解决人口过剩问题。向海外移民，主要是移往美国，开发北海道。这种人口过剩论也符合"富国强兵""殖产兴业"的口号，受到日本政府的欢迎。在被歪曲了的人口过剩论的背景下，作为解决人口问题的政策，移民被正当化。向海外移民的人口政策，在日中、日俄的两次战争中越发加强了。对海外鼓噪人口过剩的同时，在国内却没有采取控制人口增长的政策②。

大正时期，由于第一次世界大战带来的经济不景气，国民生活堕入了穷困的深渊。

---

① ［日］南亮三郎编. 现代人口论［M］. 东京：千仓书房，1975.
② ［日］南亮三郎编. 现代人口论［M］. 东京：千仓书房，1975.

所以，在失业人数激增、工人运动高涨和接连不断的雇农与地主的争议的背后，人口问题构成了一个重要原因。人口过剩造成了劳动力供应过剩，从而引起了失业、贫困、低工资等连锁反应。消除这种恶性循环的一个办法，就是对劳动者本身实行节制生育。但当时的日本的人口政策是矛盾的，对外宣扬人口过剩，使海外移民正当化，对内强调"富国强兵"，采取鼓励人口增加的政策。在国内实行增加人口政策的同时，主张向海外移民的日本，也许是由于美国在1924年制定了《排日移民法》，才暂缓推行增加人口的政策。事隔不久，日本继续推行增加人口的政策。

昭和初期，世界经济危机进一步刺激日本入侵海外。以这次经济危机为转机，美国通过新关税法确立了自给体制，英国也结成了英镑集团，经济封锁成了自由主义经济各国普遍的风潮。日本也以解决过剩人口和经济萧条为目的入侵中国东北地区。1931年（昭和6年）侵占了中国东北地区，建立了日本关税同盟，从此独占了中国东北地区的这一市场。由于当时向北海道移民已达到极限，于是日本积极地向中国东北地区移民，1929年到1937年，移居到中国东北地区的日本人由81.4万人猛增到179.6万人，增加了1倍多[1]。

日本的军事扩张政策导致接连炮制了满洲事变、上海事变，紧接着发动了太平洋战争，转入战时体制。1941年（昭和16年）1月日本内阁会议通过的《确立人口政策要纲》是日本最早的人口政策，力图为建立所谓的"大东亚共荣圈"而增加人口。具体地说，这个要纲的目标是通过增加出生和减少死亡来促进人口增长，要求在1960年以前日本总人口要发展成一亿人。为了增加生育，将结婚年龄降低三岁，每对夫妇平均要生育五个小孩为目标。为此，日本政府采取了具体措施，例如设置奖励结婚和结婚费用贷款制度；控制雇佣超过20岁的女子；实行对独身者课重税，对多子女家庭减轻赋税的办法；对新设家庭发给补贴；表彰多子女家庭并优先配给物资；禁止人为的节育，如避孕和堕胎等。这样，日本政府把"生育吧！繁殖吧！"口号作为人口政策目标，积极推行各种社会经济政策。于是，在战争中开始下降的人口出生率又开始上升，日本的人口继续呈现增加的趋势。

第二次世界大战后，日本出现了"婴儿潮"。出生率在1947年前后达到高峰，之后略有下降。特别是高龄者和幼儿的死亡率减低，使日本人的平均寿命，很快提高到发达国家的水平。日本奉行限制生育，提倡优生的政策，放宽对人工流产的限制。但为了尊重生育人权，日本政府避免倡导控制人口增长的口号。1949年内阁成立"人口问题审议会"，同年，众议院通过"关于人口问题决议案"，决定健全和普及家庭生育计划。从这一年开始，允许制造和出售避孕工具和避孕药物。1951年，日本内阁会议提出，"为了减少人工流产和保护妇女的健康，提倡推进节育措施"；1952年，厚生省发表《受胎调节普及实施要领》，正式开始实行计划生育，政府在保健所设立了优生保护咨询所，帮助推行计划生育。

另外，1948年政府制定了《优生保护法》，代替了战前的《国民优生法》，而且在

---

[1] ［日］大渊宽，森冈仁．经济人口学［M］．东京：新评论，1981.

1950年和1952年又进行了较大的修改，人工流产更具有普遍性。所以，从1953年算起，仅进行登记的人工流产件数每年超过10万件，如果包括没进行登记的在内，估计将大大超过每年的出生数。1954年，人口问题研究会的人口对策研究会作出了"关于作为人口对策要求的节制生育的决议"。决议指出：为了防止乱用人工流产和人工绝育，应该把普及和推广节制生育，作为政府总人口政策的一环。人口问题审议会也本着这个精神，在同一年采纳了"关于人口量的调查决议"。从20世纪50年代起，日本的人口政策取得成效，人口的自然增长率开始下降。

1959年，人口问题审议会公开发表了《人口白皮书》，它的宗旨是："今后的日本，将是所谓小孩减少、年富力强的大人激增的人口结构特殊变动的时期。不但不担心劳动力不足，反倒是更担心人口过剩。"从此，日本的纯再生育率持续打破了人口转换"1"的水平。

1969年，人口问题审议会以"关于日本人口再生产动向的意见"为题，回答了上级的咨询。其主要内容是："近年来，虽然死亡率明显下降，但出生能力下降得很大，纯再生育率已低于1，缩小再生产的状态已经持续了10年以上。"因此，"要设法恢复生育能力，尽快地把纯再生育率恢复到1作为目标，并强烈要求针对影响生育能力减退的经济的和社会的重要因素，大力实行相应的经济开发等社会措施"。1972年，对第三胎以上的儿童实行补贴制度。

1973年秋天的"石油危机"以后，所谓的日本人口过剩危机论爆发。特别是为了准备1974年在罗马尼亚召开的"世界人口会议"，日本政府提出了试行的可行人口政策。

1974年4月，经"人口问题审议会"通过，正式发表了以"日本人口动向——静止人口"为题的《人口白皮书》，强调日本的人口问题是世界上最尖锐的，把静止人口作为日本的发展目标，重申努力抑制出生，减少人工流产，谋求普及避孕法，并把提高人口质量放到首位，提出了"少生少死良养良育"的口号，这一年的7月，各民间团体举行的日本人口会议，通过了以只生两个小孩为主题的宣言。政府则重视人口宣传教育，从20世纪70年代起，开始在小学、中学、大学加强人口教育。

尽管日本政府从20世纪70年代就开始了人口政策调整，但是在80年代一般性提倡生育的政策没有阻止生育率持续下滑，1989年总生育率降低到1.57时，举国震惊。日本国立社会保障·人口问题研究所推算未来50年日本人口会减少3 000万，老年人口将占40%，由此引发劳动力减少、经济衰退乃至政府破产。此时日本政府讨论增加人口的对策。20世纪90年代以来则相继推出一系列的鼓励生育的政策。

1991年制定了《育儿休业法》，女职员可以获得产前六周，产后八周的休假，重返工作岗位可累计工龄，丈夫也可以休产假，若职员提出休假一年养育婴儿，雇主不得拒绝。1994年的《天使计划》创建幼儿托育体系，计划十年内增加50万个托儿名额设施；1995年，日本政府完善了育儿休业制度，保障女性在生育前后可以获得足够的假期保障；1999年《新天使计划》，鼓励平衡工作与家庭的关系，使青年有多一些时间在家里照顾孩子；1998年厚生省设立受鼓励企业为员工生育子女创造条件的《家庭友善奖》。

进入21世纪以后，人口负增长越来越严重，日本政府的提倡生育动作更显频繁，2003年通过了《少子化社会对策基本法》《次世代育成支援对策推进法》、内阁设立少子化担当大臣，负责协调与提高出生率相关的人口、劳工、教育、社会福利等工作；2004年提出《少子化社会对策大纲》，内容包括产假一年，从没有薪水到给一半薪资；从怀孕、产前检查、生产、托儿、养育到小孩求学，政府全面介入补助，两岁以内的孩子每月补助5 000日元；第三胎每月1万日元补助，到12岁为止；商家提供父母购物折扣，已有一万多商家响应。2008年8月，为减少怀胎妇女的额外负担，日本卫生部公布一项孕妇"大优惠"计划，决定每年拨出至少840亿日元，补助怀胎妇女免费体检，在每个新生命出生前，就一次性赠送34万日元分娩费，并大幅度增加孕妇免费体检的次数，从原来的5次增加到14次。"让妇女们轻松走入产房，生个健康小宝宝"是日本政府这次"生子免费计划"的目标。[①]

战后到20世纪70年代初期，日本政府采取了自由放任的人口政策，但在它的周围，则有人口静止、人口减少以及少数人主张增加人口等各种说法。70年代中期以后，日本政府不断推出各种鼓励生育的政策，力图促进生育率上升。但遗憾的是，生育率一直呈现减退的趋势，使日本总人口下降的趋势没有得到有效抑制，而一个与个人和家庭密切相关的人口政策的确定，需要得到国民的普遍赞同，个人的生育子女数要与社会的需要协调起来，这已成为大势所趋。

4.8 人口分布

日本的人口分布在地理上看是极不平衡的，人口主要分布在东起南关东，西至福冈县的太平洋沿岸带状地带。该地带内17个都府县占全国面积的26%，却集中了总人口的60.9%。南关东、近畿、东海三个地区人口占全国半数以上，为人口过密地区。其中在以东京、大阪、名古屋为中心，各以50公里为半径的三大城市地区内人口高度集中。人口稀疏地区位于太平洋带状地带南北两侧的北海道、山阴、四国与九州南部和东北地区各县。其中北海道是人口密度最低的地区。人口分布的这种过密与过疏，形成了明显的地区差异。日本1998年的人口分布如图4—23所示。

在前资本主义时期，日本经济以农业生产为主，人口分布与粮食生产量相适应。土地的开发起关键性作用。古代日本以近畿为中心的西南部开发较早，人口占全国的60%。17—18世纪江户时代的新田开发，耕地面积扩大。1721—1846年人口增加率较高的地区为北陆、山阴、山阳和四国等地。主要原因是当地各藩为了巩固其经济基础，除增产稻米外，保护和奖励地方特产品生产。因此商品作物与地方性手工业发达，与大阪间的贸易往来还使经济富裕起来。日本海沿岸与太平洋地区人口分布相差并不悬殊。[②]

---

① 田香兰. 日本人口减少及老龄化对综合国力的影响——兼论日本的人口政策及效果 [J]. 日本学刊, 2011 (5).

② 隋干城. 日本的人口分布与地域开发 [J]. 烟台师院学报, 1985 (1).

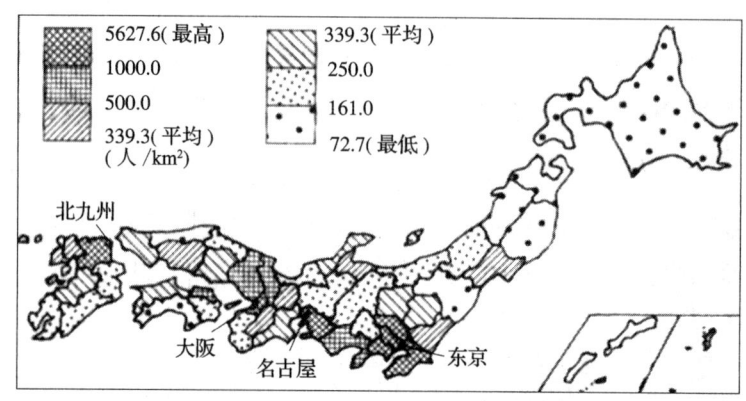

图 4—23　日本 1998 年的人口分布

资料来源：张善余编. 世界人口地理 [M]. 上海：华东师范大学出版社，2002.

进入资本主义时代，以工业开发为主。资本主义大机器工业的兴起代替了手工业，原来的手工业处于被排挤的地位。交通体系的变化与近代工厂的建立，使工业由原来分散在农村转向城市聚集。由于以输入原料代替本国原料，工厂由内陆山区转向沿海平坦的海湾布局。工业的发展吸引了大量劳动力，特别是在工业化迅速进展时期，人口向京滨、阪神、中京和北九州四大工业地带聚集。封建时代人口分布的形态已经发生变化。四大工业地带所在的府县人口数量增加很快。新开拓的北海道人口数量也在增加。而日本海沿岸山阴地方的鸟取、岛根以及新潟为中心的北陆各县人口比重则下降。这些充分说明随着经济地区结构的变化，人口分布形态也发生了巨大变化。

第二次世界大战后，尤其是 1955 年以后到 1973 年日本经济迅速发展。这一时期，日本人口的自然变动由高增长率变为低增长率，且持续下降。这个时期影响人口地区分布变化的直接原因之一是人口的机械变化，即人口流动。几乎形成了一个人口再分布运动。一个国家内部地区间人口流动的原因、方向和规模主要是由生产力水平、收入和生产力布局的地区差异所引起和决定的。1955—1973 年，日本政府为了促进经济的高速增长，采取了优先在大城市地区投资的政策。政府行政投资额的 38%（1962 年）集中于以三大城市为核心的京滨、中京和阪神地区。东海道城市带私人资本投资额约占全国 70%。[①]

临海建大厂为这一时期以基础资源型工业为中心的工业布局的总特征。重化工业主要集中于东京湾、伊势湾、大阪湾以及濑户内海沿岸地区。资本和生产向大城市地区的集中，扩大了大城市地区与其他地区经济发展水平的差距，增强了大城市对劳动力的需求。此外，全国的大学和短期大学都集中在三大城市地区。可见大城市对于人们具有巨大的吸引力。正因为如此，大量的农村青年急剧涌进大城市寻求职业。从地方到城里来就学的学生都在城里直接就业，也增加了大城市人口的集中度。

---

① 隋干城. 日本的人口分布与地域开发 [J]. 烟台师院学报，1985（1）.

从表4—12可以看出，日本国内迁移的焦点是以东京为核心的南关东、以大阪为核心的西近畿和以名古屋为核心的东海地区，其他地方基本上一直是净迁出区。自20世纪60年代后半期起，三大都市区的移民强度逐渐减小，西近畿从1973年起，转变为净迁出区（见表4—13），东海地区在70年代以后尽管仍为净迁入区，但移民的趋势明显减弱；南关东地区虽仍为净迁入区，但移民数在20世纪末期仅为高峰期的1/20，其中东京都的人口在20世纪八九十年代一直大量外迁，而周围的琦玉县、千叶县和神奈川县作为东京外迁人口的主要吸纳区，多年来净迁入一直居全国最前列。

表4—12　　　　　　　　　区域的人口分布

区域	人口/千人					区域人口占全国比重/%				
	1935年	1950年	1970年	1985年	2000年	1935年	1950年	1970年	1985年	2000年
北海道	3 068	4 296	5 184	5 679	5 683	4.4	5.1	5.0	4.7	4.5
东北	6 984	9 022	9 031	9 572	9 817	10.1	10.7	8.6	8.0	7.7
北关东	3 987	5 191	5 382	6 199	7 015	5.8	6.2	5.1	5.4	5.5
南关东	11 285	13 051	24 113	28 699	33 414	16.3	15.5	23.0	25.0	26.3
北陆、东山	6 570	8 052	7 856	8 357	8 709	9.5	9.6	7.5	7.1	6.9
东海	7 203	8 868	11 778	13 315	14 776	10.4	10.5	11.3	11.4	11.6
东近畿	2 196	2 607	2 863	3 376	3 865	3.2	3.1	2.7	2.9	3.0
西近畿	8 923	9 000	14 538	16 146	17 000	12.9	10.7	13.9	13.7	13.4
中国	5 566	6 797	6 997	7 586	7 732	8.0	8.1	6.7	6.4	6.1
四国	3 357	4 220	3 904	4 163	4 154	4.9	5.0	3.7	3.5	3.3
九州、冲绳	10 115	13 012	13 017	14 072	14 764	14.6	15.5	12.4	11.9	11.6
全国	69 254	84 115	104 665	121 049	126 919	100.0	100.0	100.0	100.0	100.0

注：各个地区包括以下都、道、府、县，东北地区：青森、岩手、宫城、秋田、山形和福岛。北关东地区：茨城、栃木和群马。南关东地区：琦玉、千叶、东京和神奈川。北陆、东山地区：新潟、富山、石川、福井、山梨和长野。东海地区：岐阜、静冈、爱知和三重。东近畿地区：滋贺、奈良、和歌山。西近畿地区：京都、大阪、兵库。中国地区：鸟取、岛根、冈山、广岛、山口。

资料来源：[日] 人口问题审议会、厚生省大臣官方政策课、厚生省人口问题研究所. 日本の人口・日本の社会（昭和63年版）[M]. 東京：東洋経済新報社，1988；张善余编. 世界人口地理 [M]. 上海：华东师范大学出版社，2002.

显然，自进入后工业化社会以来，日本的人口迁移与工业化传统空间模式相比，已经发生了巨大变化，其主要表现就是人口从大都市中心市区向外围地区扩散。东京、中京和阪神三大都市圈作为全国的经济中心，长期以来一直是吸引人口迁移的地区，1955—1973年经济高速增长的近20年时间，三大都市圈人口净流入约850万人。其中

表4—13 各大区域之间人口净迁移

区域	净迁入人口/万人					人口密度/人/km²	
	1950—1960年	1960—1970年	1970—1980年	1980—1990年	1990—1999年	1985年	2000年
北海道	-0.1	-46.0	-17.6	-24.4	-4.9	72.0	72.5
东北	-106.3	-117.8	-24.7	-33.2	-6.7	145.0	153.4
北关东	-68.6	-24.2	24.2	19.0	13.2	345.0	371.9
南关东	309.2	342.2	107.9	120.8	22.3	2 240.0	2 516.1
北陆、东山	-92.8	-76.9	-16.0	-11.3	3.1	197.0	223.8
东海	14.4	39.9	6.0	6.6	3.9	471.0	520.0
东近畿	-21.6	1.4	22.8	12.6	12.3	285.0	314.2
西近畿	137.8	148.3	-28.2	-31.2	-35.6	1 113.0	1 141.2
中国	-52.7	-47.0	-2.3	-15.2	-6.8	244.0	243.1
四国	-53.4	-47.8	-1.3	-10.3	-3.5	225.0	350.2
九州、冲绳	-97.8	-185.0	-11.1	-35.0	-5.3	326.0	340.4

资料来源：[日]人口問題審議会，厚生省大臣官方政策課，厚生省人口問題研究所編. 日本の人口・日本の社会（昭和63年版）、東京：東洋経済新報社，1988；张善余编. 世界人口地理[M]. 上海：华东师范大学出版社，2002.

1960—1965年达到高峰，这个时期三大都市圈人口机械增加高达300多万人，约占人口总增长数的一半。三大城市圈占全国总面积不到1/10，却集中了总人口的42%，人口密度过于稠密。自从石油危机爆发以后，对东京、中京两大都市圈的净迁入量剧减，阪神都市圈反而出现人口大量净迁出。

1974—1998年间，三大都市圈的迁入人口为1 936万人，迁出为1 843万人，年均净迁入仅为3.7万人，与经济高速增长期相比，不足其1/10。除了由国内其他地区向三大都市圈的人口迁移大幅度减少外，在三大都市圈内部，由中央部位向周边的扩散也是20世纪80年代以来人口再分布中十分引人注目的现象。若以东京、大阪、名古屋三个特大城市的市政府所在地为圆心，可以向外划出若干个同心圈层，从表4—14可见，圆心附近即城市的中央部位，东京圈在0~10 km的人口在1960—1965年开始减少，阪神圈和中京圈则分别从1970—1975年、1975—1980年开始减少。与此相反，外周部人口增加率尽管钝化，增长率一直较高，向外人口即呈现增长之趋势。[1]

---

[1] [日]人口問題協議会編. 日本の人口・日本の社会（昭和63年版）[M]. 東京：東洋経済新報社，1988.

表4—14　　　　　　　　　　三大都市圈的人口分布

地域	距都市圆心的距离/km	1960—1965年	1965—1970年	1970—1975年	1975—1980年	1980—1985年
东京圈	0~10	-1.4	-6.5	-6.5	-6.3	-1.7
	10~20	25.3	11.9	6.2	2.1	3.3
	20~30	40.4	31.6	22.5	9.2	8.3
	30~40	37.0	43.6	29.7	14.2	8.5
	40~50	14.9	19.6	22.1	16.1	10.2
	50 km 圈计	19.7	15.9	12.7	6.4	5.6
阪神圈	0~10	12.3	2.2	-3.4	-3.7	-0.4
	10~20	41.3	32.5	19.5	7.2	3.7
	20~30	20.7	25.0	22.3	8.4	5.6
	30~40	14.0	15.5	13.2	8.6	6.2
	40~50	4.5	5.2	6.7	3.0	2.4
	50 km 圈计	16.9	13.0	9.7	3.6	3.0
中京圈	0~10	13.8	6.3	2.5	-0.3	0.9
	10~20	24.3	23.4	19.6	9.3	4.8
	20~30	14.0	19.0	15.7	11.1	8.1
	30~40	8.6	6.5	7.5	4.7	3.8
	40~50	1.0	3.3	6.7	4.6	3.4
	50 km 圈计	12.9	11.1	9.7	5.4	4.0

资料来源：[日] 人口問題審議会，厚生省大臣官方政策課，厚生省人口問題研究所編. 日本の人口・日本の社会（昭和63年版）[M]. 東京：東洋経済新報社，1988.

自从推进工业化进程以来，持续了一个世纪的大规模人口迁移及其对人口自然变动和人口结构带来的影响，使日本的人口再分布发生了巨大的变化。从1900年到2000年，南关东和西近畿占全国人口的比重由19%增至40%，以它们为核心的整个中央横贯带人口密度剧增，由此造成居住拥挤、地价飞涨、交通困难、环境污染等一系列所谓"过密"的现象。与此相反的是非中央横贯带，特别是山区和日本海沿海地区，人口增长缓慢，甚至持续衰减，产生出一系列与"过密"问题相对应的"过疏"问题[①]。

1967年，日本经济审议会地域部发表了题为《向着高密度社会的地域课题》的研究报告，指出："流向城市的剧烈的人口迁移，引发出人口减少地区的种种问题，这是与

---

① 张善余编著. 世界人口地理 [M]. 上海：华东师范大学出版社，2002.

'过密问题'相对应的'过疏问题'。'过疏'指人口减少，使得一定的生活水平难以维持，在防灾、教育、保健等方面出现困难，并导致资源得不到合理利用，生产效益降低。人口减少的后果，还涉及人口密度下降，年龄结构老龄化，以及难以保持原有的生活方式。"该报告较全面地揭示了与人口分布变动有关的各种矛盾，在社会上引起了人们的广泛关注。

日本政府对于解决人口分布的过密与过疏问题也很重视，并多次拟定和颁发法令，制定了全国性的国土开发计划，以期改变个别地区人口与经济发展的极不平衡现象。早在1962年就制定的"全国综合开发计划"提出了以防止人口在大城市的过度集中和消除地区差别为目标，在工业用地和市政建设上都作了规定，通过建立新据点的方式促进工业分散布局，调整人口分布，以期纠正地区间的悬殊并稳定就业。1969年，政府正式颁布了"新全国综合开发计划"，采用"大规模开发项目"，加上"交通、通信联络网"的方式重新布局工业，推动地方的振兴，以缩小地区之间收入的差别，解决人口分布的过密过疏问题，促进全国各地区的协调发展。

这两个计划虽然十分重视以工业重新布局来解决人口疏散问题，但由于主要的投资都用于扩大生产基础设施方面，而对住宅、上下水道、文教福利等生活基础设施的投资较少，因此虽然工业发展起来了，但人口问题解决得不好。比如鹿岛工业基地，按照总体规划，应该发展成为具有30万人口规模的工业城市，但由于行政投资中，工业基础设施投资比重与生活基础设施的比重失调，故虽然工业生产发展很快，但市政建设跟不上去，城市形成缓慢。因此原定1975年30万人口的指标没有达到，实际人口为23万人，只完成了原计划的76%。基于这次教训，国土厅于1977年又制订了新的"全国综合开发计划"。这一计划把改善人们的居住环境作为主要目标，选择了综合开发方式——"定居设想"，为人们建立舒适的生活环境。其基本设想就是不但要分散工业振兴地方，而且要在广大的农村、山村和渔村配备教育、文化、医疗设施，发展交通、通信网，建立起生活活动圈——"定居圈"，使这里的人们既可以找到适当的职业，又可以享受到过去只有大城市才具备的各种优越的生活条件。人们乐于在家乡安居乐业，才能从根本上解决人口过密过疏问题。

与此同时，为了加强对过疏地区的开发工作，在由国家山村振兴法指定的"振兴山村"以及后进岛屿、特殊土壤地带、大雪地带等地区，针对情况分别提出振兴对策。如整治生活环境、振兴产业、保持水土、农林经营以及治山治水、农田开发等，以使人口定居，减少外流。

由于执行三次"全国综合开发计划"和振兴地方政策的结果，极大地缩小了地区收入水平的差别，增加了地方就业的机会。此外，随着生产力的发展，生活水平的改善，日本的社会结构和国民的价值观也都发生了显著变化。由于小家庭化的结果，大多数只有一个或两个孩子，父母不愿让孩子离去，降低了青年人的流动性。国民的欲望不再局限于收入和物质，已扩大到自然环境和舒适的居住条件。那些教育、文化、医疗等设施以及城市功能完善的地方城市比人口过密的大城市对人们更有吸引力。随着向信息化社会的转变，经济活动开始向分散化方向发展。过去集中在大城市里的中枢管理职能，由于交通通信网的完备，已开始向地方城市分散。

随着各项地域开发政策的落实以及1973年以后日本工业发展速度的减慢，大城市区人口增加率也随之下降，人口逐渐从市中心向外扩散。这种扩散首先表现为大城市住宅区向郊区地价较低的地方扩散，致使人口"过密"地区范围扩大，平均人口密度下降。在日本的统计中，把超过5 000人的行政区中人口密度大于4 000人/平方千米的地域定义为"人口集中地域"，即所说的"过密"地区，其平均人口密度在1965—1995年间已经下降了1/3以上，但超过"过疏"地区仍达145倍。"过疏"地区的形势一度有所好转，其年均人口增长率由1960—1975年间的-2.5%减少到1975—1985年间的-0.8%，但1985—1995年间又增至-1.3%。由于日本人口在整体上正迅速朝着负增长和深度老龄化社会演进，"过疏"问题的前景依然是严峻的。

在地理分布上，日本的"过密"地区均集中于城市化地域，特别是大中城市及其周边地带。如1995年"过密"地区占全国总面积3.2%，但在东京都和大阪府，该比重分别占到48.2%和47.2%。对比之下，秋田、岩手、岛根、高知等县该比重均不足0.8%。而"过疏"地区则广布于乡村，特别是山区。据统计，1990年日本共有3 246个市町村，其中，人口自然减少的占40.4%，该比重在城市化地域仅为6.3%，而在位于平原、丘陵和山区的乡村分别高达24.8%、51.7%和71.4%。这种人口态势在许多欧洲国家中也是很普遍的。

4.9　国内人口迁移

第二次世界大战结束以后，日本的经济活动几乎陷于完全停滞。国内百业凋敝，食物匮缺，失业众多。在经济面临着重重困难之际，战后的人口补偿性增长以及600多万从海外被遣返回来的战俘和平民又给整个社会造成了新的压力。在这种条件下，自20世纪50年代开始，日本经济进入恢复和发展阶段，到1955年左右，日本人均国民收入已恢复到了战前水平。工业的复苏使城市就业机会也随之增多。城市地区的吸引力变成了促进人口迁移的动力。日本国内的人口迁移活动因此而变得更加活跃。人们源源不断地从农村地区迁往城市，虽然迁移数量时多时少。从人口统计学的角度来看，这是一种从出生率高的农村地区向出生率低的城市地区的人口转移。它是解决农村地区人口过剩的减压阀，并为工业化地区提供了所需的劳动力。

日本于1957年前后进入了经济高速发展的阶段。从这一年起人口迁移的数量开始了全面增长（见表4—15）。虽然每年迁移增长率有一定程度的浮动，但这种增长趋势一直持续到20世纪70年代中期。从图4—24可以看出，20世纪50年代后期日本国内人口迁移平均每年在520万人以上，迁移率为5.43%~5.83%。到了60年代，日本的经济进入了新的发展时期，人口城市化水平也迈进了新的历史阶段。这时，农村中传统的三世同居的家庭类型开始改变，大家庭逐渐解体，单核心家庭增多，这就为迁移提供了更多的可能性。这一时期，日本农村的青年劳动力以空前的规模从各地涌向城市，特别是大都会地区，因而被称为"日本的大移民"时期。来自农村的这些移民大部分集中在少数

表4—15　　　　　　　　日本国内人口迁移数量的变化趋势

年份	人数/千人	比上年增长比重/%	占总人口的比重/%	年份	人数/千人	比上年增长比重/%	占总人口的比重/%
1954	5 498	—	6.27	1973	8 539	3.8	7.90
1955	5 141	-6.5	5.80	1974	8 027	-6.0	7.43
1956	4 860	-5.5	5.43	1975	7 544	-6.0	6.78
1957	5 268	8.4	5.83	1976	7 392	-2.0	6.58
1958	5 294	0.5	5.81	1977	7 395	0.0	6.52
1959	5 353	1.2	5.82	1978	7 292	-1.4	6.37
1960	5 653	5.5	6.09	1979	7 295	0.0	6.32
1061	6 012	6.4	6.42	1980	7 079	-3.0	6.04
1962	6 580	9.4	6.95	1981	6 902	-2.3	5.89
1963	6 937	5.4	7.26	1982	6 852	-0.7	5.81
1964	7 237	4.6	7.51	1983	6 674	-2.6	5.82
1965	7 381	1.7	7.56	1984	6 559	-1.7	5.45
1966	7 432	0.7	7.55	1985	6 482	-1.2	5.35
1967	7 479	0.6	7.51	1986	6 468	-1.2	5.32
1968	7 775	4.0	7.73	1987	6 537	-0.2	5.35
1969	8 126	4.5	7.97	1988	6 465	-1.1	5.27
1970	8 273	1.8	8.02	1989	6 518	0.1	5.29
1971	8 360	1.1	8.01	1990	6 519	0.0	5.27
1972	8 225	-1.6	7.78				

资料来源：[日] 日本厚生省人口問題研究所. 人口統計資料集 [M]. 東京：厚生統計協会，1984；[日] 渡辺真知子. 区域経済と人口 [M]. 東京：日本評論社，1994.

几个大都会区中。例如，日本的制造业和重工业主要集中在东京和大阪地区，结果人口便大量集中和拥挤在"太平洋工业带"的狭小地区之内。

20世纪60年代初期，日本年均迁移人数为650万人，比50年代增加了大约25%。尽管在1965—1967年间，人口迁移增长一度出现下降趋势，但这并非意味着人口迁移活动趋于缓和。经过三年的间歇后，大量的移民仍继续流动在各地区之间。60年代后期，每年平均人口迁移为760万人。1973年是日本国内人口迁移的峰值年，迁移人数猛增到854万人，比50年代增加了大约64%。[①] 随后，由于种种原因，日本经济的发展受到阻碍，从此人口迁移的规模也骤然减少，1980年降至708万人，1989年进一步减少至652万人，到进入90年代每年不足670万人，到1997年仅为628万人。到21世纪初期，人口迁移数量退回到20世纪60年代初期的水平。这时不仅是迁移人数在不断减少，而且在总人口中的比重也不断下降。可以说，自1973年以后，日本国内人口迁移活动水平逐年下降，并有趋于平缓之势。

---

① 张恺悌. 战后日本的国内人口迁移 [J]. 人口与经济，1987 (1).

第4章 人口动态、人口政策及其经济分析

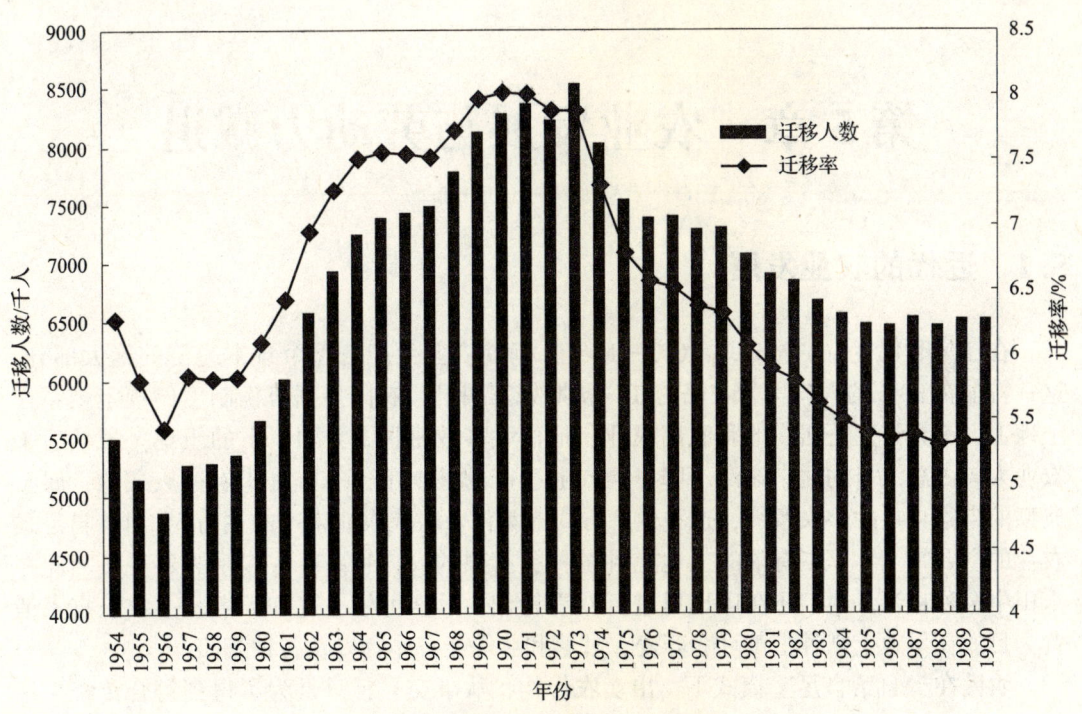

图4—24 国内人口迁移人数和迁移率

资料来源：[日] 日本厚生省人口問題研究所. 人口統計資料集 [M]. 東京：厚生統計協会，1984；[日] 渡辺真知子. 区域経済と人口 [M]. 東京：日本評論社，1994.

第 5 章 农业发展与劳动力减退

5.1 近代的农业发展

在江户时代（Edo Period，1603—1867）前期农业生产占整个日本经济的绝大部分，这一特征在 90% 的人口均为农民的江户初期尤其明显。农民根据身份制度的规定被系在土地上，不允许变更居住地和脱离农业，他们大多数耕种 1 公顷以下的土地。虽然后来农业人口占总人口的比率逐渐下降，但农业生产的基本单位一直是小农家族式的，属于典型的自给自足的小农经济，这种生产方式成为江户时代农业生产的主力。[①] 自给自足式农业的主要特点，是在有限的土地上种植种类有限的农作物。小农以米为年贡，因此在水田中全种稻米。他们还在田地里进行双重轮作，通常种植小麦和大麦。小农以自家消费为目的在旱地上则种植黄豆、荞麦、甘薯和芋等经济作物以及各种蔬菜。

农民在"自给自足"模式下，出卖农作物，从事交易，只是为了得到符合传统生活水准所需的其他必需品。为此他们尽可能回避市场，只在生存得到保证的先决条件下才为出售而生产。而这种买卖所得的收入，通常用于购买在农村不能生产的产品。例如，17 世纪 80 年代，棉取代其他生纤维成为最常用的衣物原料。农民们开始购买二手棉织品、脱籽棉花，或从外地取得棉布。最初他们以自己的农作物跟外界换取所需品，但后来逐渐以货币来付款。

一般来说，江户时代的农村是有组织性的，只要每年按规定缴纳贡米，就可以得到自治权。由于年贡是针对村落整体征收的，所以村官负责把征收年贡的任务分派给村民。决定年贡的主要方法之一是根据过去 3 年或 5 年的平均产量来确定税额负担的《定免法》。通过这种方法，政府可以得到稳定的税收。从农民的角度来看，定免法虽然使他们成为农作物产量不确定性风险的直接承担者，但如果多劳就可以把增加的部分归为己有，因而也激发了农民提高农作物产量的积极性。[②]

江户时代的农业生产经过了从农作物产量的增加到农业生产质量的提高。17 世纪，耕种面积，特别是水田面积有了飞跃的扩大。这一时期，大名或有能力的农民在全国范围内开展了大规模的水利灌溉工程。这些工程使耕地面积迅速扩大，一些无人居住的平原湿地地带逐渐被开垦为水田，农业人口也迅速增长。17 世纪末期以后，耕地面积的扩张得到抑制，而耕地剧增导致农业劳动力不足，同时也引发了森林的破坏和水灾的频发等负面效果。从这个时期以后到近代，日本农业的特征已不再是耕地的外延式扩展，而

[①] [日] 南亮進. 日本の経済発展 [M]. 東京：東洋経済新報社，1992；[日] 大野健一. 从江户到平成：解密日本经济发展之路 [M]. 北京：中信出版社，2006.

[②] [日] 大野健一. 从江户到平成：解密日本经济发展之路 [M]. 北京：中信出版社，2006.

是转为集中投入劳动力和技术的劳动密集型生产。①

江户时代除了耕地面积扩大外,农业技术也发生了变化,提高了土地生产的效率,特别是鲲鱼粉、豆饼等化肥②的普及最重要。这种肥料最初只局限在一部分地区,到了18世纪由于内陆运输的发展向地方市场扩大,才得到普及。在种子改良方面,优良品种增加并得到推广,例如,17世纪初期有177个稻种,19世纪中期增加到2 363种。在农用工具改良方面,出现了适合不同土地耕作的各种锹镐、灌溉用的水车、脱离用的千齿打谷器等工具。在耕作制度方面,不少地区实行了双季耕作,稻谷插秧方法也得到改良,从杂乱地进行插秧改为每隔一行等距离间种。此外还掌握了施用鲸油和石灰防治病虫害的技术。③

18世纪以后,耕地面积及农业人口都出现了相对稳定的局面,同时,农业生产力提高使大米的产量持续增长。增收的主要原因有双季稻的种植、品种的改良、肥料的投入、新式农具的使用以及农政管理方式上的改进等。江户中期以后,随着农业技术的革新和农业生产力的提高,农业生产出现了剩余,农民开始把大米或其他农作物拿到市场进行交易。最终形成了全国统一的农产品市场,经济作物在农业生产中所占的比率急剧增大,以销售获利为目的的农业逐渐发展起来。④

江户末期,农村的商品经济也获得了很大发展,并且出现了经济作物的生产特定区域化的趋势,商品性经济作物除了桑、茶叶、诸、漆、红花、蓝靛和麻之外,棉花、烟草、油菜和大豆的种植也相当普遍。当时,畿内、东海地区的三河和濑户内海周边是棉花的主产区,而关东地区则以养蚕业的发达而著名。⑤

明治政府在1869年(明治2年)废除了身份制度,1871年实行了允许农民贩卖稻谷,可任意耕种。1972年又公布了允许田地永久买卖,禁止实行农民身份制,以及农民经商。从1973年开始,明治政府又推行更大规模的地税改革,首先从农耕地入手,城市用地大体上与之并行,然后是山林原野。地税改革废除了封建制度下的领主土地所有制,建立了自耕农土地所有制。地税改革后,把土地和农民从封建制度的束缚下解放出来,允许农民自由迁移和选择职业,这样促使许多农民离开土地,迁移到城市寻求就业。

地税改革解放了农业劳动力,也促进了农村商品经济的发展。地税改革后,耕地面积由1874年的4.1万町步增加到1890年的5万町步,⑥ 增长了22%。稻米单位面积产量

---

①④ [日]大野健一. 从江户到平成:解密日本经济发展之路[M]. 北京:中信出版社,2006.

② 除了鲲鱼粉、豆饼外,其他重要的肥料还有护根、动物粪便和人类粪便。荒草、从树兜长出的幼苗、灌木的叶子都可用作护根,可直接投入稻田里。动物粪便要与剩余的草料、秋季的衰草、饲料、稻秆混合使用。农民用割下的草给水田施肥,在旱田上则施以这种粪便和饲料混成的农家肥。没有牲畜的村子,就在院子里挖坑,倒入草、稻秆、糠壳、泔水和人类粪便。在混合物腐化后,便同动物粪便与饲料沤成的农家肥一样投入田地里。用粪便肥田可视为日本农业的一个标志。一般说来,一户普通人家的排出物是不够用来保持他们农田的肥力的。但城镇附近的农家可以用蔬菜,新年期间还可以用年糕,到田中换取粪便。粪肥施于稻田、麦田,更普遍的是菜地。

③ [日]南亮進. 日本の経済発展[M]. 東京:東洋経済新報社,1992;伊文成,马家骏主编. 明治维新史[M]. 沈阳:辽宁教育出版社,1987;杨栋梁. 日本近现代经济史[M]. 北京:世界知识出版社,2010.

⑤ 杨栋梁. 日本近现代经济史[M]. 北京:世界知识出版社,2010.

⑥ 1町步为9 917平方米。

在1878年到1900年期间有较大幅度的增长。经济作物如棉花、蓝靛、甘薯、茶叶等生产也有很大扩展,农业技术和土地改良事业不断加强,逐渐形成了很有特色的"明治耕作法"。农村商品经济的发展从农村各阶层的收入结构变化中也可见一斑,1890—1912年间,一般地主的年收入增加了近3倍,自耕农收入增加2.2倍,佃农收入则增加了2.3倍。①

明治初期,政府为了促进农业生产,从欧美大量引进农业机械,试图引进西欧的先进农业技术,推行"大农场经营方式",但因水稻生产和耕作条件的限制除北海道外均失败,劳动力节约型资本需求型的农业技术未得到普及。农村仍然依靠日本原有的农业技术进行生产,而农业实际生产额在1875—1878年期间年平均增长率达到1.7%的高水平。1880年以后,明治政府转而推行"老农化经营方式",在东京、札幌等地设立农业学校和试验站,将老农经验技术进行总结和改进后推广。由于"老农化"注重良种、肥料、耕作方式和水利灌溉系统的改进,1897年建立了"日本土地抵押银行",1899年通过《耕地调整法》,要求各村农户参加"土地改善计划"。政府对"老农化"生产和土地改善计划提供贷款。1900年,政府在农民自发成立各种农业团体的基础上,建立了"日本农协",通过"日本农协"向农户提供贷款和补贴。明治前期,由于农业税负下降和财政支持,农业投资增长率超过了产出增长率,深耕技术、品种改良和化肥运用得到普及,农业走出了停滞状态。1890—1910年,每町土地的收入由357日元增加到439日元,农业产出增长率由1.6%提高到2.0%,农业的增长带来了近代经济增长初期农业生产效率的大幅度提高,使日本近代经济增长的起飞得以顺利进行。②

5.2 农地改革与农业生产的恢复

明治和大正时期的日本农业,是以佃农和家族经营为主要特点的小农经营。但在半封建土地所有制下,耕地高度集中于少数地主手中,严重地阻碍了日本农业生产的发展,据统计,农业生产的实际增长率在明治中期(1891—1900年)为1.26%,明治后期(1900—1911年)为2.10%,大正时期的农业发展也较缓慢,平均年增长率仅为1.30%。昭和前期由于第二次世界大战的影响,日本农业的生产进一步恶化,据统计,1945年日本农业生产指数仅为战前(1934—1936年平均为100)的60%。谷物产量由1936年的1 587万吨减少到1945年的976万吨,由于谷物大幅度减产,使日本陷入了粮食危机。在这种情况下,日本政府迫于粮食问题的压力推行了农地改革。

战后农地改革初期是不顺利的。早在1945年日本政府就制定了《农地改革纲要》和《农地调查法修改方案》,并从1946年2月开始实施。其主要内容是:对不在村地主的全部出租土地,强制转卖给佃农;对在村地主的出租土地允许保留2町步,超过部分转卖给佃农;改实物地租为货币地租;保护耕作权,原则上禁止地主夺佃;土地的买卖由地

---

① [日]西川俊作,阿部武司编. 日本经济史Ⅳ[M]. 东京:岩波书店,1999.
② 王德祥. 明治维新以来日本的农业和农村政策. 现代日本经济[M],2008(2);[日]南亮进. 日本の经济発展[M]. 东京:东洋经济新报社,1992.

主佃农协商。但由于它的不彻底性，使地主以"不久将来从事自耕"为借口，保留和收回更多的出租土地，遭到了农民的反对，使这次改革无法顺利进行。在这种情况下，日本政府在1946年11月重新制定了《建立自耕农特别措施法》和《农地调查法草案》的修正法案，并从1947年3月正式实行，其主要内容是：凡居住在邻近市町村者，作为不在村地主处理，不在村地主的全部出租土地由国家征购，出租土地的数量以户为单位计算；在村地主保有的出租土地，内地不得超过1町步，北海道不得超过12町步，其超过部分也由国家征购；改实物地租为货币地租，水田地租最高不得超过产量的25%，旱田地租最高不得超过产量的15%；成立由农林大臣、佃农、地主及全国性农业团体代表和公众代表组成的全国农地委员会，以监督土地转让计划的执行；都道府县和市町村也相应建立农地委员会。这些规定显然有利于佃农和佃自耕农，而不利于地主。

日本这次农地改革虽然没有涉及占全国土地面积67%的山林，但对耕地所有制的改革是比较彻底的。从1947年开始到1949年底基本结束。通过农地改革使日本农业半封建的土地所有制发生了根本性变化。由于农地改革，水、旱佃耕地约190万公顷通过国家之手转到自耕农民手中。改革前拥有74万町步的不在村地主的租地，基本上被处理；拥有162万町步的在村地主的租地减少了70%。其结果，改革前占46%的出租土地率减少到9.3%。自耕农从改革前的187万户上升到1950年的382万户，佃农从164万户下降为31万户；自耕农和自耕佃农在总农户中所占的比率也由农地改革前的52.6%上升到87.5%。这就是说，农村已经基本上"自耕农化"。农地改革的结果基本上消除了寄生地主制和在农村经济中束缚农业经济发展的地租，建立了以自耕农为主的小农经济，而自耕农经济的建立，有利于改善农家经济，解放劳动力，刺激了农民的生产积极性，促进了战后农业生产力的发展和农村经济商品化过程，进一步扩大了国内市场，适应了战后农业经济发展的需要。

农地改革后，日本农业的恢复和发展很快。一方面，从1946年起日本连续3年的良好气候条件，刺激了农业的恢复。另一方面，农民摆脱或减轻了沉重的地租负担，提高了生产积极性，在一定程度上促进了农民的生产投资，农田水利建设和化肥施肥量增加。同时，日本政府加强了对农业的扶植。如1948年通过《农业改良助成法》，对化肥生产采取了保护措施，1952年制定了主要农作物种子和土壤保持法等，大力推行土壤改良、农业化学化和良种化。因此，日本的农业生产恢复很快。1950年农业生产指数达到战前1933—1935年的平均水平，1955年超过28.2%，水稻产量从1945年的587.2万吨增加到1955年的1 238.5万吨，平均每年递增7.7%，稻米已实现自给。其他作物产量也有较大幅度的增加。农业的迅速恢复发展，促进了日本经济的复兴，为工业的高速增长创造了有利条件。

5.3 农业现代化

日本农业现代化的初始阶段，可追溯到明治时代。当时，为了追赶欧美资本主义国家，日本加速了产业革命的步伐，并开始发展现代化农业以达到增产的目的。明治维新后，日本开始学习西欧各国先进的种植技术，引进优良品种，增施化学肥料，并开展了以改土治水为主要内容的农田基本建设。与此同时，日本政府还培养了一批农业技术人员。这些措施使日本农业生产得到较快的发展。但是，由于农村中仍存在着封建的生产关系，大批佃农、贫农遭受着沉重的地租剥削，使农业生产技术的推广受到很大影响。同时，日本随着对外扩张，从殖民地附属国掠夺大量农产品，使本国农业生产发展的速度逐渐放慢，农业现代化事业也逐渐陷入了停滞状态。

第二次世界大战中，日本农业生产遭到很大破坏，战后曾经出现了严重的粮食危机。在这种情况下，日本政府为了实现农业现代化，采取了改良品种、增施化肥等一系列增产措施，发展农业生产，提高单位面积产量，并引进了欧美发达国家所广泛使用的有机合成农药。与此同时，大力开展了以农业公共投资为中心的土地改良事业。为改良耕地土壤、增加粮食生产，日本政府在1952年制定了《耕地改良法》，建立了土地改良的管理体系。这一时期，尽管农业机械还没有全面普及，但是，动力农机，特别是耕耘机械化有了显著进展。当然，农机的普及在农民的不同阶层和不同地区是不平衡的。耕耘机械化收到了显著的技术效果，日本农业中传统的畜力逐渐被淘汰，取而代之的是农业全面机械化的展开。

20世纪50年代后半期，日本进入了重化学工业为中心的工业高速增长和现代化时期。随着工业的迅速发展，补给不仅扩大国内工业品的市场，而且导致农业大量劳动力流向工业部门。这样"农地改革"后以小农经营和手工劳动为特点的农业生产结构，以及只鼓励增加粮食生产的农业政策已经不适应经济发展的要求。另外，随着贸易自由化政策的展开，美国廉价农业农产品大量涌入日本市场。在这种情况下，日本政府1956年颁布了《新农村建设综合对策纲要》，提出了在世界农业生产过剩和农产品价格下跌的趋势下，日本农业的基本政策应从粮食增产政策转变为扩大畜牧和蔬菜水果生产，以提高农业生产率为中心对农业进行技术改造。在这个基础上，日本政府1961年制定了《农业基本法》。其主要内容是：实现农产品生产合理化和农业生产结构的改革，有选择地扩大农业生产，大力发展蔬菜、水果、畜产品的生产；在农业中广泛使用现代科学技术，通过有效地利用和开发土地和水利灌溉，提高农业劳动生产率和农业生产量。随后，日本政府通过财政、金融等措施，加速了农业生产现代化，到了70年代中期日本基本上实现了现代化，成为世界上农业生产水平最高的国家之一。

日本农业现代化大体上包括农田水利化、品种良种化、化学化和机械化四个方面。在农田水利化方面，日本大力发展水利灌溉，进行大规模土地改良，其中包括修建水利设施、农道建设、开垦荒地、围海造田、农田规划、平整土地和土地改良等。1949年颁布了《土地改良法》，建立和完善了全国实行土地改良的制度和体系，并在1954年和1977年先后两次动员大量人力进行了全国性的土地普查。在此基础上编制了土壤图，并制定土壤改良方案和确定施肥方法。在政府资助下，战后日本在土地改良事业方面把重点转移到改良现有耕地，特别是加强改良水田的灌溉和排水，以提高单位面积产量。从20世纪60年代开始，日本开展了大规模的土地平整工作，把零散的田块合并，建设便于机械操作的大块田；兴修了大量水利工程，实现了灌溉技术。到1975年，日本的灌溉面积已占全部耕地的 59.6%，成为世界上灌溉面积占耕地面积比重最高的国家之一。

在品种改良方面，日本十分重视改良农作物品种。早在 1877 年就开始进行选育水稻新品种。第二次世界大战后，日本政府先后制定了《农作物种苗法》和《主要农作物种子法》等，加强了对种子培育和推广的干预，并建立了种子繁育和储存、种子田检查和良种推广等制度，1965 年又建立了国家种子"储藏室"，收集了国内外 27 000 多份品种资源进行综合研究。在严格的科学培育和推广制度下，从 1965 年起按计划每 3 年更换一次新品种，从而使日本在品种改良方面处于世界先进水平。

在农业化学化方面，日本实行"多肥农业"技术。1910 年以后日本开始使用化学肥料。20 世纪 20 年代，日本引进德国技术建立了氮肥工业，化肥的生产量和施肥量不断增加。第二次世界大战后，日本政府把化肥工业作为优先发展部门，化肥产量迅速增加，化肥价格不断下降，农业的化学施用量不断增加。据统计，日本在 1975 年平均每公顷耕地的化肥施用量达 1 450 公斤，成为世界上单位施肥量最多的国家之一。据估计，日本水稻增产的 1/3 是靠施用化肥实现的。战后，日本农业中使用的杀虫剂、杀菌剂和除草剂等农药的数量和种类也不断增加，不仅防治了对农作物的病虫草害，而且刺激了农业的增产，节约了大量农业劳动力。

而农业生产的机械化晚于农业水利化、品种良种化和化学化。作为农业机械化核心动力耕耘机和拖拉机在战前是稀有的。但 20 世纪 50 年代末期以后，日本在田间作业中开始大规模使用机械。到 1967 年，水田作业中的耕地、排灌、施肥、除草、喷药以及碾米、烘干等基本上实现了机械化。但是，当时水稻插秧和收获这两项作业技术难度较大的生产环节，机械化问题尚未解决，直到 1977 年在育秧、插秧、收割等各个方面都实现了机械化，并向无人化和自动化方向发展。随着农业机械化水平的提高，劳动生产率也有很大提高。至此，日本已成为世界上农业机械化水平最高的国家。

总的来说，日本在小规模经营的个体农业基础上，用不到 20 年的时间实现了农业机械化为中心的农业生产现代化，成为一个实现农业高产和稳产的国家。其主要原因是：日本高度发达的工业为农业提供了充足的优质和价格低廉的农业生产资料；在农业现代化建设上，日本根据自己的自然条件和经营特点，采取了因地制宜的做法，先从农田水利化、土地改良上着手，并着重加强农作物品种改良和农业化学化，然后解决农业机械化问题。在农业机械化上也是从易到难、分阶段进行的。此外，日本政府对农业发展采取了兴修水利工程、兴建农田、建立全国性的农业科研、农业实验等各种形式的扶助和支持政策，对日本农业现代化的实现起了重要作用。

5.4　农业结构

在日本经济发展的过程中，农业比较发达。20 世纪 40 年代已经建立起机械化、专业化水平较高的农业，第二次世界大战后，日本的农业以较快的速度发展，种植业、畜牧业和渔业各产业内部发生了很大变化，各部门的发展也是不平衡的，在整个产业增长的同时，有些部门却呈现下降的趋势。但进入 20 世纪 80 年代以后，日本的农业生产有所减弱。

日本农业部门内部结构的基本特点是，长期以来种植业产值一直占有绝对的优势，占农业总产值的70%左右，是日本最重要的部门，其次是畜牧业，水产业也在农业中占有一定的位置。种植业中除了水稻外，其余全部为旱田作物。农作物主要有水稻、麦类、豆类、蔬菜、水果等。经济作物主要有烟草、茶叶、桑等。

在种植业中，水稻是其最主要的部门，也是日本农业的核心粮食作物。水稻及种植技术自中国传到日本后首先种植于西南日本的九州北部和本州的西南部。因为这些地方的自然条件特别适于水稻种植，后来传入到关东地区，到了18世纪末又传入北海道。明治维新以前，水稻作为日本最主要的粮食作物的年产量大约为300万吨。明治元年（1868）以后，由于有明海、儿岛湾等地排水垦殖、品种改良、农药的利用以及合理施肥等，产量大幅度增长。① 进入昭和时期，大米产量和播种面积如图5—1所示，稻米产量迅速增加，平均年产量在900万吨左右。第二次世界大战后，由于播种面积的扩大，从1960年起稻米年产量超过1 200万吨（见表5—1）。20世纪70年代初期以后，为了使稻米生产和需要平衡，减少库存陈米，日本政府有计划地减少了水田播种面积，每年都有20万公顷以上的水田改作他用，使稻米的耕作面积不断下降，但由于稻米种植技术的提高和品种的改良，使单位面积的产量增加，产量仍保持在较高水平。

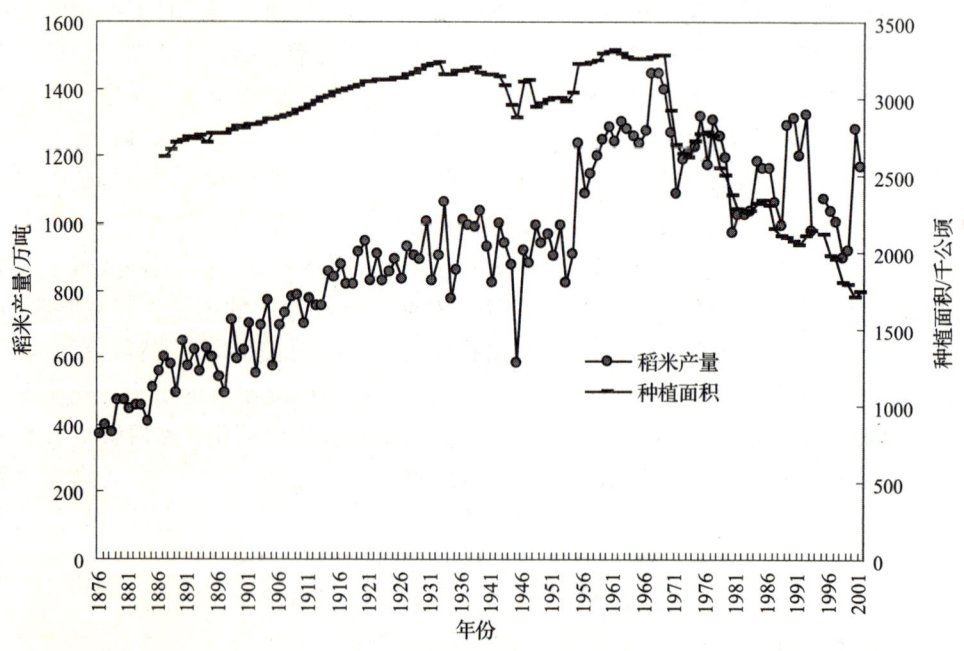

图5—1 日本的稻米产量和播种面积

资料来源：[英] B. R. 米切尔编. 帕尔格雷夫世界历史统计·亚洲、非洲和大洋洲卷（1790—1993）[M]. 北京：经济科学出版社，2002；刘国平. 世界经济统计 [M]. 北京：经济科学出版社，2002.

---

① 满颖之. 日本经济地理 [M]. 北京：科学出版社，1984.

表 5—1　　　　　　　　　主要粮食作物产量和播种面积构成情况

年份		播种面积/千公顷				生产量/千吨			
		大米	小麦	大麦	黑麦	大米	小麦	大麦	黑麦
明治12年	1879	—	366	603	435	3 792	245	498	422
明治23年	1890	2 725	454	645	590	6 463	337	590	394
明治33年	1900	2 805	464	640	687	6 220	583	943	1 031
明治43年	1910	2 925	472	615	670	6 995	630	1 010	932
大正9年	1920	3 101	526	537	672	9 481	806	902	1 151
昭和5年	1930	3 213	487	377	479	10 031	838	771	845
昭和15年	1940	3 152	834	338	402	9 131	1 792	818	870
昭和25年	1950	2 994	762	429	591	9 651	1 338	897	1 064
昭和35年	1960	3 308	602	402	436	12 858	1 531	1 206	1 095
昭和45年	1970	2 923	229	146	80	12 689	475	418	155
昭和55年	1980	2 377	191	122	—	9 751	583	332	53
平成2年	1990	2 074	260	106	—	13 124	952	346	23
平成12年	2000	2 045	—	—	—	12 791	—	—	—

注：1980年以后大麦的播种面积是和黑麦的合计。

资料来源：[英] B. R. 米切尔编. 帕尔格雷夫世界历史统计·亚洲、非洲和大洋洲卷（1790—1993）[M]. 北京：经济科学出版社，2002；国家统计局：国际统计年鉴（2012年版）[M]. 北京：中国统计出版社，2012

　　麦类作物是仅次于水稻的日本第二大粮食作物。由于日本的自然条件不适合麦类的生产，因而无论从产量还是从播种面积来看都远远低于水稻。日本生产的麦类主要有小麦、大米和黑麦，其中又以小麦为主。战前，由于麦类消费量小，而且种植较广，因此，大部分地区把麦类作为水田的复种作物，基本上满足了国内需要，产量也稳步增长。战后，由于播种面积和收获量不稳定，水稻机械化导致提前种稻，不能复种麦类作物，使产量大减。20世纪60年代以后大麦和黑麦的产量日益减少。但从70年代中期以后，由于政府推行水田改旱田的政策，小麦的播种面积和产量日益增加，到1990年小麦的播种面积增加到26万公顷，产量增加到95.2万吨。

　　畜牧业是仅次于种植业的重要农业部门，一直到明治时期都很不发达，有"无畜农业"之称，但战后是日本发展较快的农业部门之一。明治时期以前，马供军队和交通用，牛供农业生产用，完全为役畜，除了冲绳以外没有食用畜产品的习惯。明治时期，东日本盛行旱田马耕，马成为日本最主要的牲畜，其数量在大牲畜中也是最大的（见图5—2），西日本盛行牛耕，役用牛、马成为当时农业生产力发展的一个象征。据1904年的统计，以牛马为动力耕种的面积占水田面积的54%，旱田的33%。当时畜牧业的产值很低，在明治41年（1908年）其产值只占农业总产值的2.9%。从分布上来看，当时伊势湾与敦贺湾以东的东部地区以养马为主，近畿、中国等中部地区以养牛为主，九州和四国等西南部地区则养马和牛。

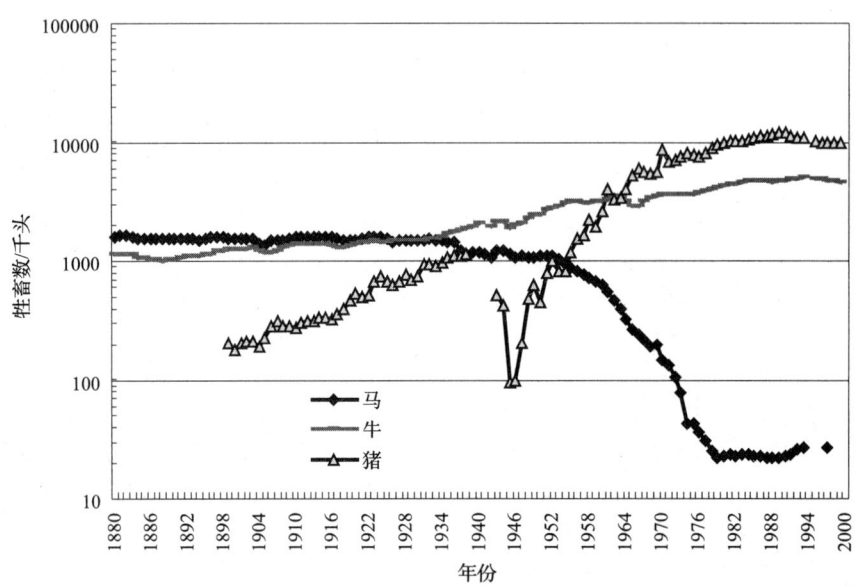

图 5—2　日本家畜头数

资料来源：[英] B. R. 米切尔编. 帕尔格雷夫世界历史统计·亚洲、非洲和大洋洲卷（1790—1993）. 北京：经济科学出版社，2002；刘国平. 世界经济统计. 北京：经济科学出版社，2002.

大正时期到昭和前期，日本工商业得到很大发展，城市人口迅速增加。畜产品的需求迅速增长，专业养畜业开始发展。爱知、静冈等东海地区建立起养鸡专业场，规模较大。但这一时期，日本畜牧业还比较落后，主要是为农业生产提供役畜，至于奶牛、肉牛、绵羊、山羊等家畜的饲养几乎还没有开始，畜牧业还没有形成农业的主要部门。

第二次世界大战后的数年间，粮食不足，没有发展畜牧业的饲料，限制了畜牧业的发展。1952 年以后，粮食问题已基本解决，为了增强地力，提高农业生产力，一方面大力推行"有畜农户创设事业"，使农村有畜农户率显著提高。另一方面随着机械化的发展，供农业生产用役畜的马和牛迅速减少，奶牛、肉牛等新的品种开始增加，猪和鸡显著增加（见表 5—2）。

表 5—2　　　　　　　　　　　　　日本畜牧业

指标	1935 年	1965 年	1970 年	1977 年	1981 年	1990 年	1999 年
奶牛/千头	167	1 289	1 804	1 888	2 014	2 058	1 816
肉牛/千头	1 751	1 896	1 789	1 987	2 281	2 702	2 842
马/千头	1 404	322	137	31	24	23	27
猪/千头	934	3 976	6 335	8 132	10 065	11 817	9 879
绵羊/千头	47	207	21	11	16	31	16
山羊/千头	123	325	161	82	62	—	—
鸡/千只	51 322	138 476	223 531	255 261	295 968	337 857	296 250

注：1999 年的马和绵羊均为 1997 年的数据。

资料来源：满颖之. 日本经济地理 [M]. 北京：科学出版社，1984；刘国平. 世界经济统计 [M]. 北京：经济科学出版社，2002.

1960年以后，日本经济进入高速增长时期，日本政府颁布了《农业基本法》，规定畜牧业为扩大的农业部门，使畜牧业生产发生了巨大变化。畜牧业总产值不断提高，由1955年的1 861亿日元增加到1985年的32 238亿日元，年平均增长率约达10%；同期畜牧业总产值在农业总产值中所占的比重由11.2%上升到27.4%。此后，日本畜牧业的生产规模越来越大，现代化水平迅速提高，饲养的主要品种有奶牛、肉牛、蛋鸡、肉鸡和生猪，重视发展大家畜，随着集约化、规模化程度的提高，逐渐形成了工业化企业，而农业总产值中畜牧业的比重则一直保持在25%~32%之间的高水平，日本畜牧业的快速发展对农业的发展做出了重要贡献。

水产业也是日本最重要的农业部门之一。早在明治初期日本就开始发展远洋水产业，明治元年（1868年）日本开始在亚洲东岸北部捕捞鲑鱼、鳟鱼；明治7年（1874年）开始在大洋洲捕获珍珠贝；从明治末期日本又在远洋捕鲸。随着从沿海到远洋逐步扩大捕鱼范围，捕鱼量逐渐提高。[①] 明治后期为50万吨左右，大正时期上升到200万~270万吨。昭和初期以后继续保持增长趋势，到1933年（昭和8年）捕鱼总量达到创纪录的490.6吨，随后基本上保持在400万吨。第二次世界大战后期，捕鱼总量有所下降，到第二次世界大战结束时，水产总量降到179.2万吨。

战后初期，日本开始恢复水产业，以沿海和近海渔业为中心，使捕鱼量迅速上升，1950年捕鱼量达到308.6万吨，1955年又上升到491.3万吨，大大超过战前最高水平。从此日本捕鱼量占世界的1/6左右。长期成为世界第一捕鱼国。随后，日本开始大规模发展远洋渔业，使它成为日本渔业的中心，同时在沿岸开展水产养殖业。从20世纪60年代开始，日本渔业发展迅速，捕鱼量大幅度增加，远洋渔业6年内增加到了2倍，近海渔业也有所增加。但60年代中期以后，秘鲁的捕鱼量激增，超过日本成为世界第一产鱼国。70年代初期，日本的捕鱼量持续上升，1972年达到1 027.2万吨，超过秘鲁，跃居世界第一位。

20世纪70年代，世界各国先后划定了200海里渔业水域，加上1973年爆发石油危机，燃料费上升，日本远洋渔业受到很大限制。从70年代中期开始到80年代，近海渔业增长较快，成为日本渔业的中心，日本的捕鱼量继续上升，到1984年达到1 202.1万吨，创造了历史最高纪录。此后因鱼类资源衰退且从业人员减少，日本为保护鱼类资源，捕鱼量持续下降，如图5—3所示，1989年开始渔业连续减产，1991年下降到1 000万吨以下，1998年进一步降至668.4万吨，到2002年渔业总产量降至588万吨，渔业总产值为18 753亿日元，2005年捕鱼总产量又降至1999年以来的最低量571.9万吨，渔业总产值也降至16 007亿日元。

近年来，日本开始大力发展水产养殖，来促进日本渔业的发展，但捕鱼量增长仍很困难。为此，日本在2001年制定了《水产基本法》，开展了鱼类资源恢复计划，并导入了渔业捕获的总体规划制度。日本除了通过法律法规和渔民的自主规制，设置可捕量、渔船数和马力数限制、禁渔区和禁渔期限制、可捕尺寸限制等以外，非常重视渔业资源

---

① 满颖之. 日本经济地理 [M]. 北京：科学出版社，1984.

保护与增殖,不断加大渔业资源增殖放流力度,并投入巨资建设人工鱼礁。日本政府根据所面临的国际国内渔业形势和渔业的发展,还制定了加强包括公海在内的渔业资源的恢复管理、促进节能渔业生产的发展等一系列措施,通过渔业改革,培养渔业管理和技术人才,构筑具有国际竞争力的渔业经营体,在一定程度上促进了日本水产业生产和贸易的发展。

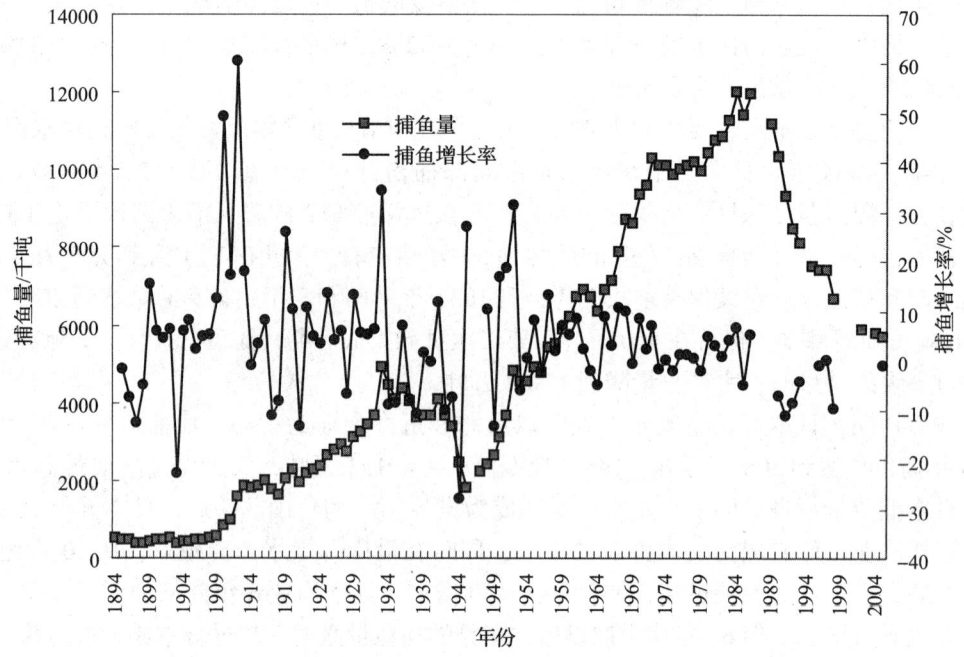

图5—3 日本水产业

资料来源:[英] B. R. 米切尔编. 帕尔格雷夫世界历史统计·亚洲、非洲和大洋洲卷(1790—1993)[M]. 北京:经济科学出版社,2002;刘国平. 世界经济统计[M]. 北京:经济科学出版社,2002

5.5 农业经济与农村劳动力减退

日本经济进入快速增长阶段的初期即19世纪末期到20世纪前20年,农业经济经历了快速增长的阶段。这一时期,农业劳动力表现为缓慢的负增长,因此,较高的农业增长率主要来自人均产出即劳动生产率的增长。19世纪90年代,劳动生产率达到1.40%,20世纪最初的10年,又增长到1.99%。在劳动生产率的增长中,较高的技术进步率做出了重要贡献。在19世纪末技术进步率接近1%,对人均产出增长的贡献度高达69%,2世纪初期其值超过了1.1%,贡献度达到了50%以上。这一阶段的农业技术进步不是依靠西欧现代农业技术的引进,而是依靠传统技术即精耕细作,品种改良的进一步发展和普及的方式实现的①。

---

① 崔岩. 日本的经济赶超——历史进程、结构转变与制度演进分析[M]. 北京:经济管理出版社,2009.

20世纪20年代以后,日本农业经济的增长率大幅度下降,其主要原因是人均产出增长率下降,而后者的降低则表现为要素投入增长贡献度和技术进步的降低。首先,在要素投入增长的贡献方面,人均土地增长的停滞是主要原因。由于劳动力人口增长而土地数量基本是一定的,因此,在这一时期人均土地的增长率由前一时期的超过1%降低到零。其次,技术进步率也由前一阶段的超过1%降低到0.55%。农业部门的技术陷入停滞,因而影响农业经济的增长。

第二次世界大战后,日本通过农地改革、进一步推进农业改良、加速农业机械化等一系列农业政策措施,在20世纪50年代中期以后直至60年代日本农业的增长速度是迅速的(见表5—3)。为了便于分析各个因素对农业生产的贡献度,首先把农业生产总值增长$G(Y)$分解为劳动力L的增长率$G(L)$和生产效率增长率$G(Y/L)$。

$$G(Y) = G(L) + G(Y/L) \tag{5—1}$$

$G(Y/L)$是生产函数。

把$Y = F(L, K, B, t)$为前提,可分解为:

$$G(Y/L) = \lambda + E_K G(K/L) + E_B G(B/L) \tag{5—2}$$

表5—3　　　　　　　　各个时期农业增长的因素分析　　　　　　　　(单位:%)

期间	农业生产总值增长率 $G(Y)$	农业劳动力增长率 $G(L)$	生产效率增长率 $G(Y/L)$	资本与劳动比率和土地与劳动比 $E_K G(K/L) + E_B G(B/L)$	技术进步等残余增长率 λ	人均产出增长的贡献度 $\lambda / G(Y/L)$
1889—1900	1.37	-0.03	1.40	0.44	0.96	69
1901—1910	1.66	-0.33	1.99	0.88	1.11	56
1911—1920	1.62	-0.56	2.18	1.08	1.10	50
1921—1930	0.75	-0.04	0.71	0.16	0.55	77
1931—1938	1.30	-0.28	1.58	0.55	1.03	65
(战前平均)	1.34	-0.22	1.56	0.62	0.94	60
1956—1960	3.34	-2.35	5.69	2.48	3.21	56
1961—1970	2.10	-4.10	6.20	3.69	2.51	40
1971—1980	-0.29	-3.95	3.66	3.63	0.03	9
1981—1987	0.71	-2.61	3.32	2.10	1.22	37
(战后平均)	1.24	-3.45	4.69	3.13	1.56	33

注:Y = GDP(战前是1934—1936年价格,战后是1970年价格);L = 就业者人数;K = 资本总额(战前是1934—1936年价格,战后是1970年价格);B = 耕地面积;E_K = 资本的生产弹性;E_B = 土地的生产弹性;λ = 各种类型的技术进步等残余的增长率 = $G(Y/L) - (E_K G(K/L) + E_B G(B/L))$。

资料来源:[日]南亮进.日本の经济发展[M].东京:东洋经济新报社,1992.

公式中,K和B表示资本和土地面积,E_K和E_B是资本和土地各自的生产弹性;$E_K G(K/L)$和$E_B G(B/L)$为由于资本与劳动比率、土地与劳动比率的上升所产生的$G(Y/L)$的上升,表示了生产要素投入的增加所做出的贡献部分。λ为各种类型的技术进步，产品需求的变化等引起的生产函数的变化，从生产效率增长率 $G(Y/L)$ 中减去 $E_K G(K/L)$ 和 $E_B G(B/L)$ 所增加的贡献部分，可求得残余部分。从表 5—3 可以看出，日本农业 1956—1960 年的年平均增长率为 3.3%，1961—1970 年的年平均增长率为 2.1%，明显高于战前（1931—1938 年）的水平。其主要原因是由于资本与劳动比率和土地与劳动比率的上升所引起的农业生产效率的上升。而 λ 的高水平是战后持续进行的品种改良、农业生产的机械化以及迅速普及使用农药的结果。

然而，农业生产总值增长率在 20 世纪 70 年代变成负增长。80 年代以后 $G(Y)$ 在 0～1% 的低水平徘徊。这主要是 $G(L)$ 和 $G(B)$ 的低下引起的。$G(L)$ 的低下，即劳动力的减少是由于非农业部门的劳动需要引起农业劳动力的流出。而 $G(L)$ 的下降主要是由于日本政府实施的缩减稻田种植面积的政策造成耕地利用率迅速下降引起的。

随着农业的发展和整个国民经济的发展，日本的农业劳动力也发生了很大变化。如前所述，第二次世界大战后初期由于城市人口向农村人口疏散，日本军人及家属从海外归国，以及因工厂倒闭大量工人离职务农，使农村人口和农业劳动力出现增长趋势。这种由非农业部门向农业部门流动的现象，到 1950 年以后开始出现城乡相反趋势，即大量农村人口和农业劳动力流向城市部门。1950—1975 年间，农业人口从 3 767 万人减少到 2 320 万人，农业人口占总人口的比重由 45.3% 下降为 20.7%。同期，农业劳动力从 1 853 万人减少到 661 万人，农业劳动力占劳动力总数的比重从 50.8% 下降为 12.7%。农业劳动力减少最多的是 1951—1960 年的 10 年，其次是 1961—1970 年。在这 20 年中，农业劳动力分别减少了 46.5 万人和 45.4 万人（见表 5—4）。农业劳动力减少是资本主义发达国家经济发展的共同趋势。日本与欧美发达国家不同的是：欧美各国农业劳动力减少的过程往往也是资本主义大农场发展和土地集中的过程，而日本却保留着大量分散的个体农户。农户总数虽然也在减少，但明显低于农业劳动力减少的速度。这一时期，特别是 20 世纪 50 年代后期和 60 年代是日本工业现代化和农业现代化进展最快的时期，因而也是城市吸收农业剩余劳动力和农村流出劳动力最多的时期。

日本就业人数变动的情况（1880—2000 年）见表 5—5。

表 5—4　　农村人口与农业劳动力转移情况（1880—2000 年）

年 份	总人口/万人	就业总人口/万人	农业就业人数/万人	农业就业人数占总就业比例/%	农村人口/万人	农村人口比例/%
1872	3 445.1	1 707.4	1 449.5	84.9	—	—
1880	3 696.5	1 954.2	1 607.6	82.3	2 976.3	80.52
1890	4 025.1	2 258.3	1 719.8	76.2	2 951.2	73.32
1900	4 435.9	2 476.8	1 733.1	70.0	2 983.3	67.25
1910	4 985.2	2 616.9	1 648.9	63.0	2 994.5	60.07

续表

年份	总人口/万人	就业总人口/万人	农业就业人数/万人	农业就业人数占总就业比例/%	农村人口/万人	农村人口比例/%
1920	5 596.3	2 696.5	1 444.1	53.6	3 024.9	54.05
1930	6 445.0	2 934.3	1 448.9	49.4	3 209.5	49.80
1940	7 193.3	3 178.3	1 419.3	44.7	3 184.6	44.27
1950	8 290.0	3 562.7	1 720.8	48.3	3 767.0	45.44
1960	9 409.4	4 369.1	1 423.7	32.6	3 482.6	37.01
1970	10 434.5	5 246.7	1 016.4	19.4	2 628.0	25.19
1980	11 680.7	5 580.9	611.1	10.9	—	—
1990	12 361.1	6 249.0	439.1	7.2	—	—
2000	12 692.0	6 446.0	—	—	—	—

资料来源：[英] B. R. 米切尔编. 帕尔格雷夫世界历史统计·亚洲、非洲和大洋洲卷（1790—1993）[M]. 北京：经济科学出版社，2002；[日] 南亮進. 经济发展的转折点：日本经验 [M]. 北京：社会科学文献出版社，2008.

表 5—5　　　　　　　　　日本就业人数变动的情况

时期	第一产业就业人数的变动				非第一产业就业人数的变动	
	增加数/千人	自然增加数/千人	纯外流数/千人	纯外流率/%	增加数/千人	对第一产业就业者的依赖度/%
1876—1890	-8	72	80	0.76	109	73.4
1891—1900	9	86	77	0.51	120	64.2
1901—1910	-73	68	141	0.90	180	78.3
1911—1920	-73	94	167	1.10	237	70.5
1921—1930	5	121	116	0.78	233	49.8
1931—1940	-30	135	165	1.07	319	51.7
1951—1960	-465	342	807	5.15	1 355	59.6
1961—1970	-454	153	607	4.70	1 112	54.6
1971—1980	-309	60	369	4.25	716	51.5
1981—1990	-126	60	186	3.65	839	22.2
1991—1999	-47	84	131	3.64	184	71.2
1951—1999	-285	141	426	4.29	855	51.4

注：第一产业就业人数和非第一产业就业人数均为 1 年的平均数。

资料来源：[日] 南亮進. 日本の经济发展 [M]. 東京：東洋经济新報社，1992；[日] 日本矢野恒太記念会. 世界国勢図会（1994/1995）[M]. 東京：国勢社，1994；[日] 日本矢野恒太記念会. 世界国勢図会（2001/2002）[M]. 東京：国勢社，2001.

1973年以后,日本经济由高速发展转向低速发展,同时工业也从发展劳动和资本密集型产业转向知识和技术密集型产业,因而工业部门吸收农业劳动力的能力大幅度下降,农业部门也因为实现了农业生产的全盘机械化排除劳动力的能力开始下降,因而农业劳动力减少速度开始放慢,但总的减少趋势并没有改变。

　　日本农业劳动力的减少,主要是由于工业发展的需求和农业劳动生产率的提高。1971—1990年间,农业劳动生产率递增10%,进入20世纪90年代以后有所下滑,这与日本的农业政策密切相关。从1955年起,日本政府采取了放弃增长粮食、转为依赖进口的政策。由于农产品高度依赖海外市场,使日本多年来始终是世界上最大的农产品净出口国。自70年代以来,日本的主要农作物除大米外,其他农产品的自给率均很低。这种消极的农业政策对日本农业劳动力的减少起了很大的作用。此外,不论是第二次世界大战前还是战后,日本农业劳动力的减退与非农产业间的转移密切相关。这个时期,日本农业都向非农业部门提供了大量剩余劳动力,是重要的劳动力供给源。依据有关计算,1876—1890年,在非第一次产业就业者的增长中,农业劳动力流出的贡献率高达73.4%,第二次世界大战前这一比率一直在50%~78%之间。由此可见,农业劳动力的流出在经济发展特别是现代部门发展中所发挥的作用是重要的。

第6章 工业化和人口城市化

6.1 明治维新以后的工业化与劳动力供给

日本是一个典型的后起工业化国家,也是19世纪最后一个工业化国家。1853年开始,美国、英国、俄国、荷兰、法国等西方列强陆续侵入亚洲各国,并先后与日本政府签订一系列不平等条约,使日本面临着沦为半殖民地的危险。1868年,日本爆发了倒幕运动,建立以明治天皇为首的政府。经过明治维新,日本政府统一全国政权,废除封建等级制度和行会制度,模仿欧美社会经济制度,输入科学技术,发展资本主义工商业,迅速走上了通过工业化来实现经济发展的道路。日本的工业革命,就是在这样的历史条件下进行的。

明治维新以后,日本政府在接受幕府和各藩经营的主要军事工厂和矿山的基础上,通过积极引进发达资本主义国家的先进工业技术,购买大量的机器设备,建立了一些装备西方机器的棉纺织厂,兴建了一批缫丝厂、毛纺厂、酿造厂、机械厂和化工厂,开始了工业化的进程,在工业和科技实力方面逐步缩小同欧美发达国家的差距。进入19世纪80年代以后,明治维新各项重要改革陆续完成,明治政府以廉价地向私人转让官营模范工厂为契机,出现了私人创办和经营近代企业的高潮,产业革命进入了迅速展开的新阶段。1884—1893年的10年间,工业公司的资本增加了14.5倍。1893年拥有10个工人以上的工厂已达3 019家,其中使用机械动力的有675家,职工38万人,产业革命已逐渐扩展到一切主要工业部门,其重点也从过去以官营军事工厂为中心的重工业转移到以私营纺织业为中心的轻工业。与此同时,日本政府在明治时期大力推行"殖产兴业""富国强兵"政策,通过交通、通信等社会间接资本的积累和公司制度的引进,创造了资本主义经济发展的环境,随着产业革命的进行,促进了初期工业化的发展。

日本的初期工业化[①]是首先从食品、纺织业等轻工业部门实现大规模机械生产开始的。从1877年到1900年,食品业、纺织业对制造业增长的相对贡献程度(见表6—1)分别为40.3%和34.9%,两者合计为75.2%,也就是说在19世纪后期日本的工业增长中,有3/4是依赖于轻工业的发展。这种发展与英国相同(英国是以纤维工业为中心而开始其产业革命的)[②]。其中,作为工业化的主导产业的纺织业通过引进欧美发达国家的先进技术而逐渐成长为近代化的产业。

[①] "工业化"就广义而言,是指工矿业、建筑业、交通业、通信业和公共事业等各整体的发展。之所以包括建筑业等各项产业是因为这些产业的生产活动与制造业相似,以及这些产业的发展对制造业的发展是不可缺少的主要条件。如从狭义的工业化定义来看,是指制造业的发展,制造业是工业化的核心,但工业化并非只指制造业在量方面的发展,更包括它在质上的变化。质的变化指现代工厂制度的普及和重工业和化学工业化。

[②] [日]南亮进. 日本の経済発展[M]. 東京:東洋経済新報社,1992.

表 6—1　　近代日本制造业各行业的增长和贡献程度

行业	制造业实际生产的各行业增长率/%			各行业对制造业增长的相对贡献度/%		
	1878—1900 年	1901—1920 年	1921—1938 年	1877—1900 年	1900—1920 年	1920—1938 年
纺织	6.93	5.88	5.59	34.9	28.9	21.6
食品	3.64	3.13	2.16	40.3	21.6	6.8
金属	3.98	14.82	10.23	1.5	11.3	17.5
机械	11.36	14.01	9.40	4.0	19.4	23.6
化学	3.98	5.39	10.31	7.5	8.9	20.3
窑业	4.23	7.30	7.51	1.2	2.5	2.8
木材、木制品	3.89	2.53	7.26	2.5	1.4	2.8
其他	3.13	4.33	5.01	8.1	6.0	4.6
轻工业	4.51	4.25	4.01	75.2	50.5	28.4
重化学工业	4.93	9.92	9.83	13.0	39.6	61.4
全制造业	4.38	5.41	6.53	100.0	100.0	100.0

注：轻工业为纺织业和食品业的合计。重化学工业为金属工业、机械工业和化学工业的合计。
资料来源：[日] 南亮進. 日本の経済発展 [M]. 東京：東洋経済新報社, 1992.

这一时期，在日本初期工业化进行的过程中，受益最大的行业是生丝生产，从 1868 年到 19 世纪 90 年代初，生丝产量和出口量增加了 4 倍，这是第一个经历了技术革命的古老制造业，19 世纪 70 年代和 80 年代建立了大量动力驱动的缫丝厂。与此同时，政府开办了生产制服用毛料厂以及一些私人开办的水泥厂、玻璃厂、啤酒厂、造纸厂等，但重工业规模很小。90 年代中期铁产量很少，为数不多的造船厂仅生产一些沿海岸航行的船只。采矿业发展也比较缓慢，1885—1894 年，煤炭平均年生产量仅为 250 万吨。

1894 年，日本未经宣战发动了侵华战争——甲午战争，迫使清政府与之订立了不平等的《马关条约》。这次战争使日本成为资本主义国家的转折点，也是日本工业革命进入完成阶段的转折点。战争中的巨额军事开支，使资本家得到大批军事订货，积累了巨额资本。战后日本靠从中国索取的巨额赔款大规模扩建铁路网，极大地推动了私人资本的发展。同时，战争也使日本夺占了部分中国市场，扩大了日本商品的销路。因此，日本以甲午战争为起点，日本再次出现了投资热，工业、交通运输业以及金融贸易，都获得了大发展。到 1898 年，纱锭突破了 100 万支，机器纺纱占了绝对优势，1900 年机器缫丝也占了生丝总产量的 51.7%，日本进入了世界纺织工业发达国家的行列。在军事工业带动下，重工业也开始改变面貌。1897 年开始动工兴建的最大钢铁厂——八幡制铁所，于 1901 年投产，使日本迈出了钢铁自给的第一步。

1894—1895 年中日甲午战争以后，日本的工业发展速度加快。1895 年后的增长速度可用主导产业产出的增长来度量，生丝产量在 1909—1913 年间增长了 3 倍。在更新的工业中，棉纺工业在这一时期上升为日本最大的工厂工业。毛纺和精纺工业在这一时期发展也比较快，到1913年，整个纺织业，包括生丝生产成为日本最为重要的制造业。据政府统计，约3/5的人在5名及以上的工人纺织厂中工作。可以说，日本工业高度专业化于纺织部业，棉织品和丝织品约占纺织业产出的90%。在重工业方面，日本的生铁有所发展，到1913年达到25万吨，钢产量也大致相当。当然，钢铁的产量不能满足迅速增长的国内需求，而且钢的种类很少。机械工业也有发展，1895年，船舶工业成功建造了一艘1 000多吨的蒸汽轮船。在后来的20年中，在政府的帮助下，船舶工业扩大了生产能力，并在第一次世界大战前夕使日本商用蒸汽轮船年下水量达到5万吨。采矿业也取得长足进展。煤产量从1895年的500万吨左右增长到1913年的2 100万吨，而且古老的采铜业也有了发展。在这一时期的其他大规模工业有水泥、造纸、橡胶、玻璃和精炼糖。这些产业大多数同重工业一样是在政府推动下进行的。

明治维新以后到20世纪初期的日本工业化发展的初始阶段。日本初期的工业化模式是以轻工业为主导的，由于日本同先进国家之间存在更大的技术、资金等方面的差距，因而难以直接建立当时的新技术产业。在这一阶段，轻工业的发展见表6—2，对制造业及工业化起到了巨大的推动作用。在1877年，纺织业和食品两大产业为主体的轻工业在制造业中所占的份额为68.6%，1900年进一步上升到72.7%，明显高于重工业的构成比重。因此这一阶段的工业化是以轻工业为主导的。

表6—2　　　　　　　　　制造业内部结构的变化　　　　　　　　（单位:%）

行业	1877年	1900年	1920年	1938年
纺织	10.1	25.5	27.8	23.6
食品	58.5	47.2	30.6	14.5
金属	1.4	1.4	7.8	14.4
机械	1.1	2.9	13.7	20.4
化学	11.1	9.0	8.9	16.6
窑业	2.1	1.5	2.2	2.6
木材、木制品	6.6	4.1	2.3	2.6
其他	9.1	8.4	6.7	5.3
全制造业	100.0	100.0	100.0	100.0
轻工业	68.6	72.7	58.4	38.1
重化学工业	13.6	13.3	30.4	51.4

资料来源：[日]南亮进. 日本の経済発展[M]. 東京：東洋経済新報社，1992

值得注目的是，在日本初期工业化的过程中，高效率运输系统是伴随着采矿业和制造业发展而发展的。1872年，日本政府通过向国外借贷兴建了第一条铁路，到1895年时，已经兴建了2 000英里铁路。1906年，政府实行了干线铁路国有化，并推出了发展计划。到1913年，日本铁路总长为7 000英里，并拥有良好的铁路通信服务。政府还通过津贴和其他特权来推动海上商业运输的发展，19世纪末，日本海上运输公司开始为海外国家提供服务，到1913年已拥有150万吨蒸汽船。运输业的发展刺激了工业化发展的进程。

第一次世界大战爆发时,日本工业化已经走在亚洲各国的前面,但仍低于西方发达国家。据估计,日本的制造业只占世界制造业产出的1.2%,比印度稍高。第一次世界大战期间,日本工业生产力得到巨大发展。棉纺织业发展很快,砂锭从1913年的2 400万锭上升到1920年的3 800万锭,其他纺织业特别是毛纺织业的产量也有了大幅度提高。在重工业中,钢铁的产量增长了近1倍,煤炭产出增加了50%。在1914—1918年期间,发电量也从50万千瓦上升到120万千瓦。

与此同时,日本工业开始向大城市为中心的工业地区聚集,到1920年前后,在国家垄断资本主义直接控制下,京滨、阪神、中京、北九州四大工业地带逐步形成。这是以现代工业为基础,既有资源型的重工业和化学工业,又有日用消费品生产的轻工业,具有多种不同类型工业,以高度聚集为特征的综合性工业地区。由于工业化的进一步发展,使日本工业迅速增长,特别是制造业的增长率逐步上升,1901—1920年为5.41%。

20世纪20年代,日本经历了严重的金融危机,1923年的关东大地震所造成的破坏也阻碍了它的发展进程。尽管如此,日本的工业发展依然继续,到1929年,日本已成为世界上主要的制成品生产国,同年日本的工业总产值大约为1913年的3倍。在世界制造业中所占比重也增加了1倍多。但纺织业仍占主导地位。根据1930年的调查,从制造业的就业状况看,纺织业就业人口占就业总人口的50%以上,超过了金属、工程、船舶制造、化工等行业就业人口的总和。棉纺织行业发展很快,到1929年纺锭数量达到6 650万锭,为1920年的1.8倍,随着工艺技术的提高,棉纱质量也有了改变。到1929年,以手动织布机为主导的家庭生产已大规模减少,专业化织布厂已经采用了宽幅和窄幅动力织布机。棉纺公司大规模进入织布业,加快了布料生产的发展。毛纺和精纺工业规模扩大,变得更加多样化。金属工业也取得较大进展,到20年代末期,日本成品钢已达到200万吨。20年代煤和其他采矿业相对滞后,但电力工业发展迅速,到1930年发电量已达到440万千瓦,为1913年的8.8倍。此外,日本的汽车、电力设备和纺织机械的生产在这一时期也有了很大发展。

20世纪30年代,日本工业处于新的发展时期,纺织业在工业中的地位大幅度下降,这不意味着纺织业存在着的衰退,棉纺织业在继续扩张,棉纺织业部门的生产能力继续增长,高质量棉织品在市场上所占比重也不断上升。最惊人的发展是人造纤维产业,其产量从1929年到1937年增加了10倍。金属工业、机械工业和化学工业也发生巨大变化。1929年,这三个部门的就业人数合计占工厂总就业人数的25%,1937年增至43%。从产量看,在金属工业中,生铁和钢在1929—1937年期间增长了1倍。在机械工业中,不仅产量增加,而且产品种类不断扩大。

显而易见,20世纪初期以后,日本加快了工业化的进程。由于工业的持续发展,使日本的制造业迅速增长,1921—1938年,制造业的增长率进一步增至6.53%。据国际联盟估计,日本在世界制造业中的比重从1926—1929年的2.5%上升到1936—1938年的3.5%。制造业加快增长的直接原因是重工业和化学工业的发展。在1901—1938年间,金属工业、机械工业和化学工业的增长率都大幅度上升,其相对贡献度也由19世纪末的

13.0%增长为1920—1938年的61.4%。与此同时,轻工业的增长率有所下降,这主要是食品工业的衰退所致,而纺织工业的增长率在1901—1920年比全制造业高,即使在1921—1938年也保持较高的水平。这样,制造业的发展从以纺织业为中心的轻工业转向以重化学工业为中心,这意味着日本开始了"重工业和化学工业化"的过程。在此值得注意的是主导产业的替换在日本是相当迅速的,即轻工业发展到极限时,重工业和化学工业开始加速发展,换句话说,主导产业的快速替换加速了日本的工业化。

在日本工业化进行的过程中,非基础产业就业人口作为劳动力供给的重要指标,其增长速度往往同工业增长率密切相关。从日本非基础产业就业人口供给量的增长率来看,在工业化过程中基本上开始逐渐上升(见图6—1),特别是在19世纪90年代以后增长很快。这一时期,随着工业经济的迅速发展,使非基础产业就业人口,特别是工业劳动力的供给量迅速增长,使劳动力的供给能力大于有限增长的劳动需求,形成了以超过供给为主要特征的劳动力供求关系,在一定程度上刺激了日本工业经济的增长。与此同时,伴随着工业的迅速发展,使日本的产业结构和就业结构发生巨大变化,工业劳动力就业比重迅速增长,从1880年的5.6%上升到1920年的20.5%,同期,工业总产值所占比重也从9.0%上升到26.7%,这在一定程度上显示了工业化的进展。

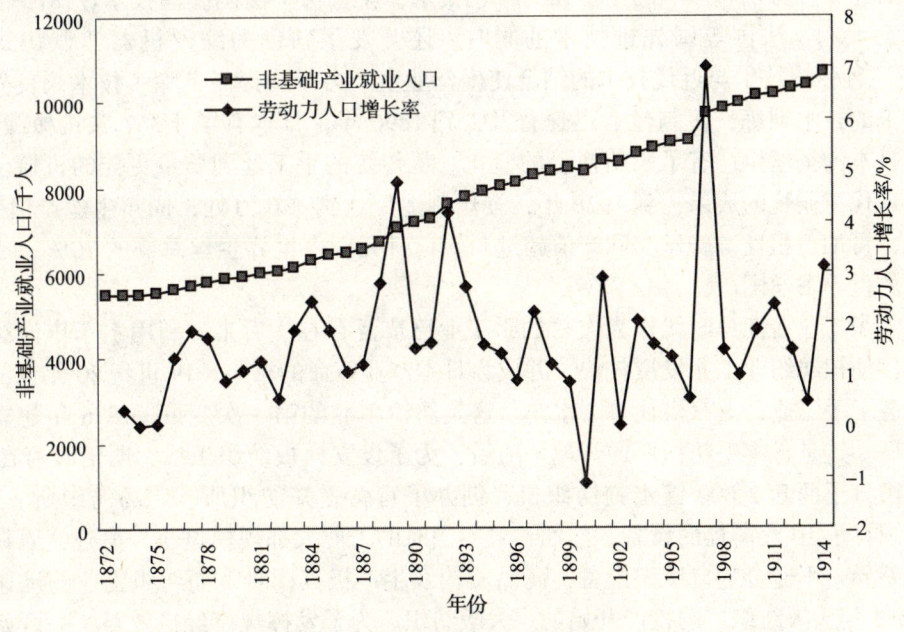

图6—1 日本非基础产业就业人口

资料来源:[日]日本人口問題研究所編.人口統計資料集[M].東京:厚生統計協会,1989.

6.2 早期的工业部门

明治维新以后,随着殖产兴业政策的实施和生产技术的改进,逐步准备了工业革命的条件,从19世纪80年代起,出现了以民间资本为主导的工业革命的高潮,使日本的工业生产发展较快。在日本工业革命的进程中，部门经济工业化的起点是1886—1890年出现的第一次产业高潮，它是以传统的纺织工业为重点展开的。19世纪90年代中期以后，加快了轻工业革命完成的进程，也拉动了钢铁工业、机械制造业为重点的重工业化的序幕，这些部门产值大、就业人数多，其生产变化影响许多部门的产销与就业，对日本工业化的发展具有重要作用。

纺织工业是日本历史最悠久的工业部门。生丝和棉纺织品的生产和输出，在日本工业经济中长期占有重要地位。生丝是日本工业发展的基础，早在江户时代，许多藩已拥有各具特色的高级丝绸、丝织品产地。在明治维新以后，由于幕府与诸藩的奖励，各地养蚕与制丝业迅速兴起，生丝的工厂化有了显著增加，由于向工厂化体系的快速转变，使日本一跃成为世界蚕丝国之一，到了幕府末期的19世纪中期，开港通商，贸易的对外开放使日本制造的丝绸获得了巨大的海外市场，它对原始积累和产业的形成起过重大作用。生丝曾是日本的主要输出品，绝大部分输向美国。当时日本通过生丝的出口换取棉花等原料进口，加工成棉织品以及丝织品出口，换回铁与其他化学工业原料等。19世纪70年代的明治政府通过示范工厂引入西方技术来鼓励生丝生产的现代化。1870年，由法国输入机械设备并聘请技师。1872年在群马县福冈建立了富冈模范制丝工厂，成为制丝业发展的先驱，特别有影响的是富丘的缫丝技术，就模仿了法国缫丝技术。1875年日本在引进意大利、法国等国先进技术的同时，还开发了独创的缫丝机器"諏访式缫丝机"。① 这种传统技术与近代技术的结合使生丝业生产力得到提高，除了技术改良外，由于对女工的技术训练，使制丝业迅速普及，到1896年，日本有了4 367家机械缫丝厂。至此，日本的蚕丝生产有了脱胎换骨的变化。从传统的手工丝到质量更佳的机械丝，这是日本近代工业化的成果，到1928年，蚕丝制造厂达到7.6万处，同年生丝产值为8.3亿日元，再加上粗丝、碎丝实际产值超过8.5亿日元，占世界生丝总额的70%，成为名副其实的世界蚕丝国。②

棉纺织工业在江户时代作为农村的手工业已广泛存在。后来，利用水车作为纺纱机的动力，使棉纺织业工业发展较快，并成为日本产业革命的核心。19世纪80年代，机器纺织代替了手工业，蒸汽机代替了水车。这是纺织工业的第一次变革。1876年建立了千住呢绒厂，这是日本毛纺织厂的开端。随后，为了设立样板纺织工厂，明治政府在1878年向英国订了两套2 000锭走锭纺织机，创办了官营爱知纺织所、广岛纺织所。次年，又向英国订了10套同样的设备。然而，日本当时的工厂大都规模过小。另外，原料棉花品质的差异，不适合进口纺织设备，高品质棉线生产极其困难。而纺织工业的迅速发展是从1883年大阪纺织厂的投产开始的。大阪纺织厂为了发挥规模经济效益，一开始就设立了超过1万锭规模的大工厂。为了最大限度地使用工厂设备，机器24小时全天运转，并引进了当时刚刚发明的电灯，使棉线在大量生产上获得成功。从纱锭数来看，明治20年（1887年）仅为7.7万锭，到明治23年（1890年）增至35.8万锭，大正2年（1912

---

① ［日］滨野洁，井奥成彦，中村宗悦，岸田真，永江雅和，牛岛利明. 日本经济史1600—2000（中译本）［M］. 南京：南京大学出版社，2010.

② 满颖之. 日本经济地理［M］. 北京：科学出版社，1984.

年）又增至 217.7 万锭。正是在明治时期奠定了纺织工业发展的基础，在第一次世界大战后得到迅速发展。1925 年丰田发明了自动纺织机，进一步刺激日本纺织业的发展。20 世纪 30 年代，面对当时的通货膨胀，纺织业成本反而有所下降，丰田发明的新机器起了很大作用。同时由于工人面临失业的威胁，不得不接受降低工资的要求。由于长期保持低成本，昭和前期的纺织品增长很快。1926 年与 1936 年相比，纺织品产量几乎增长两倍。从在世界棉花总消费量中所占比重来看，20 世纪 20 年代后期日本已超过印度，与英国并驾齐驱，到 30 年代中期已超过英国。在世界主要棉织品的生产总额中，日本所占比重高达 41%，也大幅度超过英国，居世界第一位，并拥有强大的竞争能力。

造船工业是日本工业发展历史上最长的部门之一，它也是推动日本工业化的动力。日本近代造船工业始于幕府末年（19 世纪 50 年代），当时德川幕府在国际国内紧迫的形势下，利用英国、荷兰以及德国的造船技术发展新型造船业，在浦贺、石川岛、长崎和横须贺等地相继建立新型造船厂，这是日本现代造船厂的开端。明治维新以后，造船厂全部收归官营。1880 年以后，除了横须贺海军工厂外，又转为私人资本。19 世纪末 20 世纪初，在神户、尼崎等地建立新厂。这些新造船厂积极引进技术，投资设备等。不久三菱长崎造船所、川崎造船所脱颖而出。三菱长崎造船所到 1910 年左右已经有能力制造 1 万吨规模的船舶。1896 年川崎造船所被改组为股份公司，通过引进干船坞等新的造船技术不断扩大规模。这样经过半个多世纪，日本建立起真正的现代造船业。在 20 世纪 10 年代，日本政府一方面大量建造舰船向英国、法国、美国等国出口；另一方面扩大船队发展海运业，到第一次世界大战中得到迅速发展，1913—1918 年，能造出 1 000 吨以上船只的船厂由 6 座增加到 45 座，船舶下水量由 6.5 万总吨增加到 45 万总吨，而在 1919 年时增至 61 万总吨，仅次于英国和美国，居世界第三位。第一次世界大战后，出现经济危机，造船厂纷纷倒闭，产量大幅度下降，造船工业急剧衰落，进入 30 年代以后，日本政府又把造船工业纳入重点发展计划，加速其发展，1934 年以后又重新膨胀，到 1944 年，日本拥有大中型船厂 56 家，船台 130 余座，从业人员高达 34 万人，建造船舶下水量达到 173 万总吨。

化学工业也是历史比较悠久的工业部门之一，日本的化学工业发展始于明治初期，1872 年大阪造币局建立铅室法硫酸工厂，是日本基础化学工业的开端；1880 年建立的制碱工厂，也是以现代技术装备的工厂，成为经济发展所需无机化学工业的基础部门。其后，开始建立了别子铜矿精炼厂以及人造化肥等。利用精炼厂的废气建立了塔式法硫酸工厂，兴起了过磷酸肥料工业。其他如肥皂、碘、涂料等工业也相继建立。到 19 世纪末期，日本化学工业虽然有所发展，但仍属于初建时期。在全部工业中，1899 年化学工业产值仅占工业总产值的 6.1%。[1]

日本化学工业高速发展是在第一次世界大战期间和战后。战争爆发后，欧洲化学品输入的断绝，国内市场急需，特别是向中国和印度市场扩张，在日本政府的大力扶持下，日本的化学工业得到飞速发展。合成染料、纯碱、医药品等工业相继建立。到了 20 世纪

---

[1] 满颖之. 日本经济地理[M]. 北京：科学出版社，1984.

30年代，已略具规模，生产技术在若干领域接近国际水平，有的甚至已经超过欧美国家，当时酸、碱、化肥、电石等化工产品自给自足，人造丝、硫铵、硫黄、石灰氮、磷肥等均达到世界先进水平，以煤焦油为原料的有机化工产品在40年代更是高速增长，化学纤维的产量1936年超过了德国和意大利而跃居世界首位。日本的化学工业1939年达到战前最高水平。第二次世界大战期间，化学工业以军需生产为中心，由于原料进口中断，化工设备遭到轰炸，化学工业处于低迷状态，到战争结束时，主要化工产品的产量只有战前最高产量的14%～40%。

钢铁工业是日本工业部门中最重要的部门之一，也是汽车制造业、造船工业以及建筑业等发展的基础。江户初期，日本以砂铁和木炭为原料，进行小规模风箱炼铁生产。在产业革命时期，钢铁作为工业的基础需求大增，日本传统的手工式生铁制造技术已无法满足需求。19世纪50年代，西方的近代高炉炼铁技术传入日本，1857年釜石制铁所开业，通过实验近代炼铁法成功，使近代制铁业才开始有一定规模的生产。明治维新初期，日本政府曾引进西方技术进行钢铁生产，由于质量和成本无法与国外进口货竞争，不得不中途放弃。此后，1882年海军省兵器局在东京筑地开始了熔炉炼钢，1890年大阪炮兵工厂开始小型酸性平炉炼钢，但这些在兵工厂进行的钢铁生产仍处于先行试验的阶段，基本上没有生产能力。真正实现从洗矿到炼钢一条龙生产，是从甲午战争赔款的资金支持下，于1896年设立的官营八幡制铁所开始的。八幡制铁所全面采用德国的生产技术和设备，并以从中国大冶及朝鲜进口的铁矿石为原料进行生产，于1901年生产了第一炉铁。其后八幡制铁所不断扩张，迅速发展为生铁、炼钢、轧钢连贯作业的大型企业。到1910年，八幡制铁所的产量已达到年产生铁12.7万吨、钢材15.3万吨的规模，均占全国钢铁产量的一半以上。① 另外，民间的炼钢业在日俄战争后开始兴起。神户制钢所、住友制钢所、日本制钢所、日本钢管等就是当时的一些著名企业。但这些钢铁企业都是从国外进口生铁用以钢铁生产的平炉炼钢企业。② 这样，至第一次世界大战爆发前，日本已经"确立了钢铁业的基础，特别是军用钢铁已基本上建立了自给体制"。③

昭和初期以后，日本加快了发展钢铁工业，1929年，官营八幡制铁所的钢铁产量，生铁占日本的63%，粗钢占58%，钢材占46%。而当时民间钢铁企业，尚处于小规模生产阶段。日本政府对日本钢铁业的早期发展起了一定的推动作用。从20世纪30年代起，为适应向外扩张，日本进一步加大了对钢铁发展的力度，钢铁生产（见图6—2）迅速发展，1942年生铁产量达到442万吨，创历史最高水平，1943年钢产量达到历史最高点的782万吨，占世界钢总产量的4.7%，次于美国、德国、苏联和法国，居世界第五位。

---

① 杨栋梁. 日本近现代经济史［M］. 北京：世界知识出版社，2010.
② ［日］滨野洁，井奥成彦，中村宗悦，岸田真，永江雅和，牛岛利明. 日本经济史1600—2000（中译本）［M］. 南京：南京大学出版社，2010.
③ ［日］三和良一. 概说日本经济史（近现代）［M］. 東京：東京大学出版会，2002.

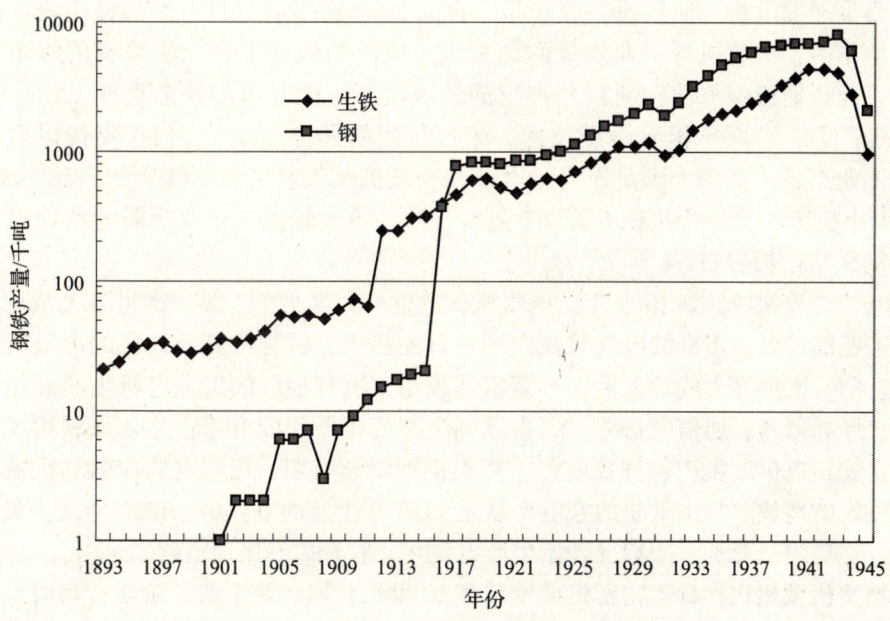

图 6—2　日本战前的钢铁产量

资料来源：[英] B. R. 米切尔编. 帕尔格雷夫世界历史统计·亚洲、非洲和大洋洲卷（1790—1993）[M]. 北京：经济科学出版社，2002

电力工业是日本的重要工业部门之一。明治 19 年（1886 年）日本开始发展电力工业后，随着电力技术的进步与用电范围的扩大，逐步得到发展，到 1897 年，除了东京外，大阪、京都、横滨、名古屋以及神户等主要城市都有了经营电气的企业，当时电力工业供应的对象主要是城市的照明。20 世纪初期以后，随着工业革命的加速，工业对电力的需求增加，刺激了电力行业的发展，到 1907 年，发电能力达到 11.5 万千瓦。当时的发电设备主要从美国进口，建设的发电站主要是燃煤型火电站。1907—1925 年期间，日本电力工业发展较快，电气企业从 116 家增加到 738 家，发电能力增长到 276.8 万千瓦。以后，随着日本经济的发展和国民经济军事化的需要，以及国家对电力工业的改组，电力工业获得迅速发展。20 世纪 30 年代，日本经历了"昭和经济大恐慌"，此后又经历第二次世界大战，电力工业受到创伤，尽管如此，战争后期装机容量已超过 1 000 万千瓦。

机械工业是日本工业的重要产业部门之一。日本机械工业分为一般机械、电气机械、精密机械和运输机械四个部门。日本的机械产业的发展起步于明治时期，当时的机械产业水平十分薄弱，缺乏国际竞争力。到了 19 世纪中期，随着纺织、钢铁和海运业的发展，日本的机械产业也获得一定程度的发展，在制造业的比重逐渐上升。[1] 但这个时期日本在很大程度上都要依赖外国技术和进口机械。1878 年东京首先设立了电信机器制作所，到 1887 年，又先后建立了田中制作所、三吉电机制作所和冲电气公司

---

[1] 丁敏. 日本产业结构研究 [M]. 北京：世界知识出版社，2006.

等，主要生产发电机、通信设备等产品。进入20世纪以后，日本的机械工业产品主要用于满足军需，引领机械工业发展的是东京、大阪的炮兵工厂、横须贺的海军工厂等军工厂。而运输机械方面，新桥和神户的铁道工厂、民营山阳铁道兵库工厂、日本铁道大宫工厂等，它们承担着引进技术、进口替代的任务。20世纪30年代以后，日本的机械工业产品主要用于满足军需，因此，一般机械工业仍然不够发达，到1943年有300多个小机床厂，年产机床6万~7万台，产品质量较差，企业所需的特殊设备和高质量的机床均依赖进口。[1]

在电气机械领域，到1909年，电气机械的生产高度集中。第一次世界大战期间，由于军事工业的需要，东京的电气机械制造业日益扩大，阪神等其他地区的电气机械也有所发展。第一次世界大战结束后，军需市场缩小，阪神地区的工业电机生产开始发展民用电器、照相器具、通信设备等；名古屋则生产变压器和配电盘；北九州利用煤炭开拓资金建立安川电机厂生产各种发电机。在大正到昭和前期，民用电器在电气机械制造业中占有一定的地位。日本最早的家电产品是1916年生产的电风扇，1922年成为最早的出口家电，主要出口亚洲。随后又开始生产电熨斗、收音机等民用电器。

与精密机械相比，日本精密机械领域在20世纪初期还处于萌芽阶段，当时虽然有一些仪器仪表和光学仪器制造企业，但大都规模过小，基础薄弱。20世纪20年代从德国引进光学技术后，开始制造照相机。第二次世界大战期间，日本政府出于战争的需要，颁布了"工业整备令"，各光学仪器厂转入军工生产，如岛津、横河、北辰等电机制作所纷纷由民用产品转为生产军工产品，[2] 在一定程度上影响精密机械工业的发展。

6.3 战后的重化学工业化

第二次世界大战使日本工业衰退。1945年8月工业生产指数下降到战前（1935—1937年平均为100）的8.7%，重化学工业在战争期间也受到了很大的破坏，残存的生产设备在战败后又有相当一部分被充当了对东南亚各国的战争赔偿。战后初期，日本政府设定了重化学工业化战略，其最主要的目标是提高重化学工业在工业以及出口中的比重，建立独立完整的现代化工业体系，包括进口重化学工业发展所必需的资源和能源，引进先进技术设备，对原有的基础薄弱的重化学工业部门进行大规模技术更新改造，加大对重化学工业的资金支持，利用产业政策有步骤地加以扶植重化学工业，促使其发展成具有强大国际竞争力的出口产业。政府通过倾斜生产方式，重点促进了钢铁、煤炭、电力等基础工业的发展，但重化学工业当时处于恢复生产的阶段，生产设备和技术水平均比较落后，产品也以满足国内市场为主，缺乏竞争力。因此，重化学工业占制造业的比重不断下降，1950年降至41.6%。

20世纪50年代前期，随着重工业和化学工业等产业部门的发展和工业设备的现代

---

[1] 满颖之. 日本经济地理[M]. 北京：科学出版社，1984；[日]滨野洁，井奥成彦，中村宗悦，岸田真，永江雅和，牛岛利明. 日本经济史1600—2000[M]. 南京：南京大学出版社，2010.

[2] 满颖之. 日本经济地理[M]. 北京：科学出版社，1984.

化，工业生产逐渐恢复，工业生产指数在1955年已恢复到战前、战时的最高水平（1944年）。但各个工业部门的恢复是不平衡的，如纺织工业到1955年仅为战前的88%，而钢产量和发电量等重要工业品产量则大幅度超过了战时的最高水平，因而重化学工业占制造业的比重有所提高，1955年上升到44.6%，但提高幅度不大，而且日本主要工业制品的产量（见表6—3）远远低于美国、英国、联邦德国等主要发达国家。

20世纪50年代中期以后，随着高速经济增长的开始，日本迎来了重化学工业迅速发展的阶段，到70年代中期迅速实现了重化学工业化。这一时期日本不再是以军事需求为主导，而是满足民用需求。更为重要的是，由于战后欧美发达国家的工业化进入了新的发展阶段。钢铁、汽车、合成化工、石油化工、电子信息等一大批新兴产业的迅速崛起。在这些新兴重化学领域，日本同美国、德国、英国以及法国等发达国家存在较大差距。因此，在日本的民间企业的努力和政府的大力扶植下，在诸多新兴产业部门取得了成功，产业的国际竞争力迅速提高，[①] 从1955年前后到1974年，以钢铁业、石油化工业、重型电机业为中心，出现了设备投资的高潮，工业生产以惊人的速度发展，是这一时期所谓"高度增长"的主要原因。工业生产指数在20世纪50年代和60年代已超过10%。这一增长率远远超过其他主要发达国家，推动了经济的高速增长，同时也实现了国民经济的重化学工业化。

表6—3　　　　　主要工业制品生产数量的国际比较（1955年）

产品	日本	美国	英国	联邦德国	法国
棉纱	100.0	405.0	81.0	89.1	63.3
人造丝	100.0	442.8	119.1	77.4	61.9
新闻纸	100.0	287.6	136.7	53.5	90.7
火碱	100.0	690.0	—	152.4	112.3
氮肥	100.0	294.4	45.1	109.1	58.0
水泥	100.0	472.5	120.4	177.7	102.2
原钢	100.0	1 128.5	213.7	226.8	133.8
铝	100.0	2 470.3	43.1	238.4	225.0
收音机	100.0	790.0	96.4	158.2	68.4
商船	100.0	8.8	117.8	112.8	39.3
小汽车	100.0	91 036.8	10 317.2	8 108.0	6 359.8

资料来源：[日]安场保吉. 高速增长（中译本）[M]. 北京：三联书店，1992.

这一时期，最引人注目的是重化学工业成为日本工业的主导产业，重化学工业率即重工业和化学工业在制造业中的所占比重大幅度提高，超过了轻工业化率，在制造业中逐渐占据主导地位，见表6—4。

---

① 崔岩. 日本的经济赶超——历史进程、结构转变与制度演进分析 [M]. 北京：经济管理出版社，2009.

表 6—4　　　　　　　　　　　　重化学工业化率的变化

年份	制造业产值/10亿日元	重化学工业占制造业的比重/%				轻工业占制造业的比重/%			
		化学	金属	机械	合计	食品	纺织	其他	合计
1950	2 276	14.9	12.6	14.1	41.6	14.0	24.0	20.4	58.4
1955	6 780	12.9	16.8	15.0	44.6	17.9	17.4	20.0	55.4
1960	15 579	11.8	18.8	25.8	56.4	12.4	12.3	18.9	43.6
1965	29 497	12.3	17.7	26.6	56.6	12.5	10.3	20.6	43.4
1970	69 035	10.6	19.3	32.3	62.3	10.4	7.7	19.6	37.7
1975	127 521	14.1	17.1	29.8	61.0	11.9	6.8	20.3	39.0

资料来源：[日] 小宫隆太郎等编. 日本的产业结构（中译本）[M]. 北京：国际文化出版公司，1988.

但是，各产业的增长率有很大差别。以金属工业、机械工业和化学工业为代表的重化学工业的增长率在1956—1970年为15.8%，大于制造业的平均增长率，而以纺织工业和食品工业为代表的轻工业的增长率为7.97%，低于平均增长率，特别是纺织工业的低速增长和机械工业的高增长引人注目。在实际产值方面，重工业和化学工业的产值占整个工业中的比重不断上升，到1960年增至56.4%，而到1970年，日本的重工业和化学工业的比重上升至62.3%。粗钢产量从1955年的941万吨上升到1973年的11 932万吨，增长了14.6倍。1971年以后每年出口钢材2 000万~3 000万吨，成为世界上最大的钢铁出口国。小汽车产量在1955年仅为2万辆，到1970年增至318.8万辆，成为仅次于美国的小汽车生产大国。

从重工业和轻工业的内部构成来看，在20世纪50年代初期，纺织工业在轻工业和制造业中占有重要地位，是工业部门的第一大产业，1950年在全部工业中所占的比重达到24.0%，此后其所占比重不断下降，到1975年已降至6.8%，食品作为轻工业的第二大产业，其所占全部工业的比重也呈现若干下降的趋势。与此相反，重化学工业内部主要产业部门中的机械工业和金属工业比重均大幅度提高，尤其是机械工业的增长最快，到1975年，其在全部制造业中的比重已经上升到29.8%，成为工业部门的主导产业。

从重化学工业发展的国际比较来看，1960—1970年，1960年，日本的重化学工业率在主要资本主义国家中几乎是最低的，但增长很快，到1970年比率则是最高的。从这一时期制造业的增长速度和重工业化学提高的比率看，也显示了同样的趋势（见表6—5）。

表 6—5　　　　　　　主要资本主义国家的重化学工业与工业增长率

国家	重化学工业在工业生产中的比重/%		制造业年均增长率/% 1960—1970年	重化学工业提高的年均比率/% 1960—1970年
	1960年	1970年		
日本	53.7	68.9	14.0	15.2
美国	53.0	57.4	4.9	4.4
西德	58.9	62.4	5.6	3.5
英国	58.9	61.0	2.9	2.1
法国	56.0	65.0	6.4	9.2

资料来源：孙执中. 荣衰论——战后日本经济史[M]. 北京：人民出版社，2006.

如前所述，日本重化学工业迅速发展的时期是20世纪50年代中期到70年代。这一时期，技术革新和先进技术的引进是促进日本重化学工业发展最根本的原因。战后以来，特别是高速经济增长时期，重化学工业的技术进步可以说是日新月异。以钢铁工业为例，1957年氧气顶吹转炉炼钢的比例只有0.4%，到1967年提高到67.2%，大大超过了美国的32.0%，联邦德国的30.8%和英国的20.5%。由此，转炉生产1吨钢所需要的时间，1967年降至1.17小时，大大低于电炉炼钢的4.90小时、平炉炼钢的3.99小时和高炉炼钢的2.20小时。① 在电子工业方面，日本在20世纪60年代末全面采用了集成电路，成功研制了"全集成电路高速大型计算机"，同时研制了一些自动化机械，以提高效率和节省劳动力。1968年日本研制了世界上第一个"彩色照片传真装置"。进入70年代，日本进一步发展自主独创的科学技术，工业技术水平的提高，增强了产业的国际竞争力。

日本在发展重化学工业的过程中，能够迅速实现技术创新和技术进步，与其发挥后发国优势，从欧美各国引进大量先进技术是密切相关的。在欧美发达国家，作为新兴产业的重化学工业的发展都是以自主技术开发为主体的，而日本的自主开发技术较低，主要依靠进口技术和模仿性技术实现跨越式发展，日本大量引进欧美发达国家的先进技术，在消化、吸收的基础上进一步开发，加速了重化学工业化的进程。从1950年开始，日本大量引进世界先进技术。1956—1964年技术引进的数量再度大幅度增加，年均引进的数量达到1 350件，到20世纪70年代以后日本共引进2 600多项新技术，其中机械类最多，占58%以上。20世纪60年代后半期日猛增至2 100件。② 由于大量引进先进技术，日本在技术革新和技术进步方面赢得了时间和效益，节省了技术研究和技术开发的成本，迅速缩短了与欧美国家之间存在的技术差距。

日本在重点推进重化学工业化以后，不仅重视技术引进，而且还更重视新技术、新产品的研究开发。长期以来，无论是从事科学研究开发人数的比例，还是科技投入占国内生产总值的比重以及研究开发费占企业销售额的比重，日本都处于发达国家中的最高水平。在技术投资方面，与各种仪器和设备等硬件投资相比，日本企业越来越重视软件投资。通过研究开发，日本不仅吸收了引进的技术，而且还进一步创造出新的更高水平的技术，并独具日本特色。1971年，在全产业的研究开发费中，基础研究占9.1%，应用研究占25.9%，而新产品、新技术开发研究占65.0%。因此，日本制造业特别是重化学工业的生产技术不仅是世界一流的，而且也是欧美各国难以模仿的。③这种高新技术的发明和应用，在一定程度上促进了日本重化学工业化的发展进程。

显而易见，日本在工业化发展的过程中，特别是高速经济发展期间重化学工业战略的成功实施，优化了日本的产业结构。日本在战后较早的阶段就确立了实现重化学工业化的发展战略，大力扶植诸如机械工业、化学工业、钢铁工业和汽车工业、电子工业等具有潜在动态比较优势的产业，为这些产业后来成为具有强大国际竞争力的世界先进产业创造了条件，其结果，大幅度提高了日本工业的技术水平和国际竞争力。其中造船工

---

①③ 刘昌黎. 现代日本经济概论［M］. 大连：东北财经大学出版社，2008.
② 崔岩. 日本的经济赶超——历史进程、结构转变与制度演进分析［M］. 北京：经济管理出版社，2009.

业和钢铁工业从20世纪60年代开始，汽车工业和家用电器工业从70年代开始，都具有了所向披靡的国际竞争力。重化学工业，特别是装备制造业的国产化，使工业发展对产业机械的消费转回国内，产生了"投资促进投资"的经济效果，实现了工业经济的良性循环，从而增强了日本经济发展的潜力。

6.4 石油危机后的工业高度化

1973年发生第一次石油危机，原油价格大幅度提高。这使绝大部分的石油依赖中东进口的日本陷入混乱。石油制品、基础化学制品等行业的生产成本大涨。石油危机以后，随着日本经济的衰退，各工业部门的发展有所放慢，不得不"减量经营"。在这种情况下，日本政府提出了重新调整工业结构的政策，缩小了大量消耗能源的重工业和化学工业，扩大了知识密集型高技术产业，使整个产业结构向节约能源型、技术密集型、高附加价值型的结构转变。因此，20世纪70年代以来，日本投向知识密集型的资本大幅度增加，产量增长也很迅速。日本发展高技术产业从开发半导体技术着手，大力发展电子技术。1970—1981年，数字式电子计算机、产业用机器人、数控机床以及集成电路等电子工业产品的产值大幅度增加。日本电子工业的产值到1976年突破5万亿日元，第一次超过汽车工业的产值，到1981年又增长到10万亿日元，年平均增长率高达20.4%。由于高技术产业的迅速发展使日本的工业结构发生了巨大变化。与此同时，产业合理化促使汽车产业成为日本的主导产业和主要出口产业，因为品质优良、高效节能、价格相对低廉的日本汽车产品在石油危机后显示了强大的竞争优势，1980年日本的汽车产量超过美国，居世界第一位。

20世纪80年代初期，日本政府提出了"科学技术立国"的新的工业发展战略，以进一步推进高技术产业的发展。其主要内容是：鉴于日本在科学技术的大部分领域已达到世界先进水平，今后的科技政策由引进技术为主转向自主开发为主，充实基础研究，建立国内和国际协作的开放型科研体制；大力开发尖端技术，把重点放在微电子技术、光导技术、生物工程技术、新型材料技术、能源技术、宇宙开发技术和海洋开发技术上，以推进知识密集型产业的发展。在日本政府的大力协助下，日本的高技术产业增长迅速。与此同时，日本的出口结构也从对进口原材料进行加工制成产品向国外出口，转向利用日本高水平制造技术生产高附加价值产品的对外出口。高技术产业在制造业产值中所占比重从1981年的17%上升到1992年的31%。

这一时期，重化学工业继续占有主导地位（见表6—6）。但是，各产业的增长率有较大差别。以金属工业、机械工业和化学工业为代表的重化学工业的增长率在1970—1990年为12.1%，而以食品工业为代表的轻工业的增长率为11.9%，两者的年均增长率基本上不相上下。但从各产业部门的实际增长率来看，差别很大。这一时期机械工业的年均增长率为13.7%，是增长最快的工业部门，明显高于制造业的平均水平。其次是钢铁冶金工业、化学工业和食品工业，而纺织工业增长速度最为缓慢，年均增长率仅为3.8%，大幅度低于制造业的平均增长率。

表 6—6　　制造业实际生产总值（1970—1990 年）

产业部门	制造业实际生产总值/10 亿日元			每 10 年的平均增长率/%	
	1970 年	1980 年	1990 年	1970—1980 年	1980—1990 年
钢铁冶金工业	2 988	8 885	16 624	19.7	8.7
钢铁	2 390	6 695	7 082	18.0	0.6
化学工业	2 225	5 393	9 375	14.2	7.4
机械制造工业	8 985	24 565	49 312	17.3	10.1
一般机械	2 827	7 507	15 902	16.6	11.2
电气机器	2 866	7 663	19 386	16.7	15.3
运输机械	2 854	7 962	11 820	17.8	4.8
精密机械	438	1 443	2 204	22.9	6.7
重化学工业	14 198	38 843	64 861	17.4	6.7
食品工业	2 790	7 913	12 322	18.3	5.6
纺织服装工业	1 860	3 886	5 713	10.9	4.7
纺织工业	1 443	2 535	2 514	7.6	−0.08
玻璃、陶瓷	1 111	2 735	4 382	14.6	6.0
其他	6 443	16 855	34 481	16.2	4.6
轻工业	12 204	31 389	56 358	15.7	8.0
制造业	26 402	70 232	121 219	16.6	7.3

资料来源：[日] 日本矢野恒太記念会. 日本 100 年 [M]. 東京：国勢社，2000.

从重工业和轻工业的内部构成来看，20 世纪 70 年代以后，重化学工业发展速度虽然明显放慢，其中钢铁工业生产停滞不前的状态，但机械工业却继续保持了较快的增长速度，1975—1990 年，机械工业生产总值增加了 4.5 倍，超过了制造业生产总值的 3.6 倍，其中，电气机器工业增长最快，其次是一般机械和运输机械。由于重化学工业迅速发展，其占制造业总值的比重在 1975 年达到 65.2%，1980 年提高到 67.6%，其后基本上保持了这一水平。在轻工业中，食品工业在 1975 年达到 11.9%，80 年代以后虽然有所下降，仍一直保持在 10% 以上。而纺织工业严重衰退，则导致轻工业的地位有所下降。

制造业内部生产结构的变化（1970—1990 年）见表 6—7。

如前所述，20 世纪 70 年代以后，日本的高端产业迅速发展，特别是机械工业发展最为迅速。1982 年日本的机床年产量达到世界第一位。1983 年汽车、半导体、计算机和原动机等日本机械工业超过美国居世界首位。而日本在纺织、钢铁、造船、家电等制造领域也处于世界领先水平。正是由于20世纪70年代后半期到80年代日本工业化的迅速发展，使日本制造业誉满全球。日本评论家堺屋太一指出，明治维新以来日本最初学习德国，接着学习美国，到了80年代日本达到了德国、美国等国家都未能达到的高度工业化水平。

表6—7　　　　　　　　制造业内部生产结构的变化（1970—1990年）

产业部门	制造业生产结构/%				
	1970年	1975年	1980年	1985年	1990年
钢铁冶金工业	19.3	17.1	17.3	14.0	13.7
钢铁	9.5	8.6	9.5	6.4	5.8
化学工业	10.6	14.1	15.5	12.5	9.7
机械制造工业	32.2	34.0	34.6	39.9	40.7
一般机械	9.9	10.7	10.4	12.5	13.1
电气机器	10.6	10.9	10.9	14.8	16.0
运输机械	10.5	10.9	11.3	10.6	9.8
精密机械	1.3	1.7	2.0	2.0	1.8
重化学工业	62.2	65.2	67.6	66.4	66.6
食品工业	10.4	11.9	11.3	11.8	10.2
纺织服装工业	7.7	7.0	5.5	4.4	4.3
纺织工业	6.4	6.8	3.6	2.7	3.9
玻璃、陶瓷	3.6	4.3	3.9	3.6	3.6
其他	19.2	11.6	11.7	13.8	15.3
轻工业	37.8	34.8	32.4	33.6	33.4
合计	100.0	100.0	100.0	100.0	100.0

资料来源：[日]日本矢野恒太记念会．世界国势图会（1994/1995）[M]．东京：国势社，1994．

从出口结构来看，如表6—8所示，纺织品和服装在20世纪60年代以前一直是最主要的大宗出口商品。当时机械机器出口比重很小，1955年仅为13.4%，而且缝纫机还是最主要的出口商品。但20世纪70年代中期以后，随着纺织品出口比重迅速下降，机械机器出口比重则呈现不断上升的趋势，1975年达到53.9%，1985年进一步增至71.8%。工业高度化的发展提高了日本产业的国际竞争力，促进了其对外贸易的迅速发展，还改变了出口结构，使日本在国际分工中处于越来越有利的地位。

表 6—8　　　　　　　　工业产品出口结构/的变化（1955—2006 年）

产业部门	工业产品出口结构/%							
	1955 年	1960 年	1965 年	1975 年	1985 年	1995 年	1999 年	2006 年
轻纺产品	57.6	51.9	34.9	15.5	12.1	10.7	12.4	12.0
食品工业	6.3	6.3	4.1	1.4	0.8	0.5	0.5	0.5
纺织、服装	37.3	30.1	18.7	6.7	3.6	2.0	1.9	1.1
其他	14.0	15.3	12.1	7.4	7.7	8.2	10.0	10.4
重化工产品	42.4	48.1	65.1	84.5	87.9	89.3	87.6	87.8
化工产品	5.1	4.5	6.5	7.0	4.4	6.8	7.4	9.0
非金属矿物	4.6	4.2	3.1	1.3	1.2	1.2	1.1	1.1
钢铁、金属制品	19.2	14.0	20.3	22.4	6.5	6.5	5.7	7.7
机械机器	13.4	25.4	35.2	53.9	74.7	74.7	73.4	71.3

资料来源：［日］小浜裕久. 経済発展と構造変化［J］. 経済共同研究，1998（9）；［日］財務省. 貿易統計（2007 年版）［M］. 東京：大蔵省印刷局，2008.

6.5　泡沫经济破灭后的工业发展

20 世纪 90 年代以后，日本政府提出了"新技术立国"和"科学技术创造立国"的工业化发展战略，但是由于泡沫经济崩溃以后，日本经济陷入长期萧条的局面，使工业结构高度化的进程有所推迟，制造业的国际竞争力有所下降，工业发展进入产业调整和低速发展阶段。

20 世纪 90 年代，日本工业在泡沫经济破灭后开始减速，制造业产值（见表 6—9）呈现逐渐减退的趋势。从各产业部门来看，除了电气机器和食品工业有所增长外，钢铁冶金工业、化学工业以及纺织工业的产值都有所减产，尤其以纺织工业最为明显。这一时期，在亚洲各国工业化迅速发展，已有的工业国家向信息化社会过渡、日元升值、国内需求低迷的背景下，日本产业界一方面在国内努力进行产业结构调整，提高生产效率，另一方面开始将部分工厂迁移到海外，以降低生产成本，开始了其大规模产业转移过程，此外，国内一部分工厂被关闭，引起了深刻的"产业空洞化"。经济不景气带来国内需求不振，有实力的企业被迫努力向海外发展，这既是"泡沫经济"解体造成的局面，又加剧了产业空洞化趋势发展。与此同时，亚洲各国特别是中国成为日本企业向外转移生产据点的重点对象地区。由于出口减少和转移到国外的生产据点的产品返销等原因，使日本国内的各产业部门的生产受到很大影响。

表 6—9　　　　　　　　　　制造业实际生产总值（1990—2006 年）

产业部门	制造业实际生产总值/10 亿日元					期间的增长率/%	
	1990 年	1995 年	2000 年	2005 年	2006 年	1990—2000 年	2000—2006 年
钢铁冶金工业	16 624	6 936	13 302	11 959	11 670	−20.0	−12.3
钢铁	7 082	4 969	5 079	5 135	4 601	−28.3	−9.4
化学工业	9 375	11 984	9 148	9 562	9 352	−2.4	2.2
机械制造工业	49 312	45 941	44 199	62 296	70 436	−10.4	59.4
一般机械	15 902	12 121	11 481	13 436	14 970	−27.8	30.4
电气机器	19 386	19 643	20 070	32 575	37 396	3.5	86.3
运输机械	11 820	12 494	10 928	14 548	16 090	−7.5	47.2
精密机械	2 204	1 673	1 720	1 737	1 980	−22.0	15.1
重化学工业	64 861	117 204	66 649	83 914	91 458	2.8	37.2
食品工业	12 322	9 286	14 384	13 890	13 844	16.7	−3.8
纺织服装工业	5 713	4 233	2 744	1 748	1 736	−51.9	−36.7
纺织工业	2 514	1 795	1 072	850	795	−57.4	−25.8
玻璃、陶瓷	4 382	4 965	3 807	3 562	3 697	−13.1	−2.9
其他	34 481	33 859	23 855	22 095	21 479	−30.8	−10.0
轻工业	56 358	52 343	44 790	41 295	40 756	−20.5	−9.0
制造业	121 219	117 204	111 439	125 109	132 214	−8.1	18.6

资料来源：［日］日本矢野恒太记念会. 日本 100 年［M］. 东京：国势社，2000；［日］内阁府. 2006 年国民经济计算确报，2007.

进入 21 世纪以后，尽管经济持续低迷，但日本制造业生产有所起色，制造业产值以较大幅度增长，尤其是机械工业的增长十分迅速，其次是化学工业也有所增长，但钢铁工业、食品工业、纺织工业等部门继续呈现减退的趋势，在一定程度上影响了工业的发展速度。与此同时，又有许多日本企业向国外转移，加剧了产业空洞化。但是，日本的产业仍具有较高的竞争力。一方面在许多高科技领域日本依然保持世界领先地位，另一方面又积极利用其传统制造业技术的深厚基础，力图在纳米、超导、电动汽车等新工业产品领域夺取优势。可以说，日本仍是高技术、高附加价值的机械、零部件等中间产品和高档耐用消费品的"世界供应基地。"

显然，经济空心化发展趋势并未改变日本制造业居于世界前列的现实。应该看到，日本企业向本土之外发展，并未从根本上改变日本制造业居于世界前列的地位。多年以来，日本企业出于降低成本、优化资源配置、适应全球化潮流和跨国公司大发展的趋势，将大量的生产任务转移到以中国、南亚和东南亚为主的海外进行，并逐渐将这些新兴市场开辟为销售市场。这成为日本企业结构改革的一部分，但本国仍掌握着大部分民用工业品的核心技术和研究开发优势。这样的局面使日本企业并未失去对高端工业产品的控制力。因此,"泡沫经济"破灭后并未改变日本坚实的工业基础,生产规模大,增长速度放缓是必然的。尽管日本对亚洲等发展中国家的产业转移和国际分工的进展发生了很大的阻碍,但整个工业化继续向着节省能源、高度技术化和"知识集约化"的方向发展,其发展前景仍不可小视。

6.6 战后的工业部门

　　战后经济恢复时期结束后,随着高速经济增长的开始,日本迎来了重化学工业迅速发展的阶段,从而取代了长时期内一直处于以轻工业为主的发展模式。日本重化学工业是按照原材料工业、加工组装型工业和高新技术产业的顺序迅速发展起来的,特别是20世纪80年代以后以半导体、计算机为代表的高新技术产业的迅速发展,使日本的工业化在80年代中期发展到了顶点,并且继英国、美国、德国之后成了新的世界工厂,由此,日本工业结构完成了由劳动密集型向资本密集型的转变,目前正在向知识、技术密集型的方向发展。

6.6.1 原材料工业

　　原材料工业是日本制造业的重要部分,是支撑日本经济的基础产业,也是引领战后日本经济高速增长的最重要的产业。1960年原材料产业在制造业中的生产额中占45%,在制造业就业中占47%,[①] 其增长速度在各工业部门中也是最快的。随后,原材料产业在制造业中的比重逐渐下降,到1997年,原材料产业的生产额占制造业的比重降至29%,就业人员占制造业的比重也减少到28%,但仍占有重要的位置,其中,钢铁工业和化学工业成为原材料工业的主导部门。

　　钢铁工业作为重要的基础工业在日本工业中占有特别重要的地位,它一直是支撑日本工业的骨干产业之一,其发展在战后经济恢复时期得到了重视,第二次世界大战结束后,为了尽快恢复经济,政府把钢铁、煤炭作为重点增产行业,对这些行业给予优惠政策,客观上为钢铁工业的发展提供了巨大的消费市场。1953年,日本的钢产量已经恢复到战前的最高水平。随后是日本推进充实产业基础设施的高速增长时期,钢铁工业得到飞越性的发展。1960年和1970年,钢产量分别达到2 214万吨和9 332万吨,钢产量又先后超过法国、英国和德国,成为世界第三钢铁生产国(见表6—10)。随着日本经济迅速增长,对钢铁的需求量激增。在这种情况下,日本有选择地引进国外先进技术,一方面对原有老厂进行技术改造,另一方面集中力量新造一批现代化的钢铁联合企业,使炼钢设备能力增加,促进了钢铁工业的发展。1973年,钢产量首次突破1亿吨,达到1.2亿吨,接近美国和苏联。

---

① 丁敏. 日本产业结构研究 [M]. 北京:世界知识出版社,2006.

表6—10　　　　　　　　战后世界主要国家钢铁工业生产　　　　　　　　（单位：万吨）

国家	1950年	1960年	1970年	1980年	1990年	1995年	2000年	2005年	2013年
日本	484	2 214	9 332	11 140	11 034	10 640	10 644	11 250	11 060
美国	8 785	9 007	11 931	10 146	8 973	9 519	10 182	9 490	8 700
德国	1 212	3 410	4 504	4 384	3 483	4 205	4 638	4 450	4 260
英国	1 655	2 469	2 831	1 128	1 790	1 768	1 516	1 320	1 190
俄罗斯	2 733	6 529	11 539	14 793	15 441	7 839	5 914	6 610	6 940
中国	135	1 866	1 779	3 712	6 350	9 536	12 724	34 940	77 900
世界	18 930	34 650	58 850	77 046	76 900	75 200	84 763	113 180	160 720

资料来源：［日］日本矢野恒太記念会. 日本100年［M］. 東京：国勢社，2000；［日］日本矢野恒太記念会. 世界国勢図会（2006/2007年版）［M］. 東京：国勢社，2006；世界钢铁联合会网站. 各国钢产量列表，2015—3.

20世纪70年代的石油危机对钢铁等耗能型产业打击沉重，日本钢铁生产成本上升，在国内外市场上的价格竞争力下降。石油危机后日本经济放慢，企业设备投资进入低迷时期，国内对钢铁的需求下降，多种不利因素导致日本钢铁业增长速度下降，1974年以后，钢铁工业处于停滞状态。尽管如此，1980年日本的粗钢产量为1.11亿吨，超过美国，成为仅次于苏联的世界第二钢铁生产国。此后，日本的粗钢产量维持在1亿吨左右。80年代后期日本经历泡沫经济，当时资产市场的价格暴涨刺激了投资设备的增长和建设投资的景象，进而增加了对钢铁的需求。在这种背景下，钢铁产量一度恢复到1亿吨大关以上，1990年达到了1.10亿吨。90年代初期开始的长期经济衰退，使钢铁工业受到冲击，加上世界性钢铁生产能力过剩、国内钢铁工业向海外转移等原因，日本粗钢产量开始持续下降，但由于1992年苏联解体，日本成为世界第一钢铁生产国。1995年和1997年粗钢产量曾有所回升，但随后又跌落下来。1996年日本的粗钢产量被中国超过退居世界第二，1998年美国钢铁产量又重新高于日本，日本位居世界第三。2002年，日本粗钢仅次于中国排在世界第二位。近年来，日本经济有所恢复，钢铁业的需求也有所增加，但总的来看，日本国内对钢铁的需求不大，内需不足是钢铁工业面临的最大难题，中国、韩国等亚洲国家的经济增长拉动了亚洲钢铁市场需求，也影响了日本钢铁产品的出口。

石油化学工业与钢铁工业一样也是重要的基础工业。第二次世界大战刚结束时，日本化学工业的生产能力低下，1945年的化学生产能力仅相当于1939年的17.5%。从1946年开始日本对发展化学产业实行了"倾斜政策"，主要以化肥和油脂、肥皂的生产为主，促进化肥的生产，硫铵生产量1949年就恢复到战前水平。其他许多部门如酸、碱、电石等也有了相应的发展。到20世纪50年代前期，化学产业生产能力已完全恢复到战前最高水平。与此同时，随着国外先进技术的引进和技术革新，合成纤维、合成树脂、合成橡胶等高分子化学工业取得了迅速发展，利用钢铁工业的焦炉气与高炉气在一些钢铁工业中心建立了与钢铁业相联系的化学工业。[①]

---

① 满颖之. 日本经济地理［M］. 北京：科学出版社，1984.

自20世纪50年代末期起,石油化学工业获得了迅速发展,日本化学工业进入了以石油化学为中心的时代,使化学工业结构发生了变化,总的方向是无机化学的比重下降,有机化学的比重上升,同时化肥的比重下降,有机合成物类产品比重提高。1955年,无机化学部门占化学工业生产总额的56.5%。50年代后期,开始生产合成树脂、合成纤维原料等材料型产品。1960年以后,石油化学工业开始起飞,迅速发展成为化学工业最主要的生产部门(见表6—11)。到1970年石油化学产品的生产额增长了18.7倍,化学产业的生产增长了3.5倍。这一时期,廉价的石油是支持石油工业产业高速增长的重要因素之一。此外,日本国内汽车、家电、机械等主要产业的发展对石油化学产品产生大量需求,也是支持石油化学工业快速增长的重要因素。

表6—11　　　　　　　　　化学工业生产　　　　　　　　　(单位:亿日元)

产业	1950年	1960年	1970年	1980年	1990年	1995年	2000的	2001年
化肥工业	1 390	1 836	2 063	5 037	3 245	3 210	2 848	2 896
无机化学工业	770	1 851	5 118	13 463	13 973	15 090	14 444	14 225
有机化学工业	1 030	2 995	19 576	79 778	89 094	79 770	83 348	78 182
化纤工业	1 120	2 262	7 802	11 457	10 442	8 780	7 304	6 098
医药工业	885	1 547	9 330	28 938	51 547	59 990	64 258	67 819
石油、煤炭工业	—	3 716	17 911	151 977	83 183	76 350	94 568	96 327
合计	8 020	17 261	73 133	331 763	318 693	31 071	332 562	328 923

资料来源:[日]日本矢野恒太纪念会.日本100年[M].东京:国势社,2000;[日]日本矢野恒太纪念会.世界国势图会(2006/2007年版)[M].东京:国势社,2006.

20世纪70年代日本石油化学工业的规模已经跃居世界第二位。这一时期日本石油化学产业的技术引进与出口,使日本化学产业较快地吸收了国际上先进的化学技术,比较及时地对外转移成熟技术,从而获得"专利"回报和技术市场份额。积极扩大日本化学产品与美国、欧洲和亚洲之间的进出口规模的同时,在化学产业的国际分工中积极利用国际上各种资源的比较优势促进了化学工业的发展。20世纪70年代末到80年代初期,化学工业的发展进入巅峰时期,主要化学产品的产量或生产额在这个时期创出最高纪录。20世纪80年代初期化学工业在日本制造业生产额中占8%,在就业中占3.7%。到80年代末期,化学工业因有庞大的国内市场,一直是内需充足型产业。

20世纪90年代初期,受日本泡沫经济崩溃和景气长期低迷的影响,化学工业的增长也进入了低谷。1994—1997年,由于国内外需求的增长,化学工业维持了数年持续增长的势头,塑料、化纤的生产均有较大增长。但1998年以后,因环境问题的制约,化学工业生产一直徘徊不前,一直到21世纪初期,2003年,日本经济在经历多年低迷后开始全面复苏,实际国民生产总值增长了1.4%。日本化学工业在全球经济复苏的大背景下,开始反弹。但原材料价格高涨、日元升值等对日本化学工业和化学品出口造成一定影响。尽管如此,到2005年一直呈现增长的态势。化学石油工业的发展对拉动设备投资增长,扩大国际贸易和投资、促进技术创新,具有其他产业不能比拟的作用,有力地支持了日本机械、汽车、家电、建材、医药、化妆品以及其他日常生活用品等行业的发展，为日本的经济、对外贸易以及就业做出了重要贡献。进入21世纪以后，在产业的国际分工进一步扩大和深化的背景中，日本石油化工业在产业结构调整的过程中，不得不向海外转移低附加价值生产，在这种不利因素的影响下，日本石油化学工业面临着严峻的挑战。

电力工业是重要的基础工业。战后初期因设备遭到破坏，国民经济萧条，用电需求量减少，电厂开工不足，导致电力工业一度衰退。自20世纪50年代起，特别是1955年以后，因日本经济进入高速增长时期，在日本政府的大力支持下，通过引进先进技术，适时调整燃料构成，使电力工业迅速发展。发电量从1960年的1 115亿度增至2 087亿度，先后超过加拿大、联邦德国和英国，仅次于美国和苏联，居世界第三位。70年代以后，日本成为世界上电力工业最发达的国家之一。随着电力工业的发展，电力工业部门结构发生了根本性的变化，由战后初期的以水电发电转变为以火电为主的模式。60年代中期开始利用地热和原子能发电，原子能发电在电力工业中的比重不大，但发展很快。[①]

20世纪80年代以后，电力工业发展迅速，支撑其发展的主要有四国电力、东北电力、北陆电力、冲绳电力等日本十大电力企业，另有一些非电力企业，如新日铁、三菱重工、日本造船等大企业，在日本进行电力改革后，也积极参与发电事业。这些企业的介入，对增强日本供电综合能力起了积极作用。1980年，各主要电力企业向社会提供4 850亿千瓦/小时，到1990年进一步增长到8 557亿千瓦/小时。[②] 90年代以后，日本经济持续低迷，电力工业增长也同步放缓，1995年，日本开始进行电力改革，政府对电力事业逐步放宽规制，积极引进市场竞争机制，目的在于促进电力事业的发展，提高电力产业经营效率，使电力工业发展有所起色，到2000年，日本的供电总量达到9 405亿千瓦/小时。

这一时期，日本电力能源结构也发生了转变，除了火力发电外，还注重核电事业的发展，对电力工业的进一步发展做出了较大贡献，1980年，核电在电力总供给中占17%，到2000年，核电所占比重上升到34%。东京地区和以大阪为中心的关西地区，都主要得益于核电。核能的利用改变了日本过分依赖石油的能源结构，降低能源风险，提高能源自给率，在一定程度上提高了能源安全系数。日益成熟的核能利用技术还降低了日本电力成本，核能的发电给资源匮乏的日本带来巨大利益。在发展核电问题上，日本政府有意鼓励民间企业积极参与，但从企业的营业性考虑，核电站的营利并不理想，因此企业的态度并不积极。而政府投入有限，日本要继续发展核电前途并非平坦，来自日本内部的压力和消极因素制约了日本核电的发展。

6.6.2 机械机器工业

机械工业是生产工业设备的部门，是工业发展和现代化的基础，也是战后发展最快的部门。战后初期，经济建设刺激了社会对各种机械的需求，机械设备投资和机械产品

---

① 满颖之. 日本经济地理 [M]. 北京：科学出版社，1984.
② 丁敏. 日本产业结构研究 [M]. 北京：世界知识出版社，2006.

生产显示强有力的增长，机械工业在制造业中的比重迅速扩大，成为制造业中实力极强的产业。当时，机械工业主要生产纺织机械和缝纫机，1955年其生产额分别占机械工业生产总额的15.2%和8.3%，比重迅速提高，而纺织机械的生产比重则迅速下降。20世纪60年代以后，一般机械的生产比前不断下降，但随后呈现上升趋势。从机械工业的变化来看，到1970年，机械工业在制造业中的比重扩大到32.3%，随后受石油危机的影响，机械工业的比重出现下降趋势，1975年降至29.8%。在摆脱石油危机影响后，机械工业稳步增长，1980年其比重增至34.6%，1990年又上升到40.7%。由于机械工业在日本经济中占有重要位置，机械工业的生产和出口较大地影响整个日本经济景气的形势，机械设备投资成为反映日本经济波动的重要因素。

日本机械工业以工作机械的生产为主，工作机械工业是为国民经济各产业部门提供生产手段的工业。为了促进工作机械工业的生产，自20世纪50年代初期起，日本政府实行一系列的政策和措施，奖励引进技术，协助日本企业进行设备更新，使日本工作机械工业得到发展。但工作机械无论在生产规模还是在生产技术上都落后于欧美发达工业国。在机械工业中工作机械作为日本工业的基础产业发展很快。第二次世界大战结束后，日本的工作机械产业在生产规模上落后于欧美发达工业国。1955年日本的工作机械生产额37亿日元，仅相当于美国1/65。1955年以后，日本的工作机械产业进入快速发展，工作机械的生产额在1962年突破了1 000亿日元，比1955年增长27倍。到高速增长末期的1974年，日本工作机械的生产额已经达到3 586亿日元，居世界第三位。1981年工作机械生产额又增至8 500亿日元，居世界第一位。70年代中期以后的机械工业发展，特别是机器人工业的发展，对日本经济结构转型起了重要作用。机械工业比重的增加推动了技术密集型产业的发展，推动了产业结构升级。80年代机械工业的自动化技术进步和自动化比率的提高，使日本机械工业进一步成为世界机械生产的强国，机床和产业机器人的生产规模都跃居世界第一。

20世纪90年代以后，日本经济增长缓慢，国内对机械的需求减少，机械工业面临重大的结构调整。低附加价值的机械生产向国外转移，国内保留高附加价值的机械产品生产，强化了产业机器人、数控机械的开发和生产。在机械生产逐渐向海外转移的背景下，机械的国内生产规模压缩，生产结构也发生了很大的变化。1995—2000年机械工业的生产总额由12 131亿日元减少到11 573亿日元，2004年又减少到11 256亿日元。但日本仍保持着高端机械产品生产的优势，在世界机械生产中依然位居前列。

在机械工业生产结构调整的过程中，随着技术的提高，机械工业产品结构明显得到改善。以机床为例，数控机床生产台数的比例1970年只有0.6%，1981年提高到12.3%，2003年又提高到67.1%，由此，日本机械工业达到了国际领先水平，国际竞争力迅速提高。在产业机械中，作为机电一体化的产业最引人注目。多年来，日本一直是产业用机器人生产和应用最多的国家。这也是日本机械工业高度发达的重要标志。机器人工业的发展对日本社会向节能型、省力型和自动化社会的迈进做出重大贡献，对日本经济结构转型起了重要作用。机械工业比重的增加推动了技术密集型产业的发展，推动了产业结构的升级。

造船工业是日本工业化的先驱工业部门。早在战前，日本就重视造船工业的发展，成为推动日本工业化的动力。第二次世界大战后，为了解决原材料的大量进口的运输问题，造船工业成为最先发展的制造业部门。1955 年，日本造船总吨位仅为 24.6 万吨，占全世界的 4.6%（见表 6—12），居世界第五位。然而到 1960 年迅速增至 173 万总吨，超过英国居世界第一位。从此，日本就成了世界上最大的造船国。20 世纪 60 年代以后，大型船厂相继建立，并开始建造 10 万吨以上超大型油轮，70 年代日本的建造量继续上升，到 1975 年，造船总吨位达到 1 798.7 万吨，超过世界其他国家的总和，占世界下水量的 50.1%，这是日本造船工业发展的最高纪录。当时，20 万总吨以上建造能力的造船厂全世界共有 38 所，而日本就占 12 所，如 1974 年在世界十大造船厂中，日本占 7 个，1975 年上升到 8 个，处于国际垄断地位，被誉为世界"造船王国"。战后日本造船工业迅猛发展的主要原因是：随着国际经济联系的扩大，世界船舶需求量增长；远洋渔业的发展，扩大了渔船的供给量；日本的自然条件优越，对造船业的发展提供了极为有利的条件。

表 6—12　　　　　　　　部分国家的新造船进水量

国家	1955 年			1965 年			1975 年		
	艘数	总吨数	比重	艘数	总吨数	比重	艘数	总吨数	比重
世界	1 447	531.7	100.0	2 280	1 221.6	100.0	2 632	3 589.8	100.0
日本	135	24.6	4.6	710	536.3	43.9	946	1 798.7	50.1
美国	30	11.2	2.1	130	27.0	2.2	127	100.4	2.8
英国	211	97.2	18.3	158	107.3	8.8	128	130.4	3.6
挪威	135	77.2	14.5	109	40.9	3.3	131	102.9	2.9
意大利	40	14.5	2.7	50	44.2	3.6	44	84.7	2.4
法国	51	24.8	4.7	108	47.9	3.9	58	130.1	3.6
德国	280	52.5	9.9	212	102.3	8.4	174	254.9	7.1
韩国	—	—	—	—	—	—	18	44.1	1.2

国家	1985 年			1995 年			1999 年		
	艘数	总吨数	比重	艘数	总吨数	比重	艘数	总吨数	比重
世界	1964	1 815.7	100.0	1 533	2 246.7	100.0	1 233	2 538.8	100.0
日本	817	950.3	52.3	592	926.2	41.2	385	1 100.8	43.4
美国	66	18.0	1.0	—	—	—	—	—	—
英国	35	17.2	0.9	22	22	0.6	6	1.8	0.1
挪威	57	12.2	0.7	35	35	0.7	30	10.3	0.4
意大利	30	8.8	0.5	19	19	0.5	39	66.1	2.6
法国	25	20.0	1.1	13	13	1.1	16	8.7	0.3
德国	135	56.2	3.1	91	91	3.1	52	67.4	2.7
韩国	115	262.0	14.4	158	158	14.4	156	861.2	33.9

资料来源：[日] 小浜裕久. 戦後日本の産業発展 [M]. 東京：日本評論社, 2001.

20世纪80年代以后,随着韩国造船工业的崛起,日本造船工业开始出现衰退的局面。90年代初期以后,由于国际市场的激烈竞争,日本船舶产量明显下降,1990年造船总吨位仅为338万吨,随后有所回升,1999年增至1 100.8万总吨,占世界的43.4%。2000年以后,日本造船总吨位被韩国超过,2005年为1 643万吨,低于韩国的1 769万吨,占世界总吨位的35.1%。面对造船业国际竞争日趋激烈,日本造船业开始向建造高技术和高附加值以及多品种船型发展。

汽车工业①是日本工业的最重要部门之一。第二次世界大战前,日本汽车工业基础薄弱,技术落后,发展缓慢。战后初期,日本重视培育汽车产业,1950年提出促成欧美汽车企业与日本汽车企业的技术合作,并对原有汽车企业进行改造和扩建,并将不少原属军工企业工厂转为汽车生产,1953年,汽车产量恢复到战前最高水平。但是,当时日本汽车生产在数量、质量、生产技术和成本方面与汽车先进生产国相比差距很大,不能满足国民经济迅速发展的需要,于是,日本开始着手筹备建立现代化的大型汽车工厂。日本首先采取引进国外先进技术的方针,自1952年起引导日本汽车厂与欧美大汽车厂签订技术协作合同,1955年提出促进汽车国产化方针,制定有关进口汽车的限制条款等各种有利的政策,随着汽车制造技术的提高,使日本的汽车产业发展迅速,1960年以后日本汽车产业进入快速发展时期(见图6—3)。1959年日本汽车产量仅45万台左右,1961—1962年间提高到100万台。1967—1970年是日本汽车生产进入大量生产的发展期。1967年日本汽车产量超过德国,1968年日本汽车产量达到355万台,成为继美国之后世界第二位汽车生产大国。

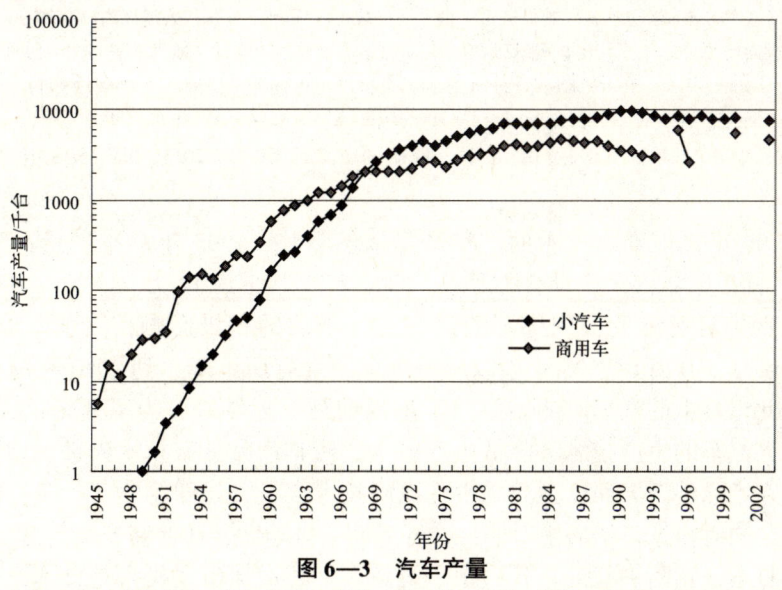

图6—3 汽车产量

资料来源:[英]B. R. 米切尔编. 帕尔格雷夫世界历史统计·亚洲、非洲和大洋洲卷(1790—1993)[M]. 北京:经济科学出版社,2002.

---

① 日本汽车产业主要集中在东海沿岸以横滨为东北端、以名古屋为东南端的区域,有利于产业链上下游企业的技术、资源、信息、人才的共享,能够节约交易成本,提高效率。主机厂与配套厂之间距离越近,产品的库存量就越低,交易成本也就越低。日本整车制造厂的零部件自制率仅在30%左右,其余的70%的零部件从协作配套厂采购。

20 世纪 70 年代以后，随着日本汽车产业规模的扩大和汽车产业投资的增加，汽车产业继续保持近 15% 的高增长率，日本汽车产量进一步扩大。1980 年汽车产量首次突破 1 000 万辆，超过了美国成为世界第一大汽车生产国（见表 6—13）。这一黄金时期一直持续到 80 年代中期。随后，日本汽车市场的增长速度开始减缓，但出口依然强势，推动汽车产业的不断发展。1990 年，日本汽车生产量又达到创纪录的 1 348 万台，达到历史巅峰。这一时期，日本的投资水平很高，特别是 80 年代，日本汽车工业的年平均投资额为 8 700 亿日元。投资的重点在于扩大和更新固定资产、推出新产品和采用平台战略上，投资的分布在海外日益增长。平台战略的采用，简化了生产设备，优化了同类部件，使得汽车工业生产率进一步提高，竞争能力显著增强。

表 6—13　　　　　　战后世界主要国家汽车生产　　　　　（单位：万台）

国家	1955 年	1960 年	1970 年	1980 年	1990 年	1995 年	2000 年	2005 年	2010 年
日本	15.5	76.0	528.8	1 103.2	1 347.5	1716.0	1 014.0	1 080.0	926.6
美国	916.9	786.9	823.9	806.7	978.4	—	1 280.0	1 198.0	776.1
德国	90.2	204.7	382.5	384.7	494.9	475.2	553.0	576.0	590.6
英国	123.8	181.1	209.9	130.8	157.6	—	—	—	—
法国	72.5	137.0	275.0	399.3	384.7	—	335.0	355.0	—
意大利	27.0	64.5	185.5	161.0	212.1	—	173.8	—	—
中国	0.01	2.3	8.7	22.2	51.4	145.3	207.0	570.5	1 826.5

资料来源：[英] B.R. 米切尔编. 帕尔格雷夫世界历史统计·亚洲、非洲和大洋洲卷（1790—1993）[M]. 北京：经济科学出版社，2002；[英] B.R. 米切尔编. 帕尔格雷夫世界历史统计·欧洲卷（1790—1993）[M]. 北京：经济科学出版社，2002；[英] B.R. 米切尔编. 帕尔格雷夫世界历史统计·美洲卷（1790—1993）[M]. 北京：经济科学出版社，2002；[日] 日本矢野恒太記念会. 世界国勢図会（2006/2007 年版）[M]. 東京：国勢社，2006 年；国家统计局. 中国统计年鉴（2013 年版）[M]. 北京：中国统计出版社，2013；报告网. 2010 年全球主要国家汽车生产状况，2012—1.

20 世纪 90 年代前期，日本的汽车产量依然强势，1995 年汽车产量达到最高峰的 1 716 万台。随后数年汽车产量有所下降，2000 年减少到 1 014 万台。2001 年以后受亚洲经济景气恢复、对亚洲及美国等国的汽车出口增加的积极影响，汽车产量有所回升，2003 年上升到 1 630 万台。2004 年以后，汽车产量有所下降，到 2010 年减少到 927 万台。尽管如此，日本的汽车产业始终处于世界前列。近年来，为了开拓世界汽车市场，日本不断提高汽车的生产技术，降低生产成本，使其产品具有技术先进、质量好、耗能少等特点。在产品创新方面，主要集中在提高技术含量，如四轮驱动、多气阀技术和新型传动装置，同时根据市场需求对油耗、舒适性、机动性、环保和安全等方面进行革新。产品创新为日本公司附加值的增长做出了贡献。不断增加研发投入是日本汽车工业成功的关键因素。研发的主要目标是开发新的车型和发动机、改进传动技术、研究新型材料、替代能源和促进安全与环保。全球性的技术革新竞争使日本汽车制造商不断提高研发效率，缩短研发周期。日本由于注重对汽车产品的不断创新，使其自 20 世纪 80 年代以后在世界汽车市场上始终处于优势地位。

再从汽车工业就业情况来看，1981 年至 1992 年间，由于生产扩大、生产率的提高，职工人数从 94.2 万人增加到 115.2 万人，年平均上升 1.8%。生产的增长、市场的开拓，使日本汽车工业在实施合理化措施的同时还能增加就业岗位。但 1992—1996 年，汽车工业出现萎缩，日本汽车业裁员近 10 万人。尽管如此，1996 年的就业水平比 20 世纪 80 年代的平均值还要高。"外迁工厂"的建立影响了出口，对国内就业产生了不良影响。1997 年后，受亚洲金融危机影响，汽车工业的就业人数进一步下降。但 21 世纪初期以后的出口增加使就业情况有所好转。

电气机器工业也是日本最重要的工业部门之一。战后初期，日本工业开始走向全面发展时期，电力工业和许多重工业对重型电机的需求不断增加，与此同时，随着人们生活水平的提高，对民用电器的需求显著上升，促使电气机器工业迅速发展。到 1955 年，电气机器工业的主要部门是产业用电气机器、电信通信器材和家用电器，其生产额分别占电气机器工业生产总额的 38.5%、23.2% 和 8.4%（见表 6—14）。1955—1970 年，生产额增长最快的是电信通信器材，增加了 41.1 倍，其次是家用电器，产业用电气机器增长也较为迅速。其结果，到 1970 年，电信通信器材成为最主要的生产部门，其生产额所占比重提高到 33.4%，产业用电器占 22.9%。20 世纪 80 年代以后，由于日本民用电器广泛进入国际市场，销售量逐渐增长，又使电气机器工业各部门结构发生了显著变化，即生产产业用电器机器的比例逐渐减退，而生产电子产品的比例逐渐增大。

表 6—14　　　　　　　　电气机器工业生产结构的变化　　　　　　　　（单位:%）

产业	1955 年	1960 年	1965 年	1970 年	1975 年	1995 年	2000 年	2004 年
产业用电气机器	38.5	33.4	25.9	22.9	22.6	8.7	7.2	8.0
家用电器	8.4	11.8	14.1	9.5	12.8	8.5	7.0	9.9
灯泡、照明器具	3.8	5.1	6.2	5.1	3.6	5.0	4.9	5.8
电信通信器材	23.2	29.6	30.1	33.4	31.2	12.2	15.5	14.9
电子计算机及附属设备	1.9	0.8	3.4	5.9	8.5	26.1	24.5	15.3
半导体	—	—	—	0.9	1.1	24.0	27.9	28.0
电子仪器、设备	3.2	2.9	3.2	3.1	3.0	5.4	5.8	5.8
其他	28.9	16.4	17.2	20.1	18.2	10.1	7.2	12.3
合计	100.0	100.0	100.0	100.0	100.0	100.0	100.0	100.0

资料来源：[日] 小浜裕久. 一般機械工業の発展 [J]. 経済共同研究，1999 (1); [日] 総務庁統計局. 日本統計（2008 年版）[M]. 東京：東洋経済新報社，2007.

在日本的电气机器制造业中，家用电器占有重要的地位。第二次世界大战后，日本国内出现对家电产品的旺盛需求，家电产业开始迅速发展，特别是电视机和电冰箱进入批量生产的阶段。1953 年日本电视机产量只有 1.3 万台，主要是黑白电视机。1955 年黑白电视机产量提高到 13.7 万台，1969 年达到 728 万台，随后黑白电视机产量逐年下降，被彩色电视机生产取代。彩色电视机 1955 年为 3.6 万台，1965 年上升到 231 万台。从 20 世纪 70 年代开始，日本家电产业的成长力和国际竞争力逐渐显露，80 年代这种成长力和竞争力达到顶峰，这一时期，家电产业成为日本的主导产业。1970 年家电的生产额为 2

万亿日元,1980年增至4.6万亿日元,1990年又增长到6.9万亿日元。支撑日本家电迅速发展的主要原因是高效率的劳动生产率、生产网络和销售网络的优势以及独特的竞争战略和经营模式等。90年代以后,家用电器生产由于产品需求的萎缩不断下降,1992年和1993年连续负增长,与1991年相比,2003年彩色电视机总产量由1 340万台减少到120多万台,同期冰箱减少46%,空调总产量减少45%,洗衣机减少44%。尽管家用电器产业整体规模缩小,但数码家电和信息家电不断扩大,为日本的家电产业增加了一些活力。

6.6.3 高新技术产业

高新技术产业通常是指以最先进的高端技术为基础的新兴产业,主要包括微电子产业、信息产业、新材料产业、新能源产业以及生物技术产业等。在这些高新技术产业中,除了生物技术产业外,信息产业中的计算机工业、手机工业原属于电气机器工业,微电子产业、新材料产业、新能源产业中的许多部门都属于重化学工业,而生物技术产业中的生物制药产业在日本也属于化学工业。由此可见,日本的高新技术产业是以重化学工业部门为中心而发展起来的。[①] 其中半导体工业和计算机工业的发展最引人注目。

半导体工业属于微电子产业,是传统工业中的尖端产业,作为信息储存处理的关键部件,在新技术的领域中应用广泛,它具有高机能化、高密度化、小型化以及低消费电力化等特点。20世纪50年代前期,美国的半导体产业一枝独秀。到50年代后期日本半导体工业开始发展,1960—1970年,半导体元器件的生产额增加了6.6倍,明显超过制造业增长3.1倍的速度。70年代,半导体元器件的生产额虽然增长缓慢,但集成电路的生产(见表6—15)迅速增加,并带动了半导体总额的增长。70年代末到80年代初期,日本半导体企业在记忆装置的研制、生产领域获得成功,使日本半导体产业的国际竞争力逐渐增强,半导体产品也取得了飞速发展,到1990年,日本的半导体产业在国际市场上的份额一举超过美国达到38.7%,成为世界第一半导体大国。90年代日本半导体产业继续保持强劲的增长势头,但进入21世纪以后,随着以韩国为首的东亚各国的半导体工业的迅速崛起,日本的半导体工业生产额开始出现较大的波动,有明显的减退趋势,其占世界总额的比重趋于下降,到2005年,日本半导体工业生产额在国际市场上的份额仅为19.4%。

表6—15　　　　　　　　　半导体生产的发展状况　　　　　　　　（单位:亿日元）

产业	1970年	1980年	1990年	1995年	2000年	2003年	2004年	2005年
集成电路	532	5 702	29 134	39 142	44 281	34 376	36 190	32 840
半导体元器件	1 797	2 938	7 100	8 784	11 958	9 618	10 730	10 590
合计	2 329	8 640	36 234	47 926	56 239	43 994	46 920	43 430

资料来源:[日]日本矢野恒太記念会.世界国勢図会(2004/2005年版)[M].東京:国勢社,2004;[日]総務庁統計局.日本統計(2008年版)[M].東京:東洋経済新報社,2007.

---

① 刘昌黎.现代日本经济概论[M].大连:东北财经大学出版社,2008.

从出口方面看，从20世纪80年代中期开始，日本一直是世界上最大的半导体出口国，90年代曾垄断半导体市场的50%以上，到21世纪初期仍占33%以上。从日本半导体企业的国际地位看，1971年，日本电气（NEC）日立制作所和三菱电机进入了世界十大半导体厂商的行列。到1992年，在世界十大半导体产业中有6家是日本企业，其中日本电气和东芝分别列第二位和第三位。90年代中期以后，日本半导体的发展势头明显下降，而美国、德国和韩国的半导体巨头迅速崛起，由此导致日本半导体产业的国际地位明显下降。2005年，只有日立制作所、松下电器、索尼和东芝4家企业进入世界十大半导体产商的行列，而且名次均靠后。正是由于日本半导体产业发展速度减缓及其在国际市场上所占份额的下降，很大程度上制约了日本整个信息产业的发展。

电子工业是日本的高新技术产业。日本的电子技术先进，电子制造业是日本出口主导型高新技术产业之一，在世界上一直处于领先地位。20世纪50年代后期，日本通过引进先进技术以及进行了油压脉冲马达等方面的技术开发，从70年代石油危机以后，日本通过贯彻"省力化、合理化、节能化"的经营思想，发挥半导体技术和精密机械生产的优势，将数控机床和机器人、自动搬运机械等联系在一起，创造了电子计算机数字化自动控制的生产体系，使劳动生产率大幅度提高，1970—1996年，电子计算机和电子设备成为发展最快的部门，其生产额分别增长了21.6倍和13.2倍。90年代中期电子工业连续增长，1997年增长幅度加大，生产指数由1996年的105.7上升到114.0。但1998年有所下降，1999年随着经济的恢复，电子产品的销售有所增加。

计算机及其附属工业和半导体工业一样也是日本最重要的高新技术产业。日本的计算机工业起步较晚，在20世纪70年代以前，由于计算机技术的研究开发滞后，生产规模很小，1970年的生产量只有4 600台，关键技术和重要零件都依靠从美国进口。计算机工业迅速发展是在1980—1997年期间，从1.77万台增至1 037万台。1998年以后，因计算机组装生产向发展中国家转移，计算机生产量和声额都出现了持续下降趋势。2004年以后计算机的生产相对比较稳定，特别是2005年达到了1 286万台的历史最高纪录，2006年尽管有所下降，但仍达到了1 209万台。从国际比较来看，日本计算机在90年代以前就落后于美国和欧洲，90年代中期以后又落在了东亚发展中国家和地区的后面。其主要原因是，90年代以来，日本着力推行海外化生产，把计算机关联初级产品转移到海外生产，然后再返销日本，而其核心技术和核心产品则留在国内生产，这样对日本的计算机生产和进出口结构都带来一定程度的影响。

6.6.4 信息产业

信息产业作为日本的一个产业部门随着信息技术的进步发展而来。由于信息产业具有高智力型、高渗透型、高增值、低资源消耗型特征，决定了它是高成长和扩张性强的产业。随着信息产业的迅速崛起，日本信息产业的产值占国内生产总值的比重不断上升，已经在朝着主导产业发展。

20世纪80年代以来，日本信息产业持续高速发展，1981—1990年间的增长率年均高达8.0%以上，成为促进日本经济增长的推动力。90年代以来，信息产业一直是日本发展最快的产业部门。1995—2000年，信息产业的实际国内生产总值由32.905万亿日元增至46.335

万亿日元，大大超过全产业增加的4%（见表6—16）。相比之下，其他产业除电气机械工业和运输机械工业继续保持一定的增长速度以外，建设业、批发业、零售业和运输业都处于停滞不前乃至衰退的局面。由此，信息产业的产业地位迅速提高。1995年信息产业的实际国内生产总值排在批发业和建设业之后，在各产业中位居第三，而2000年则超过批发业和建设业，跃升为日本第一大产业部门。之后，在其他产业发展缓慢或停滞不前、走向衰退的形势下，信息产业继续保持了快速增长的态势。2001—2007年，信息产业的实际国内生产总值由50.807万亿日元增加到70.902万亿日元，增长39.6%，仍大大超过全产业增长的11.3%。从整体上看，2000—2007年，信息产业总产值年均增长7.3%，总共增长102.9%，不仅大大超过了国内生产总值增长的11.4%，也明显超过了电气机器工业增长和运输机器工业增长。相比之下，同期批发商业只增长11.3%，而钢铁工业、建设业、运输业、零售商业则都有所下降。结果，信息产业占国内生产总值的比重就由1995年的6.8%提高到2000年的9.2%以后，2007年又提高到12.6%，其上升趋势是十分显著的。

表6—16　主要产业部门实际国内生产总值增加的情况（1995—2007年）

（按2000年价格计算，单位：10亿日元）

产业部门	1995年	2000年	2001年	2002年	2003年	2004年	2005年	2006年	2007年
钢铁工业	5 187	4 518	4 365	4 028	4 424	4 399	5 416	4 562	3 403
电气机器工业	9 038	12 527	10 966	11 233	14 147	15 971	17 686	18 910	19 599
运输机械工业	9 426	9 589	10 280	11 579	11 263	10 863	12 096	12 923	13 862
建设业	37 857	34 449	33 024	32 027	32 015	32 666	31 972	32 552	32 422
批发业	40 261	40 958	40 708	39 880	39 822	43 160	45 142	43 084	41 714
零售业	27 101	25 567	25 598	25 644	25 527	24 687	22 928	23 369	23 697
运输业	23 914	21 880	20 886	20 956	21 083	20 913	21 037	21 931	21 136
信息产业	32 905	46 335	50 807	52 927	56 686	60 548	64 294	66 587	70 902
全产业	483 628	500 311	500 481	504 117	514 292	526 578	536 762	544 709	560 816

注：电气机器工业中不包括信息通信设备、器材材料业，建设业中不包括信息通信设施建设业。

资料来源：[日] 総務省. 2007年情報通信白書. 2007.

日本总务省从2005年出版的《信息通信白皮书》开始，按通信业、广播电视业、信息服务业、影视、音乐、文字信息制作业、信息通信设备、器材制造业、信息通信相关服务业、信息通信设施建设业和研究开发等方面，第一次系统地统计、公布了日本信息产业的发展情况（见表6—17）。这样一来，广播电视业、影视、音乐、文字信息制作业以及信息通信设备租赁业、广告业、印刷、制版、出版业、影院、剧场等与信息知识生产和传播有关的部门，都划归到了信息产业的范畴。鉴于美国和韩国也有类似的统计，因此，作为世界各国信息产业统计的发展方向，信息产业涵盖的范围有可能在此基础上进一步规范化[①]。

---

① 刘昌黎. 现代日本经济概论[M]. 大连：东北财经大学出版社，2008.

表6—17　信息产业各部门实际国内生产总值增加的情况（1995—2005年）

（按2000年价格计算，单位：10亿日元）

产业部门	1995年		2000年		2005年		国内生产总值之比/倍 2005/1995
	产值/亿日元	比率/%	产值/亿日元	比率/%	产值/亿日元	比率/%	
通信业	6 896	21.0	10 549	22.8	12 058	18.1	1.749
广播电视业	1 548	4.7	1 384	3.0	1 358	2.0	0.877
信息服务业	4 470	13.6	8 481	18.3	10 175	15.2	2.276
影视、音像、文字信息制作业	2 963	9.0	3 070	6.6	2 690	4.0	0.908
信息通信设备、器材制造业	2 142	6.5	4 435	9.6	12 197	18.3	5.694
信息通信相关服务业	7 681	23.3	9 873	21.3	18 348	27.5	2.389
信息通信相关建设业	381	1.2	721	1.5	477	0.7	1.252
研究开发	6 825	20.7	7 841	16.9	9 465	14.2	1.387
信息通信产业合计	32 905	100.0	46 355	100.0	66 770	100.0	2.029

注：根据日本新的产业分类，信息产业包括如下8个部门：①通信业，包括邮递业、固定电信业、移动电信业和电信相关服务业；②广播电视业，包括公共广播业、民间广播业和有线广播业；③信息服务业，包括软件服务业、信息处理业和信息提供服务业；④音像、图文信息制作业，包括影视剧、音像、文字信息制作、报业和图书出版业；⑤信息通信设备制造业，包括计算机及其附属设备、电视机、收音机、相机、音响、磁盘、磁带以及通信电缆、有线通信器材、无线通信器材、办公设备、信息记录设备等制造业；⑥信息通信相关服务业，包括信息通信设备租赁业、广告业、出版印刷业、电影院、剧场、舞厅等娱乐业；⑦信息通信相关建设业，包括网络、网站建设和信息通信设备安装业；⑧软件开发业，包括各种软件产业。其中，信息通信设备制造业是从电气机器工业中分离出来的，是信息产业中的制造业，其他都是与信息的生产、传播、利用相关的服务业，是信息产业中的服务业。

资料来源：[日] 総務省. 2009年情報通信白書, 2009

在日本信息产业迅速发展的过程中，上述各产业部门的发展也是不平衡的。根据日本总务省编2009年7月发行的《2009年信息通信白皮书》的统计，1995—2007年发展最快的是信息通信设备制造业、信息服务业和信息通信相关服务业，其实际国内生产总值分别由2.142万亿日元、4.470万亿日元和7.681万亿日元增加到12.564亿日元、12.283万亿日元和18.717万亿日元，分别增加486.6%、174.8%和143.6%。相比之下，同期通信业、信息通信相关建设业和软件开发业分别增加74.2%、59.0%和58.2%，至于音像图文信息制作业和广播电视业则都是负增长，即其实际国内生产总值分别减少17.4%和5.1%。可见，信息产业中的新兴产业特别是以计算机、手机、电视机为首的信息通信设备制造业发展最快，而音像、图文信息制作业、广播电视业等传统信息产业所占比重均显示了不同程度的下降趋势。

从日本信息产业的生产结构看，大多数部门都属于产业大分类的服务业或第三产业，所占比重也很大，属于第二产业的只有信息通信设备制造业和信息通信相关建设业，所占比重也很小。

信息产业是在日本经济长期停滞、复苏乏力的情况下迅速发展起来的,20世纪90年代中期以来,在大多数产业发展停滞或发展缓慢的情况下,信息产业成为支撑日本经济发展的主要因素。进入21世纪以后,尽管汽车工业和钢铁工业生产形势看好,但在推动2002年以来的景气复苏方面,信息产业快速发展仍然发挥了最大的作用。

首先,从各产业生产额增长率方面看,1995—2006年,信息产业年均增长5.5%,其中,1995—2000年年均增长6.8%,2000—2006年年均增长4.4%,分别超过了全产业年均增长率的1.2%、0.7%和1.7%。2007年,信息产业增长6.5%,仍超过全产业增长的2.4%。由此可见,上述期间特别是1995—2000年间的日本经济增长主要是信息产业的发展而实现的,信息产业对推动景气复苏的贡献最大,已成为左右日本经济再发展的关键。

其次,从信息通信产业对实际国内生产总值增长率的贡献方面看,1995—2000年,全产业实际国内生产总值增加19.492亿万日元,其中信息产业增加13.450亿万日元,贡献率为69.0%;2001—2007年,全产业实际国内生产总值增加56.768亿万日元,其中信息产业增加20.095亿万日元,贡献率仍为35.5%。从各年信息产业对经济增长的贡献度看(见表6—18),信息产业也一直是拉动日本经济增长的主要产业。其中,1996年、1997年分别拉动国内生产总值增长了1.0个百分点和0.7个百分点,即使在1998年、1999年日本经济连续出现负增长、其他产业大都拉动国内生产总值负增长的时候,信息产业也都拉动国内生产总值增长了0.3个百分点。2000年以后的各个年份,信息产业都拉动国内生产总值的增长0.4个百分点以上[①]。

表6—18　　　　　信息通信产业对实际国内生产总值增长率的贡献度

年份	实际国内生产总值增长率/%	信息产业贡献度/%	其他产业贡献度/%	年份	实际国内生产总值增长率/%	信息产业贡献度/%	其他产业贡献度/%
1996	2.7	1.0	1.7	2002	0.3	0.4	-0.2
1997	1.6	0.7	0.9	2003	1.4	0.7	0.7
1998	-2.0	0.3	-2.3	2004	2.7	0.8	2.0
1999	-0.2	0.3	-0.5	2005	1.9	0.7	1.2
2000	2.9	0.5	2.4	2006	2.0	0.4	1.6
2001	0.2	0.9	-0.7	2007	2.4	0.8	1.6

资料来源:[日]総務省. 2009年情報通信白書, 2009.

从设备投资方面看,信息化投资增加对经济发展的贡献也是最大的。由于信息化投资迅速增加,日本信息通信资本存量2004年末达到36.93万亿日元,相当于1995年末的1.74倍,占民间资本存量总额的比重也由2.0%左右提高到3.0%。

---

① 方爱乡. 日本信息产业的发展与政策措施[J]. 东北财经大学学报, 2010 (5).

与汽车、钢铁等传统产业相比,信息产业作为新兴的成长产业,其推动日本经济增长的显著特点,就是全要素生产性(TFP)对生产额增长的贡献度最大。根据日本总务省编 2008 年 7 月发行的《日本信息通信白皮书》的统计,信息产业全要素生产性对其生产额增长的贡献度不仅在各产业中是最高的,而且还高于其中间投入、劳动投入和资本投入的贡献度。1995—2006 年,全要素生产性带动信息产业生产额增长 2.4%,其贡献度明显大于中间投入的 1.4%、劳动投入的 1.2% 和资本投入的 0.6%。相比之下,其他产业特别是钢铁工业,则由于技术进步缓慢而使其全要素生产性拉了生产额增加的后腿[①]。

信息产业全要素生产性对其生产额增长率的贡献度最大,这既是信息产业推动日本经济增长的显著特点,又是其推动日本经济增长的基本途径,这意味着信息产业的技术进步是最快的。相比之下,资本投入对信息产业生产额增长的贡献度最小,则说明信息产业作为知识和技术密集型产业,其发展对资本的依存度不大[②]。

不过,在雇用方面,信息产业对增加雇用的作用并不明显。1995—2007 年,信息产业雇用人数由 364 万人增加到 396 万人,仅增加 8.8%,与全产业就业总人数增加 5.0% 相比也只高 3.8 个百分点。从与其他产业的比较来看,2007 年信息产业就业人数仍少于零售商业的 777 万人、建设业的 440 万人和批发商业的 434 万人,占就业总人数的 6.9%,只比 1995 年提高 0.2 个百分点。由此可见,信息产业的有关部门作为高新技术产业或现代服务业,对就业的贡献度很小,如果进一步增加信息化投资,信息产业的就业人数很有可能在现有基础上进一步减少。尽管如此,如果考虑到钢铁工业、电气机器工业和交通运输业也都有就业人数减少的趋势,信息产业对稳定日本就业的作用仍然是不可忽视的。

自 20 世纪 80 年代中期日元大幅度升值以来,日本政府就提出了结构改革的政策方针,引导企业大力发展资本技术密集型的高附加价值产业,淘汰劳动密集型和资源、能源消耗型的低附加价值产业。信息产业的迅速发展,有力配合了日本政府的政策方针,促进了产业结构的调整。现在,不仅信息产业已成为日本第一大产业部门,而且信息通信设备、器材制造业也迅速发展为最重要的制造业部门。

信息产业和信息化是两个相互区别而又有着密切关系的概念。其中,信息产业区别于工业、农业、商业、金融保险业等,是一种产业发展的形态;信息化区别于农业化、工业化、服务化,是一种社会发展的形态。因此,与工业和工业化的关系一样,信息产业和信息化也有着互为表里、互相促进的关系。从现阶段看,信息产业的发展主要是信息通信设备、器材制造业、信息服务业、信息通信相关服务业和通信业等产业的发展,信息化主要是企业信息化、政府信息化、家庭信息化以及社会信息化的发展。毫无疑问,信息通信设备、器材制造业、信息服务业等信息产业的发展,是企业信息化、政府信息化、家庭信息化和社会信息化的物质基础和基本条件,而企业信息化等信息化的发展,则为信息产品和信息服务提供了广阔的市场,是信息产业发展的社会基础和社会环境。

---

①② 方爱乡. 日本信息产业的发展与政策措施 [J]. 东北财经大学学报,2010 (5).

由此可见，日本五年内建设"高度信息化社会"的目标之所以能够基本实现，在很大程度上是依赖于信息产业的迅速发展。以世界一流的制造业为基础，日本信息通信设备、器材制造业的技术水平和生产水平也堪称世界一流，与其相适应的信息服务业、信息相关服务业和通信业等，也有着世界最先进的服务手段设施建设，并同时促进了以计算机、手机为主的信息产品的迅速普及和信息服务的广泛利用，从而全面推动了信息化的发展[1]。

日本信息产业的飞速发展，得力于它所采取的一系列措施，特别是政府政策的扶持作用。自20世纪60年代中期开始，日本政府就开始重视信息产业的发展，制定了一系列政策和计划，优先发展信息产业。如1966年，日本官方公布了加强发展信息产业的一揽子计划，并具体落实开发工作，通过提高产品的附加值，加强知识密集度和大力发展软件生产。因此，20世纪80年代以前，日本除软件生产速度比较缓慢外，集成电路、电子计算机、通信设备以及机器人等均有长足的发展。特别是工业机器人，依靠集成电路和电子计算机的应用，成为世界舞台上一枝独秀。尽管机器人本身的产值并不占有重要地位，但机器人在生产领域对增强日本工业竞争力的作用是举世瞩目的[2]。为了促进信息产业发展，协调组织重大信息化工程实施，1994年8月，日本政府设立高度信息通信社会推进本部，本部长为内阁总理大臣，副职为邮政大臣、通产大臣，成员包括全内阁大臣。1998年，日本邮政省出台了日本《信息通讯大纲》，描述了面向21世纪的日本信息产业发展战略，每一项战略都有具体的目标任务和投资保障。日本政府认为，信息产业已经成为经济发展的火车头，在21世纪，信息化将会极大地促进经济发展，信息化程度的高低将会关系到经济力量的强弱，若谋求在竞争愈加激烈的世界经济中处于不败之地，就必须加快信息化建设，提高信息化程度。2001年1月，日本政府公布《高度信息通信网络社会形成基本法》（简称IT基本法），决定实施IT立国战略，大力推动信息化发展，建立"高度信息通信网络社会"。为此，以内阁总理大臣为本部长的IT战略本部随即制定《e-Japan战略》（即日本IT战略），提出了"5年内建立世界最先进的IT之国"的目标。其后，IT战略本部在制定《e-Japan战略Ⅱ》（2003年7月）、进一步完善IT立国战略的基础上，还定期制定各年度的重点计划以及《加速实施e-Japan战略Ⅱ的政策纲要》（2004年2月）、《IT新改革战略》（2006年1月）、《IT新改革战略政策纲要》《IT政策路线图》（2008年6月）和《面向数字新时代的新战略（三年紧急规划）》（2009年4月）等。IT立国战略以及上述各项战略、计划、政策措施的实施，有力推进了日本信息社会的建设与发展，为信息产业发展创造了有利的政策环境[3]。

日本信息产业的发展还得力于依靠财力加速发展。综观日本发展所走过的道路，可以发现一条带有共性的规律，即每当政府决定加快发展某一部门时，就不惜投入巨资，并使这种投资在整个经济领域中的比例不断扩大。据统计，日本朝野对信息化设备的投资，1980—1985年间平均增长率高达18.3%，远高于其他制造业。到2000年，日本全

---

[1] 刘昌黎. 现代日本经济概论 [M]. 大连：东北财经大学出版社，2008.
[2] 罗曼. 日本的信息产业 [J]. 现代日本经济，1994 (5).
[3] 方爱乡. 日本信息产业的发展与政策措施 [J]. 东北财经大学学报，2010 (5).

国对信息化的投资约占设备总投资的1/3。

日本信息化的飞速发展在很大程度上还得力于全社会重视普及应用信息化成果,使信息产业的发展进入良性循环。以工业界为例,20世纪80年代以前,日本工业企业及电子计算机的速度低于欧美,而80年代以后就大大超过了欧美各国。1986—1990年,日本电子、机械、汽车部门普及电子计算机的速度平均增幅达20.0%,而欧美为9.5%~12.5%。80年代中期后,日本信息服务迅速崛起,其重要动力也来自信息化成果的广泛普及。对日本来说,缺乏信息人才是阻碍信息产业持续高速发展的一个主要困难。为此,有关当局早在80年代初就拟订了信息人才培训计划,并已奏效。日本培训信息人才的一个重要特色是以大企业为主,以民间为主,以合作培养为主[①]。目前,日本全国企业共开设信息培训机构5 000多所,培训信息人才超过100百万人。到90年代中期,日本缺乏软件人才150万人,如今这个局面已大大改观。日本信息生产已大步进入国际市场,并成为欧美强有力的竞争对手。

6.7 工业增长与劳动力供给

19世纪末的10年,日本制造业和建筑业(见表6—19)均显示了较高增长率。20

表6—19   工业增长和工业就业者增长率

期间	工业年均增长率/%			工业就业者年均增长率/%			
	工矿业	建筑业	工业	矿业	建筑业	制造业	工业
1889—1900	5.91	5.35	6.25	—	—	—	—
1901—1910	5.82	4.17	6.44	—	—	—	1.55
1911—1920	6.40	2.30	6.46	—	—	—	3.38
1921—1930	4.82	6.33	5.57	-2.58	0.38	0.55	1.02
1931—1938	8.88	9.47	7.17	8.98	0.20	4.58	3.06
1956—1960	16.18	12.56	14.79	-1.34	5.61	-1.71	4.60
1961—1970	14.61	12.03	13.41	-0.88	7.49	6.78	3.53
1971—1980	7.20	3.47	6.13	-5.87	4.71	4.19	0.74
1981—1990	3.13	—	4.03	-4.50	3.91	1.01	3.87
1991—2000	0.09	—	1.31	-3.63	1.11	-1.22	-0.72
2001—2010	—	—	—	-4.00	-2.39	-2.06	-2.19

资料来源:[日]南亮进.日本の経済発展[M].東京:東洋経済新報社,1992;[日]人口問題協議会编.日本人口の動向——静止人口をめざして[M].東京:大蔵省印刷局,1974;[日]日本労働省.労働経済白書(平成24年版),東京:日本労働協会,2012.

---

① 罗曼.日本的信息产业[J].现代日本经济,1994(5).

世纪 10 年代，工矿业生产年平均增长率有所下降，但随后呈现上升趋势，到 20 世纪 30 年代制造业生产年平均增长率达到 8.88%，创造了 20 世纪初期以来最高的纪录。与工矿业相比，建筑业生产相对缓慢，特别是在 20 世纪 20 年代显示了缓慢的增长，但随后上扬，1931—1938 年期间建筑业生产年平均增长率达到 9.47%，超过了工矿业的增长速度。

从日本工业生产指数的增长率与欧美各国作比较（见表 6—20），可以看出日本在第二次世界大战以前（1889—1938 年）为 5.3%，远远高于同时期的美国和西欧各国。欧美各国的增长率中美国最高，其余依次为瑞典、德国、意大利、奥地利、比利时、法国和英国。

表 6—20　　　　　　　　工业生产指数的增长率的国际比较　　　　　　　　（单位:%）

期间	日本	美国	瑞典	德国	意大利	奥地利	比利时	法国	英国
1861—1880	3.24	5.25	2.83	3.86	1.95	—	—	1.49	2.54
1881—1900	4.49	4.87	4.77	3.93	1.92	3.76	—	1.54	2.22
1901—1910	3.73	4.86	3.43	4.04	4.84	3.23	3.20	2.49	1.32
1911—1920	7.09	3.05	−2.21	—	−0.75	—	—	—	−0.22
1921—1930	4.71	1.49	4.68	−2.79	3.22	−0.48	3.63	5.69	3.03
1931—1940	8.80	5.34	5.12	3.58	1.65	0.35	−1.11	−2.55	3.34
1951—1960	16.29	3.74	3.82	9.27	8.85	7.43	3.23	6.04	3.24
1961—1970	13.76	4.56	5.62	5.37	6.92	5.58	4.33	5.69	3.24
1971—1980	4.78	2.91	1.25	2.19	3.24	3.69	2.54	2.71	−0.11

资料来源：[日]南亮進. 日本の経済発展 [M]. 東京：東洋経済新報社，1992.

20 世纪 50 年代和 60 年代日本制造业和建筑业生产年均增长率均有所上升，其中制造业的增加幅度很大，到了 20 世纪 70 年代以后，制造业生产出现数次剧烈的波动趋势，但一直到 80 年代还是显示了较高的增长率。泡沫经济发生后，制造业生产在 1992 年和 1993 年连续出现负增长，1994 年以后恢复正增长，但就总的生产规模而言，直到 1997 年仍未恢复到 1990 年的水平。建筑业在 20 世纪 60 年代保持很高的增长率，甚至接近制造业。但 20 世纪 70 年代以后呈现逐渐减退的趋势。泡沫经济发生后，制造业生产在 1992 年和 1993 年连续出现负增长，1994 年以后恢复正增长，但就总的生产规模而言，直到 1997 年仍未恢复到 1990 年的水平，由此导致整个 90 年代接近停滞水平。但从总体上看，工业增长的速度还是较快的，整个 20 世纪制造业的年平均增长速度达到 6.2%，建筑业则保持在 4.2% 的水平。

这一时期推动日本工业发展的重要因素是劳动力的供给。从表 6—21 可以看出，在 1920 年到 1950 年，日本的工业就业人数从 446.1 万人增加到 569 万人，尽管工业劳动力占总劳动力比重在 20 世纪 50 年代以后有所下降，但工业劳动力的增长速度还是较快的。从制造业工人的就业来看，如表 6—21 所示，1990 年以前一直呈现上升的趋势,随后略有下降。制造业的生产工人在1950年为569万人,1980年增加到136.7万人,到2000年又减少到1 172万人,而这一数字占总劳动力的比重已经降至9%以下,而工业总产值在迅速增加,这说明,劳动生产率的大量增加也伴随着总产量的增加,即每个工人的生产量增加。显而易见,90年代以来,尽管制造业就业人数有所下降,但劳动力素质和工业技术的提高促进了劳动生产率的提高,从而促进了日本工业的发展。

表6—21 工业就业者数与就业结构

期间		工业就业者数/千人				工业就业者占全产业就业者的比重/%			
		矿业	建筑业	制造业	工业	矿业	建筑业	制造业	工业
大正9年	1920	424	712	4 461	5 597	1.56	2.61	16.37	20.54
昭和5年	1930	315	979	4 708	6 402	1.07	3.31	15.89	20.27
昭和15年	1940	598	981	6 864	8 443	1.84	3.02	21.13	25.99
昭和25年	1950	591	1 531	5 690	7 812	1.66	4.30	15.97	21.93
昭和30年	1955	535	1 783	6 902	9 274	1.36	4.54	17.58	23.48
昭和35年	1960	538	2 679	9 544	12 804	1.23	6.13	21.83	29.19
昭和40年	1965	332	3 403	11 507	15 115	0.70	7.14	24.16	31.90
昭和45年	1970	222	3 943	13 541	17 897	0.43	7.57	25.98	33.96
昭和50年	1975	160	4 790	13 460	18 410	0.31	9.15	25.72	35.18
昭和55年	1980	110	5 480	13 670	19 260	0.20	9.82	24.69	34.51
昭和60年	1985	90	5 300	14 530	19 920	0.15	9.43	25.02	34.60
平成2年	1990	60	5 880	15 050	20 990	0.10	9.36	23.92	33.59
平成7年	1995	60	6 630	14 560	21 250	0.09	10.27	22.54	32.91
平成12年	2000	50	6 530	13 210	19 790	0.08	10.13	20.49	30.70
平成17年	2005	50	5 680	11 720	17 450	0.05	8.93	18.43	27.41
平成22年	2010	30	4 980	10 490	15 500	0.05	7.96	16.77	24.78
平成23年	2011	30	4 970	10 410	15 410	0.05	7.96	16.67	24.68

资料来源:[日]人口問題協議会編.日本人口の動向——静止人口をめざして[M].東京:大蔵省印刷局,1974;[日]人口問題協議会編.日本の人口・日本の社会(昭和63年版)[M].東京:東洋経済新報社,1988;[日]日本矢野恒太記念会.世界国勢図会(2001/2002)[M].東京:国勢社,2001;[日]日本労働省.労働経済白書(平成24年版)[M].東京:日本労働協会,2012.

6.8 工业化与人口城市化

伴随着工业化而出现的是人口城市化（Urbanization）[1]。一般来说，伴随着经济增长，经济结构也发生巨大变化，其主要表现是产品的来源从农业活动转向非农业生产活动，即工业化过程。由于工业提供了更多的就业机会和高水平的工资，因此，吸引了大量农村劳动力，来自农村的人口迁移成为城市发展的源泉。同时人口城市化还具有消费市场这样有利于工业生产的条件，因而促进了城市附近的工业积聚，这样在近代社会，工业化的发展促进了人口城市化的成长，而人口城市化又加速了工业的积聚，从而形成了积极的循环过程。

同经历过工业化的许多发达国家一样，日本的人口分布经历了从农村向城市的人口移动过程。这一过程主要是从明治时期，随着以纤维工业和食品工业等轻工业为中心的近代工业化的兴起，农村的年轻劳动力为了寻求就业机会纷纷流向城市，加速了人口城市化的进程。第一次世界大战后，随着重工业和化学工业的发展，日本逐渐形成了京滨、中京、阪神、北九州四大工业地带，使农村人口进一步加速了向城市的移动。据统计，在1920年日本全国城市人口比重仅为18.0%，但此后增长迅速，到1945年增至27.8%（见表6—22）。

表6—22　　　　　　日本城市化水平的变化（1945—2005年）

年份	总人口/人	城市人口/人	城市化水平/%	年份	总人口/人	城市人口/人	城市化水平/%
1945	71 998 104	20 022 333	27.8	1980	117 060 396	89 187 409	76.2
1947	78 114 473	25 857 739	33.1	1985	1 210 489 23	92 889 236	76.7
1950	84 114 574	31 365 523	37.3	1990	123 611 167	95 643 521	77.4
1955	90 076 594	59 532 410	56.1	1995	125 570 246	98 374 289	78.3
1960	94 301 623	596 778 85	63.3	2000	126 925 843	99 865 289	78.7
1965	99 209 137	673 561 58	67.9	2005	127 247 689	110 264 000	86.3
1970	104 665 171	75 428 660	72.1	2010	127 055 313	—	90.5
1975	111 939 643	84 967 269	75.9	2011	126 923 410	—	91.3

资料来源：［日］日本総務省統計局統計調査部国勢統計課. 国勢調査報告（各年版）.

---

[1] 发达国家的历史经验表明，在工业化的上升时期，人口城市化率与工业化率的变动方向是一致的，而且人口城市化率明显高于工业化率。只是到20世纪70年代以后，发达国家的第三产业迅速发展起来，其产值占国民生产总值的比重逐渐提高，而工业产值比重相应有所下降，出现了人口城市化率继续上升，工业化率下降的不一致情况。但从人口城市化与经济发展水平的关系上看，则两者的变化方向始终是一致的。人均国民生产总值越高，人口城市化水平也就越高。而人口城市化是城市人口的集聚和增长所形成的城市人口占总人口比例增长的过程，它是现代人口动态分布中最普遍的一种现象。人口城市化如上所述往往同工业化是密切相关的。随着农业人口向工业和其他非农产业人口转变，农村人口呈现向城市人口转化的倾向。尽管各国经济条件不同，但生产力的发展改变了人口布局，工业化引起人口城市化，特别是在发达国家这种倾向是显而易见的。

人口城市化更严格地说，是指居住在乡村地区的农业人口转变为居住在城镇地区的非农业人口的过程，这个变动过程，不但包括人口通过迁移向城市集聚、由居住在乡村变为居住在城市的过程，而且包括非农人口积聚的居民点由乡村转变为城镇，从而使其居民转变为城镇人口的过程。一般地说，人口城市化作为特定的社会经济发展过程，它的发展水平取决于与其相应的国民经济发展水平，特别是近代经济市场化和工业化所推进的经济结构向现代型转变的程度。

第 6 章 工业化和人口城市化

第二次世界大结束后,由于战时的疏散及城市生活水平的下降,一部分城市产业工人为了解决住宅和粮食等问题纷纷返回农村务农,人口集中于城市的现象并不显著。但是随着工业化的迅速发展和城市雇用的扩大,农村人口向城市的人口移动迅速扩大,加速了人口城市化进程。另外,日本政府在 1953 年出台了《町村合并法》,将町周围的村合并进程加快,城市的数量迅速上升,1950 年日本城市的数量仅为 254 个,到 1960 年便增至 561 个,到 1955 年,日本的城市化水平已经达到 56.1%,城市人口首次超过农村人口。

这一时期,工业化的迅速发展,导致产业结构发生了显著变化,第一产业就业者的比重不断下降,主要向东京、大阪、名古屋为中心的三大城市圈集中,如东京市区 1945 年只有 278 万人,到 1960 年增至 831 万人,成为世界上最大的城市。1961—1965 年人口流向三大城市圈达到高峰,这个时期,三大城市圈由于人口流入增加 315 万人,占人口总增加数的 57.0%。从工业分布看,人口向着重工业和化学工业集中的太平洋沿岸集中。

自 20 世纪 60 年代初推行工业化政策以来,由于城市商业为农村剩余劳动力提供了大量就业机会,农户转移速度加快,农户人口急剧减少。据统计,1960 年日本农户为 606 万户,1975 年减至 495 万户。工业化快速发展,吸收了大量农民到城市就业,1965 年日本第二产业增加值占 47.9%,非农就业比重为 75.3%,城市化达 67.9%,第二、三产业发展是城市化的主要动力。另外,日本工业化与城市化协调发展,也与日本工业的特点有关。日本轻重工业之间关系比较协调,轻工业的比较劳动生产率一直大大低于重工业,吸纳了工业化过程中大量从第一产业转移出的劳动力,而重工业则始终保持高技术密集性,比较劳动生产率高,技术进步快,从而为整个国民经济的发展提供了先进的技术设备[①]。

20 世纪 50 年代中期以后到 1975 年是城市数量增长和城市地域范围迅速扩大的时期。在这一时期,城市增长了 148 座,年平均增长 7.4 座,城市面积扩大了 50.6%,年平均递增 2.1%。这一时期城市面积的扩张主要与日本经济处于重工业化阶段的高度增长相关。

20 世纪 70 年代中期以后,日本的人口城市化仍然呈现上升趋势,全国城市人口比重由 1960 年的 63.3% 增至 1975 年的 75.9%。但随后面向城市的人口移动趋缓,其主要原因是全国范围内移动性强的年轻人口趋向减少。与此同时,大城市中心部的人口开始向郊区转移,形成逆人口城市化趋势。80 年代以后日本的人口城市化出现了一个新的趋势,即城市人口增速明显减缓,到 1995 年,日本全国城市人口比重升至 78.3%,这标志着日本进入了人口城市化的低速发展时期。

日本政府长期以来对人口城市化和人口"过密"现象很重视,并多次颁布法令,以改变各地区人口和经济发展的极不平衡现象。早在 1962 年就颁布了促进新工业城市发展的规划,并在工业用地上作了规定,目的是阻止工业和人口在大城市过分集中,以稳定就业。1969 年,日本政府又正式颁布了"全国综合开发计划",目标在于疏散工业以促

---

① 高强. 日本美国城市化模式比较 [J]. 经济纵横,2002 (3).

进全国各地区的协调发展。

由于官方政策的推动和日本进入后工业化,近二三十年来日本农村人口向大城市迁移的现象,已发生了显著的逆转,其人口大量向大城市周边地区扩散,致使人口"过密"地区范围扩大,平均人口密度下降。从城镇体系看,大城市特别是其中心地区,人口持续减少,而在其周围兴起了一大批中小城市,如东京都由 23 个特别区组成的中心市区以外的郊区 1960 年只设了 10 个市,到 1999 年增至 27 个,东京总人口中,23 个市区所占比重同期由 91.1% 降至 67.6%,表明中心市区人口已大量向郊区中小城市迁移。显而易见,中心城市较快的发展,使日本的人口城市化结构发生了一定的变化,1970—2005 年间,100 万以上的大城市人口比重由 27.6% 降至 25.3%(见表 6—23),10 万~100 万人的城市人口比重由 43.7% 升至 51.50%,由此表明,随着工业化的迅速发展,城镇体系的发展中心已开始向中小城市倾斜。

表 6—23　　　　　　　　日本城市体系的规模结构变化　　　　　　　　（单位:%）

年份	合计/个、千人		30 000 人以下		30 000~39 999 人		40 000~49 999 人		50 000~99 999 人	
	市数	人口	市数	人口	市数	人口	市数	人口	市数	人口
1950	254	31 366	2.0	0.4	20.5	5.7	18.5	6.7	33.9	19.2
1960	561	59 678	3.0	0.8	28.2	9.3	20.7	8.6	27.8	17.6
1970	588	75 429	7.7	1.6	21.8	6.0	15.0	5.2	29.9	15.9
1980	647	89 187	7.6	1.4	17.3	4.4	13.3	4.3	32.0	15.8
1990	656	95 644	9.6	1.6	14.3	3.4	10.8	3.3	33.4	15.9
2000	672	99 865	11.0	1.7	12.4	2.9	10.3	3.1	32.3	15.1
2005	751	110 264	9.1	1.4	12.8	3.1	11.5	3.5	33.2	15.8

年份	100 000~199 999 人		200 000~299 999 人		300 000~499 999 人		500 000~999 999 人		1 000 000 人以上	
	市数	人口	市数	人口	市数	人口	市数	人口	市数	人口
1950	15.7	17.3	5.5	10.7	1.6	4.4	0.8	5.5	1.6	30.2
1960	12.7	16.6	3.9	9.0	2.1	7.1	0.5	3.0	1.1	28.0
1970	12.4	13.8	7.1	13.4	3.6	10.5	1.2	6.0	1.4	27.6
1980	14.8	14.5	6.5	11.6	5.6	15.4	1.4	6.4	1.5	26.1
1990	16.2	15.2	5.8	9.7	6.7	17.6	1.5	6.7	1.7	26.4
2000	18.2	16.5	6.1	10.1	6.4	16.8	1.6	6.8	1.8	26.9
2005	18.8	17.6	5.3	8.8	6.0	15.7	1.9	8.9	1.6	25.3

资料来源:[日]日本総務省統計局統計調査部国勢統計課. 国勢調査報告(各年版).

进入 21 世纪以后,日本城市数量的增长与城市地域范围的扩张又一次呈现快速上升态势。2000—2006 年期间,新增城市 106 座,城市面积扩大了 71.5%。这种态势主要与

2000年以后推行的行政区域合并有关。城市数量增长和扩张的原因主要是以减少区域行政机构，节约行政开支的行政管理，与工业化推动的城市数量增长和城市地域范围扩张有显著不同[①]。其结果，到2005年，日本全国城市人口比重又上升到86.3%。日本作为亚洲唯一的发达国家，在人均土地资源极为有限的条件下，日本在短短的几十年内便达到了欧美国家相当的城市化水平。2011年日本城市人口占总人口的比重已高达91.1%，位居世界前列水平。

---

① 郑宇. 战后日本城市化过程与主要特征 [J]. 世界地理研究，2008 (2).

第 7 章 产业结构与就业结构

7.1 明治维新以后的产业结构与就业结构

经济的发展伴随着产业结构①的变化，即随着人均国民收入水平的提高，消费结构发生改变，产业结构由第一产业向第二产业移动，当国民收入水平进一步提高时，产业结构将向第三产业转移，与此同时劳动力的产业结构也相应变化。这就是人们所说的"配第—克拉克定理"。这一规律，17 世纪英国经济学家威廉·配第（William Petty）在《政治算数》中已经有所阐述。后来，科林·格兰特·克拉克（Colin Grant Clark）在 1940 年出版的《经济进步的条件》一书中，通过开创性的统计分析与研究，揭示了人均国民收入与劳动力结构变动的内在联系。美国经济学家西蒙·库兹涅茨（Simon Kuznets）在克拉克的研究基础上，通过对 57 个国家的统计资料分析，对劳动力和国民收入在三次产业之间的分布进行了研究，不仅证实了"配第—克拉克定理"，而且得出了农业部门在国民收入中的比重不断下降，工业部门和服务部门比重不断上升的重要结论。这使得产业结构研究有了巨大的进展。无论是"配第—克拉克定理"所显示的产业结构变化还是库兹涅茨的相对国民收入理论，对于日本产业结构的变化来说基本上是适用的，产业结构的演变呈现出一定的规律性，存在共同的发展趋势和特征。

明治维新初期，日本是一个典型的农业国，在当时各产业国内生产总值构成中，农业比重很高，基础差。据统计，1880 年第一产业占整个产业的比重高达 67.1%，农业和渔业生产占全部生产的 2/3；第二产业的产值仅占 9.0%，工业基础较薄弱，一些重要的工业部门还没有建立起来；第三产业的产值虽然占 23.9%，但主要从事大米、鱼和蔬菜等销售，具有从属于第一产业的特征。从当时的就业结构看，第一产业劳动力比重为 82.3%，第二产业劳动力比重为 5.2%，第三产业劳动力比重为 12.1%，其中第一产业所占总就业人数的比重占有绝对的主导地位。

但随后由于食品、纺织业等轻工业的发展刺激了近代日本经济的发展，产业结构也

---

① 产业结构指一个国家或地区的产业构成，反映各个产业部门所占比重的大小。世界各国的经济发展表明，产业结构是随着经济的发展和劳动生产力的提高而不断从第一产业向第二产业和第三产业演变的。一般来说，各国的产业结构通常采用"三次产业分类法"，日本在 1949 年制定了《日本产业标准分类》，其分类方法采用了威廉·格兰特·克拉克的"三次产业分类法"。按照该分类标准，第一产业包括农林水产业；第二产业包括制造业、建筑业、矿业；第三产业包括批发零售业、为企业服务的商用服务业、家庭服务业、饮食服务业、文化产业、娱乐产业、运输业、信息业、自由业及其他、金融业、不动产业、能源供给业、公务服务，共 13 类。

发生了变化。从表7—1可以看出,第一产业的国内生产总值比重的下降趋势是十分明显的,1898—1902年减少到48.6%,而第二产业、第三产业的国内生产总值比重的上升倾向是显著的,这在一定程度上显示出农业的滞后和工业化的进展。从就业结构的变化趋势看,第一产业劳动力比重持续降低,到1908—1912年减少到63.0%,而第二产业、第三产业的上升趋势则比较明显。

表7—1　　　　　　　　　国内生产总值和就业人口的构成

时期	国内生产总值构成比重/%			劳动力构成比重/%		
	第一产业	第二产业	第三产业	第一产业	第二产业	第三产业
1878—1882	64.6	10.4	25.0	82.3	5.6	12.1
1883—1887	54.6	14.7	30.7	79.2	7.3	13.5
1888—1892	53.7	16.6	29.6	76.1	8.9	15.0
1893—1897	51.7	18.5	29.9	73.1	10.4	16.5
1898—1902	48.6	21.9	29.5	69.9	11.8	18.3
1903—1907	46.1	20.7	33.2	66.5	13.2	20.3
1908—1912	42.4	21.5	36.1	63.0	14.8	22.2
1913—1917	36.5	26.6	36.9	59.2	16.4	24.4
1918—1922	34.0	25.8	40.2	54.9	17.1	28.0
1923—1927	27.7	24.8	47.5	52.0	17.1	30.9
1928—1932	21.2	27.9	50.9	50.5	16.8	32.7
1933—1937	19.6	32.4	48.0	47.7	19.5	32.8
1938—1942	17.9	40.1	42.2	44.6	23.7	31.7

资料来源:[日]南亮三郎,上田正夫.日本の人口変動と経済発展[M].東京:千倉書房,1975.

从各产业实际国内生产总值的增长率来看,如表7—2所示,第一产业产值的增长始终比较缓慢,平均增长率仅为1.3%;第二产业产值的增长很快,在19世纪90年代,第二产业增长率为6.25%,随后不断上升,到第二次世界大战前,平均增长率达到6.3%,远远超过第一产业、第三产业以及整个经济的增长率;而第三产业产值的增长率也明显高于第一产业。

表7—2　　　　　　　　　各产业实际生产总值的增长率

时期	第一产业产值增长率/%	第二产业产值增长率/%	第三产业产值增长率/%	非第一产业产值增长率/%	全产业产值增长率/%
1889—1900	1.37	6.25	3.16	3.88	2.92
1901—1910	1.66	6.44	1.55	3.10	2.62
1911—1920	1.62	6.46	4.26	5.13	4.13
1921—1930	0.75	5.57	0.44	2.91	2.41
1931—1938	1.30	7.17	3.64	5.68	2.41

资料来源:[日]南亮進.日本の経済発展[M].東京:東洋経済新報社,1992.

第一次世界大战以后，产业结构的变化继续不断推进，1918—1922年，第一产业占国内生产总值比重减少到34.0%，而第二产业增长较快，该产值所占比重由1898—1902年的21.9%增至25.8%，第三产业增长最快，这一时期该比重由29.5%增至40.2%。到1928年，工矿业生产所占的比重首次超过农业生产，"昭和恐慌"之后农业生产的比重维持在20%左右。至第二次世界大战前期的1938—1942年，第一产业产值所占的比重减少到17.9%，第二产业和第三产业则分别为40.1%、42.2%，其中第二产业产值所占的比重在1920年前后的基础上又增加了15%左右。

从就业结构的变化趋势看，第一产业劳动力构成比重呈现持续下降的趋势，到第二次世界大战前期1938—1942年减少到44.6%，而第二产业和第三产业劳动力比则分别上升到23.7%和31.7%。就业结构变动的基本趋势表明，从农业退出的劳动力大部分转入第三产业，这是工业化过程的一个特征。不过第一产业劳动力的比重仍然很大，在1938—1942年期间约占44.6%。

从以上分析中可以看出，日本的产业结构与就业结构变化的趋势基本上符合世界各国工业化加速阶段结构变化的一般规律。根据西蒙·库兹涅茨的研究成果，三次产业就业结构和产业结构变化的一般趋势是，在工业化初期，随着经济的发展，第一产业的国民收入比重和劳动力比重同时下降，第二、三产业的国民收入比重和劳动力比重不断上升。到工业化中期，第一产业的国民收入比重和劳动力比重继续下降，第二产业的国民收入比重上升，但其劳动力比重的变化却微乎其微。这说明第二产业对国民收入的增长有很大的贡献，但发展到一定的水平后，不可能大量地雇佣劳动力。而第三产业随着经济的发展，国民收入比重和劳动力比重均呈现上升趋势。这说明虽然第三产业的劳动生产率有所提高，但仍有很强的吸收劳动力的能力。与"一般模式"相比可以看出，日本产业结构在战前已处于工业化中期阶段。

从按行业划分的就业人口的产业结构看，如表7—3所示，从事农业的劳动力所占比重由1920年的51.17%减少到1940年的41.74%，下降的趋势是十分显著的。与此相反，从事制造业的劳动力所占比重呈现了大幅度的上升趋势，而批发和零售业、金融保险业以及运输和通信业等服务部门劳动力的增长趋势也很快。这种就业结构的变化，特别是制造业和服务业就业人口的增加，对于当时的日本经济发展是有利的。

表7—3　　　　　　按行业划分的就业人员产业结构

行业	就业人数/千人			构成比重/%		
	1920年	1930年	1940年	1920年	1930年	1940年
农业	13 949	13 955	13 557	51.17	47.12	41.74
林业、狩猎业	189	187	292	0.70	0.63	0.90
渔业、水产养殖业	534	568	543	1.96	1.92	1.67
矿业	425	315	598	1.56	1.07	1.84

续表

行业	就业人数/千人			构成比重/%		
	1920年	1930年	1940年	1920年	1930年	1940年
制造业	4 461	4 708	6 863	16.37	15.89	21.13
建筑业	712	979	981	2.61	3.31	3.02
批发、零售业	2 663	4 130	4 098	9.77	13.95	12.62
金融保险业	131	194	274	0.48	0.66	0.84
房地产业	—	—	24	—	—	0.07
运输和通信业	1 047	1 169	1 373	3.84	3.95	4.23
电力、煤气、自来水业	92	122	143	0.34	0.41	0.44
服务业	1 949	2 484	2 896	7.15	8.39	8.92
公务	582	736	621	2.14	2.48	1.91
其他	527	72	28	1.93	0.24	0.07
合计	27 261	29 619	32 483	100.00	100.00	100.00

资料来源：[日] 人口問題協議会編. 日本人口の動向——静止人口をめざして [M]. 東京：大蔵省印刷局，1974.

7.2 产业政策与产业结构高度化

战后的日本百废待兴，当时产业政策的目标是促进自主产业的形成。相应的产业政策是倾斜生产方式、产业合理化、产业扶持与振兴。

倾斜生产方式是指社会再生产链，特别是工业再生产链的纵向连续关系中，从最初投入的上游产业向最终产出的下游产业逐步推移、顺序发展的方式。主要是通过原材料分配、复兴金融公库贷款、价格控制、差价补助金、进口物资的分配等当时一些直接控制手段实施的，带有很强的计划经济色彩。战后，日本政府选择钢铁和煤炭这两个基础材料工业作为经济复兴的突破口，通过集中性的资源投入促进这两个部门的增长，带动其他产业的发展。

产业合理化政策实质就是通过设备更新和技术改进来促进基础工业成本降低的政策。其政策手段以间接控制为主，主要有租税特别措施、财政投资贷款、海运利息补贴、外汇配额等，其中租税特别措施包括重要机械和合理化机械的特别折旧、重要产品免税和重要机械进口免征关税等。

战后的日本产业政策是比较弹性的，日本政府着重实施了产业合理化政策，1950年制定了《钢铁工业和煤炭工业的合理化政策纲要》，1951年颁布了《关于我国产业合理化的方针政策》，1952年又颁行了《企业合理化促进法》，开始实施产业合理化政策。目的在于高度利用国内有限的资源，迅速重新启动工业化，拉动经济发展。

20世纪50年代后期，日本经济走上了高速增长的道路，产业政策对象从基础产业逐步转向了新兴和成长型产业，从原材料工业转向了加工工业，政策重点从"瓶颈"产业转向了"支柱"产业和"出口先导"产业。其重点扶植的产业包括合成纤维、石油化学、机械、电子业等。具体做法是：通过日本开发银行等金融机构提供特别贷款以给予长期资金支持；在重点产业实行特别折旧制度；对重点产业技术设备进口实行免税支持；促进生产集中和规模经济的建立，允许成立"合理卡特尔"等。

在1960—1973年的经济高速增长时期，经济结构发生了急剧变化，这既是日本产业逐步现代化的结果，同时也是日本产业进一步现代化的原因。为适应经济结构的急剧变化，制定相应的产业结构设想成为当时急需采取的对策。这种设想是紧密围绕着产业结构高级化而提出来的。当时确立合理产业结构的标准主要有两个：一个是"收入弹性标准"，因为不论是国内需求结构还是对外贸易结构，如能向需求弹性高的商品这一方向转化，对于国内经济和对外贸易都是有利的。另一个是"生产率上升标准"，为了使收入弹性高的商品具备国际竞争力，最好把生产率上升快和技术发展迅速的产业作为发展重点。基于上述标准，日本选择了发展重化工业的道路，在提供廉价物资和原材料的同时，通过追求规模利益以及产品高级化和多样化，逐步增强国际竞争力和扩大出口。[①]

1963年，日本政府发表了《关于产业结构的长期展望》，把发展重化学工业、提高产业的竞争能力作为实施产业政策的重要目标。这一时期日本产业政策在政策体系、目标、手段和功能上都开始向适应现代市场经济方向发展并逐步完善。一是为适应贸易自由化和资本自由化而建立产业新秩序的政策。核心是以建立新产业体制和进行以规模经济为目标的产业改组，建立产业组织新秩序。二是调整设备投资政策。为防止生产能力过剩，政府对钢铁、合成纤维、石油炼制、石油化工和纸浆等产业的设备投资进行了干预，规定了起点规模等设备投资的政策。三是在机械产业中调整生产领域、确立专业市场体制和实行共同化市场。四是继续推行产业扶持政策。在继续执行20世纪50年代制定的有关重点产业振兴临时措施法的基础上，对个别新兴的高新技术产业专门采取措施予以扶持。产业政策目标最终成功实现跃居为世界第二经济强国。

20世纪60年代的高速发展是建立在廉价而稳定的石油供应和产品顺利出口的国际保障机制基础上。以此为转折点，日本开始进行产业结构调整。日本政府在1974年提出了《产业结构长期设想》，其主要内容是：产业结构必须有利于增进国民福利，有利于在质量上丰富国民的生活；从加强环境保护出发，促进工业的再分布；进一步促进产业高度化；要使产业结构能够促进国际协调和适应不断发展的国际经济变化。新的产业结构标准在继承了60年代两个标准的基础上又新增了两个标准：其一是"过密·环境标准"，以减低对稀缺生产要素的依赖程度，节省和有效利用资源、能源，增加社会公共设施投资，有效地防止公害，要求产业结构向有助于减轻环境负荷和积极改善"过密·环境"问题的产业发展。其二是"工作内容标准"，使工作变得更安全、舒适和充实。根据这种要求，产业结构应朝着能够更多地提供良好劳动场所的产业方向发展。为此采取了如下措施：振兴知识密集型产业，使之成为产业结构革新的动力；通过产品高级化和新颖化使现有产业顺利完成更新过程；迅速提高出口产品的知识密集化程度；在稳定廉价能源

---

① 赵放. 日本产业结构变化的影响因素和发展趋势 [J]. 日本学刊, 1996 (2).

的供应以及日本产业结构变化的影响因素和发展趋势时，促进对资源能源节约。日本政府还提出产业结构知识集约型设想，把以电子计算机、宇航等尖端技术为中心的知识密集型产业作为主导性产业发展。这些产业具有耗能少、附加价值高等特点，是摆脱能源制约、切实提高产品国际竞争力的有效途径。数年之内日本的重化学工业比重明显下降，产业结构向"资源节约型""加工技术选择型"的方向发展。70 年代中期，随着内外环境的急剧变化日本又对上述设想进行修正和补充，重点强调了资源、能源的节省政策和储备政策，同时还提出了国内产业结构调整与广泛参与国际分工之间的协调问题。进入 20 世纪 70 年代，石油危机的爆发使得日本出口导向型经济受到很大的冲击，出现"滞胀"局面。

在 20 世纪 80 年代，日本产业政策的重点是加强自主技术开发。通产省在 80 年代提出的《80 年代通商产业政策构想》中提出了"技术立国"的方针，这个方针的提出，意味着日本决心实现科技发展的战略转折：在技术发展路线方面，从主要依靠引进技术转向强调自主开发具有独创性的技术；在科技研究的内部比例方面，从开发与应用研究占绝大比重转向注意提高基础研究的比重；在科技人才培养方面，从强调大量培养平均水平较高的从事应用与开发研究的人才转向注意培养富于创造、开拓精神的技术尖子与基础研究人才；在科技发展重点方面，从集中力量发展能较快带来经济效益的传统产业技术转向腾出更多力量发展高技术、下一代产业的基本技术以及公益、福利方面的技术。① 经济重点逐渐由制造业向非制造业转移，促进了以服务业为重点的第三产业的发展，调整了产业结构的模式。

这一构想还提出了推进产业改革，使产业结构向知识密集化发展，并确定了理想的产业结构标准，其主要内容是：从国际发展的动态上看占优势的标准，即根据世界技术进步和各国工业化的发展阶段所形成的国际分工，重点发展未来可能在国际建立比较优势的产业部门；能充分满足国民需求的标准，即重点发展需求增长可能性大，能充分满足国民需求的产业部门；节省能源和资源的标准，即发展提高石油利用效率和能节约资源的产业部门；安全保障的标准，即发展能提高在国际经济中的谈判能力，确保经济长期安全的产业部门。通过这些标准，确立了产业结构的基本方向，建立了以自主开发技术为基础、以软件技术为中心的高度技术同富有创造性的劳动力相结合的"创造性的知识密集化产业结构"，实现了技术密集化和智力劳动密集化，提高了各产业部门的附加价值。② 这不仅要把知识密集型产业作为主导产业来发展，而且还要在各产业内部推行产品和生产工序的知识密集化。为了使产业结构向知识密集化发展，必须积极发挥企业的主动性，但仅仅依靠市场机制很难实现理想的产业结构，因而必须由政府采取相应的产业结构政策，对市场机制做些补充。其中包括及时向企业提供未来国内外经济和产业结构动向的充分信息；运用金融税制措施促进技术开发；为企业提供职业培训机构等措施。上述措施始终贯彻了效率性、补充性、临时性和明确性的原则，因而在产业结构变化中

---

① 冯昭奎. 日本经济 [M]. 北京：高等教育出版社，2005.
② 金明善. 战后日本产业政策 [M]. 北京：航空工业出版社，1988.

发挥了积极作用。①

日本政府于1986年发表了《面向21世纪产业社会长期设想》,提出以对外实现"国际水平分工"和对内实现"知识融合化"作为产业结构新的发展方向。具体措施是：刺激国内需求,推进"内需扩大主导型"战略；鼓励对外投资；充实社会公共投资,提高国民福利水平。

20世纪90年代之后日本提出了"创造性知识密集型"的产业政策。以"科学领先、技术救国"的方针,调整产业结构,建设知识密集型产业,经济发展的指导思想由单一增长为目标转向以"生活大国"为目标,经济增长方式由出口主导型向内需主导型转变。1995年10月,日本产业结构审议会基本问题分委会提出了《面向21世纪的日本经济结构改革思路》的报告,指出以制造业为中心开展国际分工不可避免,日本应开发新的产业领域,现有产业应向高附加值产业转移；放宽规制,促进竞争,改革有关的企业制度。1998年通产省则推出了《经济结构改革行动计划》,该计划提出面对全球经济环境变化的挑战,创造新产业。

这一阶段,日本政府提出了"新技术立国"和"科学技术立国"的方针。但是,由于泡沫经济崩溃以后,日本经济陷入了长期萧条的局面,使整个产业结构高度化的进程被大大推迟,也使日本对亚洲发展中国家的产业转移、日本与亚洲各国间的国际分工的进展遇到了很大的阻力。

7.3 战后的产业发展与就业结构

第二次世界大战以后,日本经济取得了高速发展,在不到20年的时间里就实现了工农业生产的现代化,成了资本主义世界的第二经济大国。经济的急剧发展,迅速地改变了各经济部门在整个国民经济中的地位和作用,从而使产业结构和就业结构等发生了变化,特别是20世纪50年代中期以来,随着工业化的推进,这种变化趋势尤其显著。如表7—4所示,一方面,第一产业的国内生产总值比重不断下降；另一方面,第二产业的国内生产总值比重在1970年以前基本上呈现上升趋势,随后有所下降,从1970年的43.1%降至1985年的36.3%；第三产业则保持在34.9%~62.8%之间。这意味着第一产业在战后产业结构中缩小的份额被第二产业所代替。此外,以需求的高度化、多样化和信息通信的发达为背景,第三产业的国内生产总值比重在进入70年代以后占到国内生产总值的一半以上。其中,物品租赁业、面向企业的服务业、娱乐业等服务业以及金融、保险、不动产等行业的比重分别从1980年的13.7%和14.7%上升到1990年的14.1%和16.0%。从三次产业结构变化的国际比较看,20世纪80年代,日本的产业结构与美国、德国、英国、法国和意大利等主要发达国家已非常接近（见表7—5）。

---

① 赵放. 日本产业结构变化的影响因素和发展趋势 [J]. 日本学刊, 1996 (2).

表7—4 战后的产业结构与就业的产业构成

年份		国内生产总值构成比重/%			劳动力构成比重/%		
		第一产业	第二产业	第三产业	第一产业	第二产业	第三产业
昭和22年	1947	38.8	26.3	34.9	53.4	22.2	23.0
昭和30年	1955	19.2	33.7	47.0	41.0.	23.5	35.5
昭和35年	1960	12.8	40.8	46.4	32.6	29.2	38.2
昭和40年	1965	9.5	40.1	50.3	24.7	31.5	43.7
昭和45年	1970	5.9	43.1	50.9	19.7	35.3	45.0
昭和50年	1975	5.3	38.8	55.9	14.0	34.1	51.8
昭和55年	1980	3.6	37.8	58.7	10.9	33.6	55.4
昭和60年	1985	3.1	36.3	60.7	9.3	33.0	57.6
昭和63年	1988	2.3	34.9	62.8	7.9	33.6	58.5

资料来源：[日] 日本総務庁. 国情調査 [M]. 東京：東洋経済新報社，1991；[日] 日本矢野恒太記念会. 世界国勢図会（2001/2002年版）[M]. 東京：国勢社. 2001.

表7—5 主要发达国家产业结构和就业结构的变化

国家	年份	国内生产总值构成比重/%			劳动力构成比重/%		
		第一产业	第二产业	第三产业	第一产业	第二产业	第三产业
日本	1953	22.1	31.8	46.1	45.0	23.0	32.0
	1970	7.7	38.6	53.7	17.0	35.2	47.4
	1980	3.6	37.8	58.7	10.4	34.8	54.8
	1988	2.3	34.9	62.8	7.9	33.6	58.5
美国	1953	5.8	39.1	55.1	11.7	36.8	51.6
	1970	3.1	33.4	63.6	4.4	29.9	65.7
	1980	2.8	31.7	65.5	3.6	29.3	67.1
	1988	2.3	26.4	71.3	2.9	26.0	71.2
英国	1953	5.4	44.1	74.4	5.0	50.0	71.2
	1970	2.7	42.0	55.4	2.1	47.6	45.5
	1980	1.8	41.0	57.3	1.6	37.2	50.3
	1988	1.2	33.9	64.9	1.4	28.4	70.2
德国	1953	9.1	45.6	45.3	23.1	43.0	33.9
	1970	3.1	54.6	43.3	8.5	48.8	42.7
	1980	2.1	44.4	53.5	5.9	44.8	49.3
	1988	1.6	41.2	57.3	5.1	40.5	54.4

续表

国家	年份	国内生产总值构成比重/%			劳动力构成比重/%		
		第一产业	第二产业	第三产业	第一产业	第二产业	第三产业
法国	1953	12.0	47.1	41.0	27.1	35.4	37.0
	1970	6.2	43.9	49.9	14.3	38.7	47.0
	1980	4.3	38.0	57.7	8.7	35.0	56.4
	1988	3.4	30.8	65.8	7.0	29.4	63.6
意大利	1953	25.9	38.2	36.0	42.3	32.1	25.5
	1970	8.8	42.2	48.9	19.3	43.4	37.2
	1980	6.3	42.1	51.6	14.3	37.9	47.8
	1988	3.7	34.3	62.0	10.3	32.0	57.7

资料来源：[日] 日本銀行編. 日本経済を中心とする国際比較統計（1965 年版）[M]. 東京：日本銀行，1965；[日] 日本銀行編. 日本経済を中心とする国際比較統計（1990 年版）[M]. 東京：日本銀行，1990.

从不同产业的就业结构来看，第一产业的就业人数比重呈现明显下降趋势，从 1947 年的 53.4% 下降到 1970 年的 19.7%，而第二产业和第三产业的就业人口比重不断上升，到 1970 年，第二产业的就业人口比重为 35.3%，第三产业的就业人口比重为 45.0%。同年国内生产总值结构也显示出农业的缩小和第二产业、第三产业的扩大。就业结构的重大变化，是工业结构的重化学工业化和产业结构高度化的必然结果。

20 世纪 70 年代以后，第一产业的就业人数比重继续呈现下降的趋势，到 1988 年降至 7.9%。日本的家庭式小规模农业生产体制在一定程度上制约着农村劳动力向城市流动，从而使日本第一产业的劳动力比重明显高于美国、英国、德国和法国，但低于意大利。第二产业的就业人数在经济高速增长期迅速增加，占全部就业的比重也明显上升，而在 70 年代两次石油危机以后，日本进入产业调整和低速增长阶段，整个工业开始向节省能源、减少污染和高度技术化的方向发展，第二产业就业人数的增长速度开始下降，其所占就业人口总数的比重也有所下降。第三产业的就业人数比重一直较高是日本就业结构的一大特征。第三产业的就业人数比重在 50 年代初期就已接近 30.0%，这反映出日本经济在从传统经济向现代经济转型时，与现代工业的发展相适应的商品流通较为发达。以战后初期就已经恢复发展的服务业为基础，60 年代以来又迅速发展，使第三产业的就业人数比重持续上升。这种就业结构的变化反映了"经济服务化"的显著趋势。

从按行业划分从业人口的产业结构看，如表 7—6 所示，农林渔业人口持续减少，从 1950 年的 1 720 万人减少到 1970 年的 1 008 万人，1986 年进一步减少到 500 万人以下，农林渔业就业人口所占比重也呈现不断下降的趋势（见表 7—7）。商业、服务业和金融业等第三产业部门的就业人数则增长很快（见表 7—8），制造业和建筑业也呈现不断上升的趋势。

表7—6　战后日本按行业划分从业人口数　（单位：万人）

年份		农林渔业	建筑业	制造业	电水气	运输通信	商业	金融业	服务业
昭和25年	1950	1 720	153	628	22	158	396	36	328
昭和30年	1955	1 611	178	743	23	180	547	62	444
昭和35年	1960	1 424	267	1 081	23	220	691	70	525
昭和40年	1965	1 175	340	1 183	28	284	856	116	631
昭和45年	1970	1 008	394	1 376	32	321	1 006	138	764
昭和50年	1975	1 028	403	1 315	32	339	1 135	138	880
昭和55年	1980	577	548	1 367	30	350	1 248	191	1 001
昭和57年	1982	548	544	1 380	34	349	1 296	206	1 065
昭和59年	1984	512	527	1 438	35	341	1 319	216	1 154
昭和61年	1986	495	534	1 444	32	353	1 339	225	1 206
昭和63年	1988	474	560	1 454	31	353	1 389	236	1 284

注：商业包括批发、零售和饮食业；金融包括保险、不动产业。

资料来源：[日] 人口問題協議会編. 日本人口の動向——静止人口をめざして [M]. 東京：大蔵省印刷局，1974；[日] 日本総務庁. 日本統計月報. 2001 (1).

表7—7　战后日本按行业划分从业人口数的产业结构　（单位：%）

年份		农林渔业	矿业	建筑业	制造业	电水气	运输通信	商业	金融业	服务业	公务
昭和30年	1955	41.0	1.4	4.5	17.6	0.6	4.6	13.9	1.5	11.3	3.5
昭和35年	1960	32.6	1.2	6.1	21.8	0.5	5.0	15.8	1.6	12.0	3.0
昭和40年	1965	24.6	0.7	7.1	24.2	0.6	6.0	18.0	2.0	13.2	3.1
昭和45年	1970	19.4	0.4	7.6	26.0	0.6	6.2	19.3	2.1	14.7	3.3
昭和50年	1975	13.9	0.3	9.0	24.8	0.6	6.4	21.4	2.6	16.6	3.6
昭和55年	1980	10.9	0.2	9.6	23.6	0.6	6.2	22.7	2.9	18.6	3.6
昭和60年	1985	9.3	0.2	9.1	23.7	0.6	6.1	23.1	3.0	20.5	3.5
昭和63年	1990	7.1	0.1	9.6	23.6	0.6	5.9	22.4	3.2	22.5	3.4

资料来源：[日] 渡辺真知子. 区域経済と人口 [M]. 東京：日本評論社，1994.

表7—8　第三产业就业者数的推移

行业	1955年	1960年	1965年	1970年	1975年	1980年	1985年	1990年
商业·小商业	54	69	85	100	113	126	134	137
商业	46	66	93	100	113	123	134	139
百货店	33	53	75	100	129	141	202	254
织物衣服小商业	71	83	97	100	97	97	96	95
饮食类小商业	85	92	92	100	104	112	125	131

续表

行业	1955年	1960年	1965年	1970年	1975年	1980年	1985年	1990年
饮食店	39	59	76	100	120	142	162	160
家具建材小商业	45	57	77	100	114	122	110	99
其他的小商业	48	57	69	100	122	145	134	141
金融・保险・不动产业	45	57	84	100	129	148	162	194
金融・保险业	52	64	87	100	127	145	158	178
不动产业	16	30	74	100	137	158	177	258
运输・通信业	56	68	88	100	105	108	110	114
运输・仓库业	53	66	87	100	104	108	110	116
通信业	70	78	93	100	108	107	109	104
电水煤气业	80	81	92	100	112	121	115	120
服务业	58	69	83	100	115	135	156	182
个人服务业	75	89	93	100	91	102	109	119
娱乐业	99	84	92	100	127	127	157	199
广播电视业	36	71	85	100	119	123	137	153
修理业	70	57	92	100	117	124	123	136
公共服务业	17	51	64	100	116	146	201	281
医疗・保健・清扫业	48	60	77	100	125	161	188	215
教育	65	73	90	100	115	132	138	144
其他服务业	48	54	71	100	136	167	200	233
公务	79	77	86	100	112	118	117	120
合计（1970＝100）	57	69	85	100	113	127	138	150
就业人数/千人	13 928	16 704	20 623	24 298	27 539	30 856	33 481	36 469

注：各年的产业分类以1970年国情调查中的产业分类为准。

资料来源：[日] 总理府统计局. 産業別就業者の時系列比較 [M]. 東京：日本统计协会, 1973; [日] 総務庁统计局. 国勢調查报告.

这一时期，从日本各地区不同产业的就业结构来看，差异是显而易见的，这是由于生产力分布不平衡所决定的。由京滨、阪神、中京、濑户内和北九州组成的"三海一湾"地区面积只占全国30%，到80年代末期集中了总人口的2/3，工业总产值的4/5和商品零售总额的69%，这些地区的就业人口以第二产业和第三产业为主，第一产业就业人口所占比重很小。据统计，1970年，全国47个都、道、府、县中，第一产业低于平均数17.8%的有12个，其中10个在"三海一湾"地区，最低的东京仅为0.9%，而九州南端的鹿儿岛则达到39.4%。1995年，东京的第一产业就业人口所占比重降至0.5%，而青森、岩手则分别高达16.9%、16.7%。同年，日本第三产业比重为61.9%，"三海一湾"地区的10个县（都、府）均高于这一平均数，而东京都的比重高达72.1%。

如前所述，战后，日本产业结构和就业结构发生了巨大变化，导致其产业结构和就业结构变化的原因是多方面的，其中最重要的是经济增长因素。经济增长明显地表现为收入的增长，而收入的增长必然导致人们需求结构的变化，即从低附加价值的初级产品转向高附加价值的工业品,进而又转向需求弹性较高的"服务'商品'",最终导致产业结构和就业结构的变化。

在经济高速增长时期,日本所面临的课题是如何在资源、能源薄弱的环境下,保证众多人口的稳定就业,并在不断扩大国际收支规模的同时,实现经济的高速增长。为此,产业结构必须向需求收入弹性高、生产效率提高快、技术发展迅速的方向转化。而在当时,重化工业是唯一具备上述条件的产业。但从比较优势来看,对于缺乏资金和能源同时拥有丰富劳动力的日本来说,确立这种发展方向,绝非易事。日本能够比较快地实现这个转变,是与国内外有利因素分不开的。从国外因素看,这一时期,世界经济在国际通货基金(IMF)和 CATT 体制下,以欧美各国为中心,获得了较为迅速的发展,国际贸易迅猛增长。日本在固定汇率体制下,享受着低价进口原料、燃料的好处,出口也急剧增加。从国内因素看,高储蓄率为投资奠定了基础;"投资唤起投资",为重化工业发展提供了市场;高素质劳动力的存在,为经济发展提供了保证;个人收入水平的迅速提高,为各产业部门提供了庞大市场;需求的日本产业结构变化的影响因素和发展趋势迅速扩大,使产业规模效益得以充分发挥;为提高产品的国际竞争力,政府对企业采取优惠政策;实施"奖出限入"政策,保护本国工业和市场;通过公共工程建设,加强产业基础并提供市场。[①]

20 世纪 60 年代末期,日本产业结构和就业结构发生了根本性变化,不论从产值或就业比重来看,第二产业都上升到顶点并开始回落,发展重点随即转向第三产业,这标志着日本产业结构和就业结构进入了成熟阶段,已建立起一种原材料和能源高消费型产业结构。

日本技术革新的开展也是促进产业结构和就业结构变化的一个重要因素。经济高速增长时期,是日本"批量生产技术革新"时代。这一阶段通过从国外引进技术,使钢铁、石化等重厚长大型产业大幅度提高了效率,开始了大批量生产。此外,在电器和汽车产业也开始引入批量生产体制。从该阶段的产业结构和就业结构变化特点来看,第一产业迅速向第二产业转移,并使后者逐渐趋向饱和,第三产业虽有增大,但其增长速度大大逊色于第二产业。到了 20 世纪 70 年代中期,日本进入了"节省能源技术革新"时代。为了应付能源价格的高涨,积极进行有关节能方面的技术开发。为从根本上解决能源问题,第二产业内部开始进行结构调整,能源高消费型产业开始"减量经营",而电子、汽车等产业则以自动化为标志迅速扩张,产业结构开始由能源高消费型产业向能源低消费型产业转移。第二产业整体比重开始回落后稳定保持在一定水平。80 年代中期开始,日本又步入了"信息技术革新"时代。信息技术革新是以微电子技术的飞速发展及通信网络的建立为基础的。在信息化、国际化过程中,形成了高效率的电子计算机信息通信网络。这种信息技术革新在制造业部门明显地表现为以运用计算机为中心的工厂自动化的出现。少品种、大批量生产方式逐渐被淘汰,高效的计算机控制使多品种、小批量生产方式成可能。在非制造业部门,通信网络的建立大大提高了工作效率。金融业业务处理效率的提高,大大扩充了金融商品的范围,证券业开始真正成为一个独立的行业。在流通业,网络的建立使库存减少,流通速度加快,这不仅能使流通迅速适应消费者需求,

---

① 赵放. 日本产业结构变化的影响因素和发展趋势 [J]. 日本学刊, 1996 (2).

而且大大降低了成本。这些都意味着日本产业结构和就业结构高级化的开始，在第三产业比重继续增加的同时，产业之间的界限越来越不明显，特别是第二产业和第三产业出现了明显的融合化趋势。①

另一方面，战后日本产业结构和就业结构的转变是和政府发挥了重要作用密切相关的。日本政府的有关法令和方针政策、具体措施等对战后的就业结构变化起了重要作用。

战后日本制定和颁布了一系列有关经济的法律和政策，如农业基本法、中小企业基本法、中小零售商业振兴法、特定产业振兴法案、产业结构转换促进法案、劳动基准法、劳动关系调整法等。这些法律和政策都对产业结构和就业结构的变化起着直接的推动作用。

战后初期，日本政府实行了"农地改革"，摧毁了半封建的土地所有制，促进了农业中的资本主义关系的发展。其结果就是大批农民流入城市，参加第二、第三次产业的工作，变成出卖劳动力的雇佣工人。进入20世纪60年代，产业结构发生"转换"，工业迅速发展，又急需补充大量廉价的劳动力。为适应垄断资本的这一需要，日本政府在1961年制定了《农业基本法》，实行"农业结构改革"的政策。这样，随着农业现代化的发展，大批劳动力从农村流出，加入到工业的行列里，形成大批廉价的产业后备军。② 战后日本的农村劳动力不断减少，仅1950年至1980年的30年间就减少了1 143万人，这些农业劳动力流入到第二、第三次产业部门，保证了就业结构变化的劳动力需要。这表明政府的有关法令、政策和措施对战后日本的产业结构和就业结构的变化起了重要的作用。

另外，日本政府向来很重视教育。第二次世界大战之后，日本对法西斯军国主义教育实行了"民主改革"，学习欧美资本主义的教育制度和方法，进行了第二次教育改革，推动了教育事业的发展。到20世纪80年代日本已经普及了高中教育，大学的升学率已占资本主义世界的第二位。日本教育事业的发展，不仅为政府培养了大批掌管国家机器的"官吏"和"学者"，而且训练出庞大的熟练工人和科学技术队伍，使就业队伍的文化水平显著提高。这些经过一定文化教育、科学技术训练的劳动力，就业后都承担了相当的技术工作和管理工作等。因而从劳动力的质量方面保证了就业结构和产业结构的变化。③ 日本政府通过制定教育法规、方针、政策，不断增加"教育投资"，为就业结构、产业结构的变革培训出充足的技术工人和各种管理人员以及专门人才，对日本经济的迅速发展产生了巨大的影响。

7.4 技术进步与产业结构

技术进步是产业结构变动的另一决定因素，由于不同产业的技术进步形式、速度、效果不同，对产业结构变动的影响也不同，但主导产业的技术进步成效对

---

① 赵放. 日本产业结构变化的影响因素和发展趋势 [J]. 日本学刊, 1996 (2).
②③ 郭铁宣. 战后日本就业结构的变化 [J]. 吉林大学社会科学报, 1981 (6).

产业结构变动的影响作用更大一些。日本在不同经济发展阶段，成功地运用了技术革新。①

技术革新是以某种既存技术为基础，对其进行改良，以便更加适用于本国企业的实际情况，从而提高企业的生产效率。日本企业强大的技术革新能力特别体现在技术引进上。企业根据自身的生产特点，改良先进技术，进行产品化开发，提高产品的质量和性能。

日本发展本国科学技术的一条捷径是大量引进外国的先进技术，据日本政府统计，1950—1970 年 20 年期间，日本共引进了 26 000 多项技术，为此所支付的技术进口费用高达 60 亿美元，而引进技术之多超过了世界上任何一个国家。日本引进技术的最大特点是广揽博收，然后进行研究、区分，并加以技术革新，去粗取精，吸收世界技术的精华，为己所用。他们不仅从美国、英国、德国、法国、意大利等发达资本主义国家引进，而且还从苏联、东欧甚至泰国、马来西亚、新加坡、南非、委内瑞拉等不发达国家引进。据统计，到 1977 年，日本的技术引进来源扩大到 46 个国家和地区。日本钢铁工业技术是吸收了世界六大钢铁技术之大成，综合研制而成的。电视工业的基本零件是根据从世界各国引进的 400 多项技术生产的。石油工业主要是靠输入的 300 多项技术装备起来的。

在技术引进中突出重点，并根据不同时期不断调整其重点是日本技术引进的另一个特点。战后初期，日本技术引进的重点是钢铁、电力和煤炭等基础工业领域。20 世纪 50 年代初期，引进的重点侧重于重工业和化学工业等方面。随着日本工业技术的发展，引进重点又不断转向电子、通信机械、医药、石油、化工等所谓"知识密集型"的工业技术，随后又转向原子能、飞机、电子计算机、海洋开发、宇宙开发等尖端技术领域。②

日本在技术引进中，还特别注意根据本国的吸收能力和实际需要，引进切实可行的技术。他们很少购买成套设备，一般买一台，然后努力仿制。以小汽车为例，20 世纪 50 年代初期，主要引进的是小汽车的装配技术。50 年代中期，引进重点转向小汽车的制造和工厂设计技术。到 60 年代中期，则主要是以提高国产车的质量和性能为目的的诸如车身设计、自动化装置、安全和防止污染方面的改进。

日本在广泛引进外国先进技术的同时，特别注意于改造，要求开发"自主技术"。据日本工业技术厅的调查，1963 年，日本的企业研究费用有 26% 用于专门研究引进的外国先进技术。日本的钢铁工业在 1957—1961 年间，对引进技术研究的费用约等于引进费用的 2~3 倍。20 世纪 60 年代中期，机械行业研究经费的 16.9% 用于引进，68.1% 用于改进引进技术。日本对引进技术的研究是非常重视的。以汽车的转子发动机为例，日本于 1961 年从西德引进后，为了克服技术上的缺陷，竟花费了 6 年时间才改进成功。日本制造半导体的技术大部分是从美国引进的，但日本却首先研制成功了半导体收音机。日

---

① 赵放. 日本产业结构变化的影响因素和发展趋势 [J]. 日本学刊，1996 (2).
② 陈锋. 战后日本技术进步的要因与八十年代"技术立国"战略的制定 [J]. 世界经济，1984 (2).

制造电视机的技术也是50年代从美国引进的，到1959年，已制造成了黑白电视机，之后又在减少干扰、自动调节光度、自动控制电波频率等方面进行了改进。后来，日本反而向美国大量输出电视机，并在国际市场上同美国竞争。制造机器人的技术也不是日本首先发明的，据记载，日本第一部工业机器人是川崎重工业公司利用美国公司的专利权生产的，时间是世界上生产第一部工业机器人9年以后的1968年，但日本在机器人领域很快就超过了美国，在世界上处于遥遥领先的地位。

与此同时，日本还特别注意引进世界技术革新的最新成果。他们不但把注意力集中在外国应用成功了的最新成果的及时引进上，而且对那些已经实验成功但尚未正式运用在生产中和实现商业化的技术也很关注，甚至对实验性阶段的技术也加以引进。例如，低压合成聚乙烯和中压聚乙烯就属于这种先引进后再研究发展并投产的技术。据日本官方统计，1977年，日本引进的这种处于实验阶段尚未实现商业化的技术占全年引进技术的28.5%。

战后，日本利用当时有利的国际环境，从欧美等发达国家（特别是美国）引进了大量的先进技术。根据日本长期信用银行的调查，1955—1970年，日本差不多吸收了全世界半个世纪开发的全部技术，节省了大约90%的研究费用和近70%的研究开发时间。[①]

通过大规模的技术引进，日本迅速地缩短了与欧美发达国家的技术差距。据分析，20世纪50年代初期，日本一般的生产技术水平落后欧美国家20～30年，60年代初期，这一差距缩小到10～15年，到了70年代初期，日本则在大多数方面基本上消除了与美国和欧洲国家的差距。日本工业技术院1970年的调查结果显示，日本生产的产品与国外的产品相比，把产品质量、性能和生产技术综合起来的技术水平，超过国外的占30%，与国外相同的占68%，不如国外的占2%。[②] 如表7—9所示，战后日本的技术引进是围绕重化学工业展开的，1950—1972年引进的甲种技术主要分布在一般机械、电机和化学等产业。

表7—9　　日本各产业引进外国技术的件数（1950—1972年）

产业分类	件数/件	构成比/%	产业分类	件数/件	构成比/%
电机	2 058	17.5	纺织品	685	5.8
运输机械	627	5.3	石油制品	252	2.1
精密机械	321	2.7	玻璃土石制品	270	2.3
一般机械	3 232	27.4	塑料制品	565	4.8
金属及其制品	356	3.0	其他	1 122	9.5
铁矿砂及有色金属矿砂	524	4.4	合计	11 768	100.0
化学品	1 774	15.1			

资料来源：[日] 饭田经夫，清成忠男. 现代日本经济史 [M]. 北京：中国展望出版社，1985.

---

① [日] 日本長期信用長期信用銀行. 調査月報，1971.
② [日] 日本科技厅. 日本科技白书，1971.

不同产业技术进步率的差异是导致产业结构变化的主要因素之一，因为技术进步率通过影响需求结构来影响产业结构。它的作用机制有两种，一是各产业部门的技术进步速度不同，技术进步快的部门劳动生产率提高快，产品成本降低幅度大，对需求拉动作用大。这样，在投入量一定的前提下，技术进步越快的产业，经济效益提高越快，从而加速资本和劳动力等生产要素向这些产业流动，提高这些产业部门的生产量，扩大它们在整个产业结构中的比重。二是技术进步快的产业部门物价上升较慢，并引起产业结构的变化。例如，1960—1970年间，以1960年为基准，全国物价总指数上升了113.6%，而钢铁的物价指数为100.4%，基本上维持在1960年的水平上①，这是钢铁工业技术进步迅速导致的结果。相对低的钢铁价格不仅使钢铁需求量大幅度增加，而且促进了汽车等工业的发展。

日本在20世纪60年代属于典型的后发展国家，当时的经济发展水平远远落后于美国。为了在短时间内赶上美国的经济发展水平，增强产业的国际竞争力是当务之急，产业的技术水平是产业竞争力的一个主要体现。日本作为后发国家，引进发达国家先进的技术和设备等，可以节省自主研制开发的时间，为此，日本技术贸易长期保持赤字状态。但恰恰是技术引进策略，使日本节省了自主技术研发的成本，并使制造业水平在短时间内赶上美国。

为了充分发挥技术引进策略的后发优势，必须实行倾斜发展政策。日本经济高速增长期的技术引进主要集中在当时的主导产业，即钢铁、化学、运输机械等产业（见表7—10），通过增强主导产业的技术水平，提高制造业整体的技术能力。

表7—10　　　　　日本的技术引进金额（以1970年为基准）　　　（单位：百万日元）

年份		钢铁产业	化学产业	电机产业	运输机械产业
昭和39年	1964	4 500	24 214	37 883	12 703
昭和40年	1965	4 500	24 214	37 883	12 703
昭和41年	1966	4 252	33 638	34 356	19 252
昭和48年	1973	3 748	17 273	30 439	22 851
昭和49年	1974	4 500	24 214	37 883	12 703
昭和50年	1975	4 252	33 638	34 356	19 252
昭和51年	1976	3 738	17 273	30 439	20 861
昭和52年	1977	4 500	24 214	37 883	12 703
昭和53年	1978	4 252	33 638	34 356	19 252

资料来源：[日]日本総務庁統計局. 科学技術研究調査報告[J]. 東京：日本統計協会, 各年版.

随着经济赶超阶段的结束，技术引进对产业的促进作用逐渐减弱，后发优势也随之消失，自主技术开发成为技术进步的主要形式。随着日本经济实力和产业技术水平的提高，1965年以后，日本有意识地进入了以自主开发为主的技术进步阶段。在20世纪70

---

① [日]経済企画庁. 国民経済統計月報. 東京：大蔵省印刷局, 1971.

年代后期开始的以微电子、新材料、生物技术为代表的第三次产业革命中,日本的自主开发技术能力得到前所未有的显示。尤其是半导体技术、集成电路的生产发展极为迅速,日本成为当时世界电子元器件的供应基地。技术自主开发是具有很强创造性的劳动,它不仅需要投入大量的资金,而且需要大量的科技人员。1985—1990年,日本与科研有关的从业人员由76.28万人增加到90.56万人,增加了18.7%,其中专业科技人员由44.77万人增加到56.09万人,增加了25.2%;科研经费总额由59 399亿日元增加到92 672亿日元,增加了56.0%。1986—1990年,日本工业技术所有权件数共计370多万件,比1981—1985年增加了11.6%,其中专利172万件,增加了32.4%。①

20世纪80年代,日本的技术研究开发达到了巅峰状态,加速了日本产业结构向技术密集型的转换。技术密集型产业的主要特征是技术更新快,发展周期短,所需科研投入大,产品附加价值高,因此,只有具备自主开发核心技术能力的企业才能在竞争中掌握主动权,获取高额利润。这会在一定程度上激励企业的技术开发,加大资金和人员投入,从而形成一种良性循环机制。但1990年以后,随着泡沫经济破灭,日本制造业中以开发新产品、开拓新的经营领域和研发投资为目的的设备投资大幅度削减,导致日本产业升级受阻,以半导体、微电子、精密机械为代表的主导产业的国际竞争力逐渐降低,影响了日本自主开发技术的进程。

面向21世纪产业结构变革的基础是产业创新,产业创新的基础是科技创新。在1997年日本确立的15个新兴、成长性产业中,至少医疗服务、信息通信、环境、海洋、航空宇宙、新能源等产业的发展从根本上依赖基础科学的创新。但与美国相比,日本的基础研究不具有优势。一次以从事尖端科学技术研究的研究人员为对象的调查结果显示,在生命科学、物质和材料、信息和电子及海洋和地球科学这四项基础科学领域,日本与欧美相比都处于劣势,而且差距还在扩大,1991年,与欧洲相比,日本在物质和材料、信息和电子两个领域还具有比较优势,但到了1995年,日本在上述两个领域的比较优势也完全丧失。②

在资源密集型和技术密集型产业占主导产业地位时期,特别是汽车、电气机械等产业的技术能力是产品能否具有竞争力的一个决定性因素的时期,日本产业的技术能力确实在世界上占有一定的优势,令很多竞争对手自愧不如。但21世纪产业结构中的主导产业是以知识和技术创新为基础的创新型产业,研究开发能力取代技术生产能力成为产业竞争力的决定因素,美国在这方面具有领先优势,而日本的研究开发恰恰是一个薄弱环节。

日本的科研体制缺乏对基础研究的激励作用,教育体制也不利于培养富有冒险精神的创新型人才,而恰恰是创新型人才可以将基础研究成果转换为生产力,创造新产业。因此,基础研究薄弱和缺乏创新型人才是日本面向21世纪的产业结构调整迟迟难以实现的主要原因之一,日本的科研体制和教育体制的生命力面临着严峻的考验。③

---

① [日] 日本科技厅. 日本科技白书,1991.
② [日] 日本科技厅. 科学技術白书概要(官報資料版),1996.
③ 薛敬孝,白雪洁. 当代日本产业结构研究 [M]. 天津:天津人民出版社,2002.

7.5 泡沫经济破灭后的产业结构与就业结构

自20世纪90年代初泡沫经济破灭以来,日本经济陷入了长达10年以上的低迷期,制造业的国际竞争力日趋下降。日本开始寻求产业模式的转换,发展需求潜力大的产业,对知识集约型产业的发展也向自主创新能力转变,提出要借信息技术发展之势,改造传统产业,发展信息产业。在这种背景下,日本工业发展迅速,第二产业在整个产业所占的国内生产总值比重有所上升,其主要原因是:随着信息通信业的发展,"加工组装型"制造业中的民用电机、其他电机业仍有较快增长。第三产业在整个产业所占的国内生产总值比重虽然有所下降,但仍然超过了第一产业和第二产业的总和。促使第三产业发展的主要原因是:软件等与信息通信有关服务需求的增长;医疗服务以及个人服务需求的增长。

从就业结构的变化来看,进入20世纪90年代,第一产业和第二产业就业人数的比重继续呈现下降趋势(见表7—11),特别是2009年日本第一产业劳动力比重处于世界较低水平。与此相反,第三产业各部门的就业却比较兴旺,劳动力不仅从第一产业,而且开始从第二产业向第三产业转移,如图7—1所示。

表7—11　　　　　　　　平成时期的产业结构与就业的产业构成

年份	国内生产总值构成比重/%			劳动力构成比重/%		
	第一产业	第二产业	第三产业	第一产业	第二产业	第三产业
平成2年　1990	2.4	36.6	60.9	7.1	33.5	59.3
平成7年　1995	1.9	33.8	64.4	6.1	31.6	62.3
平成12年　2000	1.4	32.3	66.3	5.1	31.2	63.1
平成14年　2002	—	—	—	4.7	28.8	66.5
平成15年　2003	1.4	28.9	69.7	4.5	28.4	66.0
平成16年　2004	1.3	28.9	68.8	5.6	29.0	65.4
平成17年　2005	1.2	28.1	70.7	5.4	28.8	65.8
平成18年　2006	1.2	28.1	70.8	4.3	27.6	68.1
平成19年　2007	1.1	28.1	70.7	4.2	27.9	66.7
平成20年　2008	1.1	27.4	71.4	4.2	26.9	68.9
平成21年　2009	1.2	25.9	72.9	4.2	25.9	69.9
平成22年　2010	1.2	27.5	71.4	4.0	25.3	70.7
平成23年　2011	1.2	26.2	72.7	3.9	25.1	71.0

资料来源:[日]日本矢野恒太記念会. 世界国勢図会(2001/2002年版)[M]. 東京:国勢社,2001;[日]日本労働省. 労働経済白書(平成24年版)[M]. 東京:日本労働協会,2012;国家统计局. 国际统计年鉴(2013年版)[M]. 北京:中国统计出版社,2013.

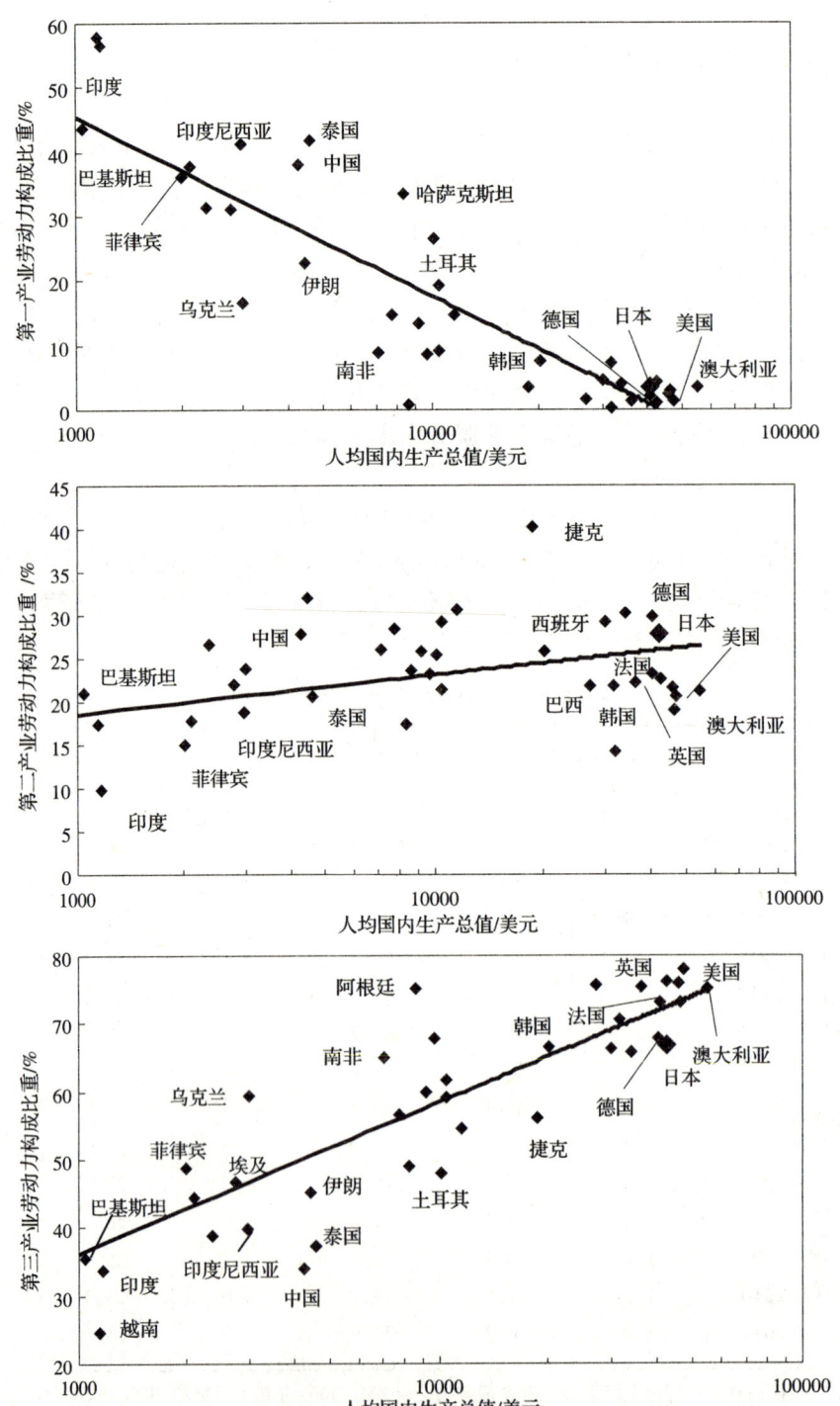

图7—1 世界主要国家按三次产业划分的就业结构与人均国内生产总值

资料来源:国家统计局. 国际统计年鉴(2010年版)[M]. 北京:中国统计出版社,2010;百度快照. 2010年世界人均GDP排名. 2011-11.

从按行业划分从业人口的产业结构看,如表7—12所示,农业人口持续减少,1990年日本从事农业、林业和渔业的人口合计为451万人,2000年减少到326万人,2008年又减少到254万人。日本制造业就业人口在20世纪90年代也出现减退的趋势,1990年,日本制造业就业人口达到1 505万人,到2000年减少到1 321万人。进入21世纪以后,伴随着日本制造业向海外转移,制造业在日本国内吸收就业的力量进一步减弱。主要表现在制造业企业用人的数量从增加趋向减少,在20世纪90年代,许多企业不仅不能增加雇佣,反而由于企业的调整增加了裁员的力度。这种趋势加重了制造业就业人口继续萎缩。2008年制造业就业人口已经减少到1 161万人,在总就业中的比重也由1990年的24%缩小到18.7%。建筑业的就业人口在90年代初期以后呈现上升趋势,1997年增至685万人,但1998年以后逐渐减少,到2008年下降到536万人。

表7—12　　　　平成时期日本按行业划分从业人口的产业结构　　　　(单位:万人)

年份		农林渔业	建筑业	制造业	电水气	运输通信	商业	金融业	服务业	公务
平成2年	1990	451	589	1 505	30	375	1 415	259	1 394	195
平成7年	1995	367	663	1 456	42	402	1 449	262	1 566	218
平成10年	1998	335	662	1 382	37	405	1 483	257	1 685	217
平成12年	2000	326	653	1 321	34	414	1 474	248	1 718	214
平成15年	2003	293	604	1 178	32	496	1 483	232	1 705	227
平成16年	2004	286	584	1 181	31	395	1 537	395	1 678	233
平成17年	2005	282	568	1 172	35	385	1 529	385	2 152	229
平成20年	2008	254	536	1 161	32	538	1 437	246	2 233	223
平成22年	2010	242	448	1 049	34	350	1 444	262	2 011	220
平成23年	2011	243	497	1 044	29	348	1 442	273	2 098	221

注:商业包括批发、零售和饮食业,金融包括保险、不动产业。
资料来源:[日] 日本総務庁. 日本統計月報 [M]. 東京:大蔵省印刷局, 2001 (1);[日] 総理府統計局. 平成22年国勢調査. 2012;[日] 日本労働省. 労働経済白書. 東京:日本労働協会, 2012.

21世纪初期,日本的产业结构已经达到了与美国、德国、英国、法国和意大利等并驾齐驱的水平(见表7—13)。这一时期,与农业、制造业和建筑业形成反差,服务业、商业、运输通信业的就业人口不断增加。1990年,服务业就业人口为1 394万人,2008年增至2 233万人。医疗、教育、娱乐和信息类服务业的增长是推动日本服务业总体增长的主要动力,这表明日本的就业结构已经转向"服务行业化",标志着它进入了工业化以后的新时期。日本就业结构的这种变化是近期以来实现信息化、后工业化和高科技化的必然结果。随着技术革新和信息业的迅速发展,生产日趋机械化、信息化和自动化,物质生产部门的就业需求相对减少,而社会的扩大再生产要求发展生产性和消费性服务事业,从而第三产业对就业的需求相对增大。

表 7—13　　　　主要发达国家按行业分从业人口产业结构（2007 年）　　　（单位:%）

产业别	日本	美国	德国	法国	英国	意大利	加拿大
农业、狩猎业、林业和渔业	4.2	1.4	2.7	3.4	1.4	4.0	2.5
采掘业	0.1	0.5	0.3	0.1	0.5	0.2	1.5
制造业	18.7	11.2	26.3	15.5	12.9	21.0	12.5
电、煤气和水供应业	0.5	0.8	1.0	0.8	0.7	0.6	0.8
建筑业	8.6	8.1	7.9	6.9	8.2	8.4	5.6
批发、零售贸易及饭店业	23.7	20.9	21.2	17.24	18.8	20.2	23.8
运输、仓储和通信业	6.2	4.4	6.7	6.3	6.7	5.4	6.3
金融中介	2.4	5.0	4.1	3.2	4.3	2.9	4.5
房地产、租赁及商业活动	11.8	12.9	12.3	10.4	12.0	10.9	12.7
公共管理和国防及社会基本保障	3.5	4.6	9.2	10.1	7.0	6.1	5.1
教育	4.4	8.7	7.0	6.8	9.1	6.9	7.0
卫生和社会工作	9.0	12.2	13.8	12.3	11.9	6.8	10.9
其他社区、社会和个人服务活动	5.5	9.1	6.5	4.5	5.8	5.0	5.1
其他	1.2	0.1	0.1	2.5	0.1	1.6	0.4

资料来源：国家统计局. 国际统计年鉴（2009 年版）[M]. 北京：中国统计出版社，2009.

7.6　产业结构的发展趋势

21 世纪初期，日本产业结构的总体特征是：第一产业占国内生产总值的比重和就业劳动力的比重很低，与其他发达国家的第一产业发展特点相似。第三产业的产值比重与就业劳动力的比重与其他发达国家相比偏低。第二产业，特别是制造业的产值比重呈现下降趋势，但以尖端技术制造业整体为中心的技术开发和设备投资相对活跃，因此制造业整体正朝着高附加价值化方向发展。总体而言，21 世纪初期以后，日本产业结构的发展趋势将与美国、德国等其他发达国家的一般性趋势相吻合。

从三次产业的产值变化来看，2015 年以后的较长时期内，第一产业占国内生产总值的比重可能维持在 1% 左右，而制造业总体的比重可能稳定在目前的水平，但制造业内部结构可能会有所变化，原料品制造业的比重下降，加工组装型制造业的比重上升，制造业的高附加化可能将更加突出。第三产业的比重可能缓慢上升，可能提高到西欧等发达国家的水平。[①]

21 世纪初期以后到 2014 年，日本增长迅速的行业主要集中在第三产业，制造业中与信息产业相关的机械制造业增长较快，而大部分制造行业，包括目前尚具备竞争力的加工组装型产业等都将成为增长停滞或是下降的产业。产业结构的信息化和服务化趋势越发明显，这种趋势不仅表现在信息产业和服务产业自身占国内生产总值的比例上升，而

---

① 薛敬孝，白雪洁. 当代日本产业结构研究 [M]. 天津：天津人民出版社，2002.

且表现在其他产业的产出中信息和服务作为中间投入的比重上升。物质生产部门在产品的生产过程中投入更多的信息和服务已经成为一种必然的趋势，即产业结构软化。① 软化是产业结构变化的一种长期趋势，随着人们对有形商品需求的不断满足，其需求重点必然转向"软商品"。企业不断追求产品的高附加价值化，也使产业必然要向技术集约程度高的领域转移。高效率通信网络的建立、知识和信息的利用必然成为生产和生活不可或缺的要素。

进入20世纪90年代以来，随着日本经济发展战略的转移，日本产业结构也显现出软化的趋势，这种软化较为明显地表现为产业结构的服务化趋势。这一趋势不仅表现为第三产业内部服务业的不断扩大，同时还表现为第一、第二产业内部对服务需求量的不断扩大。

首先，从第三产业来看，服务可分为三大类：第一类是对企业、事业部门提供的服务。随着企业内部事务处理和办公自动化的发展，与软件开发相联系的信息处理、程序设计等行业不断扩大；企业分工的不断发展使原来属于企业内部的业务逐渐趋向独立化，企业转为从外部购入这些服务，这大大促进了批发、运输和仓储业的发展；企业技术革新周期的缩短、办公自动化程度的提高不仅使投资数量增大，同时也加大了投资风险，为解决这一问题，使租赁业飞速发展起来；随着筹集资金、分散风险、市场调研和促进销售等必要性的提高，金融业、保险业和广告业不断扩充；企业、事业部门的合理化和服务的高级化还使安全保障、楼堂管理等建筑物服务业以及饮食供应业和废弃物处理业得以迅速发展。第二类是对个人提供的服务。个人收入的提高、闲暇时间的增加使零售业、饮食业、旅游业、短期租赁业以及体育俱乐部和文化中心等休闲产业飞速发展。第三类是对社会提供的服务。社会基础设施的日益完善以及国民在福利方面需求的增加使得旅客运输业、电信电话业以及广播、电视、医疗、公务等方面的服务不断扩大。②

其次，从第二产业来看，其内部的服务量也在显著增加。在企业生产活动中，信息管理、综合计划、研究开发、市场调查、广告宣传、产品销售等与服务有关的业务比重急速增大。与此相适应，第二产业的产品成本中，与服务有关的价值含量也在扩大。此外，企业已不仅仅是销售有形产品的主体，更多的企业还利用各自的优势出售自己的专利技术、专有技术、管理技术和商标，从而也成为提供服务的主体，使企业的产品生产和服务生产成为整个生产过程中不可分割的两个方面；制造业内部的软化和服务化促进了第三产业的发展；而第三产业的扩大又使第二产业进一步趋向软化和服务化。各产业

---

① 随着科学技术特别是信息技术的飞速发展，人们从产业结构变化的角度提出了产业结构软化的概念。产业结构软化，从广义上讲是指各产业发展中，有形产品和资源等硬生产要素的作用在日益降低，而知识、技术、服务和信息等软生产要素的作用在日益提高，同时也意味着各种软生产要素在各产业中投入量的迅速增大。通常所说的产业结构服务化，只是从一个侧面揭示了产业软化的趋势，也可以将其看作是狭义的软化，而产业结构的服务化、高技术化、脱离本业化、融合化以及产业结构的国际化，才能较全面地概括出产业结构软化的含义，揭示出产业结构变化的总趋势。

② 赵放. 日本产业结构变化的影响因素和发展趋势 [J]. 日本学刊, 1996 (2).

就是在这种相互联系中相互促进,使经济日益趋向软化和服务化。①

从产业之间的生产引致效果看,20 世纪 90 年代和 21 世纪初期,"服务创造服务"这种服务内部的自我增值过程不断延续,而物质生产部门内部的"物质创造物质"的程度却在缩小。21 世纪初期以后,"物质创造物质"效果的扩张速度可能会减缓,而"物质创造服务"效果的扩张速度和"服务创造服务"效果的扩张速度都会迅速提高。这是产业高级化的一个主要表现。

20 世纪 90 年代以来,随着日本经济发展战略的转移,日本产业结构显现高技术化趋势。随着电子网络、电子控制和生物工程技术的广泛应用,日本产业结构出现了明显的高技术化倾向。从第一产业来看,日本农业已开始脱离传统的受自然环境影响较大的小面积精耕细作生产方式。由于广泛运用了电子控制和生物工程技术,农业逐步走向立体化和工厂化作业,良种培育技术和无土栽培技术开始普及,这种变化使农业中劳动投入量急剧减少,资本投入量急剧增加。目前,日本农业已开始摆脱劳动密集的特点,并向资本密集方向发展。第二产业的高技术化倾向,较为明显地体现在研究与开发、企业管理和产品生产方面。日本的研究与开发已开始摆脱对一般技术的应用开发模式,资金投入越来越集中于高技术项目和高技术产业,这在日本产业界被称为技术体系脱胎换骨的转变。第三产业的情况也在发生变化。近年来,日本第三产业的设备投资率和资本装备率明显上升,以计算机为代表,不断引入了与信息相关的设备与设施。在被称为"新服务业"的产业群体中,由于广泛利用计算机网络技术,涌现出许多新的"装置产业"。如以集中监管系统为基础的保安业、以计算机网络系统为基础的"快运业"等,都是通过在服务业广泛利用高技术而出现的新兴行业。它不仅改变了第三产业本身的特点,而且还大大提高了第三产业的效率。

20 世纪 90 年代以来,日本产业结构的融合化趋势明显加强。产业融合化是指分属不同产业的两个产业,因其中一方或双方的技术进步,能够供给可以相互替代的产品服务,或者是因为政策放宽,可以比较容易地相互进入对方的经营领域,从前的两个产业融合为一个产业,从前分属两个产业的企业之间形成竞争关系。②

由定义可以得出,促成产业的相互融合,即产业内部或产业之间通过将不同行业的技术和经营技能相互融合,形成新的发展动力,以推动产业的进一步发展。这种促成产业融合的原因是技术进步,最典型的是集银行、证券、保险于一体的金融产业,现代物流概念下的运输产业等。信息通信产业是由于通信技术及信息技术取得新的进步,促进了电气通信、邮政、广播等媒介行业之间的融合,通过这种融合能进一步扩展行业或产业的发展领域和空间,以产生更大的经济推动力。如机器制造业与电子行业的相互融合属于制造业内部的融合;零售业与信贷、保险业的融合,属于第三产业内部的融合;污水处理业与养殖业的融合,制造业与信息产业的融合而形成的"产业信息化"和"信息产业化",则都是跨产业的相互融合。这种融合不仅仅局限于大企业之间,随着日元升

---

① 赵放. 日本产业结构变化的影响因素和发展趋势 [J]. 日本学刊, 1996 (2).
② [日] 植草益. 産業融合—産業組織の新たな方向 [M]. 東京: 岩波書店, 2000.

值、进口增加和所面临竞争的加剧，中小企业也开始打破行业或产业界限，通过相互融合寻求新的发展途径。

产业结构的融合化趋势[①]已开始突破传统行业和产业界限，使传统的三次产业划分更加不清晰，这必将促使传统产业结构理论和产业结构政策发生根本变革。更重要的是产业结构融合化趋势将打破行业、产业界限，为产业发展开拓新的领域和空间。这要借助于对新技术的不断开发，同时要求政府消除产业间和行业间的各种限制，使产业融合化真正成为经济增长的促进因素。产业结构的融合不是完全意义上的新兴事物，早在制造业发展的鼎盛时期，各种各样的新材料，如铁和非金属合成的铜、铝等，添加纤维的新型合金、超强力钢等不断发展应用，企业凭借在某一领域的技术优势进入新的领域，如佳能由生产照相机扩大到生产复印机等都是产业融合的表现形式。但近年来的产业融合无论在广度上还是在深度上都有进一步强化的趋势。一是因为信息技术革命可能会改变整个社会的生产与生活方式，它所造成的冲击力与影响力远非材料工业革命所能企及的。二是加快政策放宽是日本产业结构升级的关键一步。因为政策放宽打破了不同产业之间的界限，激发了企业进入新经营领域的热情，企业经营的多样化趋势和企业的不断发展都促进了产业结构融合化趋势的发展。[②]

20世纪90年代以来，随着日本经济发展战略的转移，日本产业结构还显现出国际化趋势。日元升值以来，日本企业进一步加快了国际化进程，企业内部的计划、研究开发、设计、生产、流通等业务以及经营资源的配置和经营场所的选择都逐步走向国际领域。日本产业结构的国际化主要表现在两个方面：一是本国企业的海外生产比例提高，二是本国接受的外国直接投资增加。

日本企业的海外生产与其他国家相比起步晚，比例低。因此，日本产业结构的高级化过程将是企业提高海外生产比例的过程，这一点在制造业表现得更为突出。从行业种类看，在日本国内逐渐丧失优势的产业，如造纸、纺织、食品、化学、非铁金属等产业将加大海外生产力度。即使目前仍然具有较强国际竞争力的产业，如汽车、电动机械、工作机械等生产企业的海外生产活动也将十分活跃。

日本产业结构国际化趋势不仅表现在量上，在质上也有所进展。国外生产所需零部件已由原来主要从国内筹集转而向国际领域筹集。国外生产已不再是单纯为了替代出口，其中一部分已替代国内生产，反向出口到本国。采用这种生产方式不仅可以充分利用国内已经确立起来的流通渠道、商标和信用，而且还降低了生产成本。伴随着日本企业国际化进程的加快，从产业结构角度引发的企业国际化是否会影响国内生产力和就业状况，进而出现产业空洞化，是个值得研究和重视的问题。但从目前情况来看，制造业的生产

---

① 产业结构融合化趋势的出现是由技术的复合化和消费的多样化带来的。技术已成为现代企业经营的首要因素，技术的应用也日益趋向复合化，任何一个企业或行业都不能凭借单一技术求得生存和发展，而必须对现存技术进行综合开发和利用。消费的多样化也促使企业需要不断地扩展企业经营领域和空间，综合利用各种技术开发新产品，以适应不断变化的消费和市场。除了技术和消费因素之外，企业经营的多样化趋势和企业兼并、合并的不断发展，都促进了产业结构融合化趋势的发展。

② 薛敬孝，白雪洁. 当代日本产业结构研究［M］. 天津：天津人民出版社，2002.

向海外转移可能引起国内产业的空洞化,也可能超越空洞化,成为产业结构高级化的推动力量。关键在于生产向海外转移过程中释放的大量劳动力是否能够被新兴产业的发展所吸收,这一方面取决于新兴产业是否能够创造大量的就业机会,另一方面取决于被释放的劳动力素质。[1]

从日本产业结构的发展趋势看,各产业部门发展速度的不同,由于交通运输业、社会福利事业、商业和服务业的迅速发展,不仅第一次产业的比重将继续下降,第二次产业的比重也将稍有降低。在第二次产业结构中,矿业的比重继续下降的同时制造业的比重也将有所降低,而建筑业的比重则将有较大的提高;在制造业中,钢铁工业、一般化学工业的发展将大大慢于机械工业的发展;在机械工业中,电气机械工业和精密机械工业的发展将是较快的。此外,还将出现一批发展较快的新兴工业,如制造提供情报和处理情报机械的工业、制造各种省力机械的工业、电气汽车工业、高级电子计算机工业、与原子能开发和宇宙开发有关的工业、与海洋开发有关的工业、与太阳能和地下热能开发有关的工业等。[2] 随着产业结构向知识集约型方面转变,产业结构变化促进了经济增长,而经济增长又使产业结构在新的起点上发生变化。产业结构变化还促使生产资源不断地流向高效率领域,能从整体上提高经济的增长能力,而经济增长又伴随着许多新领域的诞生,使资源迅速由低效率领域向高效率领域转移。

---

[1] 薛敬孝,白雪洁. 当代日本产业结构研究 [M]. 天津:天津人民出版社,2002.
[2] 吕有晨. 战后日本产业结构的变化和特点 [J]. 世界经济,1980 (5).

第8章 劳动力与劳动力市场

8.1 劳动力

日本人口增长增加了劳动力供给量，这种变化从表 8—1 中可以看出，20 世纪 20 年代初期到 30 年代末期，随着人口的快速增长，日本的劳动力规模在不断扩大，日本劳动力从 1920 年的 2 589 万增加到 1940 年的 3 266 万人，劳动力参与率也保持较高水平。这一时期，日本的劳动力增长率大约平均每年以 1.23% 的速度增长，其主要原因是由于日本的生育率处于较高的水平，为劳动力规模的扩大打下了基础，而经济的稳定增长刺激了妇女的生育愿望。

表 8—1　　　　劳动力与人口规模

年份		劳动力/千人	人口/千人	劳动力参与率/%	期间	劳动力纯增数/千人	劳动力年均增长率/%
大正 9 年	1920	25 886	55 963	72.8	1921—1930	2 662	1.03
昭和 5 年	1930	28 548	64 450	69.8	1931—1940	4 113	1.44
昭和 15 年	1940	32 661	71 933	71.1	1941—1950	4 049	1.24
昭和 25 年	1950	36 710	82 900	65.4	1951—1955	3 530	1.92
昭和 30 年	1955	40 240	89 020	67.3	1956—1960	4 125	2.05
昭和 35 年	1960	44 365	94 094	67.4	1961—1965	4 287	1.93
昭和 40 年	1965	48 652	98 883	66.0	1966—1970	4 669	1.92
昭和 45 年	1970	53 321	10 4345	67.1	1971—1975	1 069	0.40
昭和 50 年	1975	54 390	11 1573	64.2	1976—1980	2 686	0.99
昭和 55 年	1980	57 076	11 6807	63.9	1981—1985	2 554	0.89
昭和 60 年	1985	59 630	12 0873	63.6	1986—1990	2 860	0.96
平成 2 年	1990	62 490	12 3611	63.3	1991—1995	2 080	0.67
平成 7 年	1995	64 570	12 5570	63.4	1996—2000	-110	-0.03
平成 12 年	2000	64 460	12 6930	62.9	2001—2005	-900	-0.28
平成 17 年	2005	63 560	12 7760	60.4	2006—2010	-990	-0.31
平成 22 年	2010	62 570	12 3752	—			

资料来源：[日] 南亮进. 日本の経済発展 [M]. 東京：東洋経済新報社，1992；[日] 水野朝夫，小野旭. 労働供給制約と日本経済 [M]. 東京：大明堂，1995；[日] 内閣府. 2007 年经济财政报告，2007—08；[日] 日本労働省. 労働経済白書（平成 24 年版）[M]. 東京：日本労働協会，2012；[英] B.R. 米切尔编. 帕尔格雷夫世界历史统计·亚洲、非洲和大洋洲卷（1790—1993）[M]. 北京：经济科学出版社，2002；百度文库. 日本人口统计数据 1872—2009，2011—09.

第二次世界大战后,由于战争动员结束,大批军人复员,加上出生率上升,劳动力迅速增长。如 1946—1947 年劳动力的增长率高达 4.4%,1951—1960 年达到 2.0%,1960 年以后,劳动力的增长率略有下降,但在 1961—1970 年期间仍保持在 1.9% 的高水平。日本劳动力大幅增长,从 1950 年的 3 671 万人增加到 1970 年的 5 332 万人。这一时期,伴随着高速经济增长和旺盛的劳动力需求,劳动力参与率也保持在 67% 前后的高水平。

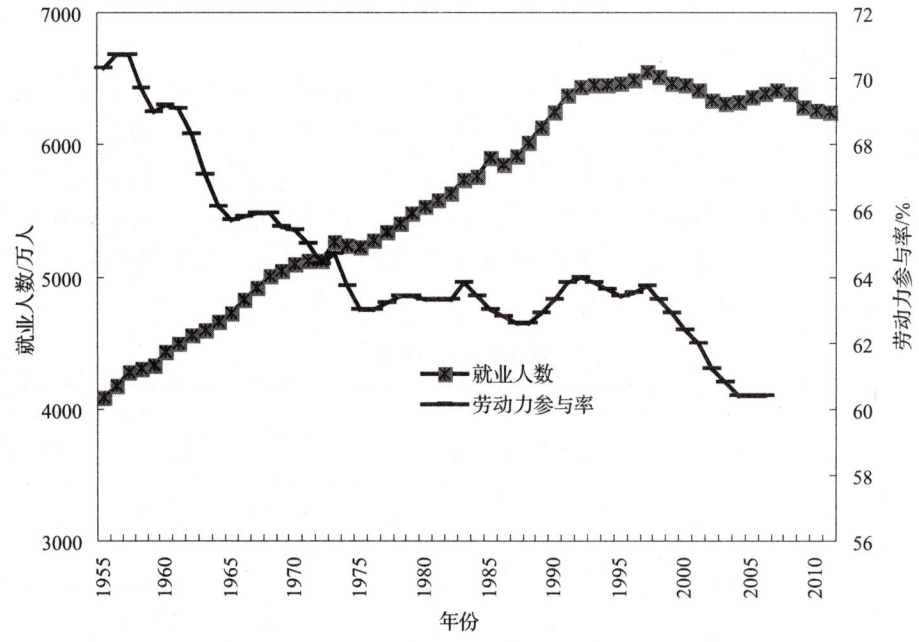

图 8—1 就业人数和劳动力参与率

资料来源:[日]水野朝夫,小野旭. 労働供給制約と日本経済. 東京:大明堂,1995;[日]内閣府. 2007 年経済財政報告,2007-08;[日]日本労働省. 労働経済白書(平成 24 年版). 東京:日本労働協会,2012.

20 世纪 70 年代的第一次世界石油危机以后,随着日本经济进入滞胀阶段,经济增长速度趋缓,人口自然增长率下降,劳动力的增长率也有所减缓,1976—1990 年降至 1% 以下。尽管有所波动,但劳动力增长继续呈现较为迅速的趋势,1980 年上升到 5 708 万人,到 1990 年又增至 6 249 万人。这一时期日本劳动力规模扩大的最主要原因是妇女的比例有所增加,特别是属于劳动力年龄人口的已婚妇女。可以说战后日本劳动力供给充足是和女性的劳动力参与率密切相关的。

20 世纪 90 年代以后,随着日本经济的萧条和劳动力需求的下降,日本的劳动力人口呈现减少趋势,1995 年以后,劳动力呈现负增长趋势,尤其是 21 世纪初期以后更为明显,导致日本劳动力市场的供需矛盾日趋严峻,而劳动力短缺成为影响日本经济发展的不利因素。因此,日本必须及早找到解决劳动力供求不平衡问题的对策。另外,不可忽视的是 70 年代初期开始的出生率的普遍降低造成婴儿潮一代劳动力下降,今后若干年内劳动力市场将感受到这一变化。其结果,日本劳动力的减退将在一定程度上影响日本经济的发展。

8.2 劳动力参与率

日本劳动力参与率自20世纪20年代初期以来长期呈现波动的下降趋势,特别是第二次世界大战期间和战后初期的经济复兴时期以及1973年石油危机以后的若干年尤其明显。总劳动力参与率情况见表8—1,大体上呈现减退的趋势,这一时期,总劳动力参与率下降了12.4%。日本总劳动力参与率减退主要发生在20世纪50年代和21世纪初期,到2000年下降到62.9%。

不同人口群体的劳动力参与率变化见表8—2,25~59岁的男性劳动力参与率普遍很高,1920年(大正9年)达到了97.5%,随后有所波动,但基本上保持在95%以上的水平。年龄在15~24岁的青少年劳动力参与率较低,而且一直呈现下降趋势,到1980年降至男性15~24岁劳动力参与率,这主要是由于高中的普及使人们工作时的年龄开始上升。日本义务教育法的制定使日本青年人获得更多的教育,在一定程度上降低了青少年劳动力参与率。

表8—2　　　　　　　分年龄和性别的劳动力参与率　　　　　　（单位:%）

年份		男性				女性			
		15~24岁	25~59岁	60岁以上	合计	15~24岁	25~59岁	60岁以上	合计
大正9年	1920	88.1	97.5	75.3	92.2	64.4	54.2	28.1	53.4
昭和5年	1930	84.6	86.9	71.6	90.5	64.4	50.1	24.3	49.1
昭和15年	1940	83.8	96.7	71.0	90.1	63.3	52.3	31.1	52.6
昭和25年	1950	68.9	95.8	65.3	83.4	54.3	50.3	27.6	48.7
昭和30年	1955	71.0	96.2	66.3	85.3	59.1	48.0	26.4	50.6
昭和35年	1960	68.5	96.6	65.1	85.0	59.1	52.8	27.0	50.9
昭和40年	1965	60.4	97.7	66.2	83.3	52.3	54.4	24.8	49.8
昭和45年	1970	61.7	97.9	65.5	84.3	54.7	55.1	27.3	50.9
昭和50年	1975	52.9	98.0	61.7	83.4	46.3	52.1	23.3	46.1
昭和55年	1980	46.6	97.8	56.4	82.1	44.5	54.5	22.4	46.8

资料来源:[日]南亮进.日本の経済発展[M].東京:東洋経済新報社,1992.

这一时期,年长日本人的劳动力参与率也发生了显著的变化。男性到了60岁以上的老年阶段,劳动力参与率很高,1940年以前始终保持在71.0%以上的高水平。然而,随后下降趋势十分明显,到1950年减少到65.3%,20世纪60年代基本上保持在66%前后的水平,1970年以后又呈现减退趋势,到1980年下降到56.4%。退休率提高最可能的原因是老年人真实收入和储蓄的增加。

上面列举的男性劳动力参与率的所有变动,都倾向于降低总体劳动力参与率。教育年限的延长导致年轻人更晚参加有报酬的劳动,退休率提高意味着低龄老人的劳动力参与率也有所下降。但女性劳动力参与率的稳定抵消了20世纪劳动力市场的以上变动。她们各个年龄组在20世纪都呈现了较高的劳动力参与率，延缓了总体劳动力参与率的下降趋势。

各个年龄组的女性劳动力参与率也发生了很大的变化。如表8—2所示，15~24岁的青少年女性劳动力参与率在1920年为64.4%，到1980年，这一年龄组的劳动力参与率虽然有所下降，但仍然保持在44.5%的较高水平。这反映出经济发展在市场经济中为年轻女性创造了就业机会。值得注意的是，25~59岁的女性劳动参与率自1920年以来一直趋向稳定的态势，到1980年始终保持在48%~55.1%之间的水平。60岁以上的女性劳动力参与率在1960年以前变化不大，但随后有一定幅度的下降。

女性劳动力的高参与率与受教育程度的提高有密切关系。高中教育的普及使越来越多的年轻女性接受高中教育，从而吸引了大量成年妇女加入有报酬的劳动力市场。显而易见，妇女受教育程度的提高和市场对女性白领工人越来越多的需求促进了第二次世界大战后较高的劳动力参与率。战后，日本的妇女大多从事医护人员或其他白领工作，而实际工资的增加吸引女性多从事服务部门的工作，这也是使妇女劳动力参与率始终保持在较高水平的主要因素。

从世界一些国家总劳动力参与率的比较来看，日本总劳动力参与率在主要发达国家中是较高的，仅低于美国和英国（见表8—3），男性劳动力参与率是发达国家中最高的，女性劳动力参与率则明显低于美、英、德等国。

表8—3　　　　　　　世界一些国家的劳动力参与率比较　　　　　　（单位：%）

国别	总体 2010年	男性 2004年	女性 2004年	国别	总体 2010年	男性 2004年	女性 2004年
埃塞俄比亚	84.0	90.9	73.5	俄罗斯	62.7	75.2	66.9
中国	74.2	88.0	76.2	印度	55.6	84.4	36.1
孟加拉国	70.8	88.1	55.4	德国	59.6	79.2	66.5
泰国	71.7	84.6	70.7	尼日利亚	55.5	85.9	46.8
印度尼西亚	67.4	87.0	52.8	乌克兰	59.0	72.3	63.1
美国	63.7	81.7	70.1	法国	56.4	73.8	62.4
巴西	69.9	84.1	60.6	土耳其	49.5	80.3	29.0
菲律宾	64.3	84.6	55.5	巴基斯坦	53.2	85.7	33.0
日本	60.4	85.0	60.4	意大利	48.3	74.5	49.3
英国	61.9	82.2	69.2	埃及	46.0	71.5	19.6
墨西哥	61.7	83.8	42.2	伊朗	44.3	75.4	39.1

注：埃及的总劳动力参与率为2000年的数据。

资料来源：世界银行．2006年世界发展指标［M］．北京：中国财政经济出版社，2006；世界银行网站．全球宏观经济数据——15岁以上劳动力参与率．2015-01．

8.3　劳动时间

日本是一个后起的资本主义国家，它带着浓厚的封建意识进入到资本主义社会。因此，由历史沿袭下来的雇佣制度决定了日本的工人劳动时间相对较长。所以，第二次世界大战后，随着日本经济的高速发展，工人对缩短劳动时间的要求也不断加强。从整个劳动时间缩短过程来看，有两个变化较明显的时期，第一个时期为20世纪60年代，年劳动时间约缩短200小时，第二个时期是70年代中期，日本开始实行五天工作制。同时，由于石油危机，经济不振，法定外劳动时间也大量减少，在两年时间里，年劳动时间剧减了50小时。这样，从60年代初到70年代中期，日本的年劳动时间从2 400小时减少到了2 150小时左右，以后波动不大，出现了十几年的停滞时期。

这一时期，日本缩短劳动时间的方法是缩短劳动日数、增加休息日，实现总劳动时间的减少。据日本劳动省1986年《工资、劳动时间调查》表明，企业平均每周劳动时间为44小时22分，整个劳动省平均每周劳动时间为41小时37分。如果按新劳动法每周40小时为限，必须减少企业现有的劳动日数。实际上日本仍有相当一部分企业实行六天工作制，实行五天工作制的企业仅有50%。另外，从工会态度看，在保证工资增加条件下，不断要求缩短劳动时间，到20世纪90年代初期，日本的年总劳动时间已经减少为2 100小时。尽管如此，日本劳动者的年工作时间在发达国家仍然是最长的。据日本《劳动白皮书》统计，1960年总劳动时间是2 432小时，1970年是2 252小时，以后年份的数据逐渐降低，如表8—4所示，1990年减少到2 124小时，1996年又降至1 993小时。但在主要发达国家中始终是最高的。进入20世纪以后，日本劳动者的年工作时间继续呈现下降趋势，据日本平成26年（2014年）《劳动白皮书》统计，2007年总劳动时间是1 808小时，2010年降至1 754小时，2013年又减少到创纪录的1 746小时。

表8—4　　　　部分发达国家制造业劳动者总实际劳动时间的比较

年份	总实际劳动时间/小时				
	日本	美国	英国	法国	德国
1972	2 231	1 960	1 986	1 938	1 775
1975	2 043	1 888	1 923	1 830	1 675
1980	2 162	1 893	1 883	1 750	1 719
1985	2 168	1 929	1 910	1 644	1 663
1988	2 189	1962	1 948	1 682	1 618
1990	2 124	1 948	1 953	1 683	1 598
1993	1 966	1 976	1 902	1 679	1 542
1995	1 975	1 985	1 943	1 680	1 550
1996	1 993	1 986	1 929	1 679	1 517

资料来源：[日] 日本労働省. 労働白書 [M]. 東京：日本労働研究機構，1998.

1989年后，日本奠定了世界第一大债权国的地位，每年贸易顺差1 000亿美元，借出外债总额高达5 000亿美元。然而这种经济实力并没有给日本国民带来明显的富裕。劳动时间与其他发达资本主义国家相比仍然较长。从1990年各国年劳动时间的比较看，日本为2 124小时，高于美国、英国约170小时，高出德国约530小时。由此可见，日本人勤奋工作换来的仅仅是国民远长于欧美国家的劳动时间。这引起了国民的强烈不满，使他们产生了进一步缩短劳动时间的强烈要求。从这次劳动时间缩短的动因看，战后，随着经济的发展，日本增加了日本民众的劳动强度，建筑业、服务行业等非制造业部门普遍感到人手不足，劳动力过于集中于生产部门，基于以上考虑，日本提出将年劳动时间减少到 1 900～2 000 小时的目标，并开始实行。事实上，到 2008 年，日本的年劳动时间已降至 1 800 小时以下。然而，日本劳动时间缩短劳动速度仍明显低于法国和德国等发达资本主义国家，劳动时间仍相对较长。实际休假率低和加班加点较多是日本劳动者劳动时间较长的直接原因。日本缩短劳动时间的阻力主要来自于企业和雇员自身。许多雇员自愿延长工作时间。传统文化对实际工作影响较大。日本人一向以勤劳、刻苦、进取著称。激烈的竞争又使人们养成了上进心强、不甘落后的性格。因此，许多人自愿放弃休假并主动要求加班。

2014 年 4 月，参加政府产业竞争力会议的专家议员提出，希望推翻原有劳动时间的规定，设立新的《劳动时间制度》，劳动时间应以本人的意愿和雇佣双方协商为前提，让男女都能够拥有多样灵活的工作方式。该建议指出，雇佣制度的改革应加大力度防止过度工作，严格管理存在该问题的企业，贯彻落实劳动基准监督署的指导。

日本的工作时间表现出以下特点：传统文化对实际工作影响很大；工作时间的长短因企业的大小而不同，日本大企业的工时已经缩短到每年 2 000 小时，中小企业的工时则相对长一些；工作时间参与劳动力市场的调节，与经济周期同步变动，呈现出周期性。这些特点主要表现在加班加点的变动上，由于日本企业多实行终身雇佣制，因此日本的失业率受经济周期波动不大。

日本劳动时间和欧美相比较长。但日本的工资增长很快，这种工资的增长是与职工的劳动热情和长劳动时间制度相称的，也是日本国民富裕起来的保证。所以，缩短劳动时间必须在企业劳动生产力提高的前提下进行，实现工资、奖金、各种福利措施和劳动时间一体化。不能仅仅由于缩短劳动时间而使职员的待遇降低。而缩短劳动时间也相应带来法定外劳动延长的问题。由于休假及增加休息日，使平时的工作强度加大，加班加点现象增多，其解决的办法是日本在缩短劳动时间过程中要结合每个从业人员的时间配置及业务方式进行调整。尽管日本修改了劳动法，但真正的实行仍然存在一定困难，必须经过一定时间的努力，才能使日本的劳动时间趋向合理。

8.4 就业与雇佣政策

对于一个国家或地区来说，经济增长、人口增长、劳动就业状况是宏观人口经济学领域最为关注的。劳动就业状况关系到国计民生，与经济发展密切相关。国家在经济发展过程中，须制定出各种就业政策和计划，通过就业结构调整来解决失业问题。在一个国家实施可持续发展就业战略中，除了重视劳动力资源的创造外，还要重视就业机会的创造，实现充分就业。

充分就业这一概念始于约翰·梅纳德·凯恩斯（John Maynard Keynes）的就业理论。凯恩斯认为，充分就业就是"在某一工资水平下，所有愿意接受这种工资的人都得到工作"。在他看来，在资本主义社会中除了自愿失业和摩擦失业外，还存在着非自愿失业，即工人在现行工资水平下愿意工作却找不到工作的现象。因此，国民经济处于"低于充分就业"的均衡状态是经常的，而充分就业只是短暂的，只有消除这种非自愿失业，才意味着实现了充分就业。在凯恩斯以后，经济学家们对充分就业进行了研究，有些经济学家认为充分就业是指劳动力和生产设备都达到充分利用状态；有些经济学家则认为充分就业并不是总失业率等于零，而是总失业率等于"自然失业率"。除此之外，经济学家们还用定量分析的方法对充分就业与否进行界定。例如20世纪80年代以来，有的经济学家提出只要失业率不超过6%即为充分就业。一般来说，从劳动力供求的相互关系来看，充分就业是指劳动力供给与劳动力需求处于均衡，国民经济的发展充分满足劳动者对岗位需求的状态。

日本在第二次世界大战以来，失业率基本上在1.0%~3.0%之间摆动，与其他发达国家相比，其平均失业率最低。这与日本采取的以充分就业为目的的综合就业政策有着密切的关系。1946—1956年是日本经济恢复时期，由于战后经济萎缩，1946年的失业人口多达1 300万。如何迅速消灭失业，使经济步入正常的轨道是日本政府的首要任务。1946年，大藏大臣石桥湛山根据凯恩斯的理论首先强调了充分就业的思想。在此期间，日本政府先后颁布了《职业安定法》《失业保险法》和《紧急失业救济法》等，这些法规对于保障劳动者的合法权利、迅速消解大量公开失业人口起到了重要作用。

1956—1973年是日本经济高速增长时期。在经济高速增长的条件下，日本不但消解了大量的失业人口，而且出现了劳动力短缺状况。在此期间，日本政府先后制定和实施了《雇佣对策法》《最低工资法》《劳动标准法》以及《雇佣保险法》等，对保证雇佣和就业的稳定，使劳动力的供求在质量和数量方面相互协调起到了一定作用，从而促进了就业。另一方面，日本在就业方面融入人本主义管理方法，创立了独具特色的终身雇佣制，它长期以来作为日本式经营模式的代表，受到许多经济学家和管理学家的关注。

1974—1983年是日本经济危机和停滞时期。在失业人员骤增的形势下，日本政府颁布或修订了《就业保险法》《职业训练法》《特定萧条行业离职者临时措施法》等法规，通过立法等途径促使过剩劳动力由萧条部门转移出来。另一方面对企业解雇职工的做法进行限制，将就业调整补助金制度化，对维持就业的企业予以资助。由于有终身雇佣制的微观基础，在发达国家中，日本的失业率是最低的。

在日本的大中企业，基本上都实行终身雇佣制，即使没有实行终身雇佣制的企业，一般也重视维持雇佣稳定，即使在经济处于萧条时，也不轻易解雇职工，而是在企业内部通过缩短工作时间、调整工资水平等方式维持就业，尽量照顾职工的生计；企业内出现结构性过剩人员时，一般通过扩大营业部门和开发新产品等措施来吸收剩余人员；对于不能胜任本职工作的职工，企业则通过内部职业培训提高工作能力，给其安排合适的工作岗位。因而，重视维持雇佣的稳定是日本企业的普遍倾向，它确保了支撑着日本经济的骨干企业在就业方面的稳定性。

1984—1991年是日本经济调整时期。日本政府一系列"减量经营"的措施收效明显，在发达国家中最先摆脱了经济危机的阴影。在此期间，日本政府颁布的主要法规有两部分：一是就业结构调整方面的，如《地域就业开发促进法》《职业能力开发促进法》等，力图在新的地区和新的产业结构层面上创造更多就业机会；二是在就业上禁止轻视弱势群体等方面的法规。进入20世纪80年代以后，日本政府致力于为各类劳动者营造多种形式就业环境，该时期颁行的法规有《男女就业机会均等法》《高龄者就业安定改正法》等。

20世纪90年代以来，日本经济一直处于低迷状态。日本政府的就业制度和传统的终身雇佣制在宏观和微观两个层面上受到挑战。日本政府采取措施进一步激活企业外部劳动力市场，从而进一步扩大了就业渠道。例如过去零短工一直被列为政策消解对象的"非正式从业者"，而1993年《零短工劳动法》颁行，使该雇佣方式得到承认。

上述分析表明，日本政府是推进"充分就业"模式的主体，制定和颁布的有关雇佣的法规是实现充分就业目标的主要形式。而就"充分就业"这一目标而言，在不同时期所涵盖的内容也有所不同，就业政策实行初期是消解公开失业，在数量上确保就业的充分性，随后又转向消解隐性失业，开始在质量上确保其就业的充分性。从日本政府就业政策转换的轨迹来看，最初是对失业者采取事后生活保障对策；后来是对失业采取事先的预防措施；最后是着手构筑富有活力的各种劳动力市场。应当指出，日本政府对于企业外部劳动力市场建设的重要性认识不足，直到20世纪90年代才采取了某些相应措施。总之，日本政府就业政策的主导思想和具体措施是随着客观的日本经济形势而不断更新和变化的。

8.5 失业

日本经济经历了1930—1931年经济恐慌并受第二次世界大战的影响，显得更加混乱和不稳定。日本的就业状况也不稳定。20世纪30年代的失业率如图8—2所示，从1930年的5.3%上升到1932年的6.8%，1933年以后伴随着经济的复苏失业率开始呈现大幅度下降，到1938年降至3.0%。这种波动趋势灵敏地反映了日本市场经济运行的情况。

从第二次世界大战结束到50年代初期，日本基本上处于经济复兴的状态。日本的就业状况也非常稳定，失业率很低，基本上保持在1.0%（见表8—5）。1955年以后，日本经济开始步入高速增长期。在1956—1957年的"神武景气"期间，失业率仍在2.0%左右徘徊。但1960年池田勇人内阁提出《国民收入倍增计划》后，出现了"投资呼唤投资"的新局面，伴随着"岩户景气"的到来，失业率从1959年的2.2%迅速降至1961年的1.4%。随后虽然出现了"昭和40年萧条"的短期不景气，但1965年10月又迎来了"伊奘诺景气"。高速经济发展表现为劳动力供给不足，几乎维持了完全雇佣状态。1960年以来，失业率连续十多年维持在1.5%以下的超低水平。

第8章 劳动力与劳动力市场

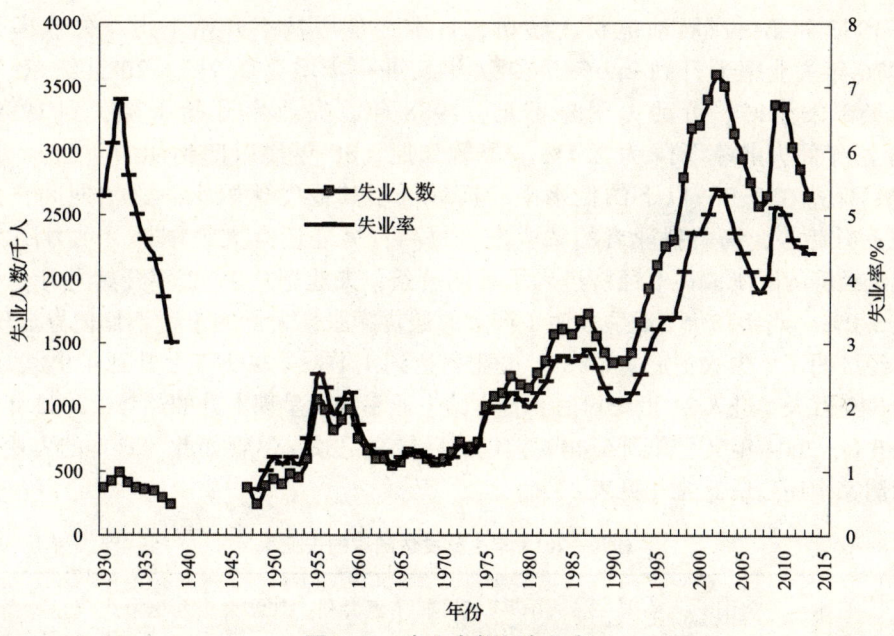

图8—2 失业人数和失业率

资料来源:[英] B. R. 米切尔. 帕尔格雷夫世界历史统计·亚洲、非洲和大洋洲卷（1790—1993）[M]. 北京：经济科学出版社，2002；[日] 内閣府. 2007年经济财政报告，2007-08；[日] 日本労働省. 労働経済白書（平成26年版）. 東京：日本労働協会，2014；王洛林，李向阳. 2013年：世界经济形势分析与预测 [M]. 北京：社会科学文献出版社，2013.

表8—5　　　　　　　　　　　　失业人数与失业率

年份		失业人数/千人	失业率/%	年份	失业人数/千人	平均失业率/%
昭和5年	1930	369	5.3	1931—1938	3 286	—
昭和15年	1948	240	0.7	1948—1950	1 060	1.0
昭和25年	1950	440	1.2	1951—1955	2 950	1.4
昭和30年	1955	680	1.6	1956—1960	4 430	2.0
昭和35年	1960	500	1.1	1961—1965	2 950	1.3
昭和40年	1965	390	0.8	1966—1970	3 030	1.2
昭和45年	1970	590	1.2	1971—1975	3 780	1.6
昭和50年	1975	1 000	1.9	1976—1980	5 730	2.1
昭和55年	1980	1 140	2.0	1981—1985	7 350	2.6
昭和60年	1985	1 560	2.6	1986—1990	7 710	2.4
平成2年	1990	1 340	2.1	1991—1995	8 460	2.8
平成7年	1995	2 100	3.2	1996—2000	13 710	4.1
平成12年	2000	3 200	4.7	2001—2005	16 560	5.0
平成17年	2005	2 940	4.4	2006—2010	14 670	4.4
平成22年	2010	3 340	5.0	2010—2013	8 520	4.6
平成25年	2013	2 650	4.4			

资料来源:[英] B. R. 米切尔. 帕尔格雷夫世界历史统计·亚洲、非洲和大洋洲卷（1790—1993）[M]. 北京：经济科学出版社，2002；[日] 内閣府. 2007年经济财政报告，2007-08；[日] 日本労働省. 労働経済白書（平成26年版）[M]. 東京：日本労働協会，2014；王洛林，李向阳. 2013年：世界经济形势分析与预测 [M]. 北京：社会科学文献出版社，2013.

以1973年第一次石油危机为转机，日本经济增长率开始下滑，失业率开始上升，1976年失业率上升到2.0%，1987年又进一步增至2.9%。20世纪80年代后期泡沫经济发生时，劳动力明显不足，1988年，失业率开始下降，到1990年和1991年两年间失业率下降为2.1%。尽管如此，80年代后期到90年代初，日本失业率仍然保持在3.0%以下的低水平，远远低于其他发达国家。这一期间，女性就业呈现上升趋势，高龄就业者的就业率也很高，另外还有大量国外劳动力流入日本。随着泡沫经济的崩溃，日本经济进入了长期萧条，失业率从1992年开始上升，到1995年突破3.0%，当年物价下跌，发生了严重的通货膨胀，大量的银行不良债券显现出来，公众对经济的恢复失去信心。1998年失业率达到4.1%，1999年上升到4.9%，失业人口高达349万人。进入21世纪以后，日本的失业率继续呈现上升的趋势，2002年进一步升至5.0%，2004年又上升到5.40%，创战后最高纪录，尽管如此，日本的失业率在主要发达国家中还是最低的（见表8—6）。

表8—6　　　　　　　1990—2013年主要发达国家的失业率　　　　　（单位:%）

年份	日本	美国	德国	法国	英国	意大利	加拿大	西班牙	荷兰	比利时
1990	2.1	5.4	7.2	8.9	5.9	11.0	8.1	15.7	5.0	9.6
1992	2.2	7.5	7.9	10.0	9.7	11.4	11.3	18.4	5.5	—
1994	2.9	6.2	10.3	12.3	9.6	10.7	10.4	24.1	6.8	—
1996	3.4	5.4	8.8	12.1	8.2	11.4	9.6	22.1	6.6	—
1998	4.1	4.5	11.1	11.9	4.5	11.9	8.3	18.6	3.8	12.6
2000	4.7	4.0	9.6	10.4	3.6	10.5	6.8	13.9	2.8	10.9
2001	4.7	4.0	6.9	9.3	5.5	10.2	6.8	13.9	9.8	6.9
2002	5.0	4.7	6.9	8.4	5.1	9.1	7.2	10.6	9.1	6.6
2003	5.4	5.8	7.7	8.6	5.2	8.7	7.6	11.5	9.1	7.5
2004	5.3	6.0	8.8	9.0	5.0	8.5	7.6	11.5	9.0	8.2
2005	4.7	5.5	9.2	9.3	4.8	8.1	7.2	11.0	8.8	8.4
2006	4.1	4.6	10.6	9.3	4.8	7.7	6.3	9.2	8.4	8.5
2007	3.8	5.7	9.8	9.2	5.4	6.1	6.3	8.7	7.7	8.3
2008	4.0	5.8	8.4	8.3	5.6	6.8	6.0	11.3	6.8	7.5
2009	5.1	9.3	7.4	9.5	7.5	7.8	8.3	18.0	6.2	7.9
2010	5.0	9.6	7.1	9.7	7.9	8.4	8.0	20.1	4.5	8.3
2011	4.6	9.0	6.0	9.6	8.0	8.4	7.5	21.7	4.4	7.2
2012	4.5	8.2	5.2	10.1	8.1	10.6	7.3	24.9	5.2	7.4
2013	4.4	8.1	5.3	10.5	8.1	11.1	7.3	25.1	5.7	7.9

资料来源：［日］日本内阁府．海外経済データ，2015－03；［日］矢野恒太記会．世界国勢図会（1994/1995年版）［M］．東京：国勢社，1995；［日］矢野恒太記会．世界国勢図会（2001/2002年版）［M］．東京：国勢社，2001；王洛林，李向阳．2013年：世界经济形势分析与预测［M］．北京：社会科学文献出版社，2013．

日本失业率在20世纪90年代之前，大部分是结构性失业①和摩擦性失业②，但进入平成时期以后，不仅自然失业在不断增加，非自然失业也在迅速扩大。这一时期，日本经济持续低迷，日本的产业结构政策对就业也未见明显效果，以致吸收劳动力机能十分有限，岗位空缺不断缩小，自然失业率与非自然失业率并存，而且表现为非自然失业率不断上升的趋势。究其原因，随着经济全球化趋势的增强和国内外资本市场与商品市场竞争节奏的加快，日本知识经济向知识化和信息化转化的速度也在同步加快，服务业在国民经济中的比重逐步提高，传统的制造业、通信和交通等行业的职业明显减少，而高学历、高薪职业增长较快。因而在就业市场上，各产业对劳动力技术素质的要求越来越高，不仅低学历劳工就业难度日益加大，而且在那些具有大学本科学历的劳工中就业率也呈现下降趋势③，严重的失业问题已成为日本经济复苏的主要制约因素之一。

8.6 劳动力供给

劳动力人口作为劳动力供给的重要指标，其增长速度往往同经济增长率密切相关。从日本劳动力供给量的增长率看，劳动力人口在战后初期经济的恢复阶段以后逐渐上升，如1946—1947年劳动力人口增加率高达4.4%，1951—1955年也达到1.9%。这一时期，随着经济逐步恢复和发展，劳动力人口的增长，尤其是生产年龄劳动力人口的迅速增长，使劳动力的供给能力大于有限增长的劳动需求，形成了以供超过给为主要特征的劳动力供求关系，在一定程度上刺激了日本经济的增长，与此同时，就业的竞争加剧，潜在的失业扩大。

进入20世纪50年代后半期以后，日本经济转入高速增长，出现了劳动力不足和结构性失业并存的现象。50年代后半期以后，随着日本经济的持续高增长，日本的劳动供求关系发生了巨大变化。从劳动力的供给看，其绝对数量在增长，但劳动力人口占15岁以上劳动年龄人口的比例却呈现下降趋势。1960年，日本的劳动力参与率为67.4%，其后基本上呈现减退状态，1975年下降到64.2%。这主要是因为受出生率下降的影响。从

---

① 结构性失业是由于产业结构、产品结构等经济结构的变动，造成劳动力供求结构上的失衡所引起的失业。它是由于产业结构和产品结构的演进，使一部分劳动者随着产业结构的变化而流动，而这种流动过程中，因衰落部门的失业者与扩展部门的工作不相吻合而产生的失业现象。结构性失业并不一定表现为劳动力总量上的供大于求，即使在供求平衡状态下，也可能出现失业与空缺并存的局面。例如，劳动力市场往往需要较高层次的管理人员、网络技术人员等技术性较强的灰领工人，而劳动市场的失业者多为蓝领工人或经验不足的青年人，这部分人因无法胜任现有的工作而处于失业状态。结构性失业人口形成的基本原因在于各层次的劳动力需求不平衡，其根源主要在于经济体制转型带来的产业结构变化和技术方面。

② 摩擦性失业是一种经常性失业，即使劳动市场处在劳动力供求平衡状态时也会存在这种类型的失业。它是由于劳动者在要求就业和获得工作岗位之间存在时间差而形成的。摩擦性失业人口形成的基本原因在于劳动市场的动态属性和信息沟通的不完善性，使这部分失业者处于从一个工作转换到另一个工作的过渡中，其根源主要在于就业体制改革和社会心理方面。劳动者择业观念的变化引起劳动力流动。其主要表现是劳动者主动辞职或被企业辞退而使失业人口大量增加。从劳动力群体来看，20～30岁的青年人因工作转换形成的摩擦性失业率最高。现在青年人受教育程度普遍提高，学历和知识作为选择职业的竞争手段，使他们有资本频繁转换工作。

③ Burton A. Weisbrod, James C. Worthy. The Urban Crisis: Linking Research to Action. Evanston, Illinois: Northwestern University Press, 1997; Walter R. Heinz. From Education to Work: Cross - National Perspectives. New York: Cambridge University Press, 1999.

劳动力的需求看，由于企业扩大引进新技术及发展新产业的投资，对劳动力需求急剧增加，就业人口逐年上升，由 1955 年的 4 024 万人增至 1973 年的 5 259 万人。劳动力供给的相对减少和需求的增加使日本的劳动力市场出现了"供不应求"的局面。

1973 年以后，日本经济进入了低速增长的时期，由于经济增长速度趋缓和人口自然增长率的下降，劳动力人口的增长速度缓慢（见表 8—7），劳动力参与率呈下降趋势，到 2000 年降至 62.9%，明显低于美国以及中国和埃塞俄比亚等发展中国家。在这种情势下，经济发展趋势影响劳动力市场，出现了供过于求的现象。主要表现为劳动力的需求显著下降。以 90 年代中期为例，1994 年的就业人数只增加了 3 万人，为 1975 年以来的最低数，雇用人数增加了 34 万人，也是 1978 年以来的最低数[①]。另一方面，日本的有效求人倍率[②]也呈现下降的趋势（见图 8—3），由 1973 年的 1.76 下降到 1975 年的 0.61，到 1985 年一直在

表 8—7　　　　　　　　　　劳动力供给

年份	劳动力/千人	失业人数/千人	劳动力供给/千人	新增劳动力/千人	新增劳动力供给/千人	劳动力增长率/%	有效求人倍率/倍
昭和 5 年 1930	28 548	369	28 917	—	—	0.99	—
昭和 15 年 1940	32 661	240	32 901	—	—	1.35	—
昭和 25 年 1950	36 710	440	37 150	—	—	1.18	—
昭和 30 年 1955	40 240	680	40 920	—	—	1.85	—
昭和 35 年 1960	44 365	500	44 865	1 015	1 515	1.97	—
昭和 40 年 1965	48 652	390	49 042	2 102	2 492	1.86	0.64
昭和 45 年 1970	53 321	590	53 911	2 921	3 511	1.85	1.41
昭和 50 年 1975	54 390	1 000	55 390	2 020	3 020	0.40	0.61
昭和 55 年 1980	57 076	1 140	58 216	2 286	3 426	0.97	0.75
昭和 60 年 1985	59 630	1 560	61 190	1 970	3 530	0.89	0.68
平成 2 年 1990	62 490	1 340	63 830	1 210	2 550	1.41	1.40
平成 7 年 1995	64 570	2 100	66 670	40	2 140	0.61	0.63
平成 12 年 2000	64 460	3 200	67 660	—160	3 040	0.70	0.59
平成 17 年 2005	63 560	2 940	66 500	270	3 210	0.42	0.95
平成 22 年 2010	62 570	3 340	65 910	—250	3 090	0.52	0.52
平成 23 年 2011	62 440	3 000	65 440	—130	2 870	—0.21	0.65

资料来源：［日］南亮進. 日本の経済発展. 東京：東洋経済新報社，1992；［日］水野朝夫，小野旭. 労働供給制约と日本経済. 東京：大明堂，1995；［日］内閣府. 2007 年経済財政報告，2007–08；［日］日本労働省. 労働経済白書（平成 26 年版）. 東京：日本労働協会，2014；［英］B. R. 米切尔. 帕尔格雷夫世界历史统计：亚洲、非洲和大洋洲卷（1790—1993）. 北京：经济科学出版社，2002；百度文库. 日本人口统计数据（1872—2009）. 2011–09.

---

① ［日］経済企画庁. 経済白書（平成 7 年版）［M］. 東京：大蔵省印刷局，1995.
② 日本在统计上用"有效求人倍率"指标来说明劳动力的供求关系。有效求人倍率是指实际招工人数与职业介绍所登记找工作的求职人数之比。这个指标小于 1，说明实际招工率低，劳动力供大于求；大于 1 则说明实际招工人数多于登记求职者数，劳动力供给不足。

0.6~0.8之间的低水平波动。这样，日本的失业率不断上升，由1973年的1.3%上升到1985年的2.6%。80年代后半期和90年代前半期，日本经济由于大力发展第三产业和扩大需求出现了新的繁荣。有效求人倍率一度出现回升，1988年，有效求人倍率达到1.01，劳动力重新出现不足的局面。

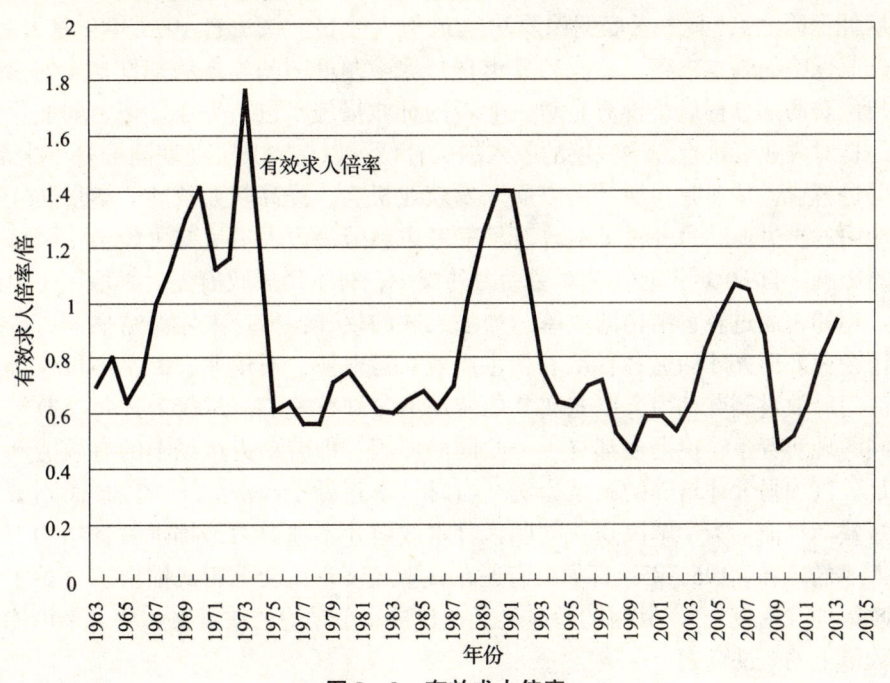

图8—3 有效求人倍率

资料来源：[日]内閣府. 2007年経済財政報告, 2007-08；[日]日本労働省. 労働経済白書（平成26年版）[M]. 東京. 日本労働協会, 2014.

进入平成时期以后，随着"泡沫经济"的结束，经济难以复苏，劳动力人口的增长率继续呈现减退的趋势，从1990年的1.41%，减少到2000年的0.70%，2005年进一步减至0.42%。有效求人倍率也呈现减退的趋势，从1990年的1.40减少到2005年的0.95，之后长期处于小于1的低迷状态。近年来，与有效求人倍率下降相对应的是失业率的回升，20世纪90年代前期，失业率基本上保持在2.8%左右，到了21世纪初期又增至5.0%。由此可见，随着劳动力供过于求，抑制失业成为这个阶段实现劳动力供求平衡的重要课题。

8.7 政府与劳动力市场

20世纪50年代后期，日本政府先后颁布了《职业安定法》《失业保险法》和《紧急失业救济法》等。其中《职业安定法》明确指出，政府举办职业安定所，免费进行职业介绍和就业指导，以便通过周旋使求职者找到与其能力相适应职业，为招工者补充所需要的劳动力。职业安定所主要职能是：为企业招工和劳动者求职提供相互选择的场所，并对双方进行指导；对地区内职业开发，扩大就业进行指导；向上级提供综合的劳动力需求供给情况。这些法规对保障劳动者的合法权益、强化早期劳动力市场的建设和扩大就业起到了重要作用。

20世纪60年代和70年代中期，日本政府先后颁布了《最低工资法》《劳动标准法》以及《雇佣保险法》，其中《雇佣保险法》最引人注目。该法自1975年4月开始实施，规定了失业保险的基本内容，并成为日本现行保险制度的基本立法。日本雇佣保险制度由善后与预防两部分构成。善后是对失业者的补救措施，包括失业登记、失业保险金给付，目的是对失业者进行一定程度的收入损失补偿，以保障其失业期间的基本生活水平。预防即促进就业，从雇主与雇员两方面开发就业机会，提高职业技能，尽量防止失业及重新就业后的再失业。另外，日本政府早就考虑到劳动力人口锐减可能会给经济发展造成消极的影响。自60年代起，针对劳动力的减少，日本历届政府先后采取了一系列的积极对策。例如，通过教育结构的改革，加强人才的培养；推行人才派遣体制，以它作为有效利用企业外部人才的途径；从农林水产业、运输业、通信业、批发零售业等产业的非效率部门释放过剩劳动力，以充实其他劳动力紧缺行业等。尽管上述每项政策的实施都有不同的现实背景，但是也都有一个共同的原因，即劳动力市场上的有效劳动力供给严重不足。以加强人才培养的政策为例，当时日本正处于经济腾飞阶段，面临着技术人才严重短缺的局面，为了解决这一问题，日本政府才不遗余力地推进教育结构改革，加强科技人才的培养。1963年，日本政府还在日本经济审议会上正式推出了《关于开发人的能力政策的咨询报告》，其目的无非还是通过提高劳动力的质量来解决未来可能出现的劳动力数量上的短缺问题。

1973年世界经济危机时期，日本政府颁布或修订了《职业训练法》《特定萧条行业离职者临时措施法》等法规。1974年又颁行了《就业保险法》，它是日本政府就业政策中最主要的法律。该法是在原《失业保险法》的基础上扩充而成的。这次修改和扩充是日本就业政策的一大转折，它标志着就业政策的重心开始由消极性的失业保险向积极性的抑制失业和促进再就业的对策转换。该法规的主旨即在对失业者的生活予以补助的同时，还要改善就业结构，提高就业者的职业技能，抑制失业。该法规定，凡雇主不论其企业规模和行业都必须加入就业保险。险种分为正式工的普通就业保险、短工和季节工的临时就业保险等。该法还对企业解雇职工加以严格限制，企业辞退职工时须经过一定的程序，随意使用解雇权在法律上将被判无效。

为实现就业人口在部门之间和地区之间的平稳转移，日本政府于1977年颁行了《特别不景气行业离职者临时措施法》和《特别不景气地区离职者临时措施法》。这些法规的基本内容是：在减少失业、维持就业方面，除了提供就业保险中的就业调整补助金外，还设立了针对这些行业的就业安定补助金、职业转换补助金和职业训练补助金等；在促进离职人员尽快就业方面，对其发放为期3年的求职证，在此期间对此类人员采取特别优待措施，对录用此类人员的企业提供就业开发补助金。1987年通过的《地域就业开发促进法》，对于将劳动力人口从类似东京这样劳动力密集的大城市转移出来，并将拓宽就业渠道和对落后地区的开发结合起来，起到了重要作用。

为了激活企业外部劳动力市场，扩大就业渠道，日本专门出台了《零短工劳动法》《雇佣派遣法》和《合同工保护法》等法律，一方面满足企业的实际用工需求，另一方面引导和规范劳务派遣和企业临时用工的发展，保护派遣工、合同工、临时工的合法权益，从而在雇佣政策上消解"非正式从业者"。

为了促进妇女就业，创造有利于妇女的劳动力市场，日本政府在1985年颁布了酝酿多年的《男女雇佣机会均等法》，规定在雇佣管理领域，即招收、录用、安置、晋升、教育培训、福利、离退休、解雇等领域，男女机会均等，禁止对妇女进行歧视，不得因结婚、妊娠、生产等原因辞退女性劳动者。政府还成立了相应的机构来处理和解决妇女在就业领域与雇主发生的纠纷。之后，政府又相继颁布了《雇佣法实施规则》《女子劳动基本规则》等规定，对《男女雇佣机会均等法》加以修正和完善。1997年政府还对《劳动基准法》进行了修改，规定妊娠、哺乳期的妇女不得从事有害作业，经营者不得让其加班、倒班、从事夜间工作。国家和企业要保证女职工妊娠、分娩后的健康检查，放宽妊娠期妇女的工作时间和休息时间。从扩大女性职业范围、职业领域男女平等的视角出发，修改了妇女时间外劳动、休息日劳动、深夜劳动的限制。1999年，日本又颁布《男女共同参画社会基本法》，该法是构筑男女平等社会、实现男女共同参与社会发展和规划目标的根本大法，对日本妇女政治生活和经济生活产生了重大影响。另外，鼓励妇女创业，并为妇女创业提供资金和技术支持。

事实上，直到20世纪90年代末期，日本政府制定与实施的上述政策都是以保持日本内部劳动力市场的封闭性为前提的，即经济发展所需要的劳动力基本上取自本国人口。但由于本国劳动力供给严重不足，21世纪初期，日本政府开始考虑是否要开放国内劳动力市场，让更多的外国劳动力进入日本劳动力市场。2005年，法务省向内阁正式提交了关于输入外国劳动力的计划书，要求内阁"认真考虑"放宽输入外国劳工的政策。报告还敦促政府优先接受能说日语的外国劳工。其中，由于农业和林业面临的劳动力短缺状况尤为严重，将优先考虑新的外国劳动力进入这两个行业。该计划的宣布，意味着长期以来对外封闭的日本劳动力市场走向终结，开放已成必然的趋势。

显而易见，日本劳动力市场自第二次世界大战以来的作用是不可低估的，由于政府干预劳动力市场，使以劳工报酬的方式体现的工资、福利以及提前退休等制度不断完善。劳工在工作岗位上增加了安全性以及当处于失业、疾病、年老时有了更安全的保护网。政府干预劳动力市场使女性参与有酬劳动的比例大幅度增加，实现了男女雇佣机会平等。而妇女担当更重要的经济角色是由政府部门的参与以及教育的进步共同促成的。

第 9 章　企业经营与人力资源开发

9.1　企业的管理模式

日本企业价值观强调以忠诚为核心的集团主义精神，具有独特的等级观念，由此逐步形成了日本企业独特的经营管理模式，主要是在员工管理上和薪金发放上，采取终身雇佣制、年功序列制和企业内部工会，实行群体管理与和谐管理。日本企业员工团结，具有集体主义精神使得日本企业的经营管理模式合作与团队精神突出，反映了日本企业是以集体为重的价值观。这种模式能够有效地加强企业凝聚力，从而促进企业的发展。有些经济学家和管理学家在论述日本企业管理模式的经验时，认为终身雇佣制、年功序列制和企业内部工会是日本企业成功的"三大神器"，对调动企业内部职工的积极性起到巨大的激励作用。

日本企业传统的管理模式在 20 世纪 50 年代和 60 年代对日本的经济发展及企业经营产生了积极作用。但随着外国资本的进入，这种模式已经不能适应经济的发展，其负面影响也在逐渐地累积。与欧美企业相比，日本企业具有独特的管理模式，主要是在资本占有制度上，企业法人间相互持股。在员工管理和工资方面采取终身雇佣制和年功序列工资制。这种模式能够有效地加强企业凝聚力，稳定企业员工。正因为如此，日本企业的管理模式在 80 年代成为世界经济和管理界学习的楷模。但自从 90 年代以来，随着欧美国家资本逐渐进入日本企业，日本企业在境外上市数量的增多，外国投资者，特别是欧美投资者日益要求日本企业改变传统的管理模式。另外，随着日本经济进入低速增长阶段，知识经济和科学技术的迅速发展加大了日本企业结构调整的压力，日本企业没能持续其繁荣兴盛，反而一蹶不振，其管理模式的弊病日益显现。

在经济低速增长时期，特别是"泡沫经济"崩溃后，日本经济处于长期萧条的境况下，一方面，日本的大部分企业依靠减量经营的办法来调整过剩的生产，导致大部分企业经常收益大幅度下降。此外，在企业体制方面，日本企业管理模式存在着僵化和要素流动缓慢的局限性。如人事制度，日本企业实行终身雇佣制和年功序列制，虽有利于员工的稳定和长期发展，但却妨碍了员工之间能力的发挥和竞争，不利于大规模的技术创新。这事实上与日本人保守的天性有密切关系。另一方面，由于经济增长减速，企业极力控制新雇佣的年轻职员，加速了企业内部职员的老龄化，使企业不得不承受生产效率降低和总的工资成本上升的压力。年功序列制度造成企业的经营管理阶层老龄化，越是高层的管理人员年龄越大，其结果导致企业管理系统僵化，进而无法适应科学技术革新、信息化和消费多样化迅速发展的要求。

20 世纪 90 年代以来，面对日本经济长期萧条和国内外激烈的市场竞争，日本企业为了适应知识经济和市场经济并行发展的要求，对传统的经营管理模式进行了一系列变革，并掀起了学习美国企业管理模式的高潮。首先是日本企业引进了美国"能力主义"的原则，提高工资中职能工资的比重，改变以往在评定职能工资时也考虑年功因素的做法，开始奉行业绩主义，推行职务能力工资制，导入年薪制，以业绩评估来决定职工年薪的高低。这种从重视年功序列转向重视能力的日本企业越来越多（见表9—1）。另外，一些日本经济学家指出，日本企业管理模式的改变并不是要照搬欧美的企业模式，欧美企业模式也有许多弊端。现在一些日本企业，如丰田公司，正在寻求一种融合日本和欧美企业特色的折中方式。其次是以终身雇佣制为基础，发展多样化的雇佣方式，根据职工身份、雇佣形式和期限的差异，实行业务型工资、工作地型工资以及职务型工资等不同的工资结构，发展复合型工资管理。在晋升方面，打破了原来主要按年功晋升的做法，提拔有能力的青年人从事管理工作，并对中层管理人员进行岗位调整，有的是鼓励提前退休，对于不能胜任其工作的管理人员调离其管理岗位；对职工的业绩设定数量指标，如达到所规定的指标，不论年龄高低，都有可能获得晋升的机会，并得到与其相应的报酬。

表9—1　　　　　　　　日本企业人事管理方针的变化　　　　　　　　（单位：%）

方针	1993年	1996年	方针	1993年	1996年
重视终身雇佣	31.8	18.9	主要重视年功序列	11.0	3.6
不拘泥于终身雇佣	41.5	50.5	主要重视能力	37.8	48.4
两者均非	22.1	29.0	两者结合	30.3	41.7

注：以上是雇有长期雇员30人以上的4 866家民营企业的回答结果。
资料来源：［日］日本労働省．雇用管理調查结果，1996．

综上所述，日本企业管理模式正在逐步转变，终身雇佣制作为日本企业理想的经营制度仍然得到企业的重视。但由于越来越多的企业引进能力工资和年薪制，导致与企业紧密相关的年功序列制受到冲击，企业职员工资总额中年功部分下降，使年轻职员与中老职员的工资差距逐渐缩小。从中长期来看，日本劳动力的供应将呈现减少的趋势，日本企业要保持活力，实现长期稳定的就业，就有必要对现行的经营管理模式进行改革，在保持现行雇佣制度合理性的同时，从制度和政策上促进包括女性和中老年在内的劳动力的自由流动，对企业和劳动者都是有利的，从而增强企业的国际竞争力。同时逐渐引入和增加体现能力主义和业绩主义的制度，建立职员长期稳定的就业和人才流动的新体制，以有效地利用人力资源为中心，增加劳动雇佣系统柔软性和灵活性，使其管理模式更好地适应世界经济环境和日本经济环境的变化。

9.2　企业培训

日本企业的培训始于明治维新时期。当时作为一个后起的资本主义国家，在发展工业的初始阶段就意识到：实现工业化不能仅依靠机械器具的引进和革新，必须同时造就大批与经济发展要求相适应的高素质的劳动者。只有通过对员工的培训，使其熟练掌握生产技术，才能充分发挥作用，经济发展才能有坚实的基础。到了 20 世纪 50 年代，日本经济进入高速增长时期，劳动力呈现不足，为了确保员工的素质，日本开始引进经营讲座（Administrate Training program Civil Communication Section，CCS）和管理人员培训计划（Management Training Program，MTP）。于是企业内培训在这一时期得到了很大的普及。1958 年日本制定了《职业训练法》，使企业内培训作为国策以法律的形式固定下来，体现了国家对于企业内培训的高度重视。

以企业内培训为代表的企业管理人员培训计划，使日本企业经营与管理的分工更加明确。通过职称制度和职务分工的细化，日本企业对人才所具备的特殊能力的要求也越来越高。正是由于推行"能力主义"，使企业内培训包括"自我提高"在内的能力开发型培训模式越来越多地被企业所采纳。现在重视企业内培训成为日本企业人力资源开发与管理的一个重要特色。

日本企业的培训模式是以企业为本位，对企业的在职人员进行教育和技术等特殊培训。直接目的是提高企业职工的经营意识、劳动技能和经营管理能力。其典型的例子是日本企业普遍采取注重适应性的"上下一致、一专多能"的培训模式。日本企业经营管理具有终身雇佣、论资排辈、集体合作等特点，因此特别重视对职工的在职培训。"上下一致"，是指企业员工不分年龄、工种或职务高低，都要接受相应层次的培训；培训目标是"一专多能"，各级员工既要精通一门专业技术，又要能参与企业经济管理，具有较强的适应性。并通过对在职员工的教育培训，把企业与员工紧密地联系起来。

日本企业培训是分层次性的，大致可分为新职工、一般管理人员、中层管理人员和企业经营领导人员等层次，根据不同层次采取不同的教育培训模式。日本企业尽管把管理人员分为高级、中级和初级，但作为管理人员有许多是共同的。当然，随着职务的提升和责任范围的不断加大，企业要求管理人员必须扩大视野，因而参加比现职高一级的管理人员培训是十分重要的。日本企业对于新职工的培训也是极其重视的。新职工的培训主要是对新职工进行企业精神教育和道德教育。企业精神教育强调性格开发，如在困难时刻的忍耐力、承受的心理压力以及承担的社会责任等，培养他们对企业忠诚的"公司主义"、集体主义和团结合作的作风，强化和改善劳资关系以及一般的人际关系，增强凝聚力，促进企业的稳定发展。企业精神和道德教育的主要内容有了解企业的历史传统、创业精神、经营方针、经营理念、企业业绩等，培养新人对企业的忠诚心；培养新职工的基本素质，如注重个人品德、讲究礼仪、搞好人际关系以及遵纪守法；培养集体主义精神，共同致力于企业的发展。一些企业还经常通过共同工作、野外活动等集体参与的形式，增强新人的协作意识。

日本企业因为在招聘新职工时重个人素质轻特殊技能，因而在培训新职工上要花费更大的功夫。新职工在培训中，不仅要学习技术，还要学习企业内部的管理制度。招聘新职工以后，日本企业针对新员工，特别是制造工作的蓝领阶层进行系统的、全方位的公司文化、生产体系及质量管理的培训。这种培训在日本许多大企业要持续多年，公司花费大量的资金用于培训工作。这种培训过程被称为"蓝领工人白领化"。在管理知识教育方面，除了让新职工了解企业的就业规则和管理体系外，各企业还重视对他们进行战略意识、自主管理意识和尊重人性的管理观念教育，并传授基本的工作技能和专业知识。

一般员工培训的主要目的是提高员工的业务能力、技能，转变其思维模式，以解决工作中出现的问题以及弥补职工能力欠缺，为员工未来的发展作能力储备，发掘员工的潜在能力，提高员工的个人素质。一般员工培训的主要内容是：培养员工做好本职工作的责任心，发挥有关的、直接的、特殊的知识技能、思想意识；培养员工随机应变、自主判断、处理问题的能力。

一般员工的岗位定期轮换制度是日本主要的教育训练方式之一，具有很大的优越性。岗位轮换制是一种让职工在企业内部各部门之间轮换工作岗位，使其在各部门广泛积累经验的制度。这一制度的积极作用是：通过岗位轮换，培养了职工广泛的业务能力和较开阔的视野，使其能适应技术革新等经营环境的变化，加深对工作的认识，能够从企业的整体利益来考虑问题；定期轮换岗位使企业不必采用具体的业务指导方式，整个工作进程富有弹性，在企业整体的默契下，各个部门和各人之间相互补充，从而提高了企业的经营效率。

对于岗位一线工人，日本企业注意培养和训练多功能作业员。采用岗位轮换的方式训练工人，目的是丰富工人的各种经历，提高工人的实际操作能力和培养多方面技能。以日本丰田公司为例，对岗位工人多功能作业培训大致可分为两个层次：第一是对基层管理人员在工作现场内以组为单位顺序调整，使其熟悉所有组内的任务，并且要向一般工人证明自己的工作能力。第二是各岗位作业工人在各班组作业中轮换，直到对厂内工作都熟悉为止。通过岗位轮换的方式，使每个工人都能熟练地操作每项工作，成为多面手。

基层管理人员培训的主要目的是使企业的基层管理干部接受基本管理方法的教育，这些基层管理干部包括班组长、工长、技师、作业长等，他们是企业管理工作的基础，是企业上下联系的纽带，对保证企业生产经营的正常运转作用极大。因此，日本企业界对这些基层管理人员的培训普遍较为重视。基层管理人员培训的主要内容包括工作指导方法、工作改善方法以及工作中的人际关系等。其培训方式一方面按照日本产业协会专门设计的"班组长训练课程"对基层管理人员进行培训，另一方面则是实行现场教育。通过这些培训提高他们在基层经营管理上的能力。实施基层管理教育的目的，主要是使基层管理人员具备担当经营管理工作的基本素质。除了理论学习外，日本企业更重视对基层管理干部的现场教育培训，使他们通过工作过程学习技术和知识，并培养他们具有持续培养教育部下和随时激发部下的组织指导能力。

日本企业对作业长的培训十分严格。凡担任这一职务的人员，要求必须有一定年限的实际工作经验。一般企业的规定是，大学文化程度的要有8～9年的基础工龄，高中文化程度的要有18～20年的工龄，通过选拔业绩比较突出的才能提为作业长。此外，在提升为作业长之前，必须按照预备作业长进修制度，脱产学习半年，经考试合格后才能担任作业长。由于这些作业长长期工作在生产第一线，具有丰富的实践经验，能熟练掌握本工段的各项管理工作和操作技术，拟订具体的实践计划，因而独立工作能力很强。

中层管理人员的教育培训对象主要是课长和部长等，他们往往承担着相对独立的生产经营部门或职能课的领导任务，是企业管理的中坚力量，在企业中起着承上启下的支柱作用。也就是说，从经营者的角度来看，他们处于领导职位的下层，特别是科长由于直接接触实际工作，是最辛苦的。一个企业经营效果的优劣，在很大程度上取决于中层管理人员的素质。中层管理人员接受从经营管理基本理论到实际运用等广泛的内容，主要侧重于掌握企业经营状况，企业组织与计划的方法等问题。其培训的主要课题是：对经营现状具有明确的问题意识，提高经营管理上的能力。在提高经营管理技术方面，内容是多方面的，主要有领导能力、对部下的指导以及经营管理的手段等。在实际能力的训练方面，实行定期调换岗位，轮换任职制度。课长、部长一般要在计划、生产、技术、营销、人事等主要科室轮换任职一遍；技术人员要先在车间劳动，再经过海外留学、从事相当长时间的内部管理或外销，然后才能升任课长之类的职务搞管理工作。通过轮换任职，可以开阔干部的视野，培养他们的全面综合能力。

岗位定期轮换制度，是一种极其富有成效的教育训练方式。日本企业界认为实行中层管理干部轮换任职制度的好处在于：使他们具有完成现在工作所需要的能力和能够适应未来工作岗位变化的能力，获得较全面的实际锻炼；可以调动工作积极性，开阔视野，保证企业各部门之间的协调配合，并使其建立广泛的人际关系；可以在体验各种工作中培养管理人员的个性，开发管理人员的潜在能力，同时最终达到开发企业整体潜力的目的；在轮换任职的过程中，通过考察从中选拔优秀人才从事重要的岗位工作。

企业经营领导的教育培训是针对企业高级领导层而设立的，包括董事会成员、总经理、副总经理等都要接受特殊教育培训。这一层次的企业领导人员绝大部分上过大学，其中很多人有较高的学位。他们基本上是由工作在生产第一线的一般管理干部逐级提拔上来的，已经具有足够的经营管理知识和丰富的实践经验，所以教育培训的重点，不是学习现场的管理知识，而是培养他们深刻洞察国际国内市场。日本对高层管理人员的培训教育主要侧重于掌握企业经营环境、经营方针以及有关法律等问题。培训的重点是：要具有预测未来本行业和市场发展趋势的眼光，具有能够看出竞争对手的将来，构筑本企业基本政策构想和未来发展战略的总体思路的能力等；有长远的经营战略目标、出色的决策能力和开拓创新能力，以及合理组织和统率全局的领导能力和对外活动能力；培养慧眼识才和自我教育的能力，能够进行自我反省和自我教育，做到"知己知彼"。

日本企业对高层管理人员的培训形式是多种多样的，主要有出国考察，请专家、学者讲课或充当顾问等。通过出国考察，使高层管理人员了解国际市场动向和学习有益的国外管理经验等，为更好地制定新的企业发展战略做准备。日本企业还经常聘请著名的经营学者或优秀的经营专家讲课或聘用其为企业顾问，让企业高层管理人员借此机会广泛与社会各界名流交往，开阔眼界和思路。

此外，随着日本企业对外贸易的发展以及国际化趋势，各企业尤其是大中型企业需要相当数量的具有国际经营意识和技能的专门人才。因此对从事国际经营的专业人员的教育和培训也日益被重视。日本企业内教育和培训国际企业人才，通常采用的方法有：通过国内研修和短期海外体验相结合的形式，培养具有最低限度国际经营意识的人才；

去国外子公司、国外事务所赴任的教育培训方式。利用这种培训方式学习赴任国语言、经营基础知识、开展地区情况调研等；通过在国外大学、研修所的进修，培养企业自己的国际型人才；通过留学深造，攻读相关学位，学习先进技术和专业知识，培养企业的技术人才和储备未来所需的人力资源。

日本企业在人力资源管理中，独特的专业技术培训是其不断发展的重要手段。以日立公司的专业技术培训为例，主要由日立茨城工业专科学院、日立技术研修所以及日立京滨工业专科学院举办全公司规模的专业技术培训。技术培训是日立经常使用的培训方式，对象为本单位的专业技术人员。根据培训对象层次不同，培训的内容也不同。新进公司的人员所接受的技术培训课程主要是基础技术专门讲座和各事业所专门技术讲座；骨干技术人员培训的是第一线技术人员、研究人员所需要的技术，主要课程有各事业所专门讲座、基础技术专门讲座、高技术专业、技术进修、讲演会、研究发表会；面向管理职务的培训内容是技术革命管理，主要课程是讲演会、高技术专业进修、管理人员技术进修等。实行终身雇佣制的日本企业由于考虑到职工长期留在本企业工作，因而十分重视对专业技术人员和一般职工进行技术培训的投资，通过培训专业技术人员和职工，提高他们的技术和技能水平，扩展他们的视野，培养他们的商品开发能力和营销能力，来达到降低产品成本、提高产品质量，促进企业经济效益的目的。

日本企业以往的培训是以终身雇佣制、年功序列制为基础，以培养"一专多能"为目的，坚持一般教育培训和重点教育培训，重视通过教育培养人才和加强员工系统的在职培训，通过不断的轮岗培训，使员工大量地学习到公司大部分岗位的操作技能和管理知识，提高工作效率和产品质量，增长经济效益，并通过对在职员工进行终身教育培训，把企业的未来与员工的未来紧密地联系起来。这种长期责任促使企业员工终身学习，不断提高现职员工的基本素质，确保了支撑着日本经济的骨干企业在人力资源上的稳定性和高素质。它使日本企业以相对较低的代价，培养了大量适合本企业需要的经营管理人才。这些人才既精通本企业的传统经营管理方法，又在接受教育培训的过程中，很快掌握了先进的经营管理理论与方法。这就使企业原有的经营管理人才通过不断的知识更新，转变为更高层次的人才资源，从而使企业的现代经营管理人才不断得到补充。

日本企业实行终身雇佣制的同时，一直把对在职员工的培训放在首要地位。他们重视对企业各级领导层的教育培训，并坚持中层以上管理人员"全员"参加（从科长、部长到董事、经理都参加）。世界著名企业家松下幸之助的信条是："松下电器公司是培养人才的地方，同时也是造电器产品的企业。"由此可见松下对教育人才是极其重视的。松下在人力资源管理中总结出独特的培训模式，即置培训于日常管理工作当中，把管理当作训练，把工作当作学习，教材就是管理和具体工作本身，课堂就是企业和工作场所。松下善于把日常管理中的工作当作培训员工的教材，提高员工的素质。他认为，办企业首先要有优秀的经营管理人才，而这种高素质的人才主要靠企业本身的培训培养出来，否则事业就不能成功。为此，松下电器公司为了努力培养人才，加强对职工的教育培训。根据这个方针，该公司办起各种职工教育，如新雇员的入门教育培训、在职工人的教育培训、管理人员的教育培训以及优秀雇员的升级培训等。日本企业的各类培训，从20世纪 40 年代末开办"经营者讲座"以来，一直持续至今，并且不断深入和发展。正因为如此，日本员工的素质始终处于快速提高中。日本企业通过对职工的各种培训，提高了日本企业的国际竞争力，拥有世界上高素质的、充足的人力资源对日本企业的发展产生巨大的倍数效益，使日本企业的综合竞争力位居世界先进行列。

9.3 终身雇佣制

终身雇佣制最初萌芽于战前，经过战后初期的民主化改革，成为 20 世纪 50 年代以后在日本全面推广的一种独具特色的管理模式。它是日本劳动雇佣制度的基础和主要特征，长期以来作为日本式经营模式的代表，受到许多经济学家和管理学家的关注。虽说是终身雇佣制，但该制度并没有法律或制度性成文规定，也不是通过雇佣契约确定的，而是劳资双方在长期雇佣关系中所形成的一种惯例，是建立在相互信任基础上的一种默契。

终身雇佣制是指作为正式员工，一旦进入企业，只要没有较大的失误，这种雇佣一直维持到退休。企业的人力资源管理围绕人际关系组合，要求员工间团结友爱，互相合作，发扬和谐精神。在日本的大中企业，基本上都实行终身雇佣制，即使没有实行终身雇佣制的企业，一般也重视维持雇佣稳定。即使在经济处于萧条时，企业就尽量在内部进行人员调整，也不轻易解雇职工，而是在企业内部通过缩短工作时间、调整工资水平等方式维持就业，尽量照顾职工的生计；企业内出现结构性过剩人员时，一般通过扩大营业部门和开发新产品等措施来吸收剩余人员；对于不能胜任本职工作的职工，企业则通过内部职业培训提高其工作能力，将其安排在合适的工作岗位。因而，重视维持雇佣的稳定是日本企业的普遍倾向。从雇佣制度的国际比较来看，欧美采用的是"市场原则"，而日本采用的是"生计原则"，即维持员工的生活来源是企业的责任，因此，日本企业中长期稳定的员工层的比例高于欧美企业。

战后，终身雇佣制是以大型企业为中心展开的，适用于大型企业的白领和蓝领阶层。中小企业虽然也效仿大企业的一些做法，但由于经营不稳定，再加上劳动条件差，工资和企业内福利水平低，职工转职率高，因此一般难以维持终身雇佣制度。尽管如此，不少中小企业也实行终身雇佣制。因此，大多数学者都使用了"长期稳定雇佣制"来分析日本企业雇佣制度。长期稳定雇佣制可以用一些指标来衡量，如在一个企业平均连续工作的时间、企业的月度离职率等。通过这些指标的国家比较，既可以表明日本企业雇佣的基本情况，又可以反映它所存在的特殊性。[①] 日本经济学家樋口美雄就以日本的长期雇佣制为中心进行了国际比较。他指出，在离职率方面，在日本、美国的制造业中，离职率在第二次世界大战前和战后有很大的不同。在战前，日本和美国的离职率基本上没有区别，大体上居于 4%~5% 的水平上。但是战后美国的离职率仍然居高位，而日本则大幅度下降。在同一个企业连续工作时间上，即使使用 1990 年前后的数据，也表明日本企业

---

① 崔岩. 日本的经济赶超——历史进程、结构转变与制度演进分析 [M]. 北京：经济管理出版社，2009.

在50岁以下的职工，在同一个企业连续工作时间要长于德国、美国等发达国家。就长期雇佣的结构看，日本的蓝领阶层和白领阶层之间的差别是比较小的，但欧美企业的差别则比较大；日本企业的连续工作时间在1~10年、10~19年间的比例最高，而在2年以内的比例最低，但是欧美企业恰恰相反，其两端的比例很低，呈现出两极分化的倾向。①

日本企业实行终身雇佣制的同时，以人为本，重视通过教育培养人才和加强员工系统的在职培训，通过不断的轮岗培训，使员工大量地学习到公司大部分岗位的操作技能和管理知识，提高工作效率和产品质量，增长经济效益，并通过对在职员工进行终身教育培训，把企业的未来与员工的未来紧密地联系起来。这种长期责任促使企业员工终身学习，不断提高自身素质。它确保了支撑着日本经济的骨干企业在人力资源上的稳定性和高素质。日本企业的职工主要来源于应届毕业生，这些学生进入企业，只要企业不倒闭，职工不发生严重的违纪违法事件，就长期在企业任职，直到退休为止。这种"终身雇佣制"使职员对企业有强烈的归属意识和信任感，职工在感情上与企业融为一体。日本的终身雇佣制度是一种与西方长期以来推崇的制度完全不同的、具有高度组织性和颇具自我维系能力的用工制度。终身雇佣制在一定程度上截断了横向的劳动力市场，有助于职员就业的稳定性，使企业可以节约劳务管理费用。

终身雇佣制作为日本式经营的基础和重要特点之一，对日本企业的经营和日本经济的发展都发挥了重要作用，产生了积极影响。这是因为该雇佣制度符合日本的特殊国情，有一定的经济合理性：

其一是在终身雇佣制下，企业可以通过对人力资本的长期投资，培养职工的特殊熟练，并且可以取得可靠的、长期的投资效果。因为职工的特殊熟练只适用于特定的企业，在公开的劳动力市场上是不适用的。企业中有一支掌握特殊知识和技能的职业队伍，是这一企业可以区别其他企业的最有力的竞争因素，而这样的职业队伍只有通过职业培训进行长期的人力投资才能得以造就。显然，这种长期的人力资本投资只有在终身雇佣条件下才能实现。因为是终身雇佣，职工即使掌握了本职工作乃至本企业的"核心技术"或"特殊技巧"，也不轻易转职，所以就有利于保守企业的技术秘密，而企业技术和熟练程度的特殊性，使职工在一个企业工作时间越长，就越难以在其他企业找到合适的新工作。如果出现职工被解雇的现象，对于企业来说，会使社会对该企业的经营现状产生某种怀疑，而对被解雇的职工来说，也是一件耻辱的事情。因此职工往往通过不断地积累特殊熟练，来促进企业的长期发展，从中实现自己的收入水平和地位的不断提高，这一人力资本的积累过程又巩固了终身雇佣制，使两者产生良性循环。因而，与欧美企业相比，日本企业就可以长期放心地进行人力资本投资。②

其二是有利于企业的技术革新和技术进步。在终身雇佣制下，企业引进新技术并不会威胁到职工的就业，所以，职工对技术革新采取积极支持合作的态度。就一般情况而

---

① [日]樋口美雄. 日本型雇用システム-実態と評価の変遷；貝塚啓明. 再日本型経済システム. 東京：有斐閣，2002；崔岩. 日本的经济赶超——历史进程、结构转变与制度演进分析[M]. 北京：经济管理出版社，2009.
② 刘昌黎. 现代日本经济概论[M]. 大连：东北财经大学，2008.

言，企业引进新技术和自动化设备，会使有些部门产生过剩劳动力，往往会遭到工人的抵制。但在终身雇佣制的条件下，日本企业一般是对过剩人员进行职业再培训，然后将他们安排到其他工作部门，职工也能充分认识到引进新技术的重要性，因为这样能增强企业的竞争力，不仅有利于企业的发展，而且还能提高职工自身的收入和地位，不会造成失业。此外，日本企业技术革新的特点是生产工序的革新，这种技术革新的基础是职工的特殊熟练。显然，日本企业对职工特殊熟练的培养是促进技术革新发展的重要因素。所以，与欧美企业相比，日本企业的职工不仅不反对技术革新和技术进步，而且还主动地提出合理化建议，从而使企业的全面质量管理和小集团活动得以长期而有效地开展。[1]

其三是终身雇佣制在一定程度上截断了横向的劳动力市场，由于职工长期所属一个组织，组织成员间经常交流各种信息，建立了相互协调和相互信赖的关系，因而能够提高企业的生产、经营及研究开发的效率。另外，终身雇佣制培养了职工对企业的忠诚心。就日本员工而言，一旦在企业就职，一般不想跳槽，即使离开公司，也很难再被其他企业雇佣为正式职工，所以很少有人冒此风险，而且企业经营好坏同员工的个人收入有直接关系。因为经营好的企业员工待遇高，奖励多，如果企业经营不好而倒闭，员工就失业，员工与企业之间形成了一种共同利益关系。因而在企业经营发生困难时，员工就会更加努力工作，忍受减少工资、降低福利等个人经济损失，与企业共渡难关。

其四是有利于节约雇佣费用。在经济处于萧条时期，欧美企业往往会立即将过剩人员推向公开的劳动力市场，而日本却不同，日本企业虽然会一时出现人员过剩的局面，但由于是终身雇佣，所以就可以通过企业内调动、减少加班时间、调整工资水平或重新安置工作等方式予以解决，极力避免解雇职工。而当经济开始复苏，需要大量劳动力时，原来的剩余劳动力就可以立即投入生产。从而可以使企业将更多的余力和资金不断地投资于新技术、新产品的开发上，因为企业无须顾虑自己的科研成果和技术会通过劳工市场而流失。企业不但能迅速满足其用人需要，保持稳定的劳动生产率，而且还节省了不必要的招工费用。

其五是终身雇佣制的运作增强了企业组织内部的稳定性，提高了职工对企业的归属感，培养了职工对企业的"忠诚心"，使职工不仅忠于职守，而且在感情上也与企业融为一体。对职工来说，企业既是工作的场所，也是社会生活的场所，在企业这个共同体中，可以充分体现自身的价值。这种对企业的归属意识和忠诚心，激发了职工对工作的热情以及改进产品质量和提高生产率的强烈的责任感和创造精神，而同时企业又赢得了员工的凝聚力，从而创造了一种相互合作及和谐的组织管理氛围。[2]

当然，终身雇佣制虽然有其合理性，也会表现出某些弊病，首先，日本的终身雇佣制并不是适用于日本的所有企业。它只适用于大企业和部分中小企业的正式职工，对短工、临时工等非正式职工是不适用的。广大中小企业因为竞争地位不稳定，倒闭的可能性较大，所以本身也难以维持大企业那样的雇佣制度。企业的非正式职工甚至是部分中小企业的正式职工，他们的就业、工资和劳动条件等在很大的程度上是由公开的劳动力

---

[1][2] 刘昌黎. 现代日本经济概论 [M]. 大连：东北财经大学出版社，2008.

市场决定的。因此,仅从适用范围来看,终身雇佣制在日本企业中的适用性是有限的,不能无限地夸大其对经济发展的影响。

其次,由于终身雇佣制的实施,企业难以适应自身对劳动力需求的变化。在整个社会必须对产业结构进行调整时,企业缺乏灵活的应变机制,再加之就业倾向本身就落后于经济发展趋势,因此面对突如其来的经济变化,以及激烈的国际竞争和信息化程度的迅速发展,经济雇主很难在必要的情况下迅速降低劳动成本,从而导致竞争力下降,有的发生了根本性的变化。例如,日本经济进入低速增长时期,尤其是"泡沫经济"的出现,众多在战后已成熟的日本企业不仅不需扩大规模、增加人手,还不得不与自战后以来最严重、持续时间最长的经济大萧条搏斗。这时企业的正式职工也成为过剩劳动力,所以作为固定成本的工资同利息一样,是企业沉重的负担。日本企业一方面不得不用减量经营的办法来调整过剩的生产,因而职工的工资成本更不堪负担,最终导致企业经常收益的大幅度下降,而有的企业不得不通过裁员来降低成本以求渡过难关。另外,由于社会统一的劳动力市场没有形成,高质量的劳动力大都集中在大企业内部封闭的劳动力市场,中小企业难以雇佣到优秀人才。另一方面,由于终身雇佣制使企业雇佣调整的灵活性受到了很大限制,尤其是经济萧条经营困难时,由于企业不能及时地裁减过剩人员,给企业经营带来很大的压力。

此外,由于阻碍了劳动力的流动性,使社会统一的劳动力市场被割裂为企业内部封闭的劳动力市场。新就职的青年职工刚一毕业就进入了封闭的劳动力市场,失去了与社会统一劳动力市场的联系。从职业稳定的角度来看,劳动力虽然没有失业的威胁,但面临着其他企业更为优越的劳动条件时失去了选择的权利,其结果,不仅使日本的劳动条件长期低于欧美各国的雇用水平,而且还使广大中小企业的劳动者处于不利的地位。

自从石油危机终结了日本经济的高速增长以来,经过20世纪80年代的低速经济增长特别是90年代的长期经济停滞,日本的经济环境发生了很大变化,从根本上动摇了终身雇佣制存在的基础,使其出现了崩溃的迹象。1990—1997年,因企业经营困难或破产而离职的人数由30.68万人增加到63.58万人。其中,1 000人以上的大企业也由6.04万人增加到6.11万人。1997年以前,大企业解雇人数虽然不明显,但1998年以后迎来了大量解雇的时代。根据日本劳动省的统计,1998年,41家大企业当时实施的解雇计划共解雇了14.02万人,占其职工总数的12.2%,其中,钢铁、其他制造业、金融业和服务业的解雇比例都超过了20%。

面对终身雇佣制受到的冲击和雇佣不稳定的局面,为了解决人员过剩问题,日本企业在雇佣调整基础上,普遍采取了雇佣形态多样化的方式,在20世纪90年代中期的景气复苏期间又增加了非正式工和钟点工的雇佣。2005年,日本全国非正式雇佣者达到1 590万人,占劳动人口总数的32%。在非正式雇佣中,劳动时间也出现了多样化的趋势。特别是2004年以后,每周工作时间35小时以上的派遣工、合同工、嘱托工的人数明显增加,女性钟点工也出现了长时间工作的倾向。非正式雇佣增加的主要原因是:在长期经济停滞和失业人数大量增加的形势下,面临大批希望找到工作的人员,企业在劳动力市场上处于买方市场的有利地位,即使降低劳动条件,也能够雇佣到大量的劳动力;

伴随着经营国际化、全球化的迅速发展，日本企业的海外生产和海外雇佣不断增加，减少了国内雇佣人数，进一步加强了企业在劳动力市场的有利地位；在高龄化和劳动力人口减少的情况下，女性特别是35岁以上女性参加工作的人数日渐增加，为钟点工创造了有利条件。

如前所述，雇佣形态多样化特别是非正式雇佣增加，已经在很大程度上冲击了终身雇佣制。从市场经济的发展方向来看，随着劳动力流动的扩大和统一劳动力市场的形成，终身雇佣制继续崩溃的趋势将进一步加大。尽管如此，根据日本生产部1999年的调查，无论是经营顺利的企业，还是经营低迷的企业，都有50%以上要继续设法维持终身雇佣制。根据日本劳动政策研究、研修机构在2006年进行的调查，继续维持长期雇佣的企业占73.1%；关于长期雇佣方针是"长期雇佣为前提"还是"以转职活跃为前提"，以"长期雇佣为前提"的企业占96.1%；关于雇佣方式是"重视正式社员"还是"重视非正式社员"，"重视正式社员"的企业占87.8%。这意味着虽然重视中途雇佣的企业在增加，但大多数企业并没有放弃终身雇佣为基础的新毕业生的雇佣的做法，而且绝大多数企业仍然继续重视终身雇佣制和正式职工的作用。从日本政府的态度来看，内阁府在《2006年经济财政白皮书》中也重新评价了长期雇佣型的"日本式经营"，认为坚持长期雇佣、重视员工的"日本式经营"的企业资本效率相对较高，并强调这种人力资本积累是"日本企业的强项"。显然，终身雇佣制作为日本企业合理的一种雇佣制度，依然会得到政府、企业和工会的重视。但是，它的适用范围将会缩小，企业将会在更大的程度上使用临时工、短工、委派劳动者等企业外的劳动力资源。因此，如何建立确保职工长期稳定的就业和人才合理流动的新体制，如何创设新的就业机会，为失业工人提供安全保障的就业保险体系，是21世纪初期以来日本雇佣制度的重要对策，终身雇佣制的彻底改革不仅将是长期而缓慢的过程，而且各企业的雇佣制度改革也不会是千篇一律的。

9.4 年功序列制

日本企业推行"以人为中心"的管理模式，其报酬制度是建立在特殊的劳动人事制度基础之上的。这种制度就是终身雇佣制和年功序列制。年功序列制的萌芽可追溯到日本的明治维新后期，期间由于产业革命浪潮的冲击，当时技术基础薄弱的日本企业为了稳定职工队伍，不得不采取定期提薪、发奖金和晋升等手段，而企业里的职工为了能够有安定的生活保障，也愿意遵守这种制度。

在日本企业管理模式中，与日本企业终身雇佣制结合的工资制度是年功序列制。它是一种根据职工的工龄、学历、在一个企业内连续工作的年限及工作能力来确定提薪和晋升的制度。一般来说，工龄长短与职工的技术、技能、经验及对企业的贡献成正比，工龄越长贡献越大，因此，工资应逐年增加。也就是说，在日本应届毕业生作为新员工进入企业后，在相当长的一段时期内（5~10年）工资待遇也是随着工龄增加而持续上升。根据这种制度，同样学历、工龄的职工在就职的一段时间内，其工资和奖金待遇按照资历逐年平均上升没有明显的差别。在以后的职业生涯中，职工的工资待遇也是随着工龄的增加而持续上升,这种资历工资制与终身雇佣制遥相呼应,它作为巩固长期雇佣制度和维持激励机制,一方面对企业经营产生积极作用,另一方面对稳定员工队伍、缓解劳资矛盾、增强员工对企业的向心力起着重要作用,因此,年功序列制是维持终身雇佣制不可缺少的制度。此外,在干部提拔使用和晋升制度中也规定了必须具备的资历条件,达不到规定的资历就不具备成为晋升候选人的资格。

由此可以看出年功序列制具有三大特点:其一是重视资历,以职工年龄、在本企业的工龄和学历等作为决定基本工资的主要因素。基本工资由年龄、企业工龄和学历等因素决定,工资标准由各企业自定,并随员工生活费用、物价、企业的经济效益等因素而每年变动。其二是生活保障的色彩浓厚,考虑到员工衣、食、住、行等方面的需要。除基本工资外,还有优厚的奖金和各种各样的津贴和补贴,不仅考虑员工本人的生活需要,还适当考虑员工家属的生活需要,以尽可能解除员工后顾之忧。从报酬构成的比重来看,保障职工及其家属生活需要的部分约占65%,勉励职工发挥积极性的能力工资占25%,其余10%是地区补贴。当然,企业职工的提薪、晋升除了与资历条件密切相关外,还与该职工的工作成绩、工作态度、工作能力和适应性有关。因此,这样的年功序列制度使所有职工都卷入长达几十年的提薪和晋升竞争过程之中。这种竞争使职工之间互相协作配合,并以企业的发展繁荣为其根本目的。其三是员工的退休金和奖金的计算,也与员工的年龄、企业工龄有一定的关系。

为了调动全体员工的积极性,日本企业也采取了一些有效的辅助措施。首先是独立于工资制度的奖金制度,它是根据企业当年获得利润状况来确定的,属于员工的弹性工资。奖金分两次发放,一次在本年8月前,金额较少,另一次在下一年的3月,数量较多。当企业在某年获利特别多以至于使当年提取的奖金额也特别多时,也可留取一部分先存起来,以用来调剂获利少的年份。一般来说,大企业奖金较多,中、小企业奖金较少。日本企业奖金数量之多,在发达国家中是名列前茅的。其次,日本企业也十分重视逐步提高职工的福利待遇。如世界著名的汽车行业跨国公司——本田汽车股份有限公司,为了调动员工积极性,用部分利润修建福利设施,丰富他们的业余生活,受到广大员工的欢迎,使劳资双方的关系日益融洽。除上述措施外,日本企业还很重视做职工的思想工作,他们极善于将物质奖励和精神奖励有机地结合起来,以达到调动公司全员的积极性,充分发挥他们的聪明才智的目的。日本企业为了充分发挥企业全体职工的积极性和创造性来增强企业的活力,还设立了多种类型的奖,如合理化建议奖,对提出建议者,只要建议被采用,即视其创利润多少或社会效益情况给予奖励。此外,还有新技术新产品开发奖、质量奖、发明奖以及技术革新奖等。

从晋升方面来看,职工的职位提升除了与资历条件密切相关外,还与职工的业绩、能力、学历和适应性有关,它的差距会依各人能力和贡献的不同而逐渐显现。特别是白领职员到了40岁左右,往往围绕着获取部长、课长的职位而接受严格的选拔和激烈的竞争,而企业是尽可能平等地促使每个人的能力向上,在此基础上依靠大多数人都能认可的考核进行选拔。在晋升方面日本也重视年功因素,但并不是工作年限越长越能得到晋升的机会,大多数企业还是考虑员工的实力和工作业绩,日本的人事考核是世界上最严格的。年龄大的员工不晋升但不影响工资的提高,因此在日本企业中科长工资不如科员工资的现象是屡见不鲜的。年功序列制是与对职工的长期培养、考察紧密联系的。因此,年功序列制能够保证职工的工资待遇逐年提高,而不会造成待遇上的平均主义。

年功序列制和终身雇佣制一样也符合日本国情,并对日本式经营发挥了重要作用,产生了积极影响。其经济合理性在于:其一是年功和熟练程度在一定程度上体现了职工的能力和贡献。一般来说,在技术进步缓慢,生产现代化水平不高的情况下,职工的能力和贡献与工作年限、工作经验和熟练程度是正相关的。这是年功序列制得以长期存在的重要原因。

其二是有利于控制工资水平。与职务工资按职务确定基本工资相比,年功工资是按年龄、学历和工龄确定基本工资的。因此,年轻人的初任职工资就可以按其生活费来确定。年轻人的初任工资虽然很低,但可以期待每年的定期提薪,按年功逐渐地提高工资,退休时还可以提取较丰厚的退休金。其结果,由于工资增长曲线与个人生活费用曲线基本吻合,从而年功工资就成了一种生活费工资或生活保障工资。这有利于企业控制工资水平和企业工资总额,进而降低工资成本,提高国际竞争力。从实际情况来看,20 世纪 50 年代到 60 年代日本之所以能够长期保持工资优势,在很大程度上就是实施了年功序列制的结果①。

其三是培养职工对企业的忠诚心。职工要得到定期提薪,在每年的两次人事考核中都必须得到上司的好评,其中少数人还可能得到特别提薪的机会。更为重要的是,企业经营管理者的选拔和晋升在很大程度上也是采用年功序列制,这是一种从职工中提拔经营管理者的"内部晋升制度"。这样,年功序列制就利用了个人普遍希望提高工资和晋升职务的心理,培养了职工对企业的忠诚心。这对于调动职工的积极性、加强企业的劳动管理和人事管理都是有利的。②另外,在年功序列制下,职工若中途转职则意味着连续工龄丧失,因此,为了避免个人经济利益的损失,职工即使对企业不满意,也很少跳槽,从而有利于巩固终身雇佣。

如前所述,年功序列制是在日本特殊条件下形成的,是东方传统观念与当时日本的现实情况巧妙结合的产物,使员工个人与企业的利益一致化了,使员工队伍对企业产生强烈的归属感,从而对企业忠诚服务并关心企业的兴衰,塑造了日本独特的企业模式。随着经济环境的变化,它逐步暴露出各种弊端:以论资排辈作为个人晋升的阶梯,不利于挖掘员工今后的工作业绩和能力,助长了部分职工论资排辈、人浮于事的现象,从而导致激励机制弱化;在主张自我、强调竞争的年轻一代看来,是不利于发挥员工才干的,不利于培养员工开拓进取、勇于创新的奋发精神,造成了人力资源的僵化;妨碍了自由的、横向的劳动力市场,影响劳动力资源合理配置。

年功序列工资制实施的结果容易造成这样一种现象:对同等学历和能力的人来讲,无论贡献大小,工资变动只能决定于企业工龄的累加;对学历和能力不相同的人来讲,工龄也会成为掩盖其他劳动差别的主要因素。因此,这种工资制度容易造成雇员工资与

---

① ② 刘昌黎. 现代日本经济概论 [M]. 大连:东北财经大学出版社,2008.

劳动质量和数量的脱节，并形成起点工资低、工资差别大的工资结构，不利于工资激励功能的发挥。

一方面，年功序列制失去了赖以存在的基础——经济的高速增长，没有足够的经济增量来保证员工均能按照一定的节奏在等级制中获得发展。进入20世纪90年代，这种曾经在日本经济发展进程中发挥过积极作用的制度开始发生了倾斜，种种弊端在萧条的经济中暴露无遗，这些都使日本大企业的年功序列制出现了松动。年功序列制的适用范围在不断缩小。

另一方面，年功序列制不太注重工作业绩和能力，导致激励机制弱化。以论资排辈的"年"和"功"作为个人晋升的阶梯，有利于形成企业人事结构的超稳定状态，但在主张自我、强调竞争的年轻一代看来，是不利于发挥自己才干的；它所造成的秩序主义以及风险与报酬的背离，严重挫伤了员工的工作积极性和创新意识，造成了劳动力市场的僵化。

20世纪90年代以来，日本企业为有效激励职工的工作积极性，提高企业的经营效率，普遍推崇成果主义，把经营或工作业绩作为了确定基本工资的主要依据，实行了业绩工资制度。1999年以来，在企业总体效益持续滑坡的形势下，日本企业先后制定了今后几年的裁员计划。年功序列制与终身雇佣制是日本企业人力资源管理的一套相互影响的管理方法，因此，随着终身雇佣制受到冲击，年功序列制也面临着前所未有的挑战。

进入21世纪后，特别是2006年以来，虽然对业绩工资的批评开始增加，但大多数企业仍然重视业绩工资的作用。根据日本内阁府2006年的调查，80%以上的企业实行了业绩工资制度。根据日本劳动政策研究所2007年的调查，关于工资制度和晋升制度的方针，企业"重视成果"的占65.6%，远远超过了"重视年龄和工龄"的34.4%。

年功工资以工龄的长短为中心，体现的是资历主义；职能工资以完成职务能力的高低为中心，体现的是能力主义。相比之下，业绩工资以经营业绩或工作业绩为中心，体现的是成果主义。随着劳动者特别是年轻人价值观的变化，更多人倾向于成果主义。越来越多的人不希望企业重视工龄的长短和能力的高低，而是希望企业重视业绩的大小，因此，业绩工资的推行一开始就受到了不少人的青睐。20世纪90年代以来的多次调查都显示了这种倾向，并有不断增强的趋势。

业绩工资把员工的工资水平与企业的经营成果和个人的工作成果结合起来，克服了资历主义和能力主义的局限，既激励了经营管理人员努力提高经营管理水平，也调动了个人努力提高工作效率的积极性。因此，在实行业绩工资的企业中，经营管理者和一般员工，特别是年轻人的工作热情提高，对改善企业经营、提高企业经营效益起到了积极作用，收到了明显的成效。另外，业绩工资的实行也提高了一部分工作人员，特别是管理工作人员的工资水平。但随着业绩工资的实施，也产生了工资差距扩大、年休利用率下降和工作时间增长等问题。

通过上面的分析可以看出，年功序列制自战后确立就一直在随着环境的改变而不断地调整，每次调整都不同程度地缩小年功序列在整个薪金体系中的比例或是减少享受年功序列的人数。总体上说，薪金和职务基本上都是随着工龄的增长而不断提高的，工龄在人事薪金体系中起决定性作用。但这种情况在进入 20 世纪 90 年代以后发生了巨大的变化[①]。从实际情况来看，21 世纪初期以来，职能工资特别是业绩工资的推广，已经在很大程度上修正了年功工资制。尽管如此，职能工资和业绩工资都只是改变了基本工资的决定方法，并没有改变工资的附属制度。现在，每年 4 月的定期提薪制度，一年两次的奖金制度，特别是退职金、退休制度都还继续进行，没有什么改变的迹象。时至今日，仍然有很多人认为，年功序列制是一种比较理想的工资制度。根据日本劳动政策研究所 2004 年的调查，认为年功序列工资制好的人在各年龄阶段的就业人员中都超过 50%，其中在 50~59 岁的高龄就业者中超过了 70%。

年功序列工资制经历了确立期的憧憬、鼎盛期的辉煌、衰落期的挣扎后，终于在 21 世纪初走入没落期。逐渐抛弃了年功序列制的日本薪金体系正在向西方业绩主义的方向发展演变，这种目前最能调动员工积极性的薪金体系是否适合日本企业的发展目前很难定论。根据日本内阁府颁布的《2006 年财政报告》，引进成果主义的企业虽然控制了工资的提高，但对于每个劳动者来说，业绩工资究竟有什么意义却很难进行定量分析，在企业中也有人对成果主义效果抱有怀疑的看法。该报告指出，职工工作是否有干劲关键不在于工资和金钱，还有其他方面的因素，用成果主义评价工资的多少，会使日本企业失去迄今为止赖以成功的强项。这意味着日本政府并没有否定年功工资的积极作用。由此看来，要彻底改革年功工资制并不容易，必然要经历一个长期而缓慢的过程。

9.5　企业内工会与劳使关系

企业内工会又称企业别工会，是支撑日本企业经营管理的重要支柱之一。企业内工会，是以企业为单位组织的工会，它使企业和员工结成紧密的共同体。在日本，企业工会是企业的员工方与经营方开展员工与雇主之间交涉的主要角色，它缓和了雇主与员工的矛盾，有利于企业实行家族式的经营管理。由于企业内工会是企业内所属的工会，它更多地考虑本企业的利益和前途，频繁地交流有关劳资协调的内容，因此，在日本实行企业内工会制度更容易使劳资之间形成相互协调与合作关系，从而确保企业的生产。

日本的企业内工会大都是在各个企业中分别建立起来的，这与欧美各国按产业、地区和职业建立的产业性、地区性、职业性行会是不一样的。从战后初期到现在，日本虽然有总评、同盟、新产别和中立劳联四个全国性的工会组织，另外还有钢铁劳联、电机劳联以及合化劳联等产业性组织，但是大多数劳动者，特别是大企业的劳动者参加的都是企业内工会，是以企业为单位组织的工会。企业内工会作为一种相互的家族式的命运共同体，为企业的发展和员工待遇的改善而使劳资双方结成对等协商的关系。而且，各企业内工会之间基本上没有联系。

企业内工会的主要特点之一是以大企业为中心建立起来的，而中小企业却很少建立工会组织。1999 年的统计显示，1 000 人以上的大企业工会组织率为 57.2%，而 999 人

---

① 邢雪艳. 论日本"年功序列制"的历史变迁 [J]. 日本学论坛，2007 (3).

以下的中企业只有20.9%，其中29人以下的小企业仅为1.4%。由此可见，企业内工会是以大企业为中心的一种不成文的习惯性制度。

企业内工会的成员不仅包括一般的体力劳动者，也包括工程技术人员和课长、班组长等基层管理人员，即所谓白领阶层也有不少人参加了企业内工会。从实际情况来看，大学毕业生刚进入企业后大都参加企业内工会，直到晋升到课长以上的管理职务以后，才逐渐脱离了与工会的联系。

企业内工会的另一个特点是从属于企业。在日本企业中，不少工会都是在企业的支持下建立起来的。工会虽然不参与企业的经营决策，但由于其中许多人在担任了工会干部以后进入了企业经营者的行列，因此企业内工会本质上就从属于企业，起到了为企业经营管理服务的作用。和经营者一样，企业内工会首先关心的问题是企业的发展和壮大，因为工会会员的工作、提薪、晋升以及家庭生活都与企业经营的好坏有直接的关系。这样，工会和经营者之间不仅不对立，而且还密切配合，这与欧美各国企业和工会对立有本质的区别。

企业内工会作为企业的单位组织，如果企业破产则工会也不会存在，因此工会一般不会将为员工提高工资和改善劳动条件放在最主要的位置上。在这种情况下，企业内工会一般具有强烈参与经营的意识，鼓励员工提出合理化建议，改进工作，以提高和改善企业的经营状况，增加员工的收入和福利待遇。在大多数日本企业，除经营者外，职员都参加属于该企业的同一工会。在日本，企业工会是企业的员工方与经营方开展员工与雇主之间交涉的主要角色，它使日本企业广泛实行"劳资协议制"，即工会与公司双方就企业的各种问题进行协商，其内容虽然也包括员工的雇佣和劳动条件，但主要是企业的经营方针和中长期计划等问题。

对日本企业来说，最重要的是企业所拥有的特殊人力资本，而这种人力资本只是在本企业工作的劳动者，所以日本企业就支持建立内部的工会组织，由此可见，企业内工会有符合日本企业经营需要的一面。

日本的企业内工会不仅有利于劳资协调，而且企业内个别决定的劳动条件一般都低于社会性决定的劳动条件，从实际情况来看也是这样。由于企业内工会的作用，日本在经济高速增长时期不仅长期保持了发达国家中最低的工资水平，而且因劳资纠纷所损失的工作日也是最少的。1960—1970年，美国工人罢工平均持续15天以上，英国也平均5天以上，而日本则平均不到2天。由于劳资纠纷少、参加人数少、罢工时间短，所以与欧美各国企业相比，日本企业劳资纠纷所造成的经营损失是最少的。

劳资关系是影响企业经营和生产效率的重要因素，特别是大企业普遍建立企业内工会以后，劳资关系就一直是企业经营内部决策的重大课题。

战后以来，在日本企业特别是在大企业中，一般把劳资关系称为"劳使关系"。劳使关系是指企业中的劳动关系不是工人与资本家的关系，而是劳动者和劳动力使用者之间的关系，是一般从业人员和经营者的关系。这一概念是以法人所有制为前提，在实现了企业所有权和经营权分离、企业所有者与经营者分离的基础上提出的。

企业内工会对建立和谐的劳使关系最主要的贡献是使工会组织率下降和劳资纠纷减

少。日本在20世纪20年代曾建立了一些有影响力的工会组织，这些工会组织在第二次世界大战期间全部被取缔。直到战后初期的民主化改革实现了劳动民主化以后，工会组织才迅速发展起来。当时的工会组织率一度超过了50%。然而，50年代以后，在经济高速增长的过程中，工会数量虽然继续增加，但工会组织率却迅速下降了。1965年，日本全国共有27 525个工会，工会会员为1 015万人，占劳动者总数的34.8%。1984年，工会总数虽然达到了历史最多的34 579个，但工会会员为1 246万人，低于1975年的1 259万人，只占劳动者总数的29.1%。2006年，工会总数减少到27 507个，工会会员减少到1 004万人，工会组织率也下降为20%左右。

从国际比较来看，瑞典和丹麦的工会组织率很高，1994年分别为91.1%和80.1%，其他主要发达国家1995年的统计是：英国为32.9%，德国为28.9%，美国为14.2%，法国为9.1%。

随着工会、工会会员减少和工会组织率的下降，日本的劳资纠纷明显减少，如表9—2所示，日本全国的劳资纠纷在经济高速增长之后的1975年达到顶点，之后罢工件数和参加人数都明显减少了。尤其是20世纪90年代以来，劳资纠纷的减少更为明显。2005年，日本全国发生的劳动纠纷为708件，相当于1975年的8.4%；总参加人数为64.6万人，相当于1975年的6.3%。

表9—2　　　　　　　　　　　日本劳资纠纷减少的情况

年份	总计		有争议的罢工				进行团体斗争的劳动纠纷			
	件数/件	参加人数/千人	超过半天的罢工		工厂关门		不足半天的罢工		怠工	
			件数/件	参加人数/千人	件数/件	参加人数/千人	件数/件	参加人数/千人	件数/件	参加人数/千人
1970	4 551	9 317	2 256	1 720	32	4.4	2 356	1 294	101	34
1975	8 435	10 261	3 385	2 731	25	2.9	5 475	2 449	55	11
1980	4 376	5 456	1 128	563	10	0.2	3 038	1 356	37	12
1985	4 826	3 249	625	123	3	0.2	3 834	1 267	7	2.3
1990	2 071	2 026	283	84	2	0.0	1 533	638	7	0.5
1995	1 200	1 207	208	38	1	0.0	549	193	7	1.6
2000	958	1 117	117	15	1	0.0	216	71	2	0.0
2004	737	710	51	7.0	1	0.0	142	50	—	—
2005	708	646	50	4.1			99	24	—	—

资料来源：［日］総務省統計局. 2008年日本統計年鑑［M］. 東京：日本統計協会，2007.

工会组织率下降和劳动纠纷减少是发达国家共同的趋势，从日本的情况来看，20世纪80年代以前，其原因是伴随着经济高速增长的工资收入和社会保障水平的提高以及"中流意识"的增强，而90年代以后，其原因则是在经济长期停滞的形势下，职工和企业都优先重视雇佣关系的稳定。尽管如此，日本式劳务管理的成功是不可忽视的重要原因之一。由于日本式独特的劳务管理，日本企业不仅最大限度地调动了职工的积极性，实现了集团主义经营，而且还大大缓解了劳资矛盾，实现了劳使关系的协调。因此，企业内工会与终身雇佣制、年功序列制一起，被称为日本企业经营的三大法宝①，为促进日本企业的发展和成功起了重要作用。

9.6 人力资源开发

  日本的人力资源开发模式是在第二次世界大战以后日本经济复苏和高速发展时期形成的。人力资源作为最重要的经济资源，造就了日本经济的奇迹，对日本的经济腾飞具有举足轻重的作用。在经济发展过程中，日本一直很重视通过教育培养人才并加强对员工系统的在职教育培训，以此来提高员工的素质，挖掘员工的工作潜力和进取精神，合理配置和使用劳动力。日本独特的人力资源开发模式引人瞩目。

  日本企业在人力资源开发方面形成了一些特定制度及固有体系。一般来说，战后到20世纪50年代中期是模仿美式"教育培训制度"的时期。当时日本正处在美军占领下进行的"美式改革"，因此，日本企业在此大环境驱使下着手的人力资源开发战略首先接触的也是从美国引进的一种二战时期非常流行于美国企业的人力资源开发政策，即职业培训（Off–JT）政策。这项政策的内容包括对一般员工进行教育培训的督导人员训练（TWI，Training Within Industry）制；对企业现场骨干培训的管理培训计划（MTP，Management Training Program）；对企业管理干部、经营者开展的CC制教育讲座等②，这些以教育培训为核心的制度对整顿企业经营秩序起到极其"切合实际"的作用，因此很快便在日本企业间得到普及。1951年之后日本在企业内部管理层提出应创建符合日本企业独特的"教育培训体系"。尽管这一日益高涨的呼声得到了当时政府部门人事院和日本产业培训协会的高度重视，并起草拟就了一套"符合"日本企业组织的"培训计划"，但在推行过程中并不顺利。

  从20世纪50年代中期至1973年石油危机爆发，是日本经济高速增长时期。受经济快速增长的影响，各企业组织都认识到教育培训的重要性，企业内部的人力资源开发也进入一个新时期。他们开始尝试着加入一些更适合日本企业自身特色的东西，如KJ法、NM法等这些鼓励员工最大限度发挥自身创造性的内容。另外，这时期他们还引入了以行为科学为准则的一系列人力资源开发项目，其中最为著名的就是"集体培训"制度。1965年日本经济联合会出版的《能力主义管理》给企业人力资源开发领域"吹入新风"，因为这本书中强调，企业应凭员工对企业的贡献和个人的能力计酬，而不应实行平均式的按工龄长短、职务高低计酬；企业的员工培训也不应仅局限于以适应本职工作为最终目标，而应着眼未来，以培养员工的开发和创造力为主要目的等，③ 这是战后日本企业界第一次明确号召在人力资源管理方面实施战略改革。自此，新的人才开发政策如公务员开发计划、自己申告制度、岗位轮换制度、多技能教育制度、目标管理制度等不断涌现。

---

 ① 刘昌黎. 现代日本经济概论［M］. 大连：东北财经大学出版社，2008.
 ② ［美］雷蒙德·A. 诺伊. 雇员培训与开发［M］. 北京：中国人民大学出版社，2001.
 ③ ［日］今野浩一郎. 個と組織の成果主義［M］. 東京：中央経済社，2003.

而像其中的"岗位轮换制度"就一直是 1990 年以前日本人力资源管理的重要内容,是企业内部培养"全能型人才"和实现"社内人才流动"的一项非常具有特色的人事管理制度。①

20 世纪 70 年代,在经历了两次石油危机之后,日本经济从高速增长转为低速增长,经营管理方面也进入了减量经营时代。② 虽然企业通过内部整合实现了降低成本等企业组织瘦身目的,但从人力资源开发战略上来看,这时期无疑是处于停滞时期。企业瘦身的内容主要包括实现机械设备微电子化和员工年轻化,这一政策使企业中的中年或年龄偏高者的危机感日益增加,压力加大,导致企业内部矛盾和纠纷频繁发生,以致影响了日本企业长期以来倡导的"稳健型经营"目标。这时期涌现出一些新型企业管理方式,如"全面质量管理"(TQC)和技术创新活动等,以组建 TQC 小组、技术创新小组等形式,让每位员工不仅直接充当产品生产质量监督员,还允许他们针对生产中的技术问题提出相关改进意见。这些活动尽管在一定程度上激发了年轻员工积极向上的工作热情,但从人力资源开发战略的角度来看,这时期企业的人才培养缺乏全面性和连贯性③。

经历了 20 世纪 70 年代企业内部机制改革"阵痛"后,企业组织得到重整,生产成本降低,企业的国际竞争力大大提高。到 80 年代中后期,日本不仅成为纯债权国,而且成为仅次于美国的第二大经济实体。因此,日本式经营管理模式也开始备受瞩目。美国学者爱兹勒·F. 博盖尔所著的《日本第一》一书不仅翔实地介绍了战后日本经济起飞和高速发展的历程,而且指出日本获得经济成功与终身雇佣制、年功序列制、企业工会这些独特的企业经营模式息息相关。这激起了日本人重新审视日本式经营优越性的热潮。在人力资源开发与管理层,也有学者提出了日本式"企业内培训"是日本制造业达到世界领先水平的重要保障因素的观点;更有学者认为这个时期日本企业人才培训体系的重心就在于"企业内培训"等,所以 20 世纪 80 年代中期之后,一种"企业内在职培训万能论"的论调风靡一时。④

20 世纪 90 年代,日本进入战后最漫长的经济萧条时期。为了尽早走出低迷,从政府的"结构改革"到企业的"机制改革"都被纷纷提上议事日程,许多企业开始重新审视日本式企业管理模式,有些企业甚至率先废弃了终身雇佣制,进行公司裁员;打破年功序列制,实行彻底的"能力主义"等。所以说,20 世纪 90 年代,日本迎来了人力资源开发和管理的变革时代。⑤

日本人力资源开发的主要特点是以人为本,重视通过教育培养人才并加强对员工系统的在职培训。在员工的培训中,主要是对职工进行企业精神教育,企业精神教育强调

---

① [日] 佐口和郎,橘元秀一. 人事労務管理の歴史分析 [M]. 東京:ミネルヴァ書房,2003.
② 减量经营指两个方面的内容:一是企业内部调整雇佣,针对人浮于事的局面,调整正式职工的劳动时间,停止新增职工,消减中途聘用,对中老年实行有奖劝退,引进微电子设备,以提高企业效率;二是消减金融支出与库存。
③ [日] 今井贤一,小宫隆太郎. 日本の企業 [M]. 東京:東京大学出版社,1995.
④ 张乃丽. 日本企业人力资源开发的新特征及其存在的问题 [J]. 现代日本经济,2006 (6).
⑤ [日] 稲上毅. 現代日本のコーポレートガバナンス [M]. 東京:東洋経済新報社,2000.

性格开发，如在困难时刻的忍耐力、承受的心理压力以及承担的社会责任等①，培养他们对企业忠诚的"公司主义"、集体主义和团结合作的作风；在管理知识教育方面，除了让新职工了解企业的就业规则和管理体系外，各企业还重视对他们进行战略意识、自主管理意识和尊重人性的管理观念教育，并传授基本的工作技能和专业知识。② 此外，企业还注重将教育与企业发展、市场需求变化、国际化经营需要相结合，要求在职员工不断地接受新知识和新技能，强化电子学、英语及电脑应用技术等方面的学习，并通过对在职员工进行终身教育培训，把企业的未来与员工的未来紧密地联系起来。另外，企业还注重挖掘员工的工作潜力、进取精神、与人合作的能力以及小组集体智慧等。日本在员工的培训中，坚持一般教育培训和重点教育培训，迅速提高了现职员工的基本素质，它使日本企业以相对较低的代价培养了大量适合本企业需要的经营管理人才。这些人才既精通本企业的传统经营管理方法，又在接受教育培训的过程中很快掌握了先进的经营管理理论与方法，这就使企业原有的经营管理人才通过不断的知识更新转变为更高层次的人才资源，从而使企业的现代经营管理人才不断得到补充。

　　日本企业之所以实行广泛的企业内部教育训练，其原因就在于就业人员现有的能力与企业要求的能力存在差距。这种差距是企业内部教育训练的出发点和必要性所在，消灭这种差距是实行教育训练的目的。在日本企业中新毕业生的集中定期录用方式长期占据支配地位，这就要求企业必须进行内部教育训练，从而使他们具有一定的职业经验，这对企业来说是很有价值的。这一点表明，日本的企业认为人的能力差距不是天生的，而是可以开发的。日本企业的教育训练大致可以概括为自我启发、职场内培训（OJT, On the Job Training）、脱产教育培训（OEFJT, Off the Job Training）3 种形式。自我启发，就是就业人员个人按照自己的意图和判断去提高自己的能力，有时也由公司方面帮助解决所负担的函授教育费用。职场内培训是工作现场管理者直接针对部下进行的教育训练活动；脱产教育培训则是脱离工作岗位而进行的教育训练。脱产教育培训的主要形式有派出参加会议、研修、讲习会、留学等。职场内培训是人才培养最传统的方式，为了弥补其局限性才实行脱产教育培训。日本企业中，由于现场层次上的知识、技术、窍门不一定标准化、体系化，所以职场内培训实际是被委托给各工作岗位的上司们加以指导进行的。因而这种培训实际成了个人试错性的体验学习。相比之下，脱产教育培训是以系统地获得专业能力为目标的，需要投入相当大的费用和精力，而且形成了制度。在这 3 种教育训练方式下，日本大企业最为重视的训练对象是"新职工"和"管理者"。

　　日本企业一直把对在职员工的教育培训放在首要地位，它们对企业各级领导层的教育培训尤为重视，并要求中层以上管理人员"全员"参加（从科长、部长到董事、经理都参加）。世界著名企业家松下幸之助的信条是："松下公司是造就人才的地方，同时也是造电器产品的企业。"他认为，办企业首先要有优秀的经营管理人才，而这种高素质的人才主要靠企业本身的教育培训培养出来，否则事业就不能成功。根据这个方针，该公

---

① 白成琦. 日本企业经营管理现代化经验与方法 [M]. 长春：吉林大学出版社，1985.
② 金明善. 现代日本经济问题 [M]. 沈阳：辽宁人民出版社，1983.

司办起各种职工教育,如新雇员的入门教育培训、在职工人的教育培训、管理人员的教育培训以及优秀雇员的升级培训等。① 日本企业的各类教育培训从20世纪40年代末开办"经营者讲座"以来一直持续至今,并且不断地深入和发展。正因为如此,日本员工的素质始终处于快速提高中。日本企业通过对职工的教育培训提高了其国际竞争力。②

在教育方面,一是通过大力发展正规教育来开发人力资源,实行九年制义务教育,现日本义务教育的范围和质量都处于世界领先水平。二是不断增加对人力资源的教育投资和科研经费,目前日本的人均教育经费为555美元,是世界上最高的。2000年,科研经费为1 305亿美元,名列世界前茅。2002年,研究与发展经费支出占国内生产总值的比重为3.1%,居世界主要国家第一位。图9—1的横轴和纵轴分别是世界主要国家2005年的人均国民生产总值和2005年的研究与发展经费支出占国内生产总值比重。可以说,随着收入的增大,研究与发展经费支出占国内生产总值比重呈现上升趋势。如图9—1所示,日本的研究与发展经费支出占国内生产总值比重在回归线的右上方,超过了美国、德国、法国、英国等主要发达国家。日本的研究与发展经费支出占国内生产总值比重的上升主要归结于经济发展水平的不断提高。

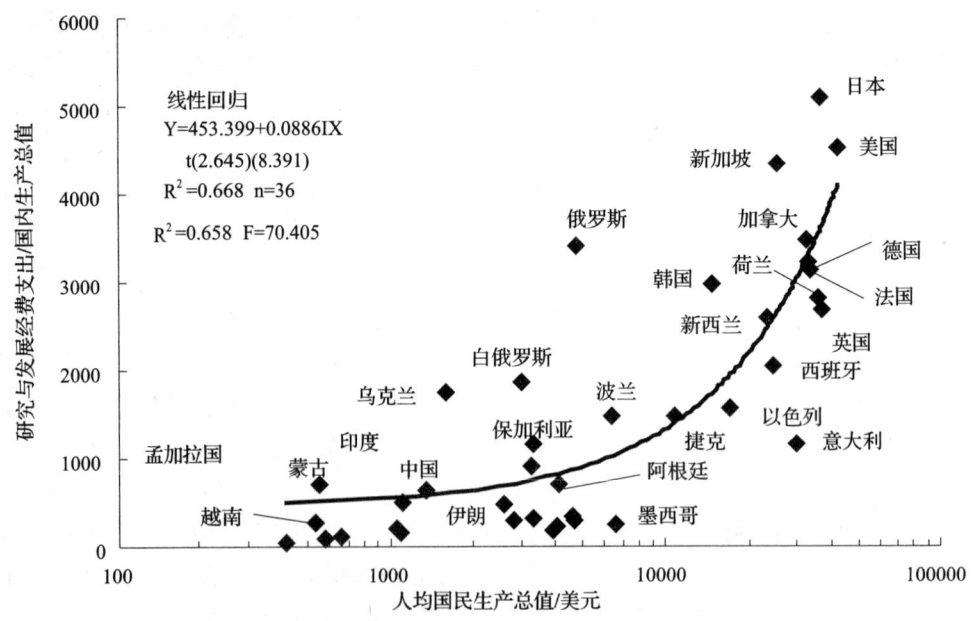

图9—1 世界主要国家研究与发展经费支出占国内生产总值比重与人均国民生产总值

资料来源:国家统计局. 国际统计年鉴(2005年版)[M]. 北京:中国统计出版社,2005;国际货币基金组织. 世界经济前景数据库[M]. 北京:中国金融出版社,2005.

据世界银行《2005年世界发展指标》的统计,2005年,日本每百万人口中从事研究与开发的研究人员达到5 085人(见图9—2),居世界第一位。图9—2的横轴和纵轴分

---

① 范作申. 日本企业内教育培训[M]. 北京:经济管理出版社,2002.
② 名和太郎. 松下幸之助谈经营的神髓[M]. 北京:国际商业出版公司,1983.

别是世界主要国家2005年的人均国民生产总值和每百万人口中从事研究与开发的研究人员数。从该图可以看到：每百万人口中从事研究与开发的研究人员越多的国家其经济发展水平也越高，两者呈正相关关系。日本每百万人口中从事研究与开发的研究人员数在回归线的右上方，明显超过了世界各国的水平，可以说在一定程度上对日本的经济发展起到了促进作用。在许多高科技领域，日本已超过美国和其他一些发达国家，居世界领先水平。

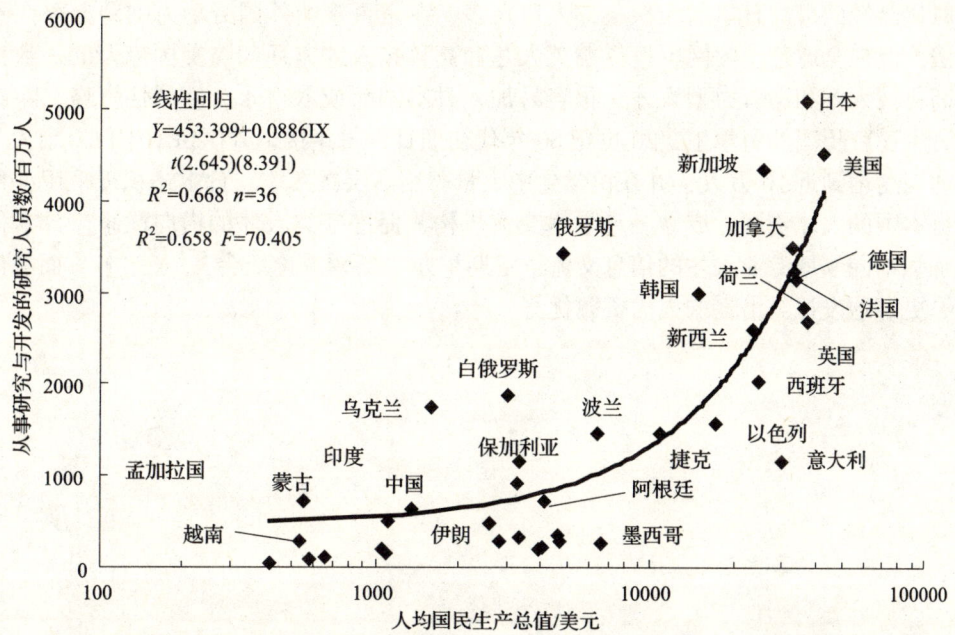

图9—2　世界主要国家每百万人口中从事研究与开发的研究人员与人均国民生产总值

资料来源：世界银行. 2005年世界发展指标［M］. 北京：中国财政经济出版社，2005；国际货币基金组织. 世界经济前景数据库［M］. 北京：中国金融出版社，2005.

此外，日本为了保持其经济大国的地位，在有效开发本国人力资源的基础上，加强国际间的交流和合作，通过提供良好的研究环境和生活环境来吸引和利用外国的优秀人才。例如，日本野村证券公司不惜花高薪聘请国外著名的金融经济专家担任高级职务，使其始终保持旺盛的生命力。日本为了更有效地引进外国人才，在21世纪初期建立了一个世界性的优秀科技人才中心，用来吸引世界各国最优秀的科学家和高级工程师。日本通产省设立了国际科学合作鼓励基金，突出强调对到日本参与高技术科研合作的外国科学家给予一定的补助，对科技成果有突出贡献者给予重奖。日本认为，在未开拓的尖端技术领域，聘请一位外国的优秀研究人员，其效果相当于派遣20名本国研究人员出国进修。为了同美国竞争，日本政府目前在科技研究开发的投入已占到国民生产总值的3%，且正在实施科研国际化政策，加强全球化的人才竞争力。日本正在实施的"人类新领域计划"所需人员的1/3将要从国外招聘。此外，日本把一些高科技实验室设在美国的高科技中心或名牌大学附近，就地取材，并在当地雇佣各国在美的高科技人员。日本为了网罗人才采用世界最高的高薪制，支付给高级研究人员的年薪通常为25万美元，刚毕业的博士生为7万美元，这比美国的研究所和大学提供的最高工资高出20%～30%。日本对留学生特别是对具有博士学位的留学生的就业申请和终身雇佣的批准比例也大幅度提高，这不仅为留学生永久移民提供了便利条件，也加剧了发展中国家以留学生为代表的人才流失，引起了世界各国的极大关注。近数十年来，日本已成为继美国之后的全球人才资源的最大消费国和受惠国。

  日本已公开表明：随着经济全球化和知识经济的迅速发展，21世纪日本利用国际人才的时代已经到来。日本国土狭小，人口众多，在是否接纳外国劳动力问题上存在不同的看法，但在全球范围内网罗世界精英人才和高科技人才方面却与美国惊人的一致，只要是高科技人才和高智力型人才，很容易加入日本国籍或取得永久性居住资格。除此之外，日本还广招国外留学生，20世纪80年代初期日本每年接纳外国留学生仅万余人，21世纪初期猛增到近10万人，并在留学生中大量聘用高层次人才。日本还积极采用各种措施挖掘本国的人才资源，成立各种学术交流机构，促进各类人才的横向联系。日本科技厅为加强不同领域专业人才的信息交流，定期举办"新领域论坛会"，通过各方面的信息交流，更好地发挥其潜在的人力资源优势。

第 10 章　人口老龄化与经济发展

10.1　人口老龄化的发展趋势

人口老龄化（population aging）① 是指老年人口在总人口中所占比重逐渐增加的过程，特别是指在年龄结构类型已属老年型的人口中，老年人口比重持续上升的过程。人口老龄化是人口转变的必然结果。随着人口出生率、死亡率的下降和人类预期寿命的延长，人口平均年龄和年龄中位数会随之逐渐增加，人口逐渐趋向老龄化。

老龄人口通常指 60 岁及以上或 65 岁及以上人口。这两种老龄人口的划分标准均为最常用的指标。目前，联合国和许多研究部门都采用这两种划分老年人的标准。现在世界各国也各自实行特定的标准。发达国家一般将 65 岁及以上人口划分为老龄人口，而发展中国家一般则将 60 岁及以上人口划分为老龄人口。可见，老龄人口的起始年龄受时间和空间的影响。从老龄人口结构来看，60 岁及以上人口比重达到 10% 以上或 65 岁及以上人口比重达到 7% 以上的人口结构属于老年型人口结构。经济学家和人口学家通常利用这两种划分老龄人口的方法来研究老龄人口经济关系，分析人口老龄化对人口结构和经济发展的影响。

人口老龄化作为年龄结构变动的趋势主要是由生育率下降、死亡率下降和平均预期寿命的延长引起的。从日本人口老龄化的诸指标来看（见图 10—1），老年人口系数在 1865—1920 年（大正 9 年）间始终没有变化，老年负担系数呈现略微上升的趋势，而老化指数则呈现降低的趋势。这是由少年儿童人口增加和生产年龄人口减少引起的。这一时期日本人口的年龄结构是较为年轻的。

昭和初期以后，出生率开始缓慢下降，年龄结构逐渐发生变化，如表 10—1 所示，各老龄化指标以 1935 年为谷底开始一起上升，日本的年龄结构开始逐渐呈现老化趋势，但老龄化的势头并不明显。第二次世界大战以后，日本的各老龄化指标开始上升，尤其

---

① 人口老龄化从广义上来看包括两种含义，即每个人个体的老化和整个人口群体的老化。个体的老化主要是指个人年龄的增长变化，个体老化实际上是从出生开始的，人的一生自始至终都处在老化的过程中，由此可见，个体老化是单向的、不可逆转的。个体老化除了年龄之外，还有生理老化、心理老化、功能老化以及行为老化等，其老化过程有快有慢。人口群体的老化与个体老化一样，以年龄老化为主要标志，它是指一个国家或地区的人口年龄结构发生变化，出现老年人口规模不断扩大，其占总人口的比重不断上升，达到一定高度的一种人口现象。一般来说，老年人口比率会受其他年龄组比率的影响，处在不断变化之中。当人口增长率逐渐加快时，少年儿童人口比率呈现逐渐上升趋势，老年人口比率则呈现相应下降趋势，人口年龄结构呈现年轻化趋势。当人口增长率逐渐降低时，少年儿童人口比率逐渐下降，老年人口比率则相应提高，人口年龄结构逐渐从成年型向老年型转变，从而导致人口老龄化。可见，人口群体的老龄化与个体老龄化不同，其发展方向不是单向的、不可逆转的，而是在一定条件下可逆转的，是双向发展的。

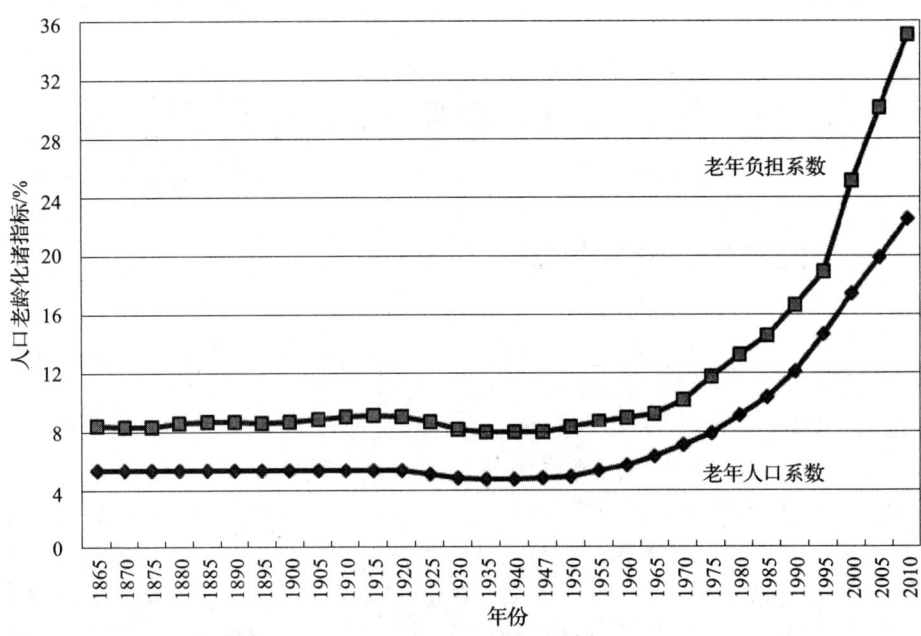

图 10—1　人口老龄化的变化（1865—2010 年）

注：老年人口系数是指 65 岁以上老年人口占总人口的比重。

资料来源：[日] 南亮三郎，上田正夫. 日本の人口高齢化. 東京：千倉書房，1979；[日] 日本国立社会保障·人口問題研究所. 日本の将来推計人口. 東京：厚生統計協会，2006.

是 1970 年以后，随着出生率的下降，人口老龄化迅速发展，老年人口系数在 1970 年增至 7.1%，日本开始进入老年型人口国家的行列（见表 10—1）。

表 10—1　　　　　人口老龄化的诸指标（1865—1975 年）

年份		总人口/千人	60 岁以上人口/千人	65 岁以上人口/千人	老年人口系数/%	老年负担系数/%	老化指数/%	平均年龄/岁
庆应元年	1865	34 505	2 931	1 827	5.3	8.4	16.9	28.7
明治 3 年	1870	35 384	3 030	1 879	5.3	8.3	17.4	28.8
明治 8 年	1875	36 528	3 142	1 951	5.3	8.3	17.4	28.8
明治 13 年	1880	38 174	3 261	2 032	5.3	8.6	16.4	28.5
明治 18 年	1885	39 634	3 373	2 106	5.3	8.7	16.0	28.4
明治 23 年	1890	41 020	3 496	2 178	5.3	8.7	15.9	28.4
明治 28 年	1895	42 472	3 645	2 262	5.3	8.6	16.3	28.4
明治 33 年	1900	44 393	3 826	2 371	5.3	8.7	16.2	28.2
明治 38 年	1905	46 825	4 041	2 502	5.3	8.8	15.7	27.8
明治 43 年	1910	49 637	4 269	2 654	5.3	9.0	15.1	27.4
大正 4 年	1915	52 949	4 482	2 815	5.3	9.1	14.6	27.0
大正 9 年	1920	55 963	4 597	2 941	5.3	9.0	14.4	26.8

续表

年份		总人口/千人	60岁以上人口/千人	65岁以上人口/千人	老年人口系数/%	老年负担系数/%	老化指数/%	平均年龄/岁
大正14年	1925	59 737	4 589	3 021	5.1	8.7	13.8	26.6
昭和5年	1930	64 450	4 786	3 064	4.8	8.1	13.0	26.4
昭和10年	1935	69 450	5 156	3 225	4.7	8.0	12.6	26.4
昭和15年	1940	73 076	5 681	3 454	4.7	8.0	13.1	26.6
昭和22年	1947	78 101	5 854	3 745	4.8	8.0	13.6	26.7
昭和25年	1950	83 520	6 413	4 109	4.9	8.3	14.0	26.7
昭和30年	1955	89 276	7 244	4 747	5.3	8.7	15.9	27.7
昭和35年	1960	93 413	8 281	5 350	5.7	8.9	19.1	29.1
昭和40年	1965	98 275	9 525	6 187	6.3	9.2	24.6	30.4
昭和45年	1970	103 720	11 057	7 331	7.1	10.2	29.5	31.6
昭和50年	1975	111 940	13 149	8 865	7.9	11.7	32.6	32.5

资料来源：[日] 南亮三郎，上田正夫. 日本の人口高齢化 [M]. 東京：千倉書房，1979.

进入20世纪80年代以后，日本的人口老龄化进程逐渐加快。如表10—2所示，2000年日本的老年人口达到2 204.1万人，2005年进一步增至2 539.2万人。25年内老年人口增长了1.5倍。1990年，老年人口系数上升到12.1%，2005年更是高达19.9%，即平均5个日本人中就有一位年龄在65岁以上的老人。

表10—2　　　　　　　人口老龄化的诸指标（1980—2050年）

年份		总人口/千人	60岁以上人口/千人	65岁以上人口/千人	老年人口系数/%	老年负担系数/%	老化指数/%
昭和55年	1980	117 060	14 847	10 719	9.1	13.2	37.0
昭和60年	1985	121 049	17 255	12 510	10.3	14.5	42.5
平成2年	1990	123 611	20 526	15 221	12.1	16.6	66.2
平成7年	1995	125 570	23 793	18 392	14.6	18.9	63.1
平成12年	2000	126 926	26 480	22 041	17.4	25.1	112.2
平成17年	2005	122 708	29 206	25 392	19.9	30.1	143.2
平成22年	2010	127 473	32 618	28 735	22.5	35.1	167.9
平成27年	2015	126 266	33 626	32 772	26.0	42.5	203.1
平成32年	2020	124 107	33 029	34 559	27.8	46.3	227.9
平成37年	2025	121 136	32 453	34 726	28.7	48.1	247.4
平成42年	2030	117 580	32 325	34 770	29.6	50.0	261.9
平成47年	2035	113 602	32 996	3 545	30.9	53.3	278.4
平成52年	2040	109 338	33 157	36 332	33.2	59.5	301.8
平成57年	2045	104 960	33 040	36 396	34.7	63.7	318.3
平成62年	2050	100 593	32 635	35 863	35.7	66.6	330.6

资料来源：[日] 水野朝夫，小野旭. 労働供給制約と日本経済 [M]. 東京：大明堂，1995；[日] 日本国立社会保障・人口問題研究所. 日本の将来推計人口 [M]. 東京：厚生統計協会，2006.

从人口老龄化发展的趋势来看,根据日本国立社会保障·人口问题研究所2006年3月发表的报告,日本总人口在2006达到峰值的1.2774亿人以后会进入一个长期减少的过程,2013年大致回落到了2000年的水平,预计2050年将减少到1.005亿人左右。然而,总人口中的老年人口今后还会继续增加,2013年突破了3 000万人,预计2018年将达到3 417万人。之所以出现这种情况,是由于1947—1949年生育高峰期诞生的人口将全部进入老龄期。而后,老年人口将缓慢上升,预计2050年将达到3 586万人,老年人口系数将高达35.7%,即平均2.8个日本人中就有一位年龄在65岁以上的老人。据世界银行预测,21世纪初期以后,日本的老年人口将迅速增长,到2050年将达到3 367万人,占总人口的比重为29.4%。老年负担系数[1]也呈现迅速递增趋势。测量人口老龄化的重要指标——老化指数[2]由2000年的106.4%迅速上升,预计到2050年将增至180.3%(见表10—3),仅仅50年间就将上升了近74个百分点,日本这个时期老龄化的上升速度在世界上是最快的,明显超过美国、英国和法国等欧美发达国家的平均水平。

表10—3　　　　　　世界主要国家人口老龄化的比较

国名	老年人口/万人		老年人口系数/%		老年负担系数/%		老化指数/%	
	2000年	2050年	2000年	2050年	2000年	2050年	2000年	2050年
日本	2 097	3 367	16.3	29.4	24.3	54.0	106.4	180.3
德国	1 314	1 886	16.2	28.6	23.8	30.0	103.9	176.6
英国	935	1 432	15.9	24.1	24.5	41.2	82.6	137.5
法国	919	1 544	15.5	25.1	23.6	43.5	81.0	144.4
美国	3 452	7 614	12.5	22.8	19.0	38.4	57.7	126.2
俄罗斯	1 926	3 407	12.9	22.4	19.0	37.8	66.1	121.8
中国	8 832	27 187	7.0	17.9	10.2	28.3	28.7	95.0
巴西	907	4 523	5.3	17.8	8.0	28.5	18.2	90.4

---

[1] 老年负担系数也称老年人口扶养比或老年人口扶养系数,是指某一时点人口中,65岁及以上的老年人口与15~64岁劳动年龄人口数的比例。它是反映人口老龄化程度及人口年龄结构特征的综合性指标,通常用百分比来表示,用以表明每100名15~64岁劳动年龄人口要负担多少名65岁及以上的老年人。其计算公式为:

$$ODR = \frac{P_{65+}}{P_{15\sim64}} \times 100\%$$

公式中 ODR 表示老年负担系数,P_{65+} 为65岁及以上的人口数,$P_{15\sim64}$ 为0~64岁劳动年龄人口数。当老年人口的起始年龄定为60岁时,老年负担系数指标的统计口径要相应改变。另外,老年负担系数也是从经济角度反映人口老化社会经济后果的指标之一。

[2] 老化指数也称老年比,是指某一时点人口中,65岁及以上的老年人口与0~14岁少年儿童人口数的比例。老化指数表示每100名0~14岁少年儿童对应多少名65岁及以上的老年人,因此它对人口年龄结构的变化较为敏感,可以用于考察少年儿童人口和老年人口同时发生变化时,两者的相互关系及其变化。还可以用于比较不同人口或同一人口的不同时期的老龄化程度。另外老化指数也是判断人口年龄结构类型的指标之一。按照联合国颁布的人口年龄类型划分标准,老化指数在15%以下属于年轻型人口年龄结构,在15%~30%之间属于成年型人口年龄结构,到30%以上则属于老年型人口年龄结构。

续表

国名	老年人口/万人		老年人口系数/%		老年负担系数/%		老化指数/%	
	2000	2050	2000	2050	2000	2050	2000	2050
印度	5 241	23 674	5.2	14.6	8.4	22.4	15.5	72.0
印度尼西亚	933	4 687	4.5	15.4	6.9	24.1	14.9	75.1
巴基斯坦	456	3 118	3.1	9.9	5.6	14.6	7.3	43.9

注：2050 年的老年人口、老年人口系数、老年负担系数和老化指数是笔者的预测。
资料来源：World Bank. *World Population Projections*, 1994—1995.

从人口老龄化的进程来看，65 岁及以上老年人口比重从 7% 上升到 14% 所需要经历的时间：法国为 125 年，美国为 71 年，英国为 47 年，日本仅为 24 年（见图 10—2）。今后，随着低生育率的长期化，毋庸置疑，日本最大的人口经济问题之一就是人口老龄化。

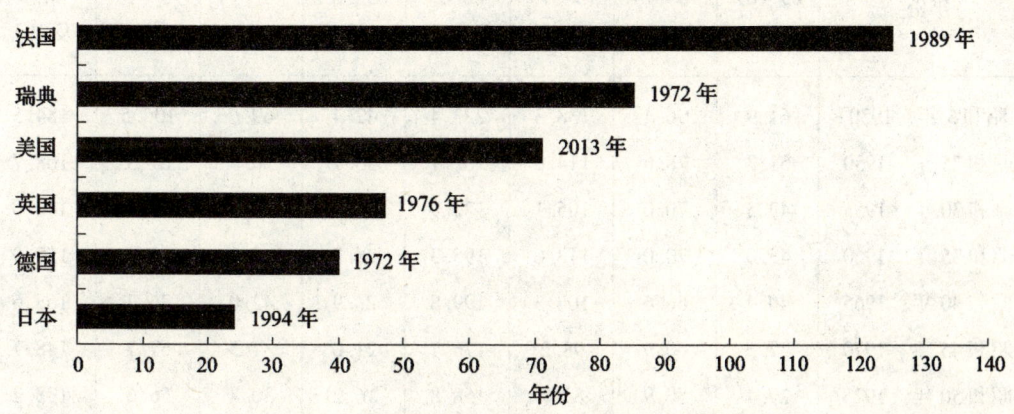

图 10—2　部分发达国家的人口老龄化发展情况

注：年份为 65 岁及以上老年人口比重从 7% 增加到 14% 所需要的时间（年）。
资料来源：[日] 日本国立社会保障・人口問題研究所. 日本の将来推計人口 [M]. 東京：厚生統計協会, 1997.

10.2　人口老龄化形成的原因

从日本人口老龄化形成的原因来看，出生率下降使少年儿童人口的数量和比重减少，老年人口的数量和比重相对增加；而死亡率的下降和老年人预期寿命的延长使老年人口系数增加，加速了人口老龄化。

日本的出生率是从 1920 年（大正 9 年）前后开始下降的，但在第二次世界大战以前下降速度比较缓慢，战后才开始加快。1947—1949 年出现了连续三年的生育高峰期，出生率由 1945 年的 23.2‰ 迅速提高到了 1947 年的 34.2‰，到 2015 年，这一时期出生的人口已经形成了庞大的老年集团。生育高潮过后，日本的出生率急速下降，从 1950 年的

28.1‰降至1975年的17.0‰,这一时期也是日本经济高速发展、国民生活明显提高的时期。随后,日本的总和生育率显著减退,1975年首次低于人口替代水平1.91,此后一路下滑,1990年降至1.76,2010年又减少到1.39。今后,这一趋势将进一步加剧,随着出生率的下滑,日本每年的新生人口将不断减少,最终将从2010年的119.4万人减少到2050年的66.7万人。

在出生率明显下降的同时,死亡率也显著下降,特别是老年人的死亡率下降幅度是很大的(见表10—4),这种下降趋势在1970年以后尤其显著。影响日本人口死亡率下降的因素,除了低龄组幅度大、高龄组幅度相对较小外,日本两性死亡率的差距越来越大也是很重要的原因。以65~69岁年龄组为例,1930年男性死亡率只比女性高46%,到1984年增大到91%。

表10—4　　　　　　　　　　老年男女死亡率的变动

年份		男子死亡率/‰				女子死亡率/‰			
		65~69岁	70~74岁	75~79岁	80岁及以上	65~69岁	70~74岁	75~79岁	80岁及以上
昭和5年	1930	61.9	96.4	138.3	223.4	42.4	69.6	106.5	184.5
昭和25年	1950	51.7	78.6	114.6	202.1	35.7	56.3	87.3	168.7
昭和30年	1955	43.5	70.0	105.1	172.9	28.7	48.5	77.8	144.0
昭和35年	1960	43.0	70.0	113.6	195.3	26.7	47.0	82.4	157.9
昭和40年	1965	40.4	66.6	108.3	199.8	23.9	42.0	76.3	163.6
昭和45年	1970	37.5	60.9	98.2	176.7	21.0	37.5	67.5	148.7
昭和50年	1975	29.4	50.9	82.7	158.8	16.2	30.8	56.6	133.2
昭和55年	1980	25.3	43.6	75.6	148.5	13.5	24.8	47.4	119.0
昭和57年	1982	22.0	39.8	68.8	135.8	12.2	22.2	42.5	106.6
昭和59年	1984	22.4	37.5	65.7	137.0	11.7	20.6	39.2	104.6

资料来源:[日]貯蓄経済研究センタ-.人口の高齢化と貯蓄・資産選択[M].東京:ぎょうせい,1990.

死亡率明显下降导致日本老年人口的平均寿命大大延长。1947年男性人口的平均寿命仅为50岁,女性仅为54岁。此后,随着日本经济的高速发展、医疗技术的进步以及社会福利事业的改善,日本人口的平均寿命大幅度提高。1985年日本男性的平均寿命为74.8岁,女性为80.4岁,1995年分别提高到78.6岁和85.5岁。老年人口的平均寿命也有明显提高。如表10—5所示,男子的平均寿命在战后初期为10.2岁,女性为12.2岁,1990年分别提高到16.2岁和19.8岁,2010年又分别提高到17.4岁和21.3岁。据日本人口研究所统计报告的预测,日本人口平均寿命将进一步延长,2050年男性的平均寿命将达到81.0岁,女性将达到89.2岁。

表 10—5　平均寿命　（单位：岁）

年份		男子	女子	年份		男子	女子
大正 9 年	1920	9.31	11.10	昭和 55 年	1980	14.52	17.68
昭和 5 年	1930	9.64	11.58	昭和 60 年	1985	15.52	18.94
昭和 15 年	1940	9.89	11.88	平成 2 年	1990	16.21	19.77
昭和 22 年	1947	10.16	12.22	平成 7 年	1995	16.64	20.30
昭和 25 年	1950	11.35	13.36	平成 12 年	2000	16.96	20.71
昭和 30 年	1955	11.82	14.13	平成 17 年	2005	17.21	21.02
昭和 35 年	1960	11.62	14.10	平成 22 年	2010	17.40	21.25
昭和 40 年	1965	11.88	14.56	平成 27 年	2015	17.54	21.43
昭和 45 年	1970	12.50	15.34	平成 32 年	2020	17.64	21.55
昭和 50 年	1975	13.72	16.56	平成 37 年	2025	17.71	21.64

资料来源：［日］日本国立社会保障・人口問題研究所. 日本の将来推計人口［M］. 東京：厚生統計協会，1986；［日］貯蓄経済研究センター. 人口の高齢化と貯蓄・資産選択［M］. 東京：ぎょうせい，1990．

平均寿命显著延长导致日本 65 岁以上的老年人口迅速增长。1947 年老年人口不到 400 万人，1958 年超过 500 万人，1979 年超过 1 000 万人，2000 年又超过 2 000 万人，2015 年将达到 3 000 万人（见表 10—6），2020 年前后老年人口的规模将达到顶峰，随后将呈现逐渐减少趋势，预计 2050 年前后减至 2 800 万人左右。

表 10—6　65 岁以上老年人口的变化

年份		老年人口/千人			构造系数/%	
		总数	65~74 岁	75 岁以上	65~74 岁	75 岁以上
大正 9 年	1920	2 941	2 209	732	75.1	24.9
大正 14 年	1925	3 021	2 214	808	73.3	26.7
昭和 5 年	1930	3 064	2 182	881	71.2	28.8
昭和 10 年	1935	3 225	2 301	924	71.3	28.7
昭和 15 年	1940	3 454	2 550	904	73.8	26.2
昭和 22 年	1947	3 745	2 880	865	76.9	23.1
昭和 25 年	1950	4 109	3 052	1 057	74.3	25.7
昭和 30 年	1955	4 747	3 360	1 388	70.8	29.2
昭和 35 年	1960	5 350	3 724	1 626	69.6	30.4
昭和 40 年	1965	6 181	4 307	1 874	69.7	30.3
昭和 45 年	1970	7 331	5 118	2 213	69.8	30.2
昭和 50 年	1975	8 865	6 025	2 841	68.0	32.0
昭和 55 年	1980	10 647	6 988	3 660	65.6	34.4
昭和 60 年	1985	12 468	7 757	4 712	62.2	37.8
平成 2 年	1990	14 819	8 901	5 917	60.1	39.9
平成 7 年	1995	18 009	11 023	6 986	61.2	38.8
平成 12 年	2000	21 338	12 886	8 452	60.4	39.6

续表

年份		老年人口/千人			构造系数/%	
		总数	65～74 岁	75 岁以上	65～74 岁	75 岁以上
平成 17 年	2005	24 195	13 724	10 472	56.7	43.3
平成 22 年	2010	27 104	14 648	12 456	54.0	46.0
平成 27 年	2015	30 643	16 749	13 894	54.7	45.3
平成 32 年	2020	31 880	16 567	15 313	52.0	48.0
平成 37 年	2025	31 465	14 098	17 367	44.8	55.2

资料来源：[日] 南亮三郎, 上田正夫. 日本の人口高齢化. 東京：千倉書房, 1979; [日] 貯蓄経済研究センタ. 人口の高齢化と貯蓄・資産選択 [M]. 東京：ぎょうせい, 1990.

显然，人口老龄化形成的主要原因与低生育率密切相关。日本在战后出现的生育率下降是导致人口老龄化的直接原因。在这一点上，欧美各国的经验和日本完全相同。当然人口老龄化在一定程度上也受到死亡率和平均预期寿命的影响，但那只是在克服了成人病而使中老年人的死亡率大幅度下降时才能实现。

10.3 人口老龄化与经济发展

日本人口老龄化速度的加快和老年人口数量的急速上升给日本经济发展带来了极大的影响。在这里从人口经济学的角度考察人口老龄化对经济发展的影响。

一般来说，人口老龄化对经济发展具有阻碍作用。其原因是被扶养人口负担特别是老龄化负担的增大导致在职职工与离退休人员比例发生变化，这对经济发展是不利的。从宏观上来看，扶养老年人口的主要承担者是劳动力人口，其主要指标是劳动力对老年人口的总负担率。根据世界银行的研究，劳动力对老年人口的总负担率可以用下述公式求出：

$$C = BD \qquad (10-1)$$

式中，C 为劳动力的总负担率；B 为劳动力的经济贡献率，由退休金和养老金总额除以社会劳动者工资总额求得；D 为劳动力的老年负担率，由领取退休金和养老金的人数除以社会劳动者人数求得。该公式表明，老年人口规模与劳动力总负担率[①]密切相关，

[①] 总负担率也称总扶养比。总负担率用以说明人口年龄构成对人口经济活动的影响，它是指人口总体中非劳动年龄人口与劳动年龄人口的比率，通常用百分比来表示，用以表明每 100 名 15～64 岁劳动年龄人口大致要负担多少名非劳动年龄人口。其计算公式为：

$$GDR = \frac{P_{0\sim14} + P_{65+}}{P_{15\sim64}} \times 100\%$$

式中，GDR 为总负担率，$P_{0\sim14}$ 为 0～14 岁少年儿童人口数，P_{65+} 为 65 岁及以上的人口数，$P_{15\sim64}$ 为 15～64 岁劳动年龄人口数。另外总负担率也可用下述公式来表示：

$$GDR = CDR + ODR$$

式中，CDR 为少年儿童抚养比，ODR 为老年扶养比。上述劳动年龄（15～64 岁）和非劳动年龄是按国际标准规定的，有些国家或地区因情况特殊，也分别规定了各自的劳动年龄和非劳动年龄标准。如果不进行国际比较，可按本国或本地区的标准进行计算和分析。

老年人口规模小，退休金和养老金支出倾向低，劳动力的负担相对较轻，反之则相反，两者之间呈现正相关关系。从表10—7可以看出，日本老年负担系数在1965年以后迅速上升，1970年达到10.2%，2000年提高到21.7%，到2020年仍呈现扩大的趋势。随着经济的发展和人口老龄化的发展，日本今后领取退休金和养老金的人数将不断扩大，老龄化负担的增大将引起老年退休金、养老金、老年医疗保健费用、社会福利基金和社会保险基金等国家财政支出的急剧上升，加重国家的财政负担，国家需要提供社会福利、老年医疗以及老年福利设施等多种社会服务。在社会福利政策下实施的政府财政支出的增大，减少了生产部门的投资规模，加重了国民经济的负担。

表10—7　　　　　　　　从属负担系数的推移（1870—2050年）　　　　　　　（单位:%）

年份		少年负担系数	老年负担系数	从属负担系数	年份		少年负担系数	老年负担系数	从属负担系数
明治3年	1870	47.7	8.3	56.0	昭和40年	1965	37.6	9.2	46.8
明治13年	1880	52.1	8.6	60.7	昭和45年	1970	34.7	10.2	44.9
明治23年	1890	54.6	8.7	63.3	昭和50年	1975	35.9	11.7	47.5
明治33年	1900	53.3	8.7	62.0	昭和55年	1980	35.8	13.2	49.0
明治43年	1910	59.9	9.0	68.9	平成2年	1990	30.8	16.2	47.0
大正9年	1920	62.6	9.0	71.6	平成12年	2000	30.8	21.7	52.5
昭和5年	1930	62.3	8.1	70.4	平成22年	2010	32.2	26.5	58.7
昭和15年	1940	60.8	8.0	68.8	平成32年	2020	30.9	30.3	61.2
昭和25年	1950	59.3	8.3	67.5	平成42年	2030	31.7	28.1	59.7
昭和30年	1955	54.4	8.7	63.1	平成52年	2040	31.6	28.8	60.4
昭和35年	1960	46.8	8.9	55.7	平成62年	2050	31.0	29.0	60.0

资料来源：［日］南亮三郎，上田正夫. 日本の人口高齢化［M］. 東京：千倉書房，1979；［日］日本国立社会保障・人口問題研究所. 日本の将来推計人口［M］. 東京：厚生統計協会，2006.

人口老龄化还导致劳动力供给减少和劳动年龄人口老化。劳动力数量和供给一般是由总人口中处于劳动年龄人口的多少来决定的。劳动年龄人口数量和年龄结构的变化对劳动力供给的变化具有制约作用。根据人口经济学的基本规律，人口老龄化将使劳动年龄人口的比重下降，从而形成劳动力供给困难的局面，这是人口老龄化对劳动力供给的负面影响。日本劳动年龄人口一度随着人口总数的增加而增加，年均增长率约为1%，只是在20世纪的最后5年间年均增长率才出现了大幅下降，仅维持在0.4%左右。21世纪的最初几年，日本劳动年龄人口数量已达到峰值，随后出现明显的下降趋势。表10—7是日本国立社会保障・人口问题研究所对日本人口年龄结构的变动情况进行的统计与预测。

从表10—8中可以看出，日本15~64岁劳动年龄人口减少趋势明显。由于人口出生率的不断下降，21世纪初期以后日本劳动年龄人口出现不断减少的趋势，2000年日本劳动年龄人口总数为8 638万人，到2010年减少为8 166.5万人，到2050年将进一步减少为5 388.9万人。在50年的时间里，劳动年龄人口预计将减少3 000多万人。目前，日本虽然有相当一部分65岁以上的老年人仍在工作，而且近年来日本老年就业人口还有增加的趋势，但这并不能完全弥补年轻人口减少所造成的劳动力减少。而且除了有特殊技能的老年人仍然能够在某些领域发挥不可替代的作用外，多数老年人并不适应众多需要一定体力与新知识的工作岗位。因此，伴随着人口老龄化程度的提高，日本劳动力供给不足的问题将不可避免。

表10—8　　　　日本人口年龄结构的统计与预测（2000—2050年）

年份	人口数量/千人				人口增长率/%			
	总人口	0~14岁	15~64岁	65岁以上	总人口	0~14岁	15~64岁	65岁以上
2000	126 926	18 505	86 380	22 401	—	—	—	—
2005	127 708	17 727	85 950	25 392	0.06	-0.65	-0.57	2.71
2010	127 473	17 074	81 665	28 735	-0.10	-0.93	-0.40	1.29
2015	126 266	16 197	77 296	32 772	-0.19	-1.05	-1.09	2.66
2020	124 107	15 095	74 453	34 559	-0.34	-1.40	-0.75	1.07
2025	121 136	14 085	72 325	34 726	-0.48	-1.38	-0.58	0.10
2030	117 580	13 233	69 576	34 770	-0.59	-1.24	-0.77	0.03
2035	113 602	12 567	65 891	35 145	-0.69	-1.03	-1.08	0.21
2040	109 338	12 017	60 990	36 332	-0.76	-0.89	-1.53	0.67
2045	104 960	11 455	57 108	36 396	-0.81	-0.95	-1.31	0.04
2050	100 593	10 842	53 889	35 863	-0.85	-1.10	-1.15	-0.30

资料来源：日本国立社会保障・人口問題研究所．日本の将来推計人口［M］．東京：厚生統計協会，2006．

在人口迅速老龄化的同时，日本的劳动年龄人口也在趋向老龄化，劳动力资源相对缩减。据日本厚生省的统计，日本于1970年进入老年型国家，1975年的劳动力人口老龄化系数为29%，到1985年为36.5%，1995年上升到42.3%，2005年进一步升至43%，呈现迅速提高的趋势。日本厚生劳动省职业安全局的统计显示，1984年日本的劳动力人口为5 927万人，其中55岁以上的人口为1 044万人，占总劳动力人口的17.6%，到2005年，在全国6 772万劳动力人口中，55岁以上的劳动力人口所占比重达到26.6%。由此可见，日本劳动年龄人口老龄化对劳动生产率的提高和经济增长的抑制作用将越来越大。日本人口学家直广雄川在《日本人口老龄化的经济发展》一文中预测日本的经济增长率将因人口老龄化和劳动力老龄化而趋于下降趋势。他认为日本经济增长率的减退是由劳动力增长率下降和劳动力质量因年龄结构的变化而有所下降导致的。事实上，日本的经济增长速度因人口老龄化和劳动力老龄化而呈现减退趋势。

人口老龄化的迅速发展不仅会减少日本劳动力供给，而且还会严重冲击曾在日本大企业中占主导地位的并对昔日经济的高速增长发挥过重要作用的雇佣体制。20世纪90年代以前，终身雇佣制曾是日本企业的一大特色。许多大企业都坚持终身雇佣制，这不仅保证了被雇佣者个人的就业及其家庭的经济来源，同时又把企业利益与员工利益紧密地结合在一起，对于企业的发展功不可没。但是，进入90年代以后，由于少子化和人口老龄化造成的劳动力减少的问题日益凸显，在劳动力供给不足的情况下，企业间出现了争相雇佣年轻劳动力的现象，并扩大"中途采用"人员的比例，还以提供较高的工资待遇为突破口来满足企业内的劳动力供给。

人口老龄化对日本产业结构调整也是不利的。老年人有各种需求，就要有相应的生产和交换，也就要有相应的市场，进而会影响到产业结构的变化。由于人口老龄化进程的加速发展，日本劳动力供给以中老年人为主。但是由于中老年人比较习惯于长期居住生活的地区和长期从事工作的单位，并且形成了比较特定的专业技能，因而对新技术的掌握能力和对职业变动的适应能力较差，一般不愿意搬迁到其他地区居住或改变自己的工作岗位。这使得劳动力从衰退产业和地区向新兴产业和地区的流动受到限制，从而不利于产业结构调整。另外，老年人的技术开发能力和接受能力都有所减弱，不利于产业结构调整形成的新的生产体系所需要的技术开发和推广，影响了产业结构的调整，制约了技术的进步。①

人口老龄化对内需的影响也是不容忽视的。从消费的角度来看，老年人的消费愿望较低，而且有相当消费能力的日本老年人越来越多地移民至澳大利亚、东南亚等更适宜养老的地区，从总体上降低了国内消费水平。高龄人口的增加使得养老金负担和医疗负担加重。通过社会保障体系，这部分负担转移到了处于工作期的中青年身上。据日本厚生劳动省统计，日本国民负担率1993年为36.7%，预计到2020年将上升到53%，这也削弱了普通劳动者的消费能力。② 从政府支出的角度来看，人口老龄化的加速意味着纳税人数量的下降，这将导致各级政府的税收减少。而老年人数量以及比重的上升，也将使政府在养老、医疗方面的负担加重。另外，老年人整体上更偏好风险较低、流动性较好的国债，从而令金融市场的整体效率偏低。消费需求和投资需求是支撑内需增长的两大支柱，日本国内消费需求和投资需求的低迷最终必将导致内需不足，这也是日本经济复苏乏力的重要原因之一。

人口老龄化对储蓄产生相当的减退效果，减少了资本积累。老年人的实际收入一贯较低，储蓄倾向也低，老年人口的增加会带来总储蓄水平的降低。随着经济的发展，通货膨胀显性化的同时，伴随着人口老龄化程度加深，退休、退职年龄人口的比例上升，老年阶层的储蓄倾向逐渐减弱，今后老年阶层的储蓄将进一步呈现降低趋势。私营企业也同样因支付退休金而影响其资本形成，因此，人口老龄化对资本积累起着不利的作用。

从劳动年龄人口的数量和质量方面来看，人口老龄化成为抑制经济增长的因素。在

---

① 王伟. 人口老龄化对日本经济的影响及日本政府的对策研究. 百度文库, 2013—01.
② 陈易明. 日本经济复苏乏力的连锁内因 [N]. 第一财经日报, 2007—04—17.

20世纪50年代和60年代，日本的劳动力以2%左右的年增长率增长，因而是经济高速增长的原动力，但是1970年以后，劳动力的增长钝化了。由于人口老龄化，出生人口减少，老年人口比重上升，劳动年龄人口所占比重相应下降，使从事经济活动的劳动力人口呈现下降趋势，不利于经济发展。目前，日本由于劳动力严重不足，在一定程度上不得不依靠吸引外国劳动力来补充，这对其经济发展的影响是深刻的。

劳动力的钝化通常起因于新就业劳动力的减少。随着人口老龄化速度的加快，生产后备军的少年儿童人口系数的下降使劳动力源泉的劳动年龄人口增长缓慢或者呈现负增长趋势。由于具有生产技能和革新能力的年轻劳动力人口逐渐减少，企业的新制品开发和技术革新受到一定影响，劳动生产率逐渐低下，使经济技术的进步受到不利影响，从而抑制经济增长。此外，促进经济增长的另一因素人口流动，也随着人口老龄化而日趋不活跃，从而也就会出现劳动力供求失衡的地区和产业。[1]

总的来说，人口老龄化在宏观和主导方面是不利于日本经济发展的，但老年人口作为"次要劳动力"不是纯消费者，他们中间仍有一部分人从事经济活动，劳动经验和知识积累相对丰富，可以弥补体力上的不足，这在一定程度上有助于经济发展。还应该看到，知识经济的发展加快了社会生产力的发展，为包括日本老年人口在内的有劳动能力的人口提供了就业机会。今后随着生命科学技术的进步，人口平均寿命延长，老年人口健康状况逐步改善，从而使老年劳动力对经济发展做出比以往更大的贡献。通过鼓励他们积极参与劳动力市场竞争重新工作，使他们的经验和才能得到充分运用。因此，如何合理开发利用老年人力资源将成为减轻人口老龄化对日本经济发展不利因素的重要课题。

10.4 人口老龄化对策

日本是世界上人口平均寿命最长的国家。日本政府早在20世纪50年代开始通过立法来解决养老问题。1959年颁布了《国民年金法》。1963年推出了《老人福利法》，对老人福利事业的内涵、功能、职责、机构、设施、人员和经费等都作了明确的规定，强调国家和社会应该通过建立福利设施收养那些在家中养老有困难的老人，并通过老人福利院、福利服务和开展终身教育等福利措施来保障老人的身心健康和生活安定。60年代还先后制定了养老金制度、国民健康保险、老人保健等社会保险制度，以解决老年人的经济、医疗、保健等基本生活问题。1982年又出台了《老人保健法》，强调疾病预防、治疗及功能训练等综合性保健。这三项法律支撑起日本的老年人福利保障体系。为保障老年人的生活水平，日本建立了养老金保险制度。日本的退休养老制度靠三大支柱构建而成，一是公共年金制度，二是企业补充养老金制度，三是私有养老金制度，体现出安度晚年要靠公助、互助和自助。但三大支柱中，公共年金制度居主导地位。建立退休养老制度的目的在于国民之间依靠社会保险互助互济的原则来防止因长期丧失劳动能力而影响生活的稳定，维护和提高国民的正常生活，并在实践中逐步完善，这就从制度层面

---

[1] [日] 大淵寛，森岡仁. 経済人口学 [M]. 東京：新評論，1981.

上保证了老人的社会福利、医疗保健、经济收入等方面的基本权益，使老人事业有法可依。

到20世纪80年代中期，日本政府又把重点推移到为迎接21世纪高龄社会的到来做准备，于1986年颁布了《长寿社会对策大纲》。该大纲根据"力求搞活经济，建立具有活力的长寿社会"的基本方针，对保障雇佣与收入、健康与福利、学习与社会活动、住宅与生活环境、加强老年科学研究和加速实施长寿社会对策6个方面的准备工作作了规划和部署。1990年，日本政府又修改了《老人福利法》和《老人保健法》，目的在于构建一个以地方政府为主体、福利与保健相互协作、功能交叉的老人保健福利规划，要求把住宅福利放在优先地位予以考虑，并建立老人福利信息收集、反馈的网络服务，以方便居民利用。日本政府还针对人口结构的根本性变化以及老年社会保障制度出现的诸多问题，采取了一系列改革措施，其中具有典型意义的是多层次、立体化养老保险制度以及医疗、护理保险制度的建设与改革等。

在改革养老保险制度方面，为解决几种制度之间的不平衡和养老金的财政问题以及扩大年金覆盖面，日本政府对原有的制度进行了改革，改革目标是20世纪80年代实现双重公共养老保险制度，到90年代中期实现全国养老保险制度一体化。80年代以后，日本老龄化进程进一步加快，养老金领取者持续增多，加上这一时期日本产业结构调整较为频繁，造成养老保险制度财政基础的不稳定，各种养老保险制度，尤其是国民养老保险制度引发了严重的财政困难。为了使21世纪超老龄化社会的公共养老金制度公平化和稳定化，1985年日本引入了全体国民共通的基础养老保险，使养老金的支付水平与在职职工的收入水平保持平衡，并且把所有没有养老金的雇员配偶纳入国民养老金制度，从而为他们确定了固有的养老金领取权。同时，日本政府还对重复给付进行了修正，使养老保险制度不再受制于产业结构变化等因素的影响。

1994年，日本政府又对养老保险制度进行了改革，目标是维持代际间给付和负担的平衡，避免下一代负担过重，具体改革措施包括：推迟享受养老保险的年龄，当时退休年龄为男60岁，女58岁，1999年女性享受养老保险的年龄推迟到60岁，只要自愿，男性都可以工作到65岁养老金仍从60岁开始支付，但对60~64岁仍在继续工作的老人，只给付"工资比例部分"，每月约10万日元，达到65岁后再全额给付；将养老保险的支付与雇佣保险支付联系起来进行调整，改革方案规定从1996年4月开始，领取失业保险金者停止领取养老金，但企业如果雇佣60~64岁的老年人，政府可以提供25%的工资补贴。

2000年，日本政府为控制将来一代人所负担的养老保险费上升，保证养老保险基金财源的稳定和充足以及养老保险制度的长期稳定，又对养老金制度进行了改革。但是，这次改革实际上并没有真正解决养老金制度面临的问题。最近的一次养老金制度改革是从2004年开始的，改革目标主要有以下四个方面：明确100年内养老金待遇与缴费状况；尽量控制保险费率上升，2017年以后保险费率固定不变；根据宏观经济指数调整养老金，即根据社会整体的工资总额增长率调整养老金增长幅度，由此，在职职工减少的情况下，即使平均工资增长，养老金也会下调；从2004年开始到2009年，逐步将基础年金中的国库负担比例由 1/3 提高到 1/2。

在医疗保险制度方面，从 20 世纪 90 年代起对医疗制度进行综合的、分阶段的改革，以控制医疗费的上升，明确医疗机构的功能，提高医疗机构的效率。2000 年，日本政府在医药品定价、诊疗报酬体系、老年医疗制度和医疗服务体系方面进行了全面的改革。对高龄者医疗制度也作了相应的修改，具体修改体现在以下三个方面：从 2002 年 10 月起，用 5 年的时间逐年将老年人保险制度对象的年龄提高到 75 岁以上；适当提高老年人医疗费负担水平；为缓解老年人医疗费支出给劳动人口带来的保险费负担，在 5 年内逐步将老年人保险制度的公费负担比率由 3% 提高到 5%，将保险费负担比率由 7% 降到 5%。2006 年，日本又进行了医疗制度改革，其实施的改革措施主要有：拥有与在职职工相当收入的老年人，其医疗费中被保险者负担的部分由 20% 提高到 30%；提高疗养住院老年人的伙食费和居住费负担；高额疗养费的自费负担限额提高到与包括奖金等收入在内的报酬总额相当的水准，同时考虑照顾低收入者。2008 年，日本又对医疗制度进行了改革，其中实施的老年医疗制度改革措施主要有：将 70~74 岁高龄患者的医疗费负担比率从 10% 提高到 20%；改革老年人保健制度，新建以 75 岁及以上老年人为对象的高龄者医疗制度；对 65~74 岁高龄者的医疗费实行由参保人数分摊的财务调剂。

随着老龄人口的增加，生活不能自理的老人越来越多。为解决这一问题，日本政府从 2000 年 4 月开始实行"护理保险制度"。针对日本护理保险费用不断上升的问题，2003 年 4 月，日本政府对护理保险制度进行了实施以来的首次调整，各市町村根据近 3 年的执行情况对护理报酬定价作了修改，启用了新的护理报酬定价。2005 年 6 月，日本政府对《护理保险法》作了部分修改，从 2006 年 4 月开始实施，其主要内容是：向重视预防型转变，日本护理保险制度实施以来，需要护理服务的人数不断增加，其中需要护理的轻度疾病患者大幅度增加，占全部要护理人数的一半左右，因此，这次修改法重新规定了对轻度疾病患者的给付内容和提供方法，统一由社区综合支援中心进行预防护理管理，并在医院护理服务中增加了改善营养，提高口腔功能等服务内容；调整设施给付，按原有制度，即使护理状态相同，居家服务利用者负担的费用是设施利用者的两倍，这次修改调整了利用者之间负担不均衡的状态，将设施利用者的居住费和饮食费从保险对象中剔除，同时根据收入水平设定负担上限，增加补助给付，使低收入者也有能力利用各种设施；确立新的服务体系，创建与社区紧密相连的服务，向老年人提供就近的适应社区特点的多种多样的服务，如小规模多功能型居家服务、痴呆老人专用日服务、夜间对应性访问护理等；确保和提高服务质量，规定从事护理服务的机构有义务公开职工构成、服务设备等与服务相关的信息，修改对从业机构的考核，引入指定更新制和经理人资格更新制。此外，还根据负担能力细化保险费的设定，减轻了低收入者的保险费。在修改法的附则中，日本政府还规定了要进一步讨论护理保险制度的被保险者以及可接受保险给付者的范围，使之与社会保障制度整体的改革配套，在 2009 年前提出需要采取的措施。

针对日本社会的高龄化现象，日本国际人口问题协会提出《对老龄社会采取何种对策》提案，主张推迟法定领取退休金年龄，建议在普及 60 岁退休的同时，争取在 15 年内把法定领取退休金年龄推迟到 65 岁，在 2025 年前后进一步推迟到 70 岁。为此，2005 年，日本政府修改了《高龄者雇佣安定法》，推动高龄雇佣，将推迟退休年龄的建议法定化，规定从 2006 年 4 月以后，雇主必须在如下的三种方式中任选一种，将其选择的方式制定为企业的制度。一是比照养老金开始年龄的推迟，把退休年龄从 60 岁提升到 65 岁，到 2013 年必须达到 65 岁；二是废除退休制；三是维持现有退休制度，但员工退休后如仍有工作意愿，原企业必须对所有愿意继续工作的员工重新雇佣或延续合同，给老年人就业创造机会。另外，日本政府还采取鼓励延长企业职工退休年龄等措施，成立具体的老龄指导小组，对推迟退休年龄过程中遇到的各项问题给以建议，积极运用推迟退休年龄奖励金制度。同时，建立老年就业体系，政府设置就业促进指导官和雇佣指导官等专职干部，对老龄求职者的就业进行具体指导，引导老年人由"老有所养"转变为"老有所为"。对于 60～70 岁的"低龄老人"，由于大多身体健康，拥有丰富的工作经验和知识，因此采用各种措施鼓励老年人工作。近年来，日本"银发人才中心"等中介机构专门为老年人介绍各种能充分发挥老年人经验和知识的脑力型工作，并把许多老人，特别是曾经是中小企业经营者的老人和拥有专门技术的老人介绍给中国等发展中国家当经营或技术顾问。

对 70～80 岁的"中龄老人"，政府鼓励他们多在社区内发挥作用。对老年人的各种优待基本上从 70 岁开始，例如，在东京 70 岁以上老人可以免费乘坐东京都经营的地铁和公共汽车，使他们经常出门，有利于健康，从而减轻政府的医疗费负担。至于 80 岁以上的高龄老人，政府尽量使他们保持健康，对有病的老人提供便利的护理等方面的服务。日本社会保障制度审议会还在其《重新构建社会保障体制》的报告中正式引入护理保险，使护理服务被正式纳入日本社会保障体系，从而保障了老年人，特别是高龄老人的护理服务需求。

此外，受国家财政连年赤字压力和传统文化的影响，日本提倡居家养老，继续发展家庭的养老功能。为了使居家养老成为可能，日本政府采取了有力的措施，一是在税收、贷款方面实行优惠政策，不仅对 65 岁以上的老年人本身扣除一部分收入所得税和居民税，而且对于扶养老人的亲属，也可以扣除一部分收入所得税和居民税。二是提倡三代同堂和子女尽扶养老人的义务。为推行家庭养老，日本还实行与之相配套的在家福利对策，即推行"老年人家访看护制"，为住在家中的 60 岁以上老人服务。服务内容有家庭帮助服务、疾病防护服务、事务咨询服务、精神陪护服务等。

在养老形式方面，除了推行家庭养老模式外，还积极推行社区化居家养老。日本深受儒家思想的影响，长期以来以家庭养老为主，随着人口老龄化的发展，传统的家庭养老形式已不完全适应老龄化社会，主要是因为年轻人很难有精力照顾家中的老年人，再就是青年人的思想、观念与老年人传统的行为方式有碰撞，家庭养老形式影响家庭和睦，进而波及社会稳定。现在，日本已经形成了相对独立、完善的社区化居家养老方式，该方式为老年人提供了良好的室内外环境设置，保证了其与社会的接触交流，尽可能长地保持其独立生活能力。在日本，80% 以上的老年人选择社区居家养老方式。社区居家养老方式从老年人的实际需求出发，注重开发护理、医疗、保健、娱乐等多项指标，旨在按照老年人的需求为其提供家里家外的全方位服务。这种以需求为导向、以服务为基础、以多项指标开发为原则，把家庭和社会结合起来的多元化养老方式，更符合日本现代社会养老事业发展的一般规律。[①]

这样适当提高劳动年龄上限，一方面可相应增加劳动年龄人口数量和高消费人口，促进消费市场的发展；另一方面可适当扩大社会养老保险制度的覆盖面并提高退休金标准，通过提高老年人的收入水平和购买力，促进消费增长和银发市场的繁荣。在公共养老金方面，通过强化个人储蓄来筹措养老基金成为资本投资的重要来源，日本通过税收的形式从员工的工资中扣除一部分作为退休后的养老基金，即采取强制性储蓄制度，用工资税来筹集养老基金，建立完善的养老保障制度，从而通过强制性储蓄制度来扩大投资，刺激经济的发展。

为了缓解人口老龄化带来的劳动力短缺问题，日本企业根据日本政府开发的老年人力资源的政策，逐步推延了员工退休年龄，为老年人提供了更多的就业机会。同时，在日本就业政策的鼓励下，越来越多的经验丰富、技术扎实的日本老年人重新走上工作岗位，在一定程度上弥补了劳动力供给减少带来的负面影响。

综上所述，人口老龄化给日本经济造成了种种冲击，但日本政府采取了各种有效措施，在一定程度上缓解了人口老龄化带来的各种不利影响，保持了人口老龄化与经济的协调发展。

---

① 杨银平，黄海洋. 日本人口老龄化及对策 [J]. 吉林省教育学报，2013（8）.

第 11 章 经济人口大国的国际地位与潜力

11.1 经济规模与人口规模

经过战后的高速增长、中速增长，到了 20 世纪 80 年代中期，日本的经济实力和国际地位空前提高，已经成了名副其实的世界第二经济大国。90 年代，尽管日本经济陷入了长期停滞的状态，但仍然保持了其世界第二经济大国的地位。进入 21 世纪以后，随着中国经济的崛起，日本的经济规模在 2010 年下跌到世界第三位，2011 年以后，日本经济继续呈现低速增长的态势，但世界第三经济大国的地位是巩固的。

1970—2000 年，日本国内生产总值由 2 057 亿美元增加到 46 674 亿美元（见表 11—1），增加了 22.8 倍，明显超过了美国、德国、英国和法国的增长速度。在日元升值达到顶点的 1995 年，日本国内生产总值一度达到了创纪录的 52 440 亿美元，约相当于美国的 70.9%，分别相当于德国的 2.2 倍、法国的 3.4 倍和英国的 4.6 倍，占世界经济总量的 17.9%。进入 21 世纪以后，日本的经济增长速度明显减慢，但在 2007 年以后呈现上升趋势，国内生产总值由 2007 年的 43 780 亿美元增长到 2013 年的 59 973 亿美元。

表 11—1　　　　一些国家的名义国内生产总值　　　　（单位：亿美元）

国家	1950 年	1960 年	1970 年	1980 年	1990 年	2000 年	2010 年	2014 年
美国	2 862 (1)	5 264 (1)	108 255 (1)	27 895 (1)	58 031 (1)	98 170 (1)	146 242 (1)	161 980 (1)
中国	319 (6)	557 (6)	1 219 (7)	3 050 (7)	3 922 (10)	11 984 (6)	59 312 (2)	103 857 (2)
日本	110	445 (7)	2 037 (3)	10 628 (3)	30 397 (2)	46 674 (2)	53 909 (3)	48 175 (3)
德国	430 (3)	718 (4)	1 850 (4)	10 679 (2)	16 236 (3)	19 002 (3)	33 059 (4)	33 733 (4)
法国	399 (4)	623 (5)	1 472 (5)	6 182 (4)	13 103 (4)	13 293 (5)	25 554 (5)	25 656 (5)
英国	383 (5)	727 (3)	1 237 (6)	5 378 (5)	9 935 (5)	14 509 (4)	22 586 (6)	25 320 (6)
巴西	—	—	385 (11)	2 249 (10)	4 792 (9)	5 998 (9)	20 285 (8)	25 039 (7)
印度	259 (7)	385 (9)	573 (10)	1 723 (11)	2 994 (11)	4 422 (10)	14 330 (11)	21 173 (8)
俄罗斯	1 326 (2)	2 192 (2)	4 348 (2)	4 443 (6)	5 168 (8)	2 597 (11)	14 769 (10)	21 090 (9)
意大利	223 (8)	401 (8)	1 073 (8)	2 834 (8)	8 933 (6)	10 776 (7)	20 367 (7)	19 587 (10)
加拿大	—	—	863 (9)	2 689 (9)	5 827 (7)	7 242 (8)	15 637 (9)	18 391 (11)

注：俄罗斯 1950 年至 1980 年的国内生产总值包括苏联的数字。
资料来源：IMF. *World Economic Outlook Database*. Washington, D. C., 2014；[日] 日本内阁府. 世界経済の新潮流. 2007 年春季号，2007—06；[日] 矢野恒太記会编. 世界国势图会 (1994/1995 年版) [M]. 東京：国势社，1995；国家统计局编. 历年中国 GDP 及人均 GDP 一览表，2004—06；王洛林，张宇燕. 2013 年世界经济形势分析与预测 [M]. 北京：社会科学文献出版社，2013.

从人均国内生产总值的国际比较来看，1970年尽管日本的经济规模已经达到世界第二位，但人均国内生产总值仅为1 967美元，仍然较明显的低于德国、法国和英国的水平（见表11—2）。直到20世纪80年代中期，日本人均国内生产总值才全面超过西欧各国。90年代以后，在大多数年份里，日本人均国内生产总值又超过了美国。2000年，日本人均国内生产总值达到37 423美元，在主要发达国家中是最高的。21世纪初期以后，日本人均国内生产总值在大部分年份里低于美国，但高于西欧各国。2013年，日本人均国内生产总值为47 096美元，低于加拿大和美国，居主要发达国家第三位。世界1亿以上人口大国的人口规模见表11—3。

表11—2　　主要发达国家和金砖国家的名义人均国内生产总值　　（单位：美元）

国家	1950年	1960年	1970年	1980年	1990年	2000年	2010年	2013年
美国	1 880	2 912	5 064	11 249	23 135	34 759	47 132	51 056
日本	132	478	1 967	9 099	24 129	37 423	42 325	47 096
德国	815	1 296	3 051	17 345	25 668	23 114	40 512	41 332
法国	932	1 334	2 835	11 217	22 525	21 881	40 591	40 272
英国	757	1 389	2 221	9 547	17 358	24 636	36 982	39 884
意大利	473	800	1 994	5 008	15 738	19 285	33 829	31 952
加拿大	—	—	4 047	10 968	21 039	23 621	45 888	52 088
俄罗斯	911	1 265	1 790	2 069	880	1 720	10 522	14 911
巴西	—	—	450	2 190	3 187	3 456	10 471	12 643
中国	54	83	112	311	344	949	4 127	6 644
印度	75	92	110	250	367	472	1 176	1 709

注：俄罗斯1950—1980年的人均国内生产总值包括苏联的数字。
资料来源：[日] 日本内阁府. 世界经济の新潮流2007年春季号. 2007—06；[日] 矢野恒太记会. 世界国势图会（1994/1995年版）[M]. 东京：国势社，1995；国家统计局. 历年中国GDP及人均GDP一览表，2014—06；王洛林，张宇燕. 2013年世界经济形势分析与预测 [M]. 北京：社会科学文献出版社，2013.

表11—3　　世界1亿以上人口大国的人口规模　　（单位：万人）

国家	1950年	1960年	1970年	1980年	1990年	2000年	2010年	2014年
中国	54 682	66 207	82 992	98 705	115 823	126 583	134 141	136 407
印度	35 900	43 400	53 908	66 360	83 470	101 592	121 020	126 751
美国	15 070	17 932	20 330	22 655	24 871	28 142	30 978	32 262
印尼	7 545	9 270	11 947	14 749	18 428	21 209	23 456	25 287
巴西	5 344	7 170	9 568	12 120	14 472	17 040	19 471	20 204
巴基斯坦	3 439	4 240	6 061	8 258	12 663	14 126	16 363	18 515
尼日利亚	3 323	4 237	5 634	8 056	10 854	11 386	14 809	17 841
孟加拉国	—	—	6 812	8 868	11 559	13 744	15 867	15 845

续表

国家	1950年	1960年	1970年	1980年	1990年	2000年	2010年	2014年
俄罗斯	18 100	18 400	24 286	26 550	14 829	14 630	14 290	14 253
日本	8 412	9 094	10 435	11 681	12 361	12 692	12 736	12 703
墨西哥	2 628	3 499	5 070	6 685	8 860	9 887	10 326	12 380
菲律宾	2 028	2 738	3 685	4 810	6 241	7 565	8 871	10 006

注：俄罗斯1950—1980年的人口包括整个苏联；巴基斯坦1950年的人口为1951年的数字。

资料来源：[英] B.R.米切尔. 帕尔格雷夫世界历史统计·亚洲、非洲和大洋洲卷（1790—1993）[M]. 北京：经济科学出版社，2002；[英] B.R.米切尔. 帕尔格雷夫世界历史统计：美洲卷（1790—1993）[M]. 北京：经济科学出版社，2002；[英] B.R.米切尔. 帕尔格雷夫世界历史统计：欧洲卷（1790—1993）[M]. 北京：经济科学出版社，2002；刘国平. 世界经济统计. 北京：经济科学出版社，2002；百度文库. 2009—2010年世界人口排名，2010—12；百度快照. 2014年世界各国人口数量最新排名，2015—01.

经济高速增长时期，日本人口增长速度开始放慢，尽管如此，日本人口到1967年（昭和42年）还是超过了1亿人，当年日本的人口规模居中国、印度、美国、俄罗斯、印度尼西亚之后，是世界第六人口大国。1973年以后，随着日本经济的中速增长，日本人口增长的速度趋向缓慢，到2000年达到1.269 2亿人，退居世界第九位。进入21世纪以后，日本人口呈现下降的趋势，到2014年，人口减少到1.126 7亿人，退居到世界第十位。这一时期，尽管日本就业人口的数量有所减少，但劳动力资源依然很丰富（见图11—1），其劳动力素质远远超过国际的平均水平，这种趋势有利于国内生产总值的增长，为经济持续发展提供了有利的条件。

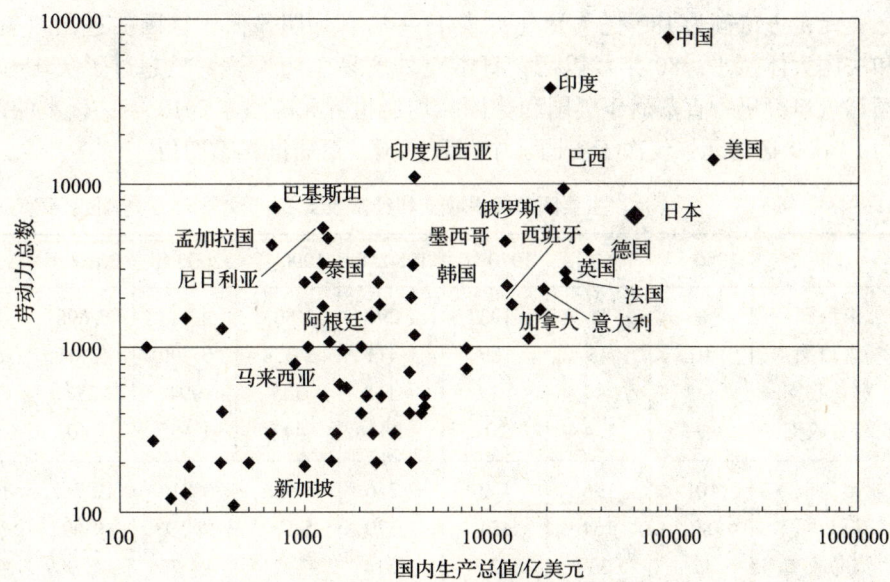

图11—1 世界主要国家经济规模与劳动力总数

注：世界各国国内生产总值为2013年国际货币基金组织预测的数字；世界各国劳动力总数为2010年的数字。

资料来源：IMF. *World Economic Outlook Database*, Washington, D.C., 2012；国家统计局. 国际统计年鉴（2012年版）[M]. 北京：中国统计出版社，2012.

11.2 国际收支

战后,日本的对外贸易和国际收支结构发生了很大的变化。战后贸易的恢复落后于生产的恢复,出口的恢复落后于进口的恢复。1949年,工矿业生产虽恢复到战前(1934—1936年平均)的70%,但出口按美元计尚不足战前的50%,按数量计只为战前的16%。结果,日本贸易收支出现了大幅度的赤字,而支撑这种局面的是美国对日本的援助。1949年,日本的出口额为51亿美元,进口额为90亿美元,其中美国援助的进口额为53亿美元,约占进口额的60%。这样,如何靠自己的力量实现国际收支均衡,保持外汇行市的稳定,就成了重要的课题。日本大藏省1950年公布国际收支统计特辑时,曾指出:"由于实施均衡预算,大体控制了通货膨胀,实现了通货对内价值的稳定。今后复兴道路的问题,就是在美国援助减少或完全取消的情况下,如何确保复兴资材的进口并保持外汇行市的稳定。换言之,国际收支均衡和外汇行市稳定是当前的重要课题。"①

由于美国决定削减对日援助,援助进口额在1949年达到了顶点。其后,朝鲜战争特需支撑了日本的国际收支。虽然日本经济在20世纪50年代中期进入了高速增长时期,但贸易收支不均衡依然在很大程度上制约着日本经济的发展。高速的经济增长造成了进口的增加,一旦威胁到日本的黄金和外汇储备,就不得不采取抑制经济增长的政策。这就是所谓的"国际收支天花板"的限制。

由于经济高速增长,20世纪60年代中期以后日本贸易收支转为黑字增加趋势。1970年,日本虽然已成为世界第二经济大国,但对外贸易总额仅为382亿美元,其中出口额为193亿美元,进口额为189亿美元(见表11—4),均明显低于德国的进出口贸易额,与英国和法国大体持平。80年代以后,日本对外贸易总额虽然明显超过了英国和法国,但出口额和进口额仍一直落后于美国和德国,均居世界第三位。2010年,日本的对外贸易总额为14 639亿美元,仅次于美国、中国和德国,退居世界第四位。

表11—4　　　　　　　主要国家贸易收支和经常收支　　　　　　（单位：亿美元）

国家	指标	1950年	1960年	1970年	1980年	1990年	2000年	2010年	2012年
日本	出口额	8	41	193	1 296	2 863	4 793	7 698	7 985
	进口额	10	45	189	1 411	2 338	3 799	6 941	8 858
	贸易收支	-2	-4	4	-115	525	994	757	-872
	经常收支	—	1.4	20	-1 114	447	1 195	1 402	—
美国	出口额	101	196	432	2 256	3 936	7 819	12 783	15 457
	进口额	89	164	424	2 570	5 170	12 593	19 692	23 355
	贸易收支	12	33	7	-314	-1 234	-4 775	-6 909	-7 898
	经常收支	—	28	23	23	-790	-4 152		

---

① [日]松野周治. 日本战前的贸易收支不均衡和国际收支的变动. 百度文库, 2010—07.

续表

国家	指标	1950年	1960年	1970年	1980年	1990年	2000年	2010年	2012年
德国	出口额	20	114	342	1 929	4 101	5 501	12 589	14 071
	进口额	27	102	299	1 880	3 462	4 954	10 548	11 672
	贸易收支	7	12	43	49	440	548	2 041	2 399
	经常收支	—	—	—	−156	467	−320		
英国	出口额	61	106	194	1 101	1 853	2 816	4 057	6 199
	进口额	71	130	219	1 155	2 244	3 344	5 615	6 658
	贸易收支	−10	−26	−25	−54	−391	−528	−1 558	459
	经常收支	—	—	20	69	−388	−367		
法国	出口额	30	69	181	1 160	2 166	3 000	5 235	5 939
	进口额	30	63	191	1 349	2 344	3 109	6 097	6 842
	贸易收支	0	6	−10	−189	−179	−109	−862	−903
	经常收支	—	—	—	−42	−99	186	—	
中国	出口额	5.5	25.7	23.1	181	620	2 492	15 778	20 487
	进口额	5.8	26.5	22.8	200	534	2 251	13 951	18 184
	贸易收支	−0.3	−0.8	0.3	−19	86	241	1 827	2 303

资料来源：[日]日本内阁府.世界经济の新潮流（2007年春季号）.2007—06；国家统计局.中国统计年鉴（2002年版）[M].北京：中国统计出版社，2002；王洛林，张宇燕.2013年世界经济形势分析与预测[M].北京：社会科学文献出版社，2013；世界贸易组织.中美德日四国货物对外贸易一览（1948—2012），2013—08；驻法国代表处.2012年法国对外贸易形势回顾，2013—07；百度文库.英国的对外贸易，2014—11.

  从贸易收支方面来看，日本除因第二次石油危机后石油涨价，在1979年和1980年出现了较大赤字外，20世纪80年代以后一直是黑字迅速增大的趋势。1983年，日本贸易黑字为205亿美元，一举超过了联邦德国的165亿美元，首次跃居世界第一位。其后到2000年，日本一直是世界首屈一指的贸易黑字大国。其中，1994年贸易黑字达到创纪录的1 459亿美元，超过了其他主要发达国家的总和。1995年，因日元升值达到了顶点，日本贸易黑字大幅度缩小为1 061亿美元，其后基本上处于徘徊不前的局面。进入21世纪以后，日本的贸易黑字继续缩小，2001年，日本贸易黑字再次出现大幅度缩小的局面，减少为540亿美元，小于德国的854亿美元，从此以后，日本就让出了世界第一贸易大国的地位，2010年黑字为757亿美元，小于德国的2 041亿美元和中国的1 827亿美元，居世界第三位。

  由于贸易收支的巨额黑字，日本经常收支从1981年开始也一直是黑字迅速增大的趋势，并一直是世界首屈一指的经常收支黑字大国，1987年达到了870亿美元，1993年达到了创纪录的1 314亿美元。1995年，因贸易黑字减少，经常收支黑字也减少为1 110亿美元，2000年回升到1 195亿美元。2001年以后，日本的贸易黑字虽然趋于缩小，但经常收支却迅速扩大，2005年为1 658亿美元，超过了德国的1 155亿美元。在其他发达国家中，英国和法国的经常收支大都是赤字年份居多，联邦德国在20世纪80年代虽然也一直是黑字增大的趋势，但黑字的规模明显低于日本，90年代以后，德国也转入了赤字增大的趋势，直到2005年以后才转入并且出现巨额的黑字。至于美国，从20世纪80年代开始，就一直是世界最大的经常收支赤字大国。

以巨额的贸易收支黑字和经常收支黑字为后盾，日本成为世界首屈一指的资本输出大国。1985年，日本长期资本输出额为645亿美元，1986年和1987年又分别增加到1 315亿美元和1 365亿美元，大大超过了各发达国家长期资本纯输出额的总和。日本成了世界最大的资本供给国。1990年，日本资本纯输出额虽然一度减少到318亿美元，但随后又呈现上升趋势，1998年又高达1 325亿美元，其中长期资本纯输出额为1 177亿美元，分别大幅度超过了其他发达国家资本纯输出额总和和长期资本纯输出额总和。不过在2003年和2004年，日本连续两年出现了海外投资撤退的局面，资本还流额分别为679亿美元和177亿美元，而同期德国的资本输出额分别为563亿美元和1 425亿美元，这样，日本就把世界第一资本输出大国的地位让给了德国。[1] 2005年，日本再次向世界各国输出巨额的资本，长期资本纯输出额为1 227亿美元，略少于德国，见表11—5。

表11—5　　　　　　　主要发达国家资本收支的变化　　　　　　（单位：亿美元）

指标	日本		美国		德国		英国	
	1995年	2005年	1995年	2005年	1995年	2005年	1995年	2005年
资本收支合计	-667	-1 276	1 380	7 670	371	-1 283	29	494
投资收支	-644	-1 227	1 379	7 714	377	-1 266	20	452
直接投资收支	-266	-214	-390	128	-254	-129	-242	544
证券和其他投资支出	-421	-1 062	1 770	6 383	625	-1 154	271	-50

资料来源：[日]日本総務省統計局. 世界の統計（2007年版）[M]. 東京：大蔵省印刷局，2007.

在20世纪80年代后期，日本之所以超过经常收支黑字500亿美元左右的规模输出长期资本，主要是利用正在上升中的世界第二经济大国的实力，从欧洲金融市场筹借了大量的短期资金，从而形成了短期资金筹措、长期资金运用的局面，这样，日本就发挥了"世界的银行"的作用。90年代以后，在经常收支黑字扩大的情况下，日本长期资本和短期资本都出现了对外运用增加的局面。日本长期资本输出主要是以对外证券投资为主，直接投资为辅。相比之下，美国和西欧各国的资本输出90年代初期以前虽然也都以对外证券投资为主，但90年代中期以后，在企业跨国并购迅速发展的形势下，大都转向了以对外投资为主。

以巨额的资本输出为基础，日本还成为世界海外债权大国。日本海外纯资产在1985年达到1 298亿美元，取代英国，首次成为世界最大的纯债权国。其后，日本海外纯资

---

[1] 刘昌黎. 现代日本经济概论[M]. 大连：东北财经大学出版社，2008.

产一直是迅速增加的态势，1998年首次突破10 000亿美元，达到11 529亿美元，超过了其他发达国家海外纯资产的总和①（见表11—6），而美国自1985年沦落为世界最大的债务国以来，就一直是海外纯负债连年增大的局面。进入21世纪以来，日本海外纯资产继续增大，2010年增加到20 539亿美元，大幅度超过了其他发达国家海外纯资产的总和。相比之下，日本对外负债规模是最小的，负债对国内生产总值的比率也是发达国家最低的。2006年，日本对外负债明显低于主要发达国家。

表11—6　　　　　　　　主要发达国家对外资产和负债的变化　　　　　（单位：亿美元）

国家	指标	1980年	1985年	1992年	1995年	1997年	2004年	2006年
日本	对外资产	1 596	4 337	20 452	27 252	27 375	40 102	—
	对外负债	1 480	3 079	15 316	19 759	17 787	22 929	29 245
	对外纯资产	116	1 258	5 136	7 493	9 588	17 173	—
美国	对外资产	6 071	9 494	24 642	43 471	50 071	—	—
	对外负债	5 008	10 613	29 188	50 908	63 296	—	162 946
	对外纯资产	1 063	-1 119	-4 546	-7 437	-13 225	-25 422	—
英国	对外资产	5 445	8 602	17 310	23 861	31 646	—	—
	对外负债	5 039	7 487	16 970	23 743	32 203	—	109 422
	对外纯资产	406	1 115	340	118	-557	-2 644	—
德国	对外资产	2 491	3 302	11 726	11 726	17 954	—	—
	对外负债	2 160	2 660	9 093	9 093	16 946	—	63 463
	对外纯资产	331	642	2 633	2 633	1 008	1 698	—
法国	对外资产	—	—	8 260	13 140	16 335	—	—
	对外负债	—	—	8 665	13 332	14 782	—	50 698
	对外纯资产	—	—	-405	-192	1 553	1 324	—

资料来源：[日] 日本銀行. 国際比較統計（1999年版）[M]. 東京：日本銀行，1999；IMF. *International Financial Statistics*，2005；王洛林，张宇燕. 2013年世界经济形势分析与预测[M]. 北京：社会科学文献出版社，2013.

从外汇储备方面来看，日本还是世界外汇储备大国。20世纪80年代以前，日本的外汇储备的规模一直很小，1980年为252亿美元，低于联邦德国、美国、法国和英国等发达国家。到了80年代，在金融国际化浪潮的推动下，日本的外汇市场交易更加活跃起来。随着国际贸易和国际资本的进一步发展，越来越多的银行或其他金融机构参与外汇市场的交易活动，使日本外汇储备规模有所扩大，1990年达到了797亿美元，但仍低于美国的853亿美元（见表11—7）。1993年，日本外汇储备增加到998亿美元，超过中国

---

① 刘昌黎. 现代日本经济概论[M]. 大连：东北财经大学出版社，2008.

台湾地区的842亿美元和德国的822亿美元,首次成为世界第一外汇储备大国。在美国和欧洲各国外汇储备基本不变的情况下,日本的外汇储备仍迅速增加,一直持续到2005年。2006年被中国超过后,日本退居世界第二位,但日本的外汇储备仍呈现不断上升的趋势。2007年日本的外汇储备占西方先进七国的75%以上。日本外汇储备大量增加与其他国家"脱离美元"形成了鲜明的对比,这是日本政府为遏制日元升值,多年来一直通过大规模地买入美元对外汇市场进行干预的结果。2004年4月以来,在东南亚各国特别是中国以及俄罗斯、印度等国迅速增加外汇储备的情况下,日本政府不再进行买入美元的市场干预,其外汇才结束了迅速增加的局面,与2005年相比,2010年日本外汇储备增加的幅度不大。

表11—7 主要国家及地区外汇储备的变化 （单位：亿美元）

国家和地区	1980年	1985年	1990年	1995年	2000年	2005年	2010年	2013年
发达国家	2 703	2 832	6 287	7 642	8 912	13 762	—	—
日本	252	277	797	1 845	3 560	8 355	11 010	12 312
美国	268	422	853	884	685	672	1 214	1 534
德国	528	480	726	900	620	507	1 435	2 629
英国	275	135	368	430	395	390	684	1 278
法国	310	297	409	311	415	323	999	1 903
加拿大	—	—	186	152	322	330	562	681
意大利	261	182	662	384	292	295	1 108	1 912
发展中国家和地区	1 817	1 981	3 253	7 566	11 796	29 092	—	—
中国大陆	−13	26	111	736	1 656	8 225	28 473	38 395
中国台湾地区	22	226	731	880	1 074	2 540	3 793	4 031
中国香港地区	—	87	731	638	1 075	1 242	2 732	3 112
韩国	66	77	148	327	961	2 103	2 903	3 274
新加坡	66	128	277	687	801	1 158	2 214	2 521
马来西亚	44	49	99	239	296	669	877	1 375
泰国	16	22	134	361	321	508	1 400	1 836
印度尼西亚	54	50	76	139	286	331	566	1 090
印度	69	64	21	186	384	1 325	2 940	2 952
墨西哥	—	50	99	169	355	741	821	1 654
巴西	—	107	77	149	326	536	2 849	3 769
俄罗斯	—	—	—	149	248	1 765	4 436	5 277
世界合计	4 520	4 813	9 540	15 208	20 708	42 854	90 228	—

资料来源：[日]日本内阁府.世界経済の新潮流（2007年春季号）.2007—06；王洛林,张季风.日本经济蓝皮书：日本经济与中日经贸关系发展报告（2012年版）[M].北京：社会科学文献出版社,2012；百度文库.2010年各国外汇储备,2011—05；金投外汇网.2014年世界各国外汇储备排名,2014—10.

11.3 对外经济贸易

昭和初期以后，如图 11—2 所示，日本的对外贸易基本上处于比较平稳的状态。但 1929 年以后的数年间受世界经济大危机的影响，对外贸易额明显下降，1931 年，出口和进口贸易额均跌到最低点，分别为 14.8 亿日元和 16.9 亿日元。随后对外贸易额迅速上升，一直持续到 1940 年，同年出口额达到创纪录的 51.6 亿日元。受第二次世界大战的影响，1941 年以后出口和进口贸易额均呈现不断下降的趋势。

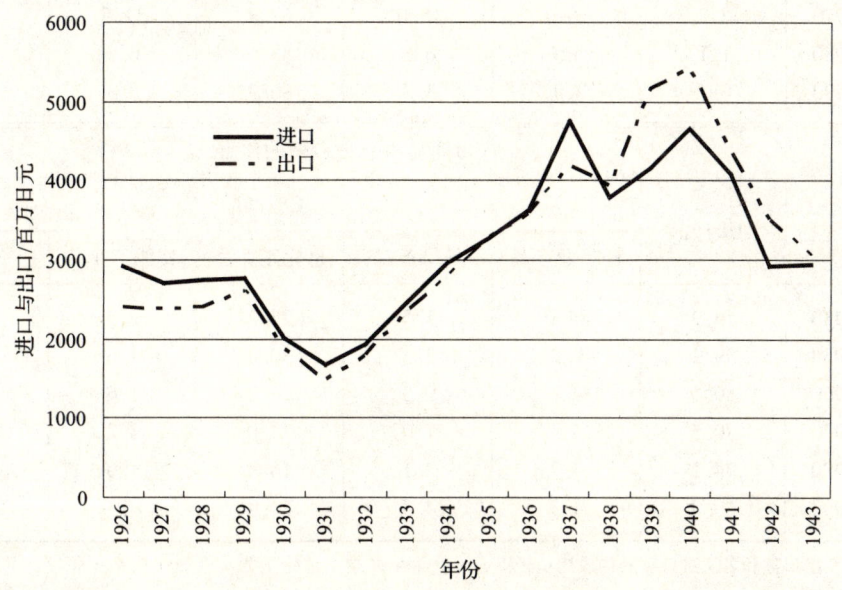

图 11—2　昭和前期的日本对外贸易

资料来源：[英] B. R. 米切尔. 帕尔格雷夫世界历史统计：亚洲、非洲和大洋洲卷（1790—1993）[M]. 北京：经济科学出版社，2002.

从对外贸易结构上来看，随着日本资本主义进入垄断阶段，对外贸易发生了较为显著的变化。如表 11—8 所示出口的工业产品的出口比重持续增大，纤维产品的出口比重在 20 世纪 20 年代高达 66.3%，这一比重的上升主要依靠纺织品的拉动。30 年代，纤维产品的出口比重有所下降，但仍保持在 47.6% 的水平。重化工业品的出口比重在 20 年代很低，但随后迅速上升。初级产品的出口比重自第一次世界大战以后则呈现逐渐下降的趋势。

从进口结构来看，进口比例上升的同时，工业产品的进口比例却明显下降。20 世纪 20 年代初级产品的进口比例首次突破 55%，随后持续上升，到 30 年代达到 59.2%。从工业产品的进口结构来看，重化工业品的进口比重自 20 年代有所上升，而轻工业产品的进口减弱，特别是纤维产品的进口比重下降幅度较大。

表 11—8　　　　　　　　　　　　进出口商品的产品类别

期间	出口商品占总出口额的比重/%					
	初级产品	工业产品				
		轻工业产品	纤维产品	重化工业品	其他工业品	合计
1921—1930	6.8	71.5	66.3	12.6	9.1	93.2
1931—1939	6.7	54.3	47.6	27.0	12.0	93.3
1951—1960	4.5	39.6	34.5	43.3	12.6	95.5
1961—1970	2.2	16.0	18.0	67.4	11.5	97.8
1971—1980	1.1	5.7	6.8	85.6	6.5	98.9
1981—1990	0.7	4.1	3.3	86.9	8.3	99.3

期间	进口商品占总进口额的比重/%					
	初级产品	工业产品				
		轻工业产品	纤维产品	重化工业品	其他工业品	合计
1921—1930	55.9	14.0	5.5	27.2	2.9	44.4
1931—1939	59.2	9.2	2.3	30.0	1.6	40.8
1951—1960	80.1	2.1	0.5	16.2	1.6	19.9
1961—1970	70.5	3.3	1.0	23.0	3.3	29.5
1971—1980	74.2	4.7	3.1	16.8	4.0	25.8
1981—1990	60.8	4.3	4.3	24.0	10.9	39.2

注：名义出口额和名义进口额的构成比；轻工业＝食品＋纤维，重化工业＝金属＋机械＋化学，其他工业＝制材＋建筑业＋杂工业。

资料来源：[日]南亮进. 日本の経済発展 [M]. 東京：東洋経済新報社，1992.

由于战争的破坏，日本的对外贸易在战后初期几乎处于停滞状态。1946年的贸易总额仅相当于战前（1937年）的20%。随后，在政府的大力支持下，日本确立了贸易立国的发展战略，对本国的对外贸易进行了全面的干预。在进口方面，通过严格的外汇管制，使所有的外汇支出均服务于国民经济的增长和出口贸易的扩大。在出口方面，日本坚持"出口第一"方针，除了通过金融、税收和保险等措施直接推动本国出口贸易发展外，还利用技术、投资、产业组织等产业政策措施，通过对国内产业结构的调整和提升来强化出口贸易发展的基础，并沿着劳动密集型、资本密集型、知识和技术密集型的轨迹发展，逐步升级，顺应了世界经济产业结构调整的步伐，为其对外贸易的持续发展奠定了坚实的基础。事实上，日本对外贸易在战后不久就开始显示了旺盛的增长势头。在1946—1955年间，日本出口额年均增长率为64.1%，进口额的年均增长率也达26.1%。出口额和进口额分别从1950年的8.25亿美元和9.64亿美元扩大到1955年的20.11亿美元和24.71亿美元（见表11—9），分别占当年世界出口贸易和进口贸易的第8位和第9位。

表 11—9　　　　　　　　　　昭和后期日本的对外贸易

年份		进出口		出口		进口		进出口差额/亿美元
		总额/亿美元	增长率/%	总额/亿美元	增长率/%	总额/亿美元	增长率/%	
昭和21年	1946	9.42	—	2.58	—	6.84	—	-4.26
昭和25年	1950	17.90	26.5	8.25	61.8	9.64	6.6	-1.39
昭和30年	1955	44.82	11.3	20.11	23.4	24.71	3.0	-4.6
昭和35年	1960	85.46	21.1	40.66	17.3	44.91	24.8	-4.25
昭和40年	1965	166.21	13.8	84.51	26.6	81.69	2.9	2.82
昭和45年	1970	381.21	23.2	193.18	20.8	188.81	25.7	4.37
昭和50年	1975	1 136.79	-3.2	558.19	0.5	578.60	-6.6	-20.41
昭和55年	1980	2 117.37	28.1	1 304.41	27.5	1 412.96	28.6	-108.55
昭和56年	1981	2 943.61	8.3	1 514.95	16.1	1 428.66	1.1	86.29
昭和60年	1985	3 076.52	0.6	1 771.64	4.4	1 304.88	-4.2	466.76
昭和61年	1986	3 383.10	10.0	2 107.57	19.0	1 275.53	-2.2	832.04
昭和62年	1987	3 823.19	13.0	2 312.86	9.7	1 510.33	18.4	802.53
昭和63年	1988	4 522.34	18.3	2 648.58	14.5	1 873.78	24.1	774.78
平成元年	1989	4 836.47	6.9	2 730.32	3.4	2 007.15	11.9	723.17

资料来源：世界贸易组织．日本历年货物对外贸易情况（1948—2010），2012—07．

20世纪50年代日本加入了国际货币基金组织和关税与贸易总协定后，日本利用国际货币基金组织的原则及关贸总协定框架下的国际市场，不失时机地对日本的经济结构和产业结构进行调整和优化，按照最惠国待遇的基本原则，同众多国家进行自由贸易。1958年，日本政府撤销贸易进口管制，并公布了《贸易及外汇自由化计划大纲》，标志着日本对外贸易政策由原来的保护型向自由化的过渡。[①] 在实施贸易自由化的过程中，日本采取了有选择的、渐进的实施方式。按照《贸易和外汇自由化大纲》的规定，日本将国内商品自由化按时间进程分为近期自由化商品（1年以内）、中期自由化商品（3年以内）、远期自由化商品（3年以上）以及难以实现自由化的商品四类。日本政府在《贸易和外汇自由化大纲》中还提出了具体的贸易自由化目标，即3年内把进口自由化率从1960年4月的40%提高到80%左右。1961年又制订了《贸易和外汇自由化促进计划》，缩短了进口自由化进程，扩大了进口自由化程度，决定于1962年9月以前把进口自由化率提高到90%。通过贸易自由化计划的实施，日本的贸易自由化程度进展显著，1961年日本进口自由化率上升到62%，1962年达到73%，1963年达到89%，到1964年，日本的贸易自由化程度已经提高到93%。随着日本对外贸易自由化政策的展开，关税保护的地位不断得到强化。在关税保护中，尽管60年代中期以后日本名义关税水平呈下降趋

---

① 冯昭奎．日本经济（第二版）[M]．北京：高等教育出版社，2005．

势，但有效保护率却始终被维持在较高水平上。这种以外部环境变迁为基础，合理地使用不同保护手段，最大限度地提高保护效果的做法对日本经济的复兴与发展起到了极其重要的作用。①

在积极推行贸易自由化的背景下，日本利用当时十分有利的国际市场条件，一方面继续扩大劳动密集型的轻纺产品部门的生产，另一方面逐步将出口结构的重心从轻纺工业向资本集约型为主的重化学工业转移。20世纪60年代，随着日本重化学工业的进展和国际竞争力的增强，日本的对外贸易迅速增长。到1970年，日本的进出口总额达到381.21亿美元，占世界贸易总额的6.0%（见图11—3），进出口贸易总额居世界第四位。②

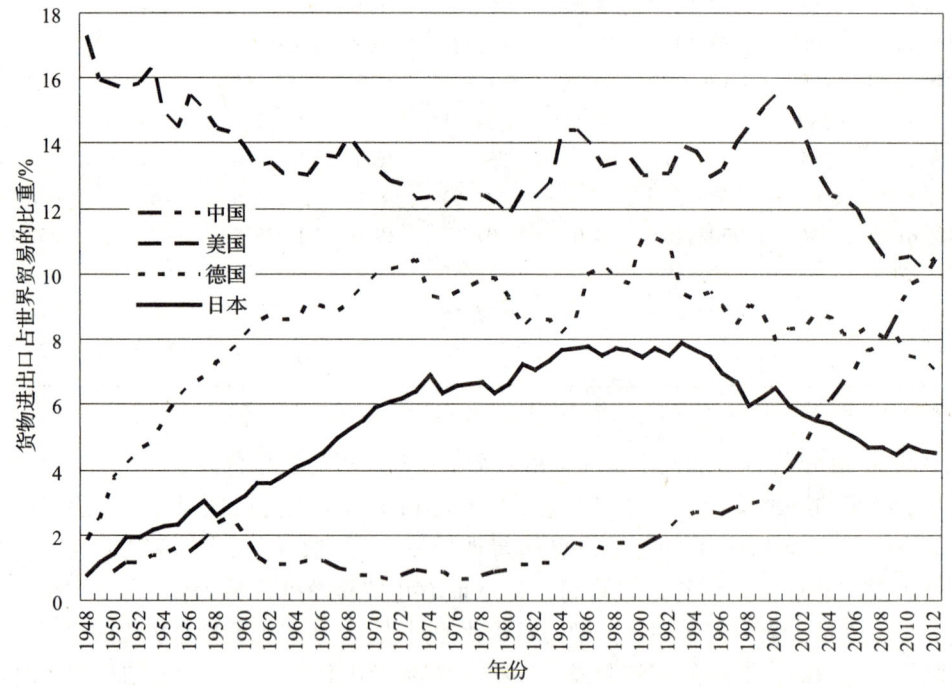

图11—3　日本、美国、德国和中国货物进出口占世界贸易的比重

资料来源：世界贸易组织. 中美德日四国货物对外贸易一览（1948—2012），2013—08.

20世纪70年代，日本进入高速发展时期，进出口贸易总额从1970年的381.21亿美元增加到1979年的2 121.3亿美元，平均每年递增21.3%。1973年石油危机以后，由于原油价格上涨，1973—1975年和1979—1980年日本外贸出现了逆差。但是从1981年以后，随着产品国际竞争力的提高，日本的对外贸易保持顺差。20世纪80年代，日本的对外贸易规模虽然时有波动，但总的来看基本上保持了大规模发展的势头。特别是以1985年"广场协议"为契机，日元急速升值，在短期内助长了日本出口贸易增长的势头。

---

① 宋魁. 日本的对外贸易. 价值中国网，2011—03.
② 满颖之. 日本经济地理[M]. 北京：科学出版社，1984.

1985年和1986年出口贸易额分别比上年增长了4.4%和19.0%,进口贸易额自1981年创造了1 428.66亿美元的历史最高纪录以后继续保持较高的水平。1987年日元升值效益逐渐明朗化,到1988年(昭和63年)日本的进出口贸易继续保持上升势头。

迅速发展的对外贸易使日本进入世界贸易大国的行列,从美国、德国和日本三国1948—2012年贸易总额的增长情况来看,如表11—10所示,日本的增长最为迅速。日本的对外贸易在世界贸易中的地位也日益得到加强。1948年日本进出口贸易总额仅占世界贸易总额的0.78%,1960年增至3.20%,1970年上升到5.91%,1990年又增长到7.47%。20世纪60年代初期,日本的进出口贸易居世界第七位,1970年上升到世界第四位,1973年以后仅次于美国和联邦德国,居世界第三位。从出口贸易来看,1960年日本的出口贸易居世界第三位,位于美国和西德之后,到1990年继续保持世界第三位。日本对国际市场的影响力是巨大的。

表11—10　　　　　　　　　　　　日本、美国和德国的进出口贸易

年份	进出口贸易总额/亿美元			日本对外贸易占世界比重/%	期间	进出口贸易总额增长率/%		
	日本	美国	德国			日本	美国	德国
1948	9.42	207.47	21.91	0.78	1948—1950	90.02	-4.02	114.65
1950	17.90	199.13	47.03	1.42	1950—1955	150.39	40.85	154.09
1955	44.82	280.47	119.50	2.68	1955—1960	90.67	31.86	80.65
1960	85.46	369.82	215.88	3.20	1960—1965	94.49	37.26	64.56
1965	166.21	507.63	355.25	4.27	1965—1970	129.35	68.69	80.65
1970	381.21	856.30	641.76	5.91	1970—1975	198.21	150.77	157.57
1975	1 136.79	2 147.36	1 651.06	6.35	1975—1980	86.26	124.72	130.68
1980	2 117.37	4 825.50	3 808.62	6.61	1980—1985	45.30	18.39	-10.09
1985	3 076.52	5 712.78	3 424.21	7.75	1985—1990	69.98	59.39	126.85
1990	5 229.49	9 105.79	7 767.86	7.47	1990—1995	48.96	48.87	85.10
1995	7 789.98	13 555.95	9 873.33	7.45	1995—2000	10.24	50.58	6.25
2000	8 587.60	20 412.18	10 490.07	6.51	2000—2005	29.35	29.03	66.63
2005	11 108.07	26 337.88	17 479.87	5.20	2005—2010	31.79	23.31	32.37
2010	14 638.99	32 476.79	23 137.38	4.76	2010—2012	15.06	19.51	11.26
2012	16 844.11	38 812.45	25 743.18	4.55				

资料来源:世界贸易组织.中美德日四国货物对外贸易一览(1948—2012),2013—08.

在贸易规模迅速扩大的同时,日本的外贸商品结构也发生了变化,尤其集中在出口商品结构的升级上。战后初期,日本是以原材料、轻纺工业品为主的出口结构,纺织品出口占出口总额的48%,是日本最主要的出口产业,其次是金属及其制品以及机械机器制品,化学制品、非技术矿物制品的比重都在5%以内。到1955年仍有53%的出口商品属于轻工业产品,重化学工业品只占38%。随着国内重化学工业的不断发展和对发展中国家出口的增加,日本的机械机器行业在出口中的比重增加,而纺织品的比重减少。

20世纪60年代初期的主要出口商品依次为钢铁、棉织品、船舶和衣着类,到了70年代初期变成钢铁、船舶、汽车和收音机,80年代初期的出口产品则主要是汽车、钢铁、船舶和光学仪器,1982—1983年日本的汽车、收录机、自动机器、电信设备、电力机器、船舶、仪器设备、钢管、钢板、办公机器10项主要产品出口占出口总额的63.3%,80年代中期主要出口的产品又变为办公用机械、汽车、民用电器机械和一般机械,其中高技术商品占出口的比重在1984年达到32.1%,超过了世界上其他的国家。显而易见,80年代初期以后,日本的出口商品结构由重化学工业产品为主向技术集约型产品转变。

从进口商品的变化来看,日本长期呈现能源资源和初级产品主导型结构。20世纪50年代初期进口的主要商品是轻工业原料和燃料。1955年,日本进口商品的86.9%属于重化学工业所需的能源、原料,其次是食品类,加工制品只占12.4%。① 70年代以来,由于产业结构进一步向重化学工业方向发展,因而进口商品结构又相应发生了变化,能源和原料进口比重相对下降,轻工业品进口比重相对上升。70年代末期以后,随着日本生活方式欧美化趋势的发展,日本对时髦的消费品,如工艺美术品、古董、高级服装、毛皮制品以及家具等的进口量不断增加。② 到了80年代中期,由于石油及其他原材料价格的下降,国内节省能源、资源取得成效,加上来自亚洲各国的工业品、半成品的进口增加,一方面导致能源、原材料进口在全部进口中的比重大幅度减少,另一方面导致纺织、机械等的进口比重较大幅度增加。

昭和时期,日本的对外贸易格局经历了由单元化向多元化发展的过程。战前,日本的国外贸易市场主要集中在太平洋沿岸地区,占进出口贸易总额的77%左右(见表11—11)。出口贸易亚洲地区占49%左右,北美洲地区占28%左右;进口贸易也主要集中在亚洲和北美洲,其中,贸易对象国在亚洲主要是中国,在北美地区则主要是美国。

表11—11　　　　　　　　　进出口商品的地域类别

期间	出口所占比重/%						
	亚洲	欧洲	北美洲	美国	南美洲	非洲	大洋洲
1925—1929	43.2	6.9	43.9	—	1.0	2.3	2.8
1930—1934	49.7	9.3	29.7	—	1.6	6.5	3.2
1935—1939	56.9	9.6	21.3	—	2.6	6.3	3.3
1960	34.3	13.8	33.9	27.9	4.6	8.8	4.6
1965	31.0	15.8	35.4	30.0	3.0	9.9	4.9
1970	31.2	17.4	36.7	30.8	3.1	7.4	4.2
1975	36.7	18.6	26.4	20.0	4.2	10.0	4.1
1980	38.0	19.4	29.3	24.2	3.7	6.2	3.4
1990	34.5	23.0	33.8	31.5	3.6	2.0	3.1

---

① 赵凤彬,孙才仁,杜笑岩. 日本对外经济关系 [M]. 北京:中国对外经济贸易出版社,1990.
② 满颖之. 日本经济地理 [M]. 北京:科学出版社,1984.

续表

期间	进口所占比重/%						
	亚洲	欧洲	北美洲	美国	南美洲	非洲	大洋洲
1925—1929	42.2	18.0	31.4	—	0.5	1.7	6.0
1930—1934	36.6	15.2	34.6	—	0.7	2.3	9.3
1935—1939	37.3	12.7	36.6	—	3.6	3.7	5.9
1960	29.3	11.1	43.5	35.2	3.3	3.7	9.2
1965	32.7	12.4	37.6	29.3	4.8	4.4	8.1
1970	29.4	13.5	36.5	29.5	5.2	5.8	9.6
1975	49.0	10.0	25.8	20.1	2.9	4.0	8.3
1980	57.1	8.9	21.8	17.4	3.0	3.2	6.0
1990	41.9	19.8	26.1	22.4	4.2	1.7	6.3

资料来源：[日] 市村真一. 日本的经济发展与对外经济关系 [M]. 北京：北京大学出版社，1995；[日] 滨野洁，井奥成彦，中村宗悦，岸田真，永江雅和，牛岛利明. 日本经济史1600—2000 [M]. 南京：南京大学出版社，2010；张季风. 挣脱萧条：1990—2006年的日本经济 [M]. 北京：社会科学文献出版社，2006.

战后到20世纪50年代，日本经济处于恢复时期，当时的对外贸易市场仍然以太平洋沿岸地区为主，但由于战后日本经济在美国控制下，所以实际上美国是日本最大的贸易对象国，通常占日本进出口贸易总额的1/3左右。60年代，随着日本对外贸易的发展，对外贸易的地区不断扩大。进口地区主要集中在北美洲、东南亚、中近东和大洋洲。美国、澳大利亚、加拿大和沙特阿拉伯是日本主要的贸易对象。70年代以后，日本的对外贸易逐步发展到向全球扩散的格局。亚洲和欧洲作为出口对象国的重要性在增强，北美洲和美国作为出口对象国的重要性在减弱，但美国作为日本最大的进出口贸易伙伴的地位始终没变。80年代初期，日本同亚洲地区各国的贸易所占比重有所上升，并逐渐向各地区均衡发展。昭和后期以来，迅速扩大的贸易规模、日益升级的贸易结构和多元化的贸易格局表明了日本对外贸易的国际竞争力在不断地增强，特别是日本的出口贸易取得了举世瞩目的发展。

20世纪90年代初期，日本泡沫经济破灭，日本经济开始步入萧条。但对外贸易规模和贸易顺差却保持了较旺盛的势头。如图11—4所示，日本对外贸易规模自1993年连年呈现上升的趋势，到1997年，进口额和出口额都达到了历史最高水平，其中出口额的增长率达到了11.8%，这和日本经济的低增长形成了极大反差。

从出口方面来看，受日元升值等因素的影响，出口增长速度比以往有所下降，但由于日本在高新技术等产业领域具有相对优势，日本政府和企业及时调整出口战略、调控出口贸易的规模和速度，年平均增长率在20世纪90年代前期保持在4%左右的水平。

从进口方面来看，1991—1992年，在内需不振、经济严重衰退的情况下，日本进口贸易的发展未能取得成效，1992年甚至出现了0.4%的负增长。然而，1993年以后，由于日本政府开始采取一些放宽限制的措施，1994年进口贸易增长速度回升到两位数，达到13.6%，1995年又达到12.5%的高水平，从而成为支撑这两年日本贸易规模加速扩大的

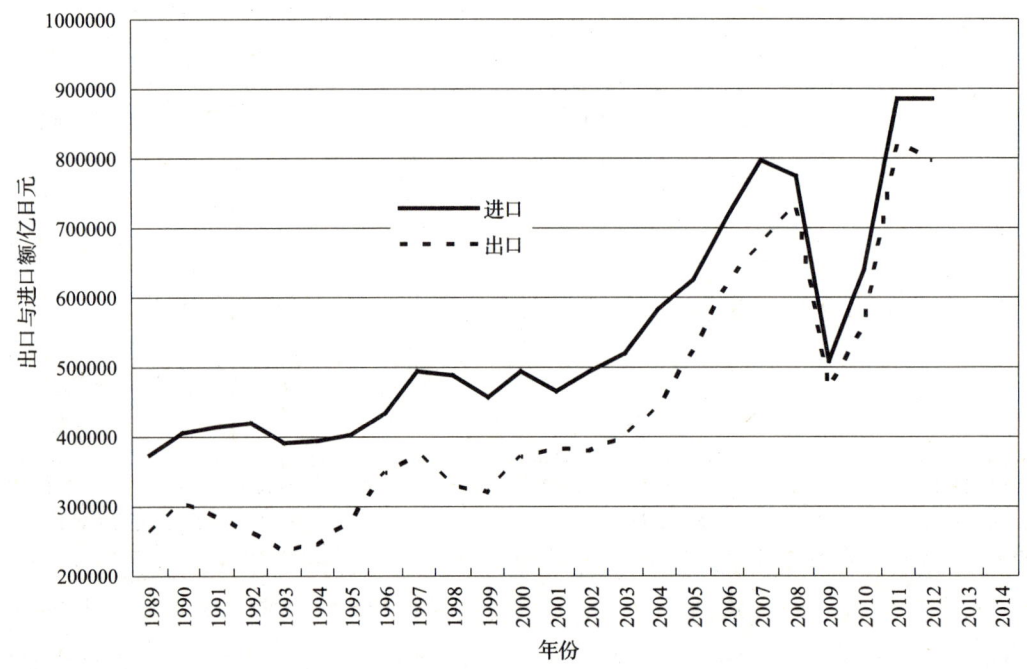

图 11—4　平成时期的日本对外贸易（1989—2014 年）

资料来源：王洛林，张季风. 日本经济蓝皮书——日本经济与中日经贸关系发展报告（2012 年版）[M]. 北京：社会科学文献出版社，2012.

主要推动力。进口贸易规模及速度的加快，对日本合理调整对外贸易结构、改革"加工贸易主义"制度以及整个日本经济的转型都产生了重大影响。

进入 1998 年，日本对外贸易规模及进出口贸易额均出现负增长，特别是进口贸易额较上一年减少了 5.4%，出口增长幅度与前两年相比也有所下降。这种状况的出现主要受 1997 年日元升值以及整个世界贸易增长放慢的影响。从贸易顺差来看，20 世纪 90 年代下半期日本贸易顺差继续呈现增长的趋势，由于 1996—1997 年间出口发展快于进口等因素，1998 年贸易顺差达到了 157 526 亿日元的新峰点。

21 世纪初期，日本对外贸易规模继续保持上升的趋势，这种局面一直持续到 2008 年，这一年对外贸易规模达到了 15 439.99 亿美元的最高纪录。然而，2009 年由于亚洲金融危机以及整个世界贸易增长放慢，日本进口贸易额和出口贸易额都出现大幅度下滑的势头（见表 11—12）。2010 年，日本对外贸易规模及进出口贸易额又开始反弹。

从贸易顺差来看，进入 21 世纪以后，日本贸易顺差始终保持稳定增长的趋势，特别是 21 世纪初期尤其明显。巨额贸易盈余居高不下是导致日本国际贸易摩擦日益尖锐、国内景气难以恢复的一个重要原因，它引起贸易逆差国的强烈不满，这些国家纷纷抨击日本的交易惯例，要求日本开放市场，实行真正的自由贸易。

表 11—12　　平成时期的日本对外贸易（1989—2012 年）

年份		进出口总额/亿美元	出口总额/亿美元	进口总额/亿美元	进出口差额/亿美元	出口增长率/%	进口增长率/%
平成元年	1989	4 836.47	2 779.32	2 097.15	682.17	3.9	7.8
平成 2 年	1990	5 239.49	2 875.81	2 363.68	512.13	5.5	5.7
平成 4 年	1992	5 731.33	3 398.85	2 332.46	1 066.39	1.5	-0.4
平成 6 年	1994	6 722.40	3 970.05	2 752.35	1 217.70	1.7	13.6
平成 7 年	1995	7 789.78	4 431.16	3 358.62	1 072.54	3.9	12.5
平成 8 年	1996	7 600.53	4 109.01	3 491.52	617.49	1.1	5.5
平成 10 年	1998	6 484.11	3 879.27	2 804.84	1 074.43	-1.4	-5.4
平成 12 年	2000	8 587.60	4 792.49	3 795.11	997.38	9.4	11.0
平成 14 年	2002	7 539.20	4 167.26	3 371.94	795.32	7.8	1.9
平成 16 年	2004	10 202.17	5 656.75	4 545.42	1 111.33	0.8	2.9
平成 18 年	2006	12 257.89	6 467.25	5 790.64	676.61	-1.5	-0.6
平成 20 年	2008	15 439.99	7 814.12	7 625.34	188.78	-26.6	-14.4
平成 22 年	2010	14 638.98	7 698.39	6 960.59	737.80	25.2	14.3
平成 23 年	2011	16 875.64	8 231.84	8 553.80	-321.96	6.9	22.9
平成 24 年	2012	16 844.11	7 985.68	8 858.43	-872.75	-0.3	3.6

资料来源：世界贸易组织．中美德日四国货物对外贸易一览（1948—2012），2013—08．

事实上，日本在发展对外贸易过程中，对外来商品始终有一层"看不见的壁垒"，使外国商品难以适应日本市场的激烈竞争及其特殊的竞争方式。以日本的生产商和销售商为例，在生产和经营方面具有较强的封闭性和排他性，这种封闭性和内部交易方式就对外国产品的进入形成障碍，加上日本的许多交易惯例、经济制度等与国际贸易惯例不一致，这些无形壁垒实际上制约着日本贸易自由化的发展。可以预见，巨额贸易盈余仍将是日本对外贸易面临的一个难题。

11.4　对外直接投资

战后，日本的对外直接投资从无到有，以矿业投资起步，规模逐渐扩大，从以商业投资带动制造业投资发展到制造业和商业并重，然后逐渐向第三产业投资为主的结构转变，并使日本成为世界对外直接投资第二大国。对外直接投资的发展适应了世界各国经济生活国际化潮流，构成了日本对外经济关系的重要组成部分。

第二次世界大战结束后，日本几乎丧失了全部的海外投资，在经济复苏时期，经济发展缓慢，新的对外直接投资一直推迟到 20 世纪 50 年代初期。随着对资源、能源的需求日益增加，日本对外投资逐渐增大。1951—1962 年，日本国内经济和产业发展尚处于起飞阶段,在日本对外投资中,以食品、木材、纤维等为代表的轻工业部门及原材料部门占主导地位。这一时期,日本对外直接投资年平均只有 439 万美元,累计申报额不过是 5.28 亿美元。鉴于国内能源供应紧张,日本企业对外直接投资主要集中在能源开发方面,其比重高达 44.6%,大幅度超过了制造业和服务业。当时从直接投资结构上来看,日本对外直接投资的 76.1% 集中在发展中国家。[①]

20 世纪 60 年代中期,日本对外直接投资的环境发生了很大的变化。例如,国内重化学工业结构的形成,造成对能源资源需求量的大增;重化学工业的壮大,提高了日本工业结构的资本和技术集约度;外贸收支顺差局面的形成,缓解了国际收支紧张的问题;60 年代后期发生的劳动力短缺和工业公害等问题,给国内投资与生产的扩大带来了压力。所有这些变化,都表明日本有必要扩大对外直接投资。而 1967 年开始的资本自由化为私人企业投资带来了便利。这样,日本对外直接投资较前一时期明显扩大,1963—1971 年期间累计申报额达到 38.91 亿美元。这个时期对外直接投资的另一个变化是为开拓海外市场而进行的商业投资增加,其比重为 40.21%,超过了资源开发业和制造业的投资。这些商务性投资的 80% 集中在发达国家,充分反映了发达国家作为日本海外商品市场的重要性。资源开发业的投资则由前一时期以中东为主转变为以环太平洋地区为主。

进入 20 世纪 70 年代以后,随着国内外经济环境的进一步变化,日本经济面临着生产过剩、石油冲击与贸易摩擦等问题,这些问题促使日本企业加紧向海外转移投资和生产,使日本的对外投资掀起高潮。1972 年和 1973 年日本对外投资分别突破了 20 亿和 30 亿美元,1978 年又突破了 40 亿美元,1979 年达到 49.95 亿美元。结果,仅 1972—1980 年间对外直接投资累计申报额高达 320.66 亿美元,是前 20 年总和的 7.3 倍。这个时期,日本对外直接投资的 38.06% 集中于制造业,资源开发业和商业服务业投资的比重都有不同程度的下降。这反映了海外直接投资的出口替代效应在增大,也标志着日本企业的生产越来越带有海外利用当地资源就地生产的特色。这一时期日本制造业对外投资的 67.83% 集中在发展中国家。[②]

20 世纪 80 年代以来,随着日本对外贸易顺差不断扩大,日本遭遇的贸易壁垒越来越多,加之《广场协议》签订后日元急剧升值,造成日本对外直接投资迅速增长。1984 年、1986 年和 1987 年的对外直接投资分别突破了 100 亿、200 亿和 300 亿美元。据日本贸易振兴机构统计,日本对外投资额从 1980 年的 46.93 亿美元猛增至 1989 年的 675.4 亿美元,提高了 13 倍多。日本一跃成为世界对外直接投资的主要来源国之一。这一时期,日本的对外直接投资先后超过联邦德国、荷兰和加拿大,跃居世界第三位。以汽车、电子技术为代表的新兴工业部门迅速崛起,80 年代中后期,日本金融、保险和不动产业对外投资迅速发展,日本对外投资中新兴技术部门构成也不断增加。

20 世纪 90 年代初期,日本"泡沫经济"破灭,日本经济陷入萧条。受此影响,日本对外直接投资骤然减少,1992 年,日本长期资本输出比 1991 年减少了一半左右,短期

---

①② 赵凤彬,孙才仁,杜笑岩. 日本对外经济关系 [M]. 北京:中国对外经济贸易出版社,1990.

资本输出减少了近30%，至1993年减少到148亿美元，特别是金融保险业、不动产业、服务业的对外直接投资大幅度下降，从而导致面向其他发达国家的直接投资减少得比较明显。与此对照，为了应对日元升值引起的国内生产成本的提高，为了实现更有效率的生产，日本加强了与亚洲各国的产业分工。特别是大企业采取了"在最佳的场所生产，在最佳的场所销售"的经营战略，因而以制造业为主，面向亚洲各国的直接投资继续增加。[①] 日本的对外直接投资在1994年以后又转为增势，到1997年连续4年保持持续增加，年均增长率超过10%。从对外直接投资的地区结构来看，北美、欧洲仍是日本对外投资的主要地区，到1997年度，这两个地区在日本对外直接投资中分别为39.6%和20.8%。

21世纪初期以后，随着发达国家经济减速和发展中国家或地区投资环境的改善，日本对发达国家投资的项目规模大幅缩小，而对发展中国家或地区投资的项目规模则显著增大，但日本的对外直接投资有所减弱，2004年对外直接投资规模仅为309.62亿美元，不足1990年的65%。从2005年起，日本对外直接投资开始迅速恢复，到2008年对外直接投资达到了1 308.01亿美元的历史最高点。自2009年起，在全球金融危机的大背景下，日本对外直接投资规模大幅回落，2010年降至572.23亿美元。

受2011年"3·11"东日本大地震以及日元大幅升值的影响，日本企业加快了海外投资和并购的步伐。2011年对外直接投资同比增长102%，达到1 088.08亿美元，仅次于美国，超过中国，位居世界第二位。2012年日本对外直接投资继续保持稳步增长态势，投资总额达到1 223.55亿美元，同比增长12.5%，接近2008年的水平。2013年日本对外直接投资额达1 350.94亿美元，比上年增加10.4%，创历史最高纪录，且连续三年保持两位数增长。

总体来看，日本对外直接投资主要分布在亚洲、北美洲和欧洲三大区域，投资国别有逐渐分散的趋势。2005年这三个地区吸收日资占日本对外直接投资总额的比重为69.23%，合计314.73亿美元，之后逐年下降，到2008年这一比重下降到47.7%，随后又逐年上升，2012年达到65.6%，合计802.65亿美元。具体而言，2005年日本在亚洲投资总额占其对外直接投资的比重为35.6%，远远高于北美洲和欧洲的比例，随后对亚洲投资占比逐渐下降到2008年的17.9%，近年来又快速上升，2010年达到了33.7%的高点，2012年这个比例降至27.3%。日本对欧洲直接投资所占比重长期处于震荡水平，2005年为29.0%，在2006年和2011年都达到了36.0%的水平，2012年这个比例降至29.2%。日本对北美洲投资占比在2008年前维持在30.0%左右，2009—2011年间维持在15.0%左右，2012年又回升到29.2%。

就具体国别而言，美国一直是日本对外直接投资最重要的投资对象国，2012年日本对美投资为319.1亿美元，占日本对外直接投资总额的26.1%，2013年上半年日本对美投资合计107.56亿美元，占比为19.06%，位列各国榜首。同年日本对欧洲的投资额为322亿美元，比2012年增长了3.9%。由于欧洲爆发债务危机的阴影至今尚未完全消失，

[①] 冯昭奎. 日本经济（第二版）[M]. 北京：高等教育出版社，2005.

致使日企对欧洲投资更加谨慎,近年来的投资额一直徘徊在 300 亿美元左右。长期以来,日本对亚洲地区的投资主要集中在中国,2005 年对华投资占其对亚洲投资总额的 40.6%,但这一比例近年来不断下降,2008 年这个比例降至 27.8%,为历年最低,2012 年回升至 40.2%,但 2013 年 6 月这个比例又降至 20.7% 的历史低点。近年来,日本对亚洲其他国家的投资逐渐上升,尤其是对越南、缅甸等东南亚国家的投资在快速增加,2012 年对越南投资同比增幅甚至高达 68.3%,对亚洲地区的投资总体呈现逐渐分散的局面。

总体来看,日本对外直接投资主要集中在非制造业领域。以 2011 年日本大地震为节点,从地震前后对外直接投资领域变化情况来看,2011 年当年日本制造业对外直接投资增长迅猛,所占比重由 2010 年的 31.1% 增长到 2011 年的 53.3%。但 2012 年和 2013 年日本制造业对外直接投资出现负增长。2008—2013 年,除 2011 年受地震影响制造业投资比重略有提高外,其余年份日本对外直接投资以非制造业投资为主。

就具体行业而言,在制造业领域,电器机械和运输设备行业一直是日本对外直接投资的主要行业。从 2008 年开始,日本对化学、医疗行业领域的投资明显增加,2011 年达到最高值,在当年制造业对外直接投资中占比高达 33.9%,超过电器机械和运输设备行业对外直接投资的总和。但 2012 年受全球经济复苏乏力、全球化工产品价格下降的影响,该行业对外直接投资迅速收缩。电器机械和运输设备行业在 2008 年以前均保持较好的增长态势,但受金融危机影响,这两个行业的对外直接投资出现了较大波动。2011 年"3·11"地震后,为减少地震对产业发展的影响,日本加大了电器机械和运输设备行业的对外直接投资力度,2012 年对外直接投资规模恢复到金融危机前的水平。2013 年,电器机械和运输设备行业对外直接投资依旧保持增长趋势,其中橡胶、皮革行业、石油行业涨幅较大。在非制造业领域,金融保险业、矿业和批发零售业一直以来都是日本对外直接投资的重点领域。

日本经济学家小岛清从国际分工原则出发,系统地阐述了他的对外投资理论——比较优势论。小岛清认为,美国的对外投资是建立在贸易替代型结构基础上的,从事直接投资的企业是在美国具有比较优势的产业部门的企业,按国际分工原则,美国本应将这类企业留在国内,通过不断出口获取比较利益,日本则与美国情况不同,日本的资源开发型投资占很大比重,而在制造业方面的投资也属于"贸易创造型",对外直接投资不仅没有替代本国同类产品出口,相反却带动了与此类产品相关的其他产品的出口。换言之,日本对外直接投资的产业一般均为在本国已相对丧失比较优势的产业,为维持其规模,就需到尚具有一定比较优势的地区进行投资,这样,不仅可使本国产业结构更加合理,而且可以促进对外贸易的发展。[①]

日本学者认为,日本对外直接投资成功率高的主要原因是:严格选择投资目的地;可行性调研深入细致、决策谨慎;优势产业、名优品牌先行;以大带小,关联企业跟进以及拥有一大批优秀的经营管理人才等。

---

① 李春来. 日本对外投资的新特点及其变化态势(下). 百度快照, 2003—04.

日本企业通常十分注重选择社会稳定、法律制度健全、劳动力素质高、诚信度较好、市场潜力大的国家和地区作为投资的首选目的地。北美和欧洲地区是日本企业投资的首选,也是日本最重要的投资对象地区,仅对美国和英国的投资就占据了近一半金额。日本在进行每一项投资之前,都要经过严密的可行性调研,极力避免各种风险。承办人员提出全面具体的可行性报告,决策层对可行性报告进行严格评估,并谨慎作出决定。通常情况下,日本对外投资的调研时间较长,决策较慢,但决定之后就会迅速执行,而且一旦签约,基本上都能够顺利履行,很少出现违约的情况。①

日本海外投资的项目基本上都是在国际上具有竞争优势,品牌知名度高,已经在国际市场上拥有一定占有率的项目。20 世纪 80 年代,日本汽车产业异军突起,开始大举进军美国,在当地投资建厂生产汽车。由于日本汽车具有节能以及物美价廉等优势,在美国市场取得很大成功。2004 年,日本汽车在美国市场上的占有率一度超过美国汽车,此后大都维持在 40% 左右的市场占有率,基本上与美国汽车持平。日立、东芝、松下等电子电机公司凭借品牌和技术优势,在中国和东南亚地区的投资也成功弥补了其国内需求低迷带来的效益下降。

日本企业的海外投资通常是大型骨干企业先行,然后带领相关零部件企业在海外投资设厂,形成一条完整的产业链。例如,日本汽车厂商先在海外设立组装工厂,然后从国内进口零部件在海外工厂组装,形成一定的产业规模之后,协助和组织相关零部件厂家跟进,在当地设厂生产零部件,把日本国内的生产和管理模式全部引进到海外的生产基地。这样既可以有效地保证零部件的按时供应,又能保证产品的质量,提高用户的认同度,十分有利于海外市场的扩大。拥有一大批优秀的经营管理人才也是日本海外直接投资获得高成功率的重要原因。此外,长期以来,日本形成了一整套行之有效的经营管理模式,并拥有一大批训练有素、具有专业知识的经营管理人才,日本人一丝不苟、认真负责的敬业精神,也为日本海外直接投资取得成功发挥了重要作用。②

11.5 对外经济援助

战后初期,日本尚无力开展对外经济合作,政府对外经济援助起步更晚。20 世纪 50 年代以后,民间企业对外投资揭开了日本对外经济合作的序幕。1954 年 10 月,日本参加了"科隆坡计划"③并提供了首批合作预算,实施政府对外开发援助。日本把这一开发援助活动当作战后日本政府对外援助的真正开端。此外,1954 年 11 月,日本政府又与缅甸政府签订赔偿与经济合作的协定,这也是日本政府战后初期对外经济援助计划的一部分。

1955 年,日本开始政府间的技术合作,接受外国进修生和向外派遣专家;1958 年 2 月,向印度提供战后日本政府的第一笔日元贷款。尽管如此,资本输出的规模仍然很小,

---

①② 乐绍延,许缘. 综述:日本对外投资门道多. 新华网,2014—12.
③ "科隆坡计划"是以英联邦内部各国的资金和技术合作为目的而形成的国际性多边合作集团。后来接受该集团援助的国家不断增多,其中包括亚洲大多数发展中国家。

主要是由政府出面,通过支付战争赔偿来带动商品输出,重返东南亚市场。日本政府把被迫进行的战争赔偿当作对外经济援助,列入每年政府开发援助的"无偿资金合作"项下。而且赔偿的方式是以商品输出的形式倾销国内过剩商品。据日本官方统计数字,自1955年4月至1957年4月,日本政府向缅甸、菲律宾、印度尼西亚等亚洲国家支付的战争赔偿只有15.7亿美元,而日本因此而得到的好处则是很大的。1958年2月,应印度的要求,日本首次提供了5 000万美元的日元贷款。此后,日本又分别向越南(1960年)、巴基斯坦(1961年)和巴西(1962年)等国提供了日元贷款。这一时期,日本政府提供日元贷款,大都是以购买日本商品为条件的。但它不同于支持出口的一般出口信用,而是以政府资金帮助来实现的。这说明,这个时期日本政府开发援助有了进一步发展。

从20世纪60年代初期起,在国内外环境的共同影响下,日本开始逐步制定和完善对外援助实施体制。1961年3月,日本政府将进出口银行的东南亚开发合作基金升格为海外经济合作基金会,主要负责日元贷款业务。1962年6月,日本政府在对若干个技术合作机构进行重组后,成立了专事海外技术援助活动的海外技术合作事业团,同年,外务省设立了专门负责经济合作事务的经济合作局,通产省成立了经济合作部,再加上对财政资金握有大权的大藏省以及政府的经济计划机关经济企划厅,形成了日元贷款的决策机制"四省厅体制"。由于日元贷款在日本对外援助中占有突出的重要地位,对日元贷款具有明文规定的政策决定大权的外务、通产、大藏三省和经济企划厅曾被称为"经济协力四省厅"[①]。1963年5月,日本又设立政府对外技术援助机构,即海外技术合作事业团。海外经济合作基金会和海外技术合作事业团成为日本对外经济合作体制的主体,它们从资金和技术两方面使日本对外经济合作和对外经济援助体制得以初步形成。

1964年4月,日本全面加入经济合作与发展组织,成为西方发达国家的正式会员,并同时从受援国成为名副其实的援助国。作为亚洲唯一的发达国家,日本更加热衷于对亚洲地区的援助,并积极展开争取亚洲地区经济开发主导权的外交活动。1965年6月,《日韩条约》签署时,日本政府决定向韩国提供3亿美元赠款、2亿美元政府贷款以及3亿美元以上的民间商业贷款。但是,条约规定:韩国政府动用这些赠款和贷款时,必须取得日本政府的同意,而且这些赠款和贷款必须用于购买日本的产品和劳务。[②] 1965年,伊朗、智利、阿根廷、锡兰和中国台湾地区等国家和地区也接受了日元贷款。这个时期日本的对外经济援助还波及坦桑尼亚、乌干达和肯尼亚等非洲国家。这样,日本对外经济合作和援助的地区已经涉及亚洲、非洲和拉丁美洲的一些发展中国家和地区。

为了配合美国总统林登·贝恩斯·约翰逊(Lyndon Baines Johnson, 1908—1973)提出的"10亿美元援助东南亚计划",1966年4月,日本政府主持召开了战后第一次国际性会议——东南亚经济开发部长级会议,日本政府在会议上再三表示要加大对亚洲,特别是对东南亚经济援助的力度。1966年11月,亚洲开发银行成立,日本出资2亿美元,

---

① 张光. 日本对外援助政策研究 [M]. 天津:天津人民出版社, 1996.
② [日] 信夫清三郎. 日本外交史 [M]. 北京:商务印书馆, 1980.

与美国比肩成为最大出资国。自此,日本对亚洲的经济援助额直线上升,1968年与1963年相比增加了161.9%,而同期美国却减少了2.1%,援助总量仅次于美国居第二位。[①]日本如愿以偿成为亚洲经济援助的中心。

从政府开发援助的主体来看,到1964年为止,日本政府开发援助的主要方式以赔偿和准赔偿等"赠予"为主;1965年以后,以日元贷款为中心的对外贷款急剧增加,并成为日本政府对外开发援助的主要方式,而赠予方式在日本政府开发援助总额中的比重则由以前的超半数水平下降到1/4左右的水平。

从日本对外贷款的方式来看,1965年以前主要是以"项目援助"名义提供的;1966年以后,日本开始以"商品出口援助"的名义向印度尼西亚和印度等发生国际收支困难的发展中国家提供贷款。与此同时,以实物形式提供的援助也有所增加。1969年以后,日本参加了"国际谷物协定"关于对发展中国家的"粮食援助计划",每年提供的大米和其他农产品大约有1 430万美元。针对发展中国家债务问题日益加剧的情况,日本从1965年开始向巴西、智利等国提供了政府贷款,1966年又向印度等国采取了延长日元贷款的偿还期限等措施。[②]

1973年10月,第一次石油危机爆发。日本被阿拉伯国家宣布为"非友好国家",并列入削减石油供应之列。当时日本已经发展成为世界第二经济大国,其国内生产所需能源的78%靠石油,在1963—1972年间,日本进口石油的87.8%是来自中东地区。[③] 为了使日本经济不遭受打击,日本政府在同年12月10日派出以副首相三木武夫和海外经济合作基金会会长大来佐武郎为代表的政府高级使节团,以政府开发援助为礼物,对中东八大产油国进行了穿梭"援助外交"。据统计,在为期9天的访问中,三木武夫为中东地区有关国家带去的各类贷款达30亿美元。在强大的经济援助攻势下,阿拉伯国家终将日本列为"友好国家",并将原定削减对日供应25%改为削减15%。[④] 日本对中东地区的经济援助取得了阶段性成果。

20世纪的70年代中期,日本政府的对外经济活动态度开始转向积极,以求密切同发展中国家特别是资源储藏国的关系,确保海外资源来源。1977年6月,日本政府决定扩大对外援助政策,并于年底通过了减少对外贸易收支顺差与缓和贸易摩擦的"对外经济八项政策"。同年8月,福田赳夫首相出访东盟五国,明确提出日本"要以平等的合作者身份开展对东盟五国的经济合作",并许诺向东盟提供10亿美元的援助。1978年4月,日本政府拟订了"政府开发援助三年倍增计划",即达到28.4亿美元的目标,它成为70年代后期日本对外经济合作的总纲。执行这个计划的结果:1980年,日本政府对外开发援助金额达到了36亿美元左右,大幅度超过了"政府开发援助三年倍增计划"。

1981年,日本政府发行了题为《经济援助的理念——为何实施政府开发援助》的小

---

① [日]日本通産省貿易振興局. 経済協力の現状と問題点 [M]. 東京:通産省産業調査会,1969.
② 赵凤彬,孙才仁,杜笑岩. 日本对外经济关系 [M]. 北京:中国对外经济贸易出版社,1990.
③ 李凡. 战后日本对中东政策研究(1952—1996)[M]. 天津:天津人民出版社,2000.
④ 冯昭奎. 战后日本外交 [M]. 北京:中国社会科学出版社,1996.

册子，所下的结论为"把政府开发援助作为构筑旨在确保综合安全保障的国际秩序的成本"①。同年，日本政府决定实施第二个称之为"政府经济援助中期目标"的对外援助五年倍增计划，该计划还首次将日本对外经济援助的目的定为"为了发挥我国被赋予的国际责任"。日本政府更明确地表示"为维护世界的和平与稳定"将加强对"重要地区"的援助，并具体增加了对索马里、苏丹、巴基斯坦和牙买加等国家的经济援助。这表明日本政府的开发经济援助作为综合安全保障战略的重要一环开始超越亚太地区而全球化。

1983年1月，中曾根康弘作为内阁总理大臣在国会上发表施政演说时提出，在财源分配上腾出力量，加强对外经济援助，以发挥日本对争取世界和平与稳定的作用，确立日本在国际事务中与其经济实力相称的政治大国地位。而后，中曾根康弘访问了韩国，承诺向韩国提供40亿美元的经济援助来修复因教科书问题导致的日韩紧张关系，以表明日本政府对朝鲜半岛局势的关注。同年4月，中曾根康弘又访问了东盟五国及文莱，在吉隆坡发表的演说中，保证继续把东盟列为日本经济援助的最重要地区。并决定1983年度向印度尼西亚提供675亿日元贷款和3.6亿日元无偿援助以及5 000万日元的文化合作援助；为泰国提供673.6亿日元贷款和4.9亿日元无偿援助以及6 300万日元的文化合作援助；向新加坡提供5 000万日元的文化合作援助；向菲律宾提供650.5亿日元贷款和4 300万日元的文化合作援助；向马来西亚提供5 000万日元的文化合作援助。中曾根康弘此行为东盟提供的政府开发援助平均比上一年增加9%，对印度尼西亚、泰国、菲律宾三国则平均增加15%。② 这些援助对东盟各国的经济发展和日本与东盟的进出口贸易无疑会起到促进作用。

随后，日本政府推行了一系列积极的对外经济援助政策。1985年4月，日本政府公布新的对外经济政策，拟订在第二次政府开发援助中期计划（1981—1985年）后，拟订新的中期计划，以推动日本对外经济援助的进一步发展。新中期计划的目标是：从1986年到1992年，日本政府开发援助的年度规模要达到80亿美元，实现在1985年基础上的倍增；这七年间，政府开发援助累计金额要达到400亿美元。

20世纪90年代以后，日本政府的对外开发援助金额不断扩大，加上日元升值导致以美元计价的援助额增加，致使日本在这10年间成为世界上最大的对外经济援助提供国。1997年度日本对外经济援助金额达到最高值的1.17亿日元左右，但从1998年以后政府开发援助开始减少，到2003年度减至8 577亿日元。2001年，日本作为世界最大的政府开发援助提供国，让位于美国而居世界第二位。目前，日本的政府开发援助金额仅占国内生产总值的0.2%，没有达到联合国规定的国内生产总值的0.7%，因此日本应该向发展中国家提供更多的政府开发援助。③

日本政府表示，日本不仅将通过增加对联合国维和活动的财政支持，为解决冷战

---

① [日] 外務省経済合作研究会. 経済援助の理念——なぜ政府開発援助を実施するか [M]. 東京：国際合作促進協会, 1981.

② 吴学文. 日本外交轨迹 (1945—1989) [M]. 北京：时事出版社, 1990.

③ 冯昭奎. 日本经济（第二版）[M]. 北京：高等教育出版社, 2005.

后的地区冲突做贡献,而且还将在解决冲突和争端后,对当事国家或地区进行经济援助,以巩固其和平稳定。为此,日本主动承担战乱地区重建的国际援助会议,并承诺充当主要出资国。1993 年,越南从柬埔寨撤军后,日本首先恢复对越南的经济援助,提供 500 亿日元贷款、50 亿日元无偿援助,又向联合国开发计划署提供 600 亿日元资金,因此当上了国际援助会议主席。① 同样,1993 年 5 月,海湾战争后,日本政府对伊朗重开了曾中断 17 年的日元贷款。1994 年外务省的《政府开发援助白皮书》明确指出,对于像原南斯拉夫地区、卢旺达等国家,日本不仅应从人道的观点,而且还应从建设新的和平秩序的观点出发做出积极贡献。1995 年 6 月,日本与朝鲜之间达成有关向朝鲜提供紧急大米援助的协议,向世人展示日本在解决朝鲜半岛问题中不可轻视的作用。

以支援市场经济化、民主化为由,日本通过增加、减少或冻结开发经济援助来加强其在构筑国际新秩序进程中的发言权。日本对冷战后致力于实行民主化和向市场经济过渡中的中亚 5 国、高加索 3 国和蒙古、越南、柬埔寨、中南美的尼加拉瓜、萨尔瓦多、秘鲁以及在新体制下重返国际社会的巴勒斯坦、南非等国家都给予了大量援助。② 对于 1991—1994 年间处于非法军政权统治下的海地、缅甸军政府、尼日利亚等国家,则采取冻结和减少经济援助的措施。1995 年 7 月,缅甸军政府决定释放民主人士昂山素季夫人后,日本政府随即表示增加对缅甸的投资与经济援助。此外,对蒙古的援助可视为日本运用经济援助四原则的典型,日本认为蒙古是向市场经济过渡和实施民主化的模范国家,应重点给予援助和支持,所以,自 1991 年 9 月至 2001 年,日本已先后 8 次与世界银行一起共同主持召开了国际援蒙会议,日本对蒙古的援助额占国际援助机构的 1/3 以上。③

从援助国援助对象的地区分布来看,日本政府开发援助的对象国主要分布在东亚地区,对亚洲提供的政府开发援助在日本政府开发援助中所占比重在 1970 年曾经高达 98.2%,1980 年降至 70.5%,1990 年降至 59.3%,1998 年回升到 62.0%,但远远超过在地区分布中占第二位的非洲(11.0%)。

与欧洲、加拿大等其他政府开发援助相比,日本政府开发援助的最大特点是:需要还本付息的日元贷款在政府开发援助中占很大比重,该贷款主要用于道路、铁路、港湾、发电厂、输电设备等经济基础设施的建设。而欧美国家的政府开发援助主要是无偿援助,用于经济基础设施的大型项目较少。日本政府开发援助不仅对受援国的经济基础设施建设做出了积极贡献,而且对促进日本同受援国之间的经济关系也发挥了重要作用,特别是日元贷款、能源贷款以及其他援助成为支持以贸易、直接投资和技术合作为主要内容的日本对受援国的经济合作关系的重要因素。④ 这种政府开发援助的行为,为日本赢得了国际声誉。

---

① 林晓光. 战后日本与东南亚国家的关系 [J]. 亚洲论坛,2000 (4).
② [日] 稻田十一. 人権、民主化と援助政策——日米比較論,日本国際問題研究所編. 国際問題,1995.
③ 朱凤岚. 对外经济援助在战后日本国家发展中的地位与作用 [J]. 世界历史,2003 (2).
④ 冯昭奎. 日本经济(第二版)[M]. 北京:高等教育出版社,2005.

11.6 经济人口大国的局限性

日本在经济规模上仅次于美国和中国，多年来又一直是世界上首屈一指的贸易收支大国、经常收支黑字大国、资本输出大国、海外纯债权大国、外汇储备大国和人口大国，现在又是世界上首屈一指的所得收支黑字大国。但与美国相比，其经济实力和人口规模仍然是有限的。

日本是世界第 10 人口大国，拥有 1.2 亿人口规模，但其国内市场的现实规模一直不能与美国相比，至于潜在规模更不能与中国和印度相比。从进口方面来看，日本一直不到美国的 50%，2000 年只相当美国的 30.2%，2010 年也只相当于美国的 35.2%，2011 年出口规模为 8 550 美元，但明显低于美国、中国和德国的水平。从而，日本在需求方面就没有起到带动世界经济增长的火车头作用。而且，在泡沫经济崩溃以后，日本一直徘徊在低速经济增长或衰退中，对 20 世纪 90 年代以来的世界经济增长基本上贡献不大。

日本经济受农业落后的制约。农业不仅是日本经济最薄弱的部门，而且多年来还一直处于衰退之中。因为农业没有国际竞争力，长期以来一直受政府政策的保护和支持，因而就成为日本贸易自由化的最大绊脚石。这样，即使日本积极倡导自由贸易的原则，大力推行贸易自由化，但由于农产品贸易自由化的软肋，日本在国际贸易组织的农业谈判中一直处于被动的地位。①

由于自然资源贫乏②和能源不足，使日本受到资源和能源贫困的制约，特别是石油，日本几乎百分之百地依赖进口，不仅在两次世界石油危机中暴露了日本经济的脆弱性，而且国际市场石油价格的每一次变动都对其造成巨大的影响和冲击。现在，面临着石油以及铁矿石等自然资源大幅度涨价的局面，日本政府一直忧心忡忡，把资源和能源的贫乏视为影响经济走势的不确定因素。

战后经济恢复时期，日本曾在资金、技术和市场方面全面依赖于美国经济。随着高速经济增长和世界经济大国地位的巩固，日本虽然在资金和技术方面逐渐摆脱了对美国的依赖，其中，在资金方面还有力地支撑了美国经济，在产业技术方面也达到了与美国并驾齐驱甚至超过美国的程度，但在市场方面，始终未能摆脱对美国的依赖。美国经济处于萧条或衰退时，就会影响日本出口的增加，进而影响日本经济的增长。另外，日本在制造业生产技术及应用技术方面处于世界领先地位，但在基础理论研究方面还处于明显的劣势。而美国自战后以来始终是世界高新技术革命的先驱和发源地，日本还很难摆

---

① 刘昌黎. 现代日本经济概论 [M]. 大连：东北财经大学出版社，2008.
② 日本资源贫乏，80% 以上依赖进口。主要资源蕴藏量为：金矿 689.6 万吨，银矿 1 689.7 万吨，铁矿 62.1 万吨，煤 826.5 万吨（以上数字为 2000 年统计）。铅矿为 4 317.9 万吨（1992 年统计），铜矿为 1 155.3 万吨（1996 年统计）。石油 100% 依靠进口。核能开发较早，截至 2002 年 8 月，拥有 53 所核能发电站，总发电装机容量为 4 590.7 万千瓦。森林面积 2 521 万公顷，占国土总面积的 2/3，是世界上森林覆盖率最高的国家之一。但木材 52% 依赖进口，是世界上进口木材最多的国家。日本山地与河流较多，水力资源丰富，蕴藏量约为每年 1 353 亿千瓦时。日本的专属经济区面积约相当于国土的 10 倍，渔业资源丰富，但由于过度捕捞等原因，资源量近年逐渐下降。

脱对美国高新技术的依赖。①

日本虽然是世界人口大国，但受20世纪70年代生育率下降和少子化的影响，使人口增长趋向缓慢，从50年代的世界第五人口大国退居到2014年的世界第十人口大国，特别是2005年以后呈现人口负增长的态势，导致人口老龄化加速，对日本经济发展显然是不利的。另外，由于国土狭小、人口稠密，日本在劳动力国际流动和吸引人才方面也没有美国那样的气度和胸怀。而人口减退和劳动力不足也影响着日本经济的发展。

11.7 经济发展的潜力

资本、技术和劳动力是经济发展的基本要素。由于日本现在仍是世界第一的经常收支大国，并以此为后盾继续保持世界第一资本输出大国、海外纯资产大国、对外贸易大国和外汇储备大国的地位，所以从资本方面来看，日本经济的发展依然是很有潜力的。

日本的技术在世界上也是领先的，这和日本长期巨额的科技投入是密切相关的。1980—1990年，日本科技研究开发费由5.25亿日元增加到13.08亿日元，2000年又增加到16.94亿日元。21世纪以来，尽管财政规模连年压缩，企业设备投资有所减少，但科技投入没有减少，2006年又增加到18.46亿日元。从国际比较来看，日本研究开发费占国内生产总值和企业销售额的比例多年来在主要发达国家中一直是最高的。1990和2004年，日本科技投入占国内生产总值的比重分别为2.96%和3.40%，2006年又提高到3.62%，明显高于美国的2.61%（2003年）、欧盟各国平均的1.95%（2004年）和中国的1.44%（2004年）。企业研究开发费占销售额的比重，1984年为1.99%，1990年提高到了2.78%，2003年又增至2.98%。

日本还非常重视应用技术特别是新产品和新技术的研究开发。多年来，日本科技投入总额仅次于美国，居世界第2位。2003年，日本研究开发费总额是1 450亿美元，虽然只相当于美国2 838亿美元的51.1%，但与德国的542亿美元、法国的385亿美元和英国的340美元相比，却相当于其总和的1.14倍。从研究开发费的使用情况来看，日美两国虽然没有多大的区别，即研究开发费大都用于开发研究，基础研究费的比重1981年日本略高于美国，1990年以后美国超过日本，但美国军事方面的研究开发费却大大高于日本。美国科技投入中有相当一部分是用于军事目的，2003年国防科研费占科研总经费的20.2%，英国和法国也分别达12.8%和11.5%，大大高于日本的1%和德国的1.7%。因此，在产业应用技术研究开发方面的投入比例，日本一直是世界第一。②

日本在科学研究开发成果方面也居世界领先地位。日本每年新申请的工业知识产权数呈现迅速增加的趋势（见表11—13）。20世纪90年代，申请总数虽然有所减少，但申请专利在90年代仍继续增加，由1990年的36.76万件增加到2000年的43.68万件，2001—2004年仍继续保持在41万件以上，2005年达到42.71万件。

---

①② 刘昌黎. 现代日本经济概论 [M]. 大连：东北财经大学出版社，2008.

表 11—13　　　　　　　　　　　日本知识产权的发展情况　　　　　　　　　　（单位：件）

年份	总数		专利		实用新型		外观设计		商标	
	申请数	授权数	申请数	授权数	申请数	授权数	申请数	授权数	申请数	授权数
1980	565 587	193 135	191 020	46 106	191 785	50 001	55 631	31 289	127 151	65 739
1985	724 593	246 624	302 995	50 100	204 815	41 100	55 237	35 890	161 546	119 534
1990	721 900	253 188	367 590	59 401	138 294	43 300	44 290	33 773	171 726	116 714
1995	603 857	352 864	369 215	109 100	14 886	63 966	40 067	34 887	179 689	144 911
2000	630 616	272 899	436 865	125 880	9 587	12 613	38 496	40 037	145 668	94 369
2003	583 853	266 407	413 092	122 511	8 169	7 694	39 267	31 342	123 325	104 860
2004	600 666	256 848	423 082	124 192	7 986	7 363	40 756	32 681	128 843	92 612
2005	613 495	256 598	427 078	122 944	11 387	10 573	39 254	32 633	135 776	90 448

资料来源：[日] 总务省统计局. 日本统计年鉴（2008 年版）[M]. 東京：日本統計協會，2007.

从国际比较来看，根据表 11—14 的统计，2002 年和 2005 年，日本申请专利数都居世界第一位，专利授权数仅次于美国，都居世界第二位；在外观设计权方面，2002 年，日本拥有权利数虽不及法国和德国，但却明显高于美国和英国；在商标权方面，2005 年日本拥有权利数低于中国和美国，居世界第三位。

表 11—14　　　　　　　世界主要国家知识产权和授权的比较　　　　　　　（单位：千件）

国名	专利				外观设计				商标			
	2002 年		2005 年		1999 年		2002 年		2002 年		2005 年	
	申请数	授权数	申请数	授权数	申请数	授权数	申请数	授权数	申请数	授权数	申请数	授权数
美国	334.4	163.5	393.8	143.8	17.8	14.7	20.9	15.4	212.6	149.1	264.5	131.8
日本	421.0	120.0	427.1	122.9	37.4	41.3	37.2	31.5	117.4	105.1	135.8	94.4
德国	58.2	14.9	60.2	17.1	11.0	85.3	62.7	65.1	66.6	61.7	80.1	58.6
英国	31.5	8.6	28.0	101.6	9.2	9.7	9.5	9.2	68.5	61.7	8.3	6.8
法国	16.9	9.7	17.3	11.8	8.1	79.3	79.2	82.3	70.8	18.4	8.6	8.5
韩国	106.1	45.0	160.9	73.5	32.4	19.6	37.6	27.2	107.9	41.0	113.3	60.0
中国	80.0	21.2	173.3	53.3	40.1	36.1	79.2	53.4	378.6	223.0	670.9	259.8

资料来源：[日] 总务省统计局. 日本统计年鉴（2008 年版）[M]. 東京：日本統計協會，2007.

日本的劳动力资源也是比较丰富的，20 世纪 90 年代以来始终保持在 6 200 万~6 600 万人的规模，位居世界前列。日本还具有庞大的科技队伍。1980—1990 年，日本全国科技研发人员数由 38.7 万人增加到 58.0 万人，2005 年又增加为 79.1 万人，比 1990 年增加了 36.4%，大大超过了同期就业人员增加 10% 左右的速度。日本的劳动力素质也很高,作为一个教育发达的国家,日本非常注重教育,每年在教育上投入大量资金,2004年,日本中等教育的在学率接近100%,高中升学率为45.3%,大学升学率为49.9%,而且日本每百人中的科学家,工程师的比例也很高。日本不仅过去成功地培养了高速经济发展所需要的大量人才,而且今后不乏人才的优势。

由于日本在资本、技术、劳动力和人才方面都有进一步发展的潜力,因此,只要通过经济体制改革,解决好当期困扰日本经济的问题,建立起新的经济体制,那么日本经济继续发展的可能性是很高的。根据有关方面的预测,2010—2020年日本经济的增长率可望达到1.5%~2.0%。这一增长速度与其他发达国家和世界平均的增长速度相比还是偏低的。只有实现3%以上的经济增长速度,才能发挥日本经济的潜力。展望21世纪前半期,日本经济大国的国际地位可能会继续下降,但仍将是世界和亚洲举足轻重的经济大国。

第 12 章 将来的人口减退与经济低速增长

12.1 人口减退

日本人口从 2005 年起开始呈现减退的趋势。根据日本国立社会保障·人口问题研究所于 2006 年的中位推测，从 2005 年起，日本人口由 1.277 68 亿人的高峰递减，2030 年将减至 1.152 24 亿人，到 2050 年将进一步减为 9 515.2 万人（见表 12—1）。这一时期，由于人口持续负增长，日本人口规模将从 2005 年的世界第 10 位，减至 2025 年的第 12 位，到 2050 年将进一步下降到世界第 18 位（见表 12—2）。日本内阁府在 2014 年出版的《高龄化社会白皮书》中则指出，2005 年以后，随着人口增长率的持续负增长，日本人口将逐渐减退，到 2040 年减少到 1.172 8 亿人，到 2050 年进一步下降到 9 708 万人。其预测的结果与日本国立社会保障·人口问题研究所基本相同，而世界银行的中位推测也显示了日本人口减退的趋势，从 2010 年的 12 795 万人减少到 1.146 8 亿人，但其下降幅度明显低于日本国立社会保障·人口问题研究所和日本内阁府的预测。

表 12—1 日本将来人口（2005—2050 年）

年份		世界银行	日本内阁府	日本人口研究所	时期	世界银行	日本内阁府	日本人口研究所
		人口/千人				人口增长率/%		
平成 27 年	2015	127 292	126 600	125 430	2015—2020	-0.99	-1.97	-2.15
平成 32 年	2020	126 026	124 100	122 735	2020—2025	-1.37	-3.01	-2.82
平成 37 年	2025	124 294	—	119 270	2025—2030	-1.72	-3.01	-3.39
平成 42 年	2030	122 154	116 620	115 224	2030—2035	-1.67	—	-3.94
平成 47 年	2035	120 119	—	110 679	2035—2040			-4.50
平成 52 年	2040	—	117 280	105 695	2040—2045			-4.97
平成 57 年	2045	—	—	100 443	2045—2050			-5.27
平成 62 年	2050	114 680	97 080	95 152	2010—2050	-10.23	-24.03	-25.52

注：各预测者的人口增长率均为笔者根据资料算出，日本人口研究所的全称是国立社会保障·人口问题研究所。

资料来源：［日］世界银行，河野稠果监. 世界人口長期推計（1990—2150）［M］. 東京：東洋青林，1994/1995；［日］日本内閣府. 高齢化社会白書（2014 年版）［M］. 東京：印刷通販，2014；［日］国会社会保障·人口問題研究所. 人口統計資料集（2010 年版）［M］. 東京：厚生統計協会，2010.

表 12—2　　日本与世界人口大国人口变动的国际比较

国别	总人口/万人			人口增长率/%	
	2010	2025	2050	2000—2025	2025—2050
中国	126 583 (1)	148 365 (1)	150 060 (2)	0.21	-0.17
印度	117 001 (2)	137 003 (2)	162 291 (1)	1.19	0.68
美国	29 721 (3)	32 268 (3)	33 458 (3)	0.63	0.14
印度尼西亚	23 322 (4)	26 511 (4)	30 384 (5)	1.00	0.55
巴西	19 409 (5)	22 373 (6)	25 425 (7)	1.05	0.51
巴基斯坦	18 677 (6)	24 281 (5)	31 623 (4)	1.98	1.06
尼日利亚	16 407 (7)	21 690 (7)	28 786 (6)	2.12	1.23
孟加拉国	15 344 (8)	18 232 (8)	21 782 (8)	1.06	0.77
俄罗斯	15 167 (9)	15 350 (9)	15 227 (11)	0.10	-0.03
日本	12 684 (10)	11 927 (12)	9 515 (18)	-0.08	-0.32
墨西哥	11 402 (11)	13 561 (10)	16 236 (10)	1.27	0.72
越南	9 710 (12)	11 683 (13)	14 241 (12)	1.42	0.79
伊朗	9 597 (13)	12 566 (11)	16 681 (9)	2.08	1.13
菲律宾	9 377 (14)	11 484 (14)	10 089 (16)	1.59	0.89
德国	7 887 (15)	7 496 (19)	6 583 (20)	-0.31	-0.52
埃及	7 273 (16)	8 594 (16)	10 262 (17)	1.26	0.71
泰国	7 196 (17)	8 079 (18)	9 110 (19)	0.90	0.48
土耳其	7 056 (18)	8 731 (15)	10 089 (16)	1.11	0.58
法国	6 094 (19)	6 256 (20)	6 165 (22)	0.21	-0.06
英国	5 957 (20)	6 056 (22)	6 956 (21)	0.11	-0.08

注：日本 2010 年的人口为实际值；2025 年和 2050 年的人口为国会社会保障・人口问题研究所的推测值；括号内为世界各国人口排名。

资料来源：[日] 世界银行, 河野稠果监. 世界人口長期推計（1990—2150）[M]. 東京：東洋青林, 1994/1995.

日本全国人口如以 2005 年的实际值为基数，到 2050 年共减少了 3 068.8 万人，减少了 24.02%。这一时期，日本人口逐渐减少的同时，老龄人口即 65 岁以上的老年人口却不断增加，由 2005 年的 2 576.1 万人增加到 2030 年的 3 667 万人，到 2050 年又增至 3 764.1 万人，同期 65 岁以上老年人口系数从 20.2% 增加到 2030 年的 31.0%，到 2050 年将继续呈现上升趋势，进一步增至 36.9%。与老年人口不断增加的情况相反，日本 15~64 岁的青壮年人口所占比重却不断下降，15~64 岁人口与 65 岁以上老年人口之比，在 2005 年为 3.28∶1，到 2030 年减少到 1.86∶1，2050 年则降至 1.41∶1，特别是 0~14 岁少年人口更有明显减少的趋势。

从人口动态来看，如表 12—3 所示，出生率逐渐呈现上升趋势，从 2010—2015 年间的 9.7‰ 上升到 2030—2035 年间的 10.5‰，同期，死亡率也呈现逐渐增长趋势，从 10.8‰ 上升到 13.9‰，显然死亡率明显高于出生率，其结果，自然增长率逐渐呈现下降的趋势，从 2010—2015 年间的 -0.9‰减少到 2030—2035 年间的 -3.4‰；这一时期，人口增长率也呈现逐渐下降的趋势，从 -0.10% 减少到 -0.34%。

表 12—3　　　　日本人口动态和从属负担系数（2010—2050 年）

期间	出生率/‰	死亡率/‰	自然增长率/‰	人口增长率/%	平均寿命/岁	从属负担系数/%
2010—2015	9.7	10.8	-0.9	-0.10	81.81	56.7
2015—2020	9.7	11.7	-2.0	-0.20	82.12	63.8
2020—2025	9.9	12.7	-2.8	-0.28	82.44	67.8
2025—2030	10.3	13.8	-3.5	-0.35	82.76	68.9
2030—2035	10.5	13.9	-3.4	-0.34	83.08	70.5
2035—2050	10.6	13.8	-3.2	-0.32	83.41	—

资料来源：[日] 世界银行，河野稠果监. 世界人口長期推計（1990 —2150）[M]. 東京：東洋青林，1994/1995.

另外，从从属负担系数来看，随着 65 岁以上老年人口系数的增加，尽管少年人口系数有所下降，但从属负担系数还是呈现不断上升的趋势，从 2010—2015 年间的 56.7% 增至 2030—2035 年间的 70.5%。

日本厚生劳动省在 2012 年 1 月 30 日发布的《将来人口推计报告》中指出，1995 年以后出生的日本人，估计有 20% 将一生不婚不嫁。这一结果将导致日本人口呈现直线下降的趋势。由于晚婚化和晚产化，日本女性的总和生育率将由目前的 1.39 下降到 2024 年的 1.33。同时，非婚率也出现继续上升的趋势。调查显示，"60 后"的一生非婚率为 9.4%，到 1990 年后出生的 "90 后"，这一比例将上升为 20%，也就是说，"90 后"中，5 人中将会有 1 人不婚不嫁。而且初婚年龄也将从 "60 后" 的 25.7 岁提升到 "90 后" 的 28.2 岁。上述原因将导致日本人口呈现直线下降的趋势，50 年后，全国总人口将比现在减少 32%，仅为 8 674 万人，减少 4 132 万人。

显然，无论是世界银行的中位推测，还是日本国立社会保障·人口问题研究所和日本内阁府的中位推测都显示了今后的近 40 年内日本人口将呈现不断减退的趋势。为了抑制这种下滑的势头，日本政府 "经济财政咨问会议" 下属的委员会在 2014 年 5 月中旬向政府提交了一份 "建议"，其中对日本的人口问题首次提出了具体的数字目标，例如，建议提出到 2060 年，将日本女性的总和生育率从 2012 年的 1.41 提升至 2.01。如果这一出生率转换水平的目标能够得以实现，日本人口将抑制继续下降的趋势，从而转换为安定的静止人口局面。

12.2　经济低速增长与衰退

日本自泡沫经济崩溃以来，经济持续低迷，成为世界上发展速度最慢的国家之一。今后随着人口减退和劳动力供给不足，未来的数十年内日本经济将继续保持低速增长甚至衰退的趋势。那么，日本经济的未来趋势将会是怎样呢？据日本经济团体联合会的预测,从日本的国内生产总值增长率中可以看出(见图12—1),即便生产率有所恢复,但受少子老龄化的巨大影响,无论在基本型、悲观型还是在劳动参与率改善型中,2010—2030年,经济增长率均在0.5%以下的低水平,到2030年以后的增长率都为负值,将陷入长久性的经济负增长局面。

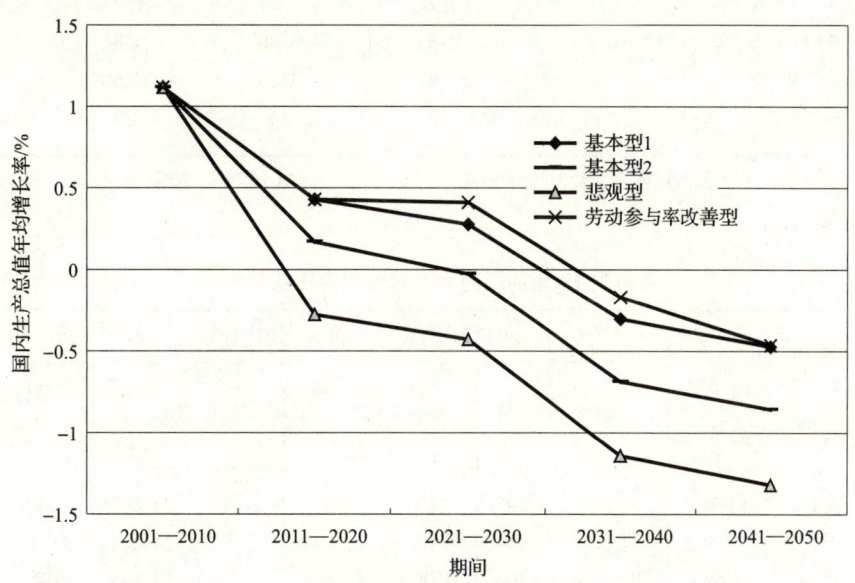

图 12—1　国内生产总值增长率

注:日本经济团体联合会21世纪政策研究所就有关日本经济假设了四种类型。(1)"基本型1":生产率增长率恢复到发达国家平均水平的1.2%(相当于国内生产总值增长率0.8%);(2)"基本型2":失去的20年仍将继续,即生产率的增长率在2050年前,停滞在1991—2010年的平均值0.5%(相当于国内生产总值增长率0.3%)的水平;(3)"悲观型":假设财政恶化会导致经济增长低迷,则国内生产总值增长率预计比基本型1降低1个百分点(相当于生产率增长率1.5个百分点);(4)"劳动参与率改善型":假定妇女劳动参与率会提升到瑞典的水平(例如,40~44岁妇女的劳动参与率由2020年的72.5%提高到2040年的90.5%)。

资料来源:[日] 日本经济团体联合会21世纪政策研究所. グローバルJAPAN-2050年シミュレーションと総合戦略,2012.

此外,从日本经济团体联合会的国内生产总值增长率贡献度的分析中可以看出,日本严重受到人口减少的影响(见表12—4),在中长期内会因劳动和资本两要素而长期处于增长率下滑的压力之中。从国内生产总值的预测数值来看,如表12—5所示,2050年,中国、美国以及印度将成为世界超级大国。日本的国内生产总值将低于2010年规模,虽然位居世界第4位,但规模还不到中国和美国的1/6、印度的1/3,其存在感明显降低。

表 12—4　　　　日本将来经济的基本型1(2010—2050年)

指标	2010年	2020年	2030年	2040年	2050年
国内生产总值/10亿美元	4 085	—	4 384	—	4 057
人均国内生产总值/美元	31 899	—	37 593	—	41 791
劳动力人口/千人	65 904	61 775	57 277	50 334	44 380

续表

指标	2011—2020年	2021—2030年	2031—2040年	2041—2050年	2011—2050年
国内生产总值增长率/%	0.43	0.28	-0.30	-0.47	-0.02
劳动力人口增长率/%	-0.65	-0.76	-1.27	-1.25	-1.25
劳动力人口贡献度/%	-0.43	-0.51	-0.86	-0.84	-0.66
资本贡献度/%	0.20	0.14	-0.43	-0.66	-0.19
生产性贡献度/%	0.33	0.33	0.33	0.33	-0.33

资料来源：[日] 日本经济团体联合会21世纪政策研究所. グローバルJAPAN-2050年シミュレーションと総合戦略, 2012.

表 12—5　世界前10国的国内生产总值的实际值与推测

世界排名	2010年购买力平价计国内生产总值/10亿美元		2050年购买力平价计国内生产总值/10亿美元						
			基本型1		基本型2		悲观型		劳动参与率改善型
1	美国	13 800	中国	24 497	中国	24 497	中国	24 497	中国	24 497
2	中国	7 996	美国	24 044	美国	24 044	美国	24 044	美国	24 044
3	日本	4 085	印度	14 406	印度	14 406	印度	14 406	印度	14 406
4	印度	3 493	日本	4 057	巴西	3 841	巴西	3 841	日本	4 171
5	德国	2 800	巴西	3 841	日本	3 546	俄罗斯	3 466	巴西	3 841
6	英国	2 087	俄罗斯	3 466	俄罗斯	3 466	英国	3 229	俄罗斯	3 466
7	法国	2 025	英国	3 229	英国	3 229	德国	3 080	英国	3 229
8	俄罗斯	1 941	德国	3 080	德国	3 080	法国	3 022	德国	3 080
9	巴西	1 897	法国	3 022	法国	3 022	日本	2 972	法国	3 022
10	意大利	1 708	印尼	2 687	印尼	2 687	印尼	2 687	印尼	2 687

资料来源：[日] 日本经济团体联合会21世纪政策研究所. グローバルJAPAN-2050年シミュレーションと総合戦略. 2012.

另据英国普华永道发表的《2050年金砖四国和世界经济前景的预测：机遇与挑战》的分析，世界经济从2011年到2050年期间平均年增长速度超过3%。从国内生产总值的预测数值来看，如表12—6所示，中国经济按购买力平价计算，在2027年将超过美国，成为世界最大的国家，到2050年印度也成为世界超级大国。日本的经济规模将被巴西超过，位居世界第5位。

笔者认为，日本经济的将来发展趋势很可能是英国普华永道的预测结果，即到2050年日本经济将呈现低速增长的趋势，而日本经济团体联合会的预测则明显偏低。这是因为日本的劳动力供给尽管不足，但劳动力素质还是很高的，加上人力资本投资带来的劳动力素质的改善和科学技术的进步，对经济发展将产生巨大的倍数效应，可以在一定程度上弥补劳动力数量的不足，从而使日本保持发达国家经济增长的平均水平。

表 12—6　　　　　　　世界前 20 国的国内生产总值的实际值与推测

世界排名	国名	2011 年购买力平价计国内生产总值/10 亿美元	国名	2030 年购买力平价计国内生产总值/10 亿美元	国名	2050 年购买力平价计国内生产总值/10 亿美元
1	美国	15 094	中国	30 634	中国	53 865
2	中国	11 347	美国	23 376	美国	37 998
3	印度	4 531	印度	13 716	印度	34 704
4	日本	4 381	日本	5 842	巴西	8 825
5	德国	3 221	俄罗斯	5 308	日本	8 065
6	俄罗斯	3 031	巴西	4 685	俄罗斯	8 013
7	巴西	2 305	德国	4 118	墨西哥	7 409
8	法国	2 303	墨西哥	3 662	印度尼西亚	6 346
9	英国	2 287	法国	3 499	德国	5 822
10	意大利	1 979	英国	3 427	法国	5 714
11	墨西哥	1 761	印度尼西亚	2 912	英国	5 598
12	西班牙	1 512	土耳其	2 760	土耳其	5 032
13	韩国	1 504	意大利	2 629	尼日利亚	3 964
14	加拿大	1 398	韩国	2 454	意大利	3 867
15	土耳其	1 243	西班牙	2 327	西班牙	3 612
16	印度尼西亚	1 131	加拿大	2 148	加拿大	3 549
17	澳大利亚	893	沙特阿拉伯	1 582	韩国	3 545
18	波兰	813	澳大利亚	1 535	沙特阿拉伯	3 090
19	阿根廷	720	波兰	1 415	越南	2 715
20	沙特阿拉伯	686	阿根廷	1 407	阿根廷	2 620

资料来源：PwCUk. World in 2050 The BRICs and beyond prospects. challenges and oppotunities，2013.

12.3　经济低迷的人口因素

如前所述，无论是日本经济团体联合会的预测还是英国普华永道的预测，日本经济在今后的数十年内将处于低迷的状态。其经济长期低速增长的主要原因是持续的超低生育率导致少子化的加速和劳动力供给不足、平均寿命的延长引起人口结构老化和高龄化的加速等人口因素。

20 世纪 90 年代，日本生育率开始大幅度下降，从 1990 年的 1.76 减少到 2000 年的 1.36，到 2010 年进一步跌至 1.22。那么，今后的生育率将如何变化呢？根据日本国立社会保障·人口问题研究所于 2006 年的中位推测，2015 年的总和生育率达到 1.22（见表 12—7），随后将呈现缓慢的上升趋势，如图 12—2 所示，到 2050 年将达到 1.26。即使是高位预测，总和生育率也仅为 1.54，明显低于生育率转换水平。其结果导致少子高龄化的加速。

表 12—7　　日本总和生育率的实际值与推测

年份		中位	高位	低位	年份		中位	高位	低位
平成 17 年	2005	1.260 1	1.260 1	1.260 1	平成 42 年	2030	1.238 2	1.526 4	1.038 4
平成 22 年	2010	1.218 4	1.321 4	1.080 6	平成 47 年	2035	1.245 0	1.532 2	1.043 3
平成 27 年	2015	1.217 1	1.403 3	1.041 8	平成 52 年	2040	1.251 7	1.536 8	1.050 4
平成 32 年	2020	1.228 9	1.478 3	1.042 5	平成 57 年	2045	1.256 6	1.540 1	1.055 6
平成 37 年	2025	1.233 5	1.514 5	1.040 0	平成 62 年	2050	1.260 4	1.542 9	1.059 1

资料来源：[日] 日本国立社会保障・人口問題研究所. 日本の将来推計人口（平成 18 年版）[M]. 東京：厚生統計協会，2006.

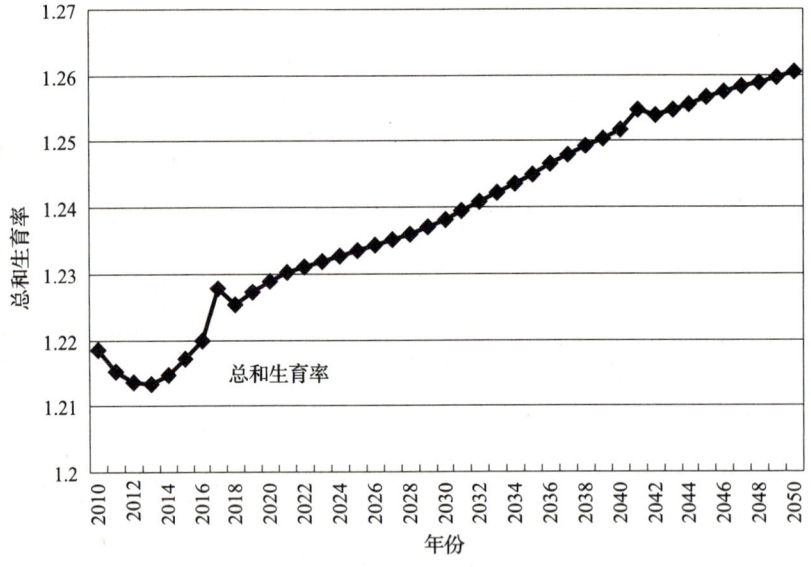

图 12—2　总和生育率的实际值与推测

资料来源：[日] 日本国立社会保障・人口問題研究所. 日本の将来推計人口（平成 18 年版）[M]. 東京：厚生統計協会，2006.

平均寿命延长引起的人口结构老化和高龄化的加速对日本经济也是有影响的。日本的平均寿命自 20 世纪 90 年代以来上升迅速且始终保持在很高的水平上。根据世界卫生组织发布的 2013 年世界保健统计显示，2011 年日本人平均寿命为 83 岁，与瑞士、圣马力诺并列全球第一；统计显示，日本人平均寿命已经连续 20 年保持世界最高水平。2015 年以后，日本的平均寿命将继续呈现上升的趋势。根据日本国立社会保障・人口问题研究所于 2006 年的中位推测，2020 年日本男子的平均寿命为 80.85 岁，女子的平均寿命为 87.68 岁（见表 12—8），2025 年以后将继续保持上升的态势（见图 12—3），2050 年男子和女子的平均寿命将分别达到 83.37 岁和 90.07 岁。从人口经济学角度来看，平均寿命的延长引起的人口结构老化和高龄化将全面影响诸如劳动力供给、资本形成、技术进步、消费需求和投资需求等经济增长要素。由于短期和中期时间内需求的减少,中期和长期时间内供应能力的下降,经济增长必然停滞或呈现负增长的态势。另外,平均寿命延长引起的老龄化在凸显养老保障重要性的同时,也对整个社会保障体系的可持续性形成了挑战,其他还有由代际间的财富流向所引发的公平性等问题。

表12—8　　　　　　　　　日本平均寿命的实际值与推测

年份	死亡中位/岁			年份	死亡中位/岁		
	男子	女子	男女差		男子	女子	男女差
平成17年　2005	78.53	85.49	6.96	平成42年　2030	81.88	88.66	6.78
平成22年　2010	79.51	86.41	6.90	平成47年　2035	82.31	89.06	6.75
平成27年　2015	80.22	87.08	6.86	平成52年　2040	82.71	89.43	6.72
平成32年　2020	80.85	87.68	6.83	平成57年　2045	83.05	89.77	6.72
平成37年　2025	81.39	88.19	6.8	平成62年　2050	83.37	90.07	6.7

资料来源:[日]日本国立社会保障・人口問題研究所.日本の将来推計人口(平成18年版)[M].東京:厚生統計協会,2006.

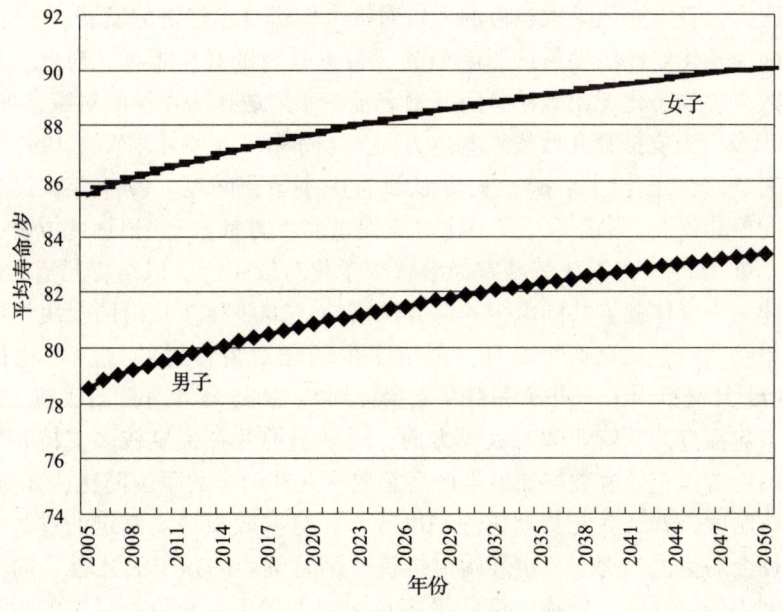

图12—3　平均寿命的实际值与推测

资料来源:[日]日本国立社会保障・人口問題研究所.日本の将来推計人口(平成18年版)[M].東京:厚生統計協会,2006.

前述的持续低生育率会导致劳动年龄人口的减少,这对日本的经济发展也是不利的。根据日本经济团体联合会的预测,日本的劳动力人口在21世纪初期以后将大幅度下滑,从2010年的6 590万人减少到2050年的4 438万人,仅40年间减少2 152万人,其减幅是极其明显的。从劳动力人口增长率来看，2011—2020年期间为-0.65%，随后呈现递减趋势，到2030—2040年期间减少到-1.27%，2040年以后略有上升，但仍呈现明显的负增长态势。劳动力人口是经济发展的重要因素，劳动力的减退使得日本经济构成上出现年轻劳动力供应不足的现象。

显而易见，适度的人口增长和旺盛的劳动力供给是经济发展的重要因素。今后在经济低速增长的过程中，随着持续的超低生育率引起"少子化"和"高龄化"的加速，将使日本人口大幅度减退，由此导致劳动力供给不足的现象，增加了劳动成本，直接影响了各部门的经济效益和技术创新能力。与此同时，伴随着平均寿命的不断延长，劳动生产年龄结构的老化势必影响劳动生产力的提高，从而也影响经济增长的速度，对日本将来低速经济发展的影响是深远的。

12.4　经济发展的人口对策

21世纪10年代以来，日本经济继续保持低速增长，而人口则呈现逐渐减退的趋势。与此同时，日本面临着少子化、高龄化和劳动力供给不足等一系列人口问题，这种严重的人口负面发展趋势将会在今后数十年内更加影响日本经济发展的进程。面对这种空前严峻的人口压力，日本必须采取积极的人口对策来促进日本经济的发展。

日本国内少子化对经济发展的影响引起了日本政府的高度重视，对此，日本政府就为解决人口减少、少子化现象等社会问题制定了一系列法律法规性的对策。如1994年12月制定《关于今后为支援育儿政策的基本方向》（简称"天使计划"）。1997年，人口问题审议会发表了《少子化报告书》，开始认真考虑少子化问题。1999年，设立了"少子化对策促进阁僚会议"，制定了《少子化对策促进基本方针》，并根据此方针拟定了新的"天使计划"。2002年9月厚生劳动省提出《少子化对策+1》，以培育儿童的家庭为出发点，致力于建立由全体社会共同承担的综合性措施。2003年7月由国会决议制定了《少子化社会对策基本法》。2004年6月，制定了少子化对策方针的《少子化社会对策大纲》①，同年12月又推出了《儿童和育儿支援计划》，2005年4月开始实施。新的少子化提供援助对策包括育儿、就业和家庭等方面，对学龄前儿童提供较多支持是特色，主要措施包括孕妇免费检查的次数增加，生产后领取育儿补助金的手续简化，儿童津贴增额，充实儿童医疗制度，普及育儿长期休假制度等。在这些政策法规制定的过程中，日本政府在少子化社会对策上的理念，也开始由构筑"培育健康的孩子的社会"向"能够因生儿育女而感到快乐的社会"转换，借此提高日本国民的生育意愿，日本的少子化对策由此得到进一步加强。

面对"少子化"问题，日本企业也发挥着重要的作用，日本政府对日本企业进行施压，让企业完善自身的制度，为预防"少子化"社会隐患做出贡献。对此，日本的各个企业为"少子化"定出了各种行动计划，如延长育儿休假期，增加育儿津贴，或

---

①　田香兰. 日本人口减少及老龄化对综合国力的影响——兼论日本的人口政策及效果 [J]. 日本学刊, 2011 (5).

在行动计划中保证重新雇佣由于育儿而辞职的女性职员等。尤其是一些著名的大企业，对"少子化"应对措施的考虑可谓是全面细致，例如，日产汽车引进保护母亲休职制度，女性员工一旦怀孕就可暂时停职；东京海上保险公司保证女性职员在孩子小学三年级之前每天最多可缩短三小时工作时间；松下电器和东芝等电器厂商则为女性员工治疗不孕症提供暂时停职或休假制度等。这些政策使得很多职业女性能够安心生育，解除了后顾之忧。

尽管如此，日本少子化发展趋势仍然没有得到控制，其原因是总和生育率和普通出生率仍然继续下降，其主要应对措施是鼓励日本国民生育，每个家庭至少生两个孩子，对生育第三个孩子的家庭给予奖励，并对出生的孩子在社会保障制度方面提供优惠和保障，由此来恢复国民的生育信心，使新生儿数量增加，从而使总和生育率和普通出生率恢复到更替水平。

人口老龄化也是引起经济增长停滞以致负增长的重要人口因素之一，其对策在第10章已经详细论述，在这里因为篇幅的原因不再探讨。

在移民政策方面，应大力吸收外国劳动力，以解决日本严重的劳动力供给不足问题。2005年6月，日本法务省设立了"促进多文化共生社会研究会"，2006年3月总务省也召开了"多文化共生研究会"，提出不同国籍和民族的人在互相尊重对方文化的基础上，平等生活。过去，日本移民政策强调"同化"，而现在强调"共生"，并采取提供社会保障、子女教育等措施保证外国人在日本的就业及生活。"外国人才交流推进议员联盟"提议，今后50年内，日本应该向"多民族共存的国家"过渡，使移民人数达到日本总人口的10%，即1 000万人左右。该机构还建议制定专门的移民法，以明确移民国家的理念，并设置移民厅负责相关事务。笔者认为，日本应积极吸引外国的各类人才到日本工作。对外国高端科技人才，除了优厚的工作待遇外，更重要的是尊重和信任这些人才，能人尽其才，用其所长，并敢于为其安排重要的工作岗位，使其为日本从事科学研究工作。对各类一般低端专业人才，可以充实到各种企业和服务部门，以弥补劳动力供给不足，刺激各种产业部门的发展。鉴于到2050年左右，日本人口会减少5 000万人左右，可以加大力度，积极吸收外国移民，使其规模达到日本总人口的40%，即5 000万左右，防止日本人口继续下滑，从而保持安定的人口规模。

在利用外国劳动力方面，日本政府虽然修改了移民法，但移民在日本人口中所占比例极小，截至2007年末只有1.69%[①]。因此，引进外国劳动力及留学移民是有效实施"适应人口减少社会策略"的人力保障。从长远来看，日本人口结构变化势必影响经济发展、产业竞争力及科学技术人才的供给。因此，应放宽移民政策，如积极吸收国外的留学生，高等教育寻求大量国外生源，对到日本的留学生放宽移民政策，想办法留住高学历的留学生，并对这些留学生中的有特长者放宽就业劳动许可，增加留学移民和投资移民，从而缓解劳动力不足的难题。移民不仅能提高人口数量和人口素质，也能优化人口结构。具有良好素质的国际移民，能给日本经济发展带来活力，使日本经济得到可持续

---

① 浦瑞含. 日本计划接收1 000万海外移民 [N]. 环球时报，2008—6.

发展，并使日本逐渐变成多民族国家。

　　日本政府提出的"新增长战略"，主要依靠科技力量提高生产效率，实现产业结构升级，增强国际竞争力，以促进日本经济的良性循环。另外，日本政府明确提出吸引海外研发机构、吸收高层次人才的"日本亚洲据点化战略"，需要通过吸引海外科技人才，积极发展高科技产业，缓解人口减少及人口老龄化带来的影响，保持综合经济实力，从而促进日本经济的可持续发展。

参 考 文 献

日文文献

[1] [日] 安場保吉. 経済成長論 [M]. 東京：筑摩書房，1980.
[2] [日] 岸真清. 経済発展と金融政策 [M]. 東京：東洋経済新報社，1993.
[3] [日] 北村恭二. 金融制度 [M]. 東京：金融財政事情研究会，1984.
[4] [日] 北村加代子. 東アジアの産業構造高度化と日本産業 [M]. 東京：アジア経済研究所，1997.
[5] [日] 北田芳治，相田利雄編. 現代日本の経済政策（上、下）[M]. 東京：大月書店，1979.
[6] [日] 財務省財務総合政策研究所編. 財政金融統計月報，2005（5）.
[7] [日] 貯蓄経済研究センター編. 人口の高齢化と貯蓄・資産選択 [M]. 東京：ぎょうせい，1990.
[8] [日] 大川一司. 経済発展と日本の経験 [M]. 東京：大明堂，1976.
[9] [日] 大川一司. 日本経済の構造：歴史視覚的分析 [M]. 東京：勁草書房，1974.
[10] [日] 大川一司，Hソロフスキー. 日本の経済成長：二十世紀における趨勢加速 [M]. 東京：東洋経済新報社，1973.
[11] [日] 大内兵衛，有沢広巳，相原茂共編. 人口と雇用 [M]. 東京：中央経済社，1957.
[12] [日] 大西胜明，二瓶敏編. 日本の産業構造 [M]. 東京：青木書店，1999.
[13] [日] 大西胜明. 日本の産業構造ポスト冷戦期の展開 [M]. 東京：青木書店，1999.
[14] [日] 大淵寛，森岡仁. 経済人口学 [M]. 東京：新評論，1981.
[15] [日] 大淵寛. 戦後日本の出生、結婚および景気循環 [M]. 日本人口学会編. 人口学研究Ⅰ，1978.
[16] [日] 大淵寛，岡田実，加藤寿延，森岡仁. 人口経済論 [M]. 東京：新評論，1977.
[17] [日] 島田晴雄. 日本産業21世紀への新戦略 [M]. 東京：PHP研究所，1996.
[18] [日] 稲田十一. 人権、民主化と援助政策――日米比較論. 日本国際問題研究所編. 国際問題，1995.
[19] [日] 稲上毅. 現代日本のコーポレートガバナンス [M]. 東京：東洋経済新報社，2000.
[20] [日] 篠原三代平編. 日本経済のダイナミズム [M]. 東京：東洋経済新報社，1991.

[21] [日] 篠原三代平. 篠原三代平集：日本経済の50年 [M]. 東京：NTT 出版社, 1994.
[22] [日] 篠原三代平. 長期不況の謎をさぐる [M]. 勁草書房, 1999.
[23] [日] 渡辺利夫. 開発経済学：経済学と現代アジア [M]. 東京：日本評論社, 1986.
[24] [日] 渡辺健一. 日本経済とその長期波動 [M]. 東京：多賀出版株式会社, 2003.
[25] [日] 渡辺真知子. 区域経済と人口 [M]. 東京：日本評論社, 1994.
[26] [日] 東洋経済新報社. 東洋経済統計月報, 2003（3）.
[27] [日] 富館孝夫. エネルギー産業 [M]. 東京：東洋経済新報社, 1980.
[28] [日] 花崎正晴, 寺西重郎編. コーポレートガバナンスの経済分析——変動期の日本と金融危機後の東アジア [M]. 東京：東京大学出版社, 2003.
[29] [日] 鶴岡重成. 家庭電器産業 [M]. 東京：東洋経済新報社, 1980.
[30] [日] 鶴光太郎. 日本的市場経済システム [M]. 東京：講談社, 1994.
[31] [日] 鶴田俊正. 戦後日本の産業政策 [M]. 東京：日本経済新聞社, 1982.
[32] [日] 速水融. 日本経済史への視角 [M]. 東京：東洋経済新報社, 1968.
[33] [日] 速水融, 宮本又郎編. 経済社会の成立——17—18世紀（日本経済史Ⅰ）[M]. 東京：岩波書店, 1988.
[34] [日] 鬼頭宏. 日本二千年人口史：経済学と歴史人類学から探る生活と行動のダイナミズム [M]. 東京：PHP 研究所, 1983.
[35] [日] 鬼頭宏.『［図説］人口で見る日本史：縄文時代から近未来社会まで [M]. 東京：PHP 研究所, 2007.
[36] [日] 黒田俊夫. 日本人口の転換構造 [M]. 東京：古今書院, 1979.
[37] [日] 黒坂佳央, 浜田宏一. マクロ経済と日本経済 [M]. 東京：日本評論社, 1984.
[38] [日] 岡崎陽一. 人口統計学 [M]. 東京：古今書院, 1980.
[39] [日] 岡崎陽一. 現代日本人口論 [M]. 東京：古今書院, 1987.
[40] [日] 館稔. 日本の人口遷移 [M]. 東京：古今書院, 1961.
[41] [日] 关満博, 西沢正樹. 地域産業時代の政策 [M]. 東京：評論社, 1995.
[42] [日] 宮下武平, 竹下宏編. 新版日本産業論 [M]. 東京：有斐閣, 1982.
[43] [日] 宮沢健一, 産業経済学 [M]. 東京：東洋経済新報社, 1975.
[44] [日] 宮沢健一, 森谷正規編. 80年代の基礎産業 [M]. 東京：筑摩書房, 1980.
[45] [日] 河野稠果, 岡田実. 低出生力をめぐる諸問題 [M]. 東京：大明堂, 1993.
[46] [日] 今野浩一郎, 個と組織の成果主義 [M]. 東京：中央経済社, 2003.
[47] [日] 今井賢一, 日本の産業社会——進化と変革の道程 [M]. 東京：筑摩書房, 1983.
[48] [日] 今井賢一, 小宮隆太郎. 日本の企業 [M]. 東京：東京大学出版社, 1995.

[49] ［日］金田秀志. 日本の製造業はこう変わる［M］. 東京：ぽる出版株式会社, 1993.
[50] ［日］井上謙吾. 何が正しい経済政策か［M］. 東京：日本経済新聞社, 2000.
[51] ［日］吉川弘之. 日本製造業変革への方針［M］. 東京：ダイヤモンド社, 1995.
[52] ［日］吉村正晴. 自由化と日本経済［M］. 東京：岩波書店, 1968.
[53] ［日］樋口美雄. 日本型雇用システム–実態と評価の変遷. 貝塚啓明等編. 再日本型経済システム［M］. 東京：有斐閣, 2002.
[54] ［日］梅村又次, 新保博, 西川俊作, 速水融編. 日本経済の発展［M］. 東京：東洋経済新報社, 1976.
[55] ［日］日本法政大学大原社会問題研究所. 現代の高齢者対策［M］. 東京：総合労働研究所, 1985.
[56] ［日］日本労働省. 労働白書［M］. 東京：日本労働研究機構, 1998.
[57] ［日］日本国立社会保障・人口問題研究所. 日本の将来推計人口（平成18年版）［M］. 東京：厚生統計協会, 2006.
[58] ［日］日本人口問題研究所編. 人口統計資料集［M］. 東京：厚生統計協会, 1989.
[59] ［日］日本家族計画国際協力財団編. 日本人口と計画出産の基礎的読み物［M］. 東京：厚生統計協会, 1980.
[60] ［日］日本経済企画庁. 国民経済計算. 東京：大蔵省印刷局, 2000.
[61] ［日］日本経済企画庁総合計画局編. 日本の経済構造［M］. 東京：東洋経済新報社, 1997.
[62] ［日］日本経済新聞社編. 新日本産業［M］. 東京：日本経済新聞社, 1997.
[63] ［日］日本厚生省大官臣房統計情報部. 人口動態統計［M］. 東京：厚生統計協会, 1960.
[64] ［日］日本通商産業省及び鉄鋼統計委員会. 統計からみた日本鉄鋼業100年間の歩み［M］. 東京：日本評論社, 1960.
[65] ［日］日本通産省貿易振興局編. 経済協力の現状と問題点［M］. 東京：通産省産業調査会, 1969.
[66] ［日］日本総理政府統計局. 労働力調査年報［M］. 東京：日本労働研究機構, 1981.
[67] ［日］日本総務省統計局編. 世界の統計（2007年版）［M］. 東京：大蔵省印刷局, 2007.
[68] ［日］日本总务省統計局編. 日本統計年鉴（2008年版）［M］. 東京：日本統計協会, 2007.
[69] ［日］日本内閣府. 2007年経済財政報告, 2007年8月.
[70] ［日］日本内閣府. 平成23年度年次経済財政報告——日本経済の本質的な力を高める, 2001.
[71] ［日］日本銀行. 区域経済報告（さくらレポート）, 2002—2014.

[72]　[日]　日本経済団体联合会21世紀政策研究所．グローバルJAPAN－2050年シミュレーションと総合戦略，2012．

[73]　[日]　日本矢野恒太記念会．日本100年[M]．東京：国勢社，2000．

[74]　[日]　日本矢野恒太記念会．世界国勢図会（1994/1995年）[M]．東京：国勢社，1994．

[75]　[日]　日本矢野恒太記念会．世界国勢図会（2001/2002年）[M]．東京：国勢社，2001．

[76]　[日]　金森久雄等編．日本経済事典[M]．東京：日本経済新聞社，1981．

[77]　[日]　人口問題協議会編．人口白書——転換期日本の人口問題[M]．東京：大蔵省印刷局，1959．

[78]　[日]　人口問題協議会編．日本人口の動向——静止人口をめざして[M]．東京：大蔵省印刷局，1974．

[79]　[日]　人口問題協議会編．人口事典[M]．東京：東洋経済新報社，1986．

[80]　[日]　人口問題協議会編．日本の人口・日本の社会（昭和63年版）[M]．東京：東洋経済新報社，1988

[81]　[日]　矢野勇．経済発展と農業人口[M]．東京：東京大学出版社，1963．

[82]　[日]　石垣健一，瀧口治，箱田昌平．国際課時代の日本経済[M]．東京：晃洋書房，1990．

[83]　[日]　石田憲英．IT革命が創るオン・デマンドエコノミー[M]．東京：東洋経済新報社，2000．

[84]　[日]　柿本善也．地方財政制度[M]．東京：曉星株式会社，1977．

[85]　[日]　総務庁統計局．日本統計（2008年版）[M]．東京：東洋経済新報社，2007．

[86]　[日]　経済企画庁総合計画局．日本の経済結構[M]．東京：東洋経済新報社，1997．

[87]　[日]　経済企画庁．経済白書（平成7年版）[M]．東京：大蔵省印刷局，1995．

[88]　[日]　林直道．現代の日本経済[M]．東京：青木書店，1989．

[89]　[日]　鈴木淑夫．現代日本金融論[M]．東京：東洋経済新報社，1984．

[90]　[日]　鈴木多加史．日本経済分析：高度成長から1990年代へ[M]．東京：東洋経済新報社，1990．

[91]　[日]　鈴木多加史．日本の産業構造[M]．東京：中央経済社，1995．

[92]　[日]　木村敏男，山崎春成編．産業構造の転換と日本経済[M]．東京：東京大学出版社，1979．

[93]　[日]　南亮進．日本経済の転換点[M]．東京：創文社，1970．

[94]　[日]　南亮進．日本の経済発展[M]．東京：東洋経済新報社，1992．

[95]　[日]　南亮三郎．日本人口と経済[M]．東京：千倉書房，1972．

[96]　[日]　南亮三郎編．現代人口論[M]．東京：千倉書房，1975．

[97]［日］南亮三郎監修，岡田実，大淵寛，岩田文夫訳. 人口通論［M］. 東京：中央大学出版部，1985.
[98]［日］南亮三郎，舘稔編. 人口都市化の理論分析［M］. 東京：勁草書房，1965.
[99]［日］南亮三郎，舘稔編. 労働力人口の経済分析［M］. 東京：勁草書房，1968.
[100]［日］南亮三郎，上田正夫編. 日本の人口変動と経済発展［M］. 東京：千倉書房，1975.
[101]［日］南亮三郎，上田正夫編. 転換途上の日本人口移動［M］. 東京：千倉書房，1977.
[102]［日］南亮三郎，上田正夫編. 日本の人口高齢化［M］. 東京：千倉書房，1979.
[103]［日］南亮三郎，水野朝夫. 先進工業国の雇用と失業［M］. 東京：千倉書房，1985.
[104]［日］内田勝敏. 世界経済の中の日本［M］. 東京：創元新書，1968.
[105]［日］水野朝夫，小野旭編. 労働供給制約と日本経済［M］. 東京：大明堂，1995.
[106]［日］藤野正三郎. 日本の景気循環——循環的発展過程の理論的、統計的、歴史的分析［M］. 東京：勁草書房，1965.
[107]［日］橋本介三，小林伸生，中山幾郎. 日本産業の構造変革［M］. 大阪：大阪大学出版社，2000.
[108]［日］橋本寿朗. 日本経済論［M］. 東京：ミネルヴァ書房，1994.
[109]［日］橋本寿朗. 戦後の日本経済［M］. 東京：岩波書店，1995.
[110]［日］三和良一. 概説日本経済史（近現代）［M］. 東京：東京大学出版会，2002.
[111]［日］三菱総合研究所編. 日本の改革［M］. 東京：ダイヤモンド社，1996.
[112]［日］三田義之. 日本経済の構造改革［M］. 東京：中央経済社，2000.
[113]［日］田辺孝則. 鉄鋼業［M］. 東京：東洋経済新報社，1981.
[114]［日］田中直毅. 新しい産業社会の構想［M］. 東京：日本経済新聞社，1996.
[115]［日］通商産業省産業政策局編. 2000年の産業構造［M］. 東京：通商産業調査会，1990.
[116]［日］通商産業省産業政策局編. 日本経済の構造改革［M］. 東京：東洋経済新報社，1997.
[117]［日］小宮隆太郎. 現代日本経済研究［M］. 東京：東京大学出版会，1975.
[118]［日］小宮隆太郎. 日本の産業・貿易の経済分析［M］. 東京：東洋経済新報社，1999.
[119]［日］小宮隆太郎，奥野正寛編. 日本経済21世紀への課題［M］. 東京：東洋経済新報社，1998.
[120]［日］小宮隆太郎，奥野正寛，鈴村興太郎編. 日本の産業政策［M］. 東京：東京大学出版会，1984.
[121]［日］小浜裕久. 経済発展と構造変化［M］. 経済共同研究（第9号），1998.
[122]［日］小浜裕久. 戦後日本の産業発展［M］. 東京：日本評論社，2001.

［123］［日］小松憲治．現代の日本経済——スタグフレーション克服の条件［M］．東京：東洋経済新報社，1982．

［124］［日］小林和正，大淵寛編．生存と死亡の人口学［M］．東京：大明堂，1994．

［125］［日］須原祥介編．日本経済の構造［M］．東京：高文堂出版社，1987．

［126］［日］伊藤光晴．日本経済の変容［M］．東京：岩波書店，2000．

［127］［日］伊藤元重．日本産業構造論［M］．東京：NTT出版社，2001．

［128］［日］伊藤元重編．貿易黒字の誤解：日本経済のどこが問題か［M］．東京：東洋経済新報社，1994．

［129］［日］遠藤湘吉．戦後日本の経済と社会［M］．東京：筑摩書房，1966．

［130］［日］野口悠紀雄．日本経済改革の構図［M］．東京：東洋経済新報社，1993．

［131］［日］野口悠紀雄．1940年体制——さらば戦時経済［M］．東京：東洋経済新報社，1995．

［132］［日］斎藤健．日本産業の大転換［M］．東京：東洋経済新報社，1996．

［133］［日］自治省編．地方財政白書（1990年版）［M］．東京：大蔵省印刷局，1990．

［134］［日］中村隆英．経済政策の運命［M］．東京：日本経済新聞社，1967．

［135］［日］中村隆英．日本経済：その成長と構造［M］．東京：東京大学出版会，1978．

［136］［日］中村隆英，尾高煌之助編．日本経済史Ⅵ［M］．東京：岩波書店，1989．

［137］［日］中村隆英．戦後日本経済——成長と循環［M］．東京：筑摩書房，1968．

［138］［日］中村隆英．昭和史Ⅱ1945—1989［M］．東京：東洋経済新報社，1993．

［139］［日］中谷厳．日本経済の歴史的転換［M］．東京：東洋経済新報社，1996．

［140］［日］佐貫利雄．日本経済新論［M］．東京：東洋経済新報社，1993．

［141］［日］佐口和郎，橋元秀一．人事労務管理の歴史分析［M］．東京：ミネルヴァ書房，2003．

［142］［日］中央大学経済研究所編．戦後の日本経済——高度成長その評価［M］．東京：中央大学出版会，1975．

［143］［日］竹中靖一，作道洋太郎編．日本経済史［M］．東京：学文社，1979．

［144］Smith, A. *An Inquiry into the Nature and Causes of Wealth of Nations*, London, 1776/［日］大内兵衛，松川七郎合訳．国富論［M］．東京：岩波書店，1969．

［145］Marshall, *Alfred. Principles of Economics*, London, 1890. /［日］馬場啓之助訳．経済学原理第1分冊［M］．東京：東洋経済新報社，1965—1967．

［146］Marshall, Alfred. *Principles of Economics*, London, 1890/［日］馬場啓之助訳．経済学原理第2分冊［M］．東京：東洋経済新報社，1965—1967．

［147］United Nations, *World Demographic Estimates and Projections*, 1950—2025, New York, 1989. ／河野稠果訳．世界人口推計データ1950—2025年［M］．東京：原書房，1990．

中文文献

［148］［日］安場保吉，猪木武徳．日本経済史——高速増長［M］．连湘译．北京：三

联书店，1997.

[149] [英] 安格斯·麦迪森. 世界经济二百年回顾 [M]. 北京：改革出版社，1997.

[150] [英] 安格斯·麦迪森著. 世界经济千年史 [M]. 北京：北京大学出版社，2003.

[151] 白成琦编. 日本企业经营管理现代化经验与方法 [M]. 长春：吉林大学出版社，1985.

[152] 鲍显铭. 2007年日本经济继续保持稳步增长势头 [N]. 经济日报，2008—1—5.

[153] [英] 彼得·马塞厄斯，M. M. 波斯坦. 剑桥欧洲经济史（第七卷）[M]. 北京：经济科学出版社，2004.

[154] [英] B. R. 米切尔编. 帕尔格雷夫世界历史统计·亚洲、非洲和大洋洲卷（1790—1993）[M]. 北京：经济科学出版社，2002.

[155] [英] B. R. 米切尔编. 帕尔格雷夫世界历史统计·欧洲卷（1790—1993）[M]. 北京：经济科学出版社，2002.

[156] [英] B. R. 米切尔编. 帕尔格雷夫世界历史统计·美洲卷（1790—1993）[M]. 北京：经济科学出版社，2002.

[157] [日] 滨野洁，井奥成彦，中村宗悦，岸田真，永江雅和，牛岛利明. 日本经济史 1600—2000 [M]. 彭曦等译. 南京：南京大学出版社，2010.

[158] 陈锋. 战后日本技术进步的要因与八十年代"技术立国"战略的制定 [J]. 世界经济，1984（2）.

[159] [苏] 波梁斯基. 外国经济史 [M]. 北京：生活·读书·新知三联书店，1963.

[160] 陈建安编. 日本的经济发展与劳动问题 [M]. 上海：上海财经大学出版社，1999.

[161] 陈共. 日本财政政策 [M]. 北京：中国财政经济出版社，2007.

[162] 崔岩. 日本的经济赶超——历史进程、结构转变与制度演进分析 [M]. 北京：经济管理出版社，2009.

[163] [英] D. 休斯·惠特克，[美] 罗伯特·E. 科尔. 成功的引擎——日本的创新与技术管理 [M]. 刘骥，郭丽岩，王彦敏译. 北京：北京大学出版社，2008.

[164] [日] 大野健一. 从江户到平成：解密日本经济发展之路 [M]. 臧馨等译. 北京：中信出版社，2006.

[165] [日] 都留重人编. 现代日本经济 [M]. 马成三译. 北京：北京出版社，1980.

[166] 丁敏. 日本产业结构研究 [M]. 北京：世界知识出版社，2006.

[167] [日] 市村真一. 日本的经济发展与对外经济关系 [M]. 色文等译. 北京：北京大学出版社，1997.

[168] 范作申. 日本企业内教育培训 [M]. 北京：经济管理出版社，2002.

[169] 范跃进，李平，吴宗杰. 世界经济年度报告 2005 [M]. 北京：中国财政经济出版社，2006.

[170] 范跃进主编. 世界经济年度报告 2004 [M]. 北京：中国财政经济出版社，2004.

[171] [日] 饭田经夫，清成忠男. 现代日本经济史 [M]. 马君雷等译. 北京：中国展

望出版社，1986.

[172] 樊亢、宋则行. 外国经济史 [M]. 北京：人民出版社，1965.

[173] [日] 高桥龟吉. 战后日本经济跃进的根本原因 [M]. 宋绍英等译. 沈阳：辽宁人民出版社，1984.

[174] 高德步，王珏. 世界经济史 [M]. 北京：中国人民大学出版社，2001.

[175] 高德步. 世界经济通史下卷——现代经济的发展 [M]. 北京：高等教育出版社，2001.

[176] 国际货币基金组织. 世界经济展望 [M]. 北京：中国金融出版社，2007.

[177] 国际货币基金组织. 世界经济前景数据库 [M]. 北京：中国金融出版社，2005.

[178] 郭铁宣. 战后日本就业结构的变化 [J]. 吉林大学社会科学报，1981（6）.

[179] 郭吴新，洪文达，池元吉，冯舜华主编. 世界经济（第二册）[M]. 北京：高等教育出版社，1989.

[180] [日] 宫崎义一. 日本经济的结构和演变——战后40年日本经济发展的轨迹 [M]. 孙汉超等译. 北京：中国对外经济贸易出版社，1990.

[181] 冯昭奎. 日本经济（第二版）[M]. 北京：高等教育出版社，2005.

[182] 韩琦，邹焕德，姜文艺. 当代世界工业 [M]. 济南：山东人民出版社，1992.

[183] [英] H.J. 哈巴库克，M.M. 波斯坦. 剑桥欧洲经济史（第六卷）[M]. 北京：经济科学出版社，2002.

[184] [德] 汉斯·豪斯赫尔. 近代经济史：从14世纪末至19世纪下半叶 [M]. 北京：商务印书馆，1987.

[185] 金明善. 现代日本经济问题 [M]. 沈阳：辽宁人民出版社，1983.

[186] 金明善主编. 战后日本产业政策 [M]. 北京：航空工业出版社，1988.

[187] [日] 井村喜代子. 现代日本经济论——从战败到步出"经济大国" [M]. 季爱琴，王建刚译. 北京：首都师范大学出版社，1996.

[188] 金明善，宋绍英，孙执中. 战后日本经济发展史 [M]. 北京：航空工业出版社，1988.

[189] 江瑞平. 激变中的日本经济——世纪之交的观察与思考 [M]. 北京：世界知识出版社，2008.

[190] 李仲生. 论就业政策与充分就业. 中华名流世家——中华成功思想博览（第二卷）[M]. 北京：中国国际文艺出版社，2005.

[191] 李仲生. 当代发达国家的人口经济发展. 和谐中国·构建社会主义和谐社会的理论与实践 [M]. 北京：中央文献出版社，2006.

[192] 李仲生. 日本的人力资源管理模式及其变化 [J]. 中国人力资源开发，2002（10）.

[193] 李仲生. 从萧条到低速增长的日本经济 [J]. 经济与管理研究，2006（1）.

[194] 李仲生. 日本的工业化与人口城市化. 中华知名人物理论创新宝库论文全集 [M]. 北京：中国广播电视出版社，2006.

[195] 李仲生. 日本的人口转变和战后经济复兴. 中国创新报道论文集 [M]. 北京：华夏英杰出版社, 2006.

[196] 李仲生. 低速增长期的日本人口与经济发展 [J]. 市场与人口分析. 2007 增刊 I.

[197] 李仲生. 发达国家与中国的人力资源开发和充分就业. 面向小康社会的人力资源开发与就业促进 [M]. 北京：中国劳动社会保障出版社, 2007.

[198] 李仲生. 日本的人力资源开发与经济发展 [J]. 人口与经济, 2007 (3).

[199] 李仲生. 日本的人口与劳动力供给, 2007.

[200] 李仲生. 日本的人口老龄化与经济发展 [J]. 市场与人口分析, 2007 增刊 II.

[201] 李仲生. 近代日本的人口与经济发展. 和谐西部论坛 [M]. 北京：中国文联出版社, 2008.

[202] 李仲生. 发达国家的人口变动与经济发展 [M]. 北京：清华大学出版社, 2011.

[203] 李仲生. 人口经济学（第三版）[M]. 北京：清华大学出版社, 2013.

[204] 李世安. 欧美资本主义发展史 [M]. 北京：中国人民大学出版社, 2004.

[205] 李春来. 日本对外投资的新特点及其变化态势（下）. 百度快照, 2003—4.

[206] [日] 林直道. 现代日本经济 [M]. 色文等译. 北京：北京大学出版社, 1995.

[207] 刘国平. 世界经济统计 [M]. 北京：经济科学出版社, 2002.

[208] 刘曙光, 竺彩华. 解析全球经济 [M]. 北京：中国经济出版社, 2004.

[209] 刘昌黎. 现代日本经济概论 [M]. 大连：东北财经大学出版社, 2002.

[210] 吕有晨. 战后日本产业结构的变化和特点 [J]. 世界经济, 1980 (5).

[211] 满颖之. 日本经济地理 [M]. 北京：科学出版社, 1984.

[212] [日] 名和太郎. 松下幸之助谈经营的神髓 [M]. 北京：国际商业出版公司, 1983.

[213] [日] 南亮进. 经济发展的转折点：日本经验 [M]. 关权译. 北京：社会科学文献出版社, 2008.

[214] [日] 内野达郎. 战后日本经济史 [M]. 赵毅等译. 北京：新华出版社, 1986.

[215] 潘纪一, 朱国宏. 世界人口通论 [M]. 北京：中国人口出版社, 1991.

[216] [日] 日本经济产业省编. 日本新经济增长战略 [M]. 林家彬等译. 北京：中信出版社, 2009.

[217] [日] 日本经济新闻社编. 昭和经济的历程 [M]. 大连信息中心编译. 北京：东方出版社, 1992.

[218] 《日本经济问题文集》编辑组. 日本经济问题文集 [M]. 北京：中国财政经济出版社, 1979.

[219] [日] 桥本寿朗. 日本经济论——20 世纪体系和日本经济 [M]. 黄亚南等译. 上海：上海财经大学出版社, 1997.

[220] [日] 桥本寿朗, 长谷川信, 宫岛英昭. 现代日本经济 [M]. 戴晓英译. 上海：上海财经大学出版社, 2001.

[221] 然明主编. 外国经济 [M]. 北京：生活·读书·新知三联书店，1965.
[222] 世界银行. 2005 年世界发展指标 [M]. 北京：中国财政经济出版社，2005.
[223] 世界银行. 2006 年世界发展指标 [M]. 北京：中国财政经济出版社，2006.
[224] 《世界经济》编写组编. 世界经济 [M]. 北京：人民出版社，1980.
[225] 世界贸易组织. 日本历年货物对外贸易情况（1948—2010），2012—07.
[226] 贸易组织. 中美德日四国货物对外贸易一览（1948—2012），2013—08.
[227] [日] 松野周治. 日本战前的贸易收支不均衡和国际收支的变动. 百度文库，2010—7.
[228] 宋则行，樊亢. 外国经济史 [M]. 北京：人民出版社，1965.
[229] 孙常敏主编. 世纪转变中的全球人口与发展 [M]. 上海：上海社会科学院出版社，1999.
[230] 孙执中主编. 泡沫经济新论 [M]. 北京：人民出版社，2001.
[231] 隋干城. 日本的人口分布与地域开发 [J]. 烟台师院学报，1985（1）.
[232] 田香兰. 日本人口减少及老龄化对综合国力的影响——兼论日本的人口政策及效果 [J]. 日本学刊，2011（5）.
[233] 徐振，周富祥，樊荣义编著. 日本通货膨胀的治理与物价政策 [M]. 北京：中国计划出版社，1990.
[234] 薛敬孝，白雪洁. 当代日本产业结构研究 [M]. 天津：天津人民出版社，2002.
[235] [日] 野口悠纪雄. 日本的复兴逻辑——大地震后的日本经济 [M]. 胡文静译. 北京：机械工业出版社，2013.
[236] 王洛林，李向阳主编. 2008 年：世界经济形势分析与预测 [M]. 北京：社会科学文献出版社，2008.
[237] 王洛林，李向阳主编. 2013 年：世界经济形势分析与预测 [M]. 北京：社会科学文献出版社，2013.
[238] 王洛林，张季风主编. 日本经济蓝皮书——日本经济与中日经贸关系发展报告（2012 年版）[M]. 北京：社会科学文献出版社，2012.
[239] 王珏. 世界经济通史 经济现代化进程（中卷）[M]. 北京：高等教育出版社，2005.
[240] 邬沧萍，侯文若. 世界人口 [M]. 北京：中国人民大学出版社，1983.
[241] 魏书华，洪宁，冯晓英. 20 世纪的世界经济 [M]. 北京：中国国际广播出版社，2002.
[242] 魏允哲，蔡国栋. 世界经济概论 [M]. 北京：中国计划出版社，1999.
[243] 魏加宁. 评日本新的经济五年计划 [J]. 管理世界，1992（6）.
[244] 熊必俊编著. 人口老龄化与可持续发展 [M]. 北京：中国大百科全书出版社，2002.
[245] 萧国亮，隋福民. 世界经济史 [M]. 北京：北京大学出版社，2007.
[246] [美] 西蒙·库兹涅茨. 各国的经济增长（中译本）[M]. 北京：商务印书馆，

1999.

[247] 杨河清，郑宇硕，张琪主编. 新世纪人力资源开发与就业 [M]. 北京：中国劳动社会保障出版社，2005.

[248] 杨栋梁. 日本近现代经济史 [M]. 北京：世界知识出版社，2010.

[249] 杨银平，黄海洋. 日本人口老龄化及对策 [J]. 吉林省教育学报，2013（8）.

[250] 俞坤一，马翠媛. 新编世界经济贸易地理 [M]. 北京：首都经济贸易大学出版社，2004.

[251] [日] 原正行. 全球化时代的日本经济 [M]. 朴松爱，何为译. 大连：东北财经大学出版社，2003.

[252] 阎海防. 日本经济增长呈现三大特点 [N]. 经济日报，2006—10—19.

[253] 张光. 日本对外援助政策研究 [M]. 天津：天津人民出版社，1996.

[254] 张锁柱. 战后日本高速度资本积累的主要途径与特点 [J]. 现代日本经济，1990（1）.

[255] 张迪祥. 国际经贸地理概论 [M]. 北京：经济科学出版社，1997.

[256] 张舒英. 新时代的日本经济 [M]. 北京：昆仑出版社，2007.

[257] 张善余编. 世界人口地理 [M]. 上海：华东师范大学出版社，2002.

[258] 张曙霄，吴丹编著. 世界经济概论 [M]. 北京：经济科学出版社，2005.

[259] 张乃丽. 日本企业人力资源开发的新特征及其存在的问题 [J]. 现代日本经济，2006（6）.

[260] 张恺悌. 战后日本的国内人口迁移 [J]. 人口与经济，1987（1）.

[261] [日] 中村隆英. 日本经济史——"计划化"和"民主化" [M]. 胡企林等译. 北京：三联书店，1997.

[262] 朱凤岚. 对外经济援助在战后日本国家发展中的地位与作用 [J]. 世界历史，2003（2）.

[263] 赵凤彬，孙才仁，杜笑岩编著. 日本对外经济关系 [M]. 北京：中国对外经济贸易出版社，1990.

[264] 赵放. 日本产业结构变化的影响因素和发展趋势 [J]. 日本学刊，1996（2）.

[265] 朱立南. 战后日本的对外开放 [M]. 北京：当代中国出版社，1993.

英文文献

[1] A. Sauvy, *Theorie Generale de la population*, Volume 1. Economic et Population, Paris, 1966.

[2] Coale A. J, and M. Zelnik, *New Estim ates of Fertility and Population in the United States*, Princeton, N J., 1963.

[3] Hansen, Alvin Harvey. Economic Progress and Declining Population Growth, *Population Theory and Policy*, ed. by Spendler and Duncan, Glencoe, 1957.

[4] H. Leibenstein., *Economic Backwardness and Economic Growth*, New York, 1957.

[5] IMF. *World Economic Outlook Database*, Washington, D. C, 2014.

[6] Kuznets, Simon. *Economic Growth of Nations*, Cambridge, Mass, 1971.

[7] Rostow, Walter. *The Stages of Economic Growth*. Cambridge, England: Cambridge University Press, 1960; Cipolla, C. M. *The Economic History of World Population*, Penguin Books, 7th ed, Baltimore, 1978.

[8] Simon Kuznets, Population, Income and Capital, in L. H. Dupriez (ed), *Economic Progress*, Louvain, 1955.

[9] Mitchell, *European Historical statistics*, 1750—1970, London, 1975.